高等学校创新能力提升计划（2011计划）
出土文献与中国古代文明研究协同创新中心

北京大学出土文献研究所

战国楚竹书史学价值探研

杨 博 著

上海古籍出版社

图书在版编目(CIP)数据

战国楚竹书史学价值探研 / 杨博著. —上海：上海古籍出版社，2019.3
(北京大学出土文献与中国古代文明研究学术丛书)
ISBN 978-7-5325-9106-0

Ⅰ.①战… Ⅱ.①杨… Ⅲ.①竹简文－研究－中国－战国时代 Ⅳ.①K877.54

中国版本图书馆 CIP 数据核字(2019)第 037175 号

北京大学出土文献与中国古代文明研究学术丛书
战国楚竹书史学价值探研
杨　博　著
上海古籍出版社出版发行
(上海瑞金二路 272 号　邮政编码 200020)
　(1) 网址: www.guji.com.cn
　(2) E-mail: guji1@guji.com.cn
　(3) 易文网网址: www.ewen.co
启东市人民印刷有限公司印刷
开本 700×1000　1/16　印张 34.5　插页 4　字数 529,000
2019 年 3 月第 1 版　2019 年 3 月第 1 次印刷
印数: 1—2,100
ISBN 978-7-5325-9106-0
K·2598　定价: 138.00 元
如有质量问题，请与承印公司联系

戰國楚竹書史學價值探研

本书得到教育部、国家语委甲骨文等古文字研究与应用专项重点项目"北京大学藏秦、汉简牍文字、文本综合研究（YWZ-J020）"的资助。

序

杨博博士的这部著作从以下四个方面论述了出土战国楚简中的典籍类文献(通称为"楚竹书")所蕴含的史学价值：一是对楚竹书在文献学分类基础上的史料学认识；二是楚竹书所能反映的战国史学的发展状况及史学思想；三是其中所包含的有关先秦古史之史料；四是子书等文献中包含的反映先秦思想史的内容。近年来，随着战国楚简新发现日益增多，对楚简的研究成果累累且方兴未艾，但众所周知，研究的角度与着眼点更多地落在了历史文献学、古文字学领域，从史学研究角度所作的研究则成果甚少。丰富的楚竹书资料，欲为先秦史研究所科学利用，则首先需要在观念上明确楚竹书究竟有哪些史学价值，这无疑是应学术研究之急需且有重要学术意义的问题。

这部著作是在作者博士学位论文的基础上增订而成的。近年来，杨博对论文从资料考释与具体论证两个方面作了认真的修订，尤其注意利用近年来新公布的楚竹书、古文字与考古资料对内容进行增补，同时关注近几年来学界新的研究成果，从而使本书在学术思想上有所深入，学术水平得到扎实的提升。

按照上述四个方面本书作了如下的工作，取得了相应的成绩：

本书首先对楚竹书作了文献学与史料学的分析，在明确楚竹书之文献学分类基础上，较深入地讨论了楚竹书之史料性质的具体体现，特别阐明了楚竹书中即使是非史书性质的文献，亦具有一定的史料性质，同时又进一步提出了判断不同性质的史料之价值大小、多寡的标准。此所论实是利用楚竹书作史学研究之前提性的问题，但此前少有学者作过如此专门、明确的论述。

在本书中，作者将楚竹书所包含的史书类文献区分为"世""书"《系年》类"纪事本末体"史著以及"语"四类；楚竹书中非史书类文献，则分为"易""诗"

"礼""子""方术"诸类,作了具体的分析与归类,同时探讨了诸篇章成文之年代及史料价值所在。这种对楚竹书史料内涵所作的分析,不仅为楚竹书的史料学研究设立了一个有操作性的研究框架,而且也为利用楚竹书作史学研究从史料角度开辟了一个较为广阔的空间。

楚竹书究竟反映了战国史学何种情况,也是本书所要着重讨论的。作者认为,楚竹书中的史类文献一方面承继了西周以来史学的一些特点,但另一方面,则在著史材料、编纂与叙事的手法及史著传布方式等方面有新的发展。作者以清华简《系年》为例,认为《系年》大致属于纪事本末体,在手法上侧重"理性"叙事,寓褒贬与叙事为一体,通过对材料的详略选取与排列,表达历史盛衰观念与鉴戒意图,有开《史记》先河之意义,突出反映了战国史学的发展水平。可以说,本书对楚竹书中史书编纂手法及所反映史观的研究是相当深入的,丰富了史学史中的战国史学内涵。

不同类的楚竹书,程度不同地包含着较多的对先秦史事之记述,如何科学地评价与认识这些记述的史料价值,是对楚竹书作史学研究的重要问题。作者在本书第三、四章以较大的篇幅,讨论了楚竹书所记先秦史事的可信性与价值,并作了个案的具体研究,不仅通过概括、评述迄今对楚竹书史事记载研究的成果,来阐述楚竹书的史料价值,而且包含有作者本人对若干问题的独立研究成果,使这一部分从总体看还是较饱满、深刻的。

楚竹书中子书类文献尤为丰富,但如何以其作为同时代的思想史素材,从中钩沉出当时流传的政治思想史观念,这应该说也是一种史学的探讨。但这并非很容易的事情。本书第四章也用了部分篇幅对楚竹书中突出反映儒家政治思想的章节作了探讨,力图说明其与战国社会之间互动的关系,所论虽有待进一步深入,但从"楚竹书中儒家文献的优势地位""血统与德行"几个方面所作分析,还是取得了一些成果。在第四章,作者还在前人研究基础上,以诸子学说、学派为重点,探讨了楚竹书所反映的学术史的发展。

总之,本书在从史学角度作楚竹书研究方面,作了相当深入、细致的工作,不仅设立了一个有一定理论基础的较科学的研究框架,而且未仅仅停留于方法论的讨论,更深入至具体篇章中,作了较细致的考证、分析,在钩沉战国楚竹书的史学价值方面作出了贡献。

对出土典籍文献作史学研究,从目前看还可以说是一个相对薄弱的课题,本书可以认为是对如何深入开展这一课题研究所作的一些有价值的探讨。当然本书的论述也有进一步深化的必要,比如战国楚竹书中作者列为"语"类的篇章较多,对其史学价值,作者虽有分析,但所下功夫相对较少,需要进一步作些个案研究。

本书面世后,希望作者注意倾听学界的意见,修订书中的不妥之处,并关心新的出土文献资料与考古发现,进一步深化、充实本书对楚竹书史学价值问题的认识,并有更新的相关学术成果问世。

朱凤瀚

2018 年 11 月 6 日

目　录

序 ··· 朱凤瀚　1

绪论 ·· 1

第一章　战国楚竹书之史料内涵 ····································· 38
　第一节　楚竹书所具有的史料性质与史料价值判断标准 ············· 39
　　一、楚竹书的史料性质 ··· 39
　　二、楚竹书的史料价值判断标准 ································· 43
　第二节　楚竹书中史书类文献所蕴含之史料 ························· 46
　　一、"世"：战国时人作史的框架 ································· 46
　　二、"书"：流传到战国的由商周档案文书改编的文献 ············· 51
　　三、《系年》：战国时人所作史料编纂性质之"纪事本末"式
　　　　史著 ··· 66
　　四、"语"：战国时流传的存故实、寓劝诫和助游谈的材料 ········· 73
　第三节　楚竹书中非史书类文献所蕴含之史料 ······················· 83
　　一、"易"：战国时流行的蕴含社会史料之商周筮书 ··············· 83
　　二、"诗"：留存到战国的包含丰富史料之商周乐歌 ··············· 85
　　三、"礼"：战国时人对商周典章制度、礼仪规则的总结与
　　　　推衍 ··· 93
　　四、"子"：战国诸子表达政治思想的私家论著 ··················· 97

五、"方术"：战国时期社会生活之反映 ……………………… 105
　小结 …………………………………………………………………… 112

第二章　楚竹书所反映的战国史学发展 ………………………… 115
　第一节　战国时期史书编纂的史学背景 ……………………………… 116
　　一、商周历史意识的体现 ………………………………………… 116
　　二、私家著史的兴起 ……………………………………………… 119
　　三、史书体裁的多样 ……………………………………………… 121
　第二节　楚竹书与战国史书的叙事
　　　　　——以"语"类史书为中心的讨论 ………………………… 123
　　一、《越公其事》的叙事平实 …………………………………… 123
　　二、郑国"语"书的叙事节点 …………………………………… 129
　　三、"语"类文献的叙事重复 …………………………………… 132
　第三节　楚竹书与战国史书的编纂
　　　　　——以清华竹书《系年》为中心的讨论 …………………… 135
　　一、《系年》的叙事特点 ………………………………………… 135
　　二、《系年》的史料来源 ………………………………………… 143
　　三、《系年》的史观及编纂目的 ………………………………… 153
　第四节　楚竹书与战国史学发展 ……………………………………… 157
　　一、由《系年》《良臣》等看战国流行的著史观念 …………… 157
　　二、由楚竹书所获得的对战国史学发展之新认识 ……………… 165
　小结 …………………………………………………………………… 167

第三章　楚竹书所记三代史事之史料价值 ……………………… 172
　第一节　楚竹书所记楚国史事之史料价值体现 ……………………… 173
　　一、楚国世系的验证 ……………………………………………… 173
　　二、楚国史事的新发现 …………………………………………… 179

  三、楚王的新形象 …………………………………………… 184
  四、楚竹书所记楚国史事的史料价值分类 ………………… 187
 第二节 楚竹书所记商代以前史事之史料价值举例 ……………… 188
  一、古史传说系统 …………………………………………… 188
  二、夏代史事 ………………………………………………… 201
  三、商代史事 ………………………………………………… 206
 第三节 楚竹书所记西周史事之史料价值举例 …………………… 215
  一、西周早期史事 …………………………………………… 216
  二、西周中晚期史事 ………………………………………… 248
 小结 ………………………………………………………………… 272

第四章 楚竹书所记春秋战国史事之史料价值 ……………… 273

 第一节 楚竹书所记春秋史事之史料价值举例 …………………… 273
  一、"郑武公亦正东方之诸侯"与郑国早期史事 ………… 274
  二、管仲相齐与早期黄老道家阴谋书 ……………………… 276
  三、"文公十又二年居狄"与晋文公入于晋 ……………… 286
  四、楚、吴关系中的夏姬与"州来" ……………………… 290
  五、晋伐中山与春秋鲜虞史事 ……………………………… 296
 第二节 楚竹书所记战国史事之史料价值举例 …………………… 301
  一、《系年》与战国早期史事 ……………………………… 302
  二、早期儒、墨与诸子学说的相互关系 …………………… 315
  三、战国时期的文化互动与社会习俗 ……………………… 341
 小结 ………………………………………………………………… 354

结语 ……………………………………………………………………… 375

附录 ··· 388
一、清华竹书《系年》记事分国编年简表 ···················· 388
二、清华竹书《系年》记事编年与相关文献对勘表 ·········· 407

参考文献 ·· 442
一、传世典籍与注释 ··· 442
二、出土文献著录与集释 ···································· 446
三、工具书、考古报告与研究概述 ·························· 449
四、集刊与论文集 ·· 453
五、研究专著与论文（含会议论文、学位论文与网络发表论文）·· 459

后记 ·· 542

绪　　论

一、研究本课题的学术意义

简帛的发现,古已有之,如著名的"孔壁中书""汲冢竹书"。每一次重要的发现,都大大丰富了当时的文化积淀,推动了学术的发展。1900年的圣诞节,斯坦因在清理位于和阗附近的丹丹乌里克的一座佛殿遗址时,发现了汉文文书,揭开了20世纪以来简牍发现与研究的序幕。[①] 1925年,王国维在著名的《最近二三十年中中国新发见之学问》的讲演中指出,"古来新学问起,大都由于新发见","今日之时代,可谓之发见时代,自来未有能比者也","殷虚甲骨文字、敦煌塞上及西域各处之汉晋木简、敦煌千佛洞之六朝及唐人写本书卷、内阁大库之元明以来书籍档册"是当今"中国学问上之最大发见",并提出了"以地下之新材料""补正纸上之材料"的"二重证据法"。[②]

自1956年3月河南信阳长台关楚墓发现以来,在战国楚国故地,出土了大量的简牍典籍,这其中既有关于思想文化和数术的珍贵典籍,又有对先秦史研究大有裨益的"书"类典籍,甚至还有专门的史著,由于它们没有经过后人辗转传抄,而较多地保留了古代典籍的原貌,使尘封多年的古代文明得以重现,成为通往古代世界的时空锁钥,楚竹书的史学研究价值得以凸显。

近年来李学勤先生指出需要"重新估价中国古代文明",[③]裘锡圭先生也

[①] [英]马克·奥雷尔·斯坦因:《古代和田——中国新疆考古发掘的详细报告》(第1卷),巫新华等译,济南:山东人民出版社,2009年,第276~286页;胡平生:《20世纪出土的第一支汉文简牍》,《文物天地》2000年第5期。
[②] 王国维:《最近二三十年中中国新发见之学问》,《王国维遗书》(第5册)《静庵文集续编》,上海:上海古籍书店,1983年,第65~69页。
[③] 李学勤:《重新估价中国古代文明》,《人文杂志》1982年增刊。

提出了"古典学的重建"的问题,①这些论断都是建立在对新出简牍典籍的研究和认识基础上的。出土的大量战国秦汉典籍,使我们看到了早期图书的原貌,提供了早期文献编纂与流传的可靠证据,这无疑促使我们开始了对古书的"新的、第二次的反思"。②而作为载体的古书,承载的正是对先秦古史研究极具价值的文献史料。综言之,简牍典籍的发现有助于还原古史记述内容,有助于厘清各种记述资料发生的真实情况,有助于理解记述资料形成传世文献和其他文本的过程。

楚竹书还使我们对战国时人的"史著""史观"有了直观的感受。从1973年马王堆帛书《春秋事语》的出土到20世纪90年代上博楚竹书的发现,人们意识到类似《春秋事语》这样的古书在春秋战国时代数量并不少。春秋战国时期,语类古书非常流行,数量也很大,是当时作史的基本材料。③清华楚竹书《系年》主叙晋、楚两国的霸业争夺,第一章所载却是西周王朝的治乱兴衰。编纂者从繁芜丛杂的西周史事中仅选取了两起重要事件:一是籍礼兴衰,一是国人暴动。这两起关乎西周王朝国运兴衰的历史事件,一重天命,一重人事,恰恰体现了传统史学终极思考的两个最基本主题——历史运动过程中的天命因素与人事因素。这种选择显然不是无意识的。其中史事的剪裁与安排,说明编纂者在思考王朝治乱兴衰的历史本质、探索历史运动过程的终极原因时,天命与人事正是其力图把握和解析的两个最基本因素。④

对于先秦史事的研究,楚竹书也有不可替代的价值。它既可以验证我们过去正确的认识,又可以纠正以往认识的讹误,还能使一些"文献不足征"的史迹得到补证。例如《系年》全篇二十三章,概述从西周初年一直到战国前期的历史,其中有许多事件不见于传世文献,或对《左传》《国语》《史记》等典籍有重要的订正,特别是关于战国前期历史的各章,更是填补了古史空白。清华楚竹书《楚居》叙述历代楚君居处建都之地,所记世系虽不完整,但对于楚君居住之

---

① 裘锡圭:《中国古典学重建中应该注意的问题》,《中国出土古文献十讲》,上海:复旦大学出版社,2004年,第1页。
② 李学勤:《对古书的反思》,《简帛佚籍与学术史》,南昌:江西教育出版社,2001年,第29页。
③ 李零:《简帛古书与学术源流(修订本)》,北京:生活·读书·新知三联书店,2008年,第297页。
④ 许兆昌、齐丹丹:《试论清华简〈系年〉的编纂特点》,《古代文明》2012年第2期。

地的记载十分详细,多可与过去发现的楚简和器铭对应,这对于研究楚国历史地理以及楚文化考古,无疑有重大参考价值。上博楚竹书约百种篇目,"只有不到十种能和流传至今的先秦古籍相对照",① 自不待言,这批文献具有相当大的史学价值。

综上所述,从已有的对楚竹书的研究成果来看,研究本课题的学术意义,似可以概括为三点:首先,有益于科学的古史史料学的构建;其次,有助于了解战国时期的史学发展状况;最后,对先秦重要史事研究有补证价值。

二、相关词语的解释与研究范围的界定

(一) 简牍典籍

本书所讨论的"简牍典籍",指的是中国古代书写于简牍上的典籍,主要是指 20 世纪初以来在中国境内出土的简牍书籍,所属年代自先秦至魏晋。文书类简牍文献、帛书及非书籍的帛画等,不在本书讨论范围之内。

(二) 楚简牍典籍

学界通常将 20 世纪 40、50 年代以来,在先秦楚国故地(即今湖北、湖南及河南省等地区)出土的,主要以战国楚国文字书写的简牍称作"楚简牍",故本书"楚简牍典籍"即指"楚简牍"中的书籍类文献。

(三) 战国楚竹书

广义是指集中在楚地出土的所有战国中晚期简牍文字,狭义则是特定的专书,如上海博物馆所藏的"战国楚竹书"。自汲冢竹书后,"竹书"中的"书",学界一般认为指狭义的"书"即书籍而言,专指《纪年》《易经》那样的著作,和《史记·老子韩非列传》所说的"申子、韩子皆著书"的"书"意义相同,与《汉书·艺文志》所列的书相类。② 因部分上博藏简的背面记有书的篇题,如《子

---

① 马承源:《前言:战国楚竹书的发现保护和整理》,《上海博物馆藏战国楚竹书(一)》,上海:上海古籍出版社,2001年,第3页。
② 杨泽生:《战国竹书研究》,广州:中山大学出版社,2009年,第3页。

羔》《恒先》等;失去篇题的竹简,文字内容也都是古籍,按晋人在魏墓中发现记载史事的竹简后来称为《竹书纪年》的例子,马承源先生称之为《楚竹书》。①因此,称为楚竹书的楚简牍,按现在的简帛文献分类方法,均可归入"典籍类简牍"。用"战国楚竹书"来指代"楚简牍"中的典籍类文献,当不致引起大的歧义与问题。文中也会简称为"楚竹书""竹书",如"郭店竹书""上博竹书""清华竹书"等。

（四）史学与史学研究

本书题目定为《战国楚竹书史学价值探研》,涉及"史学"之概念与内涵问题,因此也有必要作扼要说明。

"史学"的定义与内涵,瞿林东先生指出:"关于人类社会历史的认识、记载与撰述的综合活动,便是史学。"②杜维运先生则扩展为:"所谓史学,从狭义方面讲,是讨论历史著述的学问;从广义方面讲,是讨论历史发展的学问。"③

"史学"的任务与范围,白寿彝先生指出其任务是研究社会发展过程及其规律。它的范围可以包括历史理论、史料学、编纂学和历史文学。④

具体说来,"史学"的研究任务应不仅包括通过对史料的分析、史学思想与史学方法的考察及史学证据的综合处理,求得的对古史的正确认识,而且包括

---

① 马承源:《前言:战国楚竹书的发现保护和整理》,《上海博物馆藏战国楚竹书（一）》,第4页。李学勤先生亦曾就信阳竹书发表过意见:"这些书籍都是用竹简书写的。遣策虽表明战国有字竹简的形制,但它们还不是真正的书。"参见李学勤:《信阳楚墓中发现最早的战国竹书》,《光明日报》1957年11月27日,后收入《李学勤早期文集》,石家庄:河北教育出版社,2008年,第69～70页。可见李先生也有"竹书"应该指的是"典籍"的认识。
② 瞿林东:《中国史学史纲》,北京:北京出版社,1999年,第1页。
③ 对此,杜先生还有更具体的表述:历史事件发生了,当时或稍后被记录下来,这是原始的历史记录,也就是所谓原始的史料。这些历史记录是史学家据以写成历史的基本。史学家批评其真实程度,运用独特的思想与方法,参伍错综各方面的证据,写成体大精深的历史巨著,一套历史著述的史学,于是就展现了。至于历史如何发展,其轨迹是否可寻？其意义是否可见？决定历史发展的因素是什么？历史的远景怎样呈现？讨论这类问题,就是另外一套历史发展的史学了。所以孔子《春秋》,笔则笔,削则削,是历史著述方面的史学;孟子"天下之生久矣,一治一乱"之说,是历史发展方面的史学。参见杜维运:《中国史学史》（第1册）,北京:商务印书馆,2010年,第10页,又见《中国史学与世界史学》,北京:商务印书馆,2010年,第4页。
④ 白寿彝:《中国史学史》（第1卷）,上海:上海人民出版社,2006年,第9页。

关于历史发展轨迹、决定因素等方面的讨论。因此本书讨论有关楚竹书的"史学研究",即指对楚竹书中所蕴含的关于古史的认识、记载与撰述这几方面的研究。就现代学科分类,结合楚竹书的本身特点可分为:1. 研究史料及其运用方法的史料学;2. 研究史学本身发展的史学史;3. 史事本身及按性质划分的政治史、经济史、思想史、学术史和社会史等专门史类等。

由此,本书的研究范围即可限定为:目前出土的战国楚竹书中所蕴含的有关先秦史史料学、先秦史学史、先秦史事的内容。

三、战国楚竹书的发现与其形制

为说明本书研究之材料基础,笔者拟以发现时间为序,用表格形式(表0-1)将目前已知的楚竹书作一简要梳理,并对其形制、完残程度及内涵等作概括介绍。

表0-1 楚竹书的发现情况

材料	形制	内容	来源	考释
信阳长台关《墨子》佚篇	共119枚简,三道编绳,全部残断。残存约470字,简宽0.7~0.8厘米,厚0.10~0.15厘米,长短不一,残存最长者33厘米。照此估计,原简长45厘米,每简30字左右。	古书记有周公与申徒狄的对话,其内容与《太平御览》珍宝部《墨子》佚文"周公见申徒狄曰,贱人强气则罚至"相似。	1956年3月,河南省信阳市长台关镇小刘庄,一座战国中期偏早的高级贵族墓葬。	詹鄞鑫主编、苏杰纂辑《楚简集释长编·信阳长台关楚简集释》;陈伟等《楚地出土战国简册(十四种)·长台关1号墓简册》。
江陵九店《日书》及古佚书	第56号墓出土有字竹简145枚,其中较完整35枚,整简长46.6~48.2厘米,三道编绳。简文书写不留天头,总字数2 700多个,可辨字2 300多个。第621号墓	56号墓竹简内容包括两部分,整理者分为15组,其中第1组讲衡量换算,即有关农作物数量换算的度量衡制;第2至14组的内容属于选择时日吉凶的《日	1981年5月至1989年底,江陵县九店公社雨台大队战国中晚期墓葬,第56号墓和621号墓出土有竹简战国楚两批。56号墓墓主身份推测是"庶人",621号墓推测	詹鄞鑫主编、赵平安等纂辑《楚简集释长编·九店楚简集释》;陈伟等《楚地出土战国简

续 表

材料	形 制	内 容	来 源	考 释
	出土竹简127枚,全部折断,残存最长者22厘米,经整理有字残简88枚,其中54枚字迹漫漶不清。	书》,相当部分又见于睡虎地秦墓竹简《日书》,有的连文字也基本相同,15组大多数也属于《日书》。从621号墓34号简可辨认的残文谈到烹饪术来看,当是古佚书。	是"士"。	册(十四种)·九店621号墓简册》。
慈利楚简	残简达4 371枚,整理后竹简1 000多枚,字数2万1千多字。这些竹简原来放置在竹笥当中,保存最长者36厘米,短者不足1厘米,估计整简长45厘米,竹简均较薄,一般在1~2毫米,宽4~7毫米。经辨认,共发现简头817个,头尾难辨者27枚,由于残损严重,已无法观察契口及编联情况。	内容属记事类典籍,以吴越为主,并附有议论。可分为两类:一类是有传世文献可资对勘的,如《国语·吴语》《逸周书·大武》等,但残损严重;另一类是《管子》《宁越子》等书的佚文。简本《逸周书·大武》有两种写本:一种字体方正,像后来的古隶;一种则结构随意,略显潦草。简本与今本在内容上也存在差异,如《四库备要》本开篇作"武有六制",简本及《北堂书钞》引《大武》则是"武有七制"。今传本《大武》"四攻",简本作"四攻兵利"等,可订传本之讹。	1987年5月至6月,湖南省慈利县城关镇石板村,时代属于战国中期前段的36号楚墓。墓主人身份在"大夫"一级。	张春龙《慈利楚简概述》。

续表

材料	形制	内容	来源	考释
郭店楚墓竹简	出土竹简700余枚,其中有字竹简730余枚,1万3千多字。竹简长15~32.4厘米,宽0.45~0.65厘米,编绳2~3道,形制有两种,一种是简端平齐,一种是两端作梯形。	内容以道、儒家学说为主。儒家典籍计有11种14篇,按照形制,大致可分为四类:一是《缁衣》《五行》《性自命出》《成之闻之》《尊德义》《六德》六篇,简长32.5厘米,简端梯形,编绳两道;二是《穷达以时》《鲁穆公问子思》两篇,简长26.4厘米,简端梯形,编绳两道;三是《唐虞之道》《忠信之道》两篇,简长28.1~28.3厘米,简端平齐,编绳两道;四是《语丛》(一、二、三),简长15.1~17.7厘米,简端平齐,编绳三道。道家典籍有《老子》(甲、乙、丙)三篇和《太一生水》,《老子》甲组39支简,简长32.3厘米,乙组18支简,简长30.6厘米,丙组与《太一生水》形制相同,简端平齐,简长26.5厘米,编绳两道。《语丛》(四)简端平齐,简长15.1厘米,与纵横家有关。	1993年10月,荆门市沙洋区四方乡郭店村郭店1号楚墓,下葬年代当在公元前4世纪中期至公元前3世纪初,墓主人应该是低级贵族,大概与"士"相当。	李零《郭店楚简校读记(增订本)》;詹鄞鑫主编《楚简集释长编·郭店楚简集释》;刘钊《郭店楚简校释》;陈伟等《楚地出土战国简册(十四种)·郭店1号墓简册》等。

续表

材料	形制	内容	来源	考释
上海博物馆藏战国楚竹书	两批楚简，完、残简共计1 200余枚，简长23.8～57.2厘米不一，宽约0.6厘米，厚度0.1～0.14厘米，字数达3万5千字之多。	这批竹简皆为古书，涉及80余种古籍，内容以儒、道两家文献以及春秋、战国故事为主，其中有些可以和传世本相对照，如《缁衣》《周易》《民之父母》《内豊》《武王践阼》《郑子家丧》《吴命》等，大多数是先秦古佚书，如《孔子诗论》《性情论》《鲁邦大旱》《子羔》《彭祖》《恒先》等。	1994年5月，经张光裕先生介绍，上海博物馆从香港文物市场收购到一批被盗卖出去的出土竹简。同年秋冬之际，在香港又发现了一批同类竹简，有497枚，香港的朱昌言、董慕节、顾小坤、陆宗麟、叶昌午等几位先生联合出资，收购了这批竹简，并捐赠给上海博物馆。	除整理者所作释文外，有陈剑《战国竹书研究》，上博竹书研究状况及文字整理和关于单篇文本集释的一批学位论文；复旦读书会、复旦吉大古文字专业研究生联合读书会的有关诸篇校读；海内外关于诸篇考释与文字整理的相关著作等。
清华大学藏战国竹书	据统计，包含完、残简2 500余枚，其中整简的数量估计1 800枚。清华竹书形制多有不同，一部分简简背有篇题。最长的简46厘米，最短简仅有10厘米。较长的简有三道编绳，部分契口和编绳残余清晰可见，少部分颜色鲜亮，有的还有朱丝栏，有些简还有编次序号，为编联提供方便。	这批竹简内涵丰富，至少有63篇古代文献，初步观察以书籍为主，其中有对探索中国历史和传统文化极为重要的"经""史"类著作，大多在已经发现的先秦竹简中是从未见过的，具有极高的学术价值。	2008年7月，经清华大学校友赵伟国捐赠，清华大学入藏了一批从香港文物市场抢救回的战国竹简。	除整理者所作释文以外，清华竹书研究状况及文字整理和关于单篇文本集释的一批学位论文；烟台大学中国学术研究所研究生读书会、复旦大学出土文献与古文字研究中心研究生读书会、清华大学出土文献读书会等所作集释与研读札记等可供参考。

续表

材料	形制	内容	来源	考释
安徽大学藏战国竹简①	这批竹简共有编号1 167个,保存状况总体良好,完简较多。形制多样,长短不一,最短的约21.3厘米,最长的约48.5厘米,简宽0.4~0.8厘米。长简编绳三道,短简则为两道。简背含有丰富信息,不少留有划痕或墨痕,有的还有编号或一些其他文字。竹简由不同人抄写,书体风格多样,字迹清晰。	这批竹简全部是书籍类文献,涉及经、史、哲、文和语言文字学等不同学科,具体包括《诗经》、楚国历史、孔子语录等诸子类著作、《楚辞》以及其他方面的作品,多不见于传世文献。	2015年初,安徽大学出土文献与中国古代文明研究协同创新中心入藏一批竹简。经过专家的鉴定和竹简样品的年代检测,确认其年代为战国。	资料正在整理,可参见黄德宽《安徽大学藏战国竹简概述》,《文物》2017年第9期。

对于上表0-1所举出的材料,还有如下几点情况需作补充说明:

第一,几批简牍典籍,经考古发掘者可知分别出土于今湖南慈利、河南信阳、湖北江陵等地。据推测,上博竹书出土的地点与郭店竹书相距不远,是"楚国迁郢以前贵族墓中的随葬物",②或是"盗墓者获知郭店一号墓出简的消息之后,在邻近地区的一个楚墓中盗掘出来的",③或可能出自荆门郭家岗墓地。④ 具体出土地点,虽然无法证明,但这批战国竹简出土于战国楚地,是学界较为一致的看法。

第二,根据考古发掘资料知出土简牍的墓葬年代大都在战国中晚期,其中

---

① 安徽大学入藏竹简资料正在逐渐披露,故笔者暂列于此,其具体内容有待进一步研究。
② 马承源:《前言:战国楚竹书的发现保护和整理》,《上海博物馆藏战国楚竹书(一)》,第1~4页;朱渊清:《马承源先生谈上博简》,《上博馆藏战国楚竹书研究》,上海:上海书店出版社,2002年,第1~8页。
③ 裘锡圭:《新出土先秦文献与古史传说》,《中国出土古文献十讲》,第19页。
④ 李零:《简帛古书与学术源流(修订本)》,第123页。

慈利竹书最早,在战国中期前段,长台关时代与之接近。① 九店 621 号墓在战国中期后段。出土郭店竹书的墓葬年代在公元前 4 世纪中期至公元前 3 世纪初,李学勤先生指出不晚于公元前 300 年。根据清华竹书的文字特征,李学勤先生推断其年代在战国中晚期之际,即公元前 300 年上下。北京大学加速器质谱实验室、第四纪年代测定实验室对清华竹书无字残片进行了 AMS 碳 14 年代测定,经树轮校正的结果是公元前 305±30 年。② 九店 56 号墓在战国晚期。上博竹书根据中国科学院上海原子核研究所回旋加速器质谱计实验室的检测,竹简距今时间为 2 257±65 年,③则经科学方法测定的竹简年代,约是公元前 324—前 194 年,但是竹简年代还应该不晚于白起拔郢之年(前 278),因此,上博竹书年代范围约是公元前 324—前 278 年。由此可知,以郭店竹书、上博竹书和清华竹书为主体的战国楚竹书,其下葬年代约可归结为公元前 300 年前后。

第三,墓主身份涵盖从高级贵族"封君"到低级贵族"大夫""士"甚至"庶人"。④ 抛开各级墓葬均出的遣册与类似包山楚简的行政文书这两类不谈,联系其他墓葬,如望山楚墓(墓主为楚悼王的曾孙悼固)、新蔡葛陵楚墓(墓主为平夜君成)所出简册均含卜筮祭祷记录,呈现出的现象是:高级贵族的墓葬独出卜筮祭祷记录,中下级贵族的墓葬则以典籍类为主,日书等日常实用书籍出土在庶民墓葬之中。为"庶民"墓葬所仅见的"日书"类文献,恰可为所谓"小传统"之注脚。⑤ 而所谓"大传统"文献却更多地见于低级贵族墓葬中,这一现象

---

① 楚文化考古学界对战国中期前后两段和战国晚期前后两段的年代划分,出于约定俗成。战国中期前段大致为公元前 4 世纪的前半,即楚悼王早期至楚宣王中期;战国中期后段大致为公元前 4 世纪的后半,即楚宣王晚期至楚怀王晚期;战国晚期前段大致为公元前 300 年至公元前 278 年,即楚怀王二十九年至楚顷襄王二十年;战国晚期后段大致为公元前 277 年至公元前 221 年,即楚顷襄王二十二年至楚王负刍被俘后两年。参见湖北省荆州地区博物馆:《江陵雨台山楚墓》,北京:文物出版社,1984 年,第 134~145 页;张正明:《从考古资料看屈原在世时的楚国》,《贵州文史丛刊》1998 年第 5 期。
② 李学勤:《论清华简〈保训〉的几个问题》,《文物》2009 年第 6 期。
③ 马承源:《前言:战国楚竹书的发现保护和整理》,《上海博物馆藏战国楚竹书(一)》,第 1~4 页;朱渊清:《马承源先生谈上博简》,《上博馆藏战国楚竹书研究》,第 1~8 页。
④ 中国社会科学院考古研究所:《中国考古学·两周卷》,北京:中国社会科学出版社,2004 年,第 357~358 页。
⑤ 大、小传统是美国人类学家 Robert Redfield(罗伯特·雷德菲尔德)提出的概念。"大传统"(great tradition)是指社会上层的士绅、知识分子所代表的文化,是由思想家、宗教家反省深思所形成的精英文化;"小传统"(little tradition)则是指一般社会大众,特别是乡民所代表的文(接下页)

一方面当然与楚人重巫鬼有关,另一方面则恰可说明竹书是春秋战国时期,士阶层游说捭阖所需的"背景"性材料,也是常习材料。

另需说明的是,本书部分出土文献释文的隶定,在原整理者工作的基础上,综合上表所列诸家考释并参考了学界的相关意见,限于篇幅下文不再一一说明;所引传世文献,个别字词亦参考了不同校本,有所修订。

四、战国楚竹书的文献学分类

目前对于简帛典籍的文献学分类主要有两种意见:一是主张按照六经和学派来划分;一是主张将出土简牍帛书纳入《汉书·艺文志》的图书分类当中。后者是较主流的看法,如骈宇骞先生将简帛典籍分为六艺、诸子、诗赋、兵书、数术、方技六类。① 值得注意的是,李零先生考虑到早期史书的客观存在和实际研究利用的方便,将之分为七类,即六艺、史书、诸子、兵书、诗赋、方技、数术,把"史书"独立出来,②并解释说:

> 第一,《汉书·艺文志》所反映的分类是汉代的分类,西汉晚期的分类,在它之前,在战国时代,是不是把所有史书都放进六艺类,完全没有证据。第二,申叔时讲"九艺","九艺"中的"世""语""故志""训典"都是史书类的古书,明明白白有别于"春秋",可以作为反证。第三,这类出土发现正日益增多,当年,马王堆帛书中,出现《春秋事语》《战国纵横家书》,大家还当新鲜事,现在,上海简又有很多这种书,我们才知道,先秦时期,这类古书多得很。这么多古书,都塞进"春秋"类,实在装不下,也根本不妥当。③

笔者以为这种认识极具启发性,尤对于正确认识当时的文献流传状况具有实际意义。下面即以李零先生所作分类为本,将目前已发现的楚竹书按其篇目归入此种划分法的七类典籍之中,以便下文研究。

(接上页)化,相互依存相互影响,是大、小传统的基本规律。笔者借用这个概念,"大传统"指的是《汉书·艺文志》中六艺、诸子、诗赋、兵书等前四类,即流于上层的经典文化;"小传统"是指数术、方技等后两类,指盛行于社会下层的民间文化。参见 Robert Redfield(罗伯特·雷德菲尔德):*Peasant Society and Culture: An Anthropological Appoach to Civilization*,University of Chicago Press,1956。关于楚竹书的具体文献学分类,详见下节。

① 骈宇骞:《出土简帛书籍分类述略》,《中国典籍与文化》2005 年第 2 期、第 4 期,2006 年第 1~3 期;也可参见骈宇骞、段书安:《二十世纪出土简帛综述》,北京:文物出版社,2006 年;骈宇骞:《简帛文献纲要》,北京:北京大学出版社,2015 年。
② 李零:《从简帛发现看古书的体例和分类》,《中国典籍与文化》2001 年第 1 期。
③ 李零:《简帛古书与学术源流(修订本)》,第 476 页。

（一）六艺类

1. 诗

上博竹书《孔子诗论》《逸诗》，清华竹书《周公之琴舞》《芮良夫毖》《耆夜》，安大竹简《诗经》等。

2. 书

清华竹书《尹至》《尹诰》《傅说之命》《厚父》《程寤》《保训》《金縢》《皇门》《封许之命》《祭公》《摄命》及《命训》等。

3. 礼

郭店竹书《缁衣》，上博竹书《缁衣》《内豊》（含《昔者君老》）《武王践阼》《天子建州》《民之父母》《君子为礼》。

4. 易

上博竹书《周易》。

5. 乐

上博竹书《采风曲目》。

6. 春秋

清华竹书《系年》。

（二）史书类①

1. 谱牒

清华竹书《楚居》《良臣》。

2. 档案②

清华竹书《尹至》《尹诰》《傅说之命》《厚父》《皇门》《封许之命》《祭公》

---

① 安大竹简有楚史两组：第一组简文从"颛顼生老童"起到楚（献）惠王"白公起祸"止，记载了楚先祖及熊丽以下至惠王时期各王的终立更替和重大历史事件；第二组简文内容为辑录楚国之重要史事，涉及楚国与相关国家许多重大事件。

② 还有一种类似《周礼》的"政书"类。据李零先生讲，上博竹书中有类似材料，只是目前尚未公布。参见李零：《简帛古书与学术源流（修订本）》，第300～301页。尚需说明的是上列"书"类文献并非完整意义上之档案类史书，其应视作是由商周档案文书改编而来的文献，因其保留有或多或少的档案成分，故将其分类于此。笔者第一章会有相关具体论述。

《摄命》。

3. 纪年

清华竹书《系年》。①

4. 故事②

(1) 三皇五帝故事

上博竹书《容成氏》《融师有成氏》。

(2) 唐虞故事

上博竹书《容成氏》《举治王天下》，清华竹书《虞夏殷周之治》。

(3) 三代故事

上博竹书《容成氏》《融师有成氏》《举治王天下》《成王既邦》，清华竹书《虞夏殷周之治》《赤鹄之集汤之屋》《汤处于汤丘》《汤在啻门》《殷高宗问于三寿》。

(4) 春秋战国故事

按所述故事发生之国别可分为：

① 楚故事

有上博竹书《昭王毁室》《昭王与龚之脽》《柬大王泊旱》《庄王既成》《郑子家丧》《灵王遂申》《申公臣灵王》《平王问郑寿》《平王与王子木》《君人者何必安哉》《命》《王居》《志书乃言》《成王为城濮之行》《陈公治兵》《邦人不称》，清华竹书《子仪》，安大竹简楚国故事等。

② 齐故事

上博竹书《鲍叔牙与隰朋之谏》《竞公疟》，清华竹书《管仲》。

---

① 《系年》的体裁近似纪事本末体，合于下述"故事"类的部分特征，但其性质和史料来源又合乎"以事系年"的特点，而"以事系年"是纪年类史书与档案类史书之间的最大不同。参见李零：《简帛古书与学术源流（修订本）》，第285页。故将其暂置于"纪年"类，有关《系年》性质与体裁的详细讨论，详参下文。

② 这里说的"故事"，主要指的是官方史记以外，故老相传的口头史学，其实是一种貌似口语，但实为文学创造的史书。这种类型的史书，从形式上讲比较类似后世的纪事本末体。这类材料，往往有口语化的外貌和通俗化的形式，而且不一定是当时的记录，很多都是口口相传，带有追忆的性质，最后由文化精英用书面语再创造，把它们传递下去。参见李零：《简帛古书与学术源流（修订本）》，第288页。

③ 鲁故事

上博竹书《曹沫之陈》《鲁邦大旱》《子道饿》《孔子见季桓子》《季庚子问于孔子》《颜渊问于孔子》《史蒥问于夫子》，安大竹简《曹刿之陈》。

④ 晋故事

上博竹书《姑成家父》，清华竹书《晋文公入于晋》《子犯子余》《赵简子》。

⑤ 吴故事

上博竹书《吴命》，慈利竹书《吴语》。

⑥ 越故事

清华竹书《越公其事》。

⑦ 郑故事

清华竹书《郑武夫人规孺子》《郑文公问太伯》《子产》。

(三) 诸子类

1. 儒家

郭店竹书《五行》《鲁穆公问子思》《穷达以时》《唐虞之道》《忠信之道》《性自命出》《成之闻之》《六德》《尊德义》《语丛》(一、二、三)，上博竹书《性情论》《子羔》《鲁邦大旱》《孔子诗论》《从政》《孔子见季桓子》《相邦之道》《季庚子问于孔子》《子道饿》《弟子问》《仲弓》《颜渊问于孔子》《史蒥问于夫子》《三德》《用曰》，清华竹书《邦家之政》《邦家处位》《心是谓中》《天下之道》，安大竹简儒家著作。

2. 墨家

有信阳长台关楚简《墨子》佚篇，上博竹书《鬼神之明》，① 清华竹书《治邦之道》，安大竹简《墨子》佚篇。

3. 道家

郭店竹书《老子》《太一生水》，上博竹书《恒先》《凡物流形》。

4. 法家

上博竹书《慎子曰恭俭》。

---

① 该篇的学派性质归属有较大争议，详见下文。

5. 纵横家

郭店竹书《语丛》(四)。

(四) 诗赋类

1. 歌诗

上博竹书《逸诗》。

2. 辞赋

上博竹书《李颂》《兰赋》《有皇将起》《鹠鶵》,安大竹简《楚辞》类文献。

(五) 兵书类

上博竹书《曹沫之陈》,清华竹书《天下之道》,安大竹简《曹刿之陈》。

(六) 数术类

1. 历算
(1) 算术
清华竹书《算表》。
2. 选择
(1) 日书
江陵九店竹书《日书》。
3. 卜筮
(1) 卜法
上博竹书《卜书》。
(2) 筮法
清华竹书《筮法》《别卦》。
4. 杂占
清华竹书《祝辞》,安大竹简相书、占梦书等。
5. 其他
清华竹书《八气五味五祀五行之属》。

(七) 方技类

1. 房中

上博竹书《彭祖》。

五、既有研究成果述评

这里拟先就楚竹书的释读、编联情况作一简略回顾,在此基础上对有关史学研究成果作一扼要述评。

(一) 楚竹书的释读、编联情况与相关研究的繁盛

学界对于楚竹书的关注,是从信阳长台关楚简的性质认定开始的。长台关楚简"周公与申徒狄的对话",最初多数学者认为与儒家有关。如史树青先生认为它可能是春秋战国之际有关儒家政治思想的一篇著述,其中心是阐发周公的政治思想。① 但中山大学古文字研究室以为其内容与《太平御览·珍宝部》中的《墨子》佚文"周公见申徒狄曰,贱人强气则罚至"相似。② 李学勤先生指出"贱人"见于《墨子》而其他典籍罕见,尚贤又同于墨子主张,因而这组竹简可能是《墨子》佚篇。③ 李零先生则认为佚篇可能是传本的发挥,或是传本的素材,古书多单篇行世,简文虽与今本《墨子》的佚文有关,但原来却不一定属于墨子,很可能只是周公、申徒狄问对的一种。④

1998年《郭店楚墓竹简》出版,楚竹书为我们展开了先秦诸子世界的瑰丽图景,之后伴随着上博竹书、清华竹书的渐次公布,大批"经史"类典籍重新为人们所认知,楚竹书为先秦史的研究提供了大批珍贵的资料。

《郭店楚墓竹简》公布了730枚竹简的照片和彭浩先生、刘祖信先生所作

---

① 史树青:《信阳长台关出土竹书考》,《北京师范大学学报》1963年第4期。
② 中山大学古文字研究室楚简整理小组:《一篇浸透着奴隶主思想的反面教材——谈信阳长台关出土的竹书》,《文物》1976年第6期。
③ 李学勤:《长台关竹简中的〈墨子〉佚篇》,四川大学历史系编:《徐中舒先生九十寿辰纪念文集》,成都:巴蜀书社,1990年,第1~8页。
④ 李零:《简帛古书与学术源流(修订本)》,第206~207页。

释文、注释以及裘锡圭先生按语。① 2002年,龙永芳先生披露,在竹简养护过程中又发现一枚先前未曾刊布的新简。② 2002年李零先生《郭店楚简校读记》、③2003年刘钊先生《郭店楚简校释》相继出版。④ 2011年武汉大学简帛研究中心与荆门市博物馆合作,修订整理出版《郭店楚墓竹书》,以红外影像为基础,吸收海内外学者最新研究成果,修订了释文和注释。⑤ 2013年,又发现属于《成之闻之》的10枚与《尊德义》的7枚,共17枚简的简背还有类似文字的内容。⑥

2000年,湖北省文物考古研究所与北京大学中文系合作出版了《九店楚墓》,刊发了竹简照片和李家浩先生所作释文,对《江陵九店东周墓》的竹简释文和排列顺序都作了一定修正。

2001年到2012年,《上海博物馆藏战国楚竹书》一至九陆续出版,⑦学界反应强烈。首先开展的是简文释读与编联工作,成果颇多。如《从政》,整理者以竹简长短不同,又分为甲乙两篇,经过陈剑先生重新编联,两篇实为一篇;⑧《竞建内之》与《鲍叔牙与隰朋之谏》可编为一篇"鲍叔牙与隰朋之谏";⑨《命》

---

① 荆门市博物馆:《郭店楚墓竹简》,北京:文物出版社,1998年。
② 龙永芳:《湖北荆门发现一枚遗漏的"郭店楚简"》,《中国文物报》2002年5月3日第2版。该简从形制、字体、内容看,均与《语丛》(三)相合。
③ 李零:《郭店楚简校读记(增订本)》,北京:中国人民大学出版社,2007年。
④ 刘钊:《郭店楚简校释》,福州:福建人民出版社,2003年。
⑤ 武汉大学简帛研究中心、荆门市博物馆编:《楚地出土战国简册合集(一):郭店楚墓竹书》,北京:文物出版社,2011年。
⑥ 官琼梅:《郭店楚简背面新发现的字迹》,《中国文物报》2013年5月8日第8版。
⑦ 马承源主编:《上海博物馆藏战国楚竹书(一)》;《上海博物馆藏战国楚竹书(二)》,上海:上海古籍出版社,2002年;《上海博物馆藏战国楚竹书(三)》,上海:上海古籍出版社,2003年;《上海博物馆藏战国楚竹书(四)》,上海:上海古籍出版社,2004年;《上海博物馆藏战国楚竹书(五)》,上海:上海古籍出版社,2005年;《上海博物馆藏战国楚竹书(六)》,上海:上海古籍出版社,2007年;《上海博物馆藏战国楚竹书(七)》,上海:上海古籍出版社,2008年;《上海博物馆藏战国楚竹书(八)》,上海:上海古籍出版社,2011年;《上海博物馆藏战国楚竹书(九)》,上海:上海古籍出版社,2012年;等等。
⑧ 陈剑:《上博简〈子羔〉、〈从政〉篇的竹简拼合与编连问题小议》,《文物》2003年第5期。
⑨ 陈剑:《谈谈〈上博(五)〉的竹简分篇、拼合与编联问题》,《战国竹书论集》,上海:上海古籍出版社,2013年,第168~182页;李学勤:《试释楚简〈鲍叔牙与隰朋之谏〉》,《文物》2006年第9期。

与《王居》《志书乃言》亦可编为一篇"王居"。① 清华竹书《越公其事》的残简位置与简序调整;②《郑武夫人规孺子》的编联与复原;③《楚居》、④《芮良夫毖》的阙文拟补;⑤等等。2013年,陈剑先生将其有关上博楚竹书编联与研究的相关文章汇集出版,更加便利学界。⑥ 此外,简背划痕、墨线等对简序编联的作用也开始为学界所重视。⑦

2010年至2018年,《清华大学藏战国竹简》一至八册相继出版,⑧引起海内外学者的高度重视,研究成果丰硕。关于简文释读的成果,除整理者所作报告以外,主要有复旦大学出土文献与古文字研究中心研究生读书会、清华大学出土文献读书会、华东师范大学中文系战国简读书小组与烟台大学中国学术研究所研究生读书会等,所作集释与研读札记等均可供参考。

---

① 复旦吉大古文字专业研究生联合读书会:《上博八〈王居〉、〈志书乃言〉校读》,复旦大学出土文献与古文字研究中心网站(以下简称"复旦网"),http://www.gwz.fudan.edu.cn/SrcShow.asp?Src_ID=1595,2011年7月17日;陈剑:《〈上博(八)·王居〉复原》,《战国竹书论集》,第439~446页;[日]浅野裕一:《上博楚简〈王居〉之复原与解释》,复旦网,http://www.gwz.fudan.edu.cn/srcshow.asp?src_id=1685,2011年10月21日。
② 陈剑:《〈越公其事〉残简18的位置及相关的简序调整问题》,复旦网,http://www.gwz.fudan.edu.cn/Web/Show/3044,2017年5月14日。
③ 贾连翔:《清华简〈郑武夫人规孺子〉篇的再编连与复原》,《文献》2018年第3期。
④ 魏栋:《清华简〈楚居〉阙文试补》,《文献》2018年第3期。
⑤ 高中华、姚小鸥:《清华简〈芮良夫毖〉缺文试补》,《文献》2018年第3期。
⑥ 陈剑:《战国竹书论集》。
⑦ 孙沛阳:《简册背划线初探》,复旦大学出土文献与古文字研究中心编:《出土文献与古文字研究》(第4辑),上海:上海古籍出版社,2011年,第449~462页;肖芸晓:《清华简简册制度考察》,硕士学位论文,武汉大学历史学院,2015年;贾连翔:《战国竹书形制及相关问题研究——以清华大学藏战国竹简为中心》,上海:中西书局,2015年。
⑧ 清华大学出土文献研究与保护中心编,李学勤主编:《清华大学藏战国竹简(壹)》,上海:中西书局,2010年;清华大学出土文献研究与保护中心编,李学勤主编:《清华大学藏战国竹简(贰)》,上海:中西书局,2011年;清华大学出土文献研究与保护中心编,李学勤主编:《清华大学藏战国竹简(叁)》,上海:中西书局,2012年;清华大学出土文献研究与保护中心编,李学勤主编:《清华大学藏战国竹简(肆)》,上海:中西书局,2013年;清华大学出土文献研究与保护中心编,李学勤主编:《清华大学藏战国竹简(伍)》,上海:中西书局,2015年;清华大学出土文献研究与保护中心编,李学勤主编:《清华大学藏战国竹简(陆)》,上海:中西书局,2016年;清华大学出土文献研究与保护中心编,李学勤主编:《清华大学藏战国竹简(柒)》,上海:中西书局,2017年;清华大学出土文献研究与保护中心编,李学勤主编:《清华大学藏战国竹简(捌)》,上海:中西书局,2018年;等等。

近年来,围绕楚竹书研究,也有多次学术会议①召开和相关论文集②出版,一批专门的简帛研究刊物也纷纷创刊、出版,③还涌现出以复旦大学出土文献

---

① "出土文献与中国古代文明研究协同创新中心"(下简称"协同创新中心")获得认定之前,学术会议主要有:1999 年湖北武汉"郭店楚简"国际学术研讨会,2003 年湖北荆门"郭店楚简"国际学术研讨会,2006 年湖北武汉"新出楚简"国际学术研讨会,2009 年上海"出土文献与传世典籍的诠释——纪念谭朴森先生逝世两周年"国际学术研讨会,2011 年北京"《清华大学藏战国竹简(壹)》"国际学术研讨会、湖北武汉"楚简·楚文化与先秦历史文化"国际学术研讨会、北京"机遇与挑战:思想史视野下的出土文献研究"国际学术研讨会、台湾台北"出土文献研究方法"国际学术研讨会、香港浸会大学"简帛·经典·古史"国际论坛,2013 年北京"出土文献与中国古代文明"国际学术研讨会、达慕斯-清华"清华简"国际学术研讨会——第四届新出简帛国际学术研讨会、天津"中国出土文献与上古史"国际学术研讨会,2014 年烟台"清华简与儒家经典专题国际学术研讨会",等等。"协同创新中心"成立之后的学术交流活动更是不胜枚举,撮其要者有 2015 年北京"清华简《系年》与古史新探"学术研讨会、2016 年"北京论坛——出土文献与中国古代文明"、2017 年上海"出土文献与传世典籍的诠释"国际学术研讨会等。
② 论文集主要有:《中国哲学》(第 20 辑)《郭店楚简研究》(《中国哲学》编辑部、国际儒联学术委员会编,沈阳:辽宁教育出版社,1999 年)、《中国哲学》(第 21 辑)《郭店简与儒学研究》(《中国哲学》编辑部、国际儒联学术委员会编,沈阳:辽宁教育出版社,2000 年)、《道家文化研究》(第 17 辑)《"郭店楚简"专号》(陈鼓应主编,北京:生活·读书·新知三联书店,1999 年)、《郭店楚简国际学术研讨会论文集》(武汉大学中国文化研究院编,武汉:湖北人民出版社,2000 年)、《上博馆藏战国楚竹书研究》及《续编》(朱渊清、廖名春主编,上海:上海书店出版社,2002 年;2004 年)、《新出土文献与古代文明研究》(谢维扬、朱渊清主编,上海:上海大学出版社,2004 年)、《新出简帛研究——新出简帛国际学术研讨会论文集》([美]艾兰、邢文主编,北京:文物出版社,2004 年)、《儒家文化研究》(第 1 辑)《新出楚简研究专号》(郭齐勇主编,北京:生活·读书·新知三联书店,2007 年)、《中国哲学与文化》(第 6 辑)《简帛文献与新启示》(刘笑敢主编,桂林:广西师范大学出版社,2009 年)、《出土文献与传世典籍的诠释——纪念谭朴森先生逝世两周年国际学术研讨会论文集》(复旦大学出土文献与古文字研究中心编,上海:上海古籍出版社,2010 年)、《古代简牍保护与整理研究》(清华大学出土文献研究与保护中心等编,上海:中西书局,2012 年)、《清华简研究》(第 1 辑)(清华大学出土文献研究与保护中心编,上海:中西书局,2012 年)、《楚简楚文化与先秦历史文化国际学术研讨会论文集》(罗运环主编,武汉:湖北教育出版社,2013 年)、《简帛·经典·古史》(陈致主编,上海:上海古籍出版社,2013 年)、《叩问三代文明:中国出土文献与上古史国际学术研讨会论文集》(杜勇主编,北京:中国社会科学出版社,2014 年)、《清华简研究》(第 2 辑)(清华大学出土文献研究与保护中心编,上海:中西书局,2015 年)、《出土文献与古书成书问题研究:"古史史料学研究的新视野研讨会"论文集》(谢维扬、赵争编,上海:中西书局,2015 年)、《清华简与先秦经学文献研究》(姚小鸥编,北京:生活·读书·新知三联书店,2016 年)、《出土文献与中国古代文明——李学勤先生八十寿诞纪念论文集》(清华大学出土文献研究与保护中心等编,上海:中西书局,2016 年)、《出土文献与中国古代文明研究论文集》(王子今等编,北京:中国社会科学出版社,2017 年)、《清华简与儒家经典国际学术研讨会论文集》(江林昌等编,上海:上海古籍出版社,2017 年)、《源远流长:汉字国际学术研讨会暨 AEARU 第三届汉字文化研讨会论文集》(杨荣祥、胡敕瑞编,北京:北京大学出版社,2017 年)、《出土文献与中国古典学》(复旦大学出土文献与古文字研究中心编,上海:中西书局,2018 年),等等。
③ 除原有《古文字研究》《出土文献研究》《简帛研究》《简牍学报》等以外,还出现了如《简牍学研究》《简帛》《简帛语言文字研究》《出土文献》《出土文献与古文字研究》《楚地简帛思想研究》《出土文献综合研究集刊》等。

与古文字研究中心网站和武汉大学简帛网为代表的网络学术发表与讨论平台。"出土文献与中国古代文明研究协同创新中心"于 2014 年通过教育部认定之后,相关学术交流与简牍帛书等出土文献的研究更是日趋繁荣。此外陈伟先生等承担的《楚地出土战国简册(十四种)》、①李学勤先生主持的《出土简帛与古史再建》、②李守奎先生等承担《清华简〈系年〉与古史新探》等,③无不显示出当前楚竹书研究的繁盛局面。

(二)楚竹书的史学研究成果述评

有关战国楚竹书的史学研究,④首先需要提出的是李学勤、裘锡圭和李零三位先生的相关理论研究。李学勤先生《简帛佚籍与学术史》一书的《通论》篇指出了新出简帛对于学术史、古书成书流传等方面的重要影响。⑤裘锡圭先生《中国出土古文献十讲》针对新出土文献与古史传说、出土简牍与文献学等相关方面重大问题,给出了高屋建瓴、提纲挈领的解答。⑥ 李零先生《简帛古书与学术源流》对于出土简帛典籍作出了科学细致的文献学分类。这些都给予本书研究以理论基础和操作指导。

其次,学界有关出土简帛研究的总结性论著中也有不少。如沈颂金先生《二十世纪简帛学研究》中,讨论了郭店竹书对于先秦学术史研究的促进作用。⑦ 李学勤先生主持的《出土简帛与古史再建》设有《清华简与古史探研》编,集中讨论前四卷清华简所涉之古史观、古史传说、西周及东周史地等相关

---

① 陈伟等:《楚地出土战国简册(十四种)》,北京:经济科学出版社,2009 年。
② 李学勤等:《出土简帛与古史再建》,北京:经济科学出版社,2017 年。
③ 相关成果除贾连翔《战国竹书形制及相关问题研究——以清华大学藏战国竹简为中心》外,尚有李守奎主编:《清华简〈系年〉与古史新探》(上海:中西书局,2016 年)、李守奎:《古文字与古史考:清华简整理研究》、李守奎等:《清华简〈系年〉文字考释与构形研究》、马楠:《清华简〈系年〉辑证》、李松儒:《清华简〈系年〉集释》、孙飞燕:《清华简〈系年〉初探》、刘光胜:《清华简〈系年〉与〈竹书纪年〉比较研究》、许兆昌:《〈系年〉〈春秋〉〈竹书纪年〉的历史叙事》、侯文学等:《清华简〈系年〉与〈左传〉叙事比较研究》(以上均为上海:中西书局,2015 年),等等。
④ 学者亦从文学角度对新出简帛的学术价值进行研究。参见蔡先金:《简帛文学研究》,北京:学习出版社,2017 年。
⑤ 李学勤:《新出简帛与学术史》《对古书的反思》,《简帛佚籍与学术史》,第 1~34 页。
⑥ 裘锡圭:《新出土先秦文献与古史传说》《中国出土简帛古籍在文献学上的重要意义》,《中国出土古文献十讲》,第 17~92 页。
⑦ 沈颂金:《二十世纪简帛学研究》,北京:学苑出版社,2003 年。

古史问题,又有《清华简文本与文献学研究》章讨论"书""诗""易"及史籍等四类文献,熔整理者相关意见于一炉,便于研究者查考。① 李均明、刘国忠、刘光胜、邬文玲等先生的《当代中国简帛学研究(1949—2009)》,②分简牍典籍、简牍文书、帛书三方面对2009年以前发现的简牍帛书的研究状况进行了总结。他们在材料介绍及"简牍典籍与史学研究""简牍典籍与早期儒学史""简牍典籍与道家、数术研究""简牍典籍与先秦、秦汉学术史的重建"等专题中已涉及本书的部分研究范围,为本书提供了参照和借鉴。

下面,笔者拟分"古史史料学研究""战国史学发展"与"先秦史事研究"等与本书相涉的三个主要方面对既有研究成果予以分别述评。

1. 古史史料学研究

出土简牍典籍对于古史史料学研究的最大贡献,即在于学界对于传世文献史料的主要载体——古书的成书与流传,取得了较为一致的看法,从而对古史史料学的认识更进一步,反之也通过简牍文献与传世文献的对比研究推动了出土文献研究方法论的讨论。此外,学界不仅注意到简牍典籍的文献分类、整理,而且有关"书"类、"语"类概念的讨论和文献性质的研究也逐渐为学界所重视。

(1) 古书的成书流传与古史史料学的构建

① 古书的成书与流传

出土简牍典籍引发我们对传统的伪书观念及辨伪方法的重新审视,促使我们开始了对古书的"新的、第二次的反思"。③ 简牍古书的发现,使我们对早期古书开始有了直接的感受,可以从中归纳很多一般性的原理,对古书的创作、古书的构成、古书的阅读、古书的解释、古书的选取和淘汰、古书的传播和保存,开始有了比较深入的理解。④

关于古书成书,目前学界多赞同李学勤、李零两位先生的看法:古书多单篇流行,篇卷内容分合不定,不同传本往往有着不同的面貌;古人没有著作权的概念,著者不署作者姓名;古书的成书每每要经历一个长期的过程,最初只

---

① 李学勤等:《出土简帛与古史再建》,第205~336、339~377页。
② 李均明、刘国忠、刘光胜、邬文玲:《当代中国简帛学研究(1949—2009)》,北京:中国社会科学出版社,2011年,第98~108、119~147、147~157、157~163页。
③ 李学勤:《对古书的反思》,《简帛佚籍与学术史》,第29页。
④ 李零:《寻找回来的世界——简帛古书的发现与中国学术史的改写》,《书城》2003年第2期。

有篇名,书名是后起的;古代子书多是某一学派传习的资料汇编,先秦时期某一思想的作者,不一定是将同一思想书于竹帛传于后世的编者;先秦古书多不是伪书,不同古书之间存在着"重文"现象等。① 学者开始集中关注新出文献与传世文献的内容差异,②因而对于古书的载体、构成、传布方式甚至抄手的影响等,也都开始注意。③

② 古史史料学的构建

在古书成书与流传取得较统一认识的基础上,谢维扬先生发表系列文章,探讨在研究古书作者、真伪、成书年代、流传情况及古史史料学学科的建设方面需要注意的问题,认为古书真伪的问题并不是确定其史料学价值的全部和唯一依据,作为古史史料的古书内容,对其来源的分析和认定,需要充分考虑到古书流传情况的极端复杂性。④ 陈伟先生也意识到简牍文献存在时间方面的差异,因此不同简牍文献所蕴含的史料价值不可一概而论。⑤

需要注意的是过去的研究多从古文献学的角度出发,探讨古书的形成与流变。谢维扬先生提出的"古史史料学"的理论构建可能,陈伟先生针对简牍文献的具体领域提出的需要注意之事项,这些为本书的楚竹书史料分类提供了理论借鉴与操作指导。

---

① 李学勤:《新出简帛与学术史》《对古书的反思》,《简帛佚籍与学术史》,第 3～14、28～34 页;李零:《出土发现与古书年代的再认识》,《李零自选集》,桂林:广西师范大学出版社,1998 年,第 22～57 页。
② 刘娇:《言公与剿说——从出土简帛古籍看西汉以前古籍中相同或类似内容重复出现现象》,北京:线装书局,2012 年;单育辰:《楚地战国简帛与传世文献对读之研究》,北京:中华书局,2014 年;[日] 西山尚志:《古书新辨——先秦出土文献与传世文献相对照研究》,上海:上海古籍出版社,2015 年。
③ 冯胜君:《出土材料所见先秦古书的载体以及构成和传布方式》,《出土文献与古文字研究》(第 4 辑),第 195～214 页;《有关出土文献的"阅读习惯"问题》,《吉林大学社会科学学报》2015 年第 1 期;[美] 夏含夷:《重写儒家经典——谈谈在中国古代写本文化中抄写的诠释作用》,《兴与象:中国古代文化史论集》,上海:上海古籍出版社,2012 年,第 86～104 页;郭永秉:《清华简〈系年〉抄写时代之估测——兼从文字形体角度看战国楚文字区域性特征形成的复杂过程》,《文史》2016 年第 3 辑。
④ 谢维扬:《古书成书情况与古史史料学问题》,《新出土文献与古代文明研究》,第 283～286 页;《古书成书和流传情况研究的进展与古史史料学概念——为纪念〈古史辨〉第一册出版八十周年而作》,《文史哲》2007 年第 2 期;《从豳公盨、〈子羔〉篇和〈容成氏〉看古史记述资料生成的真实过程》,《上海文博论丛》2009 年第 3 期;《"层累说"与古史史料合理概念的建立》,《社会科学》2010 年第 11 期;《古书成书的复杂情况与传说时期史料的品质》,《学术月刊》2014 年第 9 期;《由清华简〈说命〉三篇论古书成书与文本形成二三事》,《上海大学学报》(社会科学版)2016 年第 6 期。
⑤ 陈伟:《试说简牍文献的年代梯次》,李宗焜主编:《第四届国际汉学会议论文集——出土材料与新视野》,中研院史语所,2013 年,第 493～500 页。

(2) 出土文献研究方法论的讨论

随着传世文献与出土简牍典籍文献研究的深入互动,不少学者也据此提出在出土文献研究中需要注意的问题。如刘笑敢先生以简帛文献已经证明错误的考证实例为依据,分析常见考证方法的失误,指出要改进文献考据的研究方法。① 柯马丁先生反思早期中国手抄文献的研究方法,并对该研究的四种视角进行了阐释。② 学者也逐渐意识到研究出土文献仍然要以传世文献为基础,正如裘锡圭先生所指出,"古史辨"派在对上古史认识的大方向上是正确的,在古书辨伪方面则有许多地方需要纠正;今天对于疑古思想和学说应持继承与批判相结合的态度。但就出土文献研究而言,传世典籍以及历代学者对传世典籍的研究仍是基础。③

上述研究为本书提供了不同的视角和方法论上的借鉴,值得注意的还有梁涛先生提出的"原型——意义流变说",既承认历史记载有其"素地"或原型,也正视其传承过程中出现的扭曲和变形,④提醒笔者要注意区分不同类别史料在传承过程中的"失真"程度。

(3) 简牍典籍的文献分类

上文已提到关于简牍典籍的文献分类,目前学界有两种主要意见,本书采用李零先生的分类意见。伴随着简牍典籍的不断发现,学者对简牍典籍分类的认识也逐渐深入,由此对古书文献分类如"书"类、"语"类的认识取得显著进展。⑤

① "书"类

"书"的概念更加明确。李零先生指出书有三种不同的含义:一是作为文字的"书"(包括铭刻和书籍);二是作为档案的"书"(文书);三是作为典籍的

---

① 刘笑敢:《出土简帛对文献考据方法的启示(之一)——反思三种考据方法的推论前提》,《中国哲学与文化》(第 6 辑)《简帛文献与新启示》,第 25~44 页;《出土简帛对文献考据方法的启示(之二)——文献析读、证据比较及文本演变》,《中国哲学史》2010 年第 2 期。
② [美] 柯马丁(Martin Kern):《早期中国手抄文献研究方法之反思》,杨治宜译,《国学学刊》2011 年第 4 期。
③ 裘锡圭、曹峰:《"古史辨"派、"二重证据法"及其相关问题》,《文史哲》2007 年第 4 期。
④ 梁涛:《二重证据法:疑古与释古之间——以近年出土文献研究为例》,《中国社会科学》2013 年第 2 期。
⑤ 新近出版《出土简帛与古史再建》中设有《清华简文本与文献学研究》,对"书""诗""易"及"史籍"类文献进行讨论。参见李学勤等:《出土简帛与古史再建》,第 339~376 页。

"书"(古书)。① 李学勤先生进一步细化,讨论了清华竹书中有关"尚书"类的三种文献:一是真正的《尚书》,见于在今天传世的《尚书》,或者由其标题或内容可以推定是《尚书》的;二是不在《尚书》,可是见于传世的《逸周书》的;三是我们从来不知道的,可是从其体裁来看和《尚书》《逸周书》是一类的。②

对"书"类文献流传、演变的认识也取得了新进展。夏含夷先生着重讨论了先秦时期"书"类文献的形成与传授过程。③ 艾兰先生亦曾对"书"的概念、性质等问题有所阐发。④ 朱凤瀚先生通过清华竹书《皇门》《金縢》等见于今本《尚书》《逸周书》的篇章,探讨了"书"篇流传、分化、演变的过程,认为它们有可能本自西周史官之"书"类文章,其来源与春秋时周王室贵族携带王朝文书档案奔楚有关。春秋时列国多会用各种方式寻觅周王朝文献以为贵族子弟教材。春秋晚期后诸子各学派兴起,所传授讲学内容,也多有本自西周王朝史官记录之"书"类文献,而且列国各派间亦必多有交流。⑤ 刘光胜先生提出了划分清华简《书》经的两个参照——一是形制,二是文本,⑥并继而讨论了先秦"书"经与不同"书"类文献的流传系统。⑦

对整理者所论清华简"书"类的具体篇章,⑧如《尹至》《尹诰》⑨《傅说之命》⑩

---

① 李零:《简帛古书与学术源流(修订本)》,第42~77页。
② 李学勤:《清华简与〈尚书〉、〈逸周书〉的研究》,《史学史研究》2011年第2期。
③ [美]夏含夷:《先秦时代"书"之传授:以清华简〈祭公之顾命〉为例》,《兴与象:中国古代文化史论集》,第163~178页。
④ [美]艾兰:《何为〈书〉?》,《光明日报》2010年12月20日第12版。
⑤ 朱凤瀚:《读清华楚简〈金縢〉兼论相关问题》,《简帛·经典·古史》,第47~58页;《读清华楚简〈皇门〉》,《清华简研究》(第1辑),第184~204页。
⑥ 刘光胜:《清华简与先秦〈书〉经传流》,《史学集刊》2012年第1期。
⑦ 刘光胜:《同源异途:清华简〈书〉类文献与儒家〈尚书〉系统的学术分野》,《中国高校社会科学》2017年第2期。程浩先生有博士论文专论清华简《尚书》类文献,亦可参考。
⑧ 李学勤:《清华简九篇综述》,《文物》2010年第5期;《新整理清华简六种概述》,《文物》2012年第8期;《清华简的文献特色与学术价值》,《文艺研究》2013年第8期。
⑨ 廖名春:《清华简〈尹诰〉研究》,《史学史研究》2011年第2期;杜勇:《清华简〈尹诰〉与晚书〈咸有一德〉辨伪》,《天津师范大学学报》(社会科学版)2012年第3期;夏大兆、黄德宽:《关于清华简〈尹至〉〈尹诰〉的形成和性质——从伊尹传说在先秦传世和出土文献中的流变考察》,《文史》2014年第3辑。
⑩ 杜勇:《从清华简〈说命〉看古书的反思》,《天津师范大学学报》(社会科学版)2013年第4期;李锐:《清华简〈傅说之命〉研究》,《深圳大学学报》(人文社会科学版)2013年第6期;晁福林:《从商王大戊说到商周时代祖宗观念的变化——清华简〈说命〉补释》,《学术月刊》2015年第5期;谢维扬:《由清华简〈说命〉三篇论古书成书与文本形成二三事》,《上海大学学报》(社会科学版)2016年第6期。

《厚父》①《程寤》②《保训》③《耆夜》④《金縢》⑤《封许之命》⑥《命训》⑦《摄命》⑧等篇的性质与成书时代等,均是学界关注之热点问题。特别是杜勇先生采用文字比较、史事辨析等手段考订多篇清华竹书的成书年代,⑨所论多科学精当,为笔者进行史料分类与价值判别时提供了大量借鉴。

---

① 赵平安:《〈厚父〉的性质及其蕴含的夏代历史文化》,《文物》2014年第12期;程浩:《清华简〈厚父〉"周书"说》,《出土文献》(第5辑),上海:中西书局,2014年,第145~147页;郭永秉:《论清华简〈厚父〉应为〈夏书〉之一篇》,《出土文献》(第7辑),上海:中西书局,2015年,第118~132页;李学勤:《清华简〈厚父〉与〈孟子〉引〈书〉》,《深圳大学学报》(人文社会科学版)2015年第3期;黄国辉:《清华简〈厚父〉新探——兼谈用字和书写之于古书成篇与流传的重要性》,《清华大学学报》(哲学社会科学版)2016年第3期;王坤鹏:《论清华简〈厚父〉的思想意蕴与文献性质》,《史学集刊》2017年第2期。
② 刘国忠:《清华简〈程寤〉与"文王受命"》,《文史知识》2012年第5期;罗新慧:《清华简〈程寤〉篇与文王受命再探》,《清华简研究》(第1辑),第62~71页;陈颖飞:《清华简〈程寤〉、〈保训〉文王纪年探研》,《中国文化研究》2012年第1期;刘光胜:《真实的历史,还是不断衍生的传说——对清华简文王受命的再考察》,《社会科学辑刊》2012年第5期;陈颖飞:《清华简〈程寤〉与文王受命》,《清华大学学报》(哲学社会科学版)2013年第2期;杜勇:《清华简〈程寤〉与文王受命综考》,《叩问三代文明:中国出土文献与上古史国际学术研讨会论文集》,第304~335页;杨博:《由清华简〈程寤〉谈"文王受命"的解读》,《出土文献综合研究集刊》(第1辑),成都:巴蜀书社,2014年,第211~218页;晁福林:《从清华简〈程寤〉篇看"文王受命"问题》,《北京师范大学学报》(社会科学版)2016年第5期。
③ 李学勤:《论清华简〈保训〉的几个问题》,《文物》2009年第6期;杜勇:《关于清华简〈保训〉的著作年代问题》,《天津师范大学学报》(社会科学版)2010年第4期;黄怀信:《清华简〈保训〉篇的性质、时代及真伪》,《历史文献研究》(第29辑),上海:华东师范大学出版社,2010年,第133~136页。
④ 杜勇:《从清华简〈耆夜〉看古书的形成》,《中原文化研究》2013年第6期;李锐:《清华简〈耆夜〉续探》,《中原文化研究》2014年第2期。
⑤ 杜勇:《清华简〈金縢〉有关历史问题考论》,《古籍整理研究学刊》2012年第2期;杨振红:《从清华简〈金縢〉看〈尚书〉的传流及周公历史记载的演变》,《中国史研究》2012年第3期;彭裕商:《〈尚书·金縢〉新研》,《历史研究》2012年第6期;程浩:《清华简〈金縢〉性质与成篇辨证》,《上海交通大学学报》(哲学社会科学版)2013年第4期;罗新慧:《〈尚书·金縢〉篇刍议》,《史学史研究》2014年第2期;李晶:《清华简〈金縢〉与〈尚书〉郑注文本考——兼论〈史记〉述〈金縢〉的今古文问题》,《古代文明》2016年第3期;王坤鹏:《从竹书〈金縢〉看战国时期的古史述作》,《史学月刊》2017年第3期。
⑥ 程浩:《〈封许之命〉与册命"书"》,《中国典籍与文化》2016年第1期;刘成群:《清华简〈封许之命〉"侯于许"初探》,《中原文化研究》2016年第5期。
⑦ 刘国忠:《清华简〈命训〉初探》,《深圳大学学报》(人文社会科学版)2015年第3期;《清华简〈命训〉中的命论补正》,《中国史研究》2016年第1期。
⑧ 李学勤:《谈清华简〈摄命〉篇体例》,《清华大学学报》(哲学社会科学版)2018年第5期;贾连翔:《"摄命"即"书序""臩命""冏命"说》,《清华大学学报》(哲学社会科学版)2018年第5期;程浩:《清华简〈摄命〉的性质与结构》,《清华大学学报》(哲学社会科学版)2018年第5期。
⑨ 杜勇先生近期将相关研究论文汇入《清华简与古史探赜》一书出版。参见杜勇:《清华简与古史探赜》,北京:科学出版社,2018年。另刘光胜先生、刘成群先生有关研究亦已结集出版。可参见刘光胜:《清华大学藏战国竹简(壹)整理研究》,上海:上海古籍出版社,2016年;刘成群:《清华简与古史甄微》,上海:上海古籍出版社,2016年。

② "语"类

自马王堆汉墓帛书《春秋事语》出土以来,"语"类概念的讨论和文献性质的研究,即成为学界热点。张政烺先生明确指出春秋战国时存在"语"这一文类,①后为李零先生所发扬,指出春秋战国时期,语类古书非常流行,数量也很大,同一人物、同一事件的故事的版本有好多种,是当时作史的基本材料。②陈伟先生也判定《昭王毁室》《昭王与龚之脽》以及《柬大王泊旱》的体裁为"语"类。③ 俞志慧、夏德靠等先生则从文献学的角度对先秦时期的"语"体作了综合探讨与分析。④ 李佳先生对《国语》的研究,对于深入了解先秦"语"类文体亦有裨益。⑤

以上分析与研究,对于本书研究楚竹书的史料分类起到了很好的文献基础与理论指导作用,但是也可以看出,对于诸如"书""语"类文献的认识尚待进一步厘清与统一,尽管学者们开始注意到"书"类、"语"类等不同文献的区别,但是在史料学层面对其进行的探讨,特别是对解决"如何正确鉴别与使用不同的楚竹书史料"和"如何判断不同楚竹书的史料价值"等问题上的探讨,似尚嫌不够。

2. 战国史学发展

关于战国史学发展的讨论,学界开始重视以"语"为代表的战国时期作史的基本材料。对于诸篇史著文献性质的讨论,也提出了不少启发性的见解,史著编纂、文本内容演变、史事流传等方面,也都有学者开始注意。

除上述对于"书""语"的认识和对某些单篇简牍文献性质判定外,学界讨论焦点集中于"史著"清华竹书《楚居》《系年》与《良臣》等篇的性质认识上。整理者认为《楚居》类似《世本》的《居篇》。赵平安先生对《楚居》的性质、作者及写作年代也有分析。⑥ 但亦有学者如来国龙先生等,认为《楚居》在文本结构上是分支型世系和单线型世系形式的结合。这样的世系,并不完全是对历史

---

① 张政烺:《〈春秋事语〉解题》,《文物》1977年第1期。
② 李零:《简帛古书与学术源流(修订本)》,第297页。
③ 陈伟:《〈昭王毁室〉等三篇竹书的国别与体裁》,《楚地简帛思想研究》(三),武汉:湖北教育出版社,2007年,第201~211页。
④ 俞志慧:《古"语"有之:先秦思想的一种背景与资源》,上海:华东师范大学出版社,2010年;夏德靠:《先秦语类文献形态研究》,北京:中华书局,2015年。
⑤ 李佳:《〈国语〉研究》,北京:中国社会科学出版社,2015年。
⑥ 赵平安:《〈楚居〉的性质、作者及写作年代》,《清华大学学报》(哲学社会科学版)2011年第4期。

事实的真实记录,而是为当时的政治斗争所作的一种意识形态上的总结。《楚居》还不能简单看作是记述历史事实的历史,甚至也不能看作是以当时的史观力图辩证、澄清历史事实的历史著述。①

《系年》的性质,学界存在较大争议,主要观点有编年体、纪事本末体和《铎氏微》式等三种。李学勤先生首先指出《系年》"是一种编年体的史书",后又以《系年》体例与《纪年》相比较,认为"关于古本《纪年》的体例,还有大家进一步探讨的余地。它不是像晚出的今本那样标准的编年史,恐怕是肯定的"。② 许兆昌先生从内容、体例、谋篇等方面分析,认为《系年》是一部具有纪事本末体性质的早期史著。③ 陈伟先生以为《系年》大致以一些大事件为线索,不像《春秋》那样纯粹的编年史,这与《铎氏微》"采取成败""抄撮"的特征正相吻合。《良臣》的体裁和性质有些像《韩非子》内储说、外储说各篇的经,是提纲性的文字,可以用"说"来作大的发挥,其性质似乎与后代史书中的人物列传,特别是像《史记》中《刺客列传》《循吏列传》这种专题性的人物合传相关。他在《楚简册概论》中对其他诸篇楚简文献的类别、撰纂年代和作者国别也分别进行了介绍与讨论。④

关于"语"类简牍典籍的文献性质与编纂,如《越公其事》,李守奎先生讨论了其与句践灭吴的历史事实及故事流传。⑤ 熊贤品先生以为其吴越争霸故事的叙事风格与清华简《系年》等不同,而更近似于《韩诗外传》《说苑》,其性质似乎更偏向于文学作品。⑥《郑子家丧》,冯时先生对其内容进行考释,认为其文本脱胎于《左传》,应属楚威王傅铎椒所作之《铎氏微》。⑦ 葛亮先生则指出简

---

① 来国龙:《清华简〈楚居〉所见楚国的公族与世系》,简帛网,http://www.bsm.org.cn/show_article.php?id=1588,2011年12月3日。
② 李学勤:《初识清华简》,《通向文明之路》,北京:商务印书馆,2010年,第240~248页。
③ 许兆昌、齐丹丹:《试论清华简〈系年〉的编纂特点》,《古代文明》2012年第2期。
④ 陈伟:《不禁想起〈铎氏微〉——读清华简〈系年〉随想》,简帛网,http://www.bsm.org.cn/show_article.php?id=1594,2011年12月19日;《〈清华大学藏战国竹简·良臣〉初读——在〈清华大学藏战国竹简(三)〉成果发布会上的讲话》,简帛网,http://www.bsm.org.cn/show_article.php?id=1769,2013年1月4日;《楚简册概论》,武汉:湖北教育出版社,2012年,第285~299页;《清华大学藏竹书〈系年〉的文献学考察》,《史林》2013年第1期。
⑤ 李守奎:《〈越公其事〉与句践灭吴的历史事实及故事流传》,《文物》2017年第6期。
⑥ 熊贤品:《论清华简七〈越公其事〉吴越争霸故事》,《东吴学术》2018年第1期。
⑦ 冯时:《〈郑子家丧〉与〈铎氏微〉》,《考古》2012年第2期。

文的记载是由不同历史事件"移花接木"而来的。① 张利军先生提出《高宗肜日》所载之事在商代有其史料来源,上博竹书《竞建内之》是《高宗肜日》文本内容的流变。② 王青先生以《曹沫之陈》的"曹刿→曹沫"为例,印证了先秦历史人物的史事记载在流传过程中,往往经历着"史官记载→口述史→史官再记载"的过程。③

可以看出,对楚竹书所反映的战国史学发展的讨论方兴未艾,针对先秦史著的取材、编纂、流传的研究尚未取得较为统一的认识。有关《系年》《楚居》的性质,仍在热烈的讨论之中。对楚竹书史书文献所反映的先秦史观、④史书体例⑤等方面的研究才刚刚起步。

3. 先秦史事研究

楚竹书所记之先秦史事研究,在成果数量上即十分可观。学界对传说时期的古史帝王系统、"九州""禅让"学说等问题,特别是清华竹书涉及的"文王受命""武王戡黎""周公摄政""秦人始源""二王并立""共和行政"等一系列重要而又长期富有争议的问题,都展开了饶有意义的探索。借由新出楚竹书文献,对于郑国史事的研究亦有极大促进。对于楚史与楚文化问题的研究则更为深化、细化,涌现出一批有价值的专题性著作。

(1) 古史传说时期

郭店竹书《唐虞之道》、上博竹书《容成氏》《子羔》等关于传说时代古史帝王系统和"九州"的不同记载、有关"禅让"学说的表述,引起了学界的广泛讨论。

① 古史帝王系统

有关《容成氏》中涉及的古史帝王系统的研究,李零先生认为"容成氏"是

---

① 葛亮:《〈上博七·郑子家丧〉补说》,《出土文献与古文字研究》(第3辑),上海:复旦大学出版社,2010年,第246~251页。
② 张利军:《〈尚书·高宗肜日〉的史料源流考察——兼论商人的灾异观》,《古代文明》2010年第4期。
③ 王青:《从口述史到文本传记——以"曹刿→曹沫"为考察对象》,《史学史研究》2007年第3期。
④ 许兆昌:《试论清华简〈系年〉的人文史观》,《吉林师范大学学报》(人文社会科学版)2014年第6期。
⑤ 牛鹏涛:《清华简〈楚居〉的记史特征》,《古籍整理研究学刊》2014年第4期。

原书的篇题,应即《庄子·胠箧》所述上古帝王中的第一人——容成氏,又据此篇强调了大禹治水和文王平九邦的历史意义。① 林沄先生研究《容成氏》所反映的古帝王记述的生成情况,指出其"至少说明五帝系统不是普遍认同的古史观"。② 郭永秉先生对唐虞传说的问题进行了研究,认为《容成氏》有关舜以前的古史传说,应当归结为"古帝王→有虞迵→尧→舜"。③ 由上可知,《容成氏》所述禹前上古帝王的次第、出身与《史记·五帝本纪》那种大一统的五帝系统多有不同,这不仅说明《容成氏》成文较早,大一统的五帝系统实非史实,而且也为现代学者了解更早的古帝王系统(或同五帝系统并存的另一套系统)的传说,以及推知五帝系统形成之年代和渊源都提供了新的资料。④

② 九州系统

《容成氏》文中讲到禹治水,使九州"可处",所列举九州之名,亦与《尚书·禹贡》所言名称与次序不尽相同。学者由此推知,战国时期"九州"系统亦非单一。⑤ 陈伟先生即对竹书文本及其反映的州域、河流逐一梳理、推定,通过与传世古书的比较,认为竹书反映的九州在禹治水之前即已存在,属于自成一格的九州系统。⑥ 沈建华先生指出,《容成氏》所述州名有的与《尚书·禹贡》相同,不同者可从卜辞和金文地名中获得印证,有些还与《尚书·舜典》有关联。《尚书·舜典》十二州名有可能源自更早的原始卜辞记录,有着悠久的历史渊源。⑦

③ 禅让学说

除《容成氏》外,《唐虞之道》《子羔》亦是将宣传古代帝王禅让思想作为其

---

① 李零:《〈容成氏〉释文考释》,马承源主编:《上海博物馆藏战国楚竹书(二)》,第249页;《三代考古的历史断想——从最近发表的上博楚简〈容成氏〉、燹公盨和虞逑诸器想到的》,《中国学术》(第14辑),北京:商务印书馆,2003年,第188~213页。
② 林沄:《真该走出疑古时代吗?——对当前中国古典学取向的看法》,《林沄学术文集(二)》,北京:科学出版社,2008年,第284页。
③ 郭永秉:《从上博楚简〈容成氏〉的"有虞迵"说到唐虞传说的疑问》,《出土文献与古文字研究》(第1辑),上海:复旦大学出版社,2006年,第313~325页。
④ 朱凤瀚:《新发现古文字资料对先秦史研究的推进》,《中国社会科学报》2009年9月24日第5版。
⑤ 杨博:《"六王五伯"与"九州十二国"——出土文献所见战国时人的史、地认知》,牛鹏涛、苏辉编:《中国古代文明研究论集》,北京:科学出版社,2018年,第239~256页。
⑥ 陈伟:《竹书〈容成氏〉所见的九州》,《中国史研究》2003年第3期。
⑦ 沈建华:《楚简〈容成氏〉州名与卜辞金文地名》,《初学集:沈建华甲骨学论文选》,北京:文物出版社,2008年,第114~120页。

宗旨,学界意见不一。如裘锡圭先生认为尧舜禅让是一个广泛流传的上古传说,绝不可能是战国时代的某一学派所创造出来的。① 李存山先生以为《容成氏》"禹于是乎让益,启于是乎攻益自取"可能是较早的对当时"传说"的一种"原始"记述。② 而晁福林先生则认为,与黄帝轩辕氏齐名的这些古帝王皆行禅让之事,可以视作齐东野语。③

(2) 夏商周史事研究

清华竹书中的"经""史"类典籍,涉及夏商周历史时期一些重要而又长期富有争议的问题,公布伊始即为学界所关注。

① 夏代史事

清华竹书《厚父》通篇记述"王"与"厚父"的对话,其中"王"追述夏代历史的对话中反映的有关皋繇卒于何时、孔甲的君王形象、"三后"的具体所指及夏代的酒文化传统等历史问题引起了学者的注意,④为学界了解夏代历史文化的相关问题提供了资料和讨论平台。⑤

② 商代史事

伊尹史事,宋镇豪先生结合《尹至》详细论述了伊尹对商代建国所作出的突出贡献;⑥罗琨先生以《尹至》、⑦刘国忠先生据《赤鹄之集汤之屋》对"伊尹间夏说"展开了讨论。⑧ 清华竹书《傅说之命》三篇分别记述了商王武丁得傅说的过程及武丁对傅说的命辞,其中《傅说之命》(上)中有关傅说伐失仲的史事记载引起学者重视。⑨ 沈建华先生将"失仲"与卜辞中的"失族"联系起来,探

---

① 裘锡圭:《读〈郭店楚墓竹简〉札记三则》,《中国出土古文献十讲》,第284页。
② 李存山:《反思经史关系:从"启攻益"说起》,《中国社会科学》2003年第3期。
③ 晁福林:《论古史重构》,《史学集刊》2009年第4期。
④ 赵平安:《〈厚父〉的性质及其蕴含的夏代历史文化》,《文物》2014年第12期。
⑤ 程浩:《清华简〈厚父〉"周书"说》,《出土文献》(第5辑),第145～147页;郭永秉:《论清华简〈厚父〉应为〈夏书〉之一篇》,《出土文献》(第7辑),第118～132页。
⑥ 宋镇豪:《谈谈商代开国名臣伊尹》,罗运环主编:《楚简楚文化与先秦历史文化国际学术研讨会论文集》,第252～259页。
⑦ 罗琨:《读〈尹至〉"自夏徂亳"》,《出土文献》(第2辑),上海:中西书局,2011年,第8～16页。
⑧ 刘国忠:《清华简〈赤鹄之集汤之屋〉与伊尹间夏》,《深圳大学学报》(人文社会科学版)2013年第1期。
⑨ 张伦敦:《〈清华简·说命〉所载傅说事迹史地钩沉——兼论卜辞中的"云奠河邑"》,《古代文明》2017年第3期。

讨其史事内涵。①《傅说之命》(下)有一段记述太戊功绩的文辞,李学勤先生指出其可与《史记·殷本纪》相印证,证明太戊复兴史事之有据;②晁福林先生则认为其与《尚书》诸篇所载周人对"殷先哲王"的叙述相类似,而与《史记·殷本纪》称某"宗"的叙述距离较远。③

③ 文王受命

《保训》的"中"与"惟王五十年"涉及"文王受命"的问题,学界反响热烈。"中"的意指,李学勤先生以为"中道";沈建华先生等以为是适中、公正;李零先生、周凤五先生等持标杆——军队说;邢文先生主张"中"是命数、天数。④ 刘国忠先生以"惟王五十年"认为文王生前已经称王,并且即位即已称王;⑤陈颖飞先生将《保训》与《程寤》放在一起讨论文王纪年的问题,认为"文王即位之初就已经称王"。⑥ 李零先生则指出"惟王五十年"只是战国人说的西周故事,并不能以此为据。⑦

④ 武王戡黎

清华竹书《耆夜》记载周武王八年征伐耆国得胜,在周都文王宗庙举行"饮至"典礼上武王君臣饮酒作歌的史事。李学勤先生、⑧沈建华先生据此认为,⑨此为宋儒所主张的"武王戡黎"提供了有力的证据。由于古本《竹书纪年》有载文王和武王都曾戡黎,又上博竹书《容成氏》有"文王平九邦",此"九邦"中包含"耆国",因此王鹏程先生等提出"二次戡黎说",认为文武王所戡之黎不同,文王所戡是耆国,清华竹书所载武王所戡应为"黎国",是纣都朝歌附近的黎阳。

---

① 沈建华:《清华楚简〈说命〉"失仲"与卜辞中的"失族"》,《甲骨文与殷商史》(新4辑),上海:上海古籍出版社,2014年,第47~56页。
② 李学勤:《新整理清华简六种概述》,《文物》2012年第8期。
③ 晁福林:《从商王大戊说到商周时代祖宗观念的变化——清华简〈说命〉补释》,《学术月刊》2015年第5期。
④ 对这一问题的总结与梳理,可参见刘国忠:《清华简保护及研究情况综述》,《中国史研究动态》2009年第9期;亓琳:《清华简〈保训〉研究综述》,硕士学位论文,吉林大学古籍研究所,2012年,第84~89页。
⑤ 刘国忠:《周文王称王史事辩》,《中国史研究》2009年第3期;《清华简〈保训〉与周文王事商》,《清华大学学报》(哲学社会科学版)2009年第5期。
⑥ 陈颖飞:《清华简〈程寤〉、〈保训〉文王纪年探研》,《中国文化研究》2012年第1期。
⑦ 李零:《读清华简〈保训〉释文》,《中国文物报》2009年8月21日第7版。
⑧ 李学勤:《清华简九篇综述》,《文物》2010年第5期。
⑨ 沈建华:《清华楚简"武王八年伐郘"刍议》,《考古与文物》2010年第2期。

"耆""黎"均是脂部字,故汉代以后的注疏,经常会将二者混淆。① 李零先生指出,关于西伯戡黎,更重要的是要注意这一事件对周人翦商有何重要意义,至于西伯是哪个西伯,戡黎究竟有几次,恐怕倒在其次。②

⑤ 周公摄政

朱凤瀚先生根据清华竹书《金縢》《皇门》,讨论了周公摄政、东征及周人宗教观念等问题,谈到了周公巩固王朝的巨大努力,如周公以成王名义进行的东征,对摄政期间困难局面的处理,以及因此周公获得的政治地位等问题,颇具启示。③ 刘国忠先生认为伪孔传把"周公居东"解释为周公东征是正确的,马融、郑玄等理解的"待罪于东"是错误的,而后人所说"周公奔楚"则是出于后人的误解。④ 彭裕商先生、⑤马卫东先生等则认为"周公居东"的内涵并非指东征而言。⑥

⑥《系年》所记史事

李学勤先生曾先后撰文介绍与讨论清华竹书中涉及的史事,⑦如对清华竹书《系年》,李先生讨论了三监之乱后,伯禽封鲁,统治"商奄之民",又据《尚书序》指出,成王和周公将奄君迁往蒲姑,同时强迫"商奄之民"西迁,而这些"商奄之民"正是秦的先人。⑧ 王子余臣即携惠王,在其在位二十一年为晋文侯所杀,并非晋文侯二十一年。所谓"共和"是指共伯和,与《竹书纪年》记载相合等。⑨

朱凤瀚先生从"武王监观商王之不恭上帝""周武王既克殷,乃设三监于

---

① 王鹏程:《"清华简"武王所戡之"黎"应为"黎阳"》,《史林》2009 年第 4 期;刘成群:《清华简〈乐诗〉与"西伯戡黎"再探讨》,《史林》2009 年第 4 期。
② 李零:《西伯戡黎的再认识——读清华楚简〈耆夜〉篇》,《简帛·经典·古史》,第 113~130 页。
③ 朱凤瀚:《读清华楚简〈皇门〉》,《清华简研究》(第 1 辑),第 184~204 页;《读清华楚简〈金縢〉兼论相关问题》,《简帛·经典·古史》,第 47~58 页。
④ 刘国忠:《清华简〈金縢〉与周公居东的真相》,《出土文献》(第 1 辑),上海:中西书局,2010 年,第 31~42 页。
⑤ 彭裕商:《〈尚书·金縢〉新研》,《历史研究》2012 年第 6 期。
⑥ 马卫东:《"周公居东"与〈金縢〉疑义辨析》,《史学月刊》2015 年第 2 期。
⑦ 李学勤:《清华简九篇综述》,《文物》2010 年第 5 期;《清华简〈系年〉及有关古史问题》,《文物》2011 年第 3 期;《新整理清华简六种概述》,《文物》2012 年第 8 期;《初识清华简》,上海:中西书局,2013 年。
⑧ 李学勤:《清华简关于秦人始源的重要发现》,《光明日报》2011 年 9 月 8 日第 11 版。
⑨ 李学勤:《清华简〈系年〉及有关古史问题》,《文物》2011 年第 3 期。

殷""成王伐商盖,杀飞廉,西迁商盖之民""建卫叔封于康丘""戎乃大败周师于千亩""周亡王九年"等六个方面,对清华竹书《系年》所记西周重要史事进行了探考,指出《系年》所记史事与传世文献及西周金文资料相结合,无疑可以细化、深化我们对西周历史的认识。①

《系年》中"周亡王九年"的记载是讨论的热点问题,除上举李学勤、朱凤瀚先生以外,晁福林、②王晖、③罗运环、④刘国忠、⑤程平山、⑥王红亮、⑦魏栋等先生均发表各自看法,⑧或肯定整理者的解释,"指幽王灭后九年";⑨或否定整理者的解释,认为应理解为晋文侯杀携惠王之后,周曾出现了长达9年的亡王状况;或另立新说,将此句断读为"周亡,王九年",以"王九年"为幽王九年。有关这一问题,笔者下文有详细论述。此外,李守奎先生对吴人入郢、莫嚣易为,⑩李均明先生对伍员本人及其在柏举之战中的作用等,⑪熊贤品先生对战国王年问题的研究,⑫都是对有关《系年》所记史事的研究。

⑦ 郑国史事

清华简《系年》第二章与郑国史事有关,⑬更有《郑武夫人规孺子》《郑文

---

① 朱凤瀚:《清华简〈系年〉所记西周史事考》,《第四届国际汉学会议论文集——出土材料与新视野》,第441~460页;《清华简〈系年〉"周亡王九年"再议》,《吉林大学社会科学学报》2016年第4期。
② 晁福林:《清华简〈系年〉与两周之际史事的重构》,《历史研究》2013年第6期。
③ 王晖:《春秋早期周王室王位世系变局考异——兼说清华简〈系年〉"周无王九年"》,《人文杂志》2013年第5期。
④ 罗运环:《清华简〈系年〉前四章发微》,《出土文献》(第7辑),上海:中西书局,2015年,第90~97页。
⑤ 刘国忠《从清华简〈系年〉看周平王东迁的相关史实》,《简帛·经典·古史》,第173~179页。
⑥ 程平山:《秦襄公、文公年代事迹考》,《历史研究》2013年第5期。
⑦ 王红亮:《清华简〈系年〉中周平王东迁的相关年代考》,《史学史研究》2012年第4期。
⑧ 魏栋:《清华简〈系年〉"周亡王九年"及两周之际相关问题新探》,《楚简楚文化与先秦历史文化国际学术研讨会论文集》,第109~121页。
⑨ 清华大学出土文献研究与保护中心编,李学勤主编:《清华大学藏战国竹简(贰)》,第139页。
⑩ 李守奎:《清华简〈系年〉与吴人入郢新探》,《中国社会科学报》2011年11月24日第7版;《清华简〈系年〉"莫嚣易为"考论》,《中原文化研究》2014年第2期;《清华简中的伍之鸡与历史上的鸡父之战》,《中国高校社会科学》2017年第2期。
⑪ 李均明:《伍员与柏举之战——从清华战国简〈系年〉谈起》,《楚简楚文化与先秦历史文化国际学术研讨会论文集》,第81~89页。
⑫ 熊贤品:《战国王年问题研究》,北京:中国社会科学出版社,2017年。
⑬ 李学勤:《由〈系年〉第二章论郑国初年史事》,《湖南大学学报》(社会科学版)2014年第4期;代生、张少筠:《清华简〈系年〉所见郑国史事初探》,《中南大学学报》(社会科学版)2015年第3期。

公问太伯》甲、乙本和《子产》等四篇竹书直接涉及郑国史事。① 《郑武夫人规孺子》简文内容与二十余年后的"郑伯克段于鄢"并置姜氏于城颍有密切关联。② 《郑文公问太伯》记载了太伯对郑文公的临终告诫，劝诫文公当追慕先君、克己节欲、任用贤良。其中最具史料价值的内容是太伯历数了郑国自桓公东迁以来，桓公、武公、庄公三代国君开疆拓土的史事，以及昭公、厉公争立、郑国动荡衰落的情势。③ 《子产》篇中提到子产参照夏商周"三邦之令""三邦之刑"制定了"郑令""野令"和"郑刑""野刑"，足以印证和弥补《左传》中子产作刑书的记载。学者据以对郑国初年、④ 子产铸刑鼎等史事展开研究。⑤

⑧ 其他史事

与楚竹书所记有关的其他史事亦有不少，有代表性的可举陈颖飞先生对西周祭氏、毕氏、井氏及毛氏的世系及史事，程薇先生对周厉王时期的外患等若干问题的研究。⑥ 赵平安先生提出《穷达以时》"初醯醯，后名扬，非其德加"讲述的是王子比干的故事，比干"醯醯"是楚地文化的特定说法。⑦ 李天虹先生认为，《郑子家丧》可能是在楚国流传的有关晋楚两棠之战的一个版本，东周时期不以礼葬也许是对戴罪卿大夫的惩罚措施之一。⑧ 另可见曹虎泰先生据

---

① 李学勤：《有关春秋史事的清华简五种综述》，《文物》2016年第3期。
② 李守奎：《〈郑武夫人规孺子〉中的丧礼用语与相关的礼制问题》，《中国史研究》2016年第1期。
③ 马楠：《清华简〈郑文公问太伯〉与郑国早期史事》，《文物》2016年第3期。
④ 刘光：《清华简〈郑文公问太伯〉所见郑国初年史事研究》，《山西档案》2016年第6期；晁福林：《谈清华简〈郑武夫人规孺子〉的史料价值》，《清华大学学报》（哲学社会科学版）2017年第3期；代生：《清华简（六）郑国史类文献初探》，《济南大学学报》（社会科学版）2018年第1期；程浩：《困兽犹斗：新史料所见战国前期的郑国》，《殷都学刊》2018年第1期；程浩：《从"逃死"到"扦艰"：新史料所见两周之际的郑国》，《历史教学问题》2018年第4期。
⑤ 王捷：《清华简〈子产〉篇与"刑书"新析》，《上海师范大学学报》（哲学社会科学版）2017年第4期；王沛：《子产铸刑书新考：以清华简〈子产〉为中心的研究》，《政法论坛》2018年第2期。
⑥ 陈颖飞：《清华简祭公与西周祭氏》，《江汉考古》2012年第1期；《清华简毕公高、毕桓与西周毕氏》，《中国国家博物馆馆刊》2012年第6期；《清华简井利与西周井氏之井公、井侯、井伯》，《出土文献》（第2辑），第43~54页；《清华简〈祭公〉毛班与西周毛氏》，《叩问三代文明：中国出土文献与上古史国际学术研讨会论文集》，第277~297页。程薇：《清华简〈芮良夫毖〉与周厉王时期的外患》，《出土文献》（第3辑），上海：中西书局，2012年，第54~60页。
⑦ 赵平安：《〈穷达以时〉第九号简考论——兼及先秦两汉文献中比干故事的衍变》，《古籍整理研究学刊》2002年第2期。
⑧ 李天虹：《竹书〈郑子家丧〉所涉历史事件综析》，《出土文献》（第1辑），185~193页。

《曹沫之陈》讨论西周至春秋时期诸侯国的疆界形态;① 石小力先生据清华简考证侯马盟书的"赵尼";② 宁镇疆先生据《子仪》分析秦文化之特质;③ 等等。

(3) 楚史研究

① 楚国历史地理

学界也对清华竹书《楚居》所反映的楚国历史地理问题展开讨论,解决了一些地理地名问题。如李家浩先生认为"夷宆"即"夷陵",④ 黄锡全先生推断"疆郢"为"免郢",又指出简文中楚国的灵王、平王、昭王均驻跸过的秦溪与安徽乾溪不是一地。⑤ 徐少华先生详细分析了季连氏由北向南的迁徙时间和路线、居住地点等问题,⑥ 沈建华先生则分析了郍人自商时起由晋南地区逐步南迁的过程等。⑦

② 楚史与楚文化

对楚国制度名物、社会经济、地理政区、风俗祭祀等各个层面的认识也有不少新成果。⑧ 如李守奎先生结合包山楚简所见楚地人名、传世姓氏书,以《楚居》记载的楚先祖姓名为线索,系统梳理早期楚族姓氏源流。⑨ 陈伟先生《楚简册概论》通过对楚简的研究、整理与解读,概述了楚简册所反映的先秦楚国"中央与地方""身份、名籍与土地制度""司法制度""卜筮与祷祠"和"丧葬记

---

① 曹虎泰:《上博简〈曹沫之陈〉中的"交地"小考——兼论西周至春秋时期诸侯国的疆界形态》,《中国历史地理论丛》2018年第1期。
② 石小力:《据清华简考证侯马盟书的"赵尼"——兼说侯马盟书的时代》,《中山大学学报》(社会科学版)2018年第1期。
③ 宁镇疆、龚伟:《由清华简〈子仪〉说到秦文化之"文"》,《中州学刊》2018年第4期。
④ 李家浩:《谈清华战国竹简〈楚居〉的"夷宆"及其他——兼谈包山楚简的"坉人"等》,《出土文献》(第2辑),第55~66页。
⑤ 黄锡全:《楚武王"郢"都初探——读清华简〈楚居〉札记之一》,《清华简研究》(第1辑),第261~273页;《楚简秦溪、章华台略议——读清华简〈楚居〉札记之二》,《楚简楚文化与先秦历史文化国际学术研讨会论文集》,第189~196页。
⑥ 徐少华:《季连早期居地及相关问题考析》,《清华简研究》(第1辑),第277~287页。
⑦ 沈建华:《〈楚居〉郍人与商代若族新探》,《清华简研究》(第1辑),第313~318页。
⑧ 刘玉堂《世纪楚学》系列丛书,武汉:湖北教育出版社,2012年;除陈伟《楚简册概论》外,有陈绍辉:《楚国法律制度研究》、程涛平:《楚国农业及社会研究》、黄凤春等:《楚器名物研究》、李天虹:《楚国铜器与竹简文字研究》、徐文武:《楚国思想与学术研究》、杨华等:《楚国礼仪制度研究》、郑威:《楚国封君研究》、左鹏:《楚国历史地理研究》、刘玉堂等:《楚国交通研究》《楚国水利研究》及姚伟钧等:《楚国饮食与服饰研究》。
⑨ 李守奎:《〈楚居〉中的楚先祖与楚族姓氏》,《出土文献研究》(第10辑),北京:中华书局,2011年,第14~22页。

录"等内容,此外他还有《新出竹简研读》《燕说集》等。① 谷中信一先生探讨了先秦时期齐楚文化间的交流。② 罗运环、③徐少华、④吴良宝、⑤晏昌贵、⑥杨华、⑦于成龙、⑧刘信芳⑨及刘国胜⑩等学者均有研究先秦楚史与楚文化的专著问世。

综上所述,楚竹书蕴含的先秦史事,多已为学者所揭橥。但是可以看出,学界对于这些先秦史事的认识,还存在相当争议。楚竹书究竟坚定了我们对先秦史事的哪些认识,又是怎样纠正或拓宽我们既往的认知,上述研究,特别是建立在对楚竹书史学分类与鉴别的基础上的研究,显得尤为必要。

上文将海内外学者对楚竹书的史学研究大致归纳为三个方面,作了较具体的阐述,这些无疑是我们当前对这一问题作进一步研究的基础。但是,过去的研究仍有某些薄弱点或不足之处,总体看来似在于:

点的研究(即就先秦史事的某一问题或楚竹书的某一篇)很多,线的研究(即就先秦史事的某几个相关问题或楚竹书中相关的某几篇或几批)也有不少,面的研究(即对目前发现的楚竹书作通盘的史学考察)尚嫌不够。这样,楚竹书对于先秦史研究的价值并不能逻辑完整、清晰地展现出来。

造成以上薄弱点的原因,一方面是由于研究者受限于当时能够见到的史料(特别是楚竹书史料发现之多寡)与其理论认识的差异;另一方面,也有研究视角与研究方法、手段层面的问题。尽管已有部分学者注意从史学或多学科

---

① 陈伟:《楚简册概论》,武汉:湖北教育出版社,2012年;《新出楚简研读》,武汉:武汉大学出版社,2010年;《燕说集》,北京:商务印书馆,2011年。
② [日]谷中信一:《先秦时期齐楚文化的交流——以上博简五〈鲍叔牙与隰朋之谏〉为切入点》,[韩]权仁瀚、金庆浩、李承律编:《东亚资料学的可能性探索》,桂林:广西师范大学出版社,2010年,第196~220页。
③ 罗运环:《出土文献与楚史研究》,北京:商务印书馆,2011年。
④ 徐少华:《荆楚历史地理与考古探研》,北京:商务印书馆,2010年。
⑤ 吴良宝:《战国楚简地名辑证》,武汉:武汉大学出版社,2010年。
⑥ 晏昌贵:《巫鬼与淫祀——楚简所见方术宗教考》,武汉:武汉大学出版社,2010年;《简帛数术与历史地理论集》,北京:商务印书馆,2010年。
⑦ 杨华:《古礼新研》,北京:商务印书馆,2012年。
⑧ 于成龙:《楚礼新证——楚简中的纪时、卜筮与祭祷》,博士学位论文,北京大学考古文博学院,2004年。
⑨ 刘信芳:《楚系简帛释例》,合肥:安徽大学出版社,2011年。
⑩ 刘国胜:《楚丧葬简牍集释》,北京:科学出版社,2011年。

交叉的角度来研究，但是从总的研究状况看，古文字学、古文献学、学术史与思想史角度的研究还是居多的。随着近年来大量含有经、史类著作的清华竹书的陆续公布，田野考古资料和以甲骨、金文为代表的其他古文字资料的逐渐增多，我们已有可能对楚竹书从史学研究层面作通盘、细致的考察，且这种考察随着时间推移而日显紧迫。

六、研究主旨与章节结构

本书拟在深入钻研楚竹书文献的基础上，将之与传世文献、其他古文字资料（甲骨文、金文）、考古发掘材料（墓葬、遗址及遗物等）及前辈时贤的研究成果相结合，从史学研究的角度，分别对楚竹书中所蕴含的古史史料与文献学、战国史学发展、先秦史事等方面作尽可能细致的考察，以科学地说明与评价已发现战国楚竹书之史学价值，希望能在既有研究成果的基础上，为弥补上述研究工作中的薄弱点作进一步的努力。

在结构安排上本书拟遵循如下思路与逻辑：

第一章，拟在成熟合理的古文献学分类的基础上，开展史料学分析，确定史料价值判定原则，并分别对楚竹书不同类别文献的史料价值展开讨论。

第二章，是对楚竹书所反映的战国时期编纂史学之体例与史观的检讨，借以说明战国时期的史学发展状况。

第三、四章，在史料分类的基础上，考察楚竹书在先秦史事研究等方面的学术价值。

以上每章末尾均将全章所论要点作一归纳以为小结，文末结语系对全书的总结与本研究对先秦史研究之启示的阐述。

第一章 战国楚竹书之史料内涵

对于战国楚竹书中的史书,李零先生在对简帛典籍作文献分类时,将之列为"史书类",并援引申叔时所论之"九艺",将其细分为谱牒类、纪年类、档案类、故事类等四小类。① 与之相关,王晖先生亦曾据申叔时所论之"九艺",认为春秋战国时期的史书编纂形式,大致可分为春秋编年类、世系类、以总结历史经验教训为主的古史志类和记言体史著类等四小类。② 下面将这两种分类方法比较如表1-1,可见两种分类虽一着眼于出土简帛典籍,一着眼于春秋战国时期的史书编纂,但结果仍大致相同。区别似主要在于李零先生认为"故志""训典"是古代典谟训诰和五帝、唐虞、三代故事的混合;王晖先生则认为"故志"是春秋战国时的古代史著,"训典"是传说五帝时的帝与众臣的"治国之善语","语"是先王时代王及众臣的"治国之善语"。撇开差异,窃以为二位先生的研究更重要的是皆揭示了以下两点:其一春秋战国时期存在着"史书"类的作品;其二当时"史书"类的作品是以"春秋""世"为主体,融合"语""故志""训典"等而成的。

表1-1 先秦史书分类对比

"九艺"	李 零	举 例	王 晖	举 例
"世"	谱牒类	《世本》《大戴礼记·五帝德》《帝系》等	世系类	《世本》等
"春秋"	纪年类	《春秋》《竹书纪年》等	春秋编年类	《春秋》《竹书纪年》《梼杌》《乘》等
"故志"	档案类	《尚书》《逸周书》等	古史志类	《逸周书·史记》《前志》《周志》《故志》等

① 李零:《简帛古书与学术源流(修订本)》,第218~219、280~310页。
② 王晖:《春秋战国时期历史经验总结的思潮与史书》,《史学史研究》1998年第4期。

续表

"九艺"	李 零	举 例	王 晖	举 例
"训典"	档案类	《尚书》《逸周书》等	记言体史著类	《国语》《春秋后语》《尚书·周书》《尚书·夏书》《尚书·商书》等
"语"	故事类	《国语》《国策》等	记言体史著类	《尚书·尧典》《尚书·舜典》《尚书·皋陶谟》等

但是,在此基础上,似仍有进一步讨论之必要。第一,二位先生的分类是仅就"史书"类文献而言的。我们知道,文献史料匮乏、零散是先秦史研究的重要特点,春秋末期,孔子的喟叹"夏礼,吾能言之,杞不足征也;殷礼,吾能言之,宋不足征也。文献不足故也",①早已为大家所熟知。"巧妇难为无米之炊",拓展史料来源,自然成为从事先秦史研究的前提。因此,关注"史书"类之外文献分类的史料价值,也是有必要的。第二,二位先生的分类,在文献体例上注意到当时"史书"文献存在着"类"上的差异,而不同"类"的文献在史料价值上的差异,②即"史书"之外非"史书"中也有史料,二者之价值尤需要辨别和考察。因此,就目前已发现的楚竹书明确不同"类"的文献认识,并对不同"类"文献的史料价值做明晰的探讨与说明,正是笔者在本章欲作探讨的。

第一节 楚竹书所具有的史料性质与史料价值判断标准

一、楚竹书的史料性质

过去学者或本于《汉书·艺文志》的分类认为先秦学术,从周公到孔子,下至战国秦汉,在当时中国人脑子里,还无所谓史学观念,当时学术大分野,只有

---

① 《论语注疏》卷三《八佾》,(魏)何晏注,(宋)邢昺疏:《论语注疏》,(清)阮元校刻:《十三经注疏》(清嘉庆刊本),北京:中华书局,2009 年,第 5357 页。
② 裘锡圭:《中国古典学重建中应该注意的问题》,《中国出土古文献十讲》,第 1 页;[日]池田知久、西山尚志:《出土资料研究同样需要"古史辨"派的科学精神》,《文史哲》2006 年第 4 期;陈伟:《试说简牍文献的年代梯次》,《第四届国际汉学会议论文集——出土材料与新视野》,第 493~500 页。

经学和子学。① 这显然是受到汉代高度重视经学之观念的影响。班固在《汉志》中把史著《春秋》列入"六艺"类,且以《春秋》为标志,把解释《春秋》的《公羊传》《穀梁传》《左氏传》以及《国语》《战国策》《太史公书》等等,都归到了《春秋》家的名下,自然再无立史类的必要了。然而,班固实际上仍是将《春秋》家视为史家的,正如他在《汉志》总结春秋家所言:"古之王者世有史官。君举必书,所以慎言行,昭法式也。左史记言,右史记事,事为《春秋》,言为《尚书》,帝王靡不同之。"②可知在班固看来,《春秋》《尚书》都应属于史书,当时的文献分类中是有史书存在的。

其次,《汉志》的分类,本于刘向、刘歆父子整理历秦火后的西汉秘府藏书时所确立的《七略》,是建立在西汉时所存留的古书分类基础上的。而焚书之前,即便是秦代,我们也可以看到"史书"类的存在,如发生在秦始皇二十四年的"焚书",李斯奏议需要烧掉的书主要有两类:其一所谓"臣请史官非秦纪皆烧之",其二"非博士官所职,天下敢有藏《诗》《书》、百家语者,悉诣守、尉杂烧之"。③ 可以清晰看出,由史官职守的战国诸国史"纪"与《诗》《书》、百家语均各自单独成类。秦禁六国史书,不禁秦国史书,但是秦纪又记载简略。史书类存世稀少或许是《汉志》分类未将史类单独列出的原因之一。

上述申叔时所论之"九艺",源自《国语·楚语上》春秋中期楚庄王问傅太子之道时,大夫申叔时的论述,其云:

> 教之《春秋》,而为之耸善而抑恶焉,以戒劝其心;教之《世》,而为之昭明德而废幽昏焉,以休惧其动;教之《诗》,而为之导广显德,以耀明其志;教之《礼》,使知上下之则;教之《乐》,以疏其秽而镇其浮;教之《令》,使访物官;教之《语》,使明其德,而知先王之务,用明德于民也;教之《故志》,使知废兴者而戒惧焉;教之《训典》,使知族类,行比义焉。④

这里,申叔时列出了"春秋""世""诗""礼""乐""令""语""故志""训典"等九种

---

① 钱穆:《中国史学名著》,北京:生活·读书·新知三联书店,2000年,第22页。
② 《汉书》卷三〇《艺文志》,(汉)班固撰,(唐)颜师古注:《汉书》,北京:中华书局,1962年,第1715页。
③ 《史记》卷六《秦始皇本纪》,(汉)司马迁撰,(南朝宋)裴骃集解,(唐)司马贞索隐、张守节正义:《史记》,北京:中华书局,1959年,第255页。
④ 《国语集解》卷一七《楚语上》,徐元诰:《国语集解(修订本)》,王树民、沈长云点校,北京:中华书局,2002年,第485~486页。

所要"教之"的文献,上述李零先生、王晖先生等亦将"春秋""世""语""故志""训典"等看作史书类文献进行讨论。可以看出,春秋战国时期存世的史书文献种类是相当多的。

春秋战国时期存在着不少的史书类文献,这一点在楚竹书中也有相当反映,前文已列出楚竹书中史书类文献的种类与篇目,这里不再赘述。需要强调的是,作为直接记载或反映先秦史实之史书类文献,其具有研究先秦史事之史料价值是不言而喻的。

早期文献中除留存有不少的史书类文献之外,其他后世列于史书类之外的典籍亦不同程度地带有"史"的成分。以《诗》为例,古人常常是诗史并称的,如刘师培所说:"当此之时,歌谣而外,复有史篇,大抵皆为韵语。言志者为诗,记事者为史篇。"①照此认识,则"韵语"应指今日所言之"诗",包括"言志者"和"记事者"两种。学者指出,《诗经》本质上仍是记事的。②"诗言志",更多的是采诗、献诗、编诗者之志,如《诗大序》说:"国史明乎得失之迹,伤人伦之废,哀刑政之苛,吟咏情性以风其上。达于事变,而怀其旧俗者也。"③这就说明,序所言的"志",是有采诗、献诗、编诗的"国史"参与的。④

先秦古书是从官学发展而来,官学是分类的源头,我们要想了解这个源头,通常有两个背景参考:一是古代的官书旧典,二是古代的贵族教育。前者是史书之源,后者是经书之源,⑤这对我们正确认识"六艺""诸子"与"史学"的关系具有重要的启示。其实古人向来有"经史岂有二学哉"的认识。⑥《庄子·天运》篇记有老子曰:"夫《六经》,先王之陈迹也,岂其所以迹哉。"⑦《中

---

① 刘师培:《论文杂记》,陈引驰编校:《刘师培中古文学论集》,北京:中国社会科学出版社,1997年,第227页。
② 季镇淮:《来之文录》,北京:北京大学出版社,1992年,第102页。
③ 《毛诗正义》卷一·一《周南·关雎》,(汉)毛亨传,郑玄笺,(唐)孔颖达疏:《毛诗正义》,(清)阮元校刻:《十三经注疏》(清嘉庆刊本),第566页。
④ 刘毓庆、郭万金:《从文学到经学——先秦两汉诗经学史论》,上海:华东师范大学出版社,2009年,第164页。
⑤ 李零:《从简帛发现看古书的体例和分类》,《中国典籍与文化》2001年第1期。
⑥ (清)赵翼著,王树民校证:《廿二史札记校证(订补本)》"附录二"钱大昕序,北京:中华书局,1984年,第885页。
⑦ 《庄子集释》卷一四《天运》,(清)郭庆藩:《庄子集释》,王孝鱼点校,北京:中华书局,2004年,第532页。

说》以《尚书》《诗经》《春秋》"同出于史"。① 唐刘知幾分古史流派六家,其中三家《尚书》《春秋》《左传》同于经传。② 明人王阳明亦认为:"以事言谓之史,以道言谓之经。事即道,道即事,《春秋》亦经,'五经'亦史。"③是故有清人章学诚之"六经皆史"说。金毓黻先生曾谓"故榷论吾国古代之史籍,应自《尚书》《春秋》二书始",并以《尚书》《春秋》为史著,《易》《诗》《礼》《乐》为史料。④ 所以说,从春秋后期起,后世所谓之儒家典籍逐渐形成,史学也随着《春秋》《左传》的出现而开始出现,不过当时仍然无所谓经史之分。⑤

所谓"子学",据出自《汉书·艺文志》的"诸子出于王官"说,诸王官所职,本在史家研究范畴之内,特别是谓"道家者流,盖出于史官",⑥所言未必确实,但所谓"史"与"子"紧密联系是很有可能的。《史记·太史公自序》中以司马谈《论六家要旨》来总结先秦诸子,其融合诸子而"成一家之言"的作史目的也是不言而喻的,故清人龚自珍曾有言:"五经者,周史之大宗也。……诸子者也者,周史之小宗也。"⑦"经"与"子"难以分离,故清人傅山云:"孔子、孟子不称孔经、孟经,而必曰孔子、孟子,可见有子而后有作经者也。"⑧至迟到春秋时期,反映各种文化知识的文献已经有了一定的积累,不过在这些文化知识之间还没有严格的学科区分。⑨ 甚至可以说从上古至春秋,在世人观念中,强烈的或许仅是"史学"的观念,即所谓"史为一代盛衰之所系,即为一代学术之总归,……九流学术皆原于史"。⑩ 所以应该承认,不仅"六艺""诸子",乃至"兵书""数术""方技"等都可以归属于广义上的史料之范畴,只是它们所蕴含的史

---

① 《中说校注》卷一《王道》,张沛:《中说校注》,北京:中华书局,2013 年,第 8~9 页。
② 《史通通释》卷一《六家》,(唐) 刘知幾撰,(清) 浦起龙通释:《史通通释》,王煦华整理,上海:上海古籍出版社,2009 年,第 1 页。
③ 《传习录上》,(明) 王阳明:《王阳明全集》,吴光等编校,上海:上海古籍出版社,1992 年,第 10 页。
④ 金毓黻:《中国史学史》,北京:商务印书馆,2003 年,第 28、311 页。
⑤ 刘家和:《史学和经学》,《北京师范大学学报》1985 年第 3 期。
⑥ 《汉书》卷三〇《艺文志》,第 1732 页。
⑦ 《古史钩沉论二》,(清) 龚自珍:《龚自珍全集》,上海:上海人民出版社,1975 年,第 21 页。
⑧ (清) 傅山:《霜红龛集》卷三八《杂记三》,《续修四库全书》第 1395 册,上海:上海古籍出版社,2002 年,第 709~710 页。
⑨ 刘家和:《史学和经学》,《北京师范大学学报》1985 年第 3 期。
⑩ 刘师培:《古学出于史官论》,杜维运主编:《中国史学史论文选集(一)》,台北:华世出版社,1976 年,第 42、44 页;杨树增:《〈左氏春秋〉"史""传"考辨》,方铭主编:《〈春秋〉三传与经学文化》,长春:长春出版社,2010 年,第 14 页。

料价值各不相同而已。

楚竹书中亦有相当的非史书类文献,如"诗"类文献,其所记述的先秦史实具有重要的史料价值,而在郭店竹书、上博竹书中居于主流地位的"子"类文献,其所反映的未必皆是史实,但其作为研究战国时人史学观念、历史认识和政治思想等方面的史料,则具有明显的可靠性。就此意义来讲,楚竹书中的非史书类文献亦具有史料价值。

二、楚竹书的史料价值判断标准

接下来即需要考虑如何判断楚竹书不同文献的史料价值。这里主要讨论以下两个标准:其一是文献的时间属性,其二是文献的类别属性。

史料的分类,时间是第一要素,"时代愈远,则史料遗失愈多而可征信者愈少,此常识所同认也"。[①] 1984年,王玉哲先生曾分中国上古史的史料为四大类,分别是:古文字与考古实物资料;同时代的文献材料;战国时人所追述春秋以前史事的记载;汉时人所记有关夏、商、周事。[②] 这种强调形成时间的分类,具有按史料性质排列、条理清楚且简明扼要的优点,使我们可以很容易地通过史料的性质、形成年代来判断史料的价值,对于我们今天的工作仍具有指导价值。

楚竹书虽属古文字资料,但由于是典籍文献,所以也需要区分"同时代之记述"与"后人的追述"。唐人刘知幾即曾将史料分为"当时之简"与"后来之笔",[③] 具体针对楚竹书而言,陈伟先生曾指出存在时间上的差异:不同文献,可能形成时间不同;同一种文献,可能有早晚之别;一个形成年代较确定的文献,可能存在不同年代的内容,反之亦然。[④] 楚竹书抄本时代在战国,故而可化用王先生所论古史史料分别为:1. 同时代之记述;2. 战国时人追述春秋史事的记载;3. 春秋战国时人追述三代及之前史事。

---

① 梁启超:《中国历史研究法》,上海:上海古籍出版社,1998年,第41页。
② 王玉哲:《漫谈学习中国上古史》,《历史教学》1984年第7期。
③ "夫为史之道,其流有二。何者?书事记言,出自当时之简;勒成删定,归于后来之笔。然则当时草创者,资乎博闻实录,若董狐、南史是也;后来经始者,贵乎俊识通才,若班固、陈寿是也。必论其事业,前后不同。然相须而成,其归一揆。"参见《史通通释》卷一一《史官建制》,第301页。
④ 陈伟:《试说简牍文献的年代梯次》,《第四届国际汉学会议论文集——出土材料与新视野》,第493~500页。

需要说明的是,"同时代"只是一个相对的概念,根据研究对象所处时间跨度的变化,史料文献的时代性质也随之变化。比如"书"类文献,由于其档案性,其记载商周的部分具有"同时代"的性质;"语"类文献中对商周史事记载部分属于"战国时人所记有关夏、商、周事",但是其对春秋战国史事的记载,又可视为"同时代"的材料。① 此外"虽然,不能谓近代便多史料,不能谓愈近代之史料即愈近真",②此即言"同时代之记述"的史料也不无检验的问题,如上举"语"类文献所涉春秋战国史事的"同时代之记述"的材料即存在鉴别的问题,这一现象曾为余嘉锡先生总结为"古人多造作"故事。③ "语"类文献之外,战国秦汉之际诸子百家用作表达自己思想的一种特殊方式,即是把自己的思想"主要用古人的言行表达出来,通过古人的言行,作自己思想得以成立的根据"。④ 所以"子"书的述古,即"战国时人的追述"同样需要考察,如战国楚简中众多被冠以"孔子"名字的言论并不一定全为孔子言,而应当算作孔门后学的言辞。这就提出了不同文献"类"的区别对史料考辨的重要性。

本书所言的"类",指文献种类,强调的都是事物存在着类别上的区分,由此可引申为把具有相类、类同特征的文献归在一起,这在先秦文献中并不鲜见。《易·乾》有"则各从其类也",⑤《墨子》有"察类""知类""明类""以类取,以类予"等说法,⑥《荀子》亦有"类不悖,虽久同理""听断以类"等。⑦ "类"的区分,既要注意不同类别间的差异,也要兼顾同一类别内部的具体不同。以"子"类为例,显而易见,《孟子》《墨子》《管子》等书中所蕴含的史料价值更高,《老子》《庄子》与以上诸书相比,在史料丰富程度上是不可相提并论的。即便是同一学派内部也存在这种差别,如果说儒家《论语》真实地反映了春秋晚期的孔

---

① 关于这点,朱凤瀚先生《先秦史研究概要》第二章《先秦史料之分类、概况与价值》有详细论述。参见朱凤瀚、徐勇:《先秦史研究概要》,天津:天津教育出版社,1996年,第12~70页。
② 梁启超:《中国历史研究法》,第41页。
③ 余嘉锡:《目录学发微(含〈古书通例〉)》,北京:中国人民大学出版社,2010年,第237~248页。
④ 徐复观:《两汉思想史》(第3卷),上海:华东师范大学出版社,2001年,第1页。
⑤ 《周易正义》卷一《乾》,(魏)王弼、(晋)韩康伯注,(唐)孔颖达疏《周易正义》,(清)阮元校刻:《十三经注疏》(清嘉庆刊本),第28页。
⑥ 《墨子间诂》卷一一《小取》、卷一三《公输》,(清)孙诒让:《墨子间诂》,孙启治点校,北京:中华书局,2001年,第415、484页。
⑦ 《荀子集解》卷三《非相》、卷五《王制》,(清)王先谦:《荀子集解》,沈啸寰、王星贤点校,北京:中华书局,1988年,第82、158页。

子思想,是考察孔子及孔门弟子最可靠的资料,那么《孟子》书中则更多地反映了战国时期的政治、经济制度与丰富史实。①

《论衡·量知》:"截竹为筒,破以为牒,加笔墨之迹,乃成文字,大者为经,小者为传记。"注云:"经简长二尺四寸,传记长尺。"②汉人简牍经传书写长度的固化趋势已为王国维、陈梦家先生等所揭橥,③楚竹书文献似并未发现如是之对应规律。笔者曾通过分析北京大学藏秦简牍保存良好的各卷竹简间的区位关系,发现当时存在着依据简册所记述之文献内容而将简册分类放置的情况,由此似可揭示出土简帛的区位关系或可作为考虑出土战国秦汉简帛分篇、分卷关系与文献性质、类别判定的重要准绳。出土战国秦汉简帛的研究,应对通过区位关系、简册形制判定文献性质、史料分类加以重视并抱有"同情之理解"。④ 但由于区位关系的信息缺失,简册形制与文献性质的关系值得注意。战国楚竹书中可以主要讨论简册形制的有郭店楚墓竹简、上博竹书与清华竹书,此外慈利石板村、江陵九店与信阳长台关所出竹书,或种类较少,或资料尚未刊布,因而只可参照讨论。

值得注意的是,楚竹书所处的主要时代,即战国中后期,位于"九艺"与"七略"之间,前文有关文献分类之论述多就《汉书·艺文志》所本的"七略"而言,其实春秋时申叔时所举之"九艺"的性质亦大同小异。"春秋""世""语""故志""训典"等是"史书类"的文献,"诗""礼""乐""令"同样具有很高的史料价值。只是"九艺"可能是作为春秋中期楚国官方教材的性质出现的,当时社会上流传的文献想必会超过这个范围,例如"书"类文献即不为此分类所包括。而楚竹书的发现还带有极强的偶然性,故其文献种类也未见得全部合乎"九艺"的范畴。另一方面私人学术虽兴起于春秋,但一般认为学说的结集兴盛于战国。此外,战国之于春秋,其时代亦有所发展,反映在文献中即不排除其较"九艺"原本的内涵有所增益的可能。故在此意义上,楚竹书涵盖的文献种类又超过了"九艺"所包含的,例如在楚竹书中大量发现的儒、道两家文献即不在此"九艺"范畴之内。

---

① 朱凤瀚、徐勇:《先秦史研究概要》,第49~50页。
② 《论衡校释》卷一二《量知》,黄晖:《论衡校释(附刘盼遂集解)》,北京:中华书局,1990年,第551页。
③ 陈梦家:《汉简缀述》,北京:中华书局,1980年,第293~294页。
④ 杨博:《北大藏秦简〈田书〉初识》,《北京大学学报》(哲学社会科学版)2017年第5期。

综上所述,楚竹书文献按类别可以简单划分为"史书"类和"史书"类以外的文献两大类,按时间可以简单划分为"同时代之记述"与"后人的追述"两大类。按照以上确立之原则,笔者将以类别与时间两道准绳,以简册形制与"九艺""七略"等为参考,对楚竹书作尽可能细致的分析与探讨。

第二节 楚竹书中史书类文献所蕴含之史料

一、"世":战国时人作史的框架

申叔时论"世"的功能为"昭明德而废幽昏",韦昭注:"世,先王之世系也。昭,显也。幽,暗也。昏,乱也。为之陈有明德者世显,而暗乱者世废也。"注引陈瑑曰:"父子相继为世,世所自出为系,盖定之则,知本原之所自。此以昏明为言,盖教之以知其祚之短长也。教之《世》,即《周官·小史》所奠之世系,教之《训典》,即外史所掌之书,皆世臣之职也。"①故"世"是有关世系的文献,其意义在于"知本原之所自",明晓有德者世系长,而无德者世系短。同书《晋语一》所记"史苏论献公伐骊戎胜而不吉"即是此理,其云"非德不及世",韦昭注:"世,嗣也。非有德惠,不能及世嗣。晋惠公夷吾是也。"②

"世"在先秦文献中常见有表示时间上的父子世代相替之义,如《论语·子路》:"如有王者,必世而后仁。"邢昺疏引孔安国注云:"三十年曰世。"③《周礼·秋官·大行人》:"世相朝也。"郑玄注:"父死子立曰世。"贾公彦疏:"'世相朝'者,谓'父死子立曰世'是继世之义也。"④《礼记·礼运》:"大人世及以为礼。"孔颖达疏:"世及,诸侯传位自与家也,父子曰世,兄弟曰及。"⑤

由此来看,"世"以人为主,以时为轴。古人作史,第一中心是"人",主要是

---

① 《国语集解》卷一七《楚语上》,第 485 页。
② 《国语集解》卷七《晋语一》,第 253 页。
③ 《论语注疏》卷一三《子路》,第 5447 页。
④ 《周礼注疏》卷三七《秋官·大行人》,(汉)郑玄注,(唐)贾公彦疏:《周礼注疏》,(清)阮元校刻:《十三经注疏》(清嘉庆刊本),第 1929~1930 页。
⑤ 《礼记正义》卷二一《礼运》,(汉)郑玄注,(唐)孔颖达疏:《礼记正义》,(清)阮元校刻:《十三经注疏》(清嘉庆刊本),第 3062~3063 页。

"世系"或"谱牒",这是古代作史的第一框架。它是按氏姓、国族或家族的亲缘树谱来讲历史,常见的是"某生某""某又生某"。现存《世本》,虽然是清人辑本,我们还是可以看出其特点是按氏姓分衍来讲历史,帝系是主干,王侯谱是树枝,卿大夫谱是树叶,并附论氏姓(族源和氏族分衍)、居葬(都城和葬地)、谥法(死后加的名号)和发明(各种物质发明和技术发明)。①

《世本》原书成书年代,多数学者意见是成于战国时期,②但是这种帝系、王侯谱与卿大夫谱的渊源甚早。殷墟王卜辞中,对于商王世系即有明确的记载。如周祭系统所依据的就是商王室先公先妣的完整祀谱,其中黄组卜辞中数量最多,内容最完整也最有系统。③ 如《合集》黄组35406即记载了一份从甲戌日翌祭上甲,乙亥日翌祭匚乙,直到庚子日翌祭大庚,这样有序排列的十一王的完整祀谱。祀谱亦本于王世系谱。无独有偶,今藏于英国大不列颠图书馆的牛骨刻辞(《英藏》2674),④即所谓兒氏家谱刻辞,记载了一个贵族十一世祖先的私名,和商王室的自示壬、示癸到武丁的十三世大致相仿。今藏于辽宁省博物馆的商鸟纹内三戈(《集成》11392、11401、11403),⑤亦记有人名二十人,

---

① 参见李零:《简帛古书与学术源流(修订本)》,第281~283页。
② 陈梦家:《世本考略》,《西周年代考·六国纪年》,北京:中华书局,2005年,第191~197页。
③ 常玉芝:《商代周祭制度》,北京:中国社会科学出版社,1987年,第8页。
④ 兒氏家谱刻辞(《库》1506/《英藏》2674)的真伪之辩是甲骨学界久悬未解的公案。近期,陈光宇先生撰文将百年来正反意见就行款字体、文字词句、相关类似刻辞三方面加以整理综述评论。鉴于以物理方法鉴定真伪的客观性,陈先生重复艾兰先生以显微镜观察以便确定家谱刻辞之真伪的方法,除以《库》1506骨版为实验组将其上54个刻字分别放大照相及观察外,更以真刻与伪刻并存于同一牛肩胛骨版之《库》1619/《英藏》2512骨版作为实验之对照组,同时进行显微镜观察,发现就骨版裂纹之产生与人为刻划先后时间的物理关系,可以区别出四种裂纹。这四种裂纹在家谱刻辞的全版分布与其在《库》1619版上真刻的全版分布几乎完全相同,而与同版的伪刻则完全不同。这样以全版刻辞进行观察分析并以同版已知之真伪刻辞作对照比较所得的数据提供了客观证据,这一证据强力支持家谱刻辞确为真品。持伪刻说者所提理由主要仍着眼在"可疑"二字,然而是否可疑,见仁见智,不足以作为客观证据。于省吾先生就文字构形理论所提真品说之理由已经相当坚实。结合艾兰先生所提鉴别真伪的物理准则,再加上对《库》1506及《库》1619二片牛肩胛骨版的实验分析数据,陈光宇先生认为兒氏家谱刻辞之确为真品应是定论,可视为商代出土之文献素材。参见陈光宇:《兒氏家谱刻辞综述及其确为真品的证据》,陈光宇、宋镇豪主编:《甲骨文与殷商史》(新6辑),上海:上海古籍出版社,2016年,第267~297页。
⑤ 鸟纹内三戈的器、铭真伪学界争论已久,具体可参见刘源先生撰井中伟《由曲内戈形制辨祖父兄三戈的真伪》(《考古》2008年第5期)所作之附表,中国社会科学院历史研究所先秦史研究室网站,http://www.xianqin.org/xr_html/articles/lwjsh/749.html,2008年6月13日。严志斌先生近由《首阳吉金》收录的父丁母丁戈,系联琉璃河M205:6西周早期曲内戈及上海博物馆藏祖乙戈,论定鸟纹内三戈不伪。参见严志斌:《父丁母丁戈刍议并论祖父兄三戈的真伪》,中国社会科学院考古研究所夏商周考古研究室编:《三代考古(六)》,北京:科学出版社,2015年,第435~442页。

为太祖、祖、父、兄四辈,窃以为其与"世系"类王侯谱、大夫谱相类。

这类与"世"类有密切关系的文献在西周金文中也可以看到,西周早期大盂鼎中(《集成》02837),时王列举"丕显玟(文)王,受天有大命,在珷(武)王嗣玟(文)作邦……故天翼临子,法保先王,敷有四方",后要求盂"型乃嗣祖南公"。这种西周早期王世与族谱序列的发轫,经过一段时间的发展,到西周中期偏晚后则出现了紧密的一一对应关系,可举共王时期的史墙盘(《集成》10175)与宣王时期的逨盘(《新收》757)为证。由表1-2的排比,我们就可看出这种因时王册命,作器者追忆其先祖世世效力于周王室的功烈,铭记自身所从出之家族世系的记载,就为我们留下了可信的记录。

表 1-2 西周时期金文族谱、王世排比举例

史墙盘①		逨盘	
王 世	族 谱	族 谱	王 世
曰古文王……敷有上下,会受万邦	静幽高祖,在微霝处	皇高祖单公	夹召文王、武王
䈰圉武王,遹征四方	微史烈祖乃来见武王	先高祖公叔	克逨匹成王
宪圣成王……用肇彻周邦	惠乙祖逨匹厥辟,远猷腹心	皇高祖新室仲	会召康王
渊哲康王,勔尹亿疆		皇高祖惠仲盠父	用会昭王、穆王
宏鲁昭王,广敝楚荆		皇高祖零伯	用辟共王、懿王
祗景穆王,型帅于谋	胡遟文考乙公……佳辟孝友	皇亚祖懿仲	保厥辟孝王、夷王
申宁天子……缵文武长烈	史墙夙夜不坠,其日蔑历	皇考龚叔	宣辟厉王
		逨	[宣王]

在东周时期江陵望山楚简卜筮祭祷记录中,记有墓主"悼固"祭祷柬大王、声王和悼王等先王,以及东宅公、王孙喿等先君。东宅公之名有时紧接在悼王

---

① 需要说明的是,除逨盘外,族谱与王世并不存在十分紧密的一一对应关系,故其王世与族谱顺序有别,本书这样排列,只是为了便于说明"世系类"文献在西周金文中的发展。

之后出现,他应该是悼王之子,也就是悼固这支的始祖,所以悼固"以悼为氏",这与楚庄王之后"以庄为氏"同例。王孙枭似是东宅公之子,东宅公是王子,故其称王孙。悼固不称王孙,其辈分应在王孙枭之后。虽然悼固经常祭祀的楚王有简、声、悼三位,但是包山大墓墓主昭佗经常祭祀的只有昭王一位,但这二人经常祭祀的先人都是五位。昭佗是昭王加文平夜君子良、吾公子春、司马子音和蔡公子家。二人均是连续祭祀五代先人。而新蔡葛陵卜筮类简中,受祭的先人则有平王、昭王、惠王、简王、声王等先王加平夜文君、子西等先君。由是,陈伟先生认为战国时楚人封君一级祭祀七代先人,大夫一级祭祀五代先人。① 虽然对此问题学者也存在一些争议,②但是可以看出,"世系"对于先秦时期政治册命、宗教祭祀等社会活动都具有相当重要的作用。特别是战国时期,"世"类文献很流行,不仅存在于简帛文书中,简帛典籍中也有发现,清华竹书《楚居》即是其中一例。③

《楚居》主要叙述自先祖季连开始到楚悼王共 23 位楚先公、先王的居处迁徙,内容与《世本》之《居篇》相类,其所述的先公、先王顺序与新蔡葛陵卜筮简亦可对读。新蔡葛陵卜筮简中,老童、祝融、鬻熊被选出固定成为必受祭祀的"三楚先"。从鬻熊之子熊丽开始到楚武王,则被当作一个整体"荆王"受祭。迁都至郢的楚文王到离墓主最近的一世楚先王即文、平、昭、惠、简、声等则被当作与"荆王"相续的一个整体受祭。《楚居》中相关的世系除"三楚先"外,要比葛陵简记述得更加详细完善。在这个层面上讲,"世"类文献的可靠程度是最高的,特别是撰作年代约当楚肃王时的《楚居》,④其记述的战国时期楚王世系及其居处迁徙的部分,应可视为"同时代"文献。其叙述战国之前楚人源起、

---

① 陈伟:《新蔡楚简零释》,《新出楚简研读》,第 85 页。
② 对此学者也存在争议,认为新蔡简高频出现的七位先人中,只有平王、昭王、平夜文君三人才是墓主直系先人。子西是昭王的兄弟,惠王是平夜文君的兄弟,简王、声王在辈分上则是墓主的堂兄弟与侄子。所以不能简单说封君可以祭祀七代先人。受祭对象出现次数的多少,不仅仅因为其是否重要,有时候也会因为出土材料的多少或当年所葬祭祷记录的多少而各有差异。参见曹菁菁:《新蔡葛陵楚简所见的祖先系统》,《中国典籍与文化》2009 年第 1 期。
③ 战国楚竹书中的"世"类文献,目前集中在清华竹书中。据黄德宽先生介绍,安大简中有一组史书,其记述从"颛顼生老童"起到楚(献)惠王"白公起祸"止,记载了楚先祖及熊丽以下至惠王时期各王的终立更替和重大历史事件,似亦与"世"类文献有关,待考。参见黄德宽:《安徽大学藏战国竹简概述》,《文物》2017 年第 9 期。
④ 赵平安:《〈楚居〉的性质、作者及写作年代》,《清华大学学报》(哲学社会科学版)2011 年第 4 期。

先公先王世系及居处的部分，虽属"追述"，但由葛陵卜筮祭祷简等可证其可靠程度很高，弥足珍贵。

战国时期，"世"类文献的流行还表现在出现了"世"类文献的衍生文献，清华竹书《良臣》即是一例。《良臣》主要行文格式以明君圣主缀联与之对应的贤臣，间以粗黑横线分为二十一段，依次记黄帝、尧、舜、禹、康（汤）、武丁、周文王、周武王、周成王；晋文公、楚成王、楚昭王、齐桓公、吴王光、越王勾践、秦穆公、鲁哀公、郑桓公、郑定公；（郑定公之相）子产之师、子产之辅和楚共王等著名君主的良臣。黄帝到西周是依时代顺序，春秋时期则分国编排。其中所涉人物多有可与《汉书·古今人表》对应者，结合史籍记载来看，其中所选臣名应无遗漏。学者以为其性质或与"专题性的人物合传有关"，①或有可能只是一种童蒙课本，②或是"'谈话技巧'性质的材料汇编"。③

笔者以为，第一，简文记载简略，除人物名号外，并不详细。描述用词多为"某某又（有）某某"，或至多只是"某某之相""子产之师""子产之辅"，或者"以为太宰"之类。此种格式，更与"世"类常见套话"某生某"相类，而其强调"良臣"的观念似正由"昭明德而废幽昏"发展而来。

第二，吕思勉先生曾论及《世本》诸篇的演变问题：

> 《世本》的体裁，见于诸书征引者，有本纪，有世家，有传，其名皆为《史记》所沿；有谱，则《史记》谓之表；有居篇、作篇，则典章经制一类的事实，为《史记》所谓书，而《汉书》以下改名为志者。《世本》原书已不可见，就《史记》而推其源，则本纪及世家，出于古左史及小史；表源于谱；传者，语之异名……④

司马迁作《史记》也参考过很多"世"类文献，如《谍记》《五帝系谍》《春秋历谱谍》和《终始五德传》等。"本纪"讲帝系（包括五帝和夏、商、周、秦、汉五代的帝系），"世家"讲王侯（两周诸侯和汉代的王侯、丞相），"列传"讲历史名人，就是采用《世本》或《世本》类的框架。⑤ 这样看来，《史记》已经发展了"世"以人为

---

① 陈伟：《〈清华大学藏战国竹简·良臣〉初读》，简帛网，http://www.bsm.org.cn/show_article.php? id=1769,2013 年 1 月 4 日。
② 杨蒙生：《清华简（叁）〈良臣〉篇管见》，《深圳大学学报》（人文社会科学版）2014 年第 2 期。
③ 韩宇娇：《清华简〈良臣〉的性质与时代辨析》，《中国高校社会科学》2013 年第 3 期。
④ 吕思勉：《吕著史学与史籍》，上海：华东师范大学出版社，2002 年，第 110 页。
⑤ 李零：《简帛古书与学术源流（修订本）》，第 281~284 页。

主、以时为轴的基本特点,扩充了"以人为主"的内涵,将并不见得都属一个氏姓、国族或家族的人物"以时为轴"联系起来。当然《世本》《大戴礼记·帝系》等本非专记一家一族的谱系,《良臣》亦是如此,从传说中的黄帝记到了春秋。

由是观之,《良臣》篇应可视作"世"类或由"世"类文献所衍生出的战国文献。① 需要说明的是,"世"类文献作为"童蒙课本"或"'谈话技巧'性质的材料汇编"当然是可能的,上引申叔时所论即是以"世"类文献为教材的一种,其用途可以作为教材,但其文献性质确与"世"类文献存在联系。不过,由于是战国时人对春秋以前人物的追述,且出于某种目的,在编纂中有意识地汇集了一批良臣于某个著名君王名下,故其所记述的人物对应关系存在一定错讹,虽不能直接用来考辨史事,但是其反映的史书编纂理念和"良臣"政治思想值得深入探究。

二、"书":流传到战国的由商周档案文书改编的文献

"书",《说文》叙"著之竹帛谓之书",《说文·聿部》"书,箸也,从聿,者声"。② 此处的"书"有两方面的含义,其一表示书写的动作,其二指的是书写于竹帛上的文字,即所谓"书于竹帛"。笔者这里讨论的是第二个意思。作为第二种含义的"书",在先秦时期存在着三种形态:1. 作为文字的"书"(铭刻);2. 作为档案的"书"(文书);3. 作为典籍的"书"(古书)。③

作为典籍的"书"的出现与作为档案的"书"关系密切,战国时期的古书,如《诗》《书》《易》等,就是直接选自古代的记府、乐府,其来源很可能就是文书档案。

作为档案的"书"即文书。西周金文中出现有"命书",一般是周王册命臣下的文诰,如现藏山东省博物馆的西周晚期颂簋铭文(《集成》04332):

唯三年五月既死霸甲戌,王在周康昭宫。旦,王格太室,即立。宰引右颂入门,立

---

① 笔者校改本书时,发现亦有学者认为清华简《良臣》记载了从黄帝到子产一系列圣主贤臣,带有部分"世系"的性质。参见杨栋、刘书惠:《由〈吕氏春秋·尊师〉论清华简〈良臣〉中的"世系"》,《四川文物》2015 年第 5 期。
② (汉)许慎撰,(宋)徐铉校定:《说文解字》,北京:中华书局,1963 年,第 314、65 页。
③ 李零:《简帛古书与学术源流(修订本)》,第 42~77 页。

中廷。尹氏受(授)王命书,王乎史虢甥册命颂。……

其中尹氏所授的即为命书。文献记载中的"命书"还有成王命康王继承王位的诏书,即《尚书·顾命》"太史秉书,由宾阶隮,御王册命"中太史所秉,故注所云"太史持册书《顾命》进康王"亦即指此"命书"而言。①

文献中另有"役书",亦与周王命令臣下有关,但并非是册命官职,而是命令臣下营建城池宫室。如《尚书·召诰》"越七日甲子,周公乃朝用书命庶殷侯甸男邦伯",杨筠如先生注云:"书,谓役书也。盖谓以役书令于诸侯。"②《左传》昭公三十二年记有士弥牟营成周事,其云:

己丑,士弥牟营成周,计丈数,揣高卑,度厚薄,仞沟洫,物土方,议远迩,量事期,计徒庸,虑材用,书糇粮,以令役于诸侯,属役赋丈,书以授帅,而效诸刘子。③

上述记载与《召诰》之"役书"似可相互参考。王命臣下进行营建事还见于《诗·大雅·崧高》,其云"申伯之功,召伯是营。有俶其城,寝庙既成",郑笺云:"申伯居谢之事,召公营其位而作城郭及寝庙,定其人神所处。"④是此即周宣王命召伯为申伯营建封地城郭寝庙。

"命书""役书"之外,"祷书"亦应属于档案文书之类。《尚书·金縢》所记周公所自请代武王之书,即属"祷书"。"祷书"的功能是记录颂神祈祷的言辞。《逸周书·世俘》有:"时四月既旁生魄,越六日庚戌,武王朝至燎于周,维予冲子绥文。武王降自车,乃俾史佚繇书于天号。"⑤王国维曾指出"繇"即"籀"字。大史籀书,犹言大史读书。⑥ 文书的物质形式是简册,上举颂簋铭文"颂拜稽首,受命册",《金縢》亦记载周公"乃纳册于金縢之匮中",⑦《多士》"惟殷先人

---

① 《尚书正义》卷一八《顾命》,(唐)孔颖达疏:《尚书正义》,(清)阮元校刻:《十三经注疏》(清嘉庆刊本),第 511 页。
② 杨筠如:《尚书覈诂》,西安:陕西人民出版社,2005 年,第 303 页。
③ 《春秋左传正义》卷五三昭公三十二年,(晋)杜预注,(唐)孔颖达疏:《春秋左传正义》,(清)阮元校刻:《十三经注疏》(清嘉庆刊本),第 4621 页。
④ 《毛诗正义》卷一八·三《大雅·崧高》,第 1222 页。
⑤ 《逸周书》卷四《世俘》,黄怀信、张懋镕、田旭东撰,黄怀信修订,李学勤审定:《逸周书汇校集注》,上海:上海古籍出版社,2007 年,第 436~437 页。
⑥ 王国维:《史籀篇证序》,《观堂集林》(第 5 卷),北京:中华书局,1959 年,第 251~257 页。
⑦ 《尚书正义》卷一三《金縢》,第 417 页。

有册有典",①这说明典册在殷商时期即已应用。作册更在一定程度上指代史官,张怀通先生指出"作册"始见于商代,盛行于西周早中期,消失于西周晚期。"作册"由于广泛参与政治、宗教等多种社会活动,故而西周时代以典册为载体的各类档案文书很丰富,并不限于上述"命书""役书""祷书",还应有仪典、法令、契约等多种。②

文书的出现可以追溯到商周时期,但作为典籍的"书"类文献的出现,则需要具体讨论。作为典籍的"书"是著之于简册的泛称,不仅指后世的《尚书》,而且应该还包括《诗》《易》《春秋》等。因此,《墨子·尚同中》"是以先王之书《周颂》之道之曰'载来见彼王,聿求厥章'",③是《诗》可称为"书"。此外,《左传》昭公二年"晋侯使韩宣子来聘,……观书于大史氏,见《易象》与《鲁春秋》",④此《易》及《春秋》亦可称"书"。

随着春秋战国史学的发展,各种不同体裁的历史记载有了自己的专名,如上引《国语·楚语上》申叔时论傅太子之道的例子,申叔时就列出了"春秋""世""诗""礼""乐""令""语""故志""训典"等九种所要"教之"的文献。原来作为各种史官记载通名的"书",即逐渐变成专名,即指后世的《尚书》而言。⑤《荀子·劝学》中将"书""诗""礼""乐"列为四教。⑥"尚书"一词,《墨子·明鬼下》:"尚书《夏书》,其次商周之《书》。"王念孙云:"'尚'与'上'同,言上者则《夏书》,其次商、周之《书》也。"⑦此外,《墨子·非命上》"尚观于先王之《书》",《明鬼下》还有"上观乎《商书》""上观乎《夏书》"等。⑧ 据此,笔者所论之"书"类文献,则仅指流传到战国以降的由商周档案文书改编而来的"上代之书""先王之书",此与韦昭所注"故志"的"谓所记前世成败之书"、"训典"的"五帝之书"或

---

① 《尚书正义》卷一六《多士》,第 468 页。
② 张怀通:《〈逸周书〉新研》,北京:中华书局,2013 年,第 26~29 页。
③ 《墨子间诂》卷三《尚同中》,第 87~88 页。
④ 《春秋左传正义》卷四二昭公二年,第 4406 页。
⑤ 刘起釪:《尚书学史》,北京:中华书局,1989 年,第 6 页;蒋善国:《尚书综述》,上海:上海古籍出版社,1988 年,第 1 页。
⑥ 《荀子集解》卷一《劝学》,第 11~12 页。
⑦ 《读墨子杂志》,(清)王念孙:《读书杂志》,南京:江苏古籍出版社,2000 年,第 588 页。
⑧ 《墨子间诂》卷九《非命上》、卷八《明鬼》下,第 266、237~238 页。

存在联系。①

同时，春秋战国间较普遍引用的《尚书》书篇常径称书。陈梦家、刘起釪等先生统计，《论语》的《为政》《宪问》都引"《书》云"，一引"逸《书》"，一引《无逸》篇；又《国语》的《周语》及《楚语》都引"《书》曰"及"《书》有之曰"，皆逸《书》；《左传》七引"《书》曰"，三为今《尚书》，四为逸《书》；《墨子》中常称引"先王之书"某某篇，有今《尚书》，有逸《书》；《孟子》十引"《书》曰"，一为今《尚书》，九为逸《书》；《荀子》有十篇中引"书曰"十二次，十为今《尚书》，二为逸《书》；《战国策》二引"《书》云"皆为逸《书》；《礼记·坊记》引"《书》云"一次，为逸《书》，《大戴礼记·保傅传》引"《书》曰"一次，为《吕刑》；《吕氏春秋》一引"《书》"，为逸《书》。此外，也有常引篇名，或径引文句而不指明篇名，还出现了《夏书》《商书》《周书》等专名，可知先秦学者已按书篇所属时代称引各篇，或者也有可能已按时代汇编成书了。②

由档案文书到"书"类文献，二者虽均可称"书"，但后者实是由前者修饬而来，其重要的区别是后者已具有明确的主题，并依据这一主题将简册记录的周王言行，改编为具有可读性并含有一定教化性或指导性等带有政治意味的篇章，或即所谓"政治规训着历史书写"。这种改编，"即使早期古书是直接脱胎于文书档案，它也不是文书档案中必然包含的种类。它之成为后世意义上的'书'，恐怕是后人删选、改编的结果（不管是不是由孔子删削）"。③

改编的具体时间与过程，已然于史无征。上引《墨子·明鬼下》为阐明"鬼神之有"的理论，曾引证"周之《春秋》""燕之《春秋》""宋之《春秋》"与"齐之《春秋》"，而以周之《春秋》"周宣王杀其臣杜伯"事为最早，其余各国"春秋"记事都在周宣王之后。在此之前，不引某国"春秋"，而引证《夏书·禹誓》《商书》和《周书·大雅》。《墨子》书中的这些引证，或许正暗示出周宣王以前事散存于《书》《诗》之中，周宣王以后事，各国《春秋》可见。这就是说，《春秋》之作，起自宣王之时。④"春秋"的撰作，表示将"档案文书"改编为"书"也有可能，同时也

---

① 《国语集解》卷一七《楚语上》，第 486 页。
② 陈梦家：《尚书通论》，北京：中华书局，1985 年，第 11～35 页；刘起釪：《尚书学史》，第 5 页。
③ 李零：《简帛古书与学术源流（修订本）》，第 54 页。
④ 刘乃寅：《中国历史编纂的起源》，《中国史研究》1990 年第 2 期。

会启发这种改编的自觉。由于周室"春秋"之修撰,于是带动了"书"与"诗"的编录,①而此时并无"书"与"逸书"的区别。

改编的方式,照"书"类文献记言为主、记事为主及言事相兼三种类型来说,可以分为两种情况。②

第一是记言类篇章。这类篇章改编自史官对周王讲话的记录。由于特定的讲话时间短暂,目的明确,所以对讲话的记录能够做到首尾连贯,自为起讫。这样的讲话记录,只需稍加整理,即可以称为一篇完整的篇章。如清华竹书《皇门》所记:即便在管、蔡、霍叔等"三监"叛乱已平复的情况下,周人贵族集团内部仍围绕着王朝权力有着较尖锐的矛盾与斗争。特别是当时王朝内服诸官中存在着种种危害于王朝的行为,其中尤以封闭良臣上达于王所的风气危害最大,此种风气已造成年幼的成王在用人上出现偏差,影响国家之安宁,故周公作此诰辞以训诫群臣。因而此类诰辞性质之记言类篇章的制作,即记录和改编,几乎可以同时完成。这似仍可以上述西周册命金文为例,如颂簋铭文"尹氏授王命书,王乎史虢生册命颂。王曰:……颂拜稽首,受命册……","命书"是档案文书,书写于"命册"之上,颂簋铭文记录了这一完整的过程,其制作年代与册命年代相去不远。虽然金文仍是档案文书的一种,并不可称之为"典籍",但铭文与《诗》《书》一样,都具有早期文学表达形式上、功能上的共同规范。③是故,2002年5月由保利博物馆收藏的燹公盨铭文与《尚书》"诰"体相同,抑或可名之曰"幽诰"。④ 清华竹书《厚父》《祭公之顾命》《封许之命》《摄命》等亦是此理。

第二是记事或言事相兼型。"书"类文献虽记言为主,但更多的"书"篇是言、事相兼型。如《尚书·康诰》以"惟三月,哉生魄,周公初基作新大邑于东国洛,四方民大和会。侯、甸、男、邦、采、卫、百工、播民,和见士于周。周公咸勤,

---

① 饶龙隼先生经过分析,得出大概前750年前后出现夏书、商书、周书之称名;前650年始出现《书》之称名;春秋以前传写的应称为"书"篇,而不是《书》。《书》篇最早编纂于昭穆时期。参见饶龙隼:《上古文学制度述考》,北京:中华书局,2009年,第211~227页。
② 参见张怀通:《〈逸周书〉新研》,第35~36页。
③ [美] 柯马丁(Martin Kern):《甲骨文与青铜器铭文》,[美] 孙康宜、宇文所安(Stephen Owen)主编:《剑桥中国文学史》(上卷),刘倩等译,北京:生活·读书·新知三联书店,2013年,第43页。
④ 陈英杰:《燹公盨铭文再考》,《语言科学》2008年第1期;"幽公盨",笔者从朱凤瀚先生作"燹公盨。参见朱凤瀚:《燹公盨铭文初释》,《中国历史文物》2002年第6期。

乃洪大诰治"来交代时间、人物和事件背景,①然后接着以"王若曰"开始记言。《洛诰》篇首的叙述性文字,则详细记载了洛邑选址和营建过程。也有主于记事的篇章,如《顾命》等,单纯记言的反而很少。与之相应,一些册命类的铭文,也是时、地、人俱全,和保存于《尚书》中的这些记载风格比较类似。如现藏日本出光美术馆的西周中期静方鼎铭文：

> 唯七月甲子王才(在)宗周,令师中眔静省南或(国)相,叿应。八月初吉庚申至,告于成周。月既望丁丑,王才(在)成周大(太)室,令(命)静曰："卑(俾)女(汝)司才(在)曾噩(鄂)师。"王曰："静,易(锡)女(汝)鬯、旂、巿(韨)、采霉。"曰："用事。"静扬天子休,用乍(作)父丁宝尊彝。②

这类篇章改编自史官对周王言行的记录。事件与讲话的不同,在于其场景变化与人物不同,时间亦可是数天、数月甚或数年。在这漫长的实践过程中,并不会只有此一事发生,如清华竹书《金縢》"周公石(宅)东三年"就是史官对涵盖一个较长时期的言行原始记录进行的编纂。这就要求史官要对同一事件的言行记录进行选择、提炼,使之成为一篇主题明确的篇章,所以相应的对史官技能的要求也较高。按上述讨论,西周宣王之后可能是这类文献改编较为集中的时期。

"书"类文献被改编完成以后,在社会政治生活中发挥了重大作用:其一是在王朝官学中作为教育贵族子弟的教材,特别是春秋中期以后,因各种原因逐渐流入各诸侯国,并成为各诸侯国教育贵族子弟及后起的诸子教育弟子的教材;其二是作为共同文化背景使用在宴饮会盟、臣下进谏、著书立说等不同场合,以增加论说的分量;其三则是以其所记言、事为材料基础,追述上代史事以达到"通古今之变"的目的。

在简牍以外的商周古文字资料中,册命铭文以外,我们还可以发现"书"类文献存在的痕迹。③ 如作为卜筮记载的甲骨卜辞,比较完整的有叙辞、命辞、占辞、验辞,其虽然记事简单,却扼要地记述了整个事件的过程。甲骨刻辞中

---

① 《尚书正义》卷一四《康诰》,第 430 页。
② 张懋镕:《静方鼎小考》,《文物》1998 年第 5 期。
③ 卜辞可称作"书",虽内容、性质相近,但其未必是用作档案,与专门的史官(作册)的实录还是存在区别的。

还有专门的记事刻辞,①如著名的"小臣墙刻辞",胡厚宣先生曾评价道:"在十几万片甲骨文字之中,这是最重要的一条殷末战争史料,即在周金文中,亦唯有小盂鼎铭可以仿佛似之。"②当然,笔者并不是认为记事刻辞与册命铭文是"尚书"类的直接来源,而是以为"尚书"类文献与它们存在着密切的联系,③更多的是倾向于三者同源,即都是由原始档案文书改编而来的,只是在改编的时间、用途、方法等方面存在着差别。④

由是,"书"类文献应该认作是战国时流传的经过改编成篇的商周档案文书,⑤其基本特征应符合以下几点:1. 语言:语言风格古老,如"王若曰";2. 内容:记述三代史事,最晚不过春秋初年;3. 体裁:以记言性的王、周公等的诰命为主,亦含有耆老之"惇史"。⑥

对照今本《尚书》《逸周书》,可划入楚竹书"书"类文献讨论者,既有与今本重篇者和仅存书目者,⑦亦有为今本所失载者,其体裁有传统认为的谟、训、

---

① 胡厚宣:《武丁时五种记事刻辞考》,《甲骨学商史论丛初集》,石家庄:河北教育出版社,2002年,第343~453页。
② 胡厚宣:《甲骨续存·序》,上海:群联出版社,1955年,第6页。
③ 刘节先生即认为中国古代史籍的记事方式在殷代卜辞与周代彝铭里都可以找到根据。参见刘节:《古代史籍的雏形及其蜕变》,刘节著,曾宪礼编:《刘节文集》,广州:中山大学出版社,2004年,第367~375页。
④ 笔者校改本书时发现赵培先生亦认为,《书》类文献、铜器铭文与史官记录为不同类别,史官记录当为《书》类文献和铜器铭文的取材之源,但二者因使用目的的不同,在改编过程中因史官记录有所损益。参见赵培:《〈书〉类文献的早期形态及〈书经〉成立之研究》,博士学位论文,北京大学中国语言文学系,2017年,第279页。
⑤ 李守奎先生曾提出判断"书"类文献的三个标准:1. 所记内容是三代文献,下迄于春秋初年;2. 语言风格或如《周书》佶屈聱牙,或有明显的古老痕迹,不论是传承还是仿拟;3. 文体主要以训诰等记言为主,不同的文体各有不同的特点。参见李守奎:《汉代伊尹文献的分类与清华简中伊尹诸篇的性质》,《深圳大学学报》(人文社会科学版)2015年第3期。艾兰先生则提出《书》最重要的特征有:1.《书》是或假称是实时的文献记录;2.《书》包含古代(西周或更早时期)模范君王或大臣的正式讲话;3. 许多《书》中包含"王若曰"这样的表达方式,虽然这种表达方式并非出现于所有的《书》中,但它无疑也是理解《书》区别于其他文献的一条线索。参见[美] 艾兰:《论〈书〉与〈尚书〉的起源——基于新近出土竹简的视角》,《出土文献与古文字研究》(第6辑),上海:上海古籍出版社,2015年,第619页。
⑥ 《礼记·内则》云:"凡养老,五帝宪,三王有乞言。五帝宪,养气体而不乞言。有善,则记之为惇史。三王亦宪,既养老而后乞言,亦微其礼,皆有惇史。"其意为国王向耆老征求意见,名为"乞言",所"乞"之"善言"记载于典册,即"惇史",所谓"惇史"就是"嘉言懿行录"。参见王文锦:《礼记译解》,北京:中华书局,2001年,第385页。
⑦ 需要说明的是,笔者所说的"今本《尚书》"指的是"今文《尚书》"的全文、"伪古文《尚书》"的篇名,并不包含"伪古文《尚书》"的正文。

诰、命诸种,据整理者报告有:1. 与今本《尚书》重篇者,有清华竹书《金縢》《傅说之命》等;2. 与今本《逸周书》重篇者,有清华竹书《皇门》《祭公》《命训》,慈利竹书《逸周书·大武》等;3. 今本仅存书目者,清华竹书《尹诰》在今本《尚书》有存目,作《咸有一德》,《程寤》在今本《逸周书》有存目;4. 为今本所失载者,有清华竹书《尹至》《保训》《厚父》《封许之命》《摄命》等。此外,"书"类文献,作为先秦士人的共同知识背景,如上所述,在先秦文献中曾多次被征引作为论据,这种现象在楚竹书其他篇章中也时有发现,它们也是"书"类文献的重要组成部分。①

值得留意的是,诸篇"书"类文献多集中发现在清华竹书中,其简长等形制信息如下表1-3。

表1-3 清华竹书"书"类文献形制信息表②

篇名	简数	形制	简长	编绳	完简字数	备注
尹至	5	两端平齐	45	3	29~32	简背有次序编号,与尹诰形制同
尹诰	4	两端平齐	45	3	31~34	简背有次序编号
傅说之命	23	两端平齐	45	3	30~32	简背有次序编号,简背有篇题
程寤	9	两端平齐	45	3	31~34	
厚父	13	两端平齐	44	3	31~33	简背有次序编号,简背有篇题
保训	11	两端平齐	28.5	2	22~24	
金縢	14	两端平齐	45	3	29~30	简背有次序编号,简背有篇题

① 战国晚期到西汉早期出土与传世文献中还有两类"书"称作"黄帝书""太公书"。李零先生说,太公书属于《周书》阴谋,和《逸周书》有关。齐地流行管、晏之书也是类似题材。这类书都是依托名贤讲治国用兵。黄帝书和《老子》不同,它不是一种书,而是一类书。这类书的共同点是以黄帝故事为形式。这些故事不仅是众口相传的成说,还发展为书籍体裁的一种。参见李零:《说"黄老"》,《李零自选集》,第278~290页。笔者以为,名之为"书",其一是后人以为其体例与书有关,即所谓"周书阴谋",其二因其托古言"黄帝""太公"符合"书"类的另一标准——言古事。

② "简长"单位为"厘米","简数""字数"单位为"个",下同。

续　表

篇名	简数	形　制	简长	编绳	完简字数	备　注
皇门	13	两端平齐	44.4	3	39～42	简背有次序编号
封许之命	9	两端平齐	44	3	33～35	简背有次序编号,简背有篇题
祭公	21	两端平齐	44.4	3	23～32	简背有次序编号,简尾有篇题
摄命	32	两端平齐	45	3	28～34	简背有次序编号
命训	15	两端平齐	49	3	40～44	简背有次序编号

据上表,《保训》简长、编绳均存在特异处,且其简背无次序编号,篇题亦为整理者所拟,故而《保训》在时人眼中似并非属于"书"类文献。《程寤》虽同于《保训》简背无篇题、无序号,但其简长、编绳、容字等情况与其他各篇近似。故可知,清华竹书"书"类文献之核心形制特征为:1. 简长在45厘米左右,三道编绳;2. 简背一般有次序编号,如有篇题则多书写在末简简背。

在目前所见先秦文献中,以文王遗训为主题的"书"类作品仅见于《逸周书》中,即《文儆》《文传》诸篇。这不能不引起我们的注意。首先,三者在篇章结构上也存在一致性,均为时间、缘由及训教内容的情节安排。其次,三篇主题的论证方式也类似。在《保训》篇中,文王引用了舜、微的相关事迹来训诫太子发,巧合的是,在《文儆》《文传》诸篇中,文王训诫时也多用"明王曰""在昔曰""闻曰""《夏箴》曰""《开望》曰"等上古史事传说作为论说的依据。此外,三篇在内容上的相通也是显而易见的。如《保训》篇与《文儆》《文传》诸篇纪年方式不仅一致,纪年时间也同为文王五十年。如下表1-4,《保训》篇末"日不足,隹(惟)佣(宿)不羕【11】"与《逸周书·大开》《小开》诸篇末尾"维宿不悉日不足",不仅文辞、意义相同,在文中的位置、功用也相一致。故王连龙先生提出似不能排除其后为《逸周书》收录之可能。①

---

① 王连龙:《〈保训〉与〈逸周书〉多有关联》,《中国社会科学报》2010年3月11日第6版。

表 1-4 "书"类文献用语习惯对照举例

用 语	来 源	对 照
其如台	今【3】亓(其)女(如)旨(台)【4】(《尹至》)。	夏罪其如台(《汤誓》)。卜稽曰其如台(《盘庚》)。乃曰其如台(《高宗肜日》)。今王其如台(《西伯戡黎》)。
日不足	日不足,隹(惟)佝(宿)不羕(详)。【11】(《保训》)。恶(爱)日不跌(足)【9】(《程寤》)。	维宿不悉日不足(《大开》)。宿不悉日不足(《小开》)。
格于	兹咸有神,能格于上【2】(《厚父》)。	则时有若伊尹,格于皇天(《君奭》)。
非彝	沉湎于非彝【6】(《厚父》)。乃惟汲汲胥驱胥教于非彝【7】(《皇门》)。	诞惟厥纵淫泆于非彝(《酒诰》)。其惟王勿以小民淫用非彝(《召诰》)。听朕教汝于棐民彝(《洛诰》)。
绥用多福	绥用多福【7】(《程寤》)。	用绥多福(西周早期宁簋盖铭《集成》04022)。
溥有四方	溥有四方【4】(《金縢》)。	匍有四方(西周康王时期大盂鼎铭《集成》02837)。
膺受大命	雁(膺)受大命,晃(骏)尹三(四)方【2】(《封许之命》)。	膺受大命(西周中期乖伯鼎铭《集成》04331)。
骏尹四方		骏尹四方(西周晚期大克鼎铭《集成》02836)。
旻天疾威	訡(旻)天疾畏(威)【1】(《祭公》)。	㫒天疾威(西周宣王时期毛公鼎铭《集成》02841)。
勤恤	无昼夕难(勤)恤【1-2】(《摄命》)。	上下勤恤(《召诰》)。
酗于酒	女(汝)母(毋)敢倗(朋)酗于西(酒)【16】(《摄命》)。	率肆于酉(酒)(西周康王时期大盂鼎铭《集成》02837)。

形制特征之外,诸篇"书"类竹书亦需要一些具体的分析。上列诸篇所记史事不晚于西周中晚期,所记内容亦与王、周公诰命及厚父、祭公的"惇史"有关,故可从诸篇文字判断其成文年代与史料价值。如表 1-4 所示,它们同样多少保留了一些可与《尚书》《逸周书》及西周金文等可对照的用语。诸篇多沿袭早期文本用语习惯,或有用字的不同。如此,有今本《尚书》《逸周书》篇章可

相类比勘的,清华竹书《皇门》《封许之命》《摄命》以记诰命为主旨,《祭公》记"惇史",又有传世文本对照,故可知保存原始记录较多,似可视作西周"同时代"的文献。《金縢》则是史官对涵盖一个较长时期的事与语的原始记录进行的编纂,①虽不能严格视为"同时代"文献,但应是在不同时期经过改编的"书"或"书教"类文献,据上文所述,其改编似应在宣王时期,故亦可视为西周"同时代"文献,其史料价值亦不能低估。②

《尹至》的时代特征,简文"𣎵至才(在)汤","𣎵"是甲骨卜辞中的夜间时称,③其用法不见后世,具有鲜明的时代特征。由表1-4,简文"其如台"的用法也见于《尚书》,上述例子在一定程度上可以证明《尹至》内容来源之早及其与《商书》的密切关联。④

《尹诰》简文"惟尹既及汤咸有一德",李学勤先生已指出《尹诰》为《尚书》中的一篇,或称《咸有一德》。⑤ 今传孔传本《尚书》已有《咸有一德》,其内容与清华竹书《尹诰》迥异,可是篇中也有"惟尹躬暨汤咸有一德"之语。该篇是伊尹诰太甲之文。《缁衣》郑玄注:"尹告,伊尹之诰也。《书序》以为《咸有壹德》,今亡。"⑥《咸有一德》在《尚书》中的次第,郑注《书序》与孔传本《书序》微有不同。《尚书·尧典》孔颖达《正义》说:"百篇次第,于《序》孔、郑不同……孔以《咸有一德》次《太甲》后,第四十;郑以为在《汤诰》后,第三十二。"⑦孔颖达所

---

① 如冯时先生即认为清华楚简《金縢》并非《尚书》原典,而是旨在弘扬周公德行的书教之作。参见冯时:《清华〈金縢〉书文本性质考述》,《清华简研究》(第1辑),第152~170页。
② 有关《金縢》的写成时代,学者看法分歧较大。陈梦家先生说可能是西周中期以后(《尚书通论》,第321页)。刘起釪先生认为主要部分确是西周初年的成品,但其叙事部分则可能是后来东周史官所补充进去的(《尚书校释译论》,北京:中华书局,2005年,第1253页)。屈万里先生疑本篇之著成盖当战国时也(《尚书集释》,上海:中西书局,2014年,第128页)。李学勤先生因简本《金縢》的出现,证明该篇在战国时期已经流行,该篇的形成应比较早(《由清华简〈金縢〉看周初史事》,《夏商周文明研究》,北京:商务印书馆,2015年,第5页)。窃以为《金縢》之改定,应不晚于春秋初期。
③ 参见复旦大学出土文献与古文字研究中心研究生读书会:《清华九简研读札记》,复旦网,http://www.gwz.fudan.edu.cn/SrcShow.asp? Src_ID=1166,2010年5月30日,文下郭永秉先生的评论;孙飞燕:《试论〈尹至〉的"至在汤"与〈尹诰〉的"及汤"》,复旦网,http://www.gwz.fudan.edu.cn/SrcShow.asp? Src_ID=1373,2011年1月10日。
④ 陈民镇:《清华简〈尹至〉集释》,复旦网,http://www.gwz.fudan.edu.cn/SrcShow.asp? Src_ID=1647,2011年9月12日。
⑤ 清华大学出土文献研究与保护中心编,李学勤主编:《清华大学藏战国竹简(壹)》,第132页。
⑥ 《礼记正义》卷五五《缁衣》,第3578页。
⑦ 《尚书正义》卷二《尧典》,第247页。

谓的"孔"实即伪孔,并非真是孔安国,其百篇《书序》的次第也是其自为之说。值得注意的是,郑玄以《尹诰》为伊尹诰成汤,即《书序》之《咸有一德》也。《咸有一德》次于《汤诰》后《明居》前,其文则必属商汤时代,内容为伊尹诰汤,而非孔传本《古文尚书》所说为伊尹诰太甲。《史记·殷本纪》亦以《汤诰》《咸有一德》《明居》为次,从另一侧面证明了《咸有一德》为伊尹诰汤之文,其史料价值自不容低估,特别是简文"尹念天之败西邑夏"所反映的"君权天授"基础上的民本思想尤值得注意。①

清华竹书《傅说之命》(上)记有"失仲卜曰:'我其杀之','我其已,勿杀'。勿杀是吉",这实际是一正一反两条卜辞,"这样正反相对贞问的卜辞格式,是了解殷墟甲骨的人都非常熟悉的"。由此看来,《傅说之命》(上)包含着商代以下很难拟作的内涵,②但是《傅说之命》的问题似更复杂些。三篇中,上篇属纪事,中篇则像是训诰之文体,下篇则是以"王曰"的形式阐述武丁对傅说辅佐之期许。三篇简文中,可以发现所载内容确有互相重叠,或说不协调处,这一现象也可从三篇末简之简背皆题有《傅说之命》之相同篇题得知,若三篇有次序性,相信会有所标示,因此或可推测三篇乃并行。傅刚先生等曾针对《礼记》所引《兑命》文句有些未见于清华竹书《傅说之命》,推测竹书《傅说之命》不是《书序》所言之《说命》三篇。③

虽然目前这一问题尚难解决,④但即便如此,也不影响竹书《傅说之命》

---

① 学者从对传世文献和出土的先秦文献材料中记载的伊尹事迹流变情况的考察和分析出发,认为《尹至》《尹诰》记录的伊尹事迹与甲骨文透露的信息明显有异,其故事构成的基本元素和文中体现的主要思想是春秋战国文献中才出现的,简文形成的时间大概在春秋末期到战国中期这个时段。在形成过程中可能参考了当时所见到的《书》类文献,整合了春秋战国时期有关伊尹事迹的传说并融入当时的某些思想观念,在此基础上,将伊尹助汤灭夏的事件条理化、系统化和细节化。参见夏大兆、黄德宽:《关于清华简〈尹至〉〈尹诰〉的形成和性质——从伊尹传说在先秦传世和出土文献中的流变考察》,《文史》2014年第3辑。
② 李学勤:《论清华简〈说命〉中的卜辞》,《华夏文化论坛》2012年第2期。
③ 傅刚:《出土文献给我们的启示——以清华简〈尚书·说命〉为例》,《文艺研究》2013年第8期;李锐:《清华简〈傅说之命〉研究》,《深圳大学学报》(人文社会科学版)2013年第6期。
④ 学者或认为,清华简《书》类文献与《尚书》相比,篇名不同,篇目、篇数互有差异,没有《书序》,相同篇目传本不同,多言鬼神怪异,二者同源异流,很可能分属于不同的《书》类文献系统。参见刘光胜:《同源异途:清华简〈书〉类文献与儒家〈尚书〉系统的学术分野》,《中国高校社会科学》2017年第2期。

的价值,①因为这三篇补足了今文《尚书》未曾提及但却见于《国语》《礼记》及先秦子书的"傅说"事迹。另外,清华简《说命》确实是以三篇的形式出现,无论其内在是否有联系,或者有不相协调处,然其内容确实也有与传世文献引文相合之处,且李学勤先生也指出其中有关"卜辞"部分的格式乃殷墟甲骨卜问的特有格式,这几项因素确实指出了清华简《说命》的史料价值。另从用语来看,其与《盘庚》及《尚书·周书》部分篇章亦存在不少相似之处,笔者将其汇总于下表1-5。这样,类似《盘庚》篇,清华竹书《尹至》《尹诰》《傅说之命》等可能是周人根据商代典册资料改写而成,虽然不能算作严格的"同时代史料",但其用语和材料来源均有所本,故亦可大致归入此类。

表1-5 清华竹书《傅说之命》与《尚书》相似用语对照

《傅说之命》		《尚书》	
内容	篇名	内容	篇名
各(格)女(汝)敓(说)【2】	《傅说之命》(中)	格汝众	《盘庚》(上)
故(古)【2】我先王灭夏【3】	《傅说之命》(中)	古我先王	《盘庚》(上)
朕畜女(汝)【4】	《傅说之命》(中)	用奉畜汝众	《盘庚》(中)
隹(惟)乃䘳(腹),非乃身【4】	《傅说之命》(中)	恐人倚乃身,迂乃心	《盘庚》(中)
砥(底)之于乃心【5】	《傅说之命》(中)	各设中于乃心	《盘庚》(中)
脜(柔)远【2】能逐(迩)【3】	《傅说之命》(下)	不畏戎毒于远迩	《盘庚》(上)
四方民不(丕)克明【5】	《傅说之命》(下)	予丕克羞尔	《盘庚》(中)
失仲违卜【5】	《傅说之命》(上)	各非敢违卜	《盘庚》(下)
		王害不违卜	《大诰》
允若寺(时)【2】	《傅说之命》(中)	罔不若时	《洛诰》
		允若时,不啻不敢含怒	《无逸》

---

① 谢维扬先生就《礼记·缁衣》以及《文王世子》《学记》所引用的另几条《尚书·说命》的文字不见于简本《说命》,而见于更晚出的孔传本《尚书·说命》(有文字上的变动)指出,如果这几条引文并非出于杜撰,那么它们最大可能应该是来自有异于简本《说命》的另外一个或数个《尚书》文本系统。这不仅表明清华简中的《尚书》文本似乎并不能看作是《尚书》成书过程中唯一形成的文本,同时也反映出《尚书》成书过程中可能存在的呈"多元性"的复杂现象。参见谢维扬:《古书成书的复杂情况与传说时期史料的品质》,《学术月刊》2014年第9期。

续　表

《傅说之命》		《尚书》	
经惠(德)配天【2】	《傅说之命》(下)	在昔殷先哲王,迪畏天显小民,经德秉哲	《酒诰》
		殷王亦罔敢失帝,罔不配天其泽	《多士》
		故殷礼陟配天	《君奭》
罔又(有)罤(斁)言【2】	《傅说之命》(下)	罔有择言在身	《吕刑》
女(汝)亦佳(惟)克显天【5】	《傅说之命》(下)	矧曰其尚显闻于天	《康诰》
		诞罔显于天	《多士》
迵(恫)瘝(瘝)少(小)【5】民【6】	《傅说之命》(下)	恫瘝乃身	《康诰》
审(中)乃罚【6】	《傅说之命》(下)	以列用中罚	《立政》
昔在大戊【8】	《傅说之命》(下)	昔在殷王中宗	《无逸》

　　清华竹书《厚父》,据整理者介绍,其部分文辞与《孟子·梁惠王下》所引"《书》曰"相似。① 此外,由表1-4可知《厚父》的部分文辞也比较接近于周初文献,是故其亦应是"周书"的一篇。② 由于《厚父》简文中并未写明"王"的身份,通篇为"王"和"厚父"的对话,或是由于"厚父"作为夏人后裔的身份,"王"首先通过追溯夏代历史,然后介绍自己当下的作为。根据上述"书"类文献的改编过程,《厚父》的性质可能有"夏书""商书"和"周书"多种,目前看来是"周书"的可能性大些。全篇充满"天"与"德"的观念,与《尚书》周初诸诰相类;篇中厚父称时王为"天子";篇尾"民式克敬德,毋湛于酒"一段,与《尚书·酒诰》和大盂鼎铭文关于酒禁的论旨相同,均为针对商朝的覆灭而言,故《厚父》中的"王"乃是周武王。③ 当然,其在流传过程中也有发生个别文字加工润色的可能性,但是基本可以判定,其初始文本当出自周武王时史官的手笔,故可作为"周初真实史料来使用"。④ 如是,则厚父可视作研究西周历史之"同时代史料"。

---

① 清华大学出土文献研究与保护中心编,李学勤主编:《清华大学藏战国竹简(伍)》,第109页。
② 程浩:《清华简〈厚父〉"周书"说》,《出土文献》(第5辑),第145~147页。
③ 李学勤:《清华简〈厚父〉与〈孟子〉引〈书〉》,《深圳大学学报》(人文社会科学版)2015年第3期。
④ 杜勇:《清华简〈厚父〉与早期民本思想》,《清华简与古史探赜》,第97~103页。

除了习语"日不足"外,清华竹书《程寤》与《逸周书》的《大开》《小开》等篇,还有一个显著的共同点,即篇首均有纪时词语,如《程寤》"惟王元祀正月既生霸"、《大开》"维王二月既生霸"、①《小开》"维三十有五祀"等。② 值得注意的是,这些纪时词语的组成方式、所处文首的位置及所用的月相,与周原甲骨卜辞、西周铜器铭文以及《尚书·周书》中的年、月、月相、干支四要素或其中一两项要素组成的纪时词语相同,说明这些纪时词语有可能是西周时期流传下来的。

但是,这几篇还有一个特点,即所载史事与语言文字的时代特征有较明显的脱节现象——所记史事为商末周初,而语言文字有春秋战国的时代特征。如《程寤》"何监非时,何务非和,何怀非文,何保非道,何爱非身,何力非人",这组排比即与《小开》"何监非时,何务非德,何兴非因,何用非极"十分类似。③ 这种句式还见于《文儆》"何向非利?……何向非私?……何慎非遂?……何葆非监?",④《大开武》"何畏非道? 何恶非是?",⑤《宝典》"何修非躬? ……何择非人? ……何有非谋? ……何慎非言?",⑥《成开》"何乡非怀?"等。⑦ 以上各篇"曰何曰非"之言,大都不与篇中语境相呼应,很像是经过抽象概括而形成的一种带有哲理性的语言。《程寤》与《逸周书》这些篇章具有近同文句或修辞方式,其著作时代亦应相若。

此外,上述《小开》《文儆》《宝典》《成开》等几篇文献还都带有一些春秋战国时期的特征。一是"以数为纪"。《大开武》有"四戚、五和、七失、九因、十淫",《宝典》有"四位、九德""十奸""三信",《成开》有"五典""九功""六则、四守、五示、三极"等。据赵伯雄先生研究,这种"以数为纪"表达方式的广泛流行,"是春秋战国以后的事情"。⑧ 二是"顶真辞格"。如《小开》"德枳维大人,大人枳维卿,卿枳维大夫,大夫枳维士……君枳维国,国枳维都,都枳维邑,邑

---

① 《逸周书汇校集注》卷三《大开解》,第213页。
② 《逸周书汇校集注》卷三《小开解》,第217页。
③ 《逸周书汇校集注》卷三《小开解》,第229页。
④ 《逸周书汇校集注》卷三《文儆解》,第231~235页。
⑤ 《逸周书汇校集注》卷三《大开武》,第270页。
⑥ 《逸周书汇校集注》卷三《宝典解》,第280~281页。
⑦ 《逸周书汇校集注》卷五《成开解》,第508页。
⑧ 赵伯雄:《先秦文献中的"以数为纪"》,《文献》1999年第4期。

枳维家,家枳维欲无疆",①《文儆》"利维生痛,痛维生乐,乐维生礼,礼维生义,义维生仁……私维生抗,抗维生夺,夺维生乱,乱维生亡,亡维生死",②这种顶针修辞方法在《诗经》中尚属雏形,"而在战国时代的散文中,则已蔚然成风"。③ 三是"以朔纪日"。如《宝典》谓"维王三祀,二月丙辰朔",④即与《春秋》经传记时方式相同,《左传》庄公二十五年"六月辛未朔"。⑤ 这种不用月相而以朔日纪时的方式是春秋以后才成为主流的。⑥《大开》《小开》《文儆》《宝典》《成开》等篇文字具有春秋战国时期的特征,从这个特征看,清华竹书《程寤》虽言西周之事,但实非西周成文,应该视作"春秋战国时人的追述"。

清华竹书《命训》的内容与《逸周书·命训》大体相合。⑦《逸周书·命训》与《度训》《常训》三篇均以"训"为篇名,同讲为政牧民之道,其与上述《小开》等篇文例类似,亦常用数字排比,故《命训》亦应为至早在春秋时成篇之文献,可视作研究战国时期政治思想的"同时代史料"。另外,清华竹书《命训》的史料价值,还体现在其自身所显示的周人的训诫文化传统上。这一传统可能在西周已然成形,"训"的文体也已出现,如《顾命》中有"嗣守文、武大训",⑧上述燹公盨通篇亦为燹公告诫之辞,但现存今文《尚书》中并无"训"。《命训》的发现,内容虽反映的是战国时期的政治说教,但亦可作为西周已存在训诫文化传统和"训"文体的重要旁证。⑨

三、《系年》:战国时人所作史料编纂性质之"纪事本末"式史著

自清华竹书《系年》公布以来,有关其体裁、性质的争议,即不绝于耳。体

---

① 《逸周书汇校集注》卷三《小开解》,第 225~226 页。
② 《逸周书汇校集注》卷三《文儆解》,第 232~233 页。
③ 周玉秀:《〈逸周书〉的语言特点及其文献学价值》,北京:中华书局,2005 年,第 225 页。
④ 《逸周书汇校集注》卷三《宝典解》,第 279 页。
⑤ 《春秋左传正义》卷一〇庄公二十五年,第 3862 页。
⑥ 刘起釪:《〈逸周书〉与〈周志〉》,《古史续辨》,北京:中国社会科学出版社,1991 年,第 613~618 页;杜勇:《清华简〈程寤〉与文王受命综考》,《叩问三代文明:中国出土文献与上古史国际学术研讨会论文集》,第 304~335 页。
⑦ 清华大学出土文献研究与保护中心编,李学勤主编:《清华大学藏战国竹简(伍)》,第 124 页。
⑧ 《尚书正义》卷一八《顾命》,第 506 页。
⑨ 张怀通:《〈逸周书〉新研》,第 385 页。北京大学藏西汉竹书中亦有《周驯》篇,内容为战国后期东周昭文公对共太子的训诫,可见训诫文化传统之传承久远。参见北京大学出土文献研究所编:《北京大学藏西汉竹书(叁)》,上海:上海古籍出版社,2015 年,第 119~148 页。

裁方面的主要观点有：编年体，为李学勤先生等所主张；①纪事本末体，为廖名春先生所首倡，得到许兆昌先生等的赞同。② 性质方面，《铎氏微》为陈伟先生所揭示，冯时先生附和；③陈民镇先生还从史学史的角度审视《系年》的性质与文类，指出其非编年体，而很可能是"志"类文献；④刘建明先生则怀疑《系年》和《楚居》的结合体是孟子所说的先秦楚史《梼杌》；⑤刘全志先生以为《系年》更接近于《春秋事语》，推测其性质与汲冢竹书中的"国语"三篇相近。⑥

《文史通义·书教下》云："亦有因事命篇之意，初不沾沾为一人具始末也。"⑦《系年》的编纂体裁，正是"因事命篇""每事自为起讫"的"纪事本末"样式。对此，学者多有讨论，⑧这里需要补充的主要有两点：

第一，似并不能将《系年》视作后世完备状态下的"纪事本末体"。作为中

---

① 李学勤先生初认为《系年》体例类似《竹书纪年》，"是一种编年体的史书"，后又以《系年》体例与《竹书纪年》相比较，认为古本《竹书纪年》的体例，并不像晚出今本那样标准的编年史。参见李学勤：《初识清华简》，《通向文明之路》，第240～248页；《由清华简〈系年〉论〈纪年〉的体例》，《深圳大学学报》（人文社会科学版）2012年第2期。
② 廖名春先生则主张《系年》是一部纪事本末体的史书。参见廖名春：《清华简〈系年〉管窥》，《深圳大学学报》（人文社会科学版）2012年第3期。许兆昌、齐丹丹从内容、体例、谋篇等方面分析，与廖先生观点略同。参见许兆昌、齐丹丹：《试论清华简〈系年〉的编纂特点》，《古代文明》2012年第2期；许兆昌：《从清华简〈系年〉看纪事本末体的早期发展》，《叩问三代文明：中国出土文献与上古史国际学术研讨会论文集》，第406～418页；罗运环：《清华简〈系年〉体裁及相关问题新探》，《湖北社会科学》2015年第3期。
③ 简文公布伊始，陈伟先生即提出《系年》与《铎氏微》有关，后又详加论证。参见陈伟：《不禁想起〈铎氏微〉——读清华〈系年〉随想》，简帛网，http://www.bsm.org.cn/show_article.php?id=1594，2011年12月19日；《清华大学藏竹书〈系年〉的文献学考察》，《史林》2013年第1期。冯时先生也认为《系年》与《铎氏微》当属同类形式的史书。参见冯时：《〈郑子家丧〉与〈铎氏微〉》，《考古》2012年第2期。
④ 陈民镇：《〈系年〉"故志"说——清华简〈系年〉性质及撰作背景刍议》，《邯郸学院学报》2012年第2期。
⑤ 刘建明：《清华简〈系年〉研究》，硕士学位论文，安徽大学历史文化学院，2014年，第16～19页。
⑥ 刘全志：《论清华简〈系年〉的性质》，《中原文物》2013年第6期。
⑦ 章学诚：《文史通义》卷一"书教下"，叶瑛校注：《文史通义校注》，北京：中华书局，1985年，第50页。
⑧ 许兆昌、齐丹丹：《试论清华简〈系年〉的编纂特点》，《古代文明》2012年第2期；廖名春：《清华简〈系年〉管窥》，《深圳大学学报》2012年第3期；侯文学、李明丽：《清华简〈系年〉的叙事体例、核心与理念》，《华夏文化论坛》2012年第2期；许兆昌：《从清华简〈系年〉看纪事本末体的早期发展》，《叩问三代文明：中国出土文献与上古史国际学术研讨会论文集》，第406～418页；罗运环：《清华简〈系年〉体例及相关问题发微》，《出土文献与古书成书问题研究："古史史料学研究的新视野研讨会"论文集》，第147～160页。

国传统史学的三大体裁之一,纪事本末体一般认为始创于南宋袁枢的《通鉴纪事本末》。《系年》二十三章所载史事,都是围绕着相关历史事件展开的,且各章所述事件较集中,主题较统一,这正与"每事为篇,各排比其次第,而详叙其始终"的纪事本末体的特征相似。① 就袁枢《通鉴记事本末》"区别门目,以类排纂,每事各详起讫,自为标题。每篇各编年月,自为首尾"的特征而言,②《系年》最显著的不同是各章还没有列出独立的标题。但从表1-6所列各章叙事主题来看,《系年》的编纂应该已存在根据主题不同而将所述史事作有意识的分别,从这方面看,《系年》确已具备了"纪事本末"的基本特征。

表1-6 《系年》分章叙事主题

章序	主题	章序	主题	章序	主题	章序	主题
第一章	西周治乱	第七章	城濮之战	第十三章	邲之战	第十九章	楚县陈蔡
第二章	西周灭亡	第八章	崤之战	第十四章	鄢之战	第二十章	晋越为好
第三章	秦人始源	第九章	灵公即位	第十五章	楚吴关系	第二十一章	晋楚交攻
第四章	卫人屡迁	第十章	晋秦交恶	第十六章	晋楚弭兵	第二十二章	三晋服齐
第五章	伐息赣陈	第十一章	楚人围宋	第十七章	晋齐交攻	第二十三章	楚人屡师
第六章	晋献公立储	第十二章	楚庄伐郑	第十八章	晋吴伐楚		

但是,若从更严格的角度看,《系年》与"纪事本末体"的区别主要表现在:

首先,《系年》并没有"自为标题"。其次,《系年》叙事虽然每章"各编年月,自为首尾",但在具体叙事上并未"详叙其始终",除第五、九、十四等少数篇章外,大都是概括叙事。以第一章为例,表1-6拟标题为"西周治乱",所涉历史人物有周武王、厉王、共伯和及宣王,年代相距久远,而属略述西周王朝治乱之迹。第三章述秦人起源及早期发展简史,可名之为"秦人始源",同样时间跨度久远,所涉秦人先祖飞廉,为殷末周初人物,与武王、成王同时,因与周人为敌最终被杀,秦人也因此被周王朝从东方迁到西方,为王朝守卫西部边疆,直到

---

① 《四库全书总目》卷四九《史部五·纪事本末类》,(清) 永瑢等撰:《四库全书总目》,北京:中华书局,1965年,第437页。
② 《四库全书总目》卷四九《史部五·通鉴纪事本末》,(清) 永瑢等撰:《四库全书总目》,第437页。

"秦仲焉东居周地,以守周之坟墓,秦以始大",①亦是略述。由此看来,《系年》虽然具有"纪事本末"的一些基本特征,但与后世完备状态下的纪事本末体仍有一定差距。

第二,与《通鉴纪事本末》《左传纪事本末》等纪事本末体史书的另一个不同,是目前并未确定《系年》有专门的"抄撮"对象。陈伟先生认为《系年》与《铎氏微》有关,冯时先生认为《系年》与《铎氏微》当属同类形式的史书。② 但据《史记》记载,《铎氏微》的"抄撮"范围不出《左传》,而《系年》在不少史事记载上却与《左传》存在差异:如《系年》第十五章记陈公子徵舒娶郑穆公女,即与《左传》《国语》所记不同,此外,关于战国早期史事的各章亦为《左传》不载。因此,目前似并不能认定《系年》"抄撮"《左传》的内容。

《系年》编纂时有较为明确的史料取舍标准,即注重国家历史发展的主要线索。这首先体现在有明确的对象限定和时代断限,《系年》叙述的重点在平王东迁之后的诸侯国史事,因此有关西周史事的前四章,叙述主旨仍在春秋诸国兴起的契机方面。③ 这说明《系年》应是编纂目的明确的独立史著。《系年》是编纂者用"纪事本末"手法将有关史料简化、融合,加以自己的理解,用战国时期楚国语言记述的独立史著,可见"纪事本末"的叙事方法在当时已运用于独立史著的创作。不仅如此,《左传》中亦可见"纪事本末"的历史叙事方法。如《春秋》经中只有"郑伯克段于鄢"六字,《左传》隐公元年则从郑庄公出生说起,以时间为序讲他不被母亲喜欢的缘由,母亲的偏心和弟弟共叔段的跋扈,接着记述庄公如何平息共叔段叛乱并与母亲决裂,最后说到庄公母子如何和好如初。再如宣公二年《春秋》经文有"晋赵盾弑其君夷皋",《左传》从"晋灵公不君"说起,同样以时间为序叙述晋灵公的残暴,记叙赵盾如何进谏,如何谏而无效,灵公又如何派人暗杀赵盾而没有成功,最后讲到赵穿如何杀灵公,太史又因何将责任归在赵盾身上,这样便将"赵盾弑其君"的始末交代清楚了。将

---

① 清华大学出土文献研究与保护中心编,李学勤主编:《清华大学藏战国竹简(贰)》,第141页。本书所用释文用宽式,以便利行文,下文引用《系年》释文不再一一出注。
② 陈伟:《清华大学藏竹书〈系年〉的文献学考察》,《史林》2013年第1期;冯时:《〈郑子家丧〉与〈铎氏微〉》,《考古》2012年第2期。
③ 李学勤:《清华简〈系年〉及有关古史问题》,《文物》2011年第3期。

上述两例比照"每事各详起讫,自为标题。每篇各编年月,自为首尾"的标准,若以"郑伯克段于鄢""晋赵盾弑其君夷皋"分别为标题,则《左传》中此类叙事亦合乎"纪事本末"的基本特征。白寿彝先生根据《左传》的叙事特点,推测"《左传》的原来形式也不一定完全是编年体,其中也包含有传记体和纪事本末体",还认为可以考虑"《左传》本来就是纪事本末体"。① 赵光贤先生亦指出《左传》本是纪事体的史书。② 这就将纪事本末体史书产生的可能年代一直上推到战国早中期。白寿彝先生当时囿于材料所限并未下最后结论,《系年》的发现为两位先生的看法增添了新的证据。

简言之,一方面《系年》虽已具备"纪事本末"的基本特征,但仍与纪事本末体史著存在一定差距;另一方面"纪事本末"作为一种基本的历史叙事方法,不仅见于《系年》,在《左传》中亦可得见。《系年》的发现,为纪事本末体史书可能产生于战国早中期的传统认识提供了新注脚。

关于《系年》的性质,申叔时论"故志"云其"使知废兴者而戒惧焉",韦昭注:"故志,谓所记前世成败之书。"③刘起釪先生曾申论,"志"是当时政治生活中所应注意的要求或某种规范、指导行为的准则等近似于格言的守则性的话。④ 清华竹书《金縢》篇题本作"周武王有疾周公所自以代王之志",由此,刘先生对"志"书的性质与用途的论述是正确的,只是"志"未必全是格言。大致早期的"志",以记载名言警句为主,后经发展,也记载一些重要的事实,逐渐具有史书的性质。⑤ 上述李零先生等以"故志"等为"书"类文献,正是其题中之义。而《系年》各章绝少记言,这与"志"早期以言为主、后期言事并重的体例不合。

但是作为史书,《系年》具有"知废兴者而戒惧"的功能确是肯定的。可以看出,《系年》整篇的着眼点,除叙述时间范围从西周一直延续到战国所体现的"通"外,其一直在治乱与和战之间徘徊的叙述主题,正体现着"多闻善败以鉴

---

① 白寿彝:《中国史学史》第 1 卷,第 151~153 页。
② 赵光贤:《〈左传〉编撰考》,《中国历史文献研究集刊》1980 年第 1 集、1981 年第 2 集。
③ 《国语集解》卷一七《楚语上》,第 486 页。
④ 刘起釪:《〈逸周书〉与〈周志〉》,《古史续辨》,第 617 页。
⑤ 王树民:《释"志"》,《文史》1990 年第 32 辑,后收入《中国史学史纲要》,北京:中华书局,1997 年,第 219~225 页。

戒"的编纂意图,这似与《铎氏微》"抄撮""采取成败"的特征相吻合。《史记·十二诸侯年表》曾明记:

> 是以孔子明王道,干七十余君,莫能用,故西观周室,论史记旧闻,兴于鲁而次《春秋》,上记隐,下至哀之获麟,约其辞文,去其烦重,以制义法,王道备,人事浃。七十子之徒口受其传指,为有所刺讥褒讳挹损之文辞不可以书见也。鲁君子左丘明惧弟子人人异端,各安其意,失其真,故因孔子史记具论其语,成《左氏春秋》。铎椒为楚威王傅,为王不能尽观《春秋》,采取成败,卒四十章,为《铎氏微》。赵孝成王时,其相虞卿上采《春秋》,下观近势,亦著八篇,为《虞氏春秋》。吕不韦者,秦庄襄王相,亦上观尚古,删拾《春秋》,集六国时事,以为八览、六论、十二纪,为《吕氏春秋》。及如荀卿、孟子、公孙固、韩非之徒,各往往捃摭《春秋》之文以著书,不可胜纪。汉相张苍历谱五德,上大夫董仲舒推《春秋》义,颇著文焉。①

《铎氏微》已然失传,而白寿彝先生曾申论此事:"《虞氏春秋》可能是用史事类编的形式写的,每一篇名似即表示某一类的史事。《铎氏微》可能是用纪事本末的形式写的,也可能用史事类编的形式。值得注意的是,这两书,或采取成败,或刺讥国家得失,比《国语》多闻善败以鉴戒要更进一步,为政治服务的态度要更显著、更迫切了。"②所谓"微",颜师古注曰:"微谓释其微指。"③实则这些书的共同特点是抄撮《左传》,采取成败,有的还采及《左传》以外的内容。其论成败,就是"道义"的一种方式,只是为便于读者接受,故篇幅较小。这可以说是汉初以前《左传》学的一个传统。④ 正是由于抄撮,所以才会出现叙事简略的情况。

但是,《铎氏微》"抄撮"的乃是《左传》的内容,而《系年》在不少史事记载上却与《左传》存在差异。或记述更为清楚,如《系年》第一章详述"共伯和"行政,而《左传》昭公二十六年则含糊提到"至于厉王,王心戾虐,万民弗忍,居王于彘,诸侯释位以间王政"。⑤ 或描述情况不一,如《系年》第十五章简文

---

① 《史记》卷一四《十二诸侯年表》,第509~510页。
② 白寿彝:《战国、秦汉间的私人著述·战国中叶以后的史书》,《中国史学史论集》,北京:中华书局,1999年,第34页。
③ 《汉书》卷三〇《艺文志》,第1715页。
④ 李学勤:《帛书〈春秋事语〉与〈左传〉的传流》,《古籍整理研究学刊》1989年第4期。
⑤ 《春秋左传正义》卷五二昭公二十六年,第4591页。

云陈公子徵舒娶郑穆公女,即与《左传》《国语》不同。此外,更有关于战国早期史事的各章为《左传》不载。冯时先生曾以上博竹书《郑子家丧》为《铎氏微》一章,并以之与《左传》对观,讨论其编写的三个特点:史观改变、史料补充及史序调整。① 但是,上引《史记》论《虞氏春秋》云"上采《春秋》,下观近势",《吕氏春秋》有"删拾《春秋》,集六国时事",对《铎氏微》则指明"为王不能尽观《春秋》,采取成败",故其取材当不出《左传》范围。故在目前没有充分证据的情况下,认为《系年》是合乎"《史记》描述的《铎氏微》"式的史著可能更为稳妥。

若更进一步,仅依文献而言,《汉书·艺文志》记"《铎氏微》,三篇",班固自注云"楚太傅铎椒也"。② 杜预《春秋左氏传序》孔颖达疏引刘向《别录》:"左丘明授曾申,申授吴起,起授其子期,期授楚人铎椒,铎椒作《抄撮》八卷,授虞卿,虞卿作《抄撮》九卷,授荀卿。"③ 按《史记》《别录》等说,虞卿受学于铎椒又"下观近势"而作《抄撮》九卷,《系年》是类似《虞氏春秋》的传本的可能性反而要大些。就《系年》战国部分叙事而言,第二十一章述"楚师无功,多弃旃、幕,宵遁",第二十三章"阳城桓定君率榆关之师与上国之师以交之,与之战于桂陵,楚师无功……楚师大败,鲁阳公、平夜悼武君、阳城桓定君,三执珪之君与右尹昭之竢死焉,楚人尽弃其旃、幕、车、兵,犬逸而还……楚邦以多亡城",所谓"宵遁""犬逸"不仅对楚国战败不加隐讳,甚至有诋毁的成分在内,或可看出其取材重心由楚而逐渐发生转变,当可为此说之旁证。由上述,亦可看出其并非编年体的楚国国史"梼杌"。

根据上述分析,笔者以为清华竹书《系年》是用"纪事本末式"的体裁,以合乎"《史记》描述的《铎氏微》"式的性质来编纂史料的独立史著。《系年》成书于战国,故其所追述西周春秋史事部分会带有一定程度的差异,这部分材料在用于考辨先秦史事时需要加以考量,但其描述战国早期历史的各章,具有"同时代"史料的重要价值。

---

① 冯时:《〈郑子家丧〉与〈铎氏微〉》,《考古》2012年第2期。
② 《汉书》卷三〇《艺文志》,第1713页。
③ 《春秋左传正义》卷一《春秋序》,第3695页。

四、"语": 战国时流传的存故实、寓劝诫和助游谈的材料

《国语·楚语上》记载春秋中期楚庄王问傅太子之道时,大夫申叔时列出了"春秋""世""诗""礼""乐""令""语""故志""训典"等九种所要"教之"的文献。一般认为,"语"书作为一种文献分类在春秋时期即已广泛存在,传世文献中《国语》《新序》《说苑》等均属此类体裁。以《国语》为例,《汉志》将其与《左传》并列收入"春秋家",唐刘知幾将其列为"六家"之一,"语"书作为一种重要的史学体裁已极显明。1973 年,马王堆汉墓帛书出土有《春秋事语》,张政烺先生指出"这在春秋时期的书籍中是一种固定的体裁,称为'语'。'语'就是讲话。'语'之为书既是文献记录,也是教学课本",①证明了"语"在春秋时期的客观存在。近年来,楚竹书中也发现有大量"语"类文献,"语"类也由此深为学界所重视,取得了相当的成果。② 笔者将在前贤研究的基础上,对有关问题再作一简单说明。

河北平山战国时期中山王嚳墓中出土有中山王嚳鼎(《集成》02840),其铭文在文首言曰:

> 唯十四年,中山王嚳作鼎,于铭曰:呜呼,语不废哉,寡人闻之,与其溺于人也,宁溺于渊。昔者……

其后即用三个"昔者"指出了三件过去的史实和教训,分别是中山国王年幼继位事、燕王禅位之事以及"吴人并越,越人修教备信,五年覆越,克并之",其中

---

① 张政烺:《〈春秋事语〉解题》,《文物》1977 年第 1 期。早年,徐中舒先生即曾指出"瞽矇传诵的历史再经后人记录下来就称为'语',如《周语》《鲁语》之类;《国语》就是记录了各国瞽矇传诵的总集。'语'从此成为一种新的书体",后为张以仁先生所详细论述。参见徐中舒:《〈左传〉的作者及其成书年代》,《历史教学》1962 年第 11 期;张以仁:《国语辨名》,《中研院史语所集刊》(第 40 本下册),1969 年,第 613~624 页。
② 李零:《简帛古书与学术源流(修订本)》;张铁:《语类古书研究》,硕士学位论文,北京大学中国语言文学系,2003 年;俞志慧:《语:一种古老的文类——以言类之语为例》,《文史哲》2007 年第 1 期;叶博:《〈新序〉、〈说苑〉研究——在事语类古书的视野下》,硕士学位论文,北京大学中国语言文学系,2009 年;王青:《古代"语"文体的起源与发展——上博简〈曹沫之陈〉篇题的启示》,《史学集刊》2010 年第 2 期;俞志慧:《古"语"有之:先秦思想的一种背景与资源》;徐建委:《〈说苑〉研究——以战国秦汉之间的文献累积与学术史为中心》,北京:北京大学出版社,2011 年;李佳:《〈国语〉研究》;夏德靠:《先秦语类文献形态研究》;杨博:《试论新出"语"类文献的史学价值——借鉴史料批判研究模式的讨论》,《图书馆理论与实践》2016 年第 2 期;王青:《上博简〈曹沫之陈〉疏证与研究》,北京:北京师范大学出版社,2017 年;等等。

又用"寡人闻之"另引用一句格言"事少如长,事愚如智"。所谓"语不废哉"的"语",不仅仅是指铭文所引用的"寡人"所闻的两句格言,而且还应该包括"昔者"所发生的史事,尤其是"越克吴"事,更是战国时期流行的典型"母题"。整篇铭文,就是节录"语"的内容来进行说理。这样的"语",既有格言的内容,似也包括史事的内容,不仅可看出当时"语"类文献的流行,亦可看出"语"类文献所包含的特质。

《国语·楚语上》记载申叔时的言论,有"教之语,使明其德,而知先王之务用明德于民也"的说法,韦昭注"语"为"治国之善语"。① 《左传》文公六年有"著之话言",孔颖达疏曰:"著之话言,为作善言遗戒,著于竹帛,故言著之也。"② 《左传》襄公十四年记载:"史为书,瞽为诗,工诵箴谏,大夫规诲,士传言,庶人谤。"③ 上文引《国语·周语》亦有"庶人传语",《礼记·曲礼上》还有"史载笔,士载言"④的记载。无论是古之王者"著之话言"的"善言遗戒",还是"瞽诵""庶人传语""士传言""士载言",经过上下两个渠道的采择,这些"治国之善语"都可能通过"著于竹帛"而流传下来,一方面保存了反映当时社会面貌的珍贵资料,一方面成为时人以及后人常用以劝诫的材料。

"语"与"言""传""说"等同样表示话语的词汇,先秦时期都有可能视作是记述历史故事或传闻的文本,或是格言汇编。但是就细微处,"言""语"之间也存在着区别,不免有所混淆。⑤ 特别是战国后期以后,"传""说"都被用作为解"经"的文体,纳入经学体系,其区别就更为显著。⑥

《说文·言部》有:"言,直言曰言。论难曰语。"可见不同于"言","语"具有议论的特点。⑦ 《诗·大雅·公刘》:"于时言言,于时语语。"毛传:"直言曰言,论难曰语。"直接的诉说是"言",相互论辩就是"语",这种理解与《说文》的说法

---

① 《国语集解》卷一七《楚语上》,第485~486页。
② 《春秋左传正义》卷一九上文公六年,第4003页。
③ 《春秋左传正义》卷三二襄公十四年,第4250~4251页。
④ 《礼记正义》卷三曲礼上,第2705页。
⑤ 参见邱渊:《"言""语""论""说"与先秦论说文体》,昆明:云南人民出版社,2009年。
⑥ 窃以为战国时期所谓"经"并不仅指后世儒家经典而言,诸家学派的原典均可称之为"经",如《墨经》等。此时的"传""说"殆是各派弟子研习原典,讲承师说所作。
⑦ 《说文解字》,第51页。

完全相同,似是汉人通识。孔颖达正义云"'直言曰言',谓一人自言;'答难曰语',谓二人相对",①指出"言""语"存在着说话者人数上的不同。《礼记·杂记》有:"三年之丧,言而不语,对而不问。"郑玄注:"言,言己事也。为人说为语。"孔颖达正义:"谓大夫、士言而后事行者,故得言已事,不得为人语说也。"②居丧之时可以"言"却不能"语",显示出在表达上"言""语"存在着主动和被动的差别。《左传》庄公十四年载:

> 楚子如息,以食入享,遂灭息。以息妫归,生堵敖及成王焉,未言。楚子问之,对曰:"吾一妇人而事二夫,纵弗能死,其又奚言?"③

学者即据此指出:"主动说话叫作'言',与人相对答才是'语'。"④此外,《国语·鲁语下》记载:"公父文伯之母如季氏,康子在其朝,与之言,弗应。"⑤"与之言"清楚地指明是季康子单方面的主动说话。可见"语"和"言"的差别是存在的,当然这种区别也并非绝对,故格言、民谚如"古人有言曰""先民有言曰""人有言曰""谚曰"等等也常称之为"言",其也被用来议论说理。

"传""说"也可被视作述古讲史的一种文体,《孟子·梁惠王下》有:

> 齐宣王问曰:"文王之囿方七十里,有诸?"孟子对曰:"于传有之。"⑥
> 齐宣王问曰:"汤放桀,武王伐纣,有诸?"孟子对曰:"于传有之。"⑦

此处两个"于传有之",这种叙述传闻故事的文体也可称为"传",同样的例子还见于《孟子·滕文公下》:

> 周霄问曰:"古之君子仕乎?"孟子曰:"仕。《传》曰:'孔子三月无君,则皇皇如也,出疆必载质。'"⑧

---

① 《毛诗正义》卷一七·三《大雅·公刘》,第1168~1169页。
② 《礼记正义》卷四二《杂记下》,第3385页。
③ 《春秋左传正义》卷九庄公十四年,第3845页。
④ 陆宗达、王宁:《训诂与训诂学》,太原:山西教育出版社,1994年,第255~259页。
⑤ 《国语集解》卷五《鲁语下》,第192页。
⑥ 《孟子注疏》卷二上《梁惠王章句下》,(汉)赵岐注,(宋)孙奭疏:《孟子注疏》,(清)阮元校刻:《十三经注疏》(清嘉庆刊本),第5816页。
⑦ 《孟子注疏》卷二下《梁惠王章句下》,第5828页。
⑧ 《孟子注疏》卷六上《滕文公章句下》,第5895页。

《墨子·明鬼下》：

> 昔者，燕简公杀其臣庄子仪而不辜……诸侯传而语之曰："凡杀不辜者，其得不祥，鬼神之诛，若此其憯遫也！"以若书之说观之，则鬼神之有岂可疑哉！①

此处"说"明显指这个传闻故事。《史记·五帝本纪》亦有："《书》缺有间矣，其轶乃时时见于他说。"②这里的"传""说""语"皆可视作是记述历史故事或传闻的文本，或是格言汇编。但是，可以看出，"传"与"说"更多的是与诸子经传联系在一起的。"传""说"虽然都是解释"经"的文类，二者也存在区别："说""传"处在学术传授的不同层次之中，"传"是对"六艺"经义直接作的阐释，而"说"是为解释"传"或诸子理论而产生的"师说"。③ "说""传"的区别可简单归纳为以下两点：

第一，在形式上，"说"与"经"是分开的，如《韩非子·外储说》这种标准的"说"，经的部分和"说"的部分是分开的，"说"更像是为阐发义理的"经"而准备的资料库，《说林》之"林"，《说苑》之"苑"的命名，或许正是有这种含义在里面。而"传"则是与"经"文合在一起的，《史通·补注》："昔《诗》《书》既成，而毛、孔立传……亦犹《春秋》之传，配经而行也。"④《汉书·五行志》颜师古注云："传字或作傅，读曰附，谓附着。"⑤如《韩诗外传》先言故事或阐述义理，而后引出与此段"传"义理相通的《诗》句。

第二，就《汉书·艺文志》来看，"六艺"均有"传"，而非皆有"说"。此外，以《六艺略》为例，其叙述一经的各种文献一般顺序是：经→故→传→记、说、章句。⑥ 由此"说"在《汉书·艺文志》存录等级中的地位要低于"传"，同于"记"与"章句"。在这个序列中，"说"可以敷衍"传"，而"传"却不能解释"说"。上述《汉书·五行志》在解释《尚书·洪范》中亦提到的"五行"时就给我们提供了一

---

① 《墨子间诂》卷八《明鬼下》，第 226～228 页。
② 《史记》卷一《五帝本纪》，第 46 页。
③ 徐建委：《〈说苑〉研究——以战国秦汉之间的文献累积与学术史为中心》，第 71～74 页。
④ 《史通通释》卷五《补注》，第 121 页。
⑤ 《汉书》卷二七上《五行志》，第 1317 页。
⑥ 当然，由于文献传流情况不同，《汉志》所记亦并非整齐划一，如《乐》类六家并无"传"。又如《孝经》类，《杂传》四篇在《长孙氏说》《江氏说》《翼氏说》及《后氏说》之后。

个很好的范例:①

> 经曰:"初一曰五行。五行:一曰水,二曰火,三曰木,四曰金,五曰土。水曰润下,火曰炎上,木曰曲直,金曰从革,土爰稼穑。"
>
> 传曰:"田猎不宿,饮食不享,出入不节,夺民农时,及有奸谋,则木不曲直。"
>
> 说曰:"木,东方也……是为木不曲直。"②

明了"语"与"言""传""说"等同样表示话语的词汇的区别以外,还需要讨论"语"与"书"等文献的区别。"语"与"书"可分别以《国语》和《尚书》为例。白寿彝先生曾指出,《国语》是以记言为主的书,所记的言多是贤士大夫的说言高论,跟《尚书》记言之限于官文书有严格的区别。③ 而从《尚书》与《国语》之间"言""语"的细微差别来理解,《尚书》之"言"大多是君王对臣下所发布的言论,具有不容置疑的权威性,这些言辞基本是独白,话语的指向也是单向性的,在这个层面上王者的"主动"说话,正与左史记"言"、"言为《尚书》"的记载是相吻合的。《国语》之"语"更多的是对当政者的一种委婉警告,"语"采用对话的形式,记录了大量辩论性的内容。"语"者借助各种论据,使用多种论证方法,希冀与执政者成功沟通,使之接受自己的意见。《尚书》所记的言语局限在周王或是周公、召公等辅政大臣及祭公等耆老"惇史"的范围之内,训话的对象是臣民。《论语》除孔子外,只有少数几位贤弟子之言语,"语"的直接对象基本为门下弟子或问学者。《国语》记载的言语不是训话,而是劝谏,劝谏的对象是君王。劝谏和教诲都出于宣传自己政治主张的目的,均需要列举一些当时人们熟知的人、事作为论据,以增加说服力。《国语》记载的言语不能是演讲,这在很大程度上是由"语"者社会地位降低决定的。④

综上所述,"语"是战国时流传的存故实、寓劝诫和助游谈的材料,其最显著的特征,即在于"故事"性。这里的"故事"性有两重含义:其一是指每个篇

---

① 《尚书·洪范》云:"一,五行。一曰水,二曰火,三曰木,四曰金,五曰土。水曰润下,火曰炎上,木曰曲直,金曰从革,土爰稼穑。润下作咸,炎上作苦,曲直作酸,从革作辛,稼穑作甘。"参见《尚书正义》卷一二《洪范》,第399页。
② 《汉书》卷二七上《五行志》,第1318~1319页。
③ 白寿彝:《战国、秦汉间的私人著述·国语》,《中国史学史论集》,第30页。
④ 李佳:《〈国语〉研究》,第137页。

章都是一个比较完整的独立故事,基本是由"故事背景＋故事经过＋故事结果"组成。如上博竹书《昭王毁室》,开篇"昭王为室"为故事背景,"一君子丧服……"为经过,结果是"因命至(致)俑毁室"。其二也有部分篇章会引用过去明君圣王的典型事例,甚至开篇即言明其讲古的性质。如清华竹书《赤鹄之集汤之屋》开篇云"曰故(古)又(有)赤鹄,集于汤之屋【1】",《虞夏殷周之治》开篇"曰昔又(有)吴(虞)是(氏)用索(素)【1】"。或在篇中显示这一点,如上博竹书《容成氏》讲"昔尧处于丹府与藋陵之间……【6】""昔舜耕于𣥺(鬲)丘……【13】"等。

这样,楚竹书中所见之"语"的内容多为战国时人对古史材料的改编。按所述时代分类则有:三代及以前:有上博竹书《容成氏》《融师有成氏》《举治王天下》《成王既邦》,清华竹书《虞夏殷周之治》《赤鹄之集汤之屋》《汤处于汤丘》《汤在啻门》《殷高宗问于三寿》等;①春秋时期:包括清华竹书、上博竹书春秋故事和慈利竹书吴国故事等;②战国时期:有上博竹书《𣌭大王泊旱》。

诸篇竹书形制信息亦可先列表讨论(表1-7)。由于上博竹书是入藏简册,保存情况较差,是故并非所有分篇简册均能采集到可供讨论之数据,这里的讨论仅就现有资料而言。下列简册形制表,就简长等形制而言,上博竹书语类故事简似并未可寻出整齐划一的规律。唯《灵王遂申》《平王问郑寿》等十四篇楚国故事形制相近,似显示出时人对相关文献之汇集。

此外,值得留意点有三:一是记述楚国之外的齐、吴等国故事的,如《竞公疟》《吴命》,简长较楚国故事更长;二是记述古史的简册,如《举治王天下》《成王既邦》等,亦较楚国故事为长;三是两道编绳的楚国故事简册中,时代最晚的《𣌭大王泊旱》简册长短亦最短。

---

① 《赤鹄之集汤之屋》虚构故事的特点明显,故学者将其视为"小说"。参见黄德宽:《清华简〈赤鹄之集汤之屋〉与先秦"小说"——略说清华简对先秦文学研究的价值》,《复旦学报》(社会科学版)2013年第4期;刘成群:《清华简〈赤鹄之集汤之屋〉文体性质再探》,《学术论坛》2016年第8期。窃以为清华竹书《汤处于汤丘》《汤在啻门》和《赤鹄之集汤之屋》均是传衍伊尹故事,《赤鹄之集汤之屋》与上博竹书《竞建内之》等均是借"鸟"之异象表达政治思想。《赤鹄之集汤之屋》篇,讲述有鸟"赤鹄"被商汤射获,商汤外出临行前嘱咐小臣伊尹将其烹煮作羹的故事。《竞建内之》追述"高宗武丁祭祀有雉雊于彝前期",与《尚书·高宗肜日》篇的记述相似,是祖己对商王祭祀时的异事进行评论。参见杨博:《新出文献战国文本的差异叙述》,《中国社会科学院研究生院学报》2018年第5期。
② 相关篇目已在《绪论》中详细列出,兹不赘述。

表 1-7　上博竹书"语"类文献形制信息表

篇　　名	形制	简　长	编绳	编绳间距	完简字数	合编
竞公疟	两端平齐	55	3	8.4～19～19～8.4	55	
融师有成氏	两端平齐	53	3	10.7～15.4～15.4～10.6	39～46	
吴命	两端平齐	52	3	10.6～16.5～16.7～8.2	64～66	
曹沫之陈	两端平齐	47.5	3		32～41	
举治王天下	两端平齐	46	3	1.4/1.5～22.3/22.5～22.3/22.5～1.4/1.5	27～33/39	近
成王既邦	两端平齐	45.9	3	1.4～22～21～1.4	35	
容成氏	两端平齐	44.5	3		42～45	
姑成家父	两端平齐	44.2	3	1.1～21～21～1.1	51～59	
陈公治兵	两端平齐	44	3	1.3～20.7～20.7～1.3	35～37	
昭王毁室・昭王与龚之脽	两端平齐	43.7～44.2	3	1.2～20.5～21～1.2	41～47	
竞建内之	两端平齐	42.8～43.3	3	1.8～19.5/19.8～19.6/19.9～1.8	32～36	同
鲍叔牙与隰朋之谏	两端平齐	40.4～43.2	3	1.8～19.5/19.8～19.6/19.9～1.8	41～51	
郑子家丧乙	两端平齐	34～47.5	2	13～22.5～11.9	31～36	
灵王遂申	两端平齐	33.3	2	9.5～15～8.8	29～36	
平王问郑寿	两端平齐	33～33.2	2	9.5～15～8.5/8.7	28	
君人者何必安哉乙	两端平齐	33.5～33.7	2	9.1～16.4～8.2	26～31	
君人者何必安哉甲	两端平齐	33.2～33.9	2	8.6～16.8～8.5	24～31	同
庄王既成・申公臣灵王	两端平齐	33.1～33.8	2	8.9/9.5～15～9.2/9.3	26	
成王为城濮之行乙	两端平齐	33.1～33.3	2	9～16.2～8.1	22～33	

续 表

篇 名	形制	简 长	编绳	编绳间距	完简字数	合编
成王为城濮之行甲	两端平齐	33.1～33.3	2	9～16.2～7.9/8.1	22～33	同
郑子家丧甲	两端平齐	33.1～33.2	2	9.5～15.7～8	31～36	
命	两端平齐	33.1～33.4	2	9.5～15～8.6/8.9	25～29	
王居	两端平齐	33.1～33.2	2	9.3/9.6～14.8/15～8.7/8.8	23～25	
志书乃言	两端平齐	33.1～33.2	2	9.3/9.5～14.8/15～8.7/8.8	23～25	
平王与王子木	两端平齐	33	2	9.5～15～8.5	22～27	
邦人不称	两端平齐	33	2	9.4～15～8.6	32～34	
柬大王泊旱	两端平齐	24	2	7.5～9～7.5	24～27	

清华竹书"语"类文献的情况亦可列为下表1-8。可知,清华竹书"语"类文献之形制特征为:

第一,简册形制以两端平齐为主,三道编绳。简背划痕与次序编号并非普遍,简背篇题亦非常见。

第二,记载商汤故事的《汤处于汤丘》《汤在啻门》、晋国故事的《子犯子余》《晋文公入于晋》及郑国故事《郑武夫人规孺子》《郑文公问太伯》等,各自在形制、书手上存在一致性。

表1-8 清华竹书"语"类文献形制信息表

篇 名	简数	形制	简长	编绳	完简字数	备 注
虞夏殷周之治	3	两端平齐	41.5	3	24～42	
赤鹄之集汤之屋	15	两端平齐	45	3	31～32	简背有次序编号、划痕
汤处于汤丘	19	两端平齐	44.4	3	32	与《汤在啻门》形制、字迹相同
汤在啻门	21	两端平齐	44.5	3	32	简末留白

续　表

篇　名	简数	形制	简长	编绳	完简字数	备　注
殷高宗问于三寿	27	两端平齐	45	3	28～34	简背有次序编号，简背有篇题
管仲	30	两端平齐	44.5	3	34	
子犯子余	15	两端平齐	45	3	41～42	第一简简背有篇题，与《晋文公入于晋》形制、字迹相同
晋文公入于晋	8	两端平齐	45	3	41～42	
赵简子	11	两端平齐	41.6	3	35	
子仪	20	两端平齐	41.5～41.7	3	34	
越公其事	75	两端平齐	41.6	3	31～33	篇题在简尾，简背有划痕，与《郑武夫人规孺子》《郑文公问太伯》《子仪》同一书手
郑文公问太伯乙	12	两端平齐	45	3	35	同一书手抄写甲乙两本
郑文公问太伯甲	14	两端平齐	45	3	31	
郑武夫人规孺子	18	两端平齐	45	3	33	简背划痕三道
子产	29	两端平齐	45	3	33	

将上博竹书、清华竹书所体现之形制信息综合后，似可得出战国楚竹书"语"类文献抄本的一些规律性认识：

首先，竹简形制两端平齐。由是观之，上博竹书《子羔》《鲁邦大旱》两篇似更近于"子"类儒家著作，就形制特征而言，其与儒家论诗的《孔子诗论》合编亦在情理之中。

其次，简长存在两种情况：一是记述三代故事和楚国以外晋、齐、郑等国故事的简长大于45厘米，以45厘米上下为主，出土慈利竹书吴国故事简长亦为45厘米；①二是，记载楚国故事的简长以小于45厘米为主。清华竹书"语"

---

① 湖南省文物考古研究所、慈利县文物保护管理研究所：《湖南慈利石板村36号战国墓发掘简报》，《文物》1990年第10期。

类文献《子仪》篇简长41.6厘米,亦是楚国故事。

再次,诸篇文献存在同时代人物如商汤故事《汤处于汤丘》《汤在啻门》、同国别如《子犯子余》《晋文公入于晋》及《灵王遂申》《平王问郑寿》等十四篇聚集的情况,似显示出时人对相关文献之汇集。

由上述,可知目前已发现的楚竹书"语"类文献中,除上博竹书《柬大王泊旱》描述战国史事之外,上博竹书《庄王既成》《成王为城濮之行》《郑子家丧》《灵王遂申》《申公臣灵王》《平王问郑寿》《平王与王子木》《王居》(含《命》与《志书乃言》)《陈公治兵》《昭王毁室》《昭王与龚之脽》《君人者何必安哉》《邦人不称》《鲍叔牙与隰朋之谏》(含《竞建内之》)《竞公疟》《曹沫之陈》《姑成家父》《吴命》,清华竹书《子犯子余》《晋文公入于晋》《赵简子》《子仪》《管仲》《郑武夫人规孺子》《郑文公问太伯》《子产》《越公其事》,慈利竹书《吴语》等,均是战国时人对春秋史事的追述。这部分史事人物世系、叙事主干等基本可靠,一些记述细节在很大程度上可补史之缺。如李守奎先生曾指出,句践灭吴的历史故事,其在先秦时期已见到四个完整的叙述文本,即《国语》之《吴语》《越语上》《越语下》和《越公其事》。这些故事都是从夫椒之战句践败守会稽开始,基本上都是到句践灭吴结束。夫差未能一鼓作气灭掉越国,使得句践通过一系列有效措施,经过发展,国富兵强,打败吴国并接受历史经验教训拒绝夫差求成,最终灭国。这是历史的基本事实,这些语类文献与《春秋》《左传》记载具有一致性。《越公其事》与《国语》有一些共同的史料来源,如《越公其事》第一章和后两章叙述吴越决战与夫差求成被拒的过程与《国语》中相关内容几乎完全相同。另一方面,《越公其事》与其他三篇句践灭吴故事的表述方式不同。就故事化程度而言,较之《国语》诸篇,《越公其事》还比较轻。《吴语》《越语》等或是叙述,或是对话,历史的经验与教训不是通过议论,而是通过人物设计、君臣对话的形式去表述。《越公其事》的表述方式是记事、记言和政论相结合。从故事化倾向来看,《左传》《越公其事》《吴语》《越语上》《越语下》,越往后故事性越强。从史学角度讲,事情的真实性及其所体现的历史观念较之故事性就更为重要。①

剩余如上博竹书《容成氏》《融师有成氏》《举治王天下》《成王既邦》,清华

---

① 李守奎:《〈越公其事〉与句践灭吴的历史事实及故事流传》,《文物》2017年第6期。

竹书《赤鹄之集汤之屋》《汤处于汤丘》《汤在啻门》《殷高宗问于三寿》等，则属于后人对三代史事甚或之前古史传说时期的追述与构拟。这部分史料多不排除有伪托的可能，故在使用过程中需要仔细辨析，但其史事似当有所本，或依托于一定史迹，将之与《左传》《国语》等传世文献和卜辞、金文等其他出土资料相参证，有利于澄清某些先秦史事。如《容成氏》所记古史圣王事迹与先秦历史密切相关，禹、桀和汤、纣及文、武的世系清晰可靠。此外，其叙事主干，如汤伐桀、武伐纣也没有大的问题。就一些细节问题来说，则既有事实又有所演绎。如著名的纣为酒池事，"或（又）为酒池，厚乐于酒，尃（附）夜以为槿（淫），不听其邦之政【45】"，见于《韩非子》《吕氏春秋》《淮南子》《说苑》《新序》《论衡》《韩诗外传》《史记》等众多的古籍记述，但战国文献多见"酒池"之名，并没有细节方面的记述。《尚书·酒诰》："在今后嗣王……惟荒腆于酒，不惟自息乃逸。"① 西周早期大盂鼎（《集成》02837）铭文有："我闻殷坠命，惟殷边侯、甸与殷正百辟，率肆于酒，故丧师矣。""酒池"之说应有商末殷人酗酒的史实依据，但明显带有演绎色彩，故子贡就评价道："纣之不善，不如是之甚也。是以君子恶居下流，天下之恶皆归焉。"②

第三节　楚竹书中非史书类文献所蕴含之史料

一、"易"：战国时流行的蕴含社会史料之商周筮书

"易"本是古代以筮法占卜吉凶时的用书，其卦辞、爻辞是时人依据卦爻之象数判断吉凶的说解之辞，应是占卜者经验积累的记录。按《周礼》，易实包含有三：《连山》《归藏》与《周易》。易占在商代后期与甲骨占卜并行于世，到周初开始流行并形成"易"类文献。春秋时期，易占成为常见的占卜方式。众所周知，张政烺先生曾最早系统论证甲骨文、金文中的一些"奇字"是与《周易》八

---

① 《尚书正义》卷一四《酒诰》，第439页。
② 《论语注疏》卷一九《子张》，第5503页。

卦有关的数字符号。① 据统计刻有筮数符号的殷墟甲骨有 6 片 11 条,武丁时期的几条是三爻的单卦和四爻的互体卦,晚期则主要是六爻的重卦。② 洹南四磨盘村发现的大骨上,有三行数字组成的刻辞,③其中两行数字符号"七八七六七六"和"七五七六六六"后,分别作"曰隗""曰魁"。这可能是当时的卦名与后来《周易》的卦名不同,但也可能是根据数字符号得出的卦辞,与甲骨占卜时"王若曰……"相似。④ 无论哪种可能,均无碍筮数占卜至少在商代晚期已然存在的事实。

周初,筮数占卜开始兴盛,《周易·系辞下》记载:

> 《易》之兴也,其于中古乎?作《易》者,其有忧患乎?
> 《易》之兴也,其当殷之末世、周之盛德邪?当文王与纣之事邪?⑤

马王堆帛书《易传·要》篇更是直接说"纣乃无道,文王作讱而辟咎"。⑥ 可见,春秋战国时即认为《周易》卦、爻辞反映了商周之交的社会状况,并且包含着明显的忧患意识。由卦、爻辞中所反映的习俗和相关史事来看,至晚也是西周初。⑦ 春秋时已有贵族利用此书来占筮,并引用其文句,这在《左传》《国语》中已有多处记载。⑧ 例如,庄公二十二年,陈公子完与颛孙奔齐……周史有以《周易》见陈侯者,陈侯使筮之,遇《观》☷☴之《否》☷☰。曰:"是谓'观国之光,利用宾于王。'"⑨这些,证明卦、爻辞写成当不晚于西周。

上博竹书《周易》中《随·上六》云"王用享于西山",即似指周文王事迹而言。岐山在周西,文王居岐山之下,王业兴于此,谓能亨盛其王业于西山。⑩ 郭沫若先生曾经论断,《周易》的卦辞、爻辞除多半是极抽象、极简单的观念文字之外,大

---

① 张政烺:《试释周初青铜器铭文中的易卦》,《考古学报》1980 年第 4 期。
② 王宇信、杨升南:《甲骨学一百年》,北京:社会科学文献出版社,1999 年,第 218 页。
③ 中国社会科学院考古研究所:《殷墟的发现与研究》,北京:科学出版社,1994 年,第 151 页。
④ 彭邦炯:《商史探微》,重庆:重庆出版社,1988 年,第 298 页。
⑤ 《周易正义》卷八《系辞下》,第 186、188 页。
⑥ [日]池田知久:《马王堆汉墓帛书〈周易〉之〈要〉篇释文》,牛建科译,《周易研究》1997 年第 2、3 期。
⑦ 顾颉刚:《〈周易〉卦爻辞中的故事》,《燕京学报》1929 年第 6 期。
⑧ 《左传》《国语》中有关《周易》的记载共 22 条,其中占筮 16 条,用作论据 6 条。参见李镜池:《左国中易筮之研究》,《周易探源》,北京:中华书局,1978 年,第 407~421 页。
⑨ 《春秋左传正义》卷九庄公二十二年,第 3581~3584 页。
⑩ 濮茅左:《〈周易〉释文考释》,马承源主编:《上海博物馆藏战国楚竹书(三)》,第 131~260 页。

抵是一些现实社会的生活，所以如果把这些表示现实生活的文句分门别类地划分出他们的主从出来，我们可以得到当时的一个社会生活的状况和一切精神生产的模型。① 由表1-9可知，上博竹书《周易》亦涵盖了当时社会阶层、祭祀与战争活动、司法刑狱、畜牧种类、田猎活动、商旅贸易等多方面的情况。

表1-9　上博竹书《周易》所涵盖社会生活状况举例

方　面	上博竹书《周易》
社会阶层	显比，王三驱……邑人不戒（《比·九五》）。好遯。君子吉，小人否（《遯·九四》）。
祭祀活动	王用享于西山（《随·上六》）。
战争活动	利用侵伐，无不利（《谦·六五》）。可用行师，征邦（《谦·上六》）。
司法刑狱	不克讼，归逋。其邑人三四户无眚（《讼·九二》）。
畜牧种类	童牛之牿（《大畜·六四》）。豮豕之牙（《大畜·六五》）。丧马勿逐（《睽·初九》）。牵羊悔亡（《夬·九四》）。
田猎活动	畋获三狐，得黄矢（《解·九二》）。
商旅贸易	旅既次，怀其资，得童仆之贞（《旅·六二》）。

与《周易》有关的还有清华竹书《别卦》。李学勤先生指出，它实际上是一个六十四别卦的表，凡是八经卦的地方就省掉了，但它的位置是存在的。《别卦》的卦名和《归藏》有关系，比如豫卦卦名"介"，即与王家台的《归藏》简相同。②

《周易》卦、爻辞中透露的商与周初史事，对于文字奇缺的上古史来说，仍有其史料价值。特别是其中所言西周史事，自然可以归为"同时代"史料。讲商史部分虽是后世记载，但时间相去不远，其价值近乎"同时代"史料。需要留意的是，"易"类文献辞语多简略，所含史实勾稽困难，不能作简单梳理，尤不能牵强附会。

二、"诗"：留存到战国的包含丰富史料之商周乐歌

"诗"是西周、春秋时期流行于贵族及民间的乐歌。"诗"，《说文·言部》：

---

① 郭沫若：《周易时代的社会生活》，《中国古代社会研究》，北京：人民出版社，1954年，第28页。
② 参见李学勤：《〈筮法〉〈别卦〉与〈算表〉》，《中国文化报》2014年1月14日第8版。

"志也。"①《诗经》中的"周颂""大雅""小雅"多原是周人用于宗庙仪式的,不但语言精美、音韵考究,而且有乐舞的配合,它们必然经过创作、修饰、整理的,即所谓"史为书,瞽为诗"。② 文献中还记有采诗与献诗制度。如:

> 故天子听政,使公卿至于列士献诗,瞽献曲,史献书,师箴,瞍赋,矇诵,百工谏,庶人传语,近臣尽规,亲戚补察,瞽史教诲,耆艾修之,而后王斟酌焉。(《国语·周语上》)③

> 史为书,瞽为诗,工诵箴谏,大夫规诲,士传言,庶人谤,商旅于市,百工献艺。故《夏书》曰:"遒人以木铎徇于路。官师相规,工执艺事以谏。"(《左传》襄公十四年)④

> 天子五年一巡守……命大师陈诗,以观民风。(《礼记·王制》)⑤

> 命史采民诗谣,以观其风。(《孔丛子·巡守》)⑥

> 孟春之月,群居者将散,行人振木铎徇于路,以采诗,献之大师,比其音律,以闻于天子。(《汉书·食货志》)⑦

此外,《周礼·春官》"瞽矇……讽诵诗,世奠系……掌《九德》《六诗》之歌,以役大师",⑧《周礼·秋官·大行人》"……九岁属瞽史,谕书名,听声音"。⑨ "大行人"虽属"秋官",其职责中却有"属瞽史,谕书名,听声音"。采诗献诗的成果就是"诗",其过程大约是"史"系列的属官"行人"采集到诗篇后,经过瞽史的加工整理,成为诗篇。法国学者葛兰言(Marcel Granet)通过对《国风》诗篇的分析,认为其是"季节祭的宗教情感的产物","中国古代祭礼是季节性质和田园性质的",国风中的爱情歌谣,"是在古代农民社会的季节祭之时,青年男女集体的竞赛的交互合唱"。⑩ 这些论断,在文献中也可找到证据,《礼记·月令》云"立春之日,天子亲帅三公……命相布德和令,行庆施惠,下及兆民。庆赐遂行,毋

---

① 《说文解字》,第51页。
② 《春秋左传正义》卷三二襄公十四年,第4250~4251页。
③ 《国语集解》卷一《周语上》,第11~12页。
④ 《春秋左传正义》卷三二襄公十四年,第4250~4251页。
⑤ 《礼记正义》卷一一《王制》,第2874~2875页。
⑥ 《孔丛子校释》卷三《巡守》,傅亚庶:《孔丛子校释》,北京:中华书局,2011年,第152页。
⑦ 《汉书》卷二四上《食货志》,第1123页。
⑧ 《周礼注疏》卷二三《春官·瞽矇》,第1721页。
⑨ 《周礼注疏》卷三七《秋官·大行人》,第1928页。
⑩ [法]葛兰言:《中国古代的祭礼与歌谣》,张铭远译,上海:上海文艺出版社,1989年,第141、166、202页。

有不当",①《周礼·地官》"媒氏"有"中春之月,令会男女。于是时也,奔者不禁"。② 综合《汉书》"群居者将散"语,大体可判断,瞽史、行人所采者,正是季节祭中所产生的歌谣,经过整饬,使用于周代庙堂礼仪之中。如《仪礼·乡饮酒礼》记载:

> 设席于堂廉,东上……工歌《鹿鸣》《四牡》《皇皇者华》。……笙入堂下,磬南北面立,乐《南陔》《白华》《华黍》……乃间,歌《鱼丽》,笙《由庚》;歌《南有嘉鱼》,笙《崇丘》;歌《南山有台》,笙《由仪》。乃合乐:《周南·关雎》《葛覃》《卷耳》,《召南·鹊巢》《采蘩》《采蘋》。③

西周时期,"诗"已开始作为箴言,被用在劝谏君王等政治场合。《国语·周语上》记载穆王将征犬戎,祭公谋父谏曰:"不可。……是故周文公之颂曰:'载戢干戈,载櫜弓矢。我求懿德,肆于时夏,允王保之。'"厉王说荣夷公,芮良夫曰:"王室其将卑乎!……故《颂》曰:'思文后稷,克配彼天,立我蒸民,莫匪尔极。'《大雅》曰:'陈锡载周。'是不布利而惧难乎?"④到春秋时,诗篇则更普遍地运用在政治场合,用以表达各种政治、外交等意图。《国语·楚语上》"且夫诵诗以辅相之",⑤指的就是襄助君王行政。《左传》中多记载有"赋诗言志"的内容,此不赘引。孔子曾经对这一现象给出过解释,曰:"诵《诗》三百,授之以政,不达;使于四方,不能专对;虽多,亦奚以为?"⑥即诵读《诗》,不在于能否记诵多少,而在于能否用于政事和聘问。由此可见,"诗"与政事之关系非常密切。曰"不学《诗》,无以言",⑦诗是言的基础。曰"《诗》,可以兴,可以观,可以群,可以怨。迩之事父,远之事君。多识于鸟兽草木之名",⑧所谓"事父""事君"就是将诗的功用归结为道德、家庭以至于国家的社会政治事务。

---

① 《礼记正义》卷一四《月令》,第 2935 页。
② 《周礼注疏》卷一四《地官·媒氏》,第 1580 页。
③ 《仪礼注疏》卷八《乡饮酒礼》,(汉)郑玄注,(唐)贾公彦疏:《仪礼注疏》,(清)阮元校刻:《十三经注疏》(清嘉庆刊本),第 2126~2128 页。
④ 《国语集解》卷一《周语上》,第 1~2、13~14 页。
⑤ 《国语集解》卷一七《楚语上》,第 487 页。
⑥ 《论语注疏》卷一三《子路》,第 5446 页。
⑦ 《论语注疏》卷一六《季氏》,第 5480 页。
⑧ 《论语注疏》卷一七《阳货》,第 5486 页。

上引申叔时所论之"诗""教之诗,而为之导广显德,以耀明其志",韦昭注:"显德,谓若成汤、文、武、周、邵、僖公之属,诗所美者。"①即言"诗"是对成汤、文、武等先王美德的彰显与颂扬,故以其教人明志,提高修养。《荀子·劝学》中亦将"书""诗""礼""乐"列为四教,是贵族教育的重要内容。《左传》僖公二十七年载赵衰云:"说礼乐而敦诗书。诗书,义之府也;礼乐,德之则也。"②郭店竹书《语丛》(一):"诗,所以会古含(今)之恃(志)【38】也者【39】。"由于"诗"的重要功用,所以留存到战国的"诗"篇,即使被改动,其改动的部分也不会很大,应当仍可视为"同时代"的史料,因其是当时社会生活的真实写照,殆可视作先秦时期重要的史料文献之一。当然,作为乐歌,其文辞必然有褒美修饰成分存在,不能皆认作信史,例如传世《鲁颂·閟宫》谓"戎狄是膺,荆舒是惩,……至于海邦。淮夷来同,莫不率从,鲁侯之功。……至于海邦。淮夷蛮貊,及彼南夷,莫不率从。莫敢不诺,鲁侯是若",③其颂鲁僖公能开拓疆界,树立威德,即近于虚夸,这自然是需要留意的。

前列楚竹书"诗"类文献有上博竹书《孔子诗论》《逸诗》、清华竹书《耆夜》《周公之琴舞》《芮良夫毖》,还包括上博竹书《缁衣》所引诗,郭店竹书《唐虞之道》所引《虞诗》等。诸篇文献形制信息如下表1-10:

表1-10 楚竹书"诗"类文献形制信息表

篇 名	简数	形制	简长	编绳	完简字数	备 注
耆夜	14	两端平齐	45	3	27~31	简背有次序编号,简背有篇题
周公之琴舞	17	两端平齐	45	3	30~36	简背有次序编号,简背有篇题
芮良夫毖	28	两端平齐	44.7	3	30	简背有次序编号,简背有刮削篇题
孔子诗论	29	两端弧形	55.5	3	54~57	

---

① 《国语集解》卷一七《楚语上》,第485页。
② 《春秋左传正义》卷一六僖公二十七年,第3956页。
③ 《毛诗正义》卷二〇·二《鲁颂·閟宫》,第1330~1332页。

就形制而言,《孔子诗论》与《子羔》《鲁邦大旱》编联在一卷,形制、字形一致,由此言《孔子诗论》为儒家论"诗"之作,其包含有丰富的《诗经》与周代社会的相关史料,对于研究孔子思想、《诗经》的成书及诗学的传播具有重要价值。①

就清华竹书"诗"类文献而言,其展现出较一致之形制特征:1.简册形制两端平齐,简长45厘米左右,三道编绳;2.简背有次序编号,末简有篇题。可以看出,这与"书"类文献的形制特征是一致的,似体现出其时"诗书互通"的局面。

《周公之琴舞》由十篇颂诗构成,其中有传世《周颂》里的《敬之》。《周公之琴舞》是与倍受学者重视的《大武》结构相仿的乐诗,以周公还政、成王嗣位为内容。《芮良夫毖》原写有篇题"周公之颂诗",可能是因为与简文内容不合,后又加以刮削,以致字迹模糊,故也不为整理者采用。② 该篇是讥刺时政的政治诗,简文分作两篇,冠以"曰"和"二启曰",仔细读来,两篇还是互相联系的。芮良夫是厉王时的大臣,以芮国诸侯在朝中任职,除《周语上》记述他劝阻厉王任用佞臣荣夷公外,《逸周书·芮良夫》是他劝诫执政朝臣的言辞,《诗·大雅·桑柔》据传也是他讽谏厉王的作品。《桑柔》也是长诗,可和《芮良夫毖》对照。③ "毖"即《尚书》中的毖,表戒敕之意,如《酒诰》有"厥诰毖庶邦庶士,越少正、御事"。《芮良夫毖》的结构和《周书》多篇相似,都是两段式,先交代背景,然后详载君臣之言,因而赵平安先生引晚书《虞夏书·五子之歌》有韵文的现象推测《芮良夫毖》应属于《尚书》类文献。④

笔者以为,《芮良夫毖》与《周公之琴舞》内容都还应是"诗"。

首先,就"毖"而言,《周公之琴舞》以"周公作多士敬伬琴舞九纼"开头,后有"成王作敬伬琴舞九纼",与《芮良夫毖》的"芮良夫作毖再终"以及《耆夜》的"周公作歌一终"用法相类。"伬"与"毖"的用法相同,是某一类合乐歌唱的诗,其表戒敕之意应是无疑问的。

---

① 晁福林:《上博简〈诗论〉研究》,北京:商务印书馆,2013年,第3~29页。
② 或《周公之琴舞》《芮良夫》两篇合为一卷,名为《周公之颂诗》。笔者校改此文时,发现整理者亦持此种看法,参见李学勤等:《出土简帛与古史再建》,第353页。
③ 李学勤:《新整理清华简六种概述》,《文物》2012年第8期。
④ 赵平安:《〈芮良夫毖〉初读》,《文物》2012年第8期。

其次,"二段式"结构是指在言语之前增加了简单的叙事内容,作为后面话语展开的背景或者原因。叙事部分一般就是篇章的第一句话,这在早期文献中是经常采用的叙述模式,兹举数例,如《论语·八佾》:

> 三家者以雍彻。
> 子曰:"'相维辟公,天子穆穆',奚取于三家之堂?"①

《论语·季氏》:

> 季氏将伐颛臾。
> 冉有、季路见于孔子曰:"季氏将有事于颛臾。"②

《国语·鲁语上》:

> 晋人杀厉公,边人以告,成公在朝。
> 公曰:"臣杀其君,谁之过也?"③

最后,"诗"最大特点即是用韵。"书"类文献的某些篇章可能因为用韵,也会被看作是"诗"。《墨子·兼爱下》引《洪范》作"周《诗》曰:'王道荡荡,不偏不党。王道平平,不党不偏。'"④《非命下》:

> 《太誓》之言也,于《去发》曰:"恶乎君子!天有显德,其行甚章。为鉴不远,在彼殷王。谓人有命,谓敬不可行,谓祭无益,谓暴无伤。上帝不常,九有以亡。上帝不顺,祝降其丧。惟我有周,受之大帝。"昔纣执有命而行,武王为《太誓》《去发》以非之。⑤

《洪范》是"书"类,因为用韵被当作"周《诗》"。刘起釪先生曾指出《洪范》全文有韵是不争的事实,⑥而《太誓》在先秦时有散文、韵文两个文本。⑦ 此处所引当是韵文本,基本上四字一句,故应看作是"诗"。《孟子·滕文公下》亦引《太

---

① 《论语注疏》卷三《八佾》,第5355页。
② 《论语注疏》卷一六《季氏》,第5476页。
③ 《国语集解》卷四《鲁语上》,第172页。
④ 《墨子闲诂》卷四《兼爱下》,第123页。
⑤ 《墨子闲诂》卷九《非命下》,第280～282页。
⑥ 刘起釪:《〈洪范〉这篇统治大法的形成过程》,《古史续辨》,第317页。
⑦ 刘起釪:《尚书学史》,第30页。

誓》:"我武惟扬,侵于之疆,则取于残,杀伐用张,于汤有光。"①上引刘起釪先生续指出"此与《非命下》引《去发》用韵全同,知为同一篇誓词"。②《太誓》有散文、韵文两种文本,似提示"书"篇与"诗"篇存在互通之可能。

需说明的是,"书"类文献改编时,由早期文献所改编而来的并不仅仅包含"书"类,还包括"春秋"和部分"诗"等,是故《太誓》散文和韵文的两种文本可能同时出现。《诗·大雅·江汉》的大部分内容是宣王册命召伯虎的文诰,只是被改造成了韵文,因而被当作"诗"。《大雅》的改定多数属西周晚期宣王以后,少数在春秋初期,其与"书"篇集中改定的年代并无大的区别,如《韩奕》"王锡韩侯,淑旂绥章,簟茀错衡,玄衮赤舄,钩膺镂锡,鞹鞃浅幭,鞗革金厄",③实质上即是从类似铭文中的册命赏赐之辞修改而来的。但是《鲁颂》所产生的时期约春秋中期,④《鲁颂·閟宫》"王曰叔父,建尔元子,俾侯于鲁。大启尔宇,为周室辅。乃命鲁公,俾侯于东。锡之山川,土田附庸",⑤似是将西周初年成王封鲁的诰命改造融入了"诗"篇之中。程俊英等先生亦认为《鲁颂·閟宫》此篇的写定在春秋时代,是鲁公子奚斯的作品,⑥这似为"书"改造入"诗"提供了证据。

某些有韵的"书"被看作是"诗",反之有些有韵的"诗"也会被看作是"书"。《左传》哀公六年"《夏书》曰:'惟彼陶唐,帅彼天常,有此冀方。今失其行,乱其纪纲,乃灭而亡。'"⑦《吕氏春秋·慎大》:"《周书》曰:'若临深渊,若履薄冰。'"⑧前者所引《夏书》的韵脚分别是常、方、纲、亡,均是阳部韵,而后者则见于《诗·小雅·小旻》。晚书《尚书》中有韵文,正如《诗经·韩奕》中存在类似册命之辞一样,都应该被认作是经过修饰、整理而成的,是正常现象。李守奎先生亦曾据《周公之琴舞》认为周颂中应不全是歌颂之诗,也有诐体,又称儆

---

① 《孟子注疏》卷六上《滕文公章句下》,第 5897 页。
② 刘起釪:《尚书学史》,第 30 页。
③ 《毛诗正义》卷一八·四《大雅·韩奕》,第 1230 页。
④ 朱凤瀚、徐勇:《先秦史研究概要》,第 45 页。
⑤ 《毛诗正义》卷二〇·二《鲁颂·閟宫》,第 1328 页。
⑥ 程俊英、蒋见元:《诗经注析》,北京:中华书局,1991 年,第 1010~1014 页。
⑦ 《春秋左传正义》卷五八哀公六年,第 4695 页。
⑧ 《吕氏春秋集释》卷一五《慎大览·慎大》,许维遹撰:《吕氏春秋集释》,梁运华整理,北京:中华书局,2009 年,第 353 页。

毖,主要用于劝诫。①

　　根据以上讨论,笔者更倾向于《周公之琴舞》《芮良夫毖》的性质还是诗篇。其实西周春秋时期诗、书的界限并不像后世那样泾渭分明,二者之间存在彼此兼容的关系,经常可以互相转化。② 清人孙诒让即曾点明古"诗""书"亦多互称。③ 因此,赵平安先生的看法是有相当道理的,但是按后世"诗""书"分野来看,《芮良夫毖》与《周公之琴舞》内容都还应是"诗"。《芮良夫毖》被看作"书"类文献,反过来一方面说明了当时"诗""书"互通的状况,另一方面也似可证明其作为档案文献改编途径的可靠,说明了《芮良夫毖》内容的原始性,从这个层面看,它作为"同时代"史料的价值是不言而喻的。

　　《周公之琴舞》的问题则较为复杂,李学勤先生认为《周公之琴舞》在流传过程中"经过组织编排",④该篇已非全部是周初文献的原貌是可以肯定的。《周公之琴舞》记载的是西周初年的事情,描写隆重的乐舞场合,所用的代表乐器是"琴",言及"周公作多士儆毖,琴舞九絉"与"成王作儆毖,琴舞九絉"。但据学者研究,"琴"是战国以后逐渐流行的,战国以前与"琴"功能相同的乐器是"瑟"。因此,将《周公之琴舞》理解为周初文献的实录,显然是有困难的,《周公之琴舞》应该是战国时期经过整理的写本。诗前两段叙述语言不是周初文献的移录,而是战国人的改写或题记,其性质与毛诗《序》相类似。至于《周公之琴舞》中的周公诗半首、成王诗九首,语言风格一致,典雅古奥,遣词造句多与西周金文相合。其中成王所作第一首即《周颂·敬之》,《敬之》是周初诗篇,自汉代以来多无异议,把这些诗作当作周初诗篇应当是合理的。⑤《周公之琴舞》的史学价值更多的是体现了周初兴礼作乐,以礼、乐作为手段实施教化与统治,其所记载的正是实施礼乐教化的具体形式之一。⑥

---

① 李守奎:《清华简〈周公之琴舞〉与周颂》,《文物》2012 年第 8 期。
② 张怀通:《〈逸周书〉新研》,第 40~41 页。
③ 《墨子间诂》卷四《兼爱下》,第 124 页。
④ 李学勤:《论清华简〈周公之琴舞〉的结构》,《深圳大学学报》(人文社会科学版)2013 年第 1 期;《初识清华简》,第 205 页。
⑤ 李守奎:《先秦文献中的琴瑟与〈周公之琴舞〉的成文时代》,《吉林大学社会科学学报》2014 年第 1 期。
⑥ [美] 柯鹤立:《诗歌作为一种教育方法:试论节奏在〈周公之琴舞〉诫"小子"文本中的作用》,《出土文献与中国古代文明——李学勤先生八十寿诞纪念论文集》,第 515~526 页。

综观清华竹书《耆夜》全篇，其叙述的重点无疑是诗。篇中对于征伐耆国的史事、宴飨的场所、各人在礼仪中的角色和地位等，或一句带过，或简单介绍，可以看出这些只是类似于引子或必要的说明。按《耆夜》记载，在饮至典礼上，先是武王"夜（举）爵酳（酬）毕公，作歌一终，曰《乐乐旨酒》"【3】，又"夜（举）爵酳（酬）周公，【4】作歌一终，曰《輶乘》"【5】；继之是"周公夜（举）爵酳（酬）毕公，作歌一终，曰《英英》"【6】，又"夜（举）爵酳（酬）王，作祝诵一终，曰《明明上帝》"【8】，其时"周公秉爵未饮，蟲（蟋）蟀（蟀）【9】骤降于堂，[周]公作歌一终，曰《蟲（蟋）蟀（蟀）》"【10】。上述《乐乐旨酒》《輶乘》《英英》《明明上帝》等均是全篇录入，可见《耆夜》的主体就是记述作诗，其他内容是服务于本篇所录的诗篇的。如《蟋蟀》篇，"周公秉爵未饮，蟋蟀骤降于堂"，蟋蟀出现于堂的情节与宴飨已进行一段时间一样，为周公以"蟋蟀"为题作诗作了完整的铺垫。因此，《耆夜》的性质似是以阐述"本事"为形式的"诗话"。①

《耆夜》开篇有纪年"武王八年，征伐耆，大戡之"，这种纪年方式不类于《程寤》《保训》，亦稀见于卜辞、金文。从传世文献看，这类以王号纪年的较早见于《国语·周语上》"幽王二年，西周三川皆震"，②至于东周时期使用王号纪年，更是多见，此不赘举。在古本《竹书纪年》中亦多使用周王王号纪年，如"周昭王十六年，伐楚荆，涉汉"。③ 我们知道，这种纪年方式在清华竹书《系年》中也多有体现。以上三种史书，多成书在战国时期，而《耆夜》以阐述"本事"为形式的"诗话"性质，似亦说明其产生于用诗现象普遍的春秋时期或学诗受到重视的春秋战国时期。以此推论，清华竹书《耆夜》成篇在战国时期是很有可能的。如此，其构拟出的这个即时历史场景的史料价值则需要认真考量。④

三、"礼"：战国时人对商周典章制度、礼仪规则的总结与推衍

《说文·示部》"禮，履也，所以事神致福也，从示从豊，豊亦声"，《豆部》

---

① 胡宁先生亦持此种看法。参见胡宁：《春秋用诗与贵族政治》，博士学位论文，北京大学历史学系，2014年，第160页。近期整理者亦将《耆夜》视作"诗"类文献。参见李学勤等：《出土简帛与古史再建》，第353页。
② 《国语集解》卷一《周语上》，第26页。
③ 方诗铭、王修龄：《古本竹书纪年辑证》（修订本），上海：上海古籍出版社，2005年，第45页。
④ 杜勇：《从清华简〈耆夜〉看古书的形成》，《中原文化研究》2013年第6期。

"豊,行礼之器,从豆,象形",①林沄先生曾经申论,"豊"字实从珏从壴,这至少反映古代礼仪活动是以玉帛、钟鼓为代表物的。② 由此来看,礼的本意只是先民们崇奉鬼神仪节的实践行为。《荀子·礼论》云:

> 礼起于何也? 曰:人生而有欲,欲而不得,则不能无求;求而无度量分界,则不能不争;争则乱,乱则穷。先王恶其乱也,故制礼义以分之,以养人之欲,给人之求,使欲必不穷乎物,物必不屈于欲,两者相持而长,是礼之所起也。
> ....
> 礼有三本:天地者,生之本也;先祖者,类之本也;君师者,治之本也。……故礼上事天,下事地,尊先祖而隆君师,是礼之三本也。③

可见在战国时,"礼"便包括了政治制度、宗教仪式以及社会风俗习惯等内容,即孔子所谓"殷因于夏礼……周因于殷礼……其或继周者,虽百世可知也"。④诚如胡新生先生所说,"礼"的概念包括礼节仪式、伦理道德、政治等级三层含义。礼仪、礼制都是特指"礼"的礼节仪式层次。礼仪包括民间礼仪与国家礼仪,后者即通常所说的"礼制",亦即礼仪中具有国家背景和政治强制力的部分。⑤ 这里的"礼"更多的与"礼制"有关。

礼是周人为政之经,故申叔时要"教之礼,使知上下之则",韦昭注云"则,法也"。⑥《左传》文公十八年,记季文子使司寇出诸竟,其使大史克对文公之辞云:"先君周公制周礼曰:'则以观德,德以处事,事以度功,功以食民。'"⑦究竟是周公之辞,还是季文子的发挥,不得而知。但是,春秋之前有礼制和礼治是可靠的。西周金文中册命、赏赐、职官、祼瓒、周因于殷礼、亲属称谓等多方面,皆与古代礼制有关。⑧

《左传》隐公五年有:"君,将纳民于轨、物者也。故讲事以度轨量谓之轨,

---

① 《说文解字》,第7、102页。
② 林沄:《豊豐辨》,《林沄学术文集》,北京:中国大百科全书出版社,1998年,第5页。
③ 《荀子集解》卷一三《礼论》,第346、349页。
④ 《论语注疏》卷二《为政》,第5349页。
⑤ 胡新生:《礼制的特性与中国文化的礼制印记》,《文史哲》2014年第3期。
⑥ 《国语集解》卷一七《楚语上》,第485页。
⑦ 《春秋左传正义》卷二〇文公十八年,第4041页。
⑧ 陈梦家:《西周铜器断代》,北京:中华书局,2004年,第398~461页。

取材以章物采谓之物,不轨不物谓之乱政。"①桓公二年记载:"君人者,将昭德塞违,以临照百官,犹惧或失之。故昭令德以示子孙。"②所谓"纳民于轨物""昭令德"讲的都是制礼之事。文公十五年,季文子又引《小雅·雨无正》和《周颂·我将》论"畏于天",认为"礼以顺天,天之道也"。③ 礼由圣王贤君"以天为则"而制,这是春秋时的普遍观念。而到了昭公五年,晋国大夫女叔齐批评昭公"鲁侯焉知礼",④礼的观念在这个时候已经出现了突破性的变化,即注重"礼"与"仪"的区分。礼不再被作为制度、仪式、文化的总体,强调的是其作为政治秩序的核心原则的意义。

随着分封宗法制度的瓦解,即"天下有道,则礼乐征伐自天子出。天下无道,则礼乐征伐自诸侯出。……陪臣执国命",⑤在这种情形下,礼的关注点从形式性转向合理性,礼的原则化、政治化即相应而生。⑥ 于是出现了以孔子为代表的士人,对原有"礼仪"加以总结整理,即为《礼经》,⑦也开始了对先秦旧制理想化的政治构拟,即类似"周礼"的篇章。⑧ 战国时,七十子后学也开始了对经文的解释,出现了"礼记"的篇章。

楚竹书中的"礼"类文献,"经礼""曲礼"和"礼意"的诠释等三部分的内容都有涉及。"经礼""曲礼"即是"礼文","礼意"是"礼文"的精神所在。叶国良先生指出,"经礼"指的是为了较隆重的特定目的而实行的一整套仪式,亦即《仪礼》所载"冠婚丧祭燕射朝聘"等,上博竹书《昔者君老》就是这方面的内容。"曲礼"指的则是日常生活的言行规范或从礼仪中归纳出来的通则,而不指一整套的仪式,上博竹书《缁衣》《君子为礼》即包含这方面的内容。但是"经礼""曲礼"所表达的精神是一致的,即其"礼意"是一致的。上博竹书《武王践阼》

---

① 《春秋左传正义》卷三隐公五年,第 3747 页。
② 《春秋左传正义》卷五桓公二年,第 3780 页。
③ 《春秋左传正义》卷一九下文公十五年,第 4029 页。
④ 《春秋左传正义》卷四三昭公五年,第 4433 页。
⑤ 《论语注疏》卷一六《季氏》,第 5477 页。
⑥ 陈来:《春秋礼乐文化的解体和转型》,《中国文化研究》2002 年第 3 期。
⑦ 据《史记》《汉书》,《礼经》实出自孔子。具体论证可参见朱凤瀚、徐勇:《先秦史研究概要》,第 46~47 页。
⑧ 沈长云、李晶:《春秋官制与〈周礼〉比较研究——〈周礼〉成书年代再探讨》,《历史研究》2004 年第 6 期。

《民之父母》《天子建州》等思辨性析论的篇章,就带有"礼意"的诠释性质。①上述分类是建立在礼学传统或者说礼学内涵基础上的,而从文献存留分类的角度来说,"经礼"与《周礼》《仪礼》等记载整套规则仪式相合,"曲礼""礼意"则更多地与《礼记》所述修身治国之意旨相贴切。② 由上述,楚竹书"礼"类文献形制等相关信息可汇于下表(表 1-11)。

表 1-11 楚竹书"礼"类文献形制信息表

篇　名	形制	简长	编绳	编绳间距	完简字数	合编
郭店《缁衣》	两端梯形	32.5	2	12.8~13	23~25	五行
上博《缁衣》	两端梯形	54.3	3	9~18.1~18.1~9	57	
内豊(含《昔者君老》)	两端平齐	44.2	3	1.2~21~21~1	37~50	
武王践阼	两端平齐	41.6~43.7	3	残~18.1/20.3~20.4/21.3~2.5/2.7	28~38	
民之父母	两端平齐	46.2	3	2.2~20.6~20.9~2.5	34	颜渊问于孔子
君子为礼	两端平齐	54.1~54.5	3	10.5~13.2~19.5~10.3	44~42	
天子建州甲	两端平齐	46			32	
天子建州乙	两端平齐	43.5			35	

上表所体现楚竹书"礼"类文献之显著特征为"分卷别行"。《天子建州》两种文本,《民之父母》与《颜渊问于孔子》合编,《缁衣》两端梯形与《武王践阼》等两端平齐等差别,均是此种情形之反映。

七十子后学对"礼经"的解释即是"礼记","礼记"是对于先秦时期礼制的思想内涵、诸种贵族礼仪规定及其所反映的等级制度的具体说解。由于其主

---

① 叶国良:《战国楚简中的"曲礼"论述》,武汉大学简帛研究中心主办:《简帛》(第 4 辑),上海:上海古籍出版社,2006 年,第 239~240 页。
② 据李零先生透露,上博竹书中也有部分"周礼"类的文献,只是目前还未公布。参见李零:《简帛古书与学术源流(修订本)》,第 300~301 页。

体纂成在战国,战国本身是传统礼制衰败期,故"礼记"所讲礼制多为战国以前制度,属于战国时人的追述。① 但是属于"经礼"的《昔者君老》"大子乃亡闻,亡听,不闻不命,唯哀悲是思",②述太子守丧之礼,其制显然相当古老,可以视为"同时代"史料。《武王践阼》作者记事除首称"武王"外,余皆直称"王端冕""王下堂""王行西""王闻书之言"等,此"王"在作者来说即是时王。因此,它很可能来源于西周史官实录,③如此其所述"武王斋三日,端服、冕,逾堂微"④的行止及"敬""义"思想等可追溯到西周。

四、"子":战国诸子表达政治思想的私家论著

楚竹书中还有大量可归入儒、墨、道、法等诸家学派的"子"书,以儒家书为大宗。春秋战国时诸子常举典型人物、经典事迹以加强论说效果,楚竹书中就有不少"子"书涉及这方面内容,笔者以此为据,可将楚竹书中的"子"书主要分为两种:

1. 诸子直接表述其政治思想的:反映战国诸子政治思想的论述

儒家:郭店竹书《五行》《鲁穆公问子思》《穷达以时》《忠信之道》《性自命出》《成之闻之》《六德》《尊德义》《语丛》(一、二、三),上博竹书《性情论》《从政》《相邦之道》《弟子问》《仲弓》《三德》《用曰》,清华竹书《邦家之政》《邦家处位》《心是谓中》《天下之道》等。

墨家:信阳长台关楚简《墨子》佚篇,上博竹书《鬼神之明》,清华竹书《治邦之道》等。

道家:郭店竹书《老子》《太一生水》,上博竹书《恒先》《凡物流形》等。

法家:上博竹书《慎子曰恭俭》等。

纵横家:郭店竹书《语丛》(四)等。

2. 诸子引证史事以表述其政治思想:战国诸子论述其政治思想时所引述到的古史史料

郭店竹书《唐虞之道》,上博竹书《子羔》《鲁邦大旱》《子道饿》《孔子见季桓

---

① 朱凤瀚、徐勇:《先秦史研究概要》,第46~47、60~62页。
② 陈佩芬:《〈昔者君老〉释文考释》,马承源主编:《上海博物馆藏战国楚竹书(二)》,第246页。
③ 廖名春:《上海博物馆藏楚简〈武王践阼〉篇管窥》,日本《中国出土资料研究》2000年第4号,后收入《清华简帛研究》(第2辑),北京:清华大学思想文化研究所,2002年,第89~96页。
④ 陈佩芬:《〈武王践阼〉释文考释》,马承源主编:《上海博物馆藏战国楚竹书(七)》,第152页。

子》《季庚子问于孔子》《颜渊问于孔子》《史䜌问于夫子》等。

诸篇文献形制信息可分别列表如下(表1-12):

表1-12 郭店竹书"子"类文献性质、形制信息表①

篇 名	形 制	简长	编绳	编绳间距	完简字数	合编
五行	两端梯形	32.5	2	12.9～13	23～26	同
缁衣	两端梯形	32.5	2	12.8～13	23～25	
成之闻之	两端梯形	32.5	2	17.5	23～25	同
尊德义	两端梯形	32.5	2	17.5	22～25	
性自命出	两端梯形	32.5	2	17.5	22～25	
六德	两端梯形	32.5	2	17.5	20～22	
老子甲	两端梯形	32.3	2	13	27～29	
穷达以时	两端梯形	26.4	2	9.4～9.6	20～23	同
鲁穆公问子思	两端梯形	26.4	2	9.6	19～22	
老子乙	两端平齐	30.6	2	13	23～25	
忠信之道	两端平齐	28.2～28.3	2	13.5	29～32	
唐虞之道	两端平齐	28.1～28.3	2	14.3	24～27	
老子丙	两端平齐	26.5	2	10.8	19～23	同
太一生水	两端平齐	26.5	2	10.8	23	
语丛四	两端平齐	15.1～15.2	2	6～6.1	13～16	
语丛三	两端平齐	17.6～17.7	3		8～10	
语丛一	两端平齐	17.2～17.4	3		8	
语丛二	两端平齐	15.1～15.2	3		8	

由上表似可看出,郭店楚墓竹书的简册形制似有一定之规可循。首先,两端梯形的简册形制较为规整,可大致分为四组,其中《五行》与"礼"类《缁衣》为一组,《成之闻之》《尊德义》《性自命出》《六德》为一组,《老子》(甲本)为一组,

---

① 为便于对照,将"礼"类文献《缁衣》等一并讨论。

《穷达以时》《鲁穆公问子思》为一组。联系简册所述之内容,李学勤先生提出其中的《缁衣》《五行》《六德》《成之闻之》《性自命出》《尊德义》六篇是子思所作《子思子》的佚篇。① 《隋书·音乐志》引南朝沈约言:"《中庸》《表记》《防记》《缁衣》,皆取《子思子》。"② 郭店竹书《鲁穆公问子思》与《缁衣》同时出土,可证文献记载子思作《缁衣》《中庸》是有所根据的。如是,则本组儒家典籍有很大可能均为儒家子思学派之经典。

尚需提出讨论的是《老子》(甲本),其抄写用简的形制,从简长、编绳数量与间距看,更与《缁衣》《五行》相近,照后世理解,此两篇文献似应为儒家基本典籍,较之同墓所出其他儒、道家典籍更为重要。《老子》(甲本)在简册形制上与其并驾而驱,一方面与同墓所出道家典籍以《老子》(甲本)体量、内容最重的地位相称,另一方面亦体现出儒、道家学派基本典籍并重的情况。③

第二,两端平齐的简册,形制、内容则较前者丰富。《忠信之道》《唐虞之道》的简册形制相近,但编绳间距存在不小差异,是故两篇并非能合作一篇。有关《唐虞之道》的学派归属,学界认识存在分歧。李学勤先生指出其或与纵横家有关,④ 由简册形制上来说,其或许与儒家有关,⑤ 但是与子思学派的师缘关系或存在一定距离。《老子》(丙本)与《太一生水》两篇的合编,显示出其时存在着按照文献内容将不同文献分类聚集在一处的情况,这种情况在上面两端梯形的简牍中更为多见,如《五行》与《缁衣》、《穷达以时》与《鲁穆公问子思》等所显示的情况。

根据上述讨论,可将郭店"子"书简册形制体现之文献分类、典籍聚合情况简要总结如次:

其一,较明确为子思学派的竹书,均采用相同或相近的简册抄写在一起。

---

① 李学勤:《先秦儒家著作的重大发现》,《中国哲学》(第20辑)《郭店楚简研究》,第15~16页。
② 《隋书》卷一三《音乐志》,(唐)魏徵等撰:《隋书》,北京:中华书局,1973年,第288页。
③ 学者或以为《老子》(甲本)是经过战国儒家学者改编过的,淡化了宇宙论与形而上色彩,是一个儒家化甚至子思学派化了的道家经典。参见周凤五:《郭店竹简的形式特征及其分类意义》,《郭店楚简国际学术研讨会论文集》,第54页。
④ 李学勤:《先秦儒家著作的重大发现》,《中国哲学》(第20辑)《郭店楚简研究》,第14页。
⑤ 廖名春:《荆门郭店楚简与先秦儒学》,《中国哲学》(第20辑)《郭店楚简研究》,第69页;周凤五:《郭店楚墓竹简〈唐虞之道〉新释》,《中研院史语所集刊》(第70本第3分册),1999年,第739~759页。

如使用两端梯形的简册抄写子思学派的典籍。①

其二，相同学派的竹书，较明显地汇集在一处。如《老子》(丙本)与《太一生水》可合编，《穷达以时》形制、书体均与《鲁穆公问子思》相同。

其三，不同思想内容之竹书共存一处，同墓所出儒、道家学派之最重要典籍，所使用之简册形制亦最庄重。②

表1-13　上博竹书"子"类文献性质、形制信息表

篇　名	形　制	简长	编绳	编绳间距	完简字数	合编
性情论	两端平齐	57	3		36	
子羔	两端弧形	55.5	3	8.6～19.4～19.5～7.9	54～57	同
鲁邦大旱	两端弧形	55.4	3	8.6～19.4～19.5～7.9	50～51	
孔子见季桓子	两端平齐	54.6	3	1.1～25.5～26.5～1.5	41	
鬼神之明	两端平齐	53	3	10.7～15.4～15.4～10.6	39～46	
仲弓	两端平齐	47	3	0.8～23～21.7/23～1.6	34～37	
颜渊问于孔子	两端平齐	46.2	3	2.6～20.5～20.5～2.6	31	
三德	两端平齐	45			45～49	
用曰	两端平齐	45.9	3	1.2/1.4～22～22～0.6/0.7	39～44	
子道饿	两端平齐	44	3	1.2～21～21～1.2	35	
从政	两端平齐	42.6	3		35～40	
相邦之道	两端平齐	42			44	

---

① 因而周凤五先生以为郭店简有经典与传注之分，简策长者为经，短者为传。简端梯形者为经，平齐者为传注。参见周凤五：《郭店竹简的形式特征及其分类意义》，《郭店楚简国际学术研讨会论文集》，第59页。

② 根据用途和重要性，钱存训先生亦指出简牍长度有一定规律：长简常用于较为重要的典籍，短者用于次要之书。参见钱存训：《书于竹帛：中国古代的文字记录》，上海：上海书店出版社，2004年，第83页。此后，随着越来越多的简牍材料出土，胡平生先生以战国至秦汉遣册、文书、书籍简为例，比较不同种类材料时又强调了这一点。参见胡平生：《简牍制度新探》，《文物》2000年第3期。

续 表

篇 名	形 制	简长	编绳	编绳间距	完简字数	合编
弟子问	两端平齐					
恒先	两端平齐	39.4	3	1.1~19.2~18.8~1.1	37~49	近
凡物流形乙	两端平齐	40	3	1.1~19.2~18.8~1	37	
季庚子问于孔子	两端平齐	39	3	1.3~18~18.2~1.3	34~39	
史蒥问于夫子	两端平齐	37	2	10~17~10	31	
凡物流形甲	两端平齐	33.6	2	10~14.7~8.4	27~30	
慎子曰恭俭	两端平齐	32	2	7.8/8~18.1~6.1	28	

表 1-14 清华竹书"子"类文献性质、形制信息表

篇 名	简数	形制	简长	编绳	完简字数	备 注
邦家之政	13	两端平齐	45	3	28~34	简背四道划痕，次序编号为据
邦家处位	11	两端平齐	41.5	3	41~43	简背次序编号
心是谓中	7	两端平齐	45	3	39~41	
治邦之道	27	两端平齐	44.6	3	49~51	
天下之道	8	两端平齐	44.6	3	40~43	简背划痕

因上博、清华竹书"子"类文献均包括儒、墨两家以上，似可与郭店"子"书并论，据表1-13、1-14其形制特征如下：

其一，儒家简长在41.5厘米以上，道、法家简长在41.5厘米以下，与郭店儒、道"子"书简长区别之情况相同，似体现出诸家"子"书用简长度之特性。

其二，墨家"子"书与儒家简长相近，上博竹书《鬼神之明》、清华竹书《治邦之道》均合此种情况，但仍以儒家简为最长，似体现出儒墨显学之情况。

其三，同类文献亦会汇集，如上博儒家"子"书《鲁邦大旱》《子羔》、道家"子"书《恒先》《凡物流形》所体现之情况。

由于早期文献的特质，部分"子"书呈现了"语"书的特质，是以诸子百家之

书也可称"语"。这点在楚竹书中也有所体现,如上博竹书《鲁邦大旱》即是一个完整的故事,开篇有背景"鲁邦大旱",中间是哀公问于孔子,末尾是孔子与子贡的议论。另外,郭店竹书《唐虞之道》、上博竹书《子羔》中亦以尧舜禹等明君圣王的事迹来说理。由此看来,"语"类文献的主要创作者和使用者即是诸子,这就使得"语"与"子"密切相关。上文曾引《史记·秦始皇本纪》李斯奏请焚书事,其中有"《诗》《书》、百家语"的说法,蒙文通先生认为:

> 殆诸侯之史曰《国语》;《国语》,《春秋》也。大夫之史曰家语;《家语》,亦《春秋》也。此秦焚篇章,《诗》《书》百家语有禁。史迁亦曰"百家杂语"。诸子书曰家语,曰百家,是固由大夫之史,沿《国语》之号转变而来。则晏子辈之《春秋》,谓之《晏子家语》可。《孔子家语》,名始见《严氏春秋》,谓之《孔子春秋》亦可。孟、荀、庄、韩之书,皆应以家语、以《春秋》名。①

照此理解,"百家语"是由"大夫之史"演变而来的诸子之书。蒙文通先生的上述看法与早期文献产生与传播的特征是相一致的。不得不承认,"语"类文献本身有相当多的一部分即是由诸子所创造出来的,②就这一点来讲,"百家语"的说法是有其道理的。但是站在史料考辨的角度,以记述先秦史事为主的"语"和专在表达诸子政治思想的"子"还是存在一定的差别。诚然,"语"书同样可以表达政治思想,"诸子"也或被称为"诸子百家语",但是它们和"语"类文献在外在表现形式和性质上的差别还是比较明显的:

首先,"子"类文献的表现形式多为师徒问答,或君王与诸子问对,而"语"类文献在表现形式上与诸子无关,③即"语"类文献不是以诸子(如孔子)等人的事迹展开的。

其次,"语"类文献多为叙述性语言,旨在通过讲述一件或数件史事来说明一定道理,而"子"类文献全文多是议论之辞。

最后,李零先生曾就子类文献的"述"古指出,这些诸子书,往往都是"借古喻今",具有寓言的形式,利用"古"作谈话背景。诸子书的谈资除了借用"世""书"外,似主要来自"语"类作品,儒家喜欢讲唐虞三代故事,墨家喜欢讲夏禹

---

① 蒙文通:《中国史学史》,上海:上海人民出版社,2006年,第13页。
② 这也是"语"类文献需要鉴别的重要原因之一。
③ 当然,"语"类文献也会表达某些诸子政治思想。

故事,道家喜欢讲黄帝故事,来源就是这类传说。①

就此意义上讲,"语"类文献相当于一个资料库,所以经常为诸子所取材,这也是诸子百家之书也可称"语"的主要原因。因此,对于"语"类文献有很多互见于诸子文章这个现象的理解是:它们或者是同源材料;或者是由更古之"语"类材料被诸子锻炼改造,后又被从诸子著作中抽离出来的。"语"类文献的这个流传模式为:"语"类材料→熔铸入诸子文章→从诸子文章中抽离。② 从这个层面上讲,诸子书中存留的故事也可为我们所取,作为史料以探讨其研究史实的价值。

需要留意,诸子书记录的人与事,可能与事实拉开了一段距离,其故事性要远胜于记录性,是一种再回忆与再创造。在这样的书中,回溯的事实取代了真正的事实。所以,也可以说,在"语"类为诸子提供这样一个交流背景的同时,诸子也以自身的创造性不断丰富着"语"的内容。

上文已述,史官所记录的资料,作为档案进行典藏。这些档案资料,是"书"类、"诗"类、"语"类以及"子"类等文献的共同源头,虽然笔者并不认为它们的来源仅止于此。《左传》定公元年云"吾视诸故府",杨伯峻先生注:"故府盖藏档案之所,归而查档案以决之。"③当外交争端无法解决时,"故府"所藏的档案会成为决断的依据。从这方面而言,"语"类与"子"类蕴含史事的史料价值是需要重视的。克罗齐在谈到历史的种类时,提到一种"演说术或修辞学的历史",④它以历史为前提,却是要利用历史的讲述为手段进行实际活动。诸子多引史实,作用却是进行辩难时以助谈资,正类似于此。在有意之外,"子"类于无心之中却起到了记录历史、保存历史与整饬历史的作用。

春秋战国之际,社会政治的剧变导致了社会的无序状态加剧。为了找到社会去向的答案,为了达到自己的政治目的,建立自己的哲学,诸子都开始关注历史,对历史进行再思考,试图从历史中增长智慧,建立自己关于社会人生的哲学。在这种情形下,诸子开始以自觉的理性精神来反思现实社会和人生,

---

① 李零:《简帛古书与学术源流》(修订本),第 220~221 页。
② 叶博:《〈新序〉、〈说苑〉研究——在事语类古书的视野下》,第 9 页。
③ 杨伯峻:《春秋左传注》(修订本),北京:中华书局,2009 年,第 1524 页。
④ [意]贝奈戴托·克罗齐(Benedetto Croce):《历史学的理论和实际》,傅任敢译,北京:商务印书馆,1982 年,第 27 页。

历史知识普遍受到重视。当时有很多学派对历史问题感兴趣,儒、墨、道、法诸家等都曾有所论述。诸子百家论证道理,搜集史料,对上古史必然有所甄别,形成了一种对上古史进行研究的风尚,并在对史实的解喻之中形成不同的历史观,这些可以说是在当时的政治领域、学术领域中百家争鸣的一个重要组成部分。

诸子为了阐明自己的学说,不仅千方百计地去寻求理想的历史榜样,同时还用这些榜样来论证自己学说的可信性。因此,他们所树立的历史榜样,他们对天人关系和古今变化的讨论,对人类社会和国家起源的认知,对社会政治制度的变化和优劣的评价,对重大历史事件和著名历史人物的认识等等,都体现了各自不同的思想。正如蒋伯潜先生所论:"诸子之书皆自抒己见,自成一家之言,不复寄托其微言大义于自具内容之古籍。"①如此,诸子本身反映时人政治思想的论述,更可看作"同时代"之史料。

在对某些具体史事的运用上,战国诸子游说时旁征博引历史材料,多重表意不重事实。他们固然尽量不托诸空言,但对于所依附的行事并不如所理解的那样严格,史实、传曰、野语、寓言、轶闻都可以为其所用,甚至自造新说,只要能使为政者明治道就可以。因此,很容易发现故事人物有"箭垛式"倾向——被劝谏的君上在齐总是桓公、景公,在晋不外乎晋文、晋平,鲁则哀公,赵则简子、襄子,魏乃文侯、惠王;劝谏者不出管仲、晏婴、孔子、咎犯、师旷、段干木等人。这一方面拓宽了对史事理解的多样化,更主要的是各家的哲学内容通过对史事反复的引用解说,逐渐与"史"的内涵相融合。西方学者将这种论述所征引的种种"历史成败""典章制度"合称为"历史典故"(historical allusion),认为其目的在于炫耀说话者的博学,并通过提供历史的判断,来证明自己意见的正当。②

楚竹书中发现的诸子所传之古史人物典型以伊尹和孔子居多,亦见有管仲、子产等,如清华竹书《管仲》《子产》等篇。至于伊尹,清华竹书"语"类《汤处于汤丘》《汤在啻门》和《赤鹄之集汤之屋》亦可视作诸子传衍之伊尹故事。就伊尹个人来说,其在历史上确实存在,且地位甚高。但在儒家、道家、法家、阴阳家那里,伊尹作为他们的共同记忆资源,他们结合各自的自身经验和价值取

---

① 蒋伯潜:《诸子通考》,长沙:岳麓书社,2010年,第3页。
② Paul R. Goldin, *After Confucius — Studies in Early Chinese Philosophy*, University of Hawaii's Press, 2005, p.82.

向,对伊尹有不同的解释。相应的,伊尹也就成为他们各家确立自己学派认同感的一个符号,并且这种认同感在各自的群体中成为一种传统,体现出一定的传承性特点。因此,伊尹的身份有多种:一个是作为事件的原始身份,一个是作为传说的变形改装身份。伊尹如果作为事件的身份,代表一种共同的社会记忆,那么作为传说的身份就是对这种记忆的执于一己之见的解读,作为传说的身份是作为事件的身份的变形,因此传说身份本身也千差万别。① 是故有关伊尹故事的文献性质也相应不同,如有《伊尹》与《伊尹说》之别。《汤在啻门》就是典型之例,反映出诸子借用伊尹故事以表达自身政治理念的行为。清华竹书中五篇有关伊尹的故事,在一定程度上反映了战国时期这种风潮的流行,或所谓伊尹学派的流波所及。同理,例如《鲁邦大旱》是"一则关于孔子或者说假托孔子的短篇故事",因为"这类关于大旱对策的套话曾经一度十分流行。它是一个时代或一个学派在阐述天灾与人事的关系时,一种典范式的对应态度"②的认识就显得较为客观。

综上所述,"子"类文献需要注意诸子所引述的史事与诸子直接表述其政治思想的区别。诸子所引述的史事属于"战国时人的追述",并且有不少内容呈现"箭垛式"倾向,其目的不是述史而是论今,故对其所述史事需要必要的参证。另一方面,"子"书中表现的战国时人学派传承和政治思想则可视为研究先秦学术史、政治思想史的"同时代"史料。

五、"方术":战国时期社会生活之反映

楚竹书中还有相当一部分反映了战国时期的社会生活,其中既有讲具体卜筮方法的卜书、筮法,又有记录数学运算法则的《算表》,还有模仿天文、历算

---

① 苏晓威:《出土道家文献典籍考》,博士学位论文,北京大学中国语言文学系,2009年,第42~48页。再以黄帝为例,先秦秦汉文献中的黄帝有三种含义:一是系谱始祖性质(genealogical ancestrality),二是典范的帝王性质(paradigmatic emperorship),三是神性的黄帝。参见 Charles Le Blanc, "A re-examination of the Myth of Huang-ti", *Journal of Chinese Religions* 13 - 14 (1985 - 1986), pp.45 - 46。这三种含义,说的是存在于古代世书中的黄帝、作为历史存在的黄帝形象,这两者根本上来讲都是一种实际存在的黄帝形象,但存在的角度不一样,第三种形象是作为神灵形象的黄帝。就这三个系统中的黄帝,作为信史的可能而言,世系系统中的黄帝较为可信,祭祀系统中的黄帝次之,古帝系统中的黄帝最不可靠。
② 曹峰:《〈鲁邦大旱〉初探》,《上博馆藏战国楚竹书研究续编》,第121~138页。

占验时日吉凶的选择书,甚至还有与养生术有关的佚篇。讲卜筮方法的书,又可分为"卜法"和"筮法"两种,上博竹书《卜书》属于前者,清华竹书《筮法》则属于后者。《卜书》的内容包括四个古龟卜家的对话,谈话内容与卜居处与国事有关。简文叙事一般是先讲兆象、兆色、兆名,然后讲吉凶悔吝。篇中有不少术语,如表兆象的"仰首出趾""颊首纳趾",表兆色的"毋白毋赤""如白如黄",表兆名的"是谓陷""是谓开"等,是研究早期卜法不可多得的史料。①《卜书》中也有一些社会史料,如简文"凡三族有此,三末虽吉,如白如黄"。"三族"与"三末"相对,指周人的三族。"三末"则疑指三族的支裔。② 这里可以看出,在宗族卜问中,支裔的吉凶也在宗族的关心范围之内。

《筮法》是一种占筮用书,其系统地记述了占筮的理论和方法。其中所说十七命,比《周礼》的八命要多,③且不少与"八命"同名,"八命"可能即由之扩展而来。值得注意的是,整部书里面没有别卦、六十四卦的具体名称,只有八经卦,这和传世的《归藏》有着相合之处。《筮法》标示八卦方位的卦位图,与《说卦》第五章所谓后天八卦基本一致,但是坎、离和后天八卦位置相反。④《筮法》所用的数字亦与之前发现的楚简占筮记录一样,同样是一、六为主,一代表阳爻,六代表阴爻。除此之外,阳爻有五和九,阴爻有四和八,而且总是以八、五、九、四作为一个次序出现。《筮法》的整理为数字卦问题提供了新的见解,可以作为解决数字卦问题的钥匙。

---

① 李零:《〈卜书〉释文考释》,马承源主编:《上海博物馆藏战国楚竹书(九)》,第291页。
② 亦有学者疑"三族"与"三末"为占卜用语,"三"指兆首、兆足、兆枝所代表的三条兆纹,"三族"指三条兆纹的汇聚处,"三末"指三条兆纹裂痕的末端。参见程少轩:《小议上博九〈卜书〉的"三族"与"三末"》,复旦网,http://www.gwz.fudan.edu.cn/SrcShow.asp? Src_ID=1995,2013年1月16日。
③ 凡十七命:曰果,曰至,曰享,曰死生,曰得,曰见,曰瘳,曰咎,曰男女,曰雨,曰取妻,曰战,曰成,曰行,曰雠(售),曰旱,曰祟。参见李学勤:《清华简〈筮法〉与数字卦问题》,《文物》2013年第8期。《周礼·大卜》云:"以邦事作龟之八命:一曰征,二曰象,三曰与,四曰谋,五曰果,六曰至,七曰雨,八曰瘳,以八命者赞三兆、三易、三梦之占。"参见《周礼注疏》卷二四《春官·大卜》,第1734~1735页。在讲述十七命的内容及其他的一些问题时,它举了具体的例子。比如"果"命,有具体占筮的八卦的图像,而这些卦象都是以数字表示的,这一点与楚简常见的占筮是一致的。而且它与常见的占筮有一个特别一致的地方,那就是两个数字卦并列,每一边是六画,每一边是六个数字,两行一定要并列起来。这与之前发现的楚简占筮记录从形式上来看是完全一致的。
④ 《筮法》《说卦》和《归藏》的关系,还表现在《说卦》第10章有所谓乾坤六子之说,有少男、中男、长男、少女、中女、长女这个说法,而这个次序正好和《归藏》的《初经篇》一致。就卦名、次序、写法等内容来看,《筮法》与《别卦》确与《归藏》密切相关。参见李学勤:《〈归藏〉与清华简〈筮法〉、〈别卦〉》,《吉林大学社会科学学报》2014年第1期。

清华竹书《祝辞》在五支简上写了五段文字,每段皆包括祝辞以及与念诵祝辞相配合的仪式或行为规程:第一段是关于"恐溺"即防止溺水的;第二段是关于"救火"的;后三段都是关于射箭的。《祝辞》本身为我们考察战国时期巫术杂占的情况提供了"同时代"的史料。此外,简文一些内容也与当时的社会生活有关。简文后三则以弓名为标识的祝诵之辞,以及与念诵祝辞相配合的射箭姿势,即反映了战国时期弓的种类与使用情况。《祝辞》中所言"徍弓""外弓"和"踵弓"等三弓可对应《周礼·夏官·司弓矢》中的六弓,印证了《周礼》所载弓按功能、长度分类的可信,而且记述了当时用不同类型的弓射箭的姿势细节,填补了这方面文献记载的空白。①

清华竹书《算表》的内容实际上是数字构成的表格。它的计数是十进制,通过竹简交叉构成 21 行、20 列,分为乘数和被乘数个位、十位区,利用《算表》进行计算。《算表》形成于公元前 305 年左右,比此前发现的里耶秦简九九表还要早,是迄今为止所见的最早的实用算具。利用这套《算表》,不仅能够快速计算 100 以内的两个任意整数乘除,还能计算包含分数 1/2 的两位数乘法。②

上博竹书《彭祖》是与养生有关的佚篇。虽然此篇只是一个泛论养生的残篇,且篇幅很短,但是目前发现年代最早的彭祖书,对于探究战国以降流行的养生术、房中术是"同时代"的史料。

清华竹书《八气五味五祀五行之属》共四组内容:第一组有关年中八个节气的推算,与二十四节气不同,应属历算类;第二组讲酸甘苦辛咸五味的功效,相关内容见于《黄帝内经·素问》等古医书;第三组是五祀、五神与五行的相配;第四组讲述五行金木水火土各自独特的特点。这类文献似应与《汉书·艺文志》中讲阴阳五行的数术书相关。

楚竹书中选择时令类的方术书,主要以时日选择的"日禁"书为主,即九店竹书《日书》。上引申叔时所论有"教之令,使访物官",韦昭注:"先王之官法、时令也。"③"时令",《礼记·月令》载季冬之月"天子乃与公卿大夫共饬国典,

---

① 胡宁:《清华简〈祝辞〉弓名和射姿考论》,《古代文明》2014 年第 2 期。
② 李学勤:《〈筮法〉、〈别卦〉与〈算表〉》,《中国文化报》2014 年 1 月 14 日第 8 版。
③ 《国语集解》卷一七《楚语上》,第 485 页。亦有学者的理解不同于韦昭注而将"令"读为"名",参见李锐:《释〈国语·楚语上〉"教之令"》,《中国史研究》2006 年第 3 期。

论时令,以待来岁之宜",清人孙希旦《礼记集解》引吴澄曰:"时令,随时之政令……时令无常,故须商度所宜而行。"① 似可这样理解,"时令"是统治者按季节变换所发布的政令教化,应为百官万民所遵守。这种"商度所宜"即带有选择的性质,似与选择时日的方术书有关。

春秋时期已有类似《日书》选择时日的记载,如《左传》昭公九年"辰在子卯,谓之疾日",② 昭公十八年"毛得必亡,是昆吾稔之日也"。③ 战国早、中期楚墓中,如包山、望山、新蔡楚墓,多出有卜筮祭祷类的简牍文书,学者或以为是《日书》整理的资料来源。④ 具体卜筮祭祷简和日书这两种文献孰先孰后,学界仍有不同的意见。⑤ 但是简帛《日书》的年代从战国晚期直到东汉晚期,确实是时人选择时日、占断吉凶的实用手册,其文本的基本结构是以天文历法为经,以生活事件为纬,共同交织成一幅日常社会的多彩画卷。⑥

《日书》的构成要素有两个,其一是"历",其二是"忌"。"历"是历忌总表,即以甲子表体现的各种历表(有年表、月表或积年的大表);"忌"是杂忌,即从事各种活动的吉凶宜忌。相对睡虎地秦简《日书》等列有"历"和"忌"的详细内容的日书而言,九店《日书》较简略,只列有两套楚国的"历忌表",一是建除表,一是丛辰表。书中还有讲四时吉凶、相宅、朝夕启闭和岁、行等方面的内容,但是属于杂忌的内容较少,只有讲裁衣的一段。

关于《日书》还有两个问题需要讨论。其一,一般认为《日书》是民间下层社会的择吉之书,但是像"五祀"这样的崇拜,在楚国并没有身份之别。⑦ 从上举《左传》和《仪礼》的记载可知,先秦贵族社会的礼典活动同样需要占日、筮

---

① (清)孙希旦:《礼记集解》,沈啸寰、王星贤点校,北京:中华书局,1989年,第503~504页。
② 《春秋左传正义》卷四五昭公九年,第4468页。
③ 《春秋左传正义》卷四八昭公十八年,第4528页。
④ [日]工藤元男:《从卜筮祭祷简看"日书"的形成》,《郭店楚简国际学术研讨会论文集》,第589~594页。
⑤ 杨华:《出土日书与楚地的疾病占卜》,《武汉大学学报》(人文科学版)2003年第5期。
⑥ 晏昌贵:《简帛〈日书〉与古代社会生活研究》,《光明日报》2006年7月10日第11版。
⑦ "五祀"指户、灶、中霤、门、行五种家居小神,是墓主生前每天都要面对的神灵。楚简中有很多对"五祀"神的祭祷记录,除了望山、新蔡、九店等墓所出简文外,最完整的无疑是包山简中标明此五神之名的签牌,睡虎地秦简《日书》中也有"五祀"之名。参见陈伟:《包山楚简初探》,武汉:武汉大学出版社,1996年,第165~169页;[日]工藤元男:《从卜筮祭祷简看"日书"的形成》,《郭店楚简国际学术研讨会论文集》,第589~594页。

日,如《仪礼·少牢馈食礼》"日用丁、巳,筮旬有一日,筮于庙门之外。……若不吉,则及远日又筮日如初"。① 特别是云梦睡虎地 M11 这样的墓葬,其墓主身份级别并不低,②其随葬日书,证明中上层社会也采用这种择吉方法。③ 其二,相当多的学者认为《日书》反映了战国秦汉时期的地方风俗。如西北大学《日书》研究班的成员认为《日书》反映了地方风俗,是地方官吏为了施行统治而收集的地方风俗参考资料。④ 日本学者工藤元男先生也提出类似的看法,认为通过睡虎地《日书》可以看到地方官吏接受当地社会风俗的倾向,而且推测官吏为了参考地方风俗而接受《日书》的内容。⑤ 但是亦有学者提出反对意见,说《日书》中各条占辞不是以特定地域限制的,而是指向普遍性的。⑥

其实,如果把《日书》视为"地方风俗",就会产生一些疑问。从《日书》的整

---

① 《仪礼注疏》卷四七《少牢馈食礼》,第 2592~2593 页。
② 据整理者介绍,睡虎地 M11 的墓主很有可能是《编年纪》中提到的喜。喜在秦始皇时历任安陆御史、安陆令史、鄢令史等职务。参见睡虎地秦墓竹简整理小组编:《睡虎地秦墓竹简》,北京:文物出版社,1990 年,第 2 页。
③ 杨华:《楚地丧祭礼制研究——以出土简帛为中心的讨论》,《文史哲》2010 年第 6 期。
④ 《日书》研读班:《日书:秦国社会的一面镜子》,《文博》1986 年第 5 期;林剑鸣:《从秦人价值观看秦文化的特点》,《历史研究》1987 年第 3 期;林剑鸣:《〈睡〉简与〈放〉简〈日书〉比较研究》,《文博》1993 年第 5 期;吴小强:《试论秦人婚姻家庭生育观念》,《中国史研究》1989 年第 3 期;吴小强:《〈日书〉与秦社会风俗》,《文博》1990 年第 2 期;吴小强:《从云梦秦简看战国秦代人口再生产类型》,《西北大学学报》(哲学社会科学版)1991 年第 2 期;吴小强:《论秦人宗教思维特征——云梦秦简〈日书〉的宗教学研究》,《江汉考古》1992 年第 1 期;吴小强:《从〈日书〉看秦人的生与死》,《简牍学报》1993 年第 15 期;贺润坤:《从〈日书〉看秦国的谷物种植》,《文博》1988 年第 3 期;贺润坤:《云梦秦简所反映的秦国渔猎活动》,《文博》1989 年第 3 期;贺润坤:《从云梦秦简〈日书〉看秦民间的灾变与救灾》,《江汉考古》1994 年第 2 期;贺润坤:《云梦秦简〈日书〉所反映的秦国社会阶层》,《江汉考古》1995 年第 1 期;贺润坤:《云梦秦简〈日书〉所反映秦人的衣食状况》,《江汉考古》1996 年第 4 期;等等。
⑤ [日]工藤元男:《睡虎地秦简よりみた秦代の国家と社会》,东京:创文社,1998 年,第 363 页。
⑥ 学者以九店《日书》抄录的各条占辞为主,与除睡虎地和放马滩以外再加上秦统一后的周家台秦简和西汉景帝期的孔家坡汉简等各篇《日书》进行比较分析,认为九店《日书》全十三篇之中确实流传到西汉时代的占卜只有"往亡"一篇而已。九店"裁衣"前一半(简 94)部分继承到睡虎地"衣"篇而没流传到西汉时代,但后一半(简 95)的忌日流传情况不一样。九店"占出入盗疾"是由在战国楚简单独流行的四种占辞组成的占卜,秦统一后同一系统占卜或部分占辞仍然在楚故地流传一时。睡虎地"衣"各条之中虽有确实继承九店"裁衣"的宜忌,但还不能判断与九店"裁衣"无关的睡虎地"衣"各条所见良日和忌日是否来自秦地的宜忌。放马滩的良日和忌日确实是属于秦地,然而与放马滩同一的睡虎地的良日和忌日未必来自秦地。与九店、睡虎地和放马滩相比,岳山的良日和忌日可能有另一来源。加以考虑岳山那样的事例,可以说这种良日和忌日的占辞很少反映地域性。如此看来,各种《日书》所抄录的占辞之间互相关系相当复杂,从各条占辞提取地域性而辨别其属性不简单。换句话说,《日书》有可能是并不那么反映地域性的文献。参见[日]森和:《中国古代的占卜与地域性》,《湖南大学学报》(社会科学版)2013 年第 6 期。

体看,《日书》不单纯反映地方风俗。按《汉书·艺文志》的分类,不能断定《日书》仅是一个地方的特殊现象。根据数术史的研究,可知《日书》是一种以时日选择与吉凶判断为主的选择类文献,①《汉书·艺文志》中"五行类"的书籍与它的特点最符合,证明《日书》是当时数术知识的一部分。② 以古代天文、历法为基础的数术,反映了长时间形成的古代中国的普遍世界观,因此我们不能把《日书》的含义限定为地方风俗,它可能包含更广泛的意义。

《日书》里当然可能有部分内容带有地方文化色彩。《史记·太史公自序》"齐、楚、秦、赵为日者,各有俗所用",③在出土《日书》里也可以发现各地区的择日术有不同之处。如《日书》里有"建除""丛辰""太岁"等各种系统的择日术,它们按选择的具体用法可以分为秦和楚两个系统。④ 但是从宏观的角度来看,这些择日术在楚、秦两个地区里都很普遍,成为共同的文化特征,各种系统之间的差异只是在运用方法上的不同,而不是文化特色的差别。所以,在研究《日书》时,首先应考虑其作为普遍文化所具有的要素,然后分析其具有的地方特色。⑤《日书》代表的不是某一地区的文化,而是流行于战国末年的各地

---

① 参见刘乐贤:《睡虎地秦简日书研究》,台北:文津出版社,1994年,第418~421页;《简帛数术文献探论》,武汉:湖北教育出版社,2003年,第358页。
② 李零:《简帛古书与学术源流》(修订本),第432~436页。
③ 《史记》卷一三〇《太史公自序》,第3318页。
④ 李家浩:《睡虎地秦简〈日书〉"楚除"的性质及其他》,《中研院史语所集刊》(第70本第4分册),1999年,第883~903页;刘乐贤:《楚秦选择术的异同及影响——以出土文献为中心》,《历史研究》2006年第6期。
⑤ 目前对楚、秦文化的研究,存在一种比较普遍的误解,认为"秦人重政治轻鬼神,而楚人重鬼神轻政治"。按照此种观点,楚地出土的《日书》反映楚文化,而秦地出土的《日书》反映秦文化,两种《日书》分别符合"信巫鬼,重淫祀"的楚文化特点与"重功利,轻仁义"的秦人价值观(参见林剑鸣:《〈睡〉简与〈放〉简〈日书〉比较研究》,《文博》1993年第5期),这种比较得出的结论似并不令人信服。
　　首先,睡虎地《日书》和放马滩《日书》并不能当作代表楚、秦文化的标本资料。它们不具备可以做文化对比的充足条件,其文书构成、分量都不一致,都不是据广泛的统计得出的标本,而是通过现代考古发掘偶然获得的资料。因此,以《日书》来区分文化的研究方法是难以成立的。
　　其次,不能断定秦地没有巫鬼和淫邪的文化特征。如"祟"是一种因鬼神而遭到祸灾的淫邪观,在放马滩《日书》里有"病作不祟"的记录:"占病祟除:一天殿,公外。二【地】,社及立。三人鬼,大父及殇。四【时】,大遇及北公。五音,巫亲阴雨公。六律,司命、天□。七星,死者。八风,相莨者。九水,大水殿。"(陈伟:《放马滩秦简日书〈占病祟除〉与投掷式选择》,《文物》2011年第5期)类似内容在战国楚简里经常看到,表明作祟的习俗不只是楚人的文化,与放马滩《日书》一起出土的《志怪故事》就有浓厚的神秘主义色彩。因此,秦文化中也有巫鬼和淫邪的内容(参见李学勤:《放马滩简中的志怪故事》,《文物》1990年第4期)。
　　　　　　　　　　　　　　　　　　　　　　　　　　　　　　　　　(接下页)

之文化习俗。①

《日书》是流行在战国秦汉时期的各地各阶层之间的选择术。需要留意的是,其与卜筮祭祷简不同,它们"并不是实际的占卜记录,更不是社会生活的写实",②因此并不能直接用来作为考察后世某个时期的"一面镜子"。③ 但是也不能据此全面否定以《日书》进行社会史研究的可能性。虽然《日书》是有限的资料,但它是时代的产物,必然会反映某些时代的特征。李零先生指出,现存《日书》,试图打通各类数术:除选择时日,还旁及星占、式法、风角、五音、纳甲、十二声、六吕六律、卜筮、占梦、相宅,以及厌劾祠禳等;《日书》的选择事项,简直无所不包,凡是日常生活可能涉及的方面,比如裁衣、起盖、出行、嫁娶,几乎一切都可以装进这个体系。④ 作为目前发现的最早选择时日吉凶的数术书,九店《日书》涵盖的内容虽不如上面描述的那么全面,反映的也当然并不是当时社会生活的全貌,但是其作为社会风俗的各种指标集合,对于考察战国时期的科技、宗教、民间传统思想,乃至社会史、民俗史的研究,都还是具有"同时代"的史料价值。如九店《日书·星朔》篇,讲各月合朔所躔之二十八宿,类似的内容曾见于《淮南子·天文训》,是有关实际天象或与天象有关的知识;《相宅》讲居室房屋的环境选择,从中可以了解战国时期民居的基本形式,附属建筑物以及房屋与周边环境的关系等。

综上所述,楚竹书中的方术书,除清华竹书《八气五味五祀五行之属》外,有卜筮类的上博竹书《卜书》、清华竹书《筮法》《别卦》和杂占类的清华竹书《祝辞》,有历算类的清华竹书《算表》、养生类的上博竹书《彭祖》,还有选择时日类的九店竹书《日书》,这些文献为了解战国时期的社会生活提供了第一手的材料。

(接上页)再者,睡虎地《日书》和放马滩《日书》的占辞内容,多半是当时人们生活的普遍要素,而不是地方的特殊文化。如两种材料中的建除,都涉及"任官,祭祀,亡者、盗者的逮捕,疾病,服药,建筑,结婚,做事,外出,入人,奴婢,马牛,粮食"等,并不能反映地方文化色彩。按照以上的分析,可知《日书》基本反映的是普遍文化的要素(参见[韩]琴载元:《战国秦汉基层官吏的〈日书〉利用及其认识》,《史学集刊》2013年第6期)。

① 蒲慕州:《睡虎地秦简〈日书〉的世界》,《中研院史语所集刊》(第62本第4分册),1993年,第623~675页。
② 李零:《中国方术正考》,北京:中华书局,2006年,第171页。
③ 《日书》研读班:《日书:秦国社会的一面镜子》,《文博》1986年第5期。
④ 李零:《视日、日书和叶书——三种简帛文献的区别和定名》,《文物》2008年第12期。

小　　结

本章从楚竹书的"史书"类文献出发,讨论"六艺""诸子"等蕴含丰富史料价值的文献与"史学"之间的关系,认为"六艺""诸子",乃至"兵书""数术""方技"等"史书"类之外的文献,亦应属于史料范畴,只是它们所蕴含的史料价值各不相同。

对于"史书"类和非"史书"类两种文献之史料价值的判定,本章采用两条准绳:其一是注意不同文献在类别上的差异,尤其是简册形制之差异;其二是通过史料的性质、形成年代来判断史料的"同时代之记述"与"后人的追述"的不同史料价值。根据这两条准绳,本章将楚竹书划分为九小类,并分别讨论各小类史料起源、流传、整理等方面的情况。根据本章讨论,对于楚竹书各小类史料包含的具体篇章内容以及各篇章所蕴含的"同时代之记述"与"后人的追述"的史料价值,列表总结如下(表1-15、1-16):

表1-15　楚竹书"史书"类文献分类与史料价值

价值＼分类		世	书	史	语
同时代之记述		清华竹书《楚居》中记述战国时楚王室或贵族、世家等居处迁徙的部分。	清华竹书《傅说之命》《尹至》《尹诰》《厚父》《金縢》《皇门》《封许之命》《祭公》《摄命》。	清华竹书《系年》描述战国早期历史的各章。	描述战国史事的篇章:上博竹书《柬大王泊旱》。
后人的追述	战国时人追述春秋史事	《楚居》中追记春秋时期楚王室或贵族、世家等居处迁徙的部分;清华竹书《良臣》中春秋时期著名君主良臣之记述。		《系年》描述春秋历史的各章。	上博竹书《庄王既成》《成王为城濮之行》《郑子家丧》《灵王遂申》《申公臣灵王》《平王问郑寿》《平王与王子木》《王居》《陈公治兵》《昭王毁室》《昭王与龚

续　表

价值\分类		世	书	史	语
后人的追述	战国时人追述春秋史事				之脽》《君人者何必安哉》《邦人不称》,《鲍叔牙与隰朋之谏》《竞公疟》,《曹沫之陈》,《姑成家父》,《吴命》;清华竹书《子仪》,《管仲》,《晋文公入于晋》《子犯子余》,《赵简子》,《郑武夫人规孺子》《郑文公问太伯》《子产》,《越公其事》;慈利竹书《吴语》。
	春秋战国时人追述三代史事	《楚居》中追记春秋之前楚王室或贵族、世家等居处迁徙的部分;《良臣》中从黄帝到西周著名君主良臣之记述。	清华竹书《程寤》《命训》《保训》。	《系年》描述西周历史的各章。	上博竹书《容成氏》《融师有成氏》《举治王天下》《成王既邦》;清华竹书《虞夏殷周之治》《赤鹄之集汤之屋》《汤处于汤丘》《汤在啻门》《殷高宗问于三寿》。

表1-16　楚竹书非"史书"类文献分类与史料价值

价值\分类	易	诗	礼	子	方　术
同时代之记述	上博竹书《周易》卦爻辞、清华竹书《别卦》。	清华竹书《芮良夫毖》,《周公之琴舞》中周公诗半首、成王诗九首等诗篇;上博竹书《孔子诗论》。	上博竹书《内豊》。	对战国时人政治思想的论述:郭店竹书《五行》《鲁穆公问子思》《穷达以时》《忠信之道》《性自命出》《成之闻之》《六德》《尊德义》《语	九店竹书《日书》、上博竹书《卜书》《彭祖》、清华竹书《筮法》《算表》《祝辞》《八气五味五祀五行之属》等反映战国时期社

续　表

价值	分类	易	诗	礼	子	方　术
同时代之记述					丛》（一、二、三）,《老子》《太一生水》,《语丛》（四）；上博竹书《性情论》《从政》《相邦之道》《弟子问》《仲弓》《三德》《用曰》,《鬼神之明》,《恒先》《凡物流形》,《慎子曰恭俭》；清华竹书《邦家之政》《邦家处位》《心是谓中》《天下之道》,《治邦之道》；信阳长台关楚简《墨子》佚篇。	会、宗教、民俗、思想的内容。
后人的追述	战国时人追述春秋				上博竹书《鲁邦大旱》《子道饿》《孔子见季桓子》《季庚子问于孔子》《颜渊问于孔子》《史蒥问于夫子》。	
后人的追述	春秋战国时人追述三代		清华竹书《耆夜》《周公之琴舞》。	郭店竹书《缁衣》；上博竹书《武王践阼》《缁衣》《民之父母》《君子为礼》《天子建州》。	郭店竹书《唐虞之道》；上博竹书《子羔》。	

第二章　楚竹书所反映的战国史学发展

战国史学这一研究领域向来因史料缺乏而令古今学者望而却步。在战国楚竹书大量出土以前，我们研究战国史学所能够利用的材料，不外乎《春秋》三传、《国语》《战国策》以及由清人辑佚出的《竹书纪年》《世本》等。在这种情况下，近年来出土的涉及战国史学的楚竹书便显得弥足珍贵，可以说楚竹书的发现，使我们对战国时期的史学发展情况有了更全面、深刻的认识。

楚竹书"诗""书""礼""易"等文献中所蕴含的商周历史意识，楚竹书中的多种史书体裁特别是"语"类文献的大量发现，一方面显示出战国史学对商周史学之承继性，另一方面带来了对战国时基本作史材料、编纂叙事方式以及史著传布情况等问题的讨论。在此基础上，楚竹书中提供了战国时期已有完整意义上之编纂史学的例证——清华竹书《系年》。《系年》的发现，证实了当时已存在着一种符合"纪事本末"特征的史书编纂体裁：在记事方式上其脱离了《尚书》《国语》以记言为主的藩篱，亦不同于《春秋》《左传》的依时叙事；在叙事系统上，其又非《春秋》《纪年》等编年史著可比；在重视历史叙述之时间因素方面，其显然又优于《国语》；以所记史事来看，其材料来源与《左传》《国语》存在不少的差异。① 《系年》之外，清华竹书中还有长篇"语"类史书《越公其事》十一章。全篇基本完整，结尾有篇题，记录了大量的对话，把勾践富国强兵、振兴灭吴的过程概括为"五政"依次叙述，内容与《国语·吴语》《越语》密切相关，但

---

① 李学勤：《清华简〈系年〉及有关古史问题》，《文物》2011年第3期；李守奎：《清华简〈系年〉与吴人入郢新探》，《中国社会科学报》2011年11月24日第7版。

存在不小的差异。

白寿彝先生曾经指出:"史学的发展,主要是依据历代史学撰述进行研究。"①因此,本章将主要通过对以《系年》《越公其事》为主的"史书"之材料来源、叙事方式和编纂过程的讨论,推究其编纂目的及史观,借以帮助我们更好地了解战国时期的史学发展状况,同时也对于《左传》在战国时期的编纂、流传过程进行一些思考。②

第一节 战国时期史书编纂的史学背景

白寿彝先生曾经指出:"史书的编纂,是史学成果最便于集中体现的所在,也是传播史学知识的重要的途径。"③史书的编纂反映的正是史学发展迅速的情况,史学发展迅速也为史书编纂提供了背景资料,这其中涉及了多方面的史学内容,楚竹书中对此也有不少体现。

一、商周历史意识的体现

笔者前文曾略述,春秋战国时期存在着一种文化上的背景性资源为诸家所称引,"语"类的广泛流传即是明证。这其中,以"诗""书"为代表的经典,春

---

① 白寿彝:《中国史学史》(第1卷),第21页。
② 有关《左传》编纂与成书的问题,向来为学界所重视,成书时代即有春秋说、战国说、秦汉说以及代有增益说四大类。建国以来有:徐中舒《〈左传〉的作者及其成书年代》(《历史教学》1962年第11期)、徐仁甫《〈左传〉的成书时代及其作者》[《四川师范学院学报》(社会科学版)1978年第3期]、童书业《春秋左传研究》(上海:上海人民出版社,1980年)、杨伯峻《春秋左传注》(修订本)、胡念贻《〈左传〉的真伪和写作年代问题考辨》(《文史》1981年第11辑)、赵光贤《〈左传〉编纂考》(《中国历史文献研究集刊》1980年第1集、1981年第2集,后收入《古史考辨》,北京:北京师范大学出版社,1987年,第136~187页)、沈玉成、刘宁《春秋左传学史稿》(南京:江苏古籍出版社,1992年)等多篇经典著述为学界所熟悉。前辈学者观点不一,聚讼不已。近些年来,王和先生有《论〈左传〉预言》(《史学月刊》1984年第6期)、《〈左传〉材料来源考》(《中国史研究》1993年第2期)、《孔子不修〈春秋〉辨》(《史学理论研究》1993年第2期)、《〈左传〉的成书年代与编纂过程》(《中国史研究》2003年第4期)及《〈左传〉中后人附益的各种成分》[《北京师范大学学报》(社会科学版)2011年第4期]等系列论文,亦就这一问题多有阐发。尤其是《〈左传〉的成书年代与编纂过程》一文,所得结论有些在出土文献不断涌现的今天看来或许可商,但是"通过对《左传》所取材料来源的具体分析"来说明问题的研究方法,可以为我们探讨清华简《系年》的编纂提供借鉴。
③ 白寿彝:《中国史学史》(第1卷),第17页。

秋中期以后,因各种原因逐渐流入各诸侯国,并成为各诸侯国教育贵族子弟及后起的诸子教育弟子的教材,相关记载在东周文献中经常见到。①《庄子·天运》与郭店竹书《六德》篇中均出现有"六经"并称的现象,这些根据商周档案、典制、风俗等整理而来的典籍,当然包含着商周历史意识的内容,②并对战国时期史学的发展产生影响。

其荦荦大端,为"通",为"变"。《礼记·经解》有:"疏通知远,'书'教也。"孔颖达疏云:"'书'录帝王言诰,举其大纲,事非繁密,是疏通;上知帝皇之世,是知远也。"③宋人叶梦得进一步解释说:"'书'之纪述治乱,要使人考古验今而已。智之事也,故其教疏通知远。"④所谓"考古验今",强调的是通古今以为说。《尚书·周书》的许多篇中,我们经常可以看到对夏商两代兴亡经验的总结,以指导周人的政治行动,如《召诰》"我不可不监于有夏,亦不可不监于有殷",⑤《诗·大雅·文王》也说"宜鉴于殷,骏命不易"。⑥"疏通知远"的历史意识,在清华竹书《保训》中也可以得到印证。《保训》训辞中的三个典故:第一个讲黄帝,第二个讲舜,连带提到尧,第三个讲上甲微。第二个和第三个都与"中"有关,联系紧密,浑然一体。周文王通过舜和上甲微的故事,阐明了求中、得中、保中与"践天子位"之间的关系,指出求中、得中、保中才能践天子位,勉励太子发"钦敬勿淫",要像舜一样求中,像上甲微一样保中,能"祗备不懈",坚守"中"的精神。这种对古之帝王之世的疏通考古,其目的正是在于验今——守"中"践位。

上博竹书《周易》中存在一些特殊符号,据研究,这些特殊符号标示存在"同符"原则三条、"异符"原则五条,这些原则的运用可为"变易"的历史意识

---

① 张怀通:《〈逸周书〉新研》,第30～55页。
② 所谓历史意识,从一般的意义上说,它是人类在文明发展过程中产生出来的对自身历史的记忆和描述,并在求真求实的基础上从中总结经验、汲取智慧,进而以其用于现实生活的一种观念和要求。所谓史学意识,从一般的意义上说,它是人们(尤其是史学家们)对史家的活动和思想,史书的撰写及其与社会的关系,以及对这些活动、思想、撰述、关系等方面的历史过程与经验积累的认识和评价。参见瞿林东:《中国简明史学史》,上海:上海人民出版社,2005年,第314～319页。
③ 《礼记正义》卷五〇下《经解》,第3493页。
④ (宋)卫湜:《礼记集说》第一一七卷,《景印文渊阁本四库全书》第119册,台北:台湾商务印书馆,1986年,第510页。
⑤ 《尚书正义》卷一五《召诰》,第452页。
⑥ 《毛诗正义》卷一六·一《大雅·文王》,第1087页。

之注脚。① "易"，孔颖达云："夫'易'者，变化之总名，改换之殊称。"②史家司马迁认为："《易》著天地阴阳四时五行，故长于变。"③《周易》不仅以卦爻辞的组合、变化来表示事物的变化，一些直接的表述，如"在天成象，在地成形，变化见矣"外，④还有对于社会政治的描述，"汤武革命，顺乎天而应乎人，革之时大矣哉"。⑤ 变易意识对于春秋战国史家的影响在《左传》中也可窥见端倪。《左传》昭公三十二年，史墨对赵简子"季氏出其君而民服焉"，曰："社稷无常奉，君臣无常位。……在《易》卦雷乘乾曰《大壮》䷡，天之道也。"⑥上述史墨论证社稷君主变化的合理性，即是运用《易》之变易思想以为论据。

由"疏通""变易"则不可避免地会带来"鉴戒"意识，白寿彝先生将这种意识归结为《易·象传》所谓"君子以多识前言往行以蓄其德"，讲的就是"殷鉴""借鉴"之意。⑦ 关于这点，"语"即被认为"多闻善败以鉴戒"。笔者下文亦会述及清华竹书《系年》所体现的"采取成败"的编纂特征，此不赘述。

上述"语"、《系年》所展现的"鉴戒"意识也意味着史家更加关注现实，注重总结历史经验，以史学认识的成果为现实服务，史家的独立意识和对于史学的自觉性增强。这种关注现实的理念渊源甚早，但其在春秋战国时期的流行，却与当时社会的动荡和史官自身的不稳定性密切相关。大约在宣王时期，周王室史官世袭制度受到破坏，稍后诸侯的史官世袭制也遭到破坏。如《左传》昭公十五年记有著名的"数典忘祖"事，晋大夫籍谈，其"高祖孙伯黡，司晋之典籍"为史官，⑧而籍谈本人对于此事却一无所知。

---

① 同符：同卦同符、相综之两卦同符、相错之相偶两卦同符。异符（自身异符、对对异符与非偶异符）：特别过渡卦首尾异符、相综而不相错之两卦与它们的错卦异符、无相综而只相错之两卦与它们的对易卦异符，既相综且相错之两卦与它们的对易卦异符，相错而非相偶之两卦异符。参见陈仁仁：《战国楚竹书〈周易〉研究》，武汉：武汉大学出版社，2010年，第70页。
② 《周易正义序》，第15页。
③ 《史记》卷一三〇《太史公自序》，第3297页。
④ 《周易正义》卷七《系辞上》，第156页。
⑤ 《周易正义》卷五《革》，第124页。
⑥ 《春秋左传正义》卷五三昭公三十二年，第4621～4622页。
⑦ 白寿彝：《中国史学史》（第1卷），第215～216页。
⑧ 《春秋左传正义》卷四七昭公十五年，第4512页。

二、私家著史的兴起

春秋之前,学术掌握在王朝手中,由于世官世禄,专业性较强的官职往往由父子、子孙代代相承,是为"畴官",①史官亦在其中。随着平王东迁、威权下移,宗法、封建制度逐渐瓦解,以至于"政出家门",天子甚至诸侯的权力相继衰落。在此情况下,"学在官府"的局面自然无以为继,《史记·历书》即云"幽、厉之后,周室微,陪臣执政,史不记时,君不告朔,故畴人子弟分散,或在诸夏,或在夷狄",②表明掌管诸家学术的"畴人子弟"失去官守而流落四方。《论语·微子》云"大师挚适齐,亚饭干适楚,三饭缭适蔡,四饭缺适秦,鼓方叔入于河,播鼗武入于汉,少师阳、击磬襄入于海",③记载了掌管王朝音乐的乐师流亡各地的情况。不仅乐师,原藏于周王室的典籍图章也散落民间,以至于东方小国国君郯子这样的人物也得以学识渊博,据说孔子也要"见于郯子而学之",并就此事发议论说"吾闻之,'天子失官,学在四夷',犹信"。④

与学术下移紧密相关的是私人学术的兴起,一方面"畴人子弟分散",其掌握的专门学问与技艺势必会在民间播散开来,另一方面王朝与诸侯亦因礼崩乐坏,实力穷蹙,已无法正常维持原有的官学教育,致使官学日趋衰落,这些都给私学兴起提供了契机。

在这种情景下,史官更是经常抱典载籍,流亡他国,从而促进王官之学散落民间,私人学术兴起。私家著史的兴起,是先秦史官文化发展的重要一环。许兆昌先生指出,夏商时期史官的职掌主要有两个方面:一是天道,即掌管天文术数,如贞卜、祭祀等都是史官的日常工作;二是人事,即保管典籍、记录时事、起草文书、宣达王命、献书规谏、讲颂史事等。西周时期,在职守上,史、巫开始分离。在上文述"鉴戒"意识的影响下,史官更注重人事方面的职能,如历史文献整理、保管,历史知识的系统化、教化,记述国史大事记等等,而祭祀贞卜等天道方面的职能相对弱化。⑤到春秋战国时,史家不再盲从于天命鬼神观念,不再完全束

---

① 或谓"畴人",参见《史记》卷一二八《龟策列传》褚少孙补,第3224页。
② 《史记》卷二六《历书》,第1258~1259页。
③ 《论语注疏》卷一八《微子》,第5497页。
④ 《春秋左传正义》卷四八昭公十七年,第4526页。
⑤ 许兆昌:《先秦史官的制度与文化》,哈尔滨:黑龙江人民出版社,2006年,第99~108、142~157页。

缚于宗法等级观念,开始以冷静的态度、自由的思想来思考他们所面临的重大历史和现实问题。但是长期形成的"以天释人"的思维方式使史官习惯于用天命和卦象来表达自己对现实变化的关注和批判,①如上文引《左传》昭公三十二年史墨对赵简子事,杜预注曰:"乾为天子,震为诸侯而在上,君臣易位,犹臣大强壮,若天上有雷。"②

随着春秋战国之际的学术下移、私学兴起,史学方面出现的新格局,就是在上述史学思想变化指导下的私人撰著的历史著作的出现。前文引述《史记·太史公自序》所论诸种私家史著即是在此情景下得以成立的,这其中最重要的表现即是《左传》《国语》《竹书纪年》《世本》等诸种体裁史著的编纂。再者,我们还能看到上博竹书《郑子家丧》与《左传》的记述存在一些异同,也正是此背景下,记述同一事件的不同版本流传,是因史家编纂时取材来源不同所造成的。即便是诸侯国史官,官方著史外也多有私人记事笔记,这部分的史官实录后来成为《左传》编纂的主要材料来源。③ 此时流行的"语"类文献大都是经过传闻、改造的故事,反映着个人对历史的理解,或者是为了表达某种观点的带有倾向性的说辞,这些基本上类同"大众之语",与形成于史官之手的"春秋"类文献有很大不同。

上博竹书《鲁邦大旱》《柬大王泊旱》《鲍叔牙与隰朋之谏》以及《竞公疟》等篇,丰富了我们以上按照时间排序"天命"与"人事"矛盾纠葛、此消彼长的认识序列。这几篇比较明晰地反映了春秋战国时人借助灾异现象来表达政治观念的现象,笔者曾以其有关"旱灾"背景的母题入手,对先秦时期旱灾这一老问题作过简单讨论。虽然笔者承认其强调"人事"主题的正确性,但是,如果深入剖析下去,就使人不得不意识到,"人事"层面的努力,也许并不那么广为人所接受,至少是不为人君所普遍接受,这从孔子、太宰等人对面临灾害窘迫局面的君王,仍要苦口婆心的谆谆进谏,就可窥见一斑。这样,我们可以看到,战国时期,"天命"与"人事"的纠葛仍在继续。④

---

① 尤学工:《先秦史官与史学》,《史学史研究》2001 年第 4 期。
② 《春秋左传正义》卷五三昭公三十二年,第 4622 页。
③ 王和:《〈左传〉材料来源考》,《中国史研究》1993 年第 2 期。
④ 杨博:《论史料解读的差异性——由楚竹书灾异文献中的旱灾母题入手》,《烟台大学学报》(哲学社会科学版)2015 年第 1 期。

私家著史，同样会带来虚拟与真实的转换问题，这一问题笔者上章亦曾有论述。如蒙文通先生曾指出，战国时期诸子是专以理论阐述为中心的，虽然它也引用一些历史故事，但其目的只是为了阐明其思想理论，以至常常用自己的思想、观点来把历史故事加以改造，而使它离开历史的真实愈远。① 即便如此，在有意之外，诸子于无心之中却起到了记录历史、保存历史与整饬历史的作用。

不唯诸子，即便是史书也会出现这种问题，一个著名的例子是《左传》宣公二年所记鉏麑触槐前的内心独白，② 另一个著名的需要鉴别的例子是《史记·刺客列传》太史公所谓"天雨粟，马生角"。③ 凡此，似可以理解为，史家叙事，既有叙述，则不可避免牵涉情节安排、人物描写、观点运用等等。史家的任务也不应只限于对事件做流水账似的罗列，或对某一个或数个特定事件的意义进行分析，更重要的是研究事件发生的来龙去脉，或在众多孤立事件之间建立某种关系，或从混乱而无条理的现象中找出某种道理和意义，如此所谓"情节的编造"④即被需要。需要注意的是，上引"荆轲刺秦"事，司马迁在论赞中还是提醒，尽管他用文学家的手法来写荆轲刺秦的故事，但他真正的目的仍然是在写历史。

三、史书体裁的多样

据《史记·十二诸侯年表》记述当时有《左氏春秋》《铎氏微》《虞氏春秋》《吕氏春秋》等诸家"春秋"。⑤《孟子》曾云："晋之《乘》，楚之《梼杌》，鲁之《春

---

① 蒙文通：《周代学术发展论略》，《学术月刊》1962年第10期，后收入《蒙文通文集》（第1卷）《古学甄微》，成都：巴蜀书社，1987年，第15页。
② 公患之，使鉏麑贼之。晨往，寝门辟矣，盛服将朝，尚早，坐而假寐。麑退，叹而言曰："不忘恭敬，民之主也。贼民之主，不忠。弃君之命，不信。有一于此，不如死也。"触槐而死。参见《春秋左传正义》卷二一宣公二年，第4053页。
③ 太史公曰：世言荆轲，其称太子丹之命，"天雨粟，马生角"也，太过。参见《史记》卷八六《刺客列传》，第2538页。
④ 没有任何一套随意记录下来的历史事件本身可以构成一个故事，他们最多只能为历史家提供故事的元素。历史家再将事件编制为故事时，对某些事件会加以压抑或使之沦为次要，对某些事件则加以凸显，而所使用的方法则为人物描写、主题重复、语气与观点的变化、不同的描述策略等等——总之，都是平常我们认为小说家或戏剧家在编造情节时才会用到的方法。参见 Hayden White(海登·怀特). *Tropics of Discourse: Essays in Cultural Criticism*, The Johns Hopkins University Press, 1986, p.84。
⑤ 《史记》卷一四《十二诸侯年表》，第509~510页。

秋》,一也。其事则齐桓、晋文,其文则史。"①此外还有出自战国时期三晋人之手的《国语》。②唐刘知幾分古史流派为六家,其中四家《尚书》《春秋》《左传》和《国语》,③成书于战国时期的史著即有两部。晋武帝太康年间,汲郡古墓中出土战国魏国的编年体史书,即《竹书纪年》。战国末期,还有《世本》之纂辑。④清人秦嘉谟云:"夫《春秋》为编年,《世本》为纪传,太史公述《世本》以成《史记》,纪传不自《史记》始也。"⑤据上述记载,战国时期史学著述繁荣,其体裁有编年体、国别体,不仅有开后世纪传体史书之先河的"世系"类史书的流传,而且有"使明其德,而知先王之务,用明德于民也"的"治国之善语"的结集。⑥

楚竹书也丰富了我们对战国时期史学著述体裁的认识。虽然学界对《世本》的作者及成书时代仍有争议,⑦但清华竹书《楚居》的发现,证明"世系"类的史著在战国时期确已流传,甚至出现了类似清华竹书《良臣》这样的由"世系"类所衍生之史著。

清华竹书中还有不少脱胎于商周史官原始档案的"书"类典籍。学者或从简册形制、字体论证《赤鹄之集汤之屋》与《尹至》《尹诰》的密切关系,⑧以为其或亦属清华竹书"书"类文献,⑨所得结论或可商,但"书"类文献的广泛流传当是不争之事实。今传本之外,清华竹书"书"类文献所见之《封许之命》《摄命》等"命"书,即是此种。尤可提出的是,前论《保训》与清华竹书"书"类文献形制不类,其所述之内容当非西周实录,但其似可与《命训》一道,反映出战国时期

---

① 《孟子注疏》卷八上《离娄章句下》,第 5932 页。
② 沈长云先生《〈国语〉编纂考》一文说:"看来,只有晋国的后代——韩赵魏三晋之人编辑《国语》的可能性最大。"参见沈长云:《上古史探研》,北京:中华书局,2002 年,第 332 页。
③ 《史通通释》卷一《六家》,第 1 页。
④ 陈梦家:《世本考略》,《西周年代考·六国纪年》,第 191~197 页。
⑤ (汉)宋衷注,(清)秦嘉谟等辑:《世本八种》,上海:商务印书馆,1957 年,"秦嘉谟辑本世本辑补自序",第 1 页。
⑥ 《国语集解》卷一七《楚语上》,第 485~486 页。
⑦ 陈建梁:《〈世本〉析论》,《史学史研究》1996 年第 1 期;乔治忠、童杰:《〈世本〉成书年代问题考论》,《史学集刊》2010 年第 5 期。
⑧ 肖芸晓:《试论清华竹书伊尹三篇的关联》,武汉大学简帛研究中心主办:《简帛》(第 8 辑),上海:上海古籍出版社,2013 年,第 471~476 页。
⑨ 刘光胜:《同源异途:清华简〈书〉类文献与儒家〈尚书〉系统的学术分野》,《中国高校社会科学》2017 年第 2 期。

的政治说教与"书"类文献的训诫文化传统。

更重要的是,楚竹书中"语"类文献的大量发现,也使我们认识到其作为一种史书体裁在春秋战国时期的广泛流行。

凡此无不或丰富或印证了我们对战国时期史书著述体裁的认识。相较而言,"世""书""语"等都还处于史学著作的初始阶段,这从它们较强的档案特质和简单的编辑痕迹中仍可得见一斑,①但是它们却为《系年》等战国时期编纂史著的出现提供了素材。

综上所述,战国时期商周早期历史意识的发展、私家著史的兴起、史书体裁的多样及多种初始史书作为素材广泛运用于史书著述,构成了《系年》《越公其事》等史著编纂成书的重要史学背景。

第二节 楚竹书与战国史书的叙事
——以"语"类史书为中心的讨论

"春秋战国时期,语类或事语类的古书非常流行,数量也很大。同一人物,同一事件,故事的版本有好多种,这是当时作史的基本素材。"②楚竹书中的"语"类篇章,不仅是春秋战国时期史学著述繁荣之体现,亦可借以观察上述"世""书"及"语"初始材料的流传状况。

一、《越公其事》的叙事平实

清华竹书《越公其事》十一章,是目前所见楚竹书"语"类文献中篇幅最长者,其述"勾践灭吴"的叙事主题与《国语·吴语》《越语》等"语"类史书密切相关,将其与《左传》《史记》等传世史书之叙事与主旨参看,庶几于了解战国时期

---

① 张怀通:《〈逸周书〉新研》,第27~36页;俞志慧:《古"语"有之:先秦思想的一种背景与资源》,第3~44页。
② 李零:《简帛古书与学术源流》(修订本),第297页。前引刘娇、单育辰等先生也从文献学的角度考察了出土简帛古书与其他古书具有相同或类似内容的现象。参见刘娇:《言公与剿说——从出土简帛古籍看西汉以前古籍中相同或类似内容重复出现现象》;单育辰:《楚地战国简册与传世文献对读之研究》;[日]西山尚志:《古书新辨——先秦出土文献与传世文献相对照研究》;杨博:《新出文献战国文本的差异叙述》,《中国社会科学院研究生院学报》2018年第5期。

史书形态有所裨益。

(一)"勾践灭吴"的叙事主干

春秋末期吴越争霸对战国社会而言极具现实意义。从公元前494年勾践栖于会稽之上至前473年勾践灭吴,只有短短二十余年,期间经历阖闾战死,夫差复仇入越;越国险存求成;勾践励精图治,复仇灭吴。《越公其事》对此事的记述可以"三段式"来表示:①

1. 开端:越公求成(即1～3章)。越公派大夫种到吴师求成,吴王说服申胥同意求成。

2. 经过:越公图强(即4～9章)。越公在三年休养生息之后,依次实施五政,使越国逐渐国富兵强、刑罚严明、民心一致,伐吴时机成熟。

3. 结果:越公灭吴(即10～11章)。越公与吴师决战,大败吴师,拒绝吴王求成,最终灭吴。

与之相应,《国语·越语上》对此事的叙述亦可以"三段式"来表示:②

1. 起因:栖于会稽。勾践兵败,栖于会稽之上,大夫种献策,厚赂太宰嚭使吴王忽视伍员意见而得与吴行成。

2. 经过:十年生聚。勾践卑事夫差,休养生息,富国强兵。

3. 结果:十年教训。勾践三败吴师,拒吴求成,遂灭吴。

《国语·越语下》之记述较前二者有所丰富,叙事中更多地突出了范蠡:③

1. 起因:伐吴不胜。勾践即位三年谋伐吴,不取范蠡谋而败栖于会稽。问计范蠡,使大夫种行成,不许,与范蠡入宦于吴,三年得成。

2. 经过:数从范蠡之谋,休养生息,以待时机。

3. 结局:从范蠡之谋,兴师伐吴,居军三年吴师自溃,又从范蠡之谋不许成,灭吴。范蠡泛舟于五湖之上。

《国语·吴语》更是从正反两个角度对此事进行叙述:④

---

① 清华大学出土文献研究与保护中心编,李学勤主编:《清华大学藏战国竹简(柒)》,第112～151页;另参见李守奎:《〈越公其事〉与句践灭吴的历史事实及故事流传》,《文物》2017年第6期。
② 《国语集解》卷二〇《越语上》,第567～574页。
③ 《国语集解》卷二一《越语上》,第575～591页。
④ 《国语集解》卷一九《吴语》,第536～566页。

1. 开端：夫差伐越。夫差伐越，勾践逆之，从大夫种之谋求成。夫差欲北上伐齐，不从申胥谏而与越成。

2. 发展：黄池争霸。夫差北上伐齐，挟胜距谏杀申胥，争霸黄池。

3. 结局：勾践灭吴。夫差还自黄池，越大夫种谋越伐吴，夫差兵败自杀，越灭吴。

可以看出，四篇"语"类文献虽站在不同叙事角度，或以勾践，或从夫差，或突出范蠡，然各自叙述这一历史事实的基本框架均是一致的，即越勾践战败请成，吴越行成，越修养图强，越遂灭吴。"三段式"的表述基本符合"语"类文献"背景＋言语＋结果"的叙事体例，①只是不同的叙事角度，表达出不同的叙事效果，其主旨也会不同。

"语"类文献之外，"勾践灭吴"事《左传》亦有所涉及，事散见昭公三十二年，定公五年、十四年，哀公元年、六年至十三年、十七年、十九年、二十年与二十二年等。清人高士奇将之汇入一卷，便于查考，②其基本叙事亦同于《国语》《越公其事》，唯在叙事细节上与上述四篇"语"类文献有所差异。

(二) "勾践灭吴"的叙事细节

不同文献因叙事体例与表达主旨之不同，会各自在叙事细节上有所取舍。在基本框架之内，编纂者、传语者个人对历史的理解，或者是为了表达某种观点的带有倾向性的说辞，均会对叙事细节产生影响。"勾践灭吴"的主题叙事亦不会例外。

1. 许成

越战败，勾践退守会稽之山，听从谋臣之计缓兵求成。申胥进谏乘胜追击，夫差拒谏许成。这是基本叙事主干，但越请成于吴事，则各有不同。

首先，越残存之实力。《国语·越语上》等传世文献均作"有带甲五千人"，《越公其事》则云"以观句践之以此八千人者死也"。③

---

① 李佳：《〈国语〉研究》，第157～182页。
② 《左传纪事本末》卷五十一《句践灭吴》，(清) 高士奇：《左传纪事本末》，北京：中华书局，1979年，第765～810页。
③ 学者或认为由于"故事化"的因素，造成"五千""八千"的异文。参见魏栋：《清华简〈越公其事〉合文"八千"刍议》，《殷都学刊》2017年第3期。

其次，请成之谋。除《越语下》记范蠡之谋外，其他均记述为大夫种。

第三，请成之使者。越国至吴请成的使者，有两种叙述：一是《国语·吴语》中，曾先后两次至吴求和的诸稽郢；其二是《国语·越语》的文种，《左传》哀公元年也以文种为越国使者而入吴。《越公其事》记载文种为越使者而至吴求和，在越国使者的人选上，异于《国语·吴语》，而与《国语·越语》《左传》相同。

第四，使者请成之结果。《国语·吴语》《越公其事》是夫差本人出于各种原因说服申胥或者距谏而同意行成。《越语上》需要通过厚赂太宰嚭，《越语下》需要勾践、范蠡入宦于吴。

第五，请成之条件。《吴语》中勾践求成的条件是"一介嫡女，执箕帚以晐姓于王宫；一介嫡男，奉盘匜以随诸御；春秋贡献，不解于王府"，至《越语上》则转为"句践女女于王，大夫女女于大夫，士女女于士"。

2. 图强

《越公其事》相较《国语》等文献中的越国图强之策，在实施步骤与记述形式上均有所不同。

首先，依据《越公其事》的记载，越国图强之策，分为两步。句践在吴师退去之后，并没有立即施政作为，而是除了必要的建宗庙、修崇位、祈求民安等凝聚民心、恢复国家常态的举措外，其他均无为而治，经过三年的休养生息，才开始逐渐实施"五政"。

所谓"五政"，初政好农功，勾践身为表率，亲自耕作，使得"曌（举）雩（越）庶民，乃夫妇皆朸（耕）。至于鄝（边）㙻（县）小大远迡（迩），亦夫【35】妇皆……越邦乃大多飤（食）"【36】。国家粮食充裕之后，王乃好信，修其市政，理顺市场买卖关系，杜绝欺诈，发展经济的同时，也改变了民风，使得"曌（举）雩（越）邦乃皆好訏（信）"【43】。在越邦国富民信的基础上，实行徕民政策，招徕四方之民，扩充人口，"四方之民乃皆䎽（闻）雩（越）墬（地）之多飤（食），政溥（薄）而好訏（信），乃波徃（往）遝（归）之，雩（越）墬（地）乃大多人【49】"。国富人众，王乃好兵，举越邦皆好兵。最后是整齐民心，严峻刑罚，凡不恭不敬，有所怠慢则惩罚杀戮，使得"雩（越）邦庶民则皆晨（震）僮（动），狅（荒）鬼（畏）句践，无敢不敬（敬）"【58】。

《国语·吴语》记述越国富强之策有两端：其一是内政外交方面。句践向楚大夫申包胥讲述的为了灭吴实施的五个方面举措：第一，对己则饮食不致味，听乐不尽声；第二，对民则老老慈幼，长其孤而问其幼；第三，修其政令，宽其刑罚，施民所欲，去民所恶；第四，经济上富者安之，贫者与之，救其不足，裁其有余；第五，外交上交好楚、齐、晋等大国。其二是军事方面。句践又招舌庸、苦成、种、蠡、皋如等五大夫而问何以与吴战，五人分别以"审赏""审罚""审物""审备""审声"应对，也是五方面的治国方略。《越语上》也叙述了养民、爱民、善待四方之士的具体事例。

其次，《越公其事》的记述形式，没有采用君臣问答或单纯叙述的方式，而是进行了分类总结和概括，再以时间的次第分别叙述，既有政论的特点，又不失记事的大体。"五政"是作者对句践灭吴历史经验的总结，依次排列，不仅有具体的施政内容，而且有施政次序，带有明显的史论特点。这些措施，涉及经济、军事、法律、文化等多方面的内容，让我们看到战国史家对越国复兴历史经验比较系统的认识。战乱之后，不论胜败，第一要务就是休养生息、发展经济，最好的政策就是无为而治、韬光养晦，国力积聚到一定时候才可以有所作为。

3. 灭吴

《越公其事》关于越国灭吴的记载相对较为简略，主要内容是越国在边境发动战事，进而引发吴越冲突，最后越军涉江而攻吴，并围困吴王于王宫，因之灭吴。就整体的越国灭吴历程来看，《越公其事》的记载与传世文献相比，要简略一些，时间线亦不明显。①

首先，越攻吴之背景。《国语·吴语》记述越国攻吴之背景是趁吴国参加黄池之会，《越公其事》中并无此叙述。

其次，具体战役。《国语·越语》记载越师三败吴师于囿、没、郊。从《越公其事》的记载来看，似乎是越国涉江攻吴之后，就直接攻打吴国都城，围困吴国王宫，……"闋(袭)吴邦，回(围)王宫【69】"，缺少对上述具体战役的记载。

最后，夫差的结局。灭吴时，《越公其事》记述勾践"不敎(穀)亓(其)将王

---

① 参见熊贤品：《论清华简七〈越公其事〉吴越争霸故事》，《东吴学术》2018年第1期。

于甬句重(东),夫妇【73】三百,唯王所安,以屈尽(尽)王年【74】",但并没有夫差自杀的记述。《越语上》同于此事。《吴语》于上述两事均有详述,并增记:"夫差将死,使人说于子胥曰:'使死者无知,则已矣;若其有知,吾何面目以见员也!'"①

(三)《越公其事》的叙事主旨

《越公其事》与《国语》三篇,都是"语"类历史文献,但却在同一个历史框架下进行不同表达。《越公其事》叙述五政的内容和实施过程,相对质实一些,较之其他同类文献,更注重历史事实与经验教训的总结阐发。

《越公其事》的叙述方式是记事、记言和政论相结合。如记夫差答复越使者之言即用了九支简的篇幅,记载勾践实施"五政",是按照编纂者所理解的逻辑关系条陈叙述,从总体上看更像政论,从表述上看则像叙述,其叙述方式更为理性。如记夫差之所以没有乘胜追击剿灭勾践,是因为其自我估量实力不足,没有获胜的把握。夫差分析形势有三不利:一是远离吴土,道路修远,后备不济;二是吴之将士战死过半,兵力不足;三是越人八千斗志旺盛,拼死决斗。在此形势下双方决战胜负难测,所以决定许成,其决定许成也没有涉及贪财好色、刚愎自用、拒绝忠良、任用佞臣等。故《越公其事》对夫差许成的原因更像一个历史的分析,夫差对句践不乘胜追击,是估计自己实力不足,没有制胜的把握。由上述情况,李守奎先生曾指出清华简的墓主级别应当比较高,其中的"语"类文献很有限,这些为数不多的"语"类文献也带有明显的历史化倾向,这就提示我们墓主更重视有依据的历史,而不是"大众之语"。②

综言之,《越公其事》的编纂者选取"勾践灭吴"这一经典母题,在基本叙事主干下淡化时间线,系统梳理越公图强的"五政",传达出强烈的"多闻善败以鉴戒"的著史意图。更为重要的是,"语"类文献的叙述主题所表达出的编纂目的均与"资政"有关,这一点在《系年》的身上也同样得以体现,即显示出战国史

---

① 《国语集解》卷一九《吴语》,第 561~562 页。
② 李守奎:《〈越公其事〉与句践灭吴的历史事实及故事流传》,《文物》2017 年第 6 期。

学发展服务于战国现实社会的特质。

二、郑国"语"书的叙事节点

清华竹书中有《郑武夫人规孺子》《郑文公问太伯》(甲、乙本)和《子产》等四篇"语"类竹书直接涉及郑国史事,①其于战国时人有关两周时势的历史观念有莫大关联。

《郑武夫人规孺子》简文内容记郑武公去世之后,武夫人不允许被其称作"孺子"的嗣君知理郑国之政,要求其把政权交付大臣三年,引起大臣与嗣子的一系列反应。这是春秋初年郑国的重大历史事件,与二十余年后的"郑伯克段于鄢"并置姜氏于城颍有密切关联。②《郑文公问太伯》的甲、乙本为同一书手抄写,与上博竹书所见甲、乙本不同的是,本篇甲、乙本虽为同一抄手所书,但抄写的是两个底本。简文记载了太伯对郑文公的临终告诫,劝诫文公当追慕先君,克己节欲,任用贤良,其中最具史料价值的内容是太伯历数了郑国自桓公东迁以来,桓公、武公、庄公三代国君开疆拓土的史事,以及昭公、厉公争立,郑国动荡衰落的情势。③《子产》为阐述子产道德修养与施政成绩的论说。篇中提到子产参照夏商周"三邦之令""三邦之刑"制定了"郑令""野令"和"郑刑""野刑",足以印证和弥补《左传》中子产作刑书的记载。④

就上述四篇竹书而言,其选取的时间节点首先值得注意。《郑武夫人规孺子》的年代为春秋初年郑庄公初立,《郑文公问太伯》记郑文公问于太伯,《子产》在郑简公时任为执政卿。这不由使人联想起晁福林先生将郑国政治发展归纳为四个阶段的精辟论断:从郑武公开始,经郑庄公到郑厉公的近百年时间,为第一阶段,是郑国的全盛时期;从郑文公到郑成公的百余年时间是第二阶段,郑国势力有所削弱,外交政策首鼠两端,摇摆不定;从郑简公开始到春秋

---

① 与《郑武夫人规孺子》和《郑文公问太伯》是纪事体不同,《子产》则是关于郑国名臣子产道德修养及施政业绩的论说。参见李学勤:《有关春秋史事的清华简五种综述》,《文物》2016年第3期。
② 李守奎:《〈郑武夫人规孺子〉中的丧礼用语与相关的礼制问题》,《中国史研究》2016年第1期。
③ 马楠:《清华简〈郑文公问太伯〉与郑国早期史事》,《文物》2016年第3期。
④ 清华大学出土文献研究与保护中心,李学勤主编:《清华大学藏战国竹简(陆)》,第136页。

末年,是第三个阶段;战国时代的郑国是第四阶段,政局不稳,屡生内乱。① 四篇"语"类文献,武公、文公与简公(子产)正与上述前三阶段一一对应,选取之时间节点与晁先生所论若合符节。尤值得注意的是文公时期太伯的追述,将武公与厉公作为第一阶段之首尾,其应是至晚在战国时期即有的看法。

《系年》对郑国的历史发展也有阶段式的"划分"。如第二章记载"郑武公亦正东方之诸侯。武公即世,庄公即位;庄公即世,昭公即位。其大夫高之渠弥杀昭公而立其弟子眉寿。齐襄公会诸侯于首止,杀子眉寿,车辕高之渠弥,改立厉公,郑以始正"。就史料记载而言,郑武公之后的君位继承和内乱,《系年》仅用五十多字描述,实际上完全可以省略,但作者依然从武公叙述至厉公:郑武公正东方之诸侯,即文献所载武公为诸侯长,厉公时"郑以始正"。可见作者是将这一阶段看作郑国政治的一个重要时期,这一划分与晁先生的分析不谋而合。

比四篇"语"书更进一步的是,《系年》对郑国历史发展的第四阶段亦有所涉及。第二十三章的记载,即是郑国发展的第四阶段,展现了郑国的内外形势,如太宰欣内乱与灭子阳一族、郑与楚的战争等等。第二十三章的核心是晋楚因榆关、武阳之地而展开的纷争,但榆关本属郑地,故而屡屡提到郑国。②

郑国"语"书所见战国时人于郑国国势、两周时势之认识,其间"世"类文献的作用不容小觑。以《郑文公问太伯》与《系年》为例,其各述两周之际至春秋时期郑国君主世系为桓公→武公→庄公→昭公→厉公→文公。两篇文献区别在于各自详略不同,《系年》第二章虽仅五十余字,但传袭世系交代得非常清楚。《郑文公问太伯》则主述文公以上历代郑国国君之功业以教诲文公。清华竹书《赵简子》中成鱄在回答赵简子对"齐君逴(失)政,陈是(氏)旻(得)之【5】"缘由的提问时,亦列举了晋国三位先君——献公、襄公和平公的事迹。③ 此外,对世系记

---

① 晁福林:《论郑国的政治发展及其历史特征》,《南都学坛》1992年第3期。
② 代生、张少筠:《清华简〈系年〉所见郑国史事初探》,《中南大学学报》(社会科学版)2015年第3期。
③ 清华大学出土文献研究与保护中心编,李学勤主编:《清华大学藏战国竹简(柒)》,第107~111页。

述之重视亦可与"世"类文献《良臣》中对子产的特殊重视参看。

《良臣》中对子产的特殊重视,不唯体现郑国国势发展的特殊阶段,更有关战国时人对春秋、战国不同历史阶段的认识。

《良臣》简文所记明君值得注意是鲁哀公、郑桓公、郑定公与楚共王。李学勤先生已经指出"子产之师""子产之辅"两段是"郑定公"一段的补充,"楚共王"一段似系后加。①《良臣》极为重视郑定公及其"良臣"子产。鲁哀公作为春秋的结尾,是《春秋》《左传》等春秋类经传的传统看法,今人便于理解。而郑定公及其良臣子产的年代亦在此上下,《郑世家》云:

> 十三年,定公卒,子献公虿立。献公十三年卒,子声公胜立。当是时,晋六卿强,侵夺郑,郑遂弱。声公五年,郑相子产卒,郑人皆哭泣,悲之如亡亲戚。子产者,郑成公少子也。为人仁爱人,事君忠厚。孔子尝过郑,与子产如兄弟云。及闻子产死,孔子为泣曰:"古之遗爱也!"②

《良臣》有:"鲁哀公有季孙,有孔丘(丘)。【8】"《郑世家》记六卿侵郑,《系年》第二十一章记有"晋魏斯、赵浣、韩启章率师围黄池","三家分晋"态势已极显明。三者相联系,似可看出战国时人于春秋战国分界大势的历史认识。

《良臣》除重视子产以外,还极为重视郑桓公。这里郑桓公、鲁哀公与郑定公似起到了划分西周→春秋、春秋→战国的作用,如是则《良臣》中以郑桓公为西周以前与齐桓公以后的分水岭。不宁唯是,《国语·郑语》:"桓公为司徒,甚得周众与东土之人,问于史伯曰:'王室多故,余惧及焉,其何所可以逃死?'史伯对曰:'王室将卑……'"韦昭注:"周众,西周之民。东土,陕以东也。故,犹难也。"③《史记·郑世家》同样记述此事,并补充:"二岁,犬戎杀幽王于骊山下,并杀桓公。郑人共立其子掘突,是为武公。"④由是可知《郑语》中以郑桓公与史伯的对话作为西周时代的终结,同时揭示出郑国的特殊地位。《系年》中郑国重要人物的特殊作用同样值得关注。《系年》第二章简文记述两周之际乱

---

① 李学勤:《新整理清华简六种概述》,《文物》2012 年第 8 期;清华大学出土文献研究与保护中心编,李学勤主编:《清华大学藏战国竹简(叁)》,第 156~162 页。
② 《史记》卷四二《郑世家》,第 1775 页。
③ 《国语集解》卷一六《郑语》,第 460~461 页。
④ 《史记》卷四二《郑世家》,第 1757~1759 页。

离之局势,简文以"郑武公亦正东方之诸侯"结尾,其下叙述郑国世系与郑厉公之前史事。郑虽为《系年》所记春秋封国中第二位出场,但从历数其世系完整性来看,应是春秋封国中第一叙述的,既显示出《系年》编纂者对郑的重视,而且有以郑武公作为划分西周、春秋两阶段之标志性人物的意味。

如上所述,郑国"语"类文献与《系年》《良臣》一道,取材关注点均在于影响两周时势与郑国国势的重要人物与时间节点,从中可得见战国时人对两周历史发展大势之总体看法,①亦在"多闻善败以鉴戒"的观念下得窥"世""语""史"诸类文献取材互摄、相互演进之情景。

三、"语"类文献的叙事重复

"语"类的特质是同一人物、同一事件,故事的版本有好多种。笔者将其推广为与"语"类有关涉的史事记载,存在同一主题、同一事件、同一人物等重复情况。

其一,同一主题的重复。上博竹书《容成氏》不仅记述五帝,而且还涉及乔结氏、墉遄氏等不见于文献记载的上古帝王名号,明显与《史记·五帝本纪》记载的体系不同,是有别于炎黄古史传说体系的另一种传说体系。虽同属古史传说体系,但战国人既然知其名则势必有今人不知之相关史迹为背景。当然不排除同时存在不同说法的可能,但是至少说明五帝系统不是战国时人普遍认同的古史观。②郭店竹书《唐虞之道》则在五帝系统之外,提出"六帝"的说法。

"子"类文献《鲁邦大旱》中"哀公问孔子"的"母题",由《绎史·孔子类记一·哀公问》可知其材料分布于《论语》《庄子》《荀子》《韩非子》《吕氏春秋》《礼记》《大戴礼记》《韩诗外传》《史记》《孔丛子》《孔子家语》《说苑》《新序》等多种典籍中(参看本章末附表一)。③而上博竹书《鲁邦大旱》《柬大王泊旱》《鲍叔牙与隰朋之谏》以及《竞公疟》等篇的共同主题,即是由于疾

---

① 清华竹书三篇与晋国相关之文献,其中《晋文公入于晋》《子犯子余》代表春秋晋国之鼎盛阶段,《赵简子》则体现出六卿擅权、三家分晋之情形。经典人物之所以成为论述"箭垛式"母题,与其所处转折时代及所建功业相辅相成,这是需要一并说明的。
② 林沄:《真该走出疑古时代吗?——对当前中国古典学取向的看法》,《林沄学术文集(二)》,第284页。
③ (清)马骕:《绎史》卷八六《孔子类记一·哀公问》,王利器整理,北京:中华书局,2002年,第1925~1957页。

病、旱魃等神罚，或日食等异象的降临，然后借由国君的反省，"为善政"即可解除或规避灾殃。

上博竹书《庄王既成》以楚庄王铸无射钟之事入题。用君主铸钟之事引出故事主体，在出土、传世文献中都有例证。① 这些故事应是同一个故事在各诸侯国形成的不同版本，《左传》《国语》所见周景王故事、《曹沫之陈》所见鲁庄公故事和本篇楚庄王故事是同一个故事在周、鲁、楚国衍生出的不同版本，故事主题是借铸钟一事而讲理，但又据各国情势之不同在人物和内容上进行相应的转换和改编，②抑或是《庄王既成》将鲁庄公铸无射钟的故事移植到了楚庄王身上。③

其二，同一事件的重复。上博竹书《竞建内之》追述殷高宗武丁祭祀时，有雉雊于彝前，商王召祖己询问缘由。祖己对以先代贤君面对失政而采取求诸鬼神与修善政的措施，如今若要借祭祀求福，则需要烹煮此雉，祭祀完毕后修先王之法。高宗从之，其结果是"服者七百邦"【3】。此事与《尚书·高宗肜日》篇相似，均是祖己针对商王祭祀时发生的异事进行评论，故有学者认为简文是编纂者在理解《高宗肜日》基础上所作的发挥。④ 就《高宗肜日》所记内容来看，其基本反映了殷代的史实，唯此篇文字如"天""德"等是周初诰命中的习惯用语，可知此篇成书时代当不早于周初，应系比较完整地保留了"商书"中所记之史实。⑤ 亦曾有学者推知《竞建内之》与《管子》中《霸形》《戒》两篇内容相似，只是所涉人物与事件背景有很大差别。⑥ 清华竹书中亦有"语"类《赤鹄之集汤之屋》篇，讲述"赤鹄"落在商汤的屋顶上，被商汤射获，后来商汤有要事外出，临行前嘱咐小臣伊尹将这只"赤鹄"烹煮作羹的故事。上博竹书《竞公疟》

---

① 曹方向：《上博简所见楚国故事类文献校释与研究》，博士学位论文，武汉大学历史学院，2013 年，第 48~64 页。
② 许科：《上博简春秋战国故事类文献研究》，博士学位论文，四川大学历史文化学院，2008 年，第 151~152 页。
③ 葛亮：《〈上博七·郑子家丧〉补说》，《出土文献与古文字研究》（第 3 辑），第 248 页。
④ 李伟泰：《〈竞建内之〉与〈尚书〉说之互证》，周凤五主编：《先秦文本及思想之形成、发展与转化》，台北：台大出版中心，2013 年，第 1~16 页；高婧聪：《从上博简〈竞建内之〉所引商史事看经学在战国时期的传承》，《管子学刊》2010 年第 1 期。
⑤ 顾颉刚、刘起釪：《尚书校释译论》，第 1032~1033 页。
⑥ 刘信芳：《竹书〈鲍叔牙〉与〈管子〉对比研究的几个问题》，《文献》2007 年第 1 期；鲁加亮：《〈鲍叔牙与隰朋之谏〉与〈管子·戒〉对读札记》，《华中科技大学学报》（社会科学版）2007 年第 3 期。

的内容,亦与《晏子春秋·内篇谏上·景公病久不愈欲诛祝史以谢晏子谏》和《外篇·景公有疾梁丘据裔款请诛祝史晏子谏》近似。① 上博竹书《平王与王子木》与《说苑·辩物》(阜阳汉简也存在相似内容),属于同一故事的不同版本。上文述"勾践灭吴"的历史故事在先秦已经有四个完整的叙述文本,从故事化倾向来看,《左传》《越公其事》《吴语》《越语上》《越语下》,越往后故事性越强。②

其三,同一人物的重复。清华竹书《赤鹄之集汤之屋》《汤处于汤丘》《汤在啻门》均涉及汤相伊尹(小臣),加上《尹至》《尹诰》,清华竹书中目前已发表五篇与伊尹相关之文献。此外,上博竹书《容成氏》中对伊尹的事迹也有反映。③《汉书·艺文志》"道家"下有"《伊尹》,五十一篇",班固自注:"伊尹,汤相。"④ 现已佚失不存。学者亦曾注意到战国文献中存在伊尹学派之问题,⑤李零先生即指出战国时期有依托商周故事讲"阴谋"的一派,《汉志》将其列入道家,以《太公》为代表作,《伊尹》等是同类著作,《鬼谷子》是其余绪。银雀山汉简、八角廊汉简中发现的《六韬》,其实部分应属于《伊尹·九主》。⑥《汤处于汤丘》简文有"以设九事之人,以长奉社稷【8】"之语,或与《伊尹·九主》"事分在职臣"有关。⑦ 楚竹书中伊尹故事的重复出现,说明了对某一典型人物的重复记述,是战国史学的一个鲜明特点。

按三者的区别,同一主题的重复指的是随着说话者的需要,虽将故事叙述的模式进行了变化(如将旱灾的发生地有鲁、有楚),但是其叙述的主题仍是一

---

① 《晏子春秋集释》卷一《内篇谏上·景公病久不愈欲诛祝史以谢晏子谏》、卷七《外篇·景公有疾梁丘据裔款请诛祝史晏子谏》,吴则虞:《晏子春秋集释》,北京:中华书局,1962年,第42~47、446~449页。
② 李守奎:《〈越公其事〉与句践灭吴的历史事实及故事流传》,《文物》2017年第6期。
③ 于凯:《上博楚简〈容成氏〉疏札九则》,《上博馆藏战国楚竹书研究续编》,第384~386页。
④ 《汉书》卷三〇《艺文志》,第1729页。
⑤ 楚竹书的发现,使得学者对伊尹传说和伊尹学派的认识更加深入。参见肖芸晓:《试论清华竹书伊尹三篇的关联》,《简帛》(第8辑),第471~476页;夏大兆、黄德宽:《关于清华简〈尹至〉〈尹诰〉的形成和性质——从伊尹传说在先秦传世和出土文献中的流变考察》,《文史》2014年第3辑;[日]横山慎吾:《清華簡に見る伊尹説話形成に関する一考察》,中国出土资料学会(日本东京大学)年会论文,东京(日本),2015年3月。有关伊尹文献之史料价值鉴别,笔者前文已述,兹不赘述。
⑥ 李零:《简帛古书与学术源流(修订本)》,第327~328页。
⑦ 清华大学出土文献研究与保护中心编,李学勤主编:《清华大学藏战国竹简(伍)》,第134页。

致的("为善政"即可解除或规避灾殃);同一事件的重复则指的是同一故事被处在不同时代或出自不同论说目的之说话者所不断征引(如商人祭祀时有雉雊于彝前);而同一人物的重复则是古史典型人物在多种历史记述中不断重复的现象。

以上情况,一方面有助于我们了解当时文献的编纂与流传过程,另一方面通过"语"类文献的丰富形态给战国史学的繁荣情况提供了鲜明注脚。

第三节　楚竹书与战国史书的编纂
——以清华竹书《系年》为中心的讨论

上文简单讨论了楚竹书中所体现的战国史书编纂的背景,并以清华竹书《越公其事》与郑国"语"书为例探究战国时期"语"类史书的流传形态。对史书编纂背景的探讨是讨论史书编纂的基础。下文拟以清华竹书《系年》为例,对楚竹书所反映的战国时期史书编纂情况进行讨论。史书的编纂,主要是通过"史料的掌握和处理"和"史实的组织和再现"来体现"历史理论的运用"的过程。[1] 笔者将之理解为叙事体例、史料取材及编纂史观,以下将分别讨论其叙事特点、史料取材及编纂目的。

一、《系年》的叙事特点

前文已讨论《系年》的叙事体裁符合"纪事本末"的基本特征,这里想要强调的还有两点:一是《系年》叙事的"直书不讳",二是由叙事差异所反映的《系年》的叙事视角。[2]

---

[1] 白寿彝:《中国史学史》(第1卷),第17页。
[2] 李守奎先生比较《越公其事》与《国语》之《吴语》《越语上》《越语下》等有关"勾践灭吴"记事的"语"类文献,指出"语"类文献会依托历史事实的主体框架,在细节上各自表述,演绎附会。吴人入郢、句践求成、夫差求成,这是历史的事实,也是叙事的框架,但求成的方式、许成的原因、许成的条件等细节就留下不同的"语"类文献各自想象的空间。这些细节我们很难说是因为有不同的文献来源。这些不同的细节中可能只有一个是事实,也可能都不是事实。历史追求的是事件整体的真实,文学追求的是细节的真实。当我们把它作为一个历史事件去研究时,可以忽略这些细节的不同;当我们探究其故事性或文学性时,就会格外重视这些细节。参见李守奎:《〈越公其事〉与句践灭吴的历史事实及故事流传》,《文物》2017年第6期。

(一)《系年》的叙事"直书不讳"

史书编纂的原则或叙事的原则,也称"书法"。"书法不隐"历来是史家追求的理想目标。"楚人中心"的《系年》也体现了"书法不隐"的原则,就其战国部分叙事而言,如第二十一章述"楚师无功,多弃旃、幕,宵遁",第二十三章"阳城桓定君率榆关之师与上国之师以交之,与之战于桂陵,楚师无功……楚师大败,鲁阳公、平夜悼武君、阳城桓定君,三执珪之君与右尹昭之竢死焉,楚人尽弃其旃、幕、车、兵,犬逸而还……楚邦以多亡城",其中"宵遁""犬逸"即说明简文对楚国战败情况照实描述,不加隐讳。李学勤先生在介绍《系年》内容时亦曾提及:"值得注意的是,篇中不为楚人掩丑,有时措词颇为严厉……作者即使确是楚人,他的眼光则是全国的,没有受到狭隘的局限。"①

与《系年》相应,清华竹书《楚居》是涉及楚人起源、楚先世系及楚都迁徙等方面的楚国史书。其中描述熊绎由"京宗"迁往"夷屯"时,"为楩(楩)室,室既成,无以内(纳)之,乃䄟(窃)鄀(鄀)人之犝(犝)以【4】祭【5】",②即如实保留了楚人基业草创时的具体情节。此外,《楚居》中对于迁"郢"的原因,如内忧类"若敖起祸""白公起祸""中谢起祸"等,外患类"阖闾入郢"等,也都一一如实记述。对比可见,《系年》与《楚居》直书不讳的叙事原则是颇有相通之处的,体现着楚史编纂者不避国之丑恶、秉笔直书的"书法"。

(二)《系年》的叙事视角

《系年》春秋史事与《左传》《史记》记载存在的差异,除了史料来源不同等原因外,与《系年》的叙事立场、角度等叙事视角也有关系。③

---

① 李学勤:《清华简〈系年〉及其有关古史问题》,《文物》2011年第3期。
② 清华大学出土文献研究与保护中心编,李学勤主编:《清华大学藏战国竹简(壹)》,第181页。
③ 亦有学者称之为"视点"。认为在叙述的过程中,无论所描述的事件与人物如何表现出来,都一定会经由一个特定的"视点",也就是一个观察点。通过这一特定的观察点,叙事者将所看到的一切呈现出来。"视点"不仅仅是就观看的角度而言,也意味着感知、感受、体味所"看"或可能"看"到的东西,而这当中包含立场、价值与判断等更深层次的意义。参见刘宁:《〈史记〉叙事学研究》,北京:中国社会科学出版社,2008年,第60页。当然叙事视角的差异并不能解释《系年》记事中存在的一些讹误情况,如第十一章"华孙元"为华孙御事之讹,第十九章"蔡昭侯申惧,自归于吴"可能将陈、蔡之事混淆等,这应与编纂者所据材料有关。

上博竹书中有不少文献亦存在这一问题,其中一些与《系年》也可资对比,笔者将从此切入,简单讨论叙事视角与差异形成之间的关系。如《系年》第十三章记述楚庄王围郑:

> ……[庄]王围郑三月,郑人为成。晋中行林父率师救郑,庄王遂北……[楚]人盟。赵旃不欲成,弗召,射于楚军之门,楚人被驾以追之,遂败晋师于河[上]……

上博竹书《郑子家丧》亦记有此事:楚庄王"以郑子家之故"起师围郑,郑被迫与楚结盟;晋出兵救郑,与楚战于两棠,为楚大败。其事散见于《左传》《史记》及《吕氏春秋》《说苑》《新序》《新书》等传世文献。①

比较《系年》《郑子家丧》与《左传》,《系年》记事简略,据整理者解释,《系年》此简上部残缺约七或八字,疑应是"伐郑之由"。《郑子家丧》则云楚因"郑子家杀其君"之故围郑,详述楚人伐郑之由。因为郑子家弑其君而变乱礼制,楚王出兵的目的在于重建礼法,在这样的背景下,楚军便成为正义之师。《左传》则仅在宣公十二年简记"楚子围郑",并未具体说明伐郑原因,暗示楚人无由而伐郑,从而使楚人兴兵沦为不誉之举。两种记述形式所呈现的楚人形象显然完全不同。此外,为阐述楚王用兵的正义性,《郑子家丧》的编纂者在下文甚至补充了必要的史料,如"郑人问其故"一节,宗旨即在阐明楚王兴师之原因,相关内容亦为《系年》《左传》所不载。②

楚"语"述楚事必然会有所回护,学者已指出《郑子家丧》是站在楚人立场上对史实的改编,是楚国流传的"两棠之役"的一个版本,③故这种叙事差异的存在与编纂者所处的立场有关。《系年》此处虽记述简略,又由于简文残断并不能明确看出其立场倾向,但其以简明的语言将此事经过、结果叙述清楚,体现出编纂者关注的格局更大,因此不会在一些具体史事上旁生枝节。《系年》"纪事本末式"的体裁要求其主于记事,但其并未采用《左传》贬抑庄王围郑的立场,而记述楚人"两棠之役"的胜利,似也在一定程度上反映出编纂者的情感倾向。

---

① 陈佩芬:《〈郑子家丧〉释文考释》,马承源主编:《上海博物馆藏战国楚竹书(七)》,第169~188页。
② 冯时:《〈郑子家丧〉与〈铎氏微〉》,《考古》2012年第2期。
③ 李天虹:《竹书〈郑子家丧〉所涉历史事件综析》,《出土文献》(第1辑),第192页。

上举事例《系年》记述简略，但《系年》中亦有记述较详尽、生动的篇章，将之与《左传》《史记》等比较，当更有利于我们理解《系年》的叙事视角。《系年》第五章记楚"伐息赣陈"事，见于《左传》庄公十年、十四年和《史记·管蔡世家》等传世文献，①为便于比较，笔者将相关文献按内容整理如表 2-1，下文将予以简单说明。

表 2-1 《系年》《左传》《史记》叙事差异举例

文献 内容	《系年》第五章	《左传》庄公 十年、十四年	《史记·管蔡 世家》
娶妻于陈	蔡哀侯取妻于陈，息侯亦取妻于陈，是息妫。	蔡哀侯娶于陈，息侯亦娶焉。	哀侯十一年，初，哀侯娶陈，息侯亦娶陈。
息妫过蔡	息妫将归于息，过蔡，蔡哀侯命止之，曰："以同姓之故，必入。"息妫乃入于蔡，蔡哀侯妻之。	息妫将归，过蔡。蔡侯曰："吾姨也。"止而见之，弗宾。	息夫人将归，过蔡，蔡侯不敬。
息侯弗顺	息侯弗顺，乃使人于楚文王曰："君来伐我，我将求救于蔡，君焉败之。"	息侯闻之，怒，使谓楚文王曰："伐我，吾求救于蔡而伐之。"	息侯怒，请楚文王："来伐我，我求救于蔡，蔡必来，楚因击之，可以有功。"
楚败蔡于莘	文王起师伐息，息侯求救于蔡，蔡哀侯率师以救息，文王败之于莘，获哀侯以归。	楚子从之。秋九月，楚败蔡师于莘，以蔡侯献舞归。	楚文王从之，虏蔡哀侯以归。**哀侯留九岁，死于楚。**
文王见息妫	文王为客于息，蔡侯与从，息侯以文王饮酒，蔡侯知息侯之诱己也，亦告文王曰："息侯之妻甚美，君必命见之。"文王命见之，息侯辞，王固命见之。既见之，还。	蔡哀侯为莘故，绳息妫以语楚子。楚子如息，以食入享。	

---

① 《春秋左传正义》卷八庄公十年，第 3836 页；《春秋左传正义》卷九庄公十四年，第 3845 页；《史记》卷三五《管蔡世家》，第 1566 页。

续 表

文献 内容	《系年》第五章	《左传》庄公 十年、十四年	《史记·管蔡 世家》
文王伐息	明岁,起师伐息,克之,杀息侯,取息妫以归,是生堵敖及成王。	遂灭息。以息妫归,生堵敖及成王焉,未言。楚子问之,对曰:"吾一妇人而事二夫,纵弗能死,其又奚言?"楚子以蔡侯灭息,遂伐蔡。秋七月,楚入蔡。君子曰:"《商书》所谓'恶之易也,如火之燎于原,不可乡迩,其犹可扑灭'者,其如蔡哀侯乎。"	
取顿恐陈	文王以北启出方城,汲肆于汝,改旅于陈,焉取顿以恐陈侯。		

上表所列是《系年》中少见的详尽叙事。史事主干是楚文王借息侯与蔡侯有隙,俘虏蔡侯回国,灭息国,强迫息妫成为自己的妻子,并生下成王和堵敖。《系年》《左传》和《史记》所载的史事主干基本一致,特别是"娶妻于陈"事,三种史籍所用语言亦极为接近。

但是,细绎三种文献记述仍可看出它们之间的一些具体差别:其一,表2-1中已加粗着重标出各自独有之部分。如《史记》独有"哀侯……死于楚",《左传》独有"楚子以蔡侯灭息,遂伐蔡"等,《系年》则独有"取顿以恐陈"事。其二,对一些共有具体事件的记述也存在差别。如"息妫过蔡"事,《左传》《史记》记述含蓄,称蔡侯对息妫"弗宾""不敬",而《系年》则直言"蔡哀侯妻之"。蔡侯描述息妫美色之事,同样是《系年》,记叙详尽,可见其细节描述亦可以生动、详尽。

记述差别似可反映出三种文献叙事视角的不同。《史记·管蔡世家》的记载终于蔡哀侯死于楚,是由于纪传体裁所限。《左传》所记息妫曰"吾一妇人而事二夫,纵弗能死,其又奚言?","君子曰"的评论等所要表现的是息妫之贞与蔡侯之恶。① 而《系年》记述楚文王虏蔡侯、灭息,继而北出方城、取顿恐陈等

---

① 《左传》庄公二十八年有"楚令尹子元欲蛊文夫人"事,亦在讲述息妫"贞而有礼"。参见《春秋左传正义》卷一〇庄公二十八年,第3866页。学者或以为在叙事结构上《系年》不同于《左传》的"以礼统力",而是呈现"以力统礼"的特点。参见李明丽:《以力统礼——试论清华简〈系年〉的深层叙事结构》,《古籍整理研究学刊》2016年第2期。

与楚国国势有密切关系的史事,①则出于"楚国中心"的视角,②反映着《系年》编纂者"多闻善败以鉴戒"的编纂意图和叙事视角。

上举事例或为楚人述楚事,或与楚人北进密切相关,多站在楚人立场上叙事,而楚人所记晋事的差异,当与编纂者叙事的角度存在联系。可再以春秋中期晋国"三郤之难"为例。据《左传》记载,此事的背景是成公十七、十八年(前574、前573)晋厉公"欲尽去群大夫"而杀三郤,终为栾书、中行偃等所弑,③其深层原因则是春秋中后期诸侯国君权与卿大夫专权之间的一次较量,晋厉公挟鄢陵胜势处理强卿擅权终遭失败。事件大致过程是鲁成公十四年(前577)时晋之八卿郤氏独占其三,此时的郤氏家族实力鼎盛,诸卿皆惧。郤氏强横,经常有"无德"之举,尤其是正卿栾书与郤氏之间矛盾重重。鄢陵之战,晋军大败楚军。其后中军佐士燮死去,郤锜升任中军佐,极大妨害了中军将正卿栾书的权威。于是栾书设计陷害三郤,言三郤欲废厉公而立公孙周。晋厉公乃使人屠杀郤氏,三郤尽皆殒命后被陈尸朝堂。叔向曾评价道:"夫八郤五大夫三卿,其宠大矣。一朝而灭,莫之哀也,唯无德也。"④

此事在楚竹书《系年》《姑成家父》与传世文献《左传》《国语》中均有反映。《系年》第十六章中约略提到,其叙述先指晋厉公破坏弭兵之议起兵伐秦,结果是鄢陵后"厉公亦见祸以死,亡(无)后"。上博竹书《姑成家父》的描述则似是站在同情三郤的立场上。⑤简文中的姑成家父即郤犨,是一个忠君重义之人,与《左传》记载差别很大。笔者将相关文献按内容相关整理如表 2-2,下文将予以简单说明。

同样的事件,不同的叙事角度会产生不同的效果:

第一,在传世文献中,三郤之难以前重点记述的事件是鄢陵之战,而《系年》云"厉公救郑,败楚师于鄢",随后言"厉公亦见祸以死,亡(无)后",并不能

---

① 田天:《清华简〈系年〉的体裁:针对文本与结构的讨论》,"出土文献的语境"国际学术研讨会暨第三届出土文献青年学者论坛论文,新竹(台湾),2014 年 8 月,第 77~88 页。
② 《系年》编纂的"楚国中心",容笔者下文详叙。
③ 《春秋左传正义》卷二八成公十七年、成公十八年,第 4172~4174 页。
④ 《国语集解》卷一四《晋语八》,第 439 页。
⑤ 李朝远:《〈姑成家父〉释文考释》,马承源主编:《上海博物馆藏战国楚竹书(五)》,第 237~250 页。

表 2-2　清华竹书、上博竹书、《左传》《国语》叙事差异举例

文献 内容	清华竹书 《系年》	上博竹书 《姑成家父》	《左传》成公十六至十八年	《国语·晋语六》
鄢陵之战	明岁,厉公先起兵,率师会诸侯以伐秦,至于泾。共王亦率师围郑,厉公救郑,败楚师于鄢。		六月,晋、楚遇于鄢陵……甲午晦,楚晨压晋军而陈……王曰:"天败楚也夫!余不可以待。"乃宵遁。晋入楚军,三日谷。	与荆人战于鄢陵,大胜之。
晋厉公"无道"	……明岁,厉公先起兵……	……厉公无道,虐于百豫,百豫反之。姑成家父以其族三郤正(征)百豫,不使反……【1】	晋厉公侈,多外嬖。返自鄢陵,欲尽去群大夫而立其左右……厉公田,与妇人先杀而饮酒,后使大夫杀。	……于是乎君伐智而多力,怠教而重敛,大其私暱,杀三郤而尸诸朝,纳其室以分妇人。
晋厉公与三郤的关系		姑成家父事厉公为士勉,行正迅强,以见恶于厉公。【1】	……郤至奉豕,寺人孟张夺之,郤至射而杀之。公曰:"季子欺余。"厉公将作难,胥童曰:"必先三郤,族大,多怨。去大族,不偪,敌多怨,有庸。"公曰:"然。"	

看出鄢陵之战与三郤之难的直接关系。《左传》除了记述鄢陵之战胜利后,晋厉公想要用亲近之人取代诸位卿大夫,还追述了之前郤至与晋厉公的宠臣之间的矛盾,以及与郤至结怨的栾书的构陷。从中可以看出,《左传》的作者认为郤氏家族的悲剧是多方面原因造成的。《国语》则将其与鄢陵之战相牵合,对于此前郤至与胥童、夷阳五的关系并未提及,他们两人都是在发难时才出现的人物。可见《国语》的关注点并不在晋国国内卿大夫的关系上,或者说是晋国国内的矛盾上,而是在战胜外部强敌之后,晋国反而发生了一系列的内乱,直至卿死君弑方休这一事实。

第二,同样是描述"晋厉公无道",《系年》暗指其破坏弭兵,不守信义。《左

传》中"欲尽去群大夫而立其左右"强调的是晋厉公不信任大臣,想要以亲近之人取代群大夫。"厉公田,与妇人先杀而饮酒,后使大夫杀"强调的是厉公行为违背礼法,不尊重大臣。《国语》所述的晋厉公无道,除了"大其私暱"外,还与鄢陵之战相联系,指出在战胜外部强敌之后,晋君骄傲自满,行为乖张,最终死于非命,未得善终。①《姑成家父》则认为厉公的"无道",主要表现为"虐于百豫"。

第三,对于在三郤之难爆发以前,晋厉公与三郤之间的关系,《左传》中并没有很多的描写,仅仅记述了晋厉公在听信栾书谗言之后,怨郤至。在郤至射杀寺人孟张之后,怒曰"季子欺余!"。通过这些记述表达了晋厉公对郤至的不满。但是晋厉公与其他郤氏家族成员的关系并不明朗,同时晋厉公对于整个郤氏家族的态度也并不明确。厉公之所以选择郤氏家族作为首先发难的对象,是因为认可了胥童的分析,认为郤氏"族大,多怨。去大族,不偪,敌多怨,有庸",这完全是基于现实政治的考虑,没有迹象表明是出于对于郤氏家族某位成员的厌恶与不满。从这一角度而言,郤氏家族的灭亡是君权与卿权斗争激化的必然结果,而并非是晋君出于个人好恶率性而为的结果。《姑成家父》则不然,它在一开始就交代了姑成家父与晋厉公之间的矛盾——"姑成家父……见恶于厉公",有了这一层关系的铺垫,厉公在之后对三郤所采取的一系列的举动,似乎都是由于他的私人好恶所致,而不是基于全局的谋划,相对而言,叙事的格局就显得小了很多,但这却使得姑成家父这一人物的正面形象愈加凸显。②

综上所述,对于上述文献记载上的差别之所以发生的原因,或许可以这样理解:私人著述为了达到自己的编纂目的,可能会在史实上有所调节,而取材于国史的《左传》等文献,也可能会为当政者辩护,当然也会歪曲一些事实,如何解读,见仁见智。这种差异的存在,意义在于使我们了解到时人出于不同立场、不同角度对于同一政治事件的不同描述,而演绎出不同的记载和评论;而这些差异的记载,正可将编纂者的著史意图及褒贬好恶的情感融合在内。

---

① 《国语集解》卷一二《晋语六》,第 393~395 页。
② 参见高瑞瑞:《上博五〈姑成家父〉研究》,硕士学位论文,北京师范大学历史学院,2013 年,第 13~18 页。

二、《系年》的史料来源

(一)《系年》所采用史料的体裁

上文曾简要讨论"世""书""语"等早期史书如何通过多元化的方式流传，《系年》也提供了战国时期史书编纂中体裁融合的范例，这是战国史学承袭商周史学并继续向前发展的重要实例，也是下文将要讨论的重点。

《左传》的成书年代，学界多以为约在战国中叶——公元前375年至365年之间。① 根据李学勤先生的研究，《系年》的写作时间"大约在楚肃王时，也就是战国中期"。② 楚肃王在位时期约公元前380年至370年，③它与清华竹书的"碳十四年代测定，经树轮校正的数据为公元前305±30年"这个鉴定结论也是符合的。④ 可以说，《左传》与《系年》几乎是在同一时期完成的。⑤ 因此，与《左传》对比，当可帮助我们更好地理解《系年》的史料来源。

《史通》曾论《左传》的采撰云："观夫丘明受经立传，广包诸国，盖当时有《周志》《晋乘》《郑书》《楚杌》等篇，遂乃聚而编之，混成一录。"⑥由此参考相关研究成果，可以将《左传》所融合的史料体裁归纳为三类：其一是取自当时社会盛行的"诗""书"等文献，因贵族子弟之教材性质而转为贵族共同的文化背景，在各类政治场合发挥作用；其二是取自春秋时期各国史官的记录，这是当时的史官实录；其三是取自流行于战国前期、关于春秋史事的各种传闻传说，⑦多属"语"类文献的内容。

《系年》所记西周史事之前四章，其文本的确切来源实难以说清，故可从史家笔法、观点来推测。《系年》第一章论周宣王不籍千亩之危害，其意旨近同于

---

① 王和：《〈左传〉的成书年代与编纂过程》，《中国史研究》2003年第4期；[日]新城新藏：《由岁星之记事论〈左传〉〈国语〉之著作年代及干支纪年法之发达》《再论〈左传〉〈国语〉之著作年代》，沈璿译：《东洋天文学史研究》，上海：中华学艺社，1933年，第418页。
② 李学勤：《清华简〈系年〉及其有关古史问题》，《文物》2011年第3期。
③ 《史记》卷一五《六国年表》，第715～718页。
④ 清华大学出土文献研究与保护中心编，李学勤主编：《清华大学藏战国竹简(壹)》，第3页。
⑤ 沈建华：《试说清华〈系年〉楚简与〈春秋左传〉成书》，《简帛·经典·古史》，第165～172页。
⑥ 《史通通释》卷五《采撰》，第106页。
⑦ 王和：《〈左传〉的成书年代与编纂过程》，《中国史研究》2003年第4期。

《国语·周语上》的记载,唯以记事体系叙述,不同于《周语》以记言为主。第二章论西周幽王卒后史事,站在幽王、携王立场。凡此,似乎均反映出《系年》记西周史事之四章有可能本于周王朝史官所记录的旧文件中之一种。① 清华竹书中的《金縢》《皇门》等篇亦见于今本《尚书》《逸周书》,它们有可能本自成于西周史官之"书"类文章,来源不会单一,但春秋时周王室贵族携带王朝文书档案奔楚应是其重要来源,此即《左传》昭公二十六年所记"王子朝及召氏之族、毛伯得、尹氏固、南宫嚣奉周之典籍以奔楚"事。② 此外,春秋时列国会用各种方式寻觅周王朝文献以为贵族子弟教材。春秋晚期后诸子学派兴起,所传授讲学内容,也多有本自西周王朝史官记录之"书""语"类文献,而且列国各派间亦必多有交流。③ 凡此,似可说明《系年》编纂时有融合"书""语"内容之可能,下文将以此为基础对《系年》春秋部分融合的史书体裁再作分别说明。

笔者的初步意见是,除含有上述"本于周王朝史官所记录的旧文件中之一种"如"书"的内容外,《系年》编纂时融合的内容,其一是诸国史记。春秋战国时,诸国均有自己的"史记",故清钱大昕谓"古者列国之史,俱称史记",④ 曾有研究举证多达四十三例。⑤ 其二是增加情节的描述性话语。纵观全篇,这部分占的比例很少,如第五章的"蔡侯曰""息侯……乃使人于楚文王曰"等,暂容后再议。

诸国史记的内容则尚需细分。《系年》中含有"春秋""世系"等不同种类的诸国史记的内容:所谓"春秋",指的是纪年类的史书,《春秋》和《纪年》均属此类;所谓"世系",指的是谱牒类的史书,《世本》属于此类。"春秋"的中心是年,"世系"的中心是人。"春秋"类"以事系年","世系"类"以族统人",这是二者最大的区别。⑥《系年》在23章中使用有周、晋、楚三国君王纪年,在12章以事件

---

① 朱凤瀚:《清华简〈系年〉所记西周史事考》,《第四届国际汉学会议论文集——出土材料与新视野》,第441～460页。
② 《春秋左传正义》卷五二昭公二十六年,第4590页。
③ 朱凤瀚:《读清华楚简〈金縢〉兼论相关问题》,《简帛·经典·古史》,第47～58页;《读清华楚简〈皇门〉》,《清华简研究》(第1辑),第184～204页。
④ (清)钱大昕:《廿二史考异》卷七《汉书二》,方诗铭、周殿杰校点,上海:上海古籍出版社,2004年,第130页。
⑤ 王利器:《〈太史公书〉与〈史记〉》,《晓传书斋集》,上海:华东师范大学出版社,1997年,第307～311页。
⑥ 李零:《简帛古书与学术源流(修订本)》,第280～286页。

发生之年份开头,其中晋公纪年 5 次、楚王纪年 6 次,还有 1 次即第十八章"晋庄平公立十又二年,楚康王立十又四年"同时使用两国君主的纪年。还有不少年代出现于各章内,如"共伯和立十又四年""周惠王立十又七年""(晋惠公)立六年""(楚)庄王立十又五年"等。此外,还有一些特殊的年份记事,如"周亡(无)王九年""晋文侯乃逆平王……三年,乃东徙""(晋)文公十又二年居狄"等,体现了《系年》所取史官记录的时间性和"以事系年"的特点。

《系年》中的"世系"类"以族统人",如:

> 晋"献公卒,乃立奚齐,其大夫里之克乃杀奚齐,而立其弟悼子,里之克或(又)杀悼子。秦穆公乃内(纳)惠公于晋……惠公焉以其子怀公为质于秦……惠公卒,怀公即位。秦人起师以内(纳)文公于晋。晋人杀怀公而立文公""晋文公卒,未葬,襄公……""晋襄公卒,灵公高幼……乃立灵公,焉葬襄公""景公卒,厉公即位""晋庄平公即世,昭公、顷公皆早世,简公即位"。

> 楚"(文王)取息妫以归,是生堵敖及成王""穆王即世,庄王即位""庄王即世,共王即位""灵王即世,景平王即位""景平王即世,昭王即位""康王即世,孺子王即位""孺子王即世,灵王即位""灵王见祸,景平王即位""景平王即世,昭王即位""昭王即世,献惠王立十又一年""声王即世,悼哲王即位"。

由简文可知,《系年》所采"世系"有周、郑、卫、晋、楚、吴等多国,范围广泛。以上列之晋为例,简文所记晋国世系始自献公,终于烈公,除将《左传》中的定公称作简公外,仅出公未见,可见其所采"世系"类文献的完整性与可靠性。再者《系年》不唯对涉事诸国君主的世系记载清楚,一些重要臣子的家族世系也有所展现,如第十五章讲吴楚关系时涉及的"少师无极谗连尹奢而杀之,其子伍员与伍之鸡逃归吴"。

上文对《系年》取材的"春秋"与"世系"类文献作了简单的梳理,二者均为诸侯国"史记",亦可合而视之。只是当时诸国史记多记载简略,秦纪尤甚,《史记·六国年表序》称《秦纪》……不载日月,其文略不具",[①]《春秋》记鲁隐公元年至哀公十四年共二百四十二年间事(前 722—前 481),全书只一万八千余字。《左传》原书似应主要由两部分材料组成:一是取自春秋时期各国史官的

---

① 《史记》卷一五《六国年表》,第 686 页。

私人记事笔记,这是当时的史官实录。这部分材料具有很高的史料价值,特别是其中那些时间交代清楚具体的文字,属于第一手材料,最为可信。二是取自流行于战国前期的、关于春秋史事的各种传闻传说。"一般来讲,《左传》里凡是长篇大论的对话,多属于取自战国传说(但并非全部)",这一部分文字的史料价值不高,有些事情虽有一点史影,但已大大失真,还有一些则面目全非,根本不可凭信。①

就《系年》的情况来看,情况要比《左传》稍复杂些。绝少记言的诸章,基本是对相关时间+人物+事件的整合,可视作是对"春秋"与"世系"等诸国史记的编纂整理。而有记言的章节,如第十四章记述所谓"鞍之战",篇首"晋景公立八年,随会率师,会诸侯于断道",依王和先生所言便是时间交代得清楚具体的文字,其后记载的"公命驹之克先聘于齐……齐顷公使其女子自房中观驹之克……女子笑于房中,驹之克降堂而誓曰:'所不复诟于齐,毋能涉白水。'……驹之克乃执南郭子、蔡子、晏子以归"。此事分散于《春秋》《左传》宣公十七年和成公二年、三年中。宣公十七年经云"公会晋侯、卫侯、曹伯、邾子同盟于断道",传谓:"十七年春,晋侯使郤克征会于齐。齐顷公帷妇人,使观之。郤子登,妇人笑于房。献子怒,出而誓曰:'所不此报,无能涉河。'"②似正可与上述认识合观。

(二)《系年》所采用史料的国别

上文以《系年》为范本考察战国时期史学著作对"春秋""世系""语"等较初步的史学体裁的融合整理,下文将根据《系年》文本涉及的史事范畴,来追索其史料取材的大致国别范围,以更加全面了解《系年》所反映的战国史学发展状况。为便利地说明这一问题,笔者将《系年》所记史事以出场国、族为序分别析出,汇总列为书末附录表一《清华竹书〈系年〉记事分国编年简表》。据此表,笔者另统计有《清华竹书〈系年〉记事分章、分国频次表》(表2-3),将《系年》所述周武王灭商以降至战国早期(约前397,周安王五年)的史事,比照《左传》《国

---

① 王和:《〈左传〉的成书年代与编纂过程》,《中国史研究》2003年第4期。
② 《春秋左传正义》卷二四宣公十七年,第4100页。

表 2-3 清华竹书《系年》记事分章、分国频次表

时代	章序	周	晋	郑	齐	楚	秦	卫	蔡	陈	宋	鲁	吴	许	胡	越	罗	其他国族（出现1次）
西周	1	4	—	—	—	—	—	—	—	—	—	—	—	—	—	—	—	—
	2	5	3	7	1	—	—	—	—	—	—	—	—	—	—	—	—	—
	3	3	—	—	—	1	1	—	—	—	—	—	—	—	—	—	—	—
	4	2	—	—	1	—	—	5	—	—	—	—	—	—	—	—	2	息
春秋	5	—	—	—	—	3	—	—	1	1	—	—	—	—	—	—	—	鄀、申
	6	—	10	—	2	1	6	—	—	—	1	—	—	—	—	—	—	曹、群戎、群蛮夷
	7	1	1	1	2	2	2	1	1	1	2	—	—	—	—	—	—	—
	8	—	2	3	—	1	3	—	—	—	—	—	—	—	—	—	—	—
	9	—	1	—	—	—	1	—	—	—	—	—	—	—	—	—	—	—
	10	—	2	—	1	4	2	—	—	—	3	—	—	—	—	—	—	—
	11	—	1	1	—	1	—	—	—	—	—	—	—	—	—	—	—	—
	12	—	1	1	—	1	—	—	—	—	—	1	—	—	—	—	—	—
	13	—	3	1	3	—	—	—	—	—	—	—	—	—	—	—	—	—
	14	—	2	1	1	14	1	—	—	2	—	—	—	—	—	—	—	—
	15	—	—	—	—	—	—	—	—	—	—	—	7	—	—	—	—	—
	16	—	8	1	—	6	1	—	—	—	2	—	—	—	—	—	—	—

续 表

时代	国族\章序	周	晋	郑	齐	楚	秦	卫	蔡	陈	宋	鲁	吴	许	胡	越	霍	其他国族（出现1次）
春秋	17	—	5	—	5	—	—	—	—	—	—	—	—	1	—	—	—	—
春秋	18	—	9	—	1	11	—	—	1	1	1	1	1	1	—	—	—	徐、赖、朱邡、中山
春秋	19	—	—	—	—	9	1	—	6	4	1	—	4	—	2	3	—	唐
春秋	20	—	7	—	2	—	—	—	—	—	—	—	6	—	—	—	—	—
战国	21	1	3	1	1	2	—	1	—	—	1	1	—	—	—	1	—	—
战国	22	—	2	5	1	2	1	—	—	—	2	—	—	—	—	—	—	—
战国	23	—	4	—	—	6	—	—	—	—	1	—	—	—	—	—	—	—
总计	章	6	17	10	12	15	10	3	4	5	8	2	4	2	1	2	1	5
总计	频	16	64	22	21	64	19	7	9	9	13	2	18	2	2	4	2	11

语》《史记》等文献记载,分散于所涉章节、国别之下,借此对《系年》所采材料的国别来源有一直观感受。据表 2-3,除周外,《系年》所涉诸侯、国族,按出场顺序还有晋、郑、齐、楚、秦、卫、蔡、息、陈、宋、䣙、申、曹、鲁、吴、徐、赖、朱邡、许、中山、唐、胡、越等,以及翟、群戎、群蛮夷等非华夏族群,计二十六家之多,春秋时期主要政治势力基本涵盖。按上表统计《系年》各章述及次数的多寡,可分晋、楚一组,郑、卫、秦、齐、吴一组,蔡、息、陈一组,宋、䣙、申、曹、鲁、徐、赖、朱邡、许、中山、唐、胡、越一组等四组,分别讨论其史料取材的可能性。

最后一组仅仅是在叙述春秋战国时晋、楚等大国争霸、互相征伐的过程中连带提及,是被动的征伐对象。该组内各国族之区别只是所涉时代和提及次数不同而已,多者如宋,时代涉及春秋和战国,有 8 章 13 频次;少者如䣙,时代只在春秋,且只有 1 章 1 频次。如第六章秦晋"二邦伐䣙",第七章"晋文公立四年,楚成王率诸侯以围宋伐齐……晋文公……乃及秦师围曹及五鹿",第十一章"楚穆王立八年……将以伐宋",第十四章"齐顷公围鲁",第十八章(楚)"灵王先起兵,会诸侯于申,执徐公,遂以伐徐,克赖、朱邡,伐吴……许人乱……(晋)伐中山",第十九章"昭[王]即位,陈、蔡、胡反楚……(秦)与楚师会伐唐",第二十章"越公勾践克吴,越人因袭吴之与晋为好"等。就材料来源国别而言,很难说《系年》所用材料是采自这些国家的。

蔡、息、陈等主要是在楚国北进的过程中被提及,但是相比于上一组,它们逐渐有了一些背景性的描述语言,如第五章"蔡哀侯取妻于陈,息侯亦取妻于陈",第十五章"陈公子徵舒取妻于郑穆公"等。这些背景应该是源自上述三国自己的事迹,即便是《系年》编纂者采自当时流行的"战国时期传闻异说",其中必然有蔡、息、陈三国人物、事迹的成分存在,这是不容否认的。

由郑、齐、秦、卫、吴这组开始,出现了明确证明它们是《系年》编纂者所采用的材料来源的证据。其一是"世系"。如第二章"郑武公亦正东方之诸侯。武公即世,庄公即位;庄公即世,昭公即位",第四章"乃先建卫叔封于康丘……文公即世,成公即位",第二十章"阖卢即世,夫秦(差)王即位"等。其二是《系年》所记郑、卫、秦、齐诸国史事的时代跨度均自西周、历春秋而至战国。《系年》记载诸国史事不乏简明扼要的概述,如第三章专述秦人简史,从武王克商一直讲到平王东迁,也没有舍弃重要史事的具体细节,如第六章讲秦穆公参与晋国立储之乱,第十四章记齐顷公之女子自房中笑于驹之克等。以上这些,均可说明《系年》编纂者选取了来自这些国家的史料。

齐、秦、吴作为春秋霸主,受到《系年》编纂者的关注是可以理解的。卫之始封在于"监殷遗民",是故编纂者在主述西周史事的四章中设有专章论述,①并由之引出齐桓公救卫这一昭示春秋霸业迭兴之事件,可见上述诸侯均关乎西周春秋之政治大势,但尚需着重说明的是郑国。《系年》所记郑国史事的时代跨度从西周一直到战国;记述频次达 22 次之多,仅排在晋、楚之后;所涉郑国史事的章数亦有 10 章,仅次于齐而与秦并列第四。这说明郑国史料是《系年》取材的重要来源。"实际左氏取自郑史官记事的材料,于诸国中乃为最全最多。"②郑国史料不仅在《系年》中地位重要,更是《左传》取材国别的首要来源,个中原因值得玩味。

《系年》材料最大宗的来源是晋、楚两国,这是无可争议的。《系年》所采两国史料,不唯有"世系",甚至有明确纪年,此事上文已述。根据表 2-3,《系年》自西周末年"晋文侯仇乃杀惠王于虢"开始,详略不一,记晋事 17 章 64 频次;自"楚文王以启于汉阳"始,述楚事 15 章 64 频次。值得注意的是二者均有重复记事,晋的重复记事"申公屈巫自晋跁(适)吴",与楚有关。楚的重复记事较多,除上述外,"景平王即位""景平王即世,昭王即位"分别有三次,"南怀之行""县陈、蔡""吴人伐楚""昭王复邦"等分别有两次。除去重复记事,记晋事的次数,无论从章数还是频次来看都要多于、高于记楚事。

王和先生指出春秋时期以前著在史官,前引《左传》昭公二年记载韩宣子聘鲁,"晋侯使韩宣子来聘……观书于大史氏,见《易象》与《鲁春秋》",③可知在当时,《春秋》是由太史掌管的秘藏史书。它类似于今天的国家大事档案,是由历代任职太史妥善保管的。所以,除非出现了特殊的异常情况,④这些国家

---

① 不唯《系年》,《左传》定公四年以祝佗之口讲述周初分封时,卫同样是着墨的重点。学者亦以为《系年》取材有偏重秦、卫的倾向,参见黄儒宣:《清华简〈系年〉成书背景及相关问题考察》,《史学月刊》2016 年第 8 期。
② 王和:《〈左传〉的成书年代与编纂过程》,《中国史研究》2003 年第 4 期。
③ 《春秋左传正义》卷四二昭公二年,第 4406 页。
④ 如《左传》昭公二十五年所记王子朝奔楚所发布之"告诸侯书",即属于将档案公之于众的异常情况。

大事档案(亦即国史)绝不会被公之于众。这些特殊情况大致有以下几种：其一，是国家灭亡。一个国家灭亡之后，作为这个国家典籍之一部分的史书，也就自然不再具备过去那种机密而被尊崇的地位，而成为一种人尽可观的公开书籍。其二，是国家内部发生不同贵族集团间的激烈斗争。斗争失败了的一方或逃往他国，或藏匿民间，如果这失败的一方之中有当时任职的史官，而这个史官在逃亡时又带走了一部分自己的乃至前任史官的笔记材料，那么随着这一史官的逃亡，记叙这一时期内事实的史书也就自然流散到了其他国家乃至民间。当然还有这种情况：一次内乱之后，甲国的贵族逃往乙国，乙国史官根据逃亡的甲国贵族的讲述而记下了甲国内乱的情况；后来乙国灭亡了，随着乙国史书的公开，关于甲国这次内乱的情况也就被公之于世了。其三，是公室失权。公室失权之后，政在家门。原来为公室服务的史官，或转为各家卿大夫服务，或投奔他国，或沦为平民改谋其他职业。随着这些史官的散走，由他们保管的历代史籍亦随之散失。《左传》取材以郑国为首，晋国次之，能够看到这样完整的郑国历代史官实录，除非左氏本人就是郑国史官——而这一点毫无根据，否则只能是在郑国灭亡之后。郑亡的同时，晋亦丧于韩、赵、魏三家。《左传》中取诸史书的材料之所以以郑、晋、魏三国为最多，原因恐在于此。①

从清华竹书内容中楚国历史很少的整体考虑，李守奎先生认为墓主是史官的可能性基本上可以排除。楚国的史官无论如何不能不以楚国的历史为主，结合《良臣》对郑国记载的详细等情况，猜想墓主有可能是一位在楚国任职的师或大师，并且很有可能来自灭国前后的郑国。《系年》是师或傅用于教育楚太子或教导楚王的史著。② 清华竹书中尚有《郑武夫人规孺子》《郑文公问太伯》和《子产》等三种四篇与郑国史事有关的"语"类文献，进一步印证了这种猜想。

笔者以为，王和先生与李守奎先生所论颇具启发性，就材料来源看，郑、晋的确为《系年》取材国别的大宗，这或与郑国贤人在国灭前后亡至楚国，为楚所用有关。若此贤人确为教育楚太子或楚王的师或傅，则其利用郑、晋并结合楚

---

① 王和：《〈左传〉的成书年代与编纂过程》，《中国史研究》2003年第4期。
② 李守奎：《楚文献中的教育与清华简〈系年〉性质初探》，《出土文献与古文字研究》（第6辑），第283～290页。《系年》编纂的教育功能笔者下文有较详细论述。

国史料，编纂出一部具有教育意义的史著，就很有可能了。退一步讲，若《系年》为编纂者在奔楚前即已完成，则《系年》应反映了郑人对战国大势的看法。而进一步来说，《系年》若为编纂者利用郑国史料在楚国编写的用于教育楚国贵族的史著，则其带有"楚国中心"的意图也就更有可能。

首先，《系年》中述晋事多于楚事，这是因为晋国长期以来身为中原霸主，本身史料丰富，编纂者主述治乱兴衰，必然有所采择。《系年》通篇以楚文字抄写，但个别文字具有三晋特征，似即说明其史料来源确与晋密切相关。① 但更值得注意的是，有关楚人北进、吴国威胁等关乎楚国国运的事件反复为编纂者强调，借以达到叙事频次与晋国相当的程度，或许恰恰表明了其"楚国中心"的编纂意图。

其次，在并非主要记楚事的诸章中，亦可明显见到编纂者的"楚国中心"观念。第二章主题是有关西周灭亡，以及两周之际诸侯代兴的历史，但简文落脚点却在"楚文王以启于汉阳"。从形式上看，简文中的晋、郑、齐三国或与周关联，或相互间关联，写楚此句则显得有些突兀，而且与第五章"文王以北启出方城"是重复的，在此似乎显得多余。但只要明白编纂者的立场是站在楚国的角度，就好理解了。②

第三，即便是《系年》战国部分叙事或许更多地采用了楚国以外的史料，但编纂者仍然按照楚国的世系进行了修饰。第二十二章、二十三章楚国以外的国君无谥称，与此对照，楚国方面，不仅国君有谥称，而且封君也有谥称，如第二十三章的"郎庄平君""平夜悼武君""阳城桓定君"等。此外，上文引述"世"类文献，其称晋公多"卒"，而楚王则多用"即世"，第二十二章"楚声桓王即位元年"却记"晋公止会诸侯于任"。③

最后，《系年》还有直书楚人"宵遁""犬逸"等战败局面的严厉话语，如第二十三章"楚人尽弃其旆、幕、车、兵，犬逸而还"，实在不像楚人表述本国历史的口吻。若是视作作为别国（如郑）贤人的师或傅用于教育楚太子或教导楚王，

---

① 李守奎、肖攀：《清华简〈系年〉文字考释与构形研究》，第294～299页。
② 罗运环：《清华简〈系年〉体例及相关问题发微》，《出土文献与古书成书问题研究："古史史料学研究的新视野研讨会"论文集》，第147～160页；《清华简〈系年〉体裁及相关问题新探》，《湖北社会科学》2015年第3期。
③ 陈伟：《清华大学藏竹书〈系年〉的文献学考察》，《史林》2013年第1期。

有意强调后果之严重就容易理解得多。① 在以上这些角度,恰似反映出编纂者流露的"楚国中心"观念。

比照《左传》等传世文献,《系年》春秋战国史事,以晋、楚迭为中心,交织叙事,较完整地再现了春秋至战国早期诸侯霸业发展的全貌,视野广阔。《系年》春秋史事有不少与《左传》《国语》《史记》等文献记载存在差异,依现有材料来看,并不能确定谁是谁非,但是《系年》采用了与《左传》《国语》不同来源的史料的说法是可靠的,这一点通过笔者上文的分析亦可看出。《左传》取自春秋时期史官笔记材料中之最多最全者,当属郑、晋、鲁三国,而郑、晋实居首位,《系年》则以楚居首。《左传》中凡是记载楚事的材料,大半应是取自其他各国史书,小半则是取自战国传闻。② 这当是造成以上差异的原因之一。

综上所述,《系年》在所采用史料的体裁上,与《左传》近似,含有"书""春秋""世系""语"等较初步的史学著作,但在取材国别上以楚、晋、郑为大宗,与《左传》《国语》等存在差别。

三、《系年》的史观及编纂目的

《系年》的叙事和取材均提醒我们注意编纂者"多闻善败以鉴戒"的教育意图,这就牵涉到《系年》所表达出的史观,也是编纂者通过《系年》想要达到什么目的的问题。《国语·楚语上》记载有著名的"申叔时论傅大子之道",其中提到的"九艺"即九种文献,其共同着眼点均在于"教"的功能。《系年》的体裁或不为"九艺"所包含,③但是《系年》所表达出的史观,却同样带有历史教育的功能。

(一)"通""鉴"观念

《系年》整篇的着眼点可归纳为两点:一是"通",其叙述时间范围从西周

---

① 李守奎:《楚文献中的教育与清华简〈系年〉性质初探》,《出土文献与古文字研究》(第 6 辑),第 290 页。
② 王和:《〈左传〉的成书年代与编纂过程》,《中国史研究》2003 年第 4 期。
③ 学者或以为《系年》体裁为"故志"。参见陈民镇:《〈系年〉"故志"说——清华简〈系年〉性质及撰作背景刍议》,《邯郸学院学报》2012 年第 2 期。

一直延续到战国,多为方家指出,此不赘述。空间范围的"通",我们可从第十八章"晋庄平公立十又二年,楚康王立十又四年"窥见端倪。编纂者尝试将晋、楚两国放在同一时间轴上整合叙述的现象,显示出编纂者有意识地整理、述作出一部进程互参的"天下"史的倾向。其二是"鉴",由前列表1-6可知,其叙述主题一直在治、乱与和、战之间徘徊,正是体现着"多闻善败以鉴戒"的编纂意图。

关于《系年》前四章西周史事的目的,李学勤先生已经指出:

> 事实上,篇内有关西周史迹的仅在其前四章,主要叙述的是东迁以后。即使是这前四章,所说的重点也是在于周王室何以衰落,若干诸侯国怎样代兴,这表明《系年》的作者志在为读者提供了解当前时事的历史背景,也起到以史为鉴的作用。①

《系年》春秋部分的叙事也体现了这一特征,如第六章"秦晋焉始会好,戮力同心"、第八章"秦焉始与晋执乱,与楚为好"中的"焉始",第十八章"至今齐人以不服于晋,晋公以弱"、第二十章"至今晋、越以为好"中的"至今"等,无不体现着编纂者联系现实"以史为鉴"的观念。

"焉始""至今"等显示着编纂者联系现实的努力,我们还可从《系年》叙述人物时主要用"谥号"这一特点来加以分析。除最后记战国早期史事的两章以外,《系年》中叙述人物均使用"谥号"。最后两章开始不用"谥号"似显示出编纂者在记述"现实",而《系年》前文主要使用"谥号"的各章,则与《左传》多沿用《春秋》所使用的时人称谓截然有别,体现出强烈的追述感。这种"追述"现象,将《系年》与单纯的历史记事相区别,显示出编纂者有意识地编排史料,记述史事以为"现实"借鉴的历史倾向。

(二) 理性观念

《系年》记载的是西周直至战国时期历史发展上有重要影响的事件,不同于《左传》《国语》,它在叙述春秋战国的治乱兴衰时带有进步的历史观,摆脱鬼神观、命定论的束缚,更多地从人的活动方面来考察,表现出尊重客观实际和符合理性的倾向,从而为后人提供了宝贵鉴戒。

---

① 李学勤:《清华简〈系年〉及有关古史问题》,《文物》2011年第3期。

上文所述叙事"直书不隐"之外,如《左传》与《系年》均有记载的"晋献公立储"事,《左传》僖公四年在正式记述之前描述了这么一段文字:"初,晋献公欲以骊姬为夫人,卜之,不吉;筮之,吉。公曰:'从筮。'卜人曰:'筮短龟长,不如从长……'弗听,立之。"①《系年》第六章则没有这段卜筮记录,而径言"晋献公之嬖(嬖)妾曰骊姬,欲其子奚齐之为君也"。同样《系年》此章简文下文叙述重耳流亡诸国,也是着眼于重耳的活动,而没有如《国语·晋语二》所记载的重耳在逃亡前,对所往国家犹豫不决,便"卜适齐、楚"之事,②亦没有在秦穆公助其回国之前,重耳"亲筮之,曰:'尚有晋国?'"的记载。③《左传》编纂尚选取有关卜筮的材料,《系年》出自"巫风"盛行的楚地,简帛文书中亦不乏卜筮祭祷简牍的发现,说明《系年》编纂者完全有条件看到这类材料,但其仍未将这类材料收入书中,在一定程度上体现了战国时人著史的理性观念。

《系年》所反映的理性观念,还表现在《系年》并没有记述类似《左传》的神异预言上。可仍以晋文公流亡诸国事为例,《系年》第六章以简略平实的语言记述晋文公适楚、去秦的活动,"乃跣(适)楚。怀公自秦逃归,秦穆公乃召文公于楚"。《左传》僖公二十三年则记述了重耳去秦之前与楚子的对话,重耳以"辟君三舍"来回应楚成王"公子若反晋国,则何以报不穀?"的问话。子玉因为这个回答"请杀之",楚子则认为"晋公子广而俭,文而有礼。其从者肃而宽,忠而能力……吾闻姬姓唐叔之后,其后衰者也,其将由晋公子乎!天将兴之,谁能废之?违天,必有大咎",而将重耳"乃送诸秦"。④ 楚成王对"天将兴之,谁能废之"深信不疑,因此他认为"违天必有大咎"。他分析重耳为何能受天命,除依据"晋公子"和"从者"的高尚品行,更依据"唐叔之后,其后衰者"的神秘预言。《系年》中并无这种记述,显示出编纂者摆脱命定论的束缚,而以晋文公的活动为主来记述历史。《系年》第七章记"文公率秦、齐、宋及群戎之师以败楚师于城濮,遂朝周襄王于衡雍,献楚俘馘,盟诸侯于践土",是晋文公之所以"盟诸侯于践土",是因为其"败楚师于城濮",而看不到"天将兴之"的因素。这种述史的平实,反映

---

① 《春秋左传正义》卷一二僖公四年,第 3892~3893 页。
② 《国语集解》卷八《晋语二》,第 281 页。
③ 《国语集解》卷一〇《晋语四》,第 340 页。
④ 《春秋左传正义》卷一五《僖公二十三年》,第 3941 页。

编纂者注重人的活动对历史的影响,表现出著史的理性倾向。

(三) 盛衰观念

《系年》"因事成篇"的体例,同样体现着编纂者的历史观念。学者曾提出司马迁通过有选择地排列记事资料来表现他的历史评价和历史观念。如其视为重要时期的,尤其是在这个国家走向衰退、衰亡之转变时期,他就会插入许多记事资料,并且为了突出兴盛期和转折期,司马迁会减少一些中间期资料,以便接续兴盛期和转折期,达到对比效果。《史记·楚世家》中,司马迁论赞"庄王之德","楚国发展之契机在于庄王";批评灵王、平王,"视春秋时代庄王到灵王为发展时期,视灵王末期到平王时期为走向衰退的转变期"。所以司马迁"在概述与《左传》相同的记事时,庄王、灵王、平王时代之记事资料插入得特别多",与之相比,共王、康王的记事省略得特别多。"因为共王、康王时期的纪年资料省略了,就产生出一种强调前面的庄王和后面的灵王、平王时代使之接续的效果。"①

这种叙事方式或许早有渊源。《系年》中即可见上述处理方法,如简文第十一章至十三章集中描述楚庄王的霸业历程。从楚穆王、楚庄王先后伐宋,到邲之战大败晋国,楚国势力发展到顶峰。第十五章则更为明显,从"楚庄王立,吴人服于楚"直接跨过共王、康王时期,"以至灵王……景平王即位,少师无极谗连尹奢而杀之……以败楚师……昭王即位,(吴人)遂入郢",表现出强烈的历史盛衰观念。这一点与上论司马迁通过构成材料之选取、排列方法,以说明历史兴亡的原理不谋而合。

无独有偶,目前可以确定王世的十篇上博竹书春秋战国楚国"语"类文献,有八篇与庄、灵、平、昭有关:庄王时期的《庄王既成》《郑子家丧》;灵王时期的《灵王遂申》《申公臣灵王》;平王时期的《平王问郑寿》《平王与王子木》以及昭王时期的《昭王毁室》《昭王与龚之脽》。它们之间联系紧密,故有学者建议将其整合分析,认为它们同属此种叙事方式之范畴。②

---

① [日]藤田胜久:《〈史记〉战国史料研究》,曹峰、[日]广濑薰雄译,上海:上海古籍出版社,2008年,第392~396页。
② 许科:《上博简春秋战国故事类文献研究》,第132~136页;高佑仁:《上博楚简庄、灵、平三王史料研究》,博士学位论文,台湾成功大学中国文学研究所,2011年,第10~11页。

再就上博竹书的单篇文献来说,如《容成氏》简文为阐明三代以下"禅让之道废而革命之说起"的主题,有意识地择取夏桀商汤、商纣周文武的事迹来加以描述。而对于夏启到夏桀之间、商汤到商纣之间的帝王事迹,简文则予以模式化的处理:

> 启王天下十又六世而桀作。
> 汤王天下三十又一世而受作。①

通过这种方式,使启、桀和汤、纣之间直接得以接续,相应的对于桀纣汤文武的事迹则有意识地加以丰满,②从而便于简文整体记述的顺利开展,增强叙述的对比性。

综上所述,《系年》编纂体现在"历史理论的运用"层面上,主要是其通过叙事原则、取材、体例等方面所表达的"鉴戒"观念,这也同样反映出《系年》编纂带有强烈的历史教育功能。

第四节 楚竹书与战国史学发展

上文从史学背景、史著体裁、叙事特点、史料取材等编纂方法与编纂目的等方面对《系年》的编纂进行了讨论。作为战国时期的成文史书,《系年》的史学价值一方面需要联系其他战国史书并放到当时的社会环境下予以说明,另一方面对《系年》编纂特征的归纳,亦有助于推进我们对战国史学发展状况的认识。

一、由《系年》《良臣》等看战国流行的著史观念

(一)《系年》与战国史书的共通性

除了体现差异,《系年》也强化了战国史书之间的联系。这直观地体现在《系年》与同一背景下成书的传世战国时期史书,如《国语》《左传》《纪年》等在叙事、言语、取材等方面的共通性上。前文已部分涉及此问题,如《系年》第五

---

① 李零:《〈容成氏〉释文考释》,马承源主编:《上海博物馆藏战国楚竹书(二)》,第277~292页。
② 如简文描述的桀所为"丹宫"事文献未见,纣"作为金桎三千"之事,传世文献中也没有完全相同的记载。

章"娶妻于陈"事,《系年》与《左传》《史记》所用语言亦极为近似,这里还需要系统讨论。

第一,就记事手法来看,如果我们去掉《左传》《国语》等描述性的语言,合并分散于编年之下的诸篇文字,取其记事主干与《系年》比较,就会发现它们的相似之处。如《国语》叙事背景语言即与《系年》记事类似,《周语上》"(周)惠王三年,边伯、石速、蒍国出王而立子颓。王处于郑三年","襄王三年而立晋侯,八年而陨于韩,十七年而晋人杀怀公。怀公无胄,秦人杀子金、子公"等。①

第二,不唯记事手法相似,特别值得注意的还有所用言语的趋同。《系年》第一章简文:

> 昔周武王监观商王之不恭上帝……至于厉王,厉王大疟于周,卿李(士)、诸正、万民弗忍于厥心,乃归厉王于彘……十又四年,厉王生宣王,宣王即位。

与之相应,《左传》昭公二十六年载有王子朝奔楚及"告诸侯书":

> 昔武王克殷,成王靖四方,康王息民,并建母弟,以蕃屏周……至于厉王,王心戾虐,万民弗忍,居王于彘。诸侯释位,以间王政。宣王有志,而后效官。②

两相对照,就会发现王子朝在作"书"回顾历代周王时采用的"昔武王……至于厉王……幽王……"的结构,与《系年》首章"昔周武王……至于厉王……宣王……"的句式相类。特别是王子朝描述"国人暴动"的"至于厉王,王心戾虐,万民弗忍,居王于彘"一句,更是与简文"厉王大疟于周,卿李(士)、诸正、万民弗忍于厥心,乃归厉王于彘"若合符节。此外,王子朝"告诸侯书"中所提到的武、厉、宣、幽、携诸王之事,《系年》首章与次章亦多有涉及,只是叙述立场可能存在差别,王子朝书中所谓"携王奸命"明显与《系年》讲携王史事时明显的持幽王、携王立场"不同。③

还有一例,亦颇可玩味。《系年》第九章记有晋襄公卒后,灵公时年少,晋人欲立长君公子雍,

---

① 《国语集解》卷一《周语上》,第 27~28、35 页。
② 《春秋左传正义》卷五二昭公二十六年,第 4591 页。
③ 朱凤瀚:《清华简〈系年〉所记西周史事考》,《第四届国际汉学会议论文集——出土材料与新视野》,第 441~460 页。

> 襄夫人闻之，乃抱灵公以号于廷，曰："死人何罪？生人何辜？舍其君之子弗立，而召人于外，而焉将寘此子也？"

与之相应，《左传》文公七年曰：

> 穆嬴日抱大子以啼于朝，曰："先君何罪？其嗣亦何罪？舍適嗣不立而外求君，将焉置此？"①

其内容不仅与《系年》互为印证，史料取材当也与简本一致。

同样的事例，还有不少，如前引《系年》第十四章：

> 公命驹之克先聘于齐……齐顷公使其女子自房中观驹之克，驹之克将受齐侯币，女子笑于房中，驹之克降堂而誓曰："所不复詢于齐，毋能涉白水。"

此事《左传》宣公十七年云：

> 十七年春，晋侯使郤克征会于齐。齐顷公帷妇人，使观之。郤子登，妇人笑于房。献子怒，出而誓曰："所不此报，无能涉河。"②

《系年》第十四章后文云：

> 驹之克走援齐侯之带，献之景公，曰："齐侯之来也，老夫之力也。"

《国语·晋语五》则云：

> 郤献子见，公曰："子之力也夫！"③

凡此均提醒我们，《左传》在编纂过程中，必然采集、参考了类似《系年》的史书，或者说《左传》《系年》的编纂，似有一批相通的材料来源。

第三，与《左传》《国语》不同，"楚国中心"的"纪事本末"史书《系年》与魏国编年史书《纪年》的联系，更紧密地体现在对一些特殊或争议史事的记述上。《系年》第二章记述"二王并立"时期的史事：

> 王与伯盘逐平王，平王走西申。幽王起师，围平王于西申，申人弗畀。曾（缯）人乃降西戎，以攻幽王，幽王及伯盘乃灭，周乃亡。邦君诸正乃立幽王之弟余臣于虢，是

---

① 《春秋左传正义》卷一九上文公七年，第4006页。
② 《春秋左传正义》卷二四宣公十七年，第4100页。
③ 《国语集解》卷一一《晋语五》，第383页。

携惠王。立廿又一年,晋文侯仇乃杀惠王于虢。

《左传》昭公二十六年正义引古本《竹书纪年》云:

> 平王奔西申,而立伯盘以为大子,与幽王俱死于戏。先是,申侯、鲁侯及许文公立平王于申,以本大子,故称天王。幽王既死,而虢公翰又立王子余臣于携,周二王并立。二十一年,携王为晋文公所杀,以本非適(嫡),故称"携王"。①

《纪年》这段描述"二王并立"时期的史料,与《史记·周本纪》等记载并不完全相同,其独特性是应该承认的。就史事的轮廓来说,《系年》与《纪年》所述基本是一致的,甚至有些语句都很相似。② 由于古本《竹书纪年》久已亡佚,这不能直接说明《系年》的编纂中融合了《纪年》的体例,但是二者存在密切的联系是一定的。

(二)《良臣》的著史观念

在"疏通""鉴戒"等早期历史意识的基础上,战国时期的私家著史又更进了一步,其中最突出的表现即是"尚贤"观念的盛行。"尚贤"观念的盛行催生了"禅让"学说,"禅让"学说的流传,更促进了对古史帝王传说事迹的整理与传播。学者早已指出,禅让传说普见于《论语》及战国儒、墨、道、法各派的论著中,应至迟是春秋以来就已流传的古老传说,"实无法确论其究出于某一学派"。③ 郭店竹书《唐虞之道》、上博竹书《子羔》《容成氏》等三篇竹书即均与"禅让"说有关,学界相关研究不胜枚举。

"尚贤"观念的另一个表现,即除了关注古帝圣王之外,辅佐古帝圣王的"良臣"事迹也被纂辑起来,"良臣"观也开始出现。大量"语"类材料的涌现,其原因之一就是由说话者地位的降低引起的,而这种地位偏低的说话者,利用经典事例与俗谚雅语向君王谏言,即是"臣道"观念的体现。在"语"类史书的集大成者《国语》中,甚至把"良臣"与天命联系到一起,所谓"良臣不生,天命不

---

① 方诗铭、王修龄:《古本竹书纪年辑证(修订本)》,第62~64、71页。
② 李学勤:《从〈系年〉看〈纪年〉》,《光明日报》2012年2月27日第15版。
③ 杨希枚:《再论尧舜禅让传说》,《杨希枚集》,北京:中国社会科学出版社,2006年,第386~387、372页。

祐"。① 晋国大夫史黯对"良臣"即有专论：

> 赵简子曰："吾愿得范、中行之良臣。"史黯侍，曰："将焉用之？"简子曰："良臣，人之所愿也，又何问焉？"对曰："臣以为不良故也。夫事君者，谏过而赏善，荐可而替否，献能而进贤，择材而荐之，朝夕诵善败而纳之。道之以文，行之以顺，勤之以力，致之以死。听则进，否则退。今范、中行氏之臣不能匡相其君，使至于难，君出在外，又不能定而弃之，则何良之为？若弗弃，则主焉得之？夫二子之良，将勤营其君，复使立于外，死而后止，何日以来？来，乃非良臣也。"简子曰："善。吾言实过矣。"②

史黯认为，对于君王来说，良臣应有的行为规范与价值准则应包括：谏过劝善，举贤荐才，经常以善败经验说服君王，服从君命，尽心办事，急难时甚至献出生命。此外，君王听从他的意见就进，不听从就退，不强求。在"子"书中我们也可以看到类似的议论，如《荀子·臣道》篇，唯区别在于《臣道》篇以"忠臣"替代了"良臣"，而其对遭到"后戮死"的伍子胥评价为"下忠"，就是强调其道德品行和政治行为的失策，云"以是谏非而怒之"，③正是不遵循"听则进，否则退"的后果。

"良臣"观念的盛行，出现了时人对一些著名人物的鉴别与对其事迹的搜集工作，以便在论说中引用，如《墨子·尚贤下》即有"尧有舜，舜有禹，禹有皋陶，汤有小臣，武王有闳夭、泰颠、南宫括、散宜生"的说法，④这是对当时社会流传的"尚贤"观念的反映，清华竹书《良臣》篇亦是私家著史在这一观念下的产物。上文已部分涉及《良臣》所反映之战国时期著史时间节点，可见不唯"良臣"观，该篇简文对于了解战国时期的整体著史观念亦大有裨益。为便于讨论，笔者将《良臣》篇相关简文移录于下：

> 黄帝之师：女和、騩人、保侗。
> 尧之相舜，舜有禹，禹有伯夷，有益，有史皇，有咎【1】䌛（繇）。
> 康（唐）有伊昔（尹）、有伊陟、有臣扈（扈）。
> 武丁有敄（傅）鸮（说），有保奠（衡）。

---

① 《国语集解》卷一四《晋语八》，第 434 页。
② 《国语集解》卷一五《晋语九》，第 452 页。
③ 《荀子集解》卷九《臣道》，第 254 页。
④ 《墨子间诂》卷二《尚贤下》，第 72 页。

文王有忑(闳)夭,有𠅃(泰)【2】𦣞(颠),有柬(散)宜生,有南宫适,有南宫夭,有郱(芮)伯,有伯适,有师上(尚)父,有虔(虢)叔。【3】

武王有君奭,有君陣(陈),有君䤹(牙),有周公旦,有召公,述(遂)佐成王。

晋文公有【4】子䡍(犯),有子余,有咎䡍(犯),𨒌(后)有叔向。

楚成王有命(令)肙(尹)子彣(闵=文?)。①

楚卲(昭)王有命(令)肙(尹)【5】子西,有司马子忎(期),有䣱(叶)公子嵩(高)。

齐𨊍(桓)公有龠寺(夷)虐(吾),有宎(宾)须亡,有𡎓(隰)【6】朋。

吴王光有伍之疋(胥)。

雩(越)王句賤(践)有大[夫]同(种),有䡍(范)罗(蠡)。

秦穆公有胥(殽)大夫。

宋【7】[襄公]有左师。

鲁哀公有季孙,有孔𠀉(丘)。

奠(郑)𨊍(桓)公与周之遗老:史全(百,伯)、宦中(仲)、虔(虢)叔、【8】土(杜)伯,𨒌(后)出邦。

奠(郑)定公之相有子𩍿(皮),有子产,有子大叔。

子产之师:王子【9】伯愿(愿)、肥中(仲)、土(杜)䈞(逝)、馭斥。子产之辅:子羽、子剌、蔑明、卑登、窗(富)之厭、王子全(百)。【10】

楚恭(共)王有邔(伯)州利(犁),以为大宰。【11】②

传世文献中,有《尚书·君奭》涉及的商周人物、《吕氏春秋·孟春纪·尊师》的行文方式与《良臣》相类似。如《君奭》曰:

公曰:"君奭!我闻在昔,成汤既受命时,则有若伊尹,格于皇天。在太甲时,则有若保衡。在太戊时,则有若伊陟、臣扈,格于上帝;巫咸乂王家。在祖乙时,则有若巫贤。在武丁时,则有若甘盘。率惟兹有陈,保乂有殷,故殷礼陟配天,多历年所。"……公曰:"君奭!在昔上帝割申劝宁(文)王之德,其集大命于厥躬。惟文王尚克修和我有夏,亦惟有若虢叔,有若闳夭,有若散宜生,有若泰颠,有若南宫括……武王惟兹四人尚迪有禄。后暨武王诞将天威,咸刘厥敌;惟兹四人昭武王惟冒,丕单称德。"③

---

① 李学勤:《试解郭店简读"文"之字》,《中国古代文明研究》,上海:华东师范大学出版社,2005年,第229~230页。
② 清华大学出土文献研究与保护中心编,李学勤主编:《清华大学藏战国竹简(叁)》,第156~162页。
③ 《尚书正义》卷一六《君奭》,第475~477页。

《吕氏春秋·孟春纪·尊师》则云：

> 神农师悉诸，黄帝师大挠，帝颛顼师伯夷父，帝喾师伯招，帝尧师子州支父，帝舜师许由，禹师大成贽，汤师小臣，文王、武王师吕望、周公旦，齐桓公师管夷吾，晋文公师咎犯、随会，秦穆公师百里奚、公孙枝，楚庄王师孙叔敖、沈尹巫，吴王阖闾师伍子胥、文之仪，越王句践师范蠡、大夫种。①

相比之下，《良臣》记述了从黄帝到春秋的几乎所有著名君主的良臣，人物齐备，时代广阔，通过编纂者对时代关系与国别次序、人物先后与详略倾向的处理，我们也得窥战国时期著史观念的整体演进于一斑。除了最显著表露的"良臣"观念，《良臣》还体现了跨越小时代的名臣汇集观、时代稍晚的晋文公列于齐桓公之前、极为重视郑国、以孔丘之名记孔子、以鲁哀公和越王勾践作为一个时代的结束等具体特点，②容笔者下文详述。

（三）战国流行的著史观念

通过上述战国史书的共通性，再联系清华竹书《良臣》所反映的一些特点，似可对战国时期流行的著史观念作一简单归纳：

第一，叙事跳出了时间的绝对限制。纪事本末式的《系年》本身即以事件为中心，前述《系年》盛衰观念时亦已谈到其灵活设计以利于记事的表现方式。《良臣》在记述西周以前诸君主及其臣子时，出现了将某一时期具有代表性的臣子汇合在某一著名君王名下的现象，如将"伊尹""伊陟"和"臣扈"并列为商汤的臣子，也使人联想到《左传》叙事中经常出现的"初……"，同样跳出了时间的绝对限制，方便叙事以达到编纂目的。

第二，有选择地重视特殊国别与重点人物。这表现为一是重视晋国。《系年》虽以"楚人中心"，但是记晋事章数、频次均为最多，而且与齐桓公相比，亦更加重视晋文公。《系年》仅有第四章一处提及"齐桓公会诸侯以城楚丘"，第六章则以大篇幅记载了晋文公的流亡故事。《良臣》所记春秋时期的君主以晋文公为第一，这也与《左传》的叙事倾向类似。《左传》僖公二十三年、二十四年

---

① 《吕氏春秋集释》卷四《孟春纪·尊师》，第91～92页。
② 参见[日]黑田秀教：《清华简〈良臣〉与战国时代的历史观念》，先秦两汉出土文献与学术新视野国际研讨会论文，台北，2013年6月，第177～200页。

以大篇幅记载了晋文公重耳流亡的故事,当年的经文却无此方面的记载,可见这部分是《左传》的编者特意追加的记述。而《左传》对齐桓公的记载就相形见绌了。《左传》庄公八年、九年记载了齐桓公即位的事迹,联系《国语·齐语》《管子》及《史记·齐世家》的有关记载,可以发现例如管鲍之交等与齐桓公有关的著名传说,《左传》则基本付之阙如。其二是极为重视郑国。前文已述郑国是清华"语"书中极重视之国别。《系年》所记郑国史事仅次于晋、楚。从郑桓公到子产等人的特殊待遇,同样是《良臣》的一大特征。这也同《左传》《国语》等传世文献相同。

第三,以标志性人物作为一个时代的结束。这首先表现为以郑武公(或桓公)将时代划分为西周与春秋。《国语》以《郑语》中郑桓公与史伯的对话作为西周时代的终结,在《良臣》中郑桓公与史伯同样成为西周以前与齐桓公以后的分水岭。《系年》中郑国为取材来源国别之大宗,郑国重要人物的特殊作用同样值得关注。《系年》第二章简文记述两周之际乱离之局势,简文以"郑武公亦正东方之诸侯"结尾,其下叙述郑国世系与郑厉公之前史事。郑虽为《系年》所记春秋封国中第二位出场,但从历数其世系完整性来看,应是春秋封国中第一叙述的,既显示出《系年》编纂者对郑的重视,而且有以郑武公作为划分西周、春秋两阶段之标志性人物的意味,与传世文献如《左传》等记平王东迁后,郑"庄公小霸"的情形亦相符合。这与《良臣》《国语·郑语》中所体现的年代史观似是一致的。其次是以鲁哀公或越公勾践来区分春秋和战国。《系年》第二十章"越公勾践克吴,越人因袭吴之与晋为好。晋敬公立十又一年,赵桓子会[诸]侯之大夫……",越王勾践之后即是晋"赵桓子",第二十一章更是"晋魏斯、赵浣、韩启章率师围黄池","三家分晋"态势已极显明。《良臣》虽以楚共王结尾,但整理者已指出其可能为后补。就时代来看,越王勾践在位至公元前464年,鲁哀公在位至公元前467年,《良臣》的结束时期当亦在此。除了大家熟知的《春秋》经传以此时期结尾外,马王堆《春秋事语》记事终止年代则在前453年韩赵魏三家攻灭智伯。再联系《系年》与《纪年》在战国年表方面的一致性,[①]不得不令人联想到当时有一个共享西周→春秋→战国年代史观的现象存在。

---

① 有关《系年》与《纪年》在战国纪年方面的一致性问题,容笔者下文详述。

二、由楚竹书所获得的对战国史学发展之新认识

上文通过《系年》《良臣》等楚竹书与战国史书之间的联系总结了战国时期的著史观念,即其可以跨越时间的约束,灵活组织材料以利于记事,且存在一个共享材料、年代观念的现象。而归纳《系年》自身的编纂特点,亦可推进我们对战国史学发展状况的认识。

首先根据上文论述,似可将《系年》编纂的特征简单归纳为:其一,《系年》成书于史学著述活跃的战国时期。其二,《系年》以记事为中心,其体裁符合"纪事本末"的基本特征。其三,《系年》叙事带有"书法不隐"的原则,与上博竹书"语"书相比,《系年》更加客观,格局更大;与《左传》《史记》相比,《系年》叙事提纲挈领又不乏细节描述。其四,"世""书""语"等多种初始史书素材及广泛流传的楚、晋等诸侯国"史记"共同构成了《系年》编纂成书的材料基础。其五,《系年》虽带有"楚人中心"观,但编纂者的视野并不局限于楚国,而带有"通史"的性质。其六,《系年》带有理性的进步史观,更多从人的活动方面来考察,表现出尊重客观实际的倾向,通过叙述历史上的治乱兴衰联系现实表达出"鉴戒"的历史观念。

联系上文归纳《系年》自身的编纂特点,似可将其对战国史学发展状况的新认识简略总结如下:

首先,《系年》纪事本末式的体裁特征丰富了战国史书体裁,同时也显示了"纪事本末"这一基本著史方法的重要性。"事件"是"历史"的基本要素之一,任何史家均无法避开。先秦史籍中亦不乏专主记事的篇章,如《尚书·金縢》篇,清章学诚曾推崇《尚书》诸篇"体圆用神""神明变化",[①]是史家著史的典范。《左传》中亦不乏经典范例,如晋公子重耳出亡事。或认为《系年》"记事完整、分章叙述"的撰写方式是战国时期史书书写的常见模式。[②] 因此,"纪事本末"作为一种基本的历史叙事方法,似应与以时间为中心的"春秋"类和以人物为中心的"世系"类叙事方法一样受到我们研究的重视。

---

① 《文史通义校注》卷一《书教下》,第52页。
② 刘全志:《论清华简〈系年〉的性质》,《中原文物》2013年第6期。

其次,《系年》的发现证明了战国时期楚国史学发展的繁荣。过去除《史记·十二诸侯年表》《孟子·离娄下》言及《铎氏微》《梼杌》以外,我们对于战国楚国史学并无其他特别的认识。遗憾的是上举二书均已失传,我们并不能据而谈论战国时期楚国史学的发展状况。《系年》则弥补了这一遗憾,通过分析讨论,我们发现在楚国流传的史料并不比晋国的少,也发现史家推崇的"书法不隐"原则在楚国史书中已得到很好的体现,还发现楚国史书偏重于"理性"叙事的简约巧妙,寓褒贬与叙事于一体,而通过对材料的详略选取、次序排列,表达出的历史盛衰观念,更是开《史记》叙事之先河。

第三,《系年》的编纂史观反映了战国编纂史学的历史定位。《系年》在"书"类"疏通知远""考古验今"等早期历史意识,以及"语"类"多闻善败以鉴戒"的"资政"主题上更进一步,不同于"语"类文献多取典型人物、典型事迹以说理的方式,而取与战国当时情势密切相关之史料,以"焉始""至今"等联系现实,既体现了战国编纂史观与商周历史意识的一脉相承,又显示出战国时期编纂史学的进步特征,大致可勾勒出先秦史学著述中"鉴戒"史观的发展轨迹。

最后,由对《系年》编纂的讨论似可归纳出战国时期史书编纂的一个可能模式。编纂者以流传的西周王室旧档和诸国史记为主干,根据编纂目的之需要,补入增加情节的描述性话语。材料的国别来源各有其大宗,一般来说以晋、楚、郑等为主体,编纂者可以通过史料择取与情节、背景等描述的详略和次序,表达出不同的编纂意图和情感。赵光贤先生曾认为《左传》本是纪事体的史书,后为人割裂分散置于《春秋》经各年之下,从而经传并行,《左传》中割裂的记事非常多,而且明显,这些割裂的痕迹就是它经过改编的极好证明。① 这种认识正是建立在赵先生对于《左传》记事史料来源、整饬等处理情况的认识基础上的,而这些记事史料的来源、处理的方式方法,对于《系年》来说也大同小异。

通过本章的对照比较,可以较清晰地看出以《系年》为代表的"当时"史书与《左传》等传世史籍所存在的差异与联系,这对我们研究战国史学的发展无

---

① 赵光贤:《〈左传〉编纂考》,《中国历史文献研究集刊》1980年第1集、1981年第2集,后收入《古史考辨》,第181页。

疑会带来更多的启示与思考。

小　结

　　楚竹书中不仅体现着早期历史的"疏通""变易""鉴戒"等意识，私人史家在编纂中逐渐发展出对于"天命"与"人事"、"虚拟"与"真实"等相关问题的处理原则，以《越公其事》为代表的"语"类文献的叙事平实也反映出战国时期史学体裁的多元性，这些既体现了战国史学发展的繁荣情况，又构成了以清华竹书《系年》为代表的战国史书的编纂背景。

　　《系年》叙事坚持"直书不讳"的原则，编纂者通过叙事立场、角度的迁移将编纂意图融合在内。《系年》采撰史料涵盖西周王朝记录、春秋战国史官实录以及流行的春秋战国故事等三大部分，采用史料国别以晋、楚、郑为主。《系年》表达出的"鉴戒"观念，反映出《系年》编纂带有强烈的历史教育目的。

　　分析《系年》与其他战国史书间的联系，讨论清华竹书《良臣》所体现的著史观念，似可对战国时期流行的著史观念作一总结：史书叙事跳出了时间的绝对限制，有选择地重视特殊国别与重点人物。而以标志性人物作为一个时代的结束，似可联想到当时有一个共享西周→春秋→战国年代区别史观的现象存在。

　　归纳《系年》自身的编纂特点，则可看出"纪事本末"法似已成为战国基本历史叙事方法之一，也反映出战国楚国史学发展的繁荣，还揭示出战国编纂史学的历史定位。比较《左传》等传世史籍与《系年》等"当时"史书的差异与联系，亦有裨益于对战国史书编纂模式的研究。以上这些或为我们研究战国史学的发展提供更多的思考。

附表一　"哀公问孔子"的母题复现举例

来　　源	主　　题
《论语·为政》	哀公问曰："何为则民服？"
《论语·雍也》	哀公问："弟子孰为好学？"
《庄子·德充符》	鲁哀公问于仲尼曰："卫有恶人焉，曰哀骀它。丈夫与之处者，思而不能去也……是何人者也？"

续　表

来　　源	主　　题
《荀子·子道》	鲁哀公问于孔子曰："子从父命，孝乎？臣从君命，贞乎？"
《荀子·哀公》	鲁哀公问于孔子曰："吾欲论吾国之士，与之治国，敢问如何取之邪？"
《荀子·哀公》	鲁哀公问舜冠于孔子，孔子不对。三问不对。哀公曰："寡人问舜冠于子，何以不言也？"
《荀子·哀公》	鲁哀公问于孔子曰："寡人生于深宫之中，长于妇人之手，寡人未尝知哀也，未尝知忧也，未尝知劳也，未尝知惧也，未尝知危也。"
《荀子·哀公》	鲁哀公问于孔子曰："绅委章甫有益于仁乎？"
《荀子·哀公》	鲁哀公问于孔子曰："请问取人。"
《韩非子·内储说上》	鲁哀公问于孔子曰："鄙谚曰：莫众而迷。今寡人举事，与群臣虑之，而国愈乱，其故何也？"
《韩非子·内储说上》	鲁哀公问于仲尼曰："春秋之记曰：冬十二月霣霜不杀菽，何为记此？"
《韩非子·外储说左下》	鲁哀公问于孔子曰："吾闻古者有夔一足，其果信有一足乎？"
《韩非子·外储说左下》	一曰。哀公问于孔子曰："吾闻夔一足，信乎？"
《韩非子·难三》	哀公问政于仲尼，仲尼曰："政在选贤。"
《吕氏春秋·察传》	鲁哀公问于孔子曰："乐正夔一足，信乎？"
《礼记·哀公问》	哀公问于孔子曰："大礼何如？君子之言礼，何其尊也？"
《礼记·哀公问》	哀公曰："敢问人道谁为大？"
《礼记·哀公问》	公曰："敢问何谓为政？"
《礼记·哀公问》	公曰："敢问为政如之何？"
《礼记·哀公问》	公曰："敢问何谓敬身？"
《礼记·哀公问》	公曰："敢问何谓成亲？"
《礼记·哀公问》	公曰："敢问何谓成身？"
《礼记·哀公问》	公曰："敢问君子何贵乎天道也？"

续　表

来　源	主　题
《礼记·中庸》	哀公问政。子曰："文武之政,布在方策……"
《礼记·儒行》	鲁哀公问于孔子曰："夫子之服,其儒服与?"
《礼记·儒行》	哀公曰："敢问儒行?"
《大戴礼记·哀公问五义》	鲁哀公问于孔子曰："吾欲论吾国之士,与之为政,何如者取之?"
《大戴礼记·哀公问五义》	哀公曰："善！何如则可谓庸人矣?"
《大戴礼记·哀公问五义》	哀公曰："善！何如则可谓士矣?"
《大戴礼记·哀公问五义》	哀公曰："善！何如则可谓君子矣?"
《大戴礼记·哀公问五义》	哀公曰："善！敢问:何如可谓贤人矣?"
《大戴礼记·哀公问五义》	哀公曰："善！敢问:何如可谓圣人矣?"
《大戴礼记·哀公问于孔子》	哀公问于孔子曰："大礼何如?君子之言礼,何其尊也?"
《大戴礼记·哀公问于孔子》	公曰："今之君子,胡莫之行也?"
《大戴礼记·哀公问于孔子》	孔子侍坐于哀公。哀公曰："敢问:人道谁为大?"
《大戴礼记·哀公问于孔子》	公曰："敢问:何谓为政?"
《大戴礼记·哀公问于孔子》	公曰："敢问:为政如之何?"
《大戴礼记·哀公问于孔子》	公曰："寡人愿有言,然冕而亲迎,不已重乎?"
《大戴礼记·哀公问于孔子》	公曰："敢问:何谓敬身?"
《大戴礼记·哀公问于孔子》	公曰："敢问:何谓成亲?"
《大戴礼记·哀公问于孔子》	公曰："敢问:何谓成身?"
《大戴礼记·哀公问于孔子》	公曰："敢问:君子何贵乎天道也?"
《韩诗外传·卷一》	哀公问孔子曰："有智寿乎?"
《韩诗外传·卷四》	哀公问取人。
《史记·孔子世家》	鲁哀公问政,对曰："政在选臣。"
《孔丛子·论书》	鲁哀公问:"《书》称夔曰'於!予击石拊石,百兽率舞,庶尹允谐',何谓也?"
《孔子家语·问礼》	哀公问于孔子曰："大礼何如?子之言礼,何其尊也。"

续 表

来　源	主　题
《孔子家语·五仪解》	哀公问于孔子曰:"寡人欲论鲁国之士,与之为治,敢问如何取之?"
《孔子家语·五仪解》	哀公问于孔子曰:"请问取人之法。"
《孔子家语·五仪解》	哀公问于孔子曰:"寡人欲吾国小而能守,大则攻,其道如何?"
《孔子家语·五仪解》	哀公问于孔子曰:"吾闻君子不博,有之乎?"
《孔子家语·五仪解》	哀公问于孔子曰:"夫国家之存亡祸福,信有天命,非唯人也。"
《孔子家语·五仪解》	哀公问于孔子曰:"智者寿乎?仁者寿乎?"
《孔子家语·好生》	鲁哀公问于孔子曰:"昔者舜冠何冠乎?"
《孔子家语·好生》	哀公问曰:"绅委章甫,有益于仁乎?"
《孔子家语·贤君》	哀公问于孔子曰:"当今之君,孰为最贤?"
《孔子家语·贤君》	哀公问于孔子曰:"寡人闻忘之甚者,徙而忘其妻,有诸?"
《孔子家语·贤君》	哀公问政于孔子。孔子对曰:"政之急者,莫大乎使民富且寿也。"
《孔子家语·哀公问政》	哀公问政于孔子。孔子对曰:"文武之政,布在方策……"
《孔子家语·本命解》	鲁哀公问于孔子曰:"人之命与性何谓也?"
《孔子家语·正论解》	哀公问于孔子曰:"二三大夫皆劝寡人,使隆敬于高年,何也?"
《孔子家语·正论解》	哀公问于孔子曰:"寡人闻东益不祥,信有之乎?"
《说苑·卷一》	鲁哀公问于孔子曰:"吾闻君子不博,有之乎?"
《说苑·卷七》	鲁哀公问政于孔子,对曰:"政有使民富且寿。"哀公曰:"何谓也?"
《说苑·卷七》	子贡曰:"……鲁哀公问政于夫子,夫子曰:'政在于谕臣……'"
《说苑·卷八》	哀公问于孔子曰:"人若何而可取也?"

续　表

来　源	主　题
《说苑·卷八》	鲁哀公问于孔子曰："当今之时，君子谁贤？"
《说苑·卷十》	鲁哀公问孔子曰："予闻忘之甚者，徙而忘其妻，有诸乎？"
《说苑·卷十五》	鲁哀公问于仲尼曰："吾欲小则守，大则攻，其道若何？"
《说苑·卷十七》	鲁哀公问于孔子曰："有智者寿乎？"
《新序·杂事》	哀公问孔子曰："寡人生乎深宫之中，长于妇人之手，寡人未尝知哀也，未尝知忧也，未尝知劳也，未尝知惧也，未尝知危也。"
《新序·杂事》	哀公问于孔子曰："寡人闻之，东益宅不祥，信有之乎？"

第三章　楚竹书所记三代史事之史料价值

战国楚竹书的发现,对于史料奇缺的先秦史事的研究,更有其不可替代的价值。何兹全先生曾指出简牍学包含两大学问,其一便是以简牍为材料开拓中国史的研究。① 正如张政烺先生给《简帛研究》集刊的题词"辨析字形,理解文义,玑珠重联,审系篇题,终成图籍,补史之逸"一样,张先生亦认为"简帛研究"的最终功用也在于补史之缺。

楚竹书的发现为古史研究提供了新的资料,它们或可以佐证过去研究的近是,或可以突破史料缺失的瓶颈,或可以矫正以往认识的偏颇,以至于学者目"《郭店》《上博》《清华》犹今之孔壁遗文"。② 古人作史,有人、时、地、事四项基本要素,③相应的,作史材料即有世系、年表、地理、故事之区分。进言之,按照以上材料编纂而成的出土简帛史书,根据其侧重不同,种类亦应有世系、编年、档案、故事的分类。对于楚竹书而言,根据本书第一章讨论的不同文献种类及其史料价值,目前所发现的"世"、"诗"、"书"、"史"、"语"、"子"等多类文献均带来了有关先秦史事的新知。④ 前文已述,不同类别的材料存在流传过程上的差异,编纂的方式、主旨都可能对材料的可靠程度造成影响。徐旭生先生早年就曾指出研究古史的重要前提之一即是"需要注意此期史料的原始性的等次性",要根据史料的时代与价值将之分等,"历史工

---

① 何兹全:《简牍学与历史学》,《简帛研究》(第1辑),北京:法律出版社,1993年,第2～3页。
② 季旭昇:《孔壁遗文论集》,台北:艺文印书馆,2013年,第1页。
③ 李零:《简帛古书与学术源流(修订本)》,第281页。
④ 子书是楚竹书文献的大宗,其主要价值似多在学术史、思想史领域,学术史、思想史亦应该包括在广义的史学范畴之内,唯本章主要讨论对象为三代史事,故学术史、思想史方面的讨论容笔者下文详叙。

作人必须把未经系统化的材料和经过系统化的综合材料分别开,并且重视前者,小心处理后者"。① 这同样提醒我们注意区分不同类别文献的史料价值,特别是针对一些具体史事叙述的差异时,更是需要具体分析,以分辨其各自蕴含的不同的史料价值。

本章主要讨论楚竹书在夏、商、西周三代史事研究上的史料价值与作用。为便利行文,本章分三节:第一节以楚竹书所记楚国史事为例,对楚竹书所记三代史事的史料价值和需要综合考虑的情况作一总括性的梳理,第二、三节以时代为序分别选取楚竹书中记述的典型事例加以探讨和介绍,希望借此具体说明楚竹书所记三代史事的史料价值。

第一节　楚竹书所记楚国史事之史料价值体现

楚竹书中涉及楚国的史事自然是最多也是最全的,因此以其为例来论述楚竹书中所记史事的史料价值和作用也最合适不过。

一、楚国世系的验证

古史研究中的证实与证伪是同样重要的,明确已有认识的正确性是探索未知的基础。楚竹书也为我们验证过去的认识提供了不少材料。清华竹书《楚居》中关于先秦楚国世系的记载即是其例。

殷墟甲骨卜辞发现后,王国维发表了著名的《殷卜辞中所见先公先王考》及《续考》,据王卜辞验证了《史记·殷本纪》中所记载的商王世系的可靠性。《楚居》亦明记自季连以降至战国中期楚悼王的世系。传世文献中以《史记·楚世家》所记楚世系最为完整,现将《楚居》与《楚世家》有关内容列表对比如下表3-1:

---

① 徐旭生:《中国古史的传说时代》,北京:文物出版社,1985年,第31～33页。

表 3-1 《楚居》与《史记·楚世家》所记楚世系比勘

《楚居》世系	《史记·楚世家》世系	备　　注①
季繎(连)初降于騩(騩)山,氏(至)于空(穴)窟(穷)。【1】	楚之先祖出自**帝颛顼高阳**。……高阳生**称**,称生**卷章**,卷章生**重黎**。重黎为帝喾高辛居火正,……帝喾命曰**祝融**。……帝乃以庚寅日诛重黎,而以其弟吴回为重黎后,复居火正,为祝融。吴回生**陆终**。陆终生子六人,坼剖而产焉。……六曰**季连**,芈姓,楚其后也。	
穴酓(熊)遟(迟)遟(徙)于京宗。【2】	季连生**附沮**,附沮生**穴熊**。其后中微,或在中国,或在蛮夷,弗能纪其世。周文王之时,季连之苗裔曰**鬻熊**。	穴熊即鬻熊。②
(穴酓)生侸叔(叔)、丽季。【3】	鬻熊子事文王,蚤卒。其子曰**熊丽**。	
至酓(熊)悝(狂)亦居京宗。【4】	熊丽生熊狂。	
至酓(熊)罴(绎)与屈紃(紃)……【4】	熊狂生**熊绎**。熊绎当周成王之时……	
至酓(熊)只、酓(熊)䑛(黵)、酓(熊)㷋(樊)及酓(熊)赐(锡)、酓(熊)迂(渠),聿(尽)居㷋(夷)屯(屯)。【5】	熊绎生熊艾。	楚文字"只"作"𠇰",隶书"艾"形体与之接近,《史记》疑有讹误。
	熊艾生熊黵。	索隐:"一作黵。黵音但,与亶同字,亦作亶。"熊亶见《汉书·古今人表》。
	熊黵生熊胜。	"樊"并母元部,"盘"并母元部,"胜"疑是"盘"字讹误。③

---

① 除特殊说明外,均采用整理者意见。参见清华大学出土文献研究与保护中心编,李学勤主编:《清华大学藏战国竹简(壹)》,第 180~194 页。
② 穴熊、鬻熊的关系问题笔者下文还有讨论,这里暂略。
③ "樊"与"胜"并非通假,而是形近致讹。参见李守奎:《〈楚居〉中的樊字及出土楚文献中与樊相关文例的释读》,《文物》2011 年第 3 期。

续表

《楚居》世系	《史记·楚世家》世系	备　注
	熊胜以弟**熊杨**为后。	《汉书·古今人表》"楚熊钖，盘子"。"钖"与"昜"隶书形体相近，传写讹误。"及"简文中特指兄终弟及，连接同一辈之先公或先王。
酓（熊）䢷（渠）遅（徙）居发渐。【5】	熊杨生熊渠。	
至酓（熊）朔（艾）、酓（熊）【5】䞕（挚）居发渐。酓（熊）䞕（挚）遅（徙）居旁屽。【6】	熊渠生子三人。当周夷王之时，……后为**熊毋康**，毋康蚤死。熊渠卒，子**熊挚红**立。	"熊朔"就是《史记·楚世家》所载之"熊艾"。《楚世家》与《楚居》两世系表中其他楚先王皆能对应，只有《史记》熊艾与《楚居》酓只不能密合以及《楚居》多出熊朔一人。裘锡圭先生考证丂是乂之初文。① "朔"读为"艾"，完全密合。整理者认为"熊艾"与"熊只"的差别系因"艾""只"古文字字形相近而讹。《史记·楚世家》或是误将两位楚先王"熊艾"和"熊只"当成一人（艾、只古文字字形相近似也是致误原因之一），在原本应该是"熊只"的位置写上了"熊艾"，而将排在"熊渠"后面的真正的"熊艾"遗漏了。②

① 裘锡圭：《释"䓛""秿"》，《古文字论集》，北京：中华书局，1992年，第35～39页。
② 复旦大学出土文献与古文字研究中心研究生读书会：《清华简〈楚居〉研读札记》，复旦网，http://www.gwz.fudan.edu.cn/SrcShow.asp? Src_ID=1353，2011年1月5日。徐在国先生指出，楚居中的"熊朔"，与《楚世家》对应的是"熊康"，即司马贞《索隐》所引的"熊翔"。"朔"和"翔"的关系：一种可能是由于隶书形近讹写，原本作"朔"，后世形近讹写作"翔"。另一种可能是读为"翔"。"朔"，生纽铎部。"翔"，邪纽阳部。声纽均属于齿音，韵部对转。因此，《楚居》中的"酓朔"可能读为"熊翔"。司马贞《索隐》所引"谯周以为'熊渠卒，子熊翔立；卒，长子挚有疾，少子熊延立'"，是正确的。"熊翔"即熊康。参见徐在国：《谈清华简楚居中的"酓朔"》，中国文字学会《中国文字学报》编辑部编：《中国文字学报》（第7辑），北京：商务印书馆，2016年，第115～118页。

续　表

《楚居》世系	《史记·楚世家》世系	备　注
至酓(熊)縯(延)自旁屽遅(徙)居乔多。【6】	挚红卒,其弟弑而代立,曰熊延。	
至酓(熊)甬(勇)及酓(熊)严、酓(熊)相(霜)及酓(熊)雪(雪)及酓(熊)訓(紃)、酓(熊)噩(咢)及若嚻(敖)酓(熊)义(仪),皆居乔多。【6】	熊延生熊勇。	
	熊勇六年,而周人作乱,攻厉王,厉王出奔彘。熊勇十年,卒,弟熊严为后。	
	熊严十年,卒。有子四人,……长子伯霜代立,是为熊霜。	
	熊霜元年,周宣王初立。熊霜六年,卒,三弟争立。仲雪死;叔堪亡,避难于濮;而少弟季徇立,是为熊徇。	紃徇音近,且《国语·郑语》作熊紃。
	熊徇十六年,郑桓公初封于郑。二十二年,熊徇卒,子熊咢立。	
若嚻(敖)酓(熊)【6】义(仪)遅(徙)居箬(都)。【7】	熊咢九年,卒,子熊仪立,是为若敖。若敖二十年,周幽王为犬戎所弑,周东徙,而秦襄公始列为诸侯。	据《简文》文例可知熊咢与熊仪为兄弟关系。
至焚(蚡)冒酓(熊)帅(率)自箬(都)遅(徙)居焚。至宵(霄)嚻(敖)酓(熊)鹿自焚遅(徙)居宵。【7】	二十七年,若敖卒,子熊坎立,是为霄敖。	包山246号简:"举祷荆王自熊鹿以就武王。"据简文可知世系是若敖→蚡冒→霄敖。
	霄敖六年,卒,子熊眴立,是为蚡冒。	《国语·郑语》"及平王末……楚蚡冒于是乎始启濮。"韦昭注:"蚡冒,楚季紃之孙,若敖之子熊率。"
至武王酓(熊)䚻自宵遅(徙)居免【7】……氏(至)今曰郢。【8】	蚡冒十三年,晋始乱,以曲沃之故。蚡冒十七年,卒。蚡冒弟熊通弑蚡冒子而代立,是为楚武王。	
至文王自疆浧(郢)遅(徙)居湫郢……【8】	五十一年,……伐随。武王卒师中而兵罢。子文王熊赀立,始都郢。	
至臸(庄)嚻(敖)自福丘遅(徙)袭(袭)箬(都)郢。【9】	十三年,卒,子熊艰立,是为庄敖。	

续　表

《楚居》世系	《史记·楚世家》世系	备　注
至成王自箬（郜）郢遲（徙）衾（袭）湫郢……【9】	庄敖五年，欲杀其弟熊恽，恽奔随，与随袭弑庄敖代立，是为成王。	
至穆王自㭬（朕）郢遲（徙）衾（袭）为郢。【10】	四十六年，……冬十月，商臣以宫卫兵围成王。……丁未，成王自绞杀。商臣代立，是为穆王。	
至臧（庄）王遲（徙）衾（袭）藪（樊）郢……【10】	穆王立。……十二年，卒。子庄王侣立。	
至龏（恭）王、康王、亯₌（嗣子）王皆居为郢。【11】	二十三年，庄王卒，子共王审立。	
	三十一年，共王卒，子康王招立。	
	康王立十五年卒，子员立，是为郏敖。	康王之后，郏敖以嗣子为王，却被其叔父王子围绞杀，王子围即位为楚灵王。
至䰜（灵）王自为郢遲（徙）居秦（乾）溪之上。【11】	康王宠弟公子围、子比、子晳、弃疾。郏敖……四年，围使郑，道闻王疾而还。十二月己酉，围入问王疾，绞而弑之，……子比奔晋，而围立，是为灵王。	
竞（景）坪（平）王即立（位），猷（犹）居秦（乾）溪之上。【12】	十二年春，……夏五月癸丑，王死申亥家，……丙辰，弃疾即位为王，改名熊居，是为平王。	
至卲（昭）王自秦（乾）溪之上遲（徙）居媺（孅）郢……【12】	十三年，平王卒。……乃立太子珍，是为昭王。	
至献惠王自媺（孅）郢遲（徙）衾（袭）为郢。【13】	二十七年春，……十月，昭王病于军中，……庚寅，昭王卒于军中。子闾……乃与子西、子綦谋，……迎越女之子章立之，是为惠王。	

续 表

《楚居》世系	《史记·楚世家》世系	备 注
王大(太)子臽(以)邦遉(复)于湫郢,【14】……柬大王自疆郢遅(徙)居蓝郢……【15】	五十七年,惠王卒,子**简王中**立。	
王大(太)子臽(以)邦居**鄢**郢,臽(以)为尻(处)于【15】**鄢**郢。【16】	二十四年,简王卒,子**声王当**立。	
至恕(悼)折(哲)王猷(犹)居**鄢**郢……【16】	声王六年,盗杀声王,子**悼王熊疑**立。	

由上表可知,《楚居》的世系印证了《史记·楚世家》对楚世系记载的可靠性。如熊锡,《楚世家》作"熊杨",《三代世表》作"熊𤏸",《汉书·古今人表》作"熊锡"。整理者已指出这些异名因"易""昜"隶书形体相近易混,遂生讹舛。《楚世家》讹作"昜",《古今人表》所记近是。《楚世家》谓熊杨(锡)为熊胜(盘)弟,《古今人表》则以熊锡(杨)为熊盘(胜)之子,与他书不同。由《楚居》中以"及"特指兄终弟及,连接同一辈之先公或先王的文例,可知熊盘与熊锡是兄弟关系,验证了《楚世家》的记载。

《楚居》《楚世家》记述中少数父子兄弟关系的差别,其原因一似与楚文字与其他古文字中不同读音文字的转写有关。如"熊舭",《楚世家》作"熊黵",《三代世表》作"熊𪒠",《汉书·古今人表》作"熊亶",索隐谓"一作黵""与亶同字,亦作亶",即是对同一读音文字的不同转写。二是与相近形体的文字易混有关,上述"昜""易"与"艾""只"即其例。

综上所述,《楚居》的世系基本印证了《史记·楚世家》《国语·郑语》与《汉书·古今人表》等传世文献对楚世系记载的可靠性。这种可靠性在"史书"类文献即清华竹书《系年》中也有所体现,《系年》明记楚文王以至楚悼王的世系,且简文所记晋国世系亦始自献公、终于烈公,除将《左传》中之晋定公称作简公外,仅出公未见,本书第二章已经讨论,此不赘述。

二、楚国史事的新发现

除可验证传世文献的记载之外,楚竹书又提供了不少以往史书中未见的新知,还为一些过去曾涉及,但囿于资料不能解决的问题提供了新材料。

(一)以往史书中未见的新知

《楚居》首先涉及"楚""郢"之名称的由来,该问题在传世文献中不见。"晉(巫)戕(咸)賅(改)亓(其)髀(胁)曰(以)楚,氏(至)【3】今曰楚人【4】",是楚之国名(族名)的由来。"武王酓(熊)䵣自宵遲(徙)居免,女(焉)旬(始)□□□□【7】福。众不宕(容)于免,乃溃(溃)疆涅之波(陂)而宇人女(焉),氏(至)今曰郢【8】",是郢之名称的由来。

其次《楚居》所述人物中的妣佳和妣隹两位女性先祖,亦为传世文献所未见。妣佳是季连的配偶,妣隹是穴熊的配偶,穴熊即是鬻熊。① 由于季连和鬻熊在楚先公中的特殊地位,《楚居》对妣佳和妣隹也记述较多。《楚居》开篇即言妣佳:

> 季繍(连)初降于騩(騩)山,氏(至)于空(穴)竆(穷)。……逆上洲水,见盘庚之子,尻(处)于方山。女曰比(妣)佳,……【1】季繍(连)馘(闻)亓(其)又(有)啀(聘),从及之盘(泮),爰生絰白(伯)、远中(仲)。……【2】

其后记载妣隹:

> 穴酓(熊)达(迟)遲(徙)于京宗,爰旻(得)【2】妣隹,逆流哉水,……乃妻之,生侸雷(叔)、丽季。【3】

盘庚应即商王盘庚,"盘庚之子"与武丁同辈,"妣佳"同祖庚、祖甲同辈,李学勤先生据《诗·商颂·殷武》所载武丁"奋伐荆楚"和殷墟卜辞中商王南征的记录,认为这一时期商人势力影响及于南方这一带地区。这应该就是盘庚之子

---

① 有关"三楚先"的问题笔者下文有较详细讨论。

和妣佳传说的背景。①

虽然郭沫若、胡厚宣等先生都曾指出楚文化与殷商文化关系密切，②近年来也有学者依据考古学文化论证楚文化的产生受到过商文化的强烈影响，③但是楚与殷的关系，传世文献稀见。对楚人与中原王朝之间关系的记述，只有《史记·楚世家》记载了楚、周之间的联系，如"鬻熊子事文王，……熊绎当周成王之时，举文、武勤劳之后嗣，而封熊绎于楚蛮，封以子男之田"等，④为学界熟知。或出于与周相抗衡的用心，楚王创作了自己的世系谱。"《楚居》篇的发现，首先显示出楚人自居与殷有血统渊源，并以此为精神支柱。"⑤

实际上，季连娶妣佳，反映了楚文化与商文化的融合。鬻熊娶妣𬀩，则是楚人与周边土著交往的一个缩影。季连娶妣佳，鬻熊娶妣𬀩，反映了当时族群间错综复杂的婚姻关系，也折射出楚国多元的文化特征。妣佳、妣𬀩是战国时期楚人对自身来源和与其他族群关系的看法，或许会存在一些根据现实政治需要而构拟的成分，其人其事也未必一定是事实，但是上古相邻地域的族群间发生联系是有可能的。在此意义上，商后期商人势力曾经到达汉水流域是可能的，兴起于随枣走廊的厉山氏似亦曾与早期楚人发生过联系，⑥这些对于了解早期楚人的活动地域都是有帮助的。

（二）不完善材料的增补

1. "三楚先"的确定

"楚先"意指楚人的祖先。"楚先"的称呼，在包山楚简、望山楚简及新蔡葛陵楚简中习见，如包山简有"𦎫（举）祷楚先老童、祝融、鬻酓（熊）各一牂【217】"，望山简有"［楚］先老童、［祝］融各一牂【一·122】"，新蔡简亦有"举祷

---

① 李学勤：《论清华简〈楚居〉中的古史传说》，《中国史研究》2011年第1期。
② 郭沫若：《两周金文辞大系图录考释》，《郭沫若全集·考古编》（第8卷），北京：科学出版社，2002年，第16页；胡厚宣：《楚民族源于东方考》，广西民族研究所资料组编：《少数民族史论文选集（一）》，内部资料，1964年，第1～51页。
③ 高崇文：《从夏商时期江汉两大文化因素的源流谈楚文化起源》，《楚文化研究论集》（第3集），武汉：湖北人民出版社，1994年，第24～35页。
④ 《史记》卷四〇《楚世家》，第1691页。
⑤ ［日］浅野裕一：《清华简〈楚居〉初探》，《清华简研究》（第1辑），第243页。
⑥ 参见赵平安：《清华简〈楚居〉妣佳、妣𬀩考》，《中国文化研究》2012年第1期。

楚先老童、祝融、鬻酓(熊)各两牂【甲三·188】"等。文献中则并不常见"楚先"一词，而多见"我先"，如《史记·楚世家》楚熊通曰"吾先鬻熊，文王之师也"。①

值得注意的是，新蔡葛陵简中还有一种直称"三楚先"的固定称谓，如新蔡简"就祷三楚先屯一牂【甲三·214】"、"举祷三楚先各一牂【乙三·41号】"等。上述简文说明，老童、祝融、鬻熊三位楚国先祖常作为一个组合接受祭祀，即所谓"三楚先"。② 此外，在新蔡葛陵简中，鬻熊有时会写作穴熊，如"[老]童、祝融、穴熊□屯一【甲三·35】"，"有祟见于司命、老童、祝融、穴熊，癸酉之日举祷【乙一·22】"。由于《楚世家》中既有鬻熊又有穴熊，虽然有学者据此怀疑二者可能同为一人，但还是拿不出更多的证据。③ 清华竹书《楚居》似为上述问题提供了答案，在《楚居》中，穴熊之下就是丽季，即《帝系》等中记载的熊丽，证实了他们的怀疑。

黄德宽先生介绍，根据安大简第一组楚史类文献材料初步整理的结果，楚早期世系为帝颛顼生老童，是为楚先。老童生重及黎、吴及韦(回)。黎氏即祝融，有子六人，其六子曰季连，是为荆人。"融乃使人下请季连，求之弗得。见人在穴中，问之不言，以火爇其穴，乃惧，告曰：酓(熊)。"使人告融，"融曰：是穴之熊也。乃遂名之曰穴酓(熊)，是为荆王"。穴熊生熊鹿(丽)，穴熊终，熊鹿(丽)立。简本对楚先祖的来源、世系的记载非常清楚。季连就是穴熊，而且简文交代了穴熊得名之由。穴熊生熊丽，期间并不存在世系的中断，这也证明《楚世家》鬻熊就是穴熊。可以看出，简本对楚早期传说历史进行了清理和整合，记述翔实，线索清晰。《史记》关于楚先祖历史记录的一些矛盾和不清楚的

---

① 《史记》卷四〇《楚世家》，第1695页。
② 李学勤：《包山简——楚先祖名》，《李学勤学术文化随笔》，北京：中国青年出版社，1999年，第329~332页；李家浩：《包山竹简所记楚先祖名及其相关的问题》，《文史》1997年第42辑；贾连敏：《新蔡竹简中的楚先祖名》，《华学》(第7辑)，广州：中山大学出版社，2004年，第150~155页；黄德宽：《新蔡葛陵楚简所见"穴熊"及相关问题》，《古籍研究》(第48期)，合肥：安徽大学出版社，2005年，第4~5页；魏宜辉、周言：《再谈新蔡楚简中的"穴熊"》，简帛研究网，http://www.bamboosilk.org/admin3/html/weiyihui01.htm，2004年11月8日；刘信芳：《楚简"三楚先""楚先""荆王"以及相关祭礼》，《文史》2005年第4辑。
③ 如孔广森《大戴礼记补注》曾言"鬻熊即穴熊，声读之异，《史》误分之"。参见《大戴礼记补注》卷七《帝系》，(清)孔广森撰《大戴礼记补注(附校正孔氏大戴礼记补注)》，王丰先点校，北京：中华书局，2013年，第139页。陈伟先生认为："孔氏将穴(误作"内")熊与鬻熊视为一人，从《帝系》所记世次看，应该说有其道理。""'楚先'中的穴熊，有可能就是鬻熊。"参见陈伟：《楚人祷祠记录中的人鬼系统以及相关问题》，《新出楚简研读》，第118页。

地方,简文都交代得很清楚。①

2. "某郢"的增补

郢是楚人从春秋早期到战国晚期的重要都城,《史记·楚世家》云"文王熊赀立,始都郢",②《世本·居篇》则作"楚鬻熊居丹阳,武王徙郢"。③ 可知文献记载在春秋早期楚文王或武王时期"始都郢",直至战国晚期楚顷襄王"东北保于陈城"才止。④ 除"郢"外,传世文献中也可见"鄢郢""郊郢""郢陈"等名称,包山楚简、新蔡葛陵楚简等出土文献中亦发现多个"某郢"之名,如包山楚简有"蓝郢""栽郢""鄝郢""䣆郢",葛陵楚简有"蓝郢""䣕郢""肥遗郢",望山楚简、天星观楚简等也有"栽郢"。此外,现藏北京故宫博物院的战国时期邔郢率铎(《集成》00419),亦有"邔郢"之称。⑤ 可以说,这些材料为推动探讨郢都问题提供了一定基础,但也仍存在一些制约因素:一方面"某郢"名称分布零散,时间涵盖范围仅为战国早中期至中期晚段;另一方面缺乏史实内容对应,不利于确定"某郢"的具体时代和地望。

《楚居》的发现则给这一问题提供了解决的可能。《楚居》的最大特点,在于详细记述了历代楚公楚王居于何处。据其所述,"郢"之外,目前已知的"某郢"或相当于"某郢"的名称多达二十余种,时代跨度亦切合文献记载的从春秋早期到战国晚期,笔者将以往发现的和《楚居》中记载的"某郢"相关的名称,依《楚居》记载时代为序汇总整理如表 3-2。

表 3-2 诸文献所见"某郢"名称举例

序号	名 称	楚 王 世	出 处
1	郢	楚武王	《楚居》《世本·居篇》
		楚文王	《史记·楚世家》
2	郊郢	楚武王	《左传》桓公十一年

---

① 参见黄德宽:《安徽大学藏战国竹简概述》,《文物》2017 年第 9 期。
② 《史记》卷四〇《楚世家》,第 1695 页。
③ 《世本八种·秦嘉谟辑本》卷八《居篇》,第 350 页。
④ 《史记》卷四〇《楚世家》,第 1735 页。
⑤ 有关《楚居》发现以前"都郢"地名的讨论,可参见吴良宝:《战国楚简地名辑证》,第 37~68 页。

续 表

序号	名 称	楚王世	出 处
3	免郢(疆郢—福丘)	楚武王、文王、简王	《楚居》
4	湫郢(肥遗)	楚文王、成王、惠王、简王、悼王	《楚居》、葛陵简甲三·240
5	樊郢	楚文王、庄王	《楚居》
6	为郢	楚文王、穆王、庄王、共王、康王、郏敖、昭王、惠王	《楚居》
7	䣁郢	若敖、堵敖	《楚居》
8	睽郢	楚成王	《楚居》
9	同宫之北	楚庄王	《楚居》
10	烝之野	楚庄王	《楚居》
11	乾溪之上	楚灵王、平王、昭王	《楚居》
12	媺郢	楚昭王	《楚居》
13	鄂郢	楚昭王	《楚居》
14	鄢郢(邨郢)	楚惠王、悼王	《楚居》《史记·楚世家》《战国策·齐策三》、邨郢率铎(《集成》419)
15	䣓吁	楚惠王	《楚居》
16	蔡	楚惠王	《楚居》
17	蓝郢	楚简王	《楚居》，包山7号简，葛陵简甲三·297，乙四·54
18	䣷郢	楚简王、声王、悼王	《楚居》，包山165、172号简
19	䣱	楚简王	《楚居》
20	䣇郢	楚声王	《楚居》，包山62、172、185号简
21	郭郢	楚悼王	《楚居》、葛陵简甲一·3
22	戚郢	楚宣王	包山简12、58、126、129、131、140、206、207、218、224、望山简一·1、7、8以及天星观、夕阳坡简
23	郢陈	楚王负刍	《史记·秦始皇本纪》

由上表可以看出，出现频率最高的是"为郢"，分别出现在楚文王、穆王、庄王、共王、康王、嗣子王（郏敖）、昭王、惠王等时期，时间跨度为春秋早期至春秋战国之际，可见其地位重要。但文献中并不见有"为郢"的记载，赵平安先生曾从楚文王迁都情况出发，结合楚灵王时期的史实判断"为郢"即《左传》昭公十三年、《史记·楚世家》灵王十二年的"鄢"，地在今湖北宜城西南，可对应1990年发掘的宜城郭家岗遗址。①

在《楚居》问世之前，学界讨论"某郢"时，多针对传世文献《左传》《史记》中的"郊郢""鄢郢""郢陈"等加以比附，但是"郊郢"是否为春秋早期的楚国别都，研究者没有一致意见，"鄢郢"曾为楚都也只是一个合理推测。虽然此后楚简材料中陆续有"某郢"地名出现，但论者多视为是陪都、别都。《楚居》的发现，证明了楚都以"郢"为称的规律：《楚居》中所出现的"某郢"，应是楚王居地或驻跸之地，带有政治中心的职能。传世文献中的"郢"，并非专指一地，似是楚人对当时具体"某郢"的指称。

综上所述，楚竹书中提供的过去未见的新材料，既解释了"楚""郢"及"穴熊"得名的由来，又帮助确定了"三楚先"是楚人直系先祖老童、祝融、穴熊的合称。此外，《楚居》中提供的二十余处有关"郢"的记述，深化了既往对于楚都以"郢"为称的规律的了解。

三、楚王的新形象

楚竹书中也存在着不少与传世文献、传统认识相左的记载与认识。本书第二章曾论述编纂者通过有选择地排列配置记事资料来表现历史评价和历史观念的现象，这种在时间跨度上体现的史料排比、选择的侧重，具体到某个君王身上也会产生同样的效果。

以楚灵王为例，根据清华竹书《系年》的记述，楚灵王是一位大有作为的君王。简文第十五章记述在申公屈巫入晋联吴抗楚的形势下，楚灵王"伐吴，为南怀之行，执吴王子蹶由，吴人焉或（又）服于楚"，使楚国摆脱了险恶的局势。与之不同的是，《左传》却说"是行也，吴早设备，楚无功而返"，且云

---

① 赵平安：《〈楚居〉"为郢"考》，《中国史研究》2012年第4期。

"楚子惧吴"。①《系年》中则完全看不到这样的记载,简文第十八章更是描述了楚灵王的强盛武功"灵王先起兵,会诸侯于申,执徐公,遂以伐徐,克赖、朱邡,伐吴,为南怀之行,县陈、蔡,杀蔡灵侯",将灵王时期楚国的赫赫声威宣扬到了极致。与之相反,《左传》的叙事中,楚灵王是一个典型的暴君,他弃礼纵欲,奢侈无度,滥用民力,结果自缢而死。如《左传》所记灭蔡事,楚灵王先以重币甘言召见蔡灵侯,灵侯至,则"醉而执之",又"杀之,刑其士七十人",复命公子弃疾帅师围蔡。《左传》昭公十一年叔向议论道:

> 蔡侯获罪于其君,而不能其民,天将假手于楚以毙之,何故不克?然肸闻之,不信以幸,不可再也。楚王奉孙吴以讨于陈,曰:"将定而国。"陈人听命,而遂县之。今又诱蔡而杀其君,以围其国,虽幸而克,必受其咎,弗能久矣。桀克有缗,以丧其国,纣克东夷而陨其身。楚小位下,而亟暴于二王,能无咎乎?天之假助不善,非祚之也,厚其凶恶而降之罚也。且譬之如天,其有五材而将用之,力尽而敝之,是以无拯,不可没振。②

所谓"天之假助不善,非祚之也,厚其凶恶而降之罚也",即表明了态度,楚灵王"不善"而胜蔡当"必受其咎,弗能久矣"。《左传》同年载郑子产也表达了同样的看法:

> 秋,会于厥慭,谋救蔡也。郑子皮将行,子产曰:"行不远。不能救蔡也。蔡小而不顺,楚大而不德,天将弃蔡以壅楚,盈而罚之。蔡必亡矣,且丧君而能守者,鲜矣。三年,王其有咎乎!美恶周必复,王恶周矣。"③

认为楚灵王"大而不德",虽得"蔡以壅楚",而"三年,王其有咎"。《左传》的编纂者通过叔向、子产的议论表达了对楚灵王的负面评价。

"史"书之外,"语"书中的楚国故事里体现了更多的此类情况,如《申公臣灵王》也在赞扬楚灵王,简文中的楚灵王是一位宽宏大量、心胸广阔的"贤君"。《申公臣灵王》讲述了楚灵王成为楚王前因贪功,与楚国大臣"陈公"争抢俘虏,并产生仇隙,但在即位为楚王之后,不计前嫌,非常大度地接纳曾经操戈逐己

---

① 《左传》昭公五年:"冬十月,楚子以诸侯及东夷伐吴,以报棘、栎、麻之役。……吴子使其弟蹶由犒师,楚人执之,将以衅鼓。……楚师济于罗汭,沈尹赤会楚子,次于莱山。薳射帅繁扬之师,先入南怀,楚师从之。……是行也,吴早设备,楚无功而还,以蹶由归。楚子惧吴……"参见《春秋左传正义》卷四三昭公五年,第4436~4437页。
② 《春秋左传正义》卷四五昭公十一年,第4473页。
③ 《春秋左传正义》卷四五昭公十一年,第4474页。

之人，可见其是一位胸襟广阔的"贤君"。这样，与上述《系年》中所体现的灵王形象相结合，楚灵王的文治武功均与《左传》中所展现的大相径庭。

可以发现，"语"书中楚国故事中的楚王，均是"明主""贤君"。《昭王毁室》中楚昭王是一位为尊重庶人的祭祀风俗、宁愿毁掉自己新建之室都不去破坏礼俗的君王。《昭王与龚之脽》中的昭王，不惜委屈自己的随从，目的是为了使人民凝聚力量，团结起来重建家园。《柬大王泊旱》中的简王虽然一开始显得有点昏庸，但是经过臣下的启发教育，意识到楚国遭灾乃因自身政教不明所致，逐渐变得英明，甚至发出了"一人不能治政，而百姓以绝【14】"的感慨，其后修郊治政，终求得大雨，使得粮食丰收。《庄王既成》讲述楚庄王造大钟"以供春秋之尝，[以]【1】待四邻之宾【2】"，显然也是一位识大体、重礼仪之君，而且关心邦家的未来，足见其忧国忧民之心。《平王问郑寿》中的平王，也是一位重祀典，关心自己邦家未来，而且可能还作出了改革的君主，如简文云"君王所改多多【6】"。

对这种记述差异的理解，从文献的编纂过程、用途上来看：上文引述申叔时论傅太子之道时有所谓"教之语，使明其德，而知先王之务用明德于民也"一项，因而对上述"语"书楚国故事而言，它们的编纂意图似是主要作为彰显"先王之明德"的材料，以为贵族子弟所学习，这也正是申叔时所论的题中之义。同时，这类篇章多简短易懂，文字通俗，故事性强，比较容易在民间流传，还具有宣传和教化普通民众的作用，先君先王的美好形象可以作为当时年轻子弟学习的典范。所以其反映的史事似未必一定是真正史实，故并不能直接据之以反对传世文献对某些史事的记载或认识。这些是应用这些材料考辨史事时所不能不注意的。

当然，这些材料记述的史事并非真正的史实，但其反映的问题对于先秦史的研究也是大有裨益的。一方面，《申公臣灵王》反映的是楚国的君臣关系，《昭王毁室》反映的是楚国落成礼、祭祀风俗等，这些对于楚国史事的研究都很有价值。另一方面对一些传统认识也提出了挑战。楚灵王的形象未必如"语"书中描摹的那般美好，《逸周书·谥法》"乱而不损曰灵"，但是"灵"之为恶谥的认识也值得人们重新思考。① 楚竹书中楚灵王的形象是相当正面的，表示楚人心目中楚灵王还是一个有作为的君主的。这样，所谓"乱而不损曰灵"似并不能评

---

① 陈逢衡案："《周书》灵谥六条均不甚恶，盖平谥也。"参见《逸周书汇校集注》卷六《谥法解》，第676页。

价楚人心目中楚灵王的形象。过去学者研究,西周时代的谥号可能没有贬义,如厉(剌)、幽在大篮盖、伯喜簋、即簋和琱生簋等青铜器铭文中都是褒谥,[①]但仍然有学者认为春秋以后谥号开始有褒贬之别,并且逐渐丰富起来,大约在战国中期偏晚形成了《谥法》这样一篇专门讲论谥法的文献,[②]而今在楚竹书中所体现的情况则使得上述认识不得不有所修正。这些均是此种史料之价值所在。

四、楚竹书所记楚国史事的史料价值分类

上文以楚国史事为例说明楚竹书对研究先秦史事的史料价值与作用,这里还需要对上述举例作一总结,以简要说明楚竹书中先秦史事的史料价值情况的种类。

按照与过去记载、认识等相比的情况来分类,有以下三种情况:第一,是对过去认识的验证;第二,是对过去认识的增补;第三,是与过去认识有差别。

当然,差别的情况还需要具体分析。此外,还可以按照文献种类来分类,如"世"类材料《楚居》中记述的史事之可靠性一般会优于"语"书中对楚王形象的描述。本书第一章即提到过此种情况,故不赘述。

若按照史料价值的体现层面分类,则有两种情况:第一,直接反映在史事的层面,即楚竹书中记载的史事可以跟与其记载相关的先秦史实直接对应上。其具体情况也有两种:一是对于一些占有一定文献理据或经前人论证的史事,楚竹书带来了新的史料支持;二是对于原来史料缺、佚或者语焉不详的史迹,楚竹书提供了新的或者比以往更加丰富的材料。第二种情况则是对先秦史实的间接反映,即楚竹书中记载的史事虽不能像前者那样直接拿来跟与其记载相关的先秦史实相对应,但其侧面所反映的先秦史实,例如通过楚灵王之"灵"谥对先秦谥法的理解等,同样值得重视。

综上所述,楚竹书中所记的楚国史事,其主要价值一方面验证了过去记载或认识的可靠性,另一方面为一些不能确定的问题的解决提供了新的材料。但是楚竹书记载的古史能否全部当作史实,还需要具体考量。上述问题在楚

[①] 涂白奎:《西周王号无恶谥说》,《中国史研究》2005年第4期。
[②] 汪受宽:《谥法的经典性文献——〈逸周书·谥法解〉》,《谥法研究》,上海:上海古籍出版社,1995年,第220~241页。

竹书记述的楚国史事以外的先秦史事中,表现的情况也大同小异。

第二节　楚竹书所记商代以前史事之史料价值举例

楚竹书文献在先秦史事研究上的史料价值,最明显的一个表现就是其年代上的可接续性。上博竹书《容成氏》的叙述时代跨度从容成氏等上古帝王开始,依序叙及尧、舜、禹、夏桀与商汤、商纣及周文王、武王,直至武王克商后。清华竹书《系年》则从武王克商等讲起,直到战国前期的"楚声桓王立四年"。这样从《容成氏》到《系年》,楚竹书中有关先秦史事的时代脉络已确定。书末附录表二《清华竹书〈系年〉记事编年与相关文献对勘表》已将《系年》所记西周初年至战国早期史事与传世文献所见史事相比勘。虽然上述二书于某些年代的史事记事未免疏阔,如以"汤王天下三十又一世而受作"等对编纂者不太关注的夏商史事予以略述,但是"书"类文献如清华竹书《厚父》《尹至》《尹诰》《傅说之命》等对这段历史又有不少补益。因此,在这个角度来说,楚竹书中的材料在先秦各历史时段的跨度上是基本完善的。本章此后的讨论亦会以《容成氏》和《系年》为主干,并选取楚竹书"书"类、"语"类等相关文献来展开。

一、古史传说系统

楚竹书中有关古史传说的记述,其总体并未脱离传世文献记载的范畴之内,故其主要价值在于提供了学界对古史传说时代诸如古史帝王、禅让、九州等传说存在不同系统的新思考,也使得我们对这一问题的认识愈发深入。现举两例予以说明。

(一) 古史帝王系统

楚竹书《容成氏》叙述传说中古史帝王的名号有:①

---

① 据李零先生释文、陈剑先生重新编联,单育辰先生又有较深入之研究。参见李零:《〈容成氏〉释文考释》,马承源主编:《上海博物馆藏战国楚竹书(二)》,第 277~292 页;陈剑:《上博简〈容成氏〉的竹简拼合与编连问题小议》,《战国竹论集》,第 32~37 页;单育辰:《新出楚简〈容成氏〉研究》,北京:中华书局,2016 年。

[尊]卢氏、赫胥氏、乔结氏、仓颉氏、轩辕氏、神农氏、梌丨氏、遟墟氏之有天下也,皆不授其子而授贤。【1】

☐☐氏之有天下,厚爱而薄敛焉,身力以劳百姓。【35B】

简背有篇题:

容成氏。【53】

简文叙述尧为天子:

昔尧处于丹府与藋陵之间,尧戈阤而皆=寈(赛),不劝而民力,不刑杀而无盗贼,甚缓而民服。于是乎方【6】百里之中,率天下之人就,奉而立之,以为天子。于是乎方圆千里,于是乎竖板正立,四向阦禾(和),怀以来天下之民。【7】

简文叙述舜为天子:

昔[者]舜耕于壐(历)丘,陶于河滨,渔于雷泽,孝养父母,以善其亲,乃及邦子。尧闻之【13】而美其行。尧于是乎为车十又五乘,以三从舜于畎亩之中,舜于是乎始免蓻(笠)、开(肩)橭荾(锸),岕而坐之子(兹)。尧南面,舜北面,舜【14】于是乎始语尧天地人民之道。与之言政,敓(率)简以行;与之言乐,【8 上】敓(率)和以长;与之言礼,敓(率)故而不逆。尧乃悦。尧【8 下】☐[尧乃老,视不明,]听不聪。尧有子九人,不以其子为后,见舜之贤也,而欲以为后。【12 下】[舜乃五让以天下之贤者,不得已,然后敢受之。]

叙述禹为天子:

舜乃老,视不明,听不聪。舜有子七人,不以其子为后,见禹之贤也,而欲以为后。禹乃五让以天下之贤【17】者,不得已,然后敢受之……【18】

这样,《容成氏》叙述古史传说时期的内容可以大致分为三部分:一是讲容成氏等最古的帝王,二是讲尧之前的一位古帝王,三是讲尧、舜、禹的事迹。其重要意义在于:

首先,《容成氏》体现了战国时期古史传说中古帝王系统的多样性。传世文献中常见的可与夏商周三代相比较的"古代社会"大致有两种模式:一种是"大道为公"的"至德之世"。如同样记载有容成氏等古帝王的《庄子·胠箧》篇,以"子独不知至德之世乎?昔者容成氏、大庭氏、伯皇氏、中央氏、栗陆氏、骊畜氏、轩辕氏、赫胥氏、尊卢氏、祝融氏、伏牺氏、神农氏,当是时也……"与"今遂至使民延颈举踵曰……"①相对比,可见其是以容成氏等的时代为"至德之世"。《礼记·礼运》亦分别以"大道之行也,天下为公"描述三代以前,"大道既隐,天下为家"叙述三代。② 从上述记述似可以看出,夏商周三代是直接由"大道为公"的"至德之世"发展而来的。另一种模式则认为夏商周三代是由尧舜时代发展而来的。这种模式还大致有两种情况:一是由尧舜时代发展而来,如《论语》《孟子》中所述的历史人物最早不过尧舜,《孟子·滕文公上》"孟子道性善,言必称尧舜";③二是将尧舜时代扩展而成为五帝时代,如上博竹书《武王践阼》"武王问于师尚父,曰:'不知黄帝、颛顼、尧、舜之道在乎?'"。④ 此外《大戴礼记·五帝德》亦历数黄帝、颛顼、帝喾、尧、舜及其功绩,《吕氏春秋·先己》中有五帝、三王、五霸、当今之世四个时代等。

如果将上述两种模式简单地用线性表示,那么第一种是容成氏……→夏商周三代,另外一种是尧舜→夏商周三代。可以看出,《容成氏》简文中的模式是综合二者而来的,容成氏……→尧舜→夏商周三代。《淮南子·本经训》中叙述上古时期的一段文字,其叙述模式与此类似,云"昔容成氏之时……逮至尧之时,……舜之时,……晚世之时,帝有桀、纣。……是以称汤、武之贤"。⑤ 但《淮南子》成书时代较晚,《容成氏》简文对战国时期古史传说系统的认识就有了极大的帮助。

一方面,这是有别于炎黄古史传说体系的另一类体系。在炎黄古史传说体系中,排列在前的是伏羲(太皞系),然后依次是神农(炎帝系)、轩辕(黄帝系)等等,至于大庭氏、伯皇氏、中央氏、栗陆氏、骊畜氏、赫胥氏、尊卢氏、祝融氏等,则是从伏羲氏到神农氏之间的过渡人物。容成氏和仓颉氏较晚,《世本》说他们都是黄帝之臣。⑥

---

① 《庄子集释》卷四中《胠箧》,第357页。
② 《礼记正义》卷二一《礼运》,第3062页。
③ 《孟子注疏》卷五上《滕文公章句上》,第5874页。
④ 陈佩芬:《〈武王践阼〉释文考释》,马承源主编:《上海博物馆藏战国楚竹书(七)》,第151页。此句今本《大戴礼记·武王践阼》作:"昔黄帝、颛顼之道存乎?"参见《大戴礼记补注》卷六《武王践阼》,第114页。
⑤ 《淮南子集释》卷八《本经训》,何宁撰:《淮南子集释》,北京:中华书局,1998年,第574~580页。
⑥ 参见姜广辉:《上博藏简〈容成氏〉的思想史意义》,《中国社会科学院院报》2003年1月23日第3版。

另一方面,《庄子》与《淮南子》虽然成书年代不同,但从地域上来看,都属于楚地,而《容成氏》也是楚地出土的文献,这些恐怕不能说是巧合,似乎暗示着古史传说系统的地域性。不少学者此前也曾指出中国早期对传说时期古史的记述应有不同的系统存在,①相应的,地域性的古史系统也是其中的重要组成。蒙文通先生早在1927年就提出了中国上古民族可分为江汉、海岱、河洛三系,其部落、姓氏、居处地域皆各不同,其经济文化各具特征的学说。② 李学勤先生亦曾将炎黄二帝分为以黄帝元素为代表的"中原系统"和以炎帝元素为代表的"南方系统"。③ 上述分类观点在今天或有可商之处,但是《容成氏》简文再次证明大一统的五帝系统实非史实,④而且也为我们了解更早的古帝王系统(或是同五帝系统并存的另一套系统)的传说,以及推知五帝系统形成之年代和渊源都提供了新资料。⑤

其次,《容成氏》简文似将虞、夏、商、周中虞的问题再次提了出来。郭永秉先生曾将简5之"有无通"释为"有虞迵",并将这段简文排在叙述尧的事迹之前。⑥

　　☐☐氏之有天下,厚爱而薄敛焉,身力以劳百姓,【35 下】其政治而不赏,官而不爵,无励于民,而治乱不共。故曰:贤及☐【43 上】☐

　　孝辰厚,方为三曹,救圣之纪:东方为三曹,西方为三曹,南方为三曹,北方为三

---

① 如徐旭生先生曾将古代古史记述系统分为三个,即"三皇系统"(以《易传》的有关表述为标本)、"《命历序》系统"和"五帝系统"。李零先生也提出过古代对于传说中古帝记述的两大系统,即"《世本》和《大戴礼》等书的周五帝系统"和"《史记·封禅书》《吕氏春秋》十二纪与《淮南子·天文训》等书的秦五帝系统",另外还提到有一个见于《易·系辞上》《战国策·赵策二》的含伏羲、神农的系统。参见徐旭生:《中国古史的传说时代》,第220～259页;李零:《考古发现与神话传说》,《李零自选集》,第71页。
② 蒙文通:《古史甄微》,《蒙文通文集》(第5卷),成都:巴蜀书社,1999年,第42～62页。
③ 李学勤:《古史、考古学与炎黄二帝》,《走出疑古时代》,沈阳:辽宁大学出版社,1997年,第41～44页。
④ 裘锡圭先生指出,上述《容成氏》的部分简文,虽然竹简残损较严重,但可以看出并不存在《五帝德》所说的那种五帝系统,这对顾颉刚先生的说法是有利的。顾颉刚先生当年提出的这一说法是根据对传世文献的分析得出的,现在得到了出土战国文献的印证。参见裘锡圭:《新出土先秦文献与古史传说》,《中国出土古文献十讲》,第30页。
⑤ 朱凤瀚:《新发现古文字资料对先秦史研究的推进》,《中国社会科学报》2009年9月24日第5版。
⑥ 郭永秉:《帝系新研——楚地出土战国文献中的传说时代古帝王系统研究》,第48～78页;《上博简〈容成氏〉的"有虞迵"和虞代传说的研究》,《古文字与古文献论集》,上海:上海古籍出版社,2011年,第106～143页。

曹,以廛于溪谷,济于广川,高山升,蓁林【31】入,焉以行政。于是乎始爵而行禄,以让于有虞迵,有虞迵曰:"德速襄(衰)【32上】▢▢□于是乎不赏不罚,不刑不杀,邦无饥人,道路无殇【4下】死者。上下贵贱,各得其殊(所)。四海之外宾,四海之内庭。禽兽朝,鱼鳖献。有虞迵匡天下之政十又九年而王天下,三十有七年【5】而𠭣终"。

　　昔尧处于丹府与藋陵之间……【6】

若然,则此处简文的叙述顺序当为"古帝王→有虞迵→尧→舜"。"有虞迵"以及其曾经匡天下之政乃至王天下的传说,传世文献未见。此段简文中有虞迵是尧之前的最后一位上古帝王,但有虞迵与尧的关系简文并未提及,下文只是简单地说"昔尧居于丹府与藋陵之间",但是其后尧又禅让给了属于有虞部族的舜,这是应该注意的。

据传世文献记载,在夏商周三代之前还有一个虞,学者亦早已指出:"有虞氏是不能忽略的一个历史时代,应该在中国史上给他一个应有的地位。在过去缺少太史公一个详细而独立的本纪,是造成后来容易忽视的原因,我们应当弥补这种缺憾!"①文献中确实经常可见虞、夏、商、周并称,如:

---

① 杨向奎:《应当给"有虞氏"一个应有的历史地位》,《文史哲》1956年第7期,后收入《绎史斋学术文集》,上海:上海人民出版社,1983年,第1~4页。王树民先生在《夏、商、周之前还有个虞朝》一文中对这一问题论述最为详尽:
　　《左传》襄公二十四年(公元前549年),晋卿范宣子自述其家世云:"昔匄之祖,自虞以上为陶唐氏。"以虞为最早的时代之称,陶唐氏为当时的列国之一。《左传》哀公六年引《夏书》云:"惟彼陶唐,帅彼天常,有此冀方。今失其行,乱其纪纲,乃灭而亡。"是陶唐氏曾一度强盛,而未能长期保持下去,很早就灭亡了。在传说中,尧为陶唐氏之君,传位于有虞氏之舜,所传授者实为共主之位,而非唐国之君位。在列国林立的时期,共主的地位高出各国之上,可以称王、称帝、称天子,但统治人民的实权则在各国之君,共主的实权也是限于其本国之内,对列国而言不过为平息列国之间的争讼,接受人民的歌颂及接受列国之君的朝觐;朝觐时不免要带些土特产为礼品,后来便发展为贡赋了。与后世中央集权加强的帝王相比,实权相差甚远。所以,天子之位可由列国之君互相转让,当时是行之自然,绝无特异之处。尧、舜、禹之间的关系,原本就是这样。到战国时,诸子特别强调了尧、舜禅让的仁德,以讽示当时的统治者缺乏仁德,或怀有某种政治目的。实际上是不同时代、不同的国家社会性质,不能以同样的形势相提并论的。
　　《荀子·非相》云:"五帝之外无传人,非无贤人也,久故也。五帝之中无传政,非无善政也,久故也。禹、汤有传政而不若周之察也,非无善政也,久故也。传者久则论略,近则论详,略则举大,详则举小。"《韩诗外传》卷三亦有此文,而字句略相异。其有关实际情况者,为"禹、汤有传政而不若周之察也",《韩诗外传》作"虞、夏有传政,不如商、周之察也"。这段话说明,"五帝"为最古的时代之通称,而不是五个前后相继承的帝王。二书相异之处,则表明《荀子》以有虞氏并入五帝时期,《韩诗外传》则以虞、夏、商、周同为五帝之后的朝代。但有虞氏与其后的夏、商、周三个朝代有明显的相异之处:后三个朝代都是保持了共主之位,以父子兄弟相传,有明确的世次可寻;有虞氏之时,则共主之位在不同的氏族之间可以互相转让。其实夏作为一个朝代,是帝杼以后才形成的,其前是和有虞氏的时期一样不固定的。所以在有虞氏的时期,共主的地位不固定于(接下页)

故有得神以兴,亦有以亡,虞、夏、商、周皆有之。(《左传》庄公三十二年)①

虞、夏、商、周之胤。(《左传》成公十三年)②

虞有三苗,夏有观、扈,商有姚、邳,周有徐、奄。(《左传》昭公元年)③

夫成天地之大功者,其子孙未尝不章,虞、夏、商、周是也。(《国语·郑语》)④

且惟昔者虞、夏、商、周三代之圣王。(《墨子·明鬼》)⑤

虞夏商周,有师保,有疑丞,设四辅及三公。不必备,唯其人。(《礼记·文王世子》)⑥

昔者有虞氏贵德而尚齿,夏后氏贵爵而尚齿,殷人贵富而尚齿,周人贵亲而尚齿。虞夏殷周,天下之盛王也。(《礼记·祭义》)⑦

虞夏之质,殷周之文,至矣。虞夏之文不胜其质;殷周之质不胜其文。(《礼记·表记》)⑧

今虞、夏、殷、周无存者,皆不知反诸己也。(《吕氏春秋·审应》)⑨

清华竹书《虞夏殷周之治》亦是并称虞夏殷周:

曰昔又(有)吴(虞)是(氏)用索(素)。顗(夏)后受之,乍(作)政用悟(御),百(首)備(服)收,祭器四罗(璉),乍(作)乐《剌獻(管)》九成,晉(海)外又(有)不至者。殷人弋(代)之【1】以晶,教民以又(有)禩=(威威)之,百(首)備(服)乍(作)早(冔),祭器六

(接上页)一族成为特色,与五帝时期无异,于是《荀子》合之于五帝时期中。有虞氏为共主的人可能较多,在虞幕与舜之间,穷蝉、敬康、句芒、蟜牛等就是这样保存下来的几个名号。而舜的成就最大,任用禹治平水土,举用八元八凯为十六相,除掉浑沌等四凶。这些美政不能合于"无传政"的五帝时期,因而不能不承认有虞氏为一个朝代。由于有虞氏为共主的时间本来很长,舜只是其中最后的一个,故从属于五帝时期亦无不可。这样看来,有虞氏的历史地位是较为特殊的,既不同于后世一系相传的朝代,亦不同于唯有名号传于后世的五帝时期。这是古代历史上实际存在的一个时代,而且是很长的时代。其时可能已经有了瞽史,所以能够保存虞代的一些名号和事迹。韩非称,"虞夏二千余岁",其根据应即为瞽史的传说,这也是一个有力的佐证。总之,这个史实应该受到重视,不可因无视传说的史料价值而轻率地予以否定。参见王树民:《夏、商、周之前还有个虞朝》,《河北学刊》2002年第1期。

① 《春秋左传正义》卷一〇庄公三十二年,第3870页。
② 《春秋左传正义》卷二七成公十三年,第4150页。
③ 《春秋左传正义》卷四一昭公元年,第4388页。
④ 《国语集解》卷一六《郑语》,第466页。
⑤ 《墨子间诂》卷八《明鬼下》,第233~234页。
⑥ 《礼记正义》卷二〇《文王世子》,第3046页。
⑦ 《礼记正义》卷四八《祭义》,第3471页。
⑧ 《礼记正义》卷五四《表记》,第3564页。
⑨ 《吕氏春秋集释》卷一八《审应览·审应》,第476页。

臣(簋),乍(作)乐《绹(韶)》《焦(濩)》,晋(海)内又(有)不至者。周人弋(代)之用两,教民以宜(仪),百(首)備(服)乍(作)曼(冕),祭【2】器八餕(簋),乍(作)乐《武》《象》,车大赾(辂),型縺(鐘)未弃(棄)文章,晋(海)外之者(诸)侯逯(歸)而不坯(来)。【3】

简文内容以虞、夏、商、周并称,叙述了四代礼乐由朴素一步步走向奢华,导致的结果是从夏代"海外有不至者",到周代的"海外之诸侯归而不来"。并称以外,《国语·周语下》较详细地记述了有虞时代之事迹:

> 昔共工弃此道也,虞于湛乐,淫失其身,欲雍防百川,……共工用灭。其在有虞,有崇伯鲧,播其淫心,称遂共工之过,尧用殛之羽山。其后伯禹念前之非度,厘改制量,象物天地,比类百则,仪之于民……皇天嘉之,祚以天下,赐姓曰"姒",氏曰"有夏"。①

这段文字表明,春秋战国时期时人以"昔共工""其在有虞""其后伯禹有夏"为三个时代。在"有虞"时代,鲧治水不力,被尧所杀,这是将"尧用殛之羽"一事划入在"有虞"时代。尧归属入有虞之时,与《容成氏》简文的叙述类似,此似是当时人们一定程度的共识。《尚书》有虞、夏、商、周四书,而《尧典》为"虞书"首篇,或也体现了这种认识。童书业先生曾指出古文献中的"有虞"乃包括尧、舜而言,有虞时的帝是尧,可见尧、舜一家,尧舜同属虞代。② 郭永秉先生也认为从《容成氏》提供的传说中透露的信息,尧也属于有虞氏的统治范围,③这一说法可与童书业先生的结论相印证,进而也证明了传世文献所记的夏商周三代之前还有一个虞,是战国时期就有的看法。

最后,《容成氏》开列出三代以前的古史系统,并强调在此系统中古之圣王之有天下"皆不授其子而授贤",记述尧舜禹为天子时,再次突出了禅让观念。不唯如此,楚竹书"子"类文献《唐虞之道》《子羔》等亦都是对禅让之说大加推崇。长久以来,禅让的争论甚嚣尘上,绵延不绝,究竟是禅让还是篡夺,诸家各持己见。④ 20世纪30年代,蒙文通先生曾撰文怀疑禅让传说的真实性,⑤顾颉刚先生《禅让传说起于墨家考》认为禅让传说是墨家为宣传自己的主张而拟造

---

① 《国语集解》卷三《周语下》,第93~96页。
② 童书业:《"帝尧陶唐氏"名号溯源》,吕思勉、童书业编著:《古史辨》(第7册下),上海:上海古籍出版社,1981年,第14页。
③ 郭永秉:《上博简〈容成氏〉的"有虞迵"和虞代传说的研究》,《古文字与古文献论集》,第126页。
④ 王玉哲:《尧、舜、禹"禅让"与"篡夺"两种传说并存的新理解》,《历史教学》1986年第1期。
⑤ 蒙文通:《古史甄微》,《蒙文通文集》(第5卷),第72~81页。

的,是先有尧舜禹禅让之说,后有尧舜禹禅让故事。由于禅让说的流行,至孟子时"儒家不能不屈伏于这横流的下面,所以孟子便想出曲解的方法"。① 童书业先生继之认为,儒家在社会转变之情势下,不得不接受墨家的禅让说。② 之后,郭沫若先生、杨宽先生等都认为禅让是从神话化来的。③ 杨希枚先生曾总结当时这种研究状况说:

> 近代史学家在禅让传说的基本看法解释和推测上真可说是议论纷歧——疑之者认为传说系出于儒或墨学之徒的伪造,或源于印度或西亚文化的影响;信之者则以为禅让事涉部落联盟,或氏族联盟或临时宗主或共主的选举、让位或争豪!尤其对于传说时代而初与禅让传说无关的社会组织问题,学者间的臆说愈是纷歧——或认为是西亚族群婚的母系氏族,母系或父系氏族社会;或认为是氏族联盟,或认为是部落联盟;或认为中国古所谓氏应是部落组织,而大多数学者氏族云云却都意指西文"Clan";或认为古所谓姬姓姜姓之类的族属集团应相当西文"Clan"而应译为"姓族"而非氏族,却又把演变自母系姓族的父系姓族易称为氏族!最为怪异的,即禅让既非五帝时代的常制,也非不见于后世的美举,然而论者却或以此而否定禅让传说,或据此非常之制而推论其他制度!这无论如何都是令人百思不解的!④

可见有关禅让争论之莫衷一是,而三篇楚竹书文献的发现则使学界对禅让传说的认识更进一步。

一方面,三篇竹书都应是在燕王哙禅让失败之前写成,所以它们的作者时代应早于孟子,或最晚与孟子同时。《唐虞之道》《子羔》均是儒家作品,可知在早于孟子或与孟子同时的战国儒家中,已有人推崇禅让。由是可知,崇尚"禅让"应曾是先秦儒、墨等家的一致思想,在战国中期的特定历史环境中风行一时,因此似不必追究谁最先讲。⑤ 另一方面,作为战国文献对古史的追述,值得留意的是《容成氏》简文中讲尧、舜等古帝王事迹前所用的"昔""昔者",这就

---

① 顾颉刚:《禅让传说起于墨家考》,《古史辨》(第7册下),第30~106页。
② 童书业:《春秋左传研究》,北京:中华书局,2006年,第13页。
③ 郭沫若:《先秦天道观之进展》,《郭沫若全集·历史编》(第1卷)《青铜时代》,北京:人民出版社,1982年,第317~376页;杨宽:《读〈禅让传说起于墨家考〉》,《古史辨》(第7册下),第110~116页。
④ 杨希枚:《再论尧舜禅让传说》,《杨希枚集》,第386页。
⑤ 裘锡圭:《新出土先秦文献与古史传说》,《中国出土古文献十讲》,第32~35页。

说明对于编纂者而言，其所讲之事已然属于"讲古"。① 因此，禅让事迹之有无并无更加确凿的证据，在现有条件下，似亦不应对禅让事迹之有无过度拘泥。竹书的重要价值应在于使我们认识到在战国时人心目中有着较大可信度的古史观念，是尧舜之前由众多古帝王互相禅让并且有天下的这样一种模式。

当然，学界对原史时期众说纷纭，《容成氏》中的古帝王至今仍有乔结氏、栓丨氏、邎墥氏等三位未能与传世文献相对应。其实，这些在战国时人看来就已属缥缈难稽的上古帝王名，在流传的过程中或湮没不显，是实属正常的，似不必一定要在古书中找到对应者。②《容成氏》《子羔》《唐虞之道》等楚竹书的发现，说明战国时期的古史传说似乎存在着不同的传授系统与版本，诸子各取所需，将其纳入自己的论说体系。《容成氏》中有些内容可与传世文献比照，有些则不见于传世文献，有些则同为一件事，在出土竹简及传世文献中有不同的记载，正说明了这样一种情况。③ 重要的是它提供了一个在战国时人心目中有着较大可信度的古史观念，是尧舜之前由众多古帝王互相禅让并且有天下的古史系统；这样一种按照时间先后顺序叙述的古史系统，并没有像《大戴礼记·帝系》那样强调各族统出一源的帝王系统，而是淡化了古帝王之间、古帝王和尧舜之间、古帝王和三代先祖之间的世系关系。④ 因此《容成氏》简文中的古帝王系统和禅让之主要价值似还在于证明大一统的五帝系统实非史实，同时揭示出古史传说系统的多元性，为研究传说时代的历史提供了新的战国文献支持。

（二）九州系统

《容成氏》简文在叙述禹治水故事时述及了"九州"：

---

① 赵逵夫先生研究《庄子·杂篇》中的《说剑》庄子游说赵文王止剑事，由其文首句"昔赵文王喜剑"之"昔"指出，《庄子》一书叙述庄周事迹，无加"昔"字者，马叙伦《庄子义证》已言之。因为即便是庄周子弟或后学所写，提到其师或师祖的事迹，都不看作称引历史资料，而看作转述已熟知之事，故皆不见"昔"。此文以"昔"字冠首，为非庄周一派所作，所写非庄周的证据之一。赵逵夫先生站在考证作者的角度已注意到了此问题。参见赵逵夫：《庄辛〈说剑〉考校》，《屈原与他的时代》，北京：人民文学出版社，2002年，第500～513页。
② 陈剑：《上博楚简〈容成氏〉与古史传说》，《战国竹书论集》，第59页。
③ 罗新慧：《〈容成氏〉、〈唐虞之道〉与战国时期禅让学说》，《齐鲁学刊》2003年第6期。
④ 郭永秉：《帝系新研——楚地出土战国文献中的传说时代古帝王系统研究》，第221页。

禹亲执枌（畚）耜，以陂明都之泽，决九河【24下】之湶（阻），于是乎夹州、徐州始可处。禹通淮与沂，东注之海，于是乎竞州、莒州始可处也。禹乃通蓉与易，东注之【25】海，于是乎藕州始可处也。禹乃通三江五湖，东注之海，于是乎荆州、扬州始可处也。禹乃通伊、洛，并里〈瀍〉、涧，东【26】注之河，于是乎豫州始可处也。禹乃通泾与渭，北注之河，于是乎虘州始可处也。禹乃从汉以南为名谷五百，从【27】汉以北为名谷五百。

简文需要注意处有二：其一是由莒州的得名、藕州水系和九河的归属，似可推知《容成氏》九州形成于两周之际或春秋前期；① 其二是"九州"的叙述顺序以禹治水为主线，禹所治河川的布局、走向成为"九州"呈现的准则，因此呈现出禹治某河某川，于是乎某州始可处的叙述模式。上述两点似均昭示战国时期"九州"系统亦非单一的模式。

《容成氏》中的"九州"说早于战国时期，在简文用词上也可发现端倪，此段简文六见"于是乎"这一词语，其"于是乎某州始可处也"的排比句似也体现了《容成氏》早于战国的时代特征。② 这当然是可能的，"九州"的划分应有其更早的根源，③"有着源远流长的自龙山文化时期已自然形成后历三代继续存在的一种人文地理区系"，④ 大致是以自然地理与经济地理为表征的政治地理格局。⑤ "中国"与"四土""四国"概念的糅合似是"九州"观念产生的原因之一。⑥ 当然通过"中国"与"四土"这五个方位与"九"这个古人观念中"地"的基本方位模数

---

① 九河的归属，还可能与古代黄河下游河道变迁有关。据谭其骧先生的研究，黄河下游河道见于先秦文献记载的有两条：一是《禹贡》河，二是《山经》河。《汉志》河具体经流虽到汉代才见于著录，却是见于记载的最早一条黄河下游河道。有可能先有《汉志》河，某年从宿胥口北决而形成《禹贡》《山经》河。古九河约在《汉志》河以北，《山经》河、《禹贡》河以南。参见谭其骧：《西汉以前的黄河下游河道》，《历史地理》（第1辑），上海：上海人民出版社，1981年，第48～64页。由此似可推定，《容成氏》九州划分是以《汉志》河为背景，九河属河以北的冀州（夹州）；而《禹贡》则是以《禹贡》河或《山经》河为依据，九河属黄河以南、济水以北的兖州。参见晏昌贵：《竹书〈容成氏〉九州考略》，《简帛数术与历史地理论集》，第263～276页。
② 杜勇：《论〈禹贡〉梁州相关诸问题》，《天津师范大学学报》（社会科学版）2008年第2期。
③ 邵望平：《〈禹贡〉"九州"的考古学研究》，《九州学刊》1987年第1、2期，后收入《邵望平史学、考古学文选》，济南：山东大学出版社，2013年，第3～27页。
④ 刘起釪：《〈禹贡〉写成年代与九州来源诸问题探研》，唐晓峰主编：《九州》（第3辑），北京：商务印书馆，2003年，第9页。
⑤ 周振鹤：《中国历史政治地理十六讲》，北京：中华书局，2013年，第48页。
⑥ 王卜辞中商人已有后世政治地理区划上"四土"的概念和以商为天下中心的观念，如：

南方，西方，北方，东方，商（《屯南》1126）。
己巳王卜，贞[今]岁商受[年]？
王占曰：吉。

（接下页）

产生联系亦是可能的：五方位在平面上按东西南北中来拼合，会呈现"亚"字型，将四个空隙补齐，就是"九"了。① "九州"观念的具体产生时间与过程，已然于史无征。而据《左传》襄公四年魏绛为晋侯引《虞人之箴》说"茫茫禹迹，画为九州，经启九道"，② 其与"禹迹"是存在一定联系的，所以《容成氏》将"九州"与禹治水联系在一起，《尚书·禹贡》也说"禹别九州，随山浚川，任土作贡。禹敷土，随山刊木，奠高山大川"。③

当时人实践摸索，似至迟在西周中期已认识到这种地理格局。2002 年 5 月保利博物馆入藏的西周共王时期的燹公盨铭文中，有"天令（命）禹尃（敷）土，隓（堕）山，叡（浚）川，乃奏方，埶（设）征，降民监德"的记述。"敷土"即《禹贡》的"禹敷土，随山刊木，奠高山大川"，诸家多从东汉马融所释，读"敷"为"分"。"敷土"即所谓别九州。④

春秋早期的金文中亦出现"禹迹"，并将其与"受国"联系起来。民国初年出土于甘肃天水、现藏国家博物馆的秦公簋（《集成》04315）铭文有"秦公曰：丕显朕皇且（祖），受天命，鼏（冪）宅禹责（迹），十又二公"，是讲从某位先公于

（接上页）东土受年？
　　　南土受年？ 吉
　　　西土受年？ 吉
　　　北土受年？ 吉（《合集》36975）

这种中心加四土的观念为被翦商以后的周人所认同并继承下来。何尊铭文（《集成》06014）有"余其宅兹中或（国）……"，《诗·大雅·荡》："文王曰咨，咨女殷商。女炰烋于中国……内奰于中国，覃及鬼方"。周公和成王克商践奄之后，于雒邑"宅兹中国"，"中国"之称盖指西周王朝，以成周雒邑为天下之中。《国语·郑语》记载西周末年郑桓公问史伯：

"王室多故，余惧及焉，其何所可以逃死？"史伯对曰："王室将卑，戎、狄必昌，不可偪也。当成周者，南有荆蛮、申、吕、应、邓、陈、蔡、随、唐；北有卫、燕、狄、鲜虞、潞、洛、泉、徐、蒲；西有虞、虢、晋、隗、霍、杨、魏、芮；东有齐、鲁、曹、宋、滕、薛、邹、莒……"

史伯的回答就是以成周为中心向四方展开的。而在"四土"的基础上，明确的"四国"观念是在西周时期出现的。二者的区别简言之，"土"是西周王国的国土，在其边域地区设有"侯"之类具有军事防卫职能的长官；而"国"在"土"外，是王国力图掌控的地区，大体上可以认为是王国的附属区。参见朱凤瀚：《论西周时期的"南国"》，《历史研究》2013 年第 4 期。

① 李零：《中国古代地理的大视野》，唐晓峰、李零主编：《九州》（第 1 辑），北京：中国环境科学出版社，1997 年，第 6～10 页；唐晓峰：《从混沌到秩序：中国上古地理思想史述论》，北京：中华书局，2010 年，第 217～218 页。
② 《春秋左传正义》卷二九襄公四年，第 4196 页。
③ 《尚书正义》卷六《禹贡》，第 307 页。
④ 朱凤瀚：《燹公盨铭文初释》，《中国历史文物》2002 年第 6 期。

"禹迹"起,至作器者父辈已历十二世。1978年陕西宝鸡太公庙出土的秦公钟(《集成》00262~00266)、镈(《集成》00267~00269),铭文格式与之相似,云"秦公曰:'我先且(祖)受天命,赏宅受或(国)'"。"鼏(冪)宅禹责(迹)"与"赏宅受或(国)"两者结合,铭文记载的是秦从周受封定居于"禹迹"而立国的事迹。"禹迹"是一个大范围的概念,封国是从属于"禹迹"的。①

春秋中晚期的金文中,已有将"禹"与"九州"连称的例子了。宋代出土于今山东临淄齐故城的叔夷钟(《集成》00275~00276)铭文作:"赫赫成唐(汤),又(有)敢在帝所,尃(溥)受天命……咸有九州,处禹之堵(土)。"在商人后裔的追述中,禹被尊崇,成汤也是立国于"九州禹土"之上的。

"九州"的记载在战国以后的文献中开始与具体的州名区划联系在一起,见于《尚书·禹贡》《周礼·夏官·职方氏》《吕氏春秋·有始》《尔雅·释地》等多种文献。简文所列"九州"名号与上述文献所记"九州"的比勘可参看表 3-3。② 可以看出,《容成氏》九州不同于任何一种传世文献,简文九州是一个独立的系统。其差异表现在:

表 3-3 文献中有关"九州"州名记载的差异

文献	"九州"州名										
禹贡	冀	徐	青	兖			荆	扬	豫	梁	雍
职方氏	冀		青	兖	并	幽	荆	扬	豫		雍
有始	冀	徐	青	兖		幽	荆	扬	豫		雍
释地	冀	徐		兖	营	幽	荆	扬	豫		雕
容成氏	夹	徐	竞(青)		莒	藕	荆	扬	豫		叙

首先,其叙述模式是以治水为主线,因此与传世文献在各州界定方式上存在差异。《容成氏》以禹治理对象的自然河川为其标识"九州"地界的唯一选择。而《职方氏》中既以方位标识出扬、荆、青、雍、幽、并州的所在,又采取了以自然河川为界的方式,用河之南、东、内标识豫、兖、冀州的所在。《有始览》同

---

① 唐晓峰:《从混沌到秩序:中国上古地理思想史述论》,第215页。
② 参见陈伟:《竹书〈容成氏〉所见的九州》,《中国史研究》2003年第3期;晏昌贵:《竹书〈容成氏〉九州考略》,《简帛数术与历史地理论集》,第263~276页。

样也采取了以方位、河界标识九州的方法,且在河界中,除黄河外,还增添了汉水、济水和泗水,此外,它还将各州与列国一一对应。《释地》中没有用方位标识,仅采用了河界和列国两类,但河界中,河、汉、济水之外,又增添了长江。

其次,在叙述区域上,《容成氏》以明都、九河对应夹州和徐州,淮与沂对应竞州和莒州,萎与易对应藕州,三江五湖对应荆州和扬州,伊、洛、瀍、涧对应豫州,泾与渭对应虘州,一共叙述了六个区划,而《禹贡》《职方氏》等均是九分。

最后,就叙述内容来说,《容成氏》独有莒州。① 《禹贡》对于西北的冀州、雍州地理最详,而且有梁州。《职方氏》以扬州为首,冀州北部独立出并州,且并州"其谷宜五种"。《吕览》则将各州与东周列国对应,在九州诸说中最有现实性。《释地》以济东曰徐州而不同于《吕览》以泗上为徐州,以江南曰扬州不同于《吕览》东南为扬州,以汉南曰荆州不同于《吕览》南方为荆州,以河西曰雍州不同于《吕览》西方为雍州。除济东的地理区域大于泗上外,其余三处《吕览》所述区域均大于《释地》。上述叙述内容的不同,学者以为与地域背景直接相关。②

《容成氏》"九州"说一方面说明战国时期在前代"九州"观念的广泛流传上,将其与具体的政治地理区划联系起来,建构出一种整合式的华夏一统的局面。童书业先生曾据此指出:

> 春秋而后,各大国努力开疆之结果,所谓"中国"愈推愈大,渐有统一之倾向,于是具体区划"天下"之需求乃起……"九州"制度之背景,实为春秋、战国之疆域形势……越为扬州,燕为幽州,乃字之声转;楚为荆州,是沿用旧名;秦为雍州,因雍为秦都;齐为青州,因齐在东方,东方色青。……梁州乃指……秦国所辟之新疆;并州……盖暗射中山之国。……营州……源于齐都之营丘;冀州……源于冀国,冀为晋所灭,故以冀称晋;"兖"与"衣"声近,衣即殷,卫本殷地。徐州原于徐国。③

---

① 尹宏兵先生认为《容成氏》以莒为山东的代表表明其作者对东夷系统具有亲近感,进一步认为这个九州说代表了殷人的地理观。参见尹宏兵:《〈容成氏〉与"九州"》,《楚地简帛思想研究(三)》,第220~236页。
② 有学者总结认为,《禹贡》是秦晋人的九州说,《容成氏》是宋人的九州说,《吕览》是秦人的九州说,《职方》是燕赵人的九州说,《释地》是鲁人的九州说。参见周运中:《论九州异说的地域背景》,《北大史学》(第15辑),北京:北京大学出版社,2010年,第1~17页。
③ 童书业:《传说中之州制》,《童书业著作集》卷二《童书业历史地理论集》,童教英整理,北京:中华书局,2008年,第415~416页。

可见"九州"区划的构拟与春秋战国时期以来,伴随着列国的开疆拓土、势力范围的大致划定,人们对于当时自然地理与人文地理认识的不断深化密切相关。

另一方面,由于不同地域对于当时自然地理与人文地理认识的差异,所以不同的"九州"说应运而生。《容成氏》中所见"九州"说的主要价值似在于了解战国时期"九州"记述的多系统,反映了当时不同地域对"天下"格局的具体认知,为我们研究"九州"说的演变及先秦时期政治、历史地理提供了有益的材料。

二、夏代史事

楚竹书所记夏代史事,其记述主题亦未出传世文献记载之范畴,但最主要的价值是通过有关夏代世系的记述,证明了夏代之存在在战国时期是不争之事实。此外,也给一些过去的成说提出了新的挑战,如皋陶卒于何时;或给传世文献已有的说法提供了新的证据,如启攻益自取、孔甲的形象。具体可以看下面几个例子。

(一) 夏的建立与夏世系

上博竹书《容成氏》简要叙述了夏代的建立及其世系:

> 禹有子五人,不以其子为后,见【33下】皋陶之贤也,而欲以为后。皋陶乃五让以天下之贤者,遂称疾不出而死。禹于是乎让益,启于是乎攻益自取。【34】☐[启]王天下十又六年(世)而桀作……【35 中】

清华竹书《厚父》亦记有夏代初年史事云:

> 王若曰:"厚父!咸(遹)闻(闻)禹……【1】川,乃降之民,建頭(夏)邦。启隹(惟)后,帝亦弗斁(斁)启之经德。少①命咎(皋)繇(繇)下为之卿事,兹咸有神,能格于上,

---

① "少"字简文写作 ⺌,陈伟先生疑应释为"乎",读为"呼"。"呼",命也。参见陈伟:《读〈清华竹简(伍)〉札记三则》,简帛网,http://www.bsm.org.cn/show_article.php?id=2189,2015 年 4 月 11 日。清华读书会将"少"字属上读,"经德少"可以理解为施行的德政不多,也可以理解为夏启个人的德行有待完善。参见清华读书会:《清华简第五册整理报告补正》,清华网,http://www.ctwx.tsinghua.edu.cn/publish/cetrp/6831/2015/20150408112711717568509/201504081127117175685099_.html,2015 年 4 月 8 日。虽然关于文字的释读仍在讨论,但并没有妨碍此句所要表达的帝派皋陶来辅佐夏启的句意。

【2】知天之威哉,畲(问)民之若否,隹(惟)天乃永保顥(夏)邑……【3】"①

两段简文值得注意的有三点:一是禹举皋陶,二是启攻益自取,三是"[启]王天下十又六年〈世〉而桀作"。

1. 禹举皋陶

《史记·夏本纪》"帝禹立而举皋陶荐之,且授政焉,而皋陶卒",②与《容成氏》简文记载相似,但是《容成氏》所记"皋陶乃五让以天下之贤者,遂称疾不出而死"为《夏本纪》所无。传世文献与《容成氏》均大抵记载皋陶卒于禹时,但依《厚父》简文来看,是启做了夏王以后,帝担心他的德不巩固,不久派皋陶来做他的卿事。皋陶能感于上天,知天威、察民情,为夏王朝的巩固作了重要贡献。和此前已知的文献不同,《厚父》明言皋陶在启时为卿事,与过去皋陶卒于夏禹时的说法明显不同。③

裘锡圭先生曾指出《墨子·尚贤下》"昔者尧有舜,舜有禹,禹有皋陶……"中"禹有皋陶"即《容成氏》所记禹让位于皋陶之事。顾颉刚先生曾主要根据"禹有皋陶"认为《墨子·尚贤下》晚出,"定出秦后",现在从《容成氏》简文来看,"可见至晚在战国中期就有这种说法了,《尚贤下》决非'定出秦后'"。④

综合两篇简文来看,皋陶是禹所倚重之人,对夏启的作用,类似于伊尹对商汤的作用。《尚书·君奭》云"成汤既受命,时则有若伊尹,格于皇天",⑤皋陶同样"能格于上",是辅佐受命之君的良臣。古史传说中有关皋陶的事迹同样有很多,《尚书·皋陶谟》记述了皋陶与禹的对话,《史记·五帝本纪》记述"天下归舜。而禹、皋陶……自尧时而皆举用,未有分职"。⑥ 准此可知,舜、禹、皋陶曾一度同时。皋陶曾为舜臣,郭店竹书《唐虞之道》亦有"皋陶内用五刑,出式兵革……【12】",同样以皋陶为舜臣。值得注意的是,《厚父》简文叙述皋陶事迹时,王使用的是"闻"这一类的词语,似暗示这一说法为当时口耳相

---

① 清华大学出土文献研究与保护中心编,李学勤主编:《清华大学藏战国竹简(伍)》,第110页。
② 《史记》卷二《夏本纪》,第83页。
③ 赵平安:《〈厚父〉的性质及其蕴含的夏代历史文化》,《文物》2014年第12期。
④ 裘锡圭:《新出土先秦文献与古史传说》,《中国出土古文献十讲》,第36页。
⑤ 《尚书正义》卷一六《君奭》,第475页。
⑥ 《史记》卷一《五帝本纪》,第38页。

传,而非记载于档案文献。总之,《厚父》的说法给皋陶具体所处时代提供了新的说解。

2. 启攻益自取

启攻益自取之事传世文献向有两说:一是以《晋书·束晳传》引古本《竹书纪年》"益干启位,启杀之"为代表;①一是《史记·夏本纪》"禹子启贤,天下属意焉。及禹崩,虽授益,益之佐禹日浅,天下未洽。故诸侯皆去益而朝启,曰:'吾君帝禹之子也。'于是启遂即天子之位,是为夏后帝启"。② 前者得到《战国策·燕策一》等文献的支持,③后者则以《孟子·万章上》为援。④

前一类传说不见于后世史书、儒家经籍,对此李存山先生有深入分析。他认为儒家经籍"对于一些历史事件或古史传说""务存褒讳""隐没者多",而后世史书如《史记》又深受儒家经籍的影响,启杀益这类"不雅驯"者同样也就被舍弃而隐没了。⑤ 实际上启能够得立须依赖于禹在治水中积累的威信。《厚父》虽简文残缺,但讲述禹的事迹之末尾,仍有一"川"字,即应与治水事有关。由于此事,故禹得以"降之民,建夏邦"。上引《国语·周语下》由于禹治水的成功"天嘉之,祚以天下,赐姓曰'姒',氏曰'有夏'",《汉书·地理志》亦是将夏代的建立与治水联系在一起,"尧遭洪水,……使禹治之。水土既平,更制九州,列五服,任土作贡"。⑥ 禹个人身份的变化来源于他所承担的社会公职权力的集中,来源于他在承担这一公职的过程中所建立的威权。禹最后在文献中的形象已成为一个具有相当权威的君主,如《左传》哀公七年曾记述禹在平定三

---

① 方诗铭、王修龄:《古本竹书纪年辑证(修订本)》,第 2 页。
② 《史记》卷二《夏本纪》,第 83 页。
③ "禹授益而以启为吏,及老,而以启为不足任天下,传之益也。启与支党攻益而夺之天下。"参见《战国策》卷二九《燕策一》,(汉)刘向集录:《战国策》,上海:上海古籍出版社,1998 年,第 1059 页。此外,《韩非子·外储说右下》"古者禹死,将传天下于益,启之人因相与攻益而立启"、《楚辞·天问》"启代益作后,卒然离蠥,何启惟忧,而能拘是达?"等文献表达的也是此意。参见《韩非子集解》卷一四《外储说右下》,(清)王先慎撰:《韩非子集解》,钟哲点校,北京:中华书局,1998 年,第 340 页;游国恩:《天问古史证(二事)》,《游国恩学术论文集》,北京:中华书局,1989 年,第 128~138 页。
④ "禹荐益于天,七年,禹崩。三年之丧毕,益避禹之子于箕山之阴。朝觐讼狱者不之益而之启,曰:'吾君之子也。'讴歌者不讴歌益而讴歌启,曰:'吾君之子也。'"参见《孟子注疏》卷九下《万章章句上》,第 5955 页。
⑤ 李存山:《反思经史关系:从"启攻益"说起》,《中国社会科学》2003 年第 3 期。
⑥ 《汉书》卷二八上《地理志》,第 1523 页。

苗之乱后"合诸侯于涂山",前来表示臣服与朝贡的诸侯,即所谓"执玉帛者"达"万国"之多。在其执政后期,他虽然先后选择皋陶和益来作为自己的继承人,但是同时他又很自然地发展"家天下"的势力,即《韩非子·外储说右下》记载"禹爱益而任天下于益。已而以启人为吏。及老,而以启为不足任天下,故传天下于益,而势重尽在启也"。① "启人"即是禹家族之人,以自己家族之人"为吏",是"势重尽在启也",如此则"家天下"的趋势势不可挡,夏代的建立也就顺理成章了。② 当然,历史事实不会如此简单,或许这一过程会体现在禹前后的几代人身上,但传说把这样的过程"故事化"在一个著名人物的身上,其本身即包含着丰富的历史内涵。

3. 夏代世系

《厚父》中已明确指出禹和夏代建立间的关系。虽然此篇中禹治水、建夏邦等所从受命的均是天帝而非尧舜,但《厚父》已明确指明他是奉天命而建夏邦的。《容成氏》"[启]王天下十又六年(世)而桀作",夏代自启至于桀的共有十六位王,这与《史记·夏本纪》所载启至于桀的夏王世系大体相合。另据《太平御览》卷八十二"皇王部"引《纪年》曰"自禹至桀十七世,有王与无王,用岁四百七十一年",③《大戴礼记·少间篇》"禹崩十有七世,乃有末孙桀即位",④可知自禹至桀十七世,与《容成氏》所言自启至桀十六世,也正好吻合。《容成氏》或为了宣传禅让,颂禹而抑启,以启为夏开国之君,且以为启攻益自取,⑤但是诸家所述夏代世系却是一致的,区别仅在于是否将禹算入。上述对夏代世系一致的记述,一是说明在春秋战国时人的观念中,夏代的存在确实是不争的事实,⑥二是证明了春秋战国时期"世"类文献的广泛流传和其自身的史料可靠

---

① 《韩非子集解》卷一四《外储说右下》,第340页。
② 参见沈长云:《由"社会公仆"到"社会的主人"——中国早期政治组织产生的途径》,《河北学刊》1998年第3期。
③ 方诗铭、王修龄:《古本竹书纪年辑证(修订本)》,第20页。
④ 《大戴礼记补注》卷一一《少间篇》,第214页。
⑤ 李锐:《读上博馆藏楚简(二)札记》,《上博馆藏战国楚竹书研究续编》,第532~540页。
⑥ 夏代存在且以杞、鄫为后裔的记载文献常见,如《左传》僖公三十一年,卫成公梦康叔曰:"相夺予享。"公命祀相。宁武子不可,曰:"鬼神非其族类,不歆其祀。杞、鄫何事?"《国语·周语》:"有夏虽衰,杞、鄫犹在。"针对学者对夏代是否存在的争议,可参见沈长云:《夏代是杜撰的吗——与陈淳先生商榷》,《河北师范大学学报》(哲学社会科学版)2005年第3期;许宏:《何以中国——公元前2000年的中原图景》,北京:生活·读书·新知三联书店,2014年。

性,三是验证了《夏本纪》等传世文献的记载。

(二) 夏王孔甲的形象

清华竹书《厚父》呈现了明晰的孔甲形象:

> 之匿(慝)王廼渴(竭)【5】悦(失)其命,弗用先剴(哲)王孔甲之典刑,真(颠)
> 偱(覆)氒(厥)德,湎(沉)緬于非彝,天廼弗若(赦),廼述(坠)氒(厥)命,亡氒(厥)
> 邦。【6】①

"先哲王"多指前代贤明的国王,如《尚书·康诰》"言往敷求于殷先哲王,用保义民",②《酒诰》"在昔殷先哲王,迪畏天显小民,经德秉哲"。③ "典刑",古书多作"典型",《诗·大雅·荡》"虽无老成人,尚有典型",郑玄笺:"老成人谓若伊尹、伊陟、臣扈之属,虽无此臣,犹有常事,故法可案用也。"④简文称孔甲为先哲王,是孔甲之德能顺于天,可为后王典型。《左传》昭公二十九年记述魏献子与蔡墨的问对,其中亦有指夏王孔甲德能顺天的意蕴:

> 及有夏孔甲,扰于有帝,帝赐之乘龙,河汉各二,各有雌雄。孔甲不能食,而未获豢龙氏。有陶唐氏既衰,其后有刘累,学扰龙于豢龙氏,以事孔甲,能饮食之。夏后嘉之,赐氏曰御龙,以更豕韦之后。龙一雌死,潜醢以食夏后。夏后飨之,既而使求之。惧而迁于鲁县,范氏其后也。

孔颖达疏引《帝王世纪》云:"少康子帝杼,杼子帝芬,芬子帝芒,芒子帝世,世子帝不降,不降弟帝乔,乔子帝广也。至帝孔甲,孔甲,不降子。"杜预注:"孔甲,少康之后九世君也。其德能顺于天。"⑤而《国语·周语下》则云:"孔甲乱夏,四世而陨。"⑥《史记·夏本纪》亦云:"帝孔甲立,好方鬼神,事淫乱。夏后氏德衰,诸侯畔之。"⑦目前史学界的主流意见是依据《国语》《史记》认为孔甲是夏

---

① 清华大学出土文献研究与保护中心编,李学勤主编:《清华大学藏战国竹简(伍)》,第110页。
② 《尚书正义》卷一四《康诰》,第431页。
③ 《尚书正义》卷一四《酒诰》,第439页。
④ 《毛诗正义》卷一八·一《大雅·荡》,第1193页。
⑤ 《春秋左传正义》卷五三昭公二十九年,第4610~4611页。
⑥ 《国语集解》卷三《周语下》,第130页。
⑦ 《史记》卷二《夏本纪》,第86页。

王朝开始崩溃的转折点。① 清人梁玉绳曾经反驳此种观点云:

> 孔甲见《左传》……史公取《左传》晋蔡墨所说豢龙事,其有无不可知,但《传》曰"有夏孔甲扰于有帝,帝赐之乘龙河、汉各二"。是龙降于天,德之所致也,何言淫乱德衰乎?……所谓淫乱德衰者,盖误解《左传》扰字耳,然其误实从《周语》来。《国语》不可尽信,其言"孔甲乱夏四世而陨",犹言帝甲乱商七世而陨,夫祖甲岂乱商者哉。②

杨伯峻先生亦赞同这一看法,指出:

> 杜以孔甲顺于天,而《周语下》云"孔甲乱夏,四世而陨",《史记·夏本纪》亦谓"帝孔甲立,好方鬼神事,淫乱,夏后氏德衰,诸侯畔之",与杜注义不同。扰可训顺,亦可训乱,从下文"帝赐之"推之,杜说是。③

上述《厚父》简文即支持了梁玉绳、杨伯峻先生等人的看法。依清华竹书《厚父》,孔甲被称作"先哲王",他的故法、常规被视为后王应该效法的准则。从《厚父》看,孔甲明君的形象是很清晰的,他甚至可能作为夏代后裔的偶像,同禹、启一道,进入类似于楚人"三楚先"这一"祀典"概念的夏人"三后"之中。④ 更进一步讲,与上文述楚王形象相联系,无论夏人观念中夏王的形象,还是楚人观念中楚王的形象,借由楚竹书之史事记述均展现出与过去认识不同甚至截然对立的方面,这启发我们对过去一些固有认识和判断方式的思考。

三、商代史事

楚竹书所记商代史事之基本结构,与夏代史事之记述的结构类似,主旨仍在于记述商汤伊尹(禹启皋陶与之对应)等明君贤臣如何受命、兴国,对应于夏后孔甲,亦有对商王太戊、武丁等功绩之追述,这不由使人联想起周人对记述夏商史事的档案与口传文献改编的关注与侧重。区别似在于"书"类文献中对商代史事的细节记述更为丰富,如对傅说形貌的描述,请看下面几个例子:

---

① 徐在国:《释"䇂䇂"》,《古籍整理研究学刊》1999 年第 3 期。
② (清)梁玉绳:《史记志疑》,北京:中华书局,1981 年,第 41~42 页。
③ 杨伯峻:《春秋左传注(修订本)》,第 1501 页。
④ 参见赵平安:《〈厚父〉的性质及其蕴含的夏代历史文化》,《文物》2014 年第 12 期。

(一) 商汤灭夏与商世系

汤武革命是先秦诸子常讲的话题,楚竹书中也有这方面的内容,以商汤灭夏为例,《容成氏》叙述了这一过程。

> 桀不述其先王之道,自为【35 中】[芑为]□不量其力之不足,起师以伐岷山氏,取其两女琰、琬,妖(?)北去其邦,□为丹宫,筑为璇室,饰为瑶台,立为玉门。其骄【38】泰如是状。汤闻之,于是乎慎戒征贤,德惠而不賸,秞三十尼而能之。如是而不可,然后从而攻之,升自戎(陑)遂,入自北【39】门,立于中余(涂)。桀乃逃之历山氏,汤又从而攻之,降自鸣条之遂,以伐高神之门。桀乃逃之南巢氏,汤又从而攻之。【40】遂逃去,之苍梧之野。
>
> 汤于是乎征九州之师,以覛(略)四海之内,于是乎天下之兵大起,于是乎罙(亡)宗鹿(戮)族戈(残)群安(焉)备。【41】当是时,强弱不絽諹,众寡不听讼,天地四时之事不修。汤乃專(溥)为征籍,以征关市。民乃宜怨,虐疾始生,于是【36】乎有喑、聋、跛、眇、瘿、窭、偻始起。汤乃惎戒求贤,乃立伊尹以为佐。伊尹既已受命,乃执兵钦(禁)暴,兼得于民,遂迷而【37】□贼盗,夫是以得众而王天下。□汤王天下三十又一世而纣作……【42 下】

商汤灭夏的史事还见于清华竹书《尹至》《尹诰》。笔者不惮重复引相关简文如下,《尹至》:

> 惟尹自顠(夏)薳(徂)亳,彖至在汤。汤曰:"格!汝其有吉志?"尹曰:"后!我来,越(越)今佝佝。余兑(闵)其有顠(夏)众【1】□不吉好,其有后厥志其丧。宠二玉,弗悬(虞)其有众。民沈(允)曰:'余及汝偕芒(亡)。'佳(惟)截(兹)虘(虐)惠(德),瘅(暴)瞳(动)【2】无箿(典)。顠(夏)有恙(祥),在西在东,见彰于天。其有民率曰:'惟我棘(速)禑(祸)。'咸曰:'憼(曷)今东恙(祥)不彰?'今【3】其女(如)匋(台)?"汤曰:"汝告我顠(夏)瞪(隐)街(率)若寺(兹)?"尹曰:"若寺(兹)。"汤榘(盟)惎(质)及尹。芋(兹)乃柔,大縈(荥)。汤逞(往)【4】延(征)弗鹁(附)。毂(挚)尾(度),毂(挚)惠(德)不愳(僭)。自西戡(翦)西邑,夲(戡)其有顠(夏)。顠(夏)咠(播)民入于水,曰:"战!"帝曰:"一勿遲(遗)。"【5】

《尹诰》:

> 惟尹既及汤咸有一德。尹念天之敢(败)西邑顠(夏),曰:"顠(夏)自慈(绝)其有民,亦惟厥众。非民无与獸(守)邑,【1】厥辟复(作)怠(怨)于民,民复之,用离心,我翦

烕(灭)顕(夏)。今后薯(曷)不监?"轚(挚)告汤曰:"我克龝(协)我友,今【2】惟民、远邦遉(归)志。"汤曰:"於虘(乎)!吾何复(作)于民,俾我众勿违朕言?"轚(挚)曰:"后,其夆(赉)之,其有顕(夏)之【3】金玉、田邑舍(予)之,吉言乃致众于白(亳)审(中)邑。"【4】

上引简文需要注意的史事似主要有四处:一是夏桀的暴政,二是汤伐桀的战事,三是伊尹的作用,四是商代世系。

1. 夏桀的暴政

夏桀的暴政,《容成氏》简文记述有娶岷山氏二女、为丹宫、筑璇室、饰瑶台、立玉门等事,其中只有取岷山氏二女可以得到《尹至》"宠二玉,弗虞其有众"的印证。而筑璇室、饰瑶台、立玉门等事,《文选·东京赋》注引《汲冢古文》"夏桀作倾宫、瑶台,殚百姓之财",《太平御览》卷八二引古本《竹书纪年》"桀倾宫,饰瑶台,作琼室,立玉门",①而《晏子春秋·内篇谏下》则说"及夏之衰也,其王桀背弃德行,为璇室玉门。殷之衰也,其王纣作为倾宫灵台",②是将桀纣恶行合并而言。特别是立为玉门事,文献多以为与纣相关。《吕氏春秋·首时》"王季历困而死,文王苦之,有不忘羑里之丑,时未可也。武王事之,夙夜不懈,亦不忘王门之辱",③《战国策·赵策三》也有"武王羁于玉门"之说。④ 对此,陈剑先生指出,所谓居下流则天下之恶皆归焉,桀、纣昏乱之事古书往往并举、错出,也正是这类纷纭传说的常态。⑤

2. 汤伐桀之战事

《容成氏》所记汤伐灭桀的过程,戎遂、历山氏、鸣条之遂、南巢氏等都可以

---

① 《文选·吴都赋》注引作:"桀筑倾宫、饰瑶台。"又,《文选·七命》注引作:"桀作倾宫、饰瑶台。"《路史》卷三七引《汲冢古文册书》作:"桀饰倾宫,起瑶台,作琼室,立玉门。"参见方诗铭、王修龄《古本竹书纪年辑证(修订本)》,第19、189页。相似的文献记载还有《新序·刺奢》:"桀作瑶台,罢民力,殚民财,为酒池糟堤,纵靡靡之乐,一鼓而牛饮者三千人。"参见《新序校释》卷六《刺奢》,(汉)刘向编著,石光瑛校释:《新序校释》,陈新整理,北京:中华书局,2001年,第789~790页。《列女传·孽嬖》:"造琼室,瑶台以临云雨,殚财尽币,意尚不餍,召汤,囚之于夏台,已而释之。"参见《列女传》卷七《孽嬖》,(汉)刘向编纂:《古列女传》,北京:中华书局,1985年,第189~190页。
② 《晏子春秋集释》卷二《内篇谏下》,第142页。相似的文献记载还有《淮南子·本经训》:"晚世之时,帝有桀、纣,为璇室、瑶台、象廊、玉床,纣为肉圃、酒池、燎焚天下之财,罢苦万民之力。"参见《淮南子集释》卷八《本经训》,第579~580页。
③ 《吕氏春秋集释》卷一四《孝行览·首时》,第322页。
④ 《战国策》卷二〇《赵策三》,第721页。
⑤ 陈剑:《上博楚简〈容成氏〉与古史传说》,《战国竹书论集》,第74页。

得到传世文献的印证，如《书·汤誓序》"伊尹相汤伐桀，升自陑，遂与桀战于鸣条之野"，①《吕氏春秋·简选》"殷汤良车七十乘，必死六千人，以戊子战于郕，遂禽推移、大牺，登自鸣条，乃入巢门，遂有夏"。②许全胜先生曾经详细引证并跟简文加以对比：简文"升自戎遂"即《书·汤誓序》的"升自陑遂"，"戎""陑"可通，又"戎遂"亦即《史记·殷本纪》"桀败于有娀之虚"的"有娀之虚"。"桀乃逃之历山氏"，与《太平御览》卷八十二《皇王部》引《尸子》"桀放于历山"等相合。"降自鸣条之遂"，即《吕氏春秋·简选》的"登自鸣条"，此事也见于《书·汤誓序》《淮南子·主术训》《殷本纪》等。"伐高神之门"，"高神之门"或可简称为"高门"，《吕氏春秋·简选》的"巢门"、《淮南子·主术训》的"焦门"或即此之讹。"桀乃逃之南巢氏"，即《书·仲虺之诰》的"成汤放桀于南巢"，又见于《淮南子·修务训》等。③

需要注意的，一是桀流亡"苍梧之野"事不见于史籍，古书多言"舜葬于苍梧之野。"④鸣条、苍梧两地相近，简文云桀逃之苍梧，或因舜事而误。⑤二是《尹至》记载汤"自西翦西邑"，整理者指出"自西"，参以《吕氏春秋·慎大》"故令师从东方出于国，西以进"，系应天象，⑥也就是应《慎大》中末嬉所云"今昔天子梦西方有日，东方有日，两日相与斗，西方日胜，东方日不胜"的天象。⑦这一说法还可以得到《墨子·非攻》的旁证，其云"汤焉敢奉率其众，是以乡有夏之境，帝乃使阴暴毁有夏之城。少少，有神来告曰：'……天命融隆（降）火于夏之城间西北之隅。'汤奉桀众以克有［夏］"。⑧这段记述是说汤伐桀以向有

---

① 《尚书正义》卷八《汤誓》，第338页。
② 《吕氏春秋集释》卷八《仲秋纪·简选》，第184页。
③ 许全胜：《〈容成氏〉篇释地》，《上博馆藏战国楚竹书研究续编》，第372～378页。
④ 《礼记·檀弓上》："舜葬于苍梧之野，盖三妃未之从也。"参见《礼记正义》卷七《檀弓上》，第2774页。《史记·五帝本纪》："舜……践帝位三十九年，南巡狩，崩于苍梧之野。"参见《史记》卷一《五帝本纪》，第44页。
⑤ 许全胜：《〈容成氏〉篇释地》，《上博馆藏战国楚竹书研究续编》，第372～378页。
⑥ 清华大学出土文献研究与保护中心编，李学勤主编：《清华大学藏战国竹简（壹）》，第130页。
⑦ 《吕氏春秋集释》卷一五《慎大览·慎大》，第355～356页。
⑧ 《墨子·非攻下》云："逮至乎夏王桀，天有酷命，日月不时，寒暑杂至，五谷焦死，鬼呼国，鹤鸣十夕余。天乃命汤于镳宫，用受夏之大命：'夏德大乱，予既卒其命于天矣，往而诛之，必使汝堪之。'汤焉敢奉率其众，是以乡有夏之境，帝乃使阴暴毁有夏之城。少少，有神来告曰：'夏德大乱，往攻之，予必使汝大堪之。予既受命于天，天命融隆（降）火于夏之城间西北之隅。'汤奉桀众以克有［夏］，属诸侯于薄，荐章天命，通于四方，而天下诸侯莫敢不宾服，则此汤之所以诛桀也。"参见《墨子间诂》卷五《非攻下》，第147～149页。

夏之境,上帝暗中帮助他,暴毁夏人的城墙,还命令祝融在夏城的西北隅放火为信。很明显,商师是从西面而来,攻击的是夏人的西面城墙,这就印证了《尹至》里说的"自西翦西邑"的说法。

但是商人自夏人国都的西面进攻,或应天象,似并不能说明商人居夏人以西。其实简文强调这一点,反而说明从西面进攻是不循常理的。考古学研究证明,商人兴于太行山以东,河北南部滹沱河与漳河之间,商人先公时期大概活动在河南北部的安阳、濮阳、鹤壁之间,在考古学文化上对应先商文化漳河型、辉卫型,先王时代相当于郑州二里岗文化,总体而言的夏商方位是在夏西商东。① 《尹至》简文似乎正是验证了这点。

3. 伊尹的作用

按《容成氏》简文的记述顺序,伊尹的作用或更在于帮助商汤安定天下,而非夺取天下。《容成氏》说汤攻灭桀之后,"征九州之师,以靐(略)四海之内,于是乎天下之兵大起……强弱不絅谥,众寡不听讼,天地四时之事不修……民乃宜怨,虐疾始生",所以汤求贤得伊尹为佐,伊尹"执兵钦(禁)暴,羕得于民",从而帮助汤"是以得众而王天下"。这与《尹诰》简文记述的主题是一致的。按照《尹诰》的说法,"非民亡与守邑",得不到"民"的支持,则不能"守邑",就会为"天"所"败",以夏桀为代表的"西邑夏""有夏"的覆灭正证明了这一点。《容成氏》中商汤初得天下时,民心未定,所以需要伊尹的政策来争取"民"的支持。从这点可以看出,伊尹在治政方面的作用突出。上述观点得到清华竹书《汤处于汤丘》《汤在啻门》的支持,两篇依托汤与小臣(伊尹)来阐发政治观念,如《汤在啻门》即由伊尹以成人、成邦、成地、成天之道,系统阐述了当时的天人观,该篇以伊尹答汤问自五味之气始,以成人政、顺天道终,主旨与《史记·殷本纪》记述相合。② 可见在战国时期,伊尹作为治政良臣观念之流传广泛。

此外,另一方面,虽然学者以《容成氏》简文"执兵钦(禁)暴,羕得于民"说

---

① 张渭莲:《商文明的形成》,北京:文物出版社,2008年,第80~83页。
② 清华大学出土文献研究与保护中心编,李学勤主编:《清华大学藏战国竹简(伍)》,第141页。

的是伊尹施惠于民的措施,并非间夏的故事,①但是《尹至》简文"惟尹自夏徂亳,㲼至在汤"确应与间夏事有关。文献中伊尹既是汤臣,又曾"去汤适夏"。《孟子·告子下》:"五就汤、五就桀者,伊尹也。"赵岐注:"伊尹为汤见贡于桀,不用而归汤,汤复贡之,如何者五。"②《史记·殷本纪》亦云:"汤举任以国政。伊尹去汤适夏。既丑有夏,复归于亳。"③这样来看,楚竹书中伊尹在汤夺取天下之时及之后均发挥了重要作用,这也是比较符合实际的认识。

4. 商代世系

《容成氏》简文记"汤王天下三十又一世而纣作"。商王世系,传世文献中有三十一王、三十王、二十九王等不同说法。王国维在《殷卜辞中所见先公先王考》中说"有商一代二十九帝",④但在《续考》中又说"据《殷本纪》,则商三十一帝(除太丁为三十帝)……",⑤可见其时,王国维已经意识到这一问题。《国语·晋语四》有"商之飨国三十一王"的记载,韦昭注曰:"自汤至纣。"⑥《史记·殷本纪》所载商王谱系,从汤至纣,包括父子相继和兄弟相及,也恰好是三十一王,而《大戴礼记·少间篇》:"成汤卒崩,殷德小破,二十有二世,乃有武丁即位……武丁卒崩,殷德大破,九世,乃有末孙纣即位",⑦两者相加,从成汤至纣,在武丁只能计算一次的情况下应该是三十王。此外《史记·殷本纪》"集解"引《汲冢纪年》,有"汤灭夏以至于受,二十九王,用岁四百九十六年"之说,⑧则是二十九王。

王国维引晋人皇甫谧旧说,⑨认为太丁应该是三十一王与三十王的差异

---

① 于凯先生以为简文"执兵钦(禁)暴,兼得于民"与"伊尹间夏"事有关。参见于凯:《上博楚简〈容成氏〉疏札九则》,《上博馆藏战国楚竹书研究续编》,第382~383页。孙飞燕先生则认为简文当读为"戢兵禁暴,永得于民",说的是伊尹施惠于民的措施,并非指间夏的故事。参见孙飞燕:《上博简〈容成氏〉文本整理及研究》,北京:中国社会科学出版社,2014年,第141~146页。
② 《孟子注疏》卷一二上《告子章句下》,第5999页。
③ 《史记》卷三《殷本纪》,第94页。
④ 王国维:《殷卜辞中所见先公先王考》,《观堂集林》(卷九),第429页。
⑤ 王国维:《殷卜辞中所见先公先王续考》,《观堂集林》(卷九),第445页。
⑥ 《国语集解》卷一〇《晋语四》,第325页。
⑦ 《大戴礼记补注》卷一一《少间篇》,第215页。
⑧ 方诗铭、王修龄:《古本竹书纪年辑证(修订本)》,第40页。
⑨ "商之飨国也三十一王,是见居位者实三十王。而言三十一者,兼数太子丁也。"皇甫谧通过太子丁来调和三十王与三十一王之说,多为后人采用。参见(晋)皇甫谧:《帝王世纪》,北京:中华书局,1985年,第25页。

所在。但是卜辞周祭祀谱中太丁、祖己两人均被立为太子,不过都不曾即位为王。如此传世文献中的三十一王之说不应该计算太丁,因为若计算太丁,则祖己也应被计算,那么应该是三十二世商王,而文献未有这方面的记载。陈梦家先生曾经根据文献中伊尹放太甲的五种史料与甲骨卜辞互相印证,指出太甲曾两次即位,在即汤之位后被放,外丙、仲壬先后继位,然后太甲再即位。① 这或是三十王与三十一王的计数差异所在,原因即太甲有两次即位,但是二十九王之说目前仍没有合理的解释。②

《容成氏》简文记"汤王天下三十又一世而纣作",王国维根据殷墟卜辞资料考证殷商先王先公名号,排出了一个较为可靠的世系,殷商先王从汤至纣,正好也是三十一位,从而证明了《殷本纪》对殷商先王记载的可靠性。简文的主要价值似在于揭示关于商朝帝王数的说法不同可能是因为所闻之异,而其来源应该是相同的,历史事实也应该是唯一的,而三十一世的记述也给三十一位商王的说法增添了新的证据。

(二) 太戊功绩与武丁傅说

同于夏后孔甲,楚竹书中太戊和武丁是使"殷复兴"的先王,其对于殷高宗武丁和贤臣傅说的史事如同商汤和伊尹的事迹一样特别重视。清华竹书《良臣》:

> 康(唐)有伊肙(尹)……
> 武丁有敄(傅)鹃(说),有保奠(衡)。【2】

《傅说之命(上)》则较具体记述了武丁得傅说的过程:

> 惟殹(殷)王赐敚(说)于天,甬(庸)为遳(失)审(仲)叓(使)人。王命厥百工向,以货旬(徇)求敚(说)于邑人。惟弜(弼)人【1】旻(得)敚(说)于専(傅)厰(岩),厥卑(俾)絙(繃)弓,绅弹(關)辟矢。敚(说)方竺(筑)城,縢降庸力,厥敚(说)之瓶(状),鹃【2】

---

① 陈梦家:《殷虚卜辞综述》,北京:中华书局,1988年,第375~376页。
② 李锐先生以为二十九王与文王受命有关。由于文王受命,所以纣就不在计数,三十王就变成二十九王了。但是正如他所指出的那样,与二十九王材料同出的《纪年》,说夏王世十七世,是把夏桀计算在内的。对此,李锐先生提出将寒浞计入的弥合之说。笔者以为其说勉强,以目前材料来看,二十九王之说还是暂时存疑为好。参见李锐:《商朝的帝王数》,《中国史研究》2004年第3期。

肩如惟(椎)。王廼儳(讯)敓(说)曰:"帝縶尔以畀余,殹(抑)非?"敓(说)廼曰:"惟帝以余畀尔,尔左执朕袂,尔右【3】稽首。"王曰:"亶然。"天廼命敓(说)伐逨(失)审(仲)。逨(失)审(仲)是生子,生二戊(牡)豕,逨(失)审(仲)卜曰:"我其杀之","我其【4】已,勿杀",勿杀是吉。逨(失)审(仲)悪(违)卜,乃杀一豕。敓(说)于辜(郭)伐逨(失)审(仲),一豕乃觀(旋)保以適(逝),廼逶(践),邑【5】人皆从,一豕墜(随)审(仲)之自行,是为赤俘之戎。其惟敓(说)邑,在北晢(海)之州,是惟员(圜)土。敓(说)【6】来,自从事于鼙(殷),王甬(用)命敓(说)为公。【7】

《傅说之命(下)》追述了大戊的功绩:

> 王曰:"敓(说),昔在大戊,克渐(渐)五祀,天章之甬(用)九德,弗易百青(姓)。惟寺(时)大戊盍(谦)曰:'余不克【8】辟万民。余罔纵(坠)天休,弋(式)惟参(三)德赐我,虘(吾)乃尃(敷)之于百青(姓)。余惟弗迬(雍)天之叚(嘏)命。'"【9】

整理者注释:"《易·序卦》:'渐者,进也。'五祀,《国语·鲁语上》:'凡禘、郊、祖、宗、报,此五者,国之典祀也。'……九德,见《书·皋陶谟》'亦行有九德''九德咸事',即皋陶所云'宽而栗,柔而立,愿而恭,乱而敬,扰而毅,直而温,简而廉,刚而塞,强而义,彰厥有常,吉哉'。"①

前文已述,以数为纪的行文方式约当春秋战国时期,故所谓"五祀""九德"当为后人修饰,但值得注意的是武丁对大戊的高度称举。所谓"克渐五祀……余罔坠天休,式惟三德赐我,吾乃敷之于百姓。余惟弗雍天之叚(嘏)命"与"严恭寅畏,天命自度,治民祗惧,不敢荒宁""帝其修德"等,表达的都是恭谨天命、规整祭祀并因以德政善待百姓之义,故大戊能使"殷复兴"。传世文献如《尚书·无逸》中对于能使"殷道复兴"的商先王功绩有着精炼的总结:

> 昔在殷王中宗,严恭寅畏,天命自度。治民祗惧,不敢荒宁。肆中宗之享国,七十有五年。其在高宗,时旧劳于外,爰暨小人。作其即位,乃或亮阴,三年不言;其惟不言,言乃雍,不敢荒宁,嘉靖殷邦。至于小大,无时或怨。肆高宗之享国,五十年有九年。②

殷王中宗即太戊,高宗即武丁,《史记·殷本纪》记载太戊、武丁的事迹之外,亦

---

① 清华大学出土文献研究与保护中心编,李学勤主编:《清华大学藏战国竹简(叁)》,第130~131页。
② 《尚书正义》卷一六《无逸》,第470页。

记述了武丁得傅说的过程:

> 殷道衰,诸侯或不至。帝雍己崩,弟太戊立,是为帝太戊。帝太戊立伊陟为相。亳有祥桑谷共生于朝,一暮大拱。帝太戊惧,问伊陟。伊陟曰:"臣闻妖不胜德,帝之政其有阙与?帝其修德。"太戊从之,而祥桑枯死而去。伊陟赞言于巫咸。巫咸治王家有成,作《咸艾》,作《太戊》。帝太戊赞伊陟于庙,言弗臣,伊陟让,作《原命》。殷复兴,诸侯归之,故称中宗。
> ……自中丁以来,废適(嫡)而更立诸弟子,弟子或争相代立,比九世乱,于是诸侯莫朝。……帝小乙崩,子帝武丁立。帝武丁即位,思复兴殷,而未得其佐。三年不言,政事决定于冢宰,以观国风。武丁夜梦得圣人,名曰说。以梦所见视群臣百吏,皆非也。于是乃使百工营求之野,得说于傅险中。是时说为胥靡,筑于傅险。见于武丁,武丁曰是也。得而与之语,果圣人,举以为相,殷国大治。故遂以傅险姓之,号曰傅说。……武丁修政行德,天下咸欢,殷道复兴。①

竹书《傅说之命(上)》中所记述之武丁得傅说的过程,李学勤先生已指出与《书·说命序》所记联系密切。② "高宗梦得说"与"惟殷王赐说于天"、"使百工营求诸野"与"王命厥百工向,以货徇求说于邑人"、"得诸傅岩"与"惟弼人得说于傅岩"等三者确实可以一一对应,说明了《书序》的史料价值。这里需要留意的是简文"以货徇求说于邑人"与传世文献记载存在差异,《史记·殷本纪》并未说武丁"以货徇求说",孔颖达《尚书正义》引皇甫谧《帝王世纪》曾记述"高宗梦天赐贤人,胥靡之衣蒙之而来,且云:'我徒也,姓傅名说,天下得我者岂徒也哉!'"。③ 由"胥靡之衣"知傅说地位低下,"以货徇求说"似可与武丁所梦之人"胥靡之衣"相印证,表示武丁一方面想给予"得说"之人以赏赐,另一方面也不排除他想用财货赎买傅说的可能。

简文记述武丁使傅说伐失仲的史事,似表现了傅说的德行。据简文记述在于其曾为失仲使人,而在征伐中仍保留情分,让失仲及其子随之自行,但又不失伐失仲氏的任务。此战事简文中以"赦俘之戎"称之,而傅说之举可谓显示了仁义。《墨子·所染》亦有称颂傅说受仁义之徒所染,④可与简文参看。

---

① 《史记》卷三《殷本纪》,第 100~103 页。
② 李学勤:《新整理清华简六种概述》,《文物》2012 年第 8 期。
③ 徐宗元:《帝王世纪辑存》,北京:中华书局,1964 年,第 72 页。
④ 《墨子·所染》:"非独国有染也,士亦有染。其友皆好仁义,淳谨畏令,则家日益、身日安、名日荣,处官得其理矣,则段干木、禽子、傅说之徒是也。"参见《墨子间诂》卷一《所染》,第 18~19 页。

似正是傅说在征伐失仲过程中的仁义表现,才通过了武丁的考验,故"王用命说为公"。

简文记述傅说的形貌"厥说之状,鹃肩如椎"。胡敕瑞先生指出"鹃肩如椎"不好理解,且于古籍无征,他将"鹃"读为鸢,并举出古书中大量用"鸢肩"来描摹人特异相貌之例,认为即双肩陡立高耸的样子。① 鸢即鹰,鹰翅收拢时两边会凸出来,很像人的肩部上耸。简文又将"鸢肩"比作"椎",也是很合适的。整理者指出,《荀子·非相》在描述"傅说之状"时说他"身如植鳍",杨倞注曰:"植,立也,如鱼之立也。"②这一解释并没有把傅说的特征说清楚,因此不少学者另作别解。③ 其实"植鳍"也是就傅说的肩部特征而言。"植"是竖立,"鳍"是鱼鳍,因为鱼背部竖起之鳍与所谓"鸢肩"的形状十分相像,所以都可以用来形容人肩部耸立之状。④

综上所述,可以看出楚竹书所记古史传说时期、夏商时期史事之基本梗概仍在传世文献记载的框架之中,其主要价值在于验证过去认识的同时,通过对一些具体问题的不同记述,为我们进一步廓清笼罩在这些历史问题上的迷雾提供了可能。还需说明的是,楚竹书记述古史传说与商代史事的材料要稍多于夏代,这一方面因为战国时人热衷讲远古,故涉及古史传说的资料较多,另外则与夏代距时遥远、资料湮灭较多有关。

第三节 楚竹书所记西周史事
之史料价值举例

一如夏商,楚竹书中所记西周史事的记述主题仍与治政相关,清华竹书

---

① 胡敕瑞:《读〈清华大学藏战国竹简(三)〉札记之一》,清华网,http://www.ctwx.tsinghua.edu.cn/publish/cetrp/6831/2013/20130105154822816925198/20130105154822816925198_.html,2013年1月5日。
② 《荀子集解》卷三《非相》,第75页。
③ 如郝懿行云:"鳍在鱼之背,立而上见,驼背人似之。然则傅说亦背偻欤?"于鬯云:"'鳍'盖当读为楮。《尔雅》云:'楮,柱也。'植楮者,植柱也,谓直立不动之状。"帆足万里:"植楮,谓身广如立鱼也。"王天海先生则谓"鳍"为"鳞"之讹,"身如植鳞"指身上如同布满鱼甲,犹今鱼鳞病也。以上各家之说均参见王天海:《荀子校释》,上海:上海古籍出版社,2005年,第167页。
④ 参见王辉:《傅说之名再考辨——兼论"鸢"字及其他》,《文史哲》2016年第4期。

《系年》记述西周史事之目的,即在于资政。或得益于周人对档案文献改编的重视,加之春秋战国之局势演变与西周史事有着密切的渊源,楚竹书中留存的西周史事不仅有对商周兴替的历史记述与相关演绎(如文王服九邦),对于西周初年治国思想(如受命与敬德)、具体措施(如对殷遗的处理),西周中期的中央行政(如三公)与册命制度等都有不少的反映,极大地弥补了传世文献和金文材料记载之不足,下面试举数例予以详细说明。

一、西周早期史事①

(一)"文王受命"的解读

楚竹书中有些篇章属于在流传过程中佚失而今复得的,如清华竹书《程寤》,篇中叙及周文王之妻太姒梦见商庭生棘,太子发取周庭之梓树于其间,以象征周即将代商。多数学者认为这一事件可能与周人所乐言之"文王受命"有关。其相关简文如下:

> 惟王元祀贞(正)月既生明(魄),太姒(姒)梦见商廷佳(唯)柬(棘)。廼小子发(发)取周廷梓(梓)桓(树)于氒(厥)闲(间),化为松柏棫柞。【1】惎(寤)敬(惊),告王。王弗敢占,詔(诏)太子发,卑(俾)儒(灵)名苋(菱)敚(祓)。祝忎(忻)敚(祓)王,晋(巫)衔(率)敚(祓)大姒(姒),宗丁敚(祓)太子发(发)。币告【2】宗方(祊)奉(社)稷(稷),忎(祈)于六末山川,攻于商神,臸(望),丞(烝),占于明堂。王及太子发并拜吉梦,受商命【3】于皇帝_(上帝)……【4】

《程寤》本是《逸周书》的一篇,此篇约在宋代以后佚失,所以在《潜夫论·梦列》《博物志》和《太平御览》等文献中存在,或有直接引《程寤》的现象,或言及《程寤》所述之事等与《程寤》相关的内容,笔者将其汇总列于下表3-4,可以看出这些文献在具体描述上主要存在三处差异:

第一,"太姒吉梦"的发生地有"程"与"翟"的区别,除《太平御览》卷五三三引《程寤》作"翟"外,其他如《太平御览》卷八四引《帝王世纪》和《太平御览》卷

---

① 关于西周时期的断代,本章以武王到昭王为西周早期,穆王到孝王为西周中期,夷王至幽王为西周晚期。本节讨论西周史事,基本在此框架下进行的,唯《系年》所记"二王并立"时期的史事,由于史事发生的时间延续性,其讨论范围会顺延到春秋早期。

三九七引《程寤》等均作"程",清华竹书《程寤》再次证明了发生地为"翟"应系讹误。

第二,发生时间有"唯王元祀"与"十年"的区别,《帝王世纪》的记载与简本最相似,应是简本的简写。唯《帝王世纪》言"十年"与简本言"惟王元祀"不合,清人丁宗洛曾云:"迁程又迁鄷,前后仅三年,《帝王世纪》作十年误。"①

第三,仪式上有是否"祓""币告"与"占于明堂"等区别,除清华竹书《程寤》三者皆有外,其他文献或"币告"与"占于明堂",或"占于明堂",不一而足。

表 3-4 有关《程寤》记载差异举例

来　源	内　　容
《潜夫论·梦列》	太姒有吉梦,文王不敢康吉,祀于群神,然后**占于明堂**,并拜吉梦,修省戒惧,闻喜若忧,故能成吉以有天下。
《博物志》	太姒梦见商之庭产棘,乃小子发取周庭梓树,树之于阙间,梓化为松柏棫柞。觉惊,以告文王。文王曰:慎勿言。
《太平御览》卷八四引《帝王世纪》	**十年正月**,文王自商至程。太姒梦见商庭生棘,太子发取周庭之梓树之于阙间,梓化为松柏柞棫。觉而惊,以告文王。文王不敢占,召太子发,命祝以**币告**于宗庙群神,然后**占之于明堂**。及发并拜吉梦,遂作《程寤》。
《太平御览》卷三九七引《程寤》	《周书》曰:文王去商在**程**,正月既生魄,太姒梦见商之庭产棘,小子发取周庭之梓树乎阙间,梓化为松柏棫柞。寤惊,以告文王。王及太子发并拜告(吉)梦,受商之大命于皇天上帝。
《太平御览》卷五三三引《程寤》	文王在**翟**,太姒梦见商之庭产棘,小子发取周庭之梓树于阙间,化为松柏棫柞。惊以告文王。文王曰召发**于明堂**,拜告梦受商之大命。

引起笔者注意的是《程寤》"受商命于皇上帝"的简文不仅可与《太平御览》卷三九七引《程寤》"受商之大命于皇天上帝"、《太平御览》卷五三三引《程寤》"拜告梦受商之大命"等引文相印证,而且参照《逸周书·大开武》周公拜曰"兹顺天。天降寤于程,程降因于商。商今生葛,葛右有周"、②《吕氏春秋·诚廉》

---

① 《逸周书汇校集注》卷二《程寤》,第 184 页。
② 《逸周书汇校集注》卷三《大开武》,第 262 页。

伯夷、叔齐言"今周见殷之僻乱也,……扬梦以说众,杀伐以要利,以此绍殷,是以乱易暴也"等文献,①确可证明《程寤》记事与"周受商命"有关。

受命的材料在资料可信度比较高的《尚书》《诗经》和西周金文中也有不少反映。② 学者多认为,对比"文王受命"的西周材料,《诗》《书》等传世文献中,③ "文王受命""文武受命"皆见于西周早期及晚期文献,西周早期"文王受命""文武受命"说已并存,如《康诰》"天乃大命文王,殪戎殷。诞受厥命,越厥邦厥民",④讲的是"文王受命",而《洛诰》则有"惟周公诞保文、武受命,惟七年"的记述。⑤ 出土文献的分别则尤明显,有"文王受命"记载的何尊(《集成》06014)与大盂鼎铭文(《集成》02837),皆是西周早期金文;"文武受命"的金文材料则是西周中期或晚期的,如现藏国家博物馆的西周恭王时期的乖伯簋铭(《集成》04331)"朕丕显祖文武,膺受大命",清华竹书《封许之命》亦有"雁(膺)受大命,㚇(骏)尹三(四)方【2】"。

根据金文材料,学者疑"文王受命"流行于西周早期,"文武受命"更盛行于西周中晚期。⑥ 总体说来,"文王受命"应该是周人普遍认同的事实,受命的来

---

① 《吕氏春秋集释》卷一二《季冬纪·诚廉》,第268页。
② 周原甲骨中也发现有"王""周方伯"等辞,如1977年周原凤雏出土甲骨文 H11∶84"贞,王其㚒又(佑)大甲,册周方伯……",目前多数学者认为周原甲骨为周人之物,辞中的王或说商王,为周人记述商王祭祀之事。参见李零:《读〈周原甲骨文〉》,《古代文明》(第3卷),北京:文物出版社,2004年,第220~256页;或说是周武王,参见孙庆伟:《论周公庙和周原甲骨的年代与族属》,《古代文明》(第5卷),北京:文物出版社,2006年,第231~242页。2003年,北京大学考古文博学院师生在岐山县周公庙遗址祝家巷村北又发现两版西周甲骨,其中卜辞 C10④∶2 有"……王由(使)克道于宵……",亦有多位学者对该辞作过讨论,多认为是周人卜辞,"王"为周王。如李学勤先生认为"考虑到学者大多认为文王生前并未称王,卜甲上的'王'应为武王或者成王"。参见李学勤:《周公庙遗址祝家巷卜甲试释》,《古代文明》(第5卷),第187~192页。李零先生提出了三种可能,但怀疑"文王称王还是出于武王追称"。参见李零:《读周原新获甲骨》,《古代文明》(第5卷),第197~204页。只有葛英会先生讨论了凤雏和周公庙两批甲骨,认为"姬昌于受命为西伯之年称王近于史实",但他并未提出更加积极的证据。参见葛英会:《谈岐山周公庙甲骨》,《古代文明》(第5卷),第193~196页。2008年,周公庙遗址ⅢA2区出土甲骨多片,卜辞有"王季""文王""王"等,王辉先生认为"既然已有'文王',时代必在武王以后,更增加了'文王'出于追认的可能性"。参见王辉:《清华楚简〈保训〉"惟王五十年"解》,《考古与文物》2009年第6期。由于以上材料更多地涉及文王是否称王的问题,故笔者将其暂列于此。
③ 可参见朱凤瀚、徐勇:《先秦史研究概要》,天津:天津教育出版社,1996年,第41~42、45页。
④ 《尚书正义》卷一四《康诰》,第431页。
⑤ 《尚书正义》卷一五《洛诰》,第461页。
⑥ 罗新慧:《清华简〈程寤〉篇与文王受命再探》,《清华简研究》(第1辑),第62~71页;陈颖飞:《清华简〈程寤〉与文王受命》,《清华大学学报》(哲学社会科学版)2013年第2期。

源是受天命,《诗·大雅·文王》郑玄笺"受命,受天命而王天下,制立周邦",①受命的具体内容是代商受民、受邦。由《康诰》可知,"文王受命"是以"殪戎殷"即伐殷为手段,其结果包括"厥邦""厥民"两方面:前者即大盂鼎铭的"受疆土""敷有四方",墙盘铭的"敷有上下,会受万邦";后者即大盂鼎铭及《书》篇中常见的"受民"。而所谓"文王受命"与"文武受命"的说法在出现时间上确实存在差别,这在时代较为明确且可靠程度较高的金文资料中表现得更为明显。

在明确周人对"文王受命"普遍认同的基础上,清华竹书《程寤》带来的新的问题是,其描述的皇天上帝通过太姒之梦传达其旨意,把统治天下的大命从商人那里转交给了文王,且文王、武王通过某种仪式("祓""币告"与"占于明堂"等)得以"受商命于皇上帝"是否可以看作真实的历史?纵观与《程寤》有关的文献,以简本《程寤》和《逸周书·大开武》年代最早,均成篇于约春秋战国时期。② 学者从《程寤》月相纪时方式、明堂占卜制度、语言特征的分析入手,认为它并非出自先周或周初史官之手,很可能是数百年后战国时期的作品。③ 按照笔者的思路,当世史官所录与后世制作之文,二者的史料价值当然是不可等视齐观的,但是也不可据此遽尔将"文王受命"视作"是一种不断衍生的政治传说",④对此问题我们似需要进一步统一认识。

这一问题的解决需要从如何理解"文王受命"来谈起。当然不能排除《程寤》所反映的是周人在思想上言称"天命"以为克商制造思想舆论之准备,故而选取一种神异现象(如太姒吉梦)并采取一种宗教性仪式,来宣扬"受命",以进一步神化"受天命"之合理性。但是这里还需要注意的是受命的主体,即是"文王受命"还是"文武受命"。《程寤》简文"王及太子发并拜吉梦,受商命于皇上帝"似表现的是文王、武王一起"受商命于皇上帝"。

虽然"文王受命"是周人普遍认同的事实,但需要注意的是周人在称颂"文王受命"的时候也没有忘记强调武王的作用,如大盂鼎铭"在珷王嗣玟作邦",

---

① 《毛诗正义》卷一六·一《大雅·文王》,第1081页。
② 张怀通:《〈逸周书〉新研》,第385~386页。
③ 杜勇:《清华简〈程寤〉与文王受命综考》,《叩问三代文明:中国出土文献与上古史国际学术研讨会论文集》,第304~335页。
④ 刘光胜:《真实的历史,还是不断衍生的传说——对清华简文王受命的再考察》,《社会科学辑刊》2012年第5期。

何尊铭"唯武王既克大邑商",《诗·大雅·文王有声》"武王成之"等。① 后期的金文材料则多径称"丕显文武,膺受大命",上文已言及。周初文献《洛诰》文末"惟周公诞保文、武受命,惟七年"外,《顾命》记有太保及芮伯再拜稽首曰"皇天改大邦殷之命,惟周文、武诞受羑若,克恤西土",刘起釪先生即解此句"诞受羑若"谓"大受上天之命,羑进斯民于顺道也",②此即文、武受天命并言。

早期文献如《尚书》中还有直接称述"周受命""王受命""我受命"的,如《酒诰》"故我至于今,克受殷之命",③《梓材》"用怿先王受命",④《召诰》"惟王受命",⑤《多士》"我有周佑命",⑥《立政》"乃伻我有夏,式商受命"等。⑦ 联系上述材料,似可这样理解:周初文献中文王受命、武王克殷的分野并非后世理解的那样绝对,而是一个不短的时间过程,它似是始于文王而一直延续到周公摄政时期的一项政治策略。战国时人对此可能理解得更加深刻,如《礼记·中庸》云"武王末受命,周公成文、武之德……",郑玄注:"末,犹老也。"孔颖达疏:"谓武王年老,而受命平定天下也。"⑧清人唐大沛、朱右曾等据《史记·周本纪》补《逸周书·克殷解》"武王再拜稽首,膺受大命革殷,受天明命"表达的也是这个意思。⑨

这样,笔者以为用"文武受命"来指代这一历史事件似能弥合有关"文王受命""文武受命""武王受命"的争讼,其实质均是周人代替商人获得了统治的合理性。清华竹书《保训》简文记文王对武王叮嘱"朕闻兹(兹)不旧(久),命未又(有)所次(延)。今女(汝)𩁹(祗)备(服)母(毋)解(懈),其有所迪矣,不【10】及尔身受大命"【11】,意即是说自知将死,故不能见子亲受天命,⑩言外之意似是要求武王"祗服毋懈"才能将翦商大业最终完成,这也正是上引《立政》"乃伻我

---

① 《毛诗正义》卷一六-五《大雅·文王有声》,第1134页。
② 顾颉刚、刘起釪:《尚书校释译论》,第1849~1850页。
③ 《尚书正义》卷一四《酒诰》,第438页。
④ 《尚书正义》卷一四《梓材》,第443页。
⑤ 《尚书正义》卷一五《召诰》,第450页。
⑥ 《尚书正义》卷一六《多士》,第466页。
⑦ 《尚书正义》卷一七《立政》,第491页。
⑧ 《礼记正义》卷五二《中庸》,第3533~3534页。
⑨ 《逸周书汇校集注》卷四《克殷解》,第355页。
⑩ 清华大学出土文献研究与保护中心编,李学勤主编:《清华大学藏战国竹简(壹)》,第148页。

有夏,式商受命"所要表述的实质内容。

周人代商大业的延续性,在其他楚竹书中也可得见一斑,清华竹书《封许之命》:

> 攼(干)敦殷受,咸成商邑。【3】

《祭公》:

> 克夹邵(绍)坙(成)康,甬(用)臧(毕)【6】坙(成)大商。【7】

所谓"毕成大商"即指"最终完成了完成大商(之事)"。"毕"与"成"虽义近而于此用各有当,"成大商"自是一事,加于其前的"毕"字则又是说"成大商"之事已完毕。盖自周人看来,自文王受命、武王一朝克殷、周公复平殷乱遂营洛邑迁殷顽等等,此皆可称念兹在兹的"不断完成"的"(有关)大商(之事)"(即"成大商"),一直到康王时承续成王、对殷余的统治始完全稳定下来,此事遂可称已"毕"。① 具体文字之释义或可继续讨论,但并不掩盖简文反映的是周人代商的事业直到康王时才大致底定这一历史事实。②

若沿着这条思路深究下去,我们还会发现以周公为代表的周人上层中的精英,在其中发挥的作用巨大。朱凤瀚先生曾指出,商人的上帝虽在商人神灵系统中有崇高地位,但并未与祖先神、自然神形成明确的上下统属关系,既非至上神也非商民族的保护神。这一神灵是商人在思索与追溯统一世界的根本力量过程中所创造的神,周人的上帝并非袭自商人,且神性与商人的上帝不同,它是周人的至上神和周王朝的保护神。西周时期作为神灵的"天"与上帝

---

① 参见苏建洲:《据清华简〈祭公〉校读〈逸周书·祭公解〉札记》所引陈剑先生语,中国文字编辑委员会编:《中国文字》(新38期),台北:艺文印书馆,2012年,第70页。
② 陈剑先生后来又疑"成"字就可直接解为安定之"定","用定大商"与今本《逸周书·祭公》"用夷居之大商之众"意近。"成""定"两字音义皆近,常互训,作异文者亦多见。"成"字除去旧注虽训"定",但除"完成、成就"一类常见义外,确也有理解为"固定、安定"一类义的。如《国语·晋语四》"自子之行,晋无宁岁,民无成君",韦昭注"成,定也";《书序》"康王命作册毕,分居里,成周郊,作《毕命》",伪孔传释为"成定东周之郊境";《风俗通义·皇霸·五伯》谓齐桓公"率成王室",亦即"率定王室"义("定王室"之语《左传》《国语》数见,《管子·小匡》亦有"定周室"),与简文此"成"字用法甚近。"毕定"的说法如《史记·周本纪》"初,管、蔡畔周,周公讨之,三年而毕定",《鲁世家》作"宁淮夷东土,二年而毕定"。《封许之命》"咸成商邑"即"毕成大商","咸"即"毕",悉也,"成"皆训为"安定","商邑"即"大商"。参见苏建洲:《〈封许之命〉研读札记(一)》,复旦网,http://www.gwz.fudan.edu.cn/SrcShow.asp?Src_ID=2500,2015年4月18日。

则有诸多相似之处。① 这样,《康诰》"闻于上帝,帝休,天乃大命文王,殪戎殷",②《召诰》"皇天上帝,改厥元子兹大国殷之命,惟王受命",③《诗·大雅·文王》"文王在上,于昭于天。周虽旧邦,其命维新。有周不显,帝命不时。文王陟降,在帝左右"④等,所宣称的天及上帝授命给文王的说法,当是周人自己所说。目前我们看到这些较早的说法大都是通过周公之口"若曰""诰曰"等以诰命的形式讲述出来的,这当然与周人建立王朝之初的险恶环境和周公的特殊历史地位有关。⑤

不唯如此,如果分析周公在不同场合下的言论,我们还会发现他对天命内涵的解释是灵活的,如上引《大雅·文王》"周虽旧邦,其命维新"的诗句,《吕氏春秋·古乐》云其为周公所作,"以绳文王之德"。⑥ 在《书·多士》中,周公则这样解释"尔殷遗多士,弗吊旻天,大降丧于殷。我有周佑命,将天明威,致王罚,敕殷命终于帝。肆尔多士!非我小国,敢弋殷命……",⑦这里的受命内容仅仅包含有代天伐殷,"恭行天之罚"。⑧ 而《康诰》中就变成了"天乃大命文王,殪戎殷,诞受厥命,越厥邦厥民"。⑨ 如此,天命的核心内容不仅包括翦商,还有受民、受疆土等。

在明确对"周人受命"认识的基础上,还需要留意"天命"与"德"的关系。在文献中,"受命"普遍地与"德"联系在一起。罗新慧先生认为,周初之"德"并不仅指道德,还指具体的统治方法或周人具体所得,以《尚书·康诰》中"明德

---

① 朱凤瀚:《商周时期的天神崇拜》,《中国社会科学》1993年第4期。
② 《尚书正义》卷一四《康诰》,第431页。
③ 《尚书正义》卷一五《召诰》,第450页。
④ 《毛诗正义》卷一六·一《大雅·文王》,第1083页。
⑤ 晁福林先生亦认为,"文王受命"是周王朝立国的终极依据和王朝命脉之所在,也是周王朝影响有周一代的社会观念。这个观念有一个发展变化过程,在大姒之梦以前,文王受命是指接受商王之命,其后,则是取商王朝之命而代之,只是到了周公时期其内涵才扩而大之,成为文王接受天赐予的统治天下的大命。参见晁福林:《从清华简〈程寤〉篇看"文王受命"问题》,《北京师范大学学报》(社会科学版)2016年第5期。
⑥ "周文王处岐,诸侯去殷三淫而翼文王。散宜生曰:'殷可伐也。'文王弗许。周公旦乃作诗曰:'文王在上,于昭于天。周虽旧邦,其命维新。'以绳文王之德。"参见《吕氏春秋集释》卷五《仲夏纪·古乐》,第127页。
⑦ 《尚书正义》卷一六《多士》,第466页。
⑧ 《尚书正义》卷一一《牧誓》,第389页。
⑨ 《尚书正义》卷一四《康诰》,第431页。

慎罚"与"告汝德之说于罚之行","德"与"罚"并列,引刘起釪先生的说法"'德'是施以恩惠使人柔服。'刑'与'罚'就是暴力惩罚。所以这里的德是指具体地给以恩赏,与具体地给以刑罚相并提的",罗先生又以何尊铭文"惟王恭德裕天"为例,指出周初之"德"不仅是抽象的道德,也应该包含着人事方面的内容,同时与"天"紧密相连。①

其实,"天命"与"德"相互关系的演变,上举西周共王时期的燹公盨铭文中亦得到了很好的体现,铭文全篇重点阐述德对于治国、社会安定的作用。

> 天令(命)禹尃(敷)土,隓(堕)山、濬(浚)川,乃奏方、设(设)征,降民监德;乃自乍(作)配卿(飨),民成父女(母)。生我王乍(作)臣,氒(厥)顝(沬)唯德。民好明德,襄(任)才(在)天下。用氒(厥)邵(绍)好,益美欨(懿)德,康亡不楙(懋)。考(孝)𠬝(友)𧧿(吁)明,𦎫(经)齐好祀,无𢘓(欺)心;好德𦃣(婚)遘(媾),亦唯𠲶(协)天𢼠(厘)。用考申(神),遝(复)用猎(祓)㝈(禄),永御(御)于盈(宁)。燹公曰:民唯克用𢆶(兹)德,亡(无)悔。

铭文以禹功为例,说明保民对于德政推行的重要性。"好德"不仅是对社会上层的要求,也是对民众的要求。可以看出,此时西周贵族仍然崇仰"天命",但已将"天命"与"德"的观念相结合,并为"德"提炼出一套具体的伦理与行为标准。能否尊奉"德"已成为能否受"天命"的关键,只有秉德为政,才能不蹈殷人覆辙。这样"天命"与"德"的观念紧密地联系在一起。②

凡此种种,笔者倾向将其与周人建政之初,周公所面对的内忧外患的险恶局势联系起来。清华竹书《系年》第三章简文记有"成王屎伐商邑,杀彔子耿,飞廉东逃于商盖氏。成王伐商盖,杀飞廉",说明成王即位初期,也就是周公摄政期间,殷遗的势力仍旧很大,这在金文中也多有反映,亦为方家所熟知,此不赘举。此外,从清华竹书《皇门》周公诰辞中可知,即便在管、蔡、霍叔等"三监"叛乱已平复的情况下,周人贵族集团内部仍围绕着王朝权力有着较尖锐的矛盾与斗争。特别是在当时王朝内服诸官中存在着周公在《皇门》诰辞中所点出的种种危害于王朝的行为,其中尤以封闭良臣上达于王所的风气危害极大,此

---

① 罗新慧:《周代天命观念的发展与嬗变》,《历史研究》2012 年第 5 期。
② 朱凤瀚:《燹公盨铭文初释》,《中国历史文物》2002 年第 6 期。

种风气已造成年幼的成王在用人上出现偏差,影响国家之安宁。① 在这种情况下,为巩固周人的胜利果实,除了武力征伐以外,周公必须采取怀柔的措施,以达到统一思想的目的。这样,"受命"与"敬德"即得以联系起来以应对当时的复杂情况,用"受命"以消弭殷遗的对抗情绪,与"天"联系起来的"敬德"则更多地用以统一内部思想,再辅之以封建的举措,周公及其继任者成功地使殷周文化在短短数十年间融合在一起。这点,从西周早、中期的青铜器铭文中富有殷人特点的"亚字形""日名"和"族氏铭文"的逐渐消失上,即可得窥其成效显著之一斑。

或许正是由于这种策略的成功,后人所称的"周人受命"得以成为治政典型,引起后世的广泛关注,并不断增加新的内涵。早期的周人受命,指的是"受天命伐商,受民受疆土"的综合过程,而后衍生出了"赤鸟""平虞芮之讼""得专征伐""嗣位"等不同说法,对此,学者早已辨析明白,此不赘述。②

综上所述,《程寤》简文的主要价值在于一方面通过"王及太子发并拜吉梦,受商命于皇上帝"重新提出了对"文武受命"与"文王受命"的理解问题。作为周人普遍认同的历史事实,笔者理解的"周人受命"是一个历时性的过程,主体阶段始于文王,大致终于周公致政成王。而作为周人翦商并巩固政权所采取的有效措施之一,其内涵也随着形势和场合的不同而产生变化,但宣传周人执政的合理性、合法性的主体思想在有周一代一直被奉行不移。周公作为主倡者和主要实施者,在其中起到了重要作用。另一方面,虽然清华竹书《程寤》篇的成书时代较晚,但杜勇先生已据卜辞指出其反映的"占梦以求神谕"的现象是殷周社会的普遍风尚,③前文已述《逸周书·大开武》和《吕氏春秋》确有太姒之梦的相关记载,或正因为"太姒之梦"的神异性,使得以被选择为受命的标志。这样,通过祥瑞、征象来表达受命的方式丰富了"周人受命"说的内涵,此当即后世"赤鸟"等传说之滥觞。

---

① 朱凤瀚:《读清华楚简〈皇门〉》,《清华简研究》(第1辑),第184~204页。
② 陈颖飞:《清华简〈程寤〉与文王受命》,《清华大学学报》(哲学社会科学版)2013年第2期;杜勇:《清华简〈程寤〉与文王受命综考》,《叩问三代文明:中国出土文献与上古史国际学术研讨会论文集》,第304~335页。
③ 杜勇:《清华简〈程寤〉与文王受命综考》,《叩问三代文明:中国出土文献与上古史国际学术研讨会论文集》,第304~335页。

(二) 文王服九邦

上博竹书《容成氏》描述"文王服九邦"的故事云：

> 于是乎九邦叛之，丰、镐、郍、䧹、于（邘）、鹿、【45】黎、崇、密须氏。
>
> 文王闻之，曰："虽君无道，臣敢勿事乎？虽父无道，子敢勿事乎？孰天子而可反？"纣闻之，乃出文王于【46】夏台之下而问焉，曰："九邦者其可来乎？"文王曰："可。"文王于是乎素端、䙴（屦）、裳以行九邦，七邦来服，丰、镐不服。文王乃起师以向【47】丰、镐，三鼓而进之，三鼓而退之，曰："吾所知多虘（存），一人为无道，百姓其何罪？"丰、镐之民闻之，乃降文王。【48】

简文记述因商纣王荒淫无道而"九邦叛之"，周文王遂笼络九邦积聚反商力量。"九邦"之名，传世文献未见，李零先生注释引《礼记·文王世子》"文王谓武王曰：'女何梦矣？'武王对曰：'梦帝与我九龄。'文王曰：'女以为何也？'武王曰：'西方有九国焉，君王其终抚诸？'文王曰：'非也。古者谓年龄，齿亦龄也。我百，尔九十，吾与尔三焉。'文王九十七乃终，武王九十三而终"，认为"文中所说文王平抚的西方'九国'即简文'九邦'"，九邦之名向所未闻，汉儒不能详其说，得此方知是丰、镐等国。① 陈剑先生则考释"䧹"在今河北获鹿东南，"鹿"在今河南嵩县东北，"加上'郍''于（邘）'（今河南沁阳西北）'崇'（今河南嵩县北）三地，九邦中就有五个是在周之东方"，并引《左传》襄公四年"文王帅殷之叛国以事纣"，《诗·小雅·四牡》"四牡骓骓，周道倭迟"毛传云"文王率诸侯，抚叛国，而朝聘乎纣"，《后汉书·西羌传》"（文王）乃率西戎，征殷之叛国以事纣"，认为"简文记文王征服叛殷的九邦，与此类传说相近，很可能跟《礼记·文王世子》所记之事并无关系"。②

前文已述，《容成氏》作为一种整合古史材料来主动叙史，以表达作者主旨的著作，属于"经过系统化的综合材料"。这点在以下简文语言的处理上即可见一斑：

> 尧有子九人，不以其子为后，见舜之贤也，而欲以为后。【12下】

---

① 李零：《〈容成氏〉释文考释》，马承源主编：《上海博物馆藏战国楚竹书（二）》，第285~286页。
② 陈剑：《上博楚简〈容成氏〉与古史传说》，《战国竹书论集》，第75~77页。

> 舜有子七人,不以其子为后,见禹之贤也,而欲以为后。【17】
> 禹有子五人,不以其子为后,见【33 下】皋陶之贤也,而欲以为后。【34】
> 桀不述其先王之道。【35 中】
> 纣不述其先王之道。【42 下】

可知《容成氏》此处简文的主旨在于宣传文王之德,是故九邦来服。《史记·周本纪》中对"平虞芮之讼"的记载同样反映出文王盛德。此外《左传》僖公十九年宋子鱼云"文王闻崇德乱而伐之,军三旬而不降。退修教而复伐之,因垒而降",①襄公三十一年卫北宫文子言"文王伐崇,再驾而降为臣,蛮夷帅服,可谓畏之",②《吕氏春秋·用民》"密须之民,自缚其主,而与文王"③等,所载文王伐崇、密须与简文伐丰、镐过程略似,均反映出文王盛德。但是《史记·周本纪》记载平虞、芮之讼后"明年,伐犬戎。明年,伐密须。明年,败耆国。……明年,伐邘。明年,伐崇侯虎。而作丰邑,……明年,西伯崩",④《尚书大传》亦云"文王受命,一年断虞芮之质,二年伐于,三年伐密须,四年伐畎夷,五年伐耆,六年伐崇,七年而崩",⑤《诗·大雅·皇矣》亦记述文王伐崇时的情况,杨宽先生据此讨论文王克密、崇时指出文王对西方密的反击和对东方崇的进攻,是两大激烈的战争:"文王是用强大的武力,把崇城攻破,打杀许多敌人,活捉不少俘虏,最后招降了全部崇人。"⑥所以学者以为简文将文王服九邦,说成文王谨守臣道、克尽臣职的忠义之举,与历史事实相差不啻千里!⑦

就文献排比而言,陈剑先生的论述似较为合理,但是简文记载"文王平九邦"的史事素的,似更在于帮助我们更好地了解文王时期周人的势力范围所及与灭商的准备。文献编纂者或许会出于种种立场,或"因为后来贵族把文王看作圣人,就有文王使崇不战而降的传说",⑧但是由此体现的,是在商末周人掌

---

① 《春秋左传正义》卷一四《僖公十九年》,第 3929 页。
② 《春秋左传正义》卷四〇《襄公三十一年》,第 4378 页。
③ 《吕氏春秋集释》卷一九《离俗览·用民》,第 525 页。
④ 《史记》卷四《周本纪》,第 118 页。
⑤ (清)王闿运:《尚书大传补注》,上海:商务印书馆,1937 年,第 39 页。
⑥ 杨宽:《西周史》,上海:上海人民出版社,1999 年,第 79 页。
⑦ 马卫东:《〈容成氏〉"文王服九邦"考辨——兼论〈容成氏〉的主体思想及其学派归属》,《史学集刊》2012 年第 1 期。
⑧ 杨宽:《西周史》,第 79 页。

握的势力范围,所谓"三分天下有其二",即文王给武王翦商奠定的基础,或是《容成氏》有关"九邦"部分的简文带给我们的确切新知。由于简文的补充,可以看出"三分天下有其二"的真实含义恐怕是武王即位前周人已尽取关中、复夺夏地,占有天下的三分之二。"我们可以说,没有文王平九邦,就没有武王克殷商。简文的补充,使我们对武王克商有了顺理成章的解释。"①

(三) 周公摄政史事的新证

周公摄政,辅弼成王,上引《尚书大传》描述周公摄政时期的业绩为:"一年救乱,二年克殷,三年践奄,四年建侯卫,五年营成周,六年制礼乐,七年致政成王。"②但是,长期以来有关周公摄政时期的一些重要史事一直存在争议,清华竹书《金縢》篇为解决这些问题提供了新的材料。

1. 周公摄政还是称王

传统认识上,对于武王去世到成王亲政的几年间,周公以初克商而天下未定,成王年幼,难承大任,故摄政当国。如《史记·周本纪》云"成王少,周初定天下,周公恐诸侯畔周,公乃摄行政当国",③《鲁周公世家》《管蔡世家》也是类似说法,此外《逸周书·明堂》亦云"……武王崩,成王嗣,幼弱,未能践天子之位,周公摄政君天下",④此后如《尸子》《淮南子·氾论训》《韩诗外传》《礼记·明堂位》及《文王世子》等传世文献均持此说。

汉末新莽政权盛称周公称王,其后引发宋儒、清人的热烈讨论。⑤ 直到近现代以来,王国维《殷周制度论》指出按照商人的制度,周公有资格称王。⑥ 钱穆先生认为汉儒继承荀子的学术,《荀子·儒效》主张周公称王说,故此说不是新莽时人的杜撰。⑦ 顾颉刚先生遗著《周公执政称王》中引清人庄存与《尚书

---

① 李零:《三代考古的历史断想——从最近发表的上博楚简〈容成氏〉、燹公盨和虞逑诸器想到的》,《中国学术》(第14辑),第188~213页。
② (清)王闿运:《尚书大传补注》,第44页。
③ 《史记》卷四《周本纪》,第132页。
④ 《逸周书汇校集注》卷六《明堂解》,第710页。
⑤ 美国学者艾尔曼从政治与经学角度,历数汉、唐以迄宋、明、清的有关周公摄政、称王之论,此不赘述。参见[美]本杰明·艾尔曼(Benjamin Elman):《明代政治与经学:周公辅成王》,《经学·科举·文化史:艾尔曼自选集》,复旦大学文史研究院译,北京:中华书局,2010年,第22~48页。
⑥ 王国维:《殷周制度论》,《观堂集林》(卷十),第451~480页。
⑦ 钱穆:《刘向歆父子年谱》,《两汉经学今古文平议》,北京:商务印书馆,2001年,第113~114页。

既见》说明其时成王非幼，周公非摄，竟是堂堂正正做了天子。① 顾先生文中基本汇集与整理了前人指出的有关周公称王说的依据，唯没有使用《大诰》《康诰》等《尚书》类文献，故刘起釪先生专门揭示《大诰》《康诰》是周公称王说的证据之一。② 王玉哲先生也曾表示《大诰》《康诰》等是记录周公称王传说的最早文献。③ 周公称王说影响巨大，至今仍在学者中有影响。④

在顾先生文章发表的前后，即有学者依据铜器铭文资料对周公称王说予以反驳，如马承源、⑤刘启益、⑥唐兰⑦及彭裕商等先生，⑧指出小臣单觯和禽簋铭文成于周公摄政时期，铭文中周公与王同时出现。后来，夏含夷先生又依据新发现的墙盘铭文指出，尽管铭文后半部分提及周公，但是铭文前半部历数文王、武王、成王一直至穆王及时王等诸位西周天子的功绩、美德，其间并没有周公存在，似可说明西周时期的史官意识中并无周公称王的概念存在。⑨

清华竹书《金縢》在记周公将其愿代武王服事鬼神之简册纳于金縢之匮后，云：

䢔（就）逡（后），武王力（陟），𡊏（成）王由（犹）【6】㝅（幼），才（在）立（位）。【7】

与该句相应，今本仅有"武王既丧"一句。简文多出的这一段话，对于判断武王去世后，成王是否立即就王位，是否立即称王，还是在周公还政后才正式称王，周公有没有曾先于成王称王等问题提供了新的说解。简文讲"成王犹幼"，但已"在位"，依此记述，成王在武王去世后，当时年纪确尚幼，然已就王位，即已称王，而

---

① 顾颉刚：《周公执政称王——周公东征史事考证之二》，《文史》1984年第23辑。
② 刘起釪：《由周初诸〈诰〉的作者论"周公称王"的问题》，《人文杂志》1983年第3期。
③ 王玉哲：《周公旦的当政及其东征考》，《人文杂志丛刊》1984年第2辑《西周史研究》，第131~148页。
④ 有学者在研究清华简《周公之琴舞》时，仍用"周公"之称谓判断小序的写作时间与作者。参见姚小鸥、杨晓丽：《〈周公之琴舞·孝享〉篇研究》，《中州学刊》2013年第7期。
⑤ 马承源：《西周金文和周历的研究》，《上海博物馆集刊——建馆三十周年特辑》，上海：上海古籍出版社，1982年，第26~74页。
⑥ 刘启益：《西周武成时期铜器的初步清理》，《古文字研究》（第12辑），北京：中华书局，1985年，第207~256页。
⑦ 唐兰：《西周青铜器铭文分代史征》，北京：中华书局，1986年，第36~38页。
⑧ 彭裕商：《周公摄政考》，《文史》1998年第45辑。
⑨ ［美］夏含夷：《周公居东新说——兼论〈召诰〉、〈君奭〉著作背景和意旨》，《古史异观》，上海：上海古籍出版社，2005年，第307页。

且也可以证明西周初期与周公东征有关的金文中,记载有王东征的铭文中那个"王"确应是成王。① 此说得到了上博竹书《成王既邦》的验证:

> 成王既邦,周公二年,而王厚其賨(赁、任)……【1】……王在镐,嚳(召)周公旦曰:"呜呼!敬之哉……"【2】

一方面,简文证明了周公摄政并未称王。简文"成王既邦""而王厚其任""召周公旦"等均说明了时王是成王;另一方面,简文也证实了传世文献有关周公摄政记述的历史真实性。简文以"成王既邦"与"周公二年"并记,这与传统上以某王某年纪年的方式明显不同,或说明了这是周公摄政时期的特殊纪年现象。

西周的纪年中有无周公纪年,是西周年代学研究中的一个重要问题。《尚书·洛诰》:"惟周公诞保文、武受命,惟七年",马融注云:"惟七年,周公摄政,天下太平。"②《尚书大传》与之记数相同。③《召诰》与《洛诰》同记营建洛邑之事,孔颖达正义云:"武王既崩,周公即摄王政,至此已积七年,将归政成王,故经营洛邑。"④清儒孙星衍亦云:"《洛诰》当七年时,犹诏王称殷礼,明必待七年反政之明年为成王元年。"⑤联系《洛诰》"以功作元祀"句,⑥似能证成孙说。若周公返政后的一年为"成王元年",那么"周公摄政七年"自然就是周公纪年了,故唐兰、赵光贤等先生认为西周存在着周公纪年。⑦ 但是亦有学者持反对意见,王国维曾作《周开国年表》,认为周公摄政之年包含在成王纪年中,从而否定了周公纪年说,⑧杨宽先生等从之,⑨使这一问题一直处于争议之中。⑩ 竹书《成王既邦》给这一问题提供了战国时代的文字证据,表明西周存在周公纪年

---

① 朱凤瀚:《读清华楚简〈金縢〉兼论相关问题》,《简帛·经典·古史》,第47～58页。
② 《尚书正义》卷一五《洛诰》,第461页。
③ "一年救乱,二年克殷,三年践奄,四年建侯卫,五年营成周,六年制礼乐,七年致政成王。"参见(清)王闿运:《尚书大传补注》,第44页。
④ 《尚书正义》卷一五《召诰》,第448页。
⑤ (清)孙星衍:《尚书今古文注疏》,陈抗、盛冬铃点校,北京:中华书局,1986年,第391页。
⑥ 《尚书正义》卷一五《洛诰》,第456页。
⑦ 唐兰:《西周青铜器铭文分代史征》,北京:中华书局,1986年,第79页;赵光贤:《关于西周初年的几个问题》《人文杂志》1988年第1期。
⑧ 王国维:《周开国年表》,《观堂别集》(卷一),石家庄:河北教育出版社,2003年,第617～622页。
⑨ 杨宽:《释何尊铭文兼论周开国年代》,《文物》1983年第6期。
⑩ 参见朱凤瀚、张荣明:《西周诸王年代研究述评》,《西周诸王年代研究》,贵阳:贵州人民出版社,1998年,第404～406页。

是早在战国时期即有的说法,启发学界对这一问题重新思考。

2. 周公居东还是东征

清华竹书《金縢》记:

> 周公石(宅)东三年,祸(祸)人乃斯旻(得)。【8】

今本相对应作"周公居东二年,则罪人斯得",有"宅东"与"居东"、"二年"与"三年"之异。今本云"武王既丧,管叔及其群弟,乃流言于国曰:'公将不利于孺子。'周公乃告二公曰:'我之弗辟,我无以告我先王。'周公居东二年,则罪人斯得。于后公乃为诗以贻王,名之曰《鸱鸮》。王亦未敢诮公",①孔颖达两度疏云:

> 毛以为周公遭管、蔡流言之变,举兵而东伐之……郑以为周公遭流言之变,避居东都,非征伐耳。②

> 郑读"辟"为避,以"居东"为避居……(毛以为)"周公居东"为东征,"我之不辟",欲以法诛管、蔡。③

由此议论纷纷,聚讼难已。即便是在同一人看来,认识也不免纠结抵牾。如朱熹在《朱子语类》中曾云:"周公能致辟于管、蔡,使不为乱,便是措置的好了。"④所谓"致辟"显然指的是征伐,而其晚年《答蔡仲默书》则云:

> (《金縢》)弗辟之说,只从郑氏为是。向董叔重得书,亦辨此条,一时信笔答之,谓"当从古(孔)注说",后来思之不然。是时三叔方流言于国,周公处兄弟骨肉之间,岂应以片言半语,便遽然兴师以诛之?⑤

从朱熹认识的反复,即可知经学时代此桩公案复杂难辨之一斑。⑥ 不唯如是,在空间上还曾衍生出"周公奔楚"的异说。⑦

---

① 《尚书正义》卷一二《金縢》,第 418 页。
② 《毛诗正义》卷八·一《豳风·七月》,第 829 页。
③ 《毛诗正义》卷八·二《豳风·鸱鸮》,第 842 页。
④ (宋)黎靖德编:《朱子语类》,王星贤点校,北京:中华书局,1986 年,第 307 页。
⑤ 《朱子全书》卷三四《答蔡仲默书》,《景印文渊阁本四库全书》第 721 册,台北:台湾商务印书馆,1983 年,第 42 页。
⑥ 刘国忠先生曾统计"周公东征说""周公待罪于东说"及"周公奔楚说"这三派观点共 16 种说法,可知其讨论之热烈。参见刘国忠:《清华简〈金縢〉与周公居东的真相》,《走近清华简》,北京:高等教育出版社,2011 年,第 96~105 页。
⑦ 如清人宋翔凤即云:"自陕以东,周公主之,欲得管、蔡、商、奄之情,则必居东。奄与淮夷在兖、徐之间,大抵为荆楚群蛮之地……'奔楚'与'居东'实一事,传记说之各异,不若《诗》《书》之可按也。"参见(清)宋翔凤:《过庭录》,梁运华点校,北京:中华书局,1986 年,第 89 页。

就史学角度而言,"居东"应是东征。依简文来看,周公居东归来与成王出郊迎公为同年之事,则居东是为东征。如谓周公待罪归来,则不至于成王及朝中一班大臣以邦国礼出郊相迎。现藏宝鸡青铜器博物院的何尊铭文(《集成》06014)有"隹(唯)王初迁宅于成周……隹(唯)王五祀",可知成周建成于成王五年,则武王既丧,成王即位初期,成周尚未营建。现藏上海博物馆的小臣单觯铭文(《集成》06512)"王后阪克商",现藏国家博物馆的禽簋铭文(《集成》04041)"王伐堃(盖)侯,周公某(谋)",以及现藏美国旧金山亚洲美术博物馆的塱鼎铭文(《集成》02739)"隹(唯)周公征于伐东尸(夷),丰白(伯)、尃(薄)古(姑)咸伐"等,对于周公东征的史事也有所反映,加之上引何尊铭文,这些均可与《尚书大传》有关周公摄政七年的相关史事加以联系,证明《尚书大传》的记载应有所本。从上列相关金文内容来看,东征仍是以成王名义进行的,但实际上成王未任主帅,而是以周公为统帅的。①

此外,东征与居东的矛盾,还体现在"二年""三年"的差异。今本《金縢》云"周公居东二年,罪人斯得",这与《史记·鲁周公世家》称周公"宁淮夷东土,二年而毕定"相合。② 简本《金縢》说"周公宅东三年","宅"与"居"同义,居东三年则与《诗·东山》称东征"自我不见,于今三年"、③《史记·周本纪》"管蔡叛周,周公讨之,三年而毕定"一致。④ 由此亦可知居东即是东征,而东征三年说比二年说要更符合史实。上引《尚书大传》"周公摄政,一年救乱,二年克殷,三年践奄……",明记周公东征包括"救乱、克殷、践奄"三个环节,共享了三年时间,与简文记述相合,为认识这一问题提供了新的资料。

(四) 周初对殷遗的处置

有关周初周人对殷遗的处置问题长久以来为治上古史者所关注。⑤ 过去

---

① 朱凤瀚:《〈召诰〉、〈洛诰〉、何尊与成周》,《历史研究》2006 年第 1 期。
② 《史记》卷三三《鲁周公世家》,第 1518 页。
③ 《毛诗正义》卷八·二《豳风·东山》,第 846 页。
④ 《史记》卷四《周本纪》,第 132 页。
⑤ 胡适先生于 1934 年发表《说儒》一文,意在补章太炎《原儒》之不足,以所谓"儒"的本质与其来历互相考证,认为最初的儒者都是殷遗,他们是周人所征服、统治和镇压的下层民族[《说儒》,《中研院史语所集刊》(第 4 本第 3 分册),1934 年,第 1~284 页]。此说曾激起冯友兰《原儒墨》,原载《清华学报》1935 年第 2 期,后收入《三松堂学术文集》,北京:北京大学出版社,1984 年,第 (接下页)

(接上页)303～330 页）、钱穆[《驳胡适之说儒》，原载《学思》1942 年第 1 期，后收入《中国学术思想史论丛》(卷 2)，合肥：安徽教育出版社，2004 年，第 373～382 页]、郭沫若[《驳"说儒"》，原载《青铜时代》，重庆：重庆文治出版社，1945 年，后收入《郭沫若全集·历史编》(第 1 卷)，北京：人民出版社，1982 年，第 434～462 页]等先生的批判。但除冯友兰先生稍作历史探讨，指出殷商贵族虽亡国之余仍有土有民外，其余各家多就儒的本质驳议，而鲜见触及胡先生所自诩的来历部分。新中国成立以后，囿于历史因素，学者观点或以为殷遗民被严密压迫(岑仲勉：《"凰侯矢簋铭"试释》，《西周社会制度问题》附录一，上海：新知识出版社，1956 年，第 155～162 页)，或说其被夷为周族的奴隶(李亚农：《中国的奴隶制与封建制》，上海：华东人民出版社，1954 年，第 35～41 页；李民：《〈尚书〉所见殷人入周后之境遇》，《人文杂志》1984 年第 4 期)。另一方面傅斯年先生早年即指出周王对殷遗用一种"相当怀柔的政策"[《周东封与殷遗民》，《中研院史语所集刊》(第 4 本第 3 分册)，1934 年，第 285～290 页]。之后张政烺《古代中国的十进制氏族组织》，《历史教学》1951 年第 10 期，后收入《张政烺文史论集》，北京：中华书局，2004 年，第 277～313 页)、白川静《金文通释》卷一上"十四、康侯簋"，神户：白鹤美术馆，1962—1982 年，第 141～166 页；《周初殷人之活动》，刘俊文主编：《日本学者研究中国史论著选译》卷三《上古秦汉》，北京：中华书局，1993 年，第 122～149 页)及杜正胜《周代封建的建立》，《中研院史语所集刊》(第 50 本第 3 分册)，1979 年，第 500～533 页；《略论殷遗民的遭遇与地位》，《中研院史语所集刊》(第 53 本第 4 分册)，1982 年，第 661～709 页]等先生也陆续阐发了安抚怀柔之论。

　　事实上，殷遗作为周初一个亟待解决的政治问题，周人必然会根据具体的情形而采取不同的措施，故相当学者认为周人对殷遗的政策是镇压与安抚相结合的，如王玉哲先生《中华远古史》，上海：上海人民出版社，2000 年，第 539 页)认为周公对商遗是采取了恫吓、镇压与安抚、怀柔的政策。杨宽先生《西周史》，第 158 页)则认为周初对殷遗民的政策可分为周武王和周公两个阶段：武王设置三监，目的在于监督"殷臣"，防止殷贵族的叛乱，但是没有取得预期的效果；周公在平定三监和武庚的叛乱之后，就接受了这个教训，决定改变对殷及多方贵族就地监督的办法，把他们集中迁移到一定的地点，以便加强监督、管理和使用。因此，大规模地强迫迁移殷贵族及其多方的贵族，就成为周公巩固周朝统治的一项重要措施。朱凤瀚先生《商周家族形态研究(增订本)》，天津：天津古籍出版社，2004 年，第 261～289 页)亦曾指出，在周人统治者武力震慑与安抚怀柔相结合的政策下，商人旧有强宗大族的境况可大致归纳为五种类型：一是保持旧有的宗族组织结构作为周人贵族之私属，随之迁徙至封土；二是一个较大的宗族被分割成几部分，各部或随周人迁移至新的封土，或被移民至王畿及其他地区；三是留在旧居之地被周人统治者就地治理，仍保留了原有的宗族结构与集聚状态；四是若干宗族被从旧居之地迁至新建之邑集中管辖；五是商遗民贵族得受封建立邦国"。

　　如上所述，目前学者对于周人对殷遗采取镇压与安抚相结合的政策并无太多异议，同时对于殷遗曾经被迁徙各处的研究亦有不少。除上举外，如刘起釪先生《周初八〈诰〉中所见周人控制殷人的各种措施》，《殷都学刊》1988 年第 4 期)据《尚书》周初八《诰》探讨了周公对殷人的处理措施。李宏先生等《从周初青铜器看殷商遗民的流迁》，《史学月刊》1999 年第 6 期)曾据周初青铜器的分布、制作、铭文等方面因素，分析周初殷遗民的身份、迁徙方向。彭裕商先生[《新邑考》，《历史研究》2000 年第 5 期；《周初的殷代遗民》，《四川大学学报》(哲学社会科学版)2002 年第 6 期]曾经通过文献和古文字材料，探讨西周初年被周人迁往洛邑的所谓"殷遗""殷顽民"的过程与身份等问题。杨朝明先生[《试论西周时期鲁国"殷民六族"的社会地位》，《烟台大学学报》(哲学社会科学版)1996 年第 3 期]通过论述"殷民六族"在鲁国的地位，来讨论殷遗民在西周时期的社会地位。任伟先生(《从考古发现看西周燕国殷遗民之社会状况》，《中原文物》2001 年第 2 期)利用考古及金文、文献资料对燕国的殷遗民状况进行分析。赵燕姣先生《从微氏墙盘看殷遗民入周后的境遇》，《文博》2009 年第 1 期)从微氏墙盘入手探讨了周人对殷遗贵族统治策略的历史演变。宫长为、徐义华二位先生[《殷遗与殷鉴》，宋镇豪主编：《商代史》(第 11 卷)，北京，中国社会科学出版社，2011 年，第 133～196 页]近年对灭商后周人对殷遗的处置和控制措施作了较为全面系统的梳理，认为殷遗民实可分为三类：一是被迁置于各地的殷遗；二是留居原地的殷遗；三是逃居于边地的殷遗。留居原地的殷遗在数量上最多，逃居边地的则与政治事务疏远，周人最重视的还是迁置各地的殷遗民上层，他们所处以成周、宗周、鲁、齐、宋等地为多。

研究对于了解入周后殷遗民的境遇、流散等情况打下了坚实的基础,但是亦可以看出,似由于研究关注重点的不同和资料的缺乏,上述研究多着重于殷遗的迁徙分布情况,或关注殷遗的身份境遇,而对于西周初年周人之于殷遗民的具体迁徙方式与处理的历史过程,则显得有些关注不够。清华竹书《系年》简文在涉及西周史事的第三、四章中,亦发现有关于周初处置殷遗的史迹新知,给探讨这一问题提供了新资料:

> 周武王既克殷,乃设三监于殷。武王陟,商邑兴反,杀三监而立录子耿。成王屎伐商邑,杀录子耿,飞廉东逃于商盍氏,成王伐商盍,杀飞廉,西迁商盍之民于邾圉,以御奴虘之戎,是秦先人,世作周圉。

> 周成王、周公既迁殷民于洛邑,乃追念夏商之亡由,旁设出宗子,以作周厚屏,乃先建卫叔封于康丘,以侯殷之余民。卫人自康丘迁于淇卫。

上引简文于西周初年重要史事亦多有关涉,如"三监""封建"等,而与此处讨论有关者,似可简要归纳其要点如下:

第一是周人翦商后对殷遗的处理阶段可分为武王时期、成王和周公时期两个阶段。

第二是武王时期对殷遗的处置是设立了三监。

第三是武王陟后,成王和周公对殷遗的处置方式,按简文记述顺序是其一将部分商奄之民西迁于邾圉,是秦之先,这部分商奄之民似应是随飞廉叛乱而东逃的飞廉族属;①其二是迁殷遗民于洛邑;其三是封建卫康叔以侯殷之余民。

简单来说,简文的史料价值主要在于一方面验证了传统上对于殷遗处置的两个阶段,以及成王与周公迁殷民于洛邑、建卫等方面的正确认识,另一方面对争议已久的如秦人始源等问题亦给出了详细的解释,②也为殷遗的流向提供了新的资料。此外简文也提出了新的问题,一是周初对殷遗的处置是否就是如简文记载的那样只包括以上几方面的内容,另外仅就以上成王和周公

---

① 朱凤瀚:《清华简〈系年〉所记西周史事考》,《第四届国际汉学会议论文集——出土材料与新视野》,第 449~450 页。
② 李学勤:《清华简关于秦人始源的重要发现》,《光明日报》2011 年 9 月 8 日第 11 版;王洪军:《新史料发现与"秦族东来说"的坐实》,《中国社会科学》2013 年第 2 期。

时期的处置内容来说,亦有一个时间次序与史事因果方面的问题需要梳理。

上文已述,《系年》的编纂特征之一是具有"纪事本末"的特征而非后世完整的纪事本末体,故从《系年》第三、四章叙事主题看,第三章叙述秦人始源,第四章叙述卫人屡迁,此两章于周初对于殷遗的处置问题均不是其叙述要点,故可知上述第一个问题即周初对殷遗的处置应该比简文记述的要更复杂。这样,联系传世文献与其他出土文献资料对《系年》所反映的内容再作推求,似能理出周公与成王时期处置殷遗民的次序。

虽然克商后武王在位时间短暂,但对于殷遗民的处置,武王时期即已采取必要的措施,并为周公、成王时期的处理奠定了基础:一方面,武王时期已开始对殷遗的迁移;① 另一方面,是对留在原地的殷遗的防范处置。这批殷遗仍

---

① 对殷遗的迁移。传世文献中对武王克殷后所采取的措施的记述也有不少,如《史记·周本纪》:

>封商纣子禄父殷之余民。武王为殷初定未集,乃使其弟管叔鲜、蔡叔度相禄父治殷。已而命召公释箕子之囚。命毕公释百姓之囚,表商容之闾。命南宫括散鹿台之财,发钜桥之粟,以振贫弱萌隶。命南宫括、史佚展九鼎保玉。命闳夭封比干之墓。命宗祝享祠于军。乃罢兵西归。行狩,记政事,作《武成》。封诸侯,班赐宗彝,作《分殷之器物》。

按此记载,武王克商以后,基本上没有触动殷民原有的生活状况,而且通过保留殷祀、旌表贤德、振贫扶弱等系列怀柔措施以争取殷遗的拥护。但是实际上,这些安抚措施之外,面对不同的殷遗武王也会采取不同的手段。杜正胜先生[《略论殷遗民的遭遇与地位》,《中研院史语所集刊》(第53本第4分册),1982年,第663页]曾据《逸周书》指出:"《克殷》奖励降顺,《世俘》警诫不服。任何战争皆有投降和抵抗的人,兼具二者,乃得全豹。"此言一语中的。

《逸周书·商誓》篇,经刘起釪、李学勤等先生(刘起釪:《尚书学史》,第95~96页;李学勤:《〈商誓〉篇研究》,《古文献丛论》,北京:中国人民大学出版社,2010年,第67页)的考订,确为西周"同时代"文献。李学勤先生甚至认为"《商誓》之作,只能在武王居于殷都的几天期间"。据学者研究,《商誓》中已含有对殷遗民采取的具体措施:其一是针对留居商都的殷遗民,即"三监"政策。二是根据《商誓》云"尔多子其人自敬,助天永休于我西土,尔百姓其亦有安处在彼。宜在天命,□及恻兴乱",这句话大意是说你们这些"多子"与"百姓"要自我谨敬、顺应天命,以便使上天永远保佑我们西土,这样你们就可以在西土安居。服从天命的安排,不要发起叛乱。此处"西土"与"彼"对应,将西土称作"彼",可明确武王讲话地点是在殷都。而训话对象"多子"与"百姓"应是指商王近亲及与之为善的同姓家族之长。照此理解,则《商誓》中实际反映了武王已将一部分殷遗民上层分子迁移到了西土。若以上理解不误,则似可知周人迁移殷遗民的政策实始自武王。

许倬云先生[《西周史(增补二版)》,北京:生活·读书·新知三联书店,2012年,第126~134页]曾指出,把商人迁移到周人直接控制的地区,是周人有效控制被征服人口的方法之一,武王克商后的一项重要措施是将东土俊杰成族地迁到陕西,强干弱枝,也使东土人才能为周用。上述认识亦得到了前述史墙盘铭文(《集成》10175)的证明,其铭文记有"青幽高祖,在微灵处。雩武王既伐殷,微史剌(烈)且(祖)乃(乃)来见武王,武王则令周公舍(舍)宇于周卑(俾)处"。有关墙盘器主的身份,徐中舒先生[《西周墙盘铭文笺释》,陕西周原考古队、尹盛平主编:《西周微氏家族青铜器群研究》,北京:文物出版社,1992年,第248~263页]认为其是微子启之后。朱凤瀚先生[《商周家族形态研究(增订本)》,第283页]申论说:徐中舒先生认为,墙盘所谓"青(静)(接下页)

是新生周王朝的心腹大患，上举《周本纪》也以"武王至于周，自夜不寐"来描述其对此忧心忡忡的情况。① 对此，武王采取"监、分而治"的策略。"监"即是三监，如《系年》简文"周武王既克殷，乃设三监于殷"。"三监"的设置本身就是武王时期防范殷遗民的措施。"分"则是有区别地对待殷遗民，通过拆分的方式削弱他们的反抗力量，其采取的措施值得留意者，一是选建洛邑，② 二是

（接上页）幽高祖，在微灵处"，即是讲微子启的情况，与《史记》所载微子启数谏纣王不听，因而退隐之际遇符合。"静幽""灵处"皆取幽隐退逊之意。颇有道理。盘铭所言微史烈祖，可能是微子之子辈，其家族当是微子宗族之小宗分支。所谓微史，即是史官，当是在受周武王封土后即任周人之史官，故有此称。这种看法既立足墙盘铭文，又结合文献记载；既参考商末政治形势，又符合商周命氏原则，因此是可取的。故史墙所在的微氏家族应当是在武王伐纣胜利后就归顺了周人，并被安置在西土岐周的殷遗民。此外，此时被迁居西土的殷遗，可能还有一些世家大族。这点从著名的"戈"氏、"🦋"氏等家族器物西周早期在西土不断发现中亦可看出（参见朱凤瀚：《商周青铜器铭文中的复合氏名》，《南开学报》1983年第3期；何景成：《商末周初的举族研究》，《考古》2008年第11期；张怀通：《武王伐纣史实补考》，《中国史研究》2010年第4期）。这些殷遗，学者或以为是投顺周人的殷人贵族，他们熟悉王朝典仪制度，并以此为西周王朝服务（宫长为、徐义华：《殷遗与殷鉴》，第146页）。

① 《史记》卷四《周本纪》，第128页。
② 《逸周书·度邑》与《史记·周本纪》中均有"武王度邑"的相关记载，如《周本纪》云：

　　王曰："定天保，依天室，悉求夫恶，贬从殷王受。日夜劳来定我西土，我维显服，及德方明。自洛汭延于伊汭，居易毋固，其有夏之居。我南望三涂，北望岳鄙，顾詹有河，粤詹雒、伊，毋远天室。"营周居于雒邑而后去。

　　清末出于陕西岐山、现藏国家博物馆的天亡簋铭文（《集成》04261）中亦有"天室"的记载，其铭云"乙亥，王又（有）大丰（醴），王凡三方，王祀于天室，降，天亡又（佑）王"，不少学者将"天室"解作"太室"，以为"天室"即是太室山，如杨树达先生《〈积微居金文说（增订本）〉，北京：中华书局，1997年，第142、235页》、唐兰先生《〈西周青铜器铭文分代史征〉，第12页》等即将天亡簋中的"天室"、《度邑》中的"天室"与太室山联系起来。所谓有夏之居，即夏人故地，在今豫西一带。三涂，即三涂山，杨伯峻先生《〈春秋左传注（修订本）〉，第1246页》曾考订其地在今河南嵩县西南十里伊河之北。岳鄙，黄河北边的太行山南麓之地。河、伊、洛，即今黄河、伊河、洛河。结合三涂、岳鄙、伊洛、黄河等山川地理，学者认为武王描绘的是在嵩山之巅见到的情景，这似意味着武王的度邑是在太室山上进行的（蔡运章：《周初金文与武王定都洛邑——兼论武王伐纣的往返日程问题》，《中原文物》1987年第3期；林沄：《〈天亡簋〉"王祀于天室"新解》，《史学集刊》1993年第3期）。

　　1963年出土于陕西宝鸡、现藏宝鸡青铜器博物院的何尊铭文（《集成》06014）亦印证了武王选址营建洛邑的记载，其铭为："惟王初迁宅于成周……曰：'……惟珷（武）王既克大邑商，则廷告于天，曰：余其宅兹中或（国）……'惟王五祀。"从上述材料可知武王在牧野之战胜利后返回镐京途中登临太室选择雒邑地址，开启了西周初年周人营建雒邑进而经营东方的序幕（张怀通：《武王伐纣史实补考》，《中国史研究》2010年第4期）。洛邑地区地理位置特殊，虽靠近原殷商王畿（商末王畿的南境在牧野一带，朝歌位于王畿南缘，故洛邑处于王畿外围。参见韦心滢：《殷代商王国政治地理结构研究》，上海：上海古籍出版社，2013年，第145页），但却由南部的三涂山、北部的黄河、西部的崤山与东部的嵩山围成一个相对独立的地理单元，周人初建据点于此，既便于深入殷商王畿加以管控，又不易遭受殷遗的合围。遗憾的是武王很快去世，营建成周的任务在周公摄政时期才得以完成。

封建微子。①

　　武王去世后由于周公摄政而爆发的三监之乱,按《系年》记载,武庚在成王二次克殷的战事中被杀,与《史记》等记载"周公奉成王命,伐诛武庚"相同。②《逸周书·作雒》则云"王子禄父北奔",③有所不同。武庚最终命运如何,无关本章宏旨,但是平乱后留下的殷遗,特别是对随武庚作乱的殷遗的处置,是周公和成王必须解决的问题。上文已述,《系年》简文按分章记事叙述的处理顺序:一是西迁商奄之民;二是迁殷民于洛邑;三是封建卫康叔以侯殷之余民。所以首先需要借助其他材料以廓清三者的时间顺序,然后就相关问题再作统一解释。

　　简文云"周成王、周公既迁殷民于洛邑,乃追念夏商之亡由……乃先建卫

---

① 有关微子的始封,传世文献中有两种不同的说法。
　　一说以成书于西汉以后的《史记》及《书序》为代表,云封微子在成王时,后世多数学者都从《史记》所说。
　　另一说在武王时,多见于战国传世文献的记载。如《左传》僖公六年记楚成王就"许男面缚,衔璧,大夫衰绖,士舆榇"事问诸逢伯,对曰:"昔武王克殷,微子启如是。武王亲释其缚,受其璧而祓之。焚其榇,礼而命之,使复其所"。《史记·宋微子世家》将"使复其所"写作"复其位如故"。刘文淇《春秋左氏传旧注疏证》,北京:科学出版社,1959年,第280～281页)、杨伯峻《春秋左传注(修订本)》,第314页)等认为:复其所,复微子之国也。微国本在纣之畿内,后又封武庚于畿内,乃改封于宋。杨宽先生《西周史》,第123～124页)则认为"复其所"就是使其回归原来的封邑,其地在今山东梁山西北,后来再徙封到宋国,并认为《史记》说成王封微子是错解了《书序》意思。此外,《荀子·成相》云"纣卒易乡,启乃下。武王善之,封之于宋"。《礼记·乐记》记载武王"投殷之后于宋",郑玄注曰:"投,举徙之辞也。时武封纣子武庚于殷墟,所徙者微子也,后周公更封之。"《吕氏春秋·慎大》亦云:"武王立成汤之后于宋,以奉桑林。"
　　陈立柱先生《微子封建考》,《历史研究》2005年第6期)针对文献记载宋之宗庙不在国都而在其北数十里的薄邑、微子死于薄邑而不是宋之国都、封于宋而仍称"微子",甚至其弟仲衍继位仍称"微仲",直到其侄稽继位才曰"宋公"等与微子封宋不能契合的疑问,认为微子不称"宋公",说明接受成王之命者不会是微子,并联系微子在武王克商过程中的事迹指出,封建微子的周王只可能是武王,先秦文献多言武王封微子,也可以说明这一点。三监之乱平定后,宋公稽承续了微子一脉替代武庚成为殷之宗子,才被周公和成王徙封到宋。此说既圆融地解答了上述疑问,又明确了武王时期微子的事迹与地位,似是目前关于此争论的一个较为合理的看法。
　　如此,武王时封建微子于薄,其封地仍属殷人旧地。学者或以为在其地原有殷遗的基础上,周人又从殷王畿地区迁来不少的殷遗民(宫长为、徐义华:《殷遗与殷鉴》,第156页),比如原属微子宗族的殷遗当有大部会迁至此处。另外,将王畿地区的殷遗分割部分予微子,也在很大程度上削弱了武庚的实力。周人这一策略的成功之处体现在三监之乱时,微子控制下的殷遗并无任何文献记载显示其参与到武庚的叛乱中来。
② 《史记》卷四《周本纪》,第132页。
③ 《逸周书汇校集注》卷五《作雒》,第517页。

叔封于康丘,以侯殷之余民",学者多解此句"先建"意为"选建",①与表时间上的先后意关涉不多,而"既""乃"等连接词却带有明显的时间先后次序。由是据简文而言,"封建卫康叔"的时间是在"迁殷民于洛邑"之后,此似明确了周公和成王对于殷遗的处理是有步骤、分阶段的带有策略性的政策行为。

由简文"成王屎伐商邑,杀彔子耿,飞廉东逃于商盖氏,成王伐商盖,杀飞廉,西迁商盖之民于邾圉"可以看出,飞廉在周公和成王攻破商邑后东逃至商奄氏,周公和成王继伐商奄,杀了飞廉。因此,伐商邑与商奄之间是有着时间先后顺序的。《尚书大传》曾描述周公摄政时期的业绩为"一年救乱,二年克殷,三年践奄,四年建侯卫,五年营成周,六年制礼乐,七年致政成王",②与《系年》记载时序相同。由是,周公和成王处理商邑殷遗的时间似要在"西迁商奄之民"之前。《尚书·多士》"王曰:'多士!昔朕来自奄,予大降尔四国民命。我乃明致天罚,移尔遐逖,比事臣我宗多逊'",③其中"昔朕来自奄"亦说明殷人自殷王畿地区迁往洛地的时间是在周公摄政三年践奄之时,④故在"成王伐商盍(奄)"之时,已经开始了对原殷商王畿地区参与叛乱的殷遗的处理。这也在情理之中,若放任王畿之内曾参与反叛的殷遗不管,则东征践奄势必不会有稳定的后方。《史记·周本纪》亦记载"成王既迁殷遗民……召公为保,周公为师,东伐淮夷,残奄,迁其君薄姑",⑤是"东伐淮夷,残奄,迁其君薄姑"在"成王既迁殷遗民"之后。

而与上述认识相左的是《尚书·多士》序有"成周既成,迁殷顽民",⑥学者多以为《书序》是秦汉时人的作品。⑦ 例如序文中有"殷顽民"之称,朱芳圃先生曾经指出:"按《古文尚书》及《逸周书》,凡称殷朝的遗民概谓之'献民'或'献

---

① 参见苏建洲、吴雯雯、赖怡璇:《清华二〈系年〉集解》,台北:万卷楼图书股份有限公司,2013 年,第 208～209 页。
② (清)王闿运:《尚书大传补注》,第 44 页。
③ 《尚书正义》卷一六《多士》,第 469 页。
④ 彭裕商:《新邑考》,《历史研究》2000 年第 5 期。
⑤ 《史记》卷四《周本纪》,第 133 页。
⑥ 《尚书正义》卷一六《多士》,第 466 页。
⑦ 刘起釪:《尚书源流及传本》,沈阳:辽宁大学出版社,1997 年,第 32 页;陈梦家《尚书通论》,第 97 页。

臣'，至于顽民一词，始于汉代，非周初所固有。"①此似可作为汉人于迁移时间理解有误的旁证。彭裕商先生亦指出："《书序》记载殷民的迁徙，说'成周既成，迁殷顽民'，以成王五年的营洛为营建成周，②而系殷遗的迁徙于是年，与《多士》《多方》等篇的记载明显不合。"③洛邑的大规模营建始于周公摄政五年，至七年初成，亦称"新邑"。刘起釪先生、彭裕商先生等认为营建成周、居于新邑者主要是来自殷商王畿的殷遗，④是故必有先迁殷民于洛邑而后有营建之事。随着战争的进行，众多的殷遗被集中到洛邑，为了更有效地控制，周人也加大了监管力量。人口的集聚使得原来的城邑日益不能满足需要，这当是促成了"五年营成周"之事发生的因素之一。

但是明末清初顾炎武认为此"殷顽民"为凡参与武庚叛乱的"殷民"似有一定道理。顾氏认为其性质"皆畔逆之徒……大抵皆商之世臣大族"，他们被周公迁至洛邑。另一些则不同"其不与乎畔而留于殷者，如祝佗所谓'分康叔以殷民七族，陶氏、施氏、繁氏、锜氏、樊氏、饥氏、终葵氏'是也，非尽一国而迁之也。或曰：何以知其为畔党也？曰：以召公之言'雠民'知之，不畔何以言'雠'？非敌百姓也，古圣王无与一国为雠者也"。⑤按顾氏所见，迁于成周的是参与叛乱的殷遗中的世臣大族，分予康叔的"殷民七族"是"不与乎畔"的平民。以是否参与叛乱作为分辨标准，合乎《系年》简文"既迁殷民于洛邑……乃先建卫叔封于康丘"的叙述。唯迁往洛邑的是世家大族自无异议，但是分予康叔的亦未必皆是平民，所谓世家大族与平民盖是针对殷遗贵族与殷遗普通宗族而言。⑥故"克殷"之后，当务之急一方面在于处置参与反叛的王畿地区的

---

① 朱芳圃：《殷顽辨》，《中州学刊》1981年第1期。
② 朱凤瀚先生认为，周公摄政七年的时间未必包括在成王纪年以内。洛邑的营建始于周公摄政五年，至七年初成。《尚书》之《召诰》《洛诰》所记即此七年洛邑初成后，召公、周公在邑内"相宅""卜宅"，实乃为成王选择营建王宫之位置。同年，周公致政成王，成王于新邑主持盛大祭典，是为元祀。何尊铭文所记为成王亲政第五年，即"唯王五祀"时事，此时洛邑内王宫已建成，成王始迁都于洛邑，洛邑自此亦称成周。参见朱凤瀚：《〈召诰〉、〈洛诰〉、何尊与成周》，《历史研究》2006年第1期。
③ 彭裕商：《新邑考》，《历史研究》2000年第5期。
④ 刘起釪：《周初八〈诰〉中所见周人控制殷人的各种措施》，《殷都学刊》1988年第4期；彭裕商：《新邑考》，《历史研究》2000年第5期。
⑤ 《日知录集释》卷二《武王伐纣》，（清）顾炎武撰，黄汝成集释：《日知录集释》，栾保群、吕宗力校点，上海古籍出版社，2006年，第85页。
⑥ 参见朱凤瀚：《商周家族形态研究（增订本）》，第274页。

所谓"殷顽",另一方面对于飞廉、商奄等与武庚一起叛乱的宜乘胜追击以求得最终胜利,如此可明确"迁殷民于洛邑"在"西迁商奄之民"之前。

接下来需要讨论"西迁商奄之民"与"封建卫康叔"的时间顺序。现藏大英博物院的沬(沫)嗣土疌簋铭文(《集成》04059)同样涉及"封建卫康叔"史事,"王来伐商邑,征令康侯啚(鄙)于卫。沬(沫)嗣土疌眔鄙,乍(作)厥考尊彝",就铭文字面意思来说,"康侯啚(鄙)于卫"事似与"王来伐商邑"事可直接接续。按鄙,是指边鄙之地,在此指边邑。《左传》庄公二十八年"群公子皆鄙",杜预注:"鄙,边邑也。"①《左传》僖公二十四年记王使来告难于郑伯,曰王"鄙在郑地汜",②亦即僻居于郑地之边邑汜。此铭言"鄙于卫"则应是指在卫的边邑内居住或建边邑于卫,"鄙于卫"即不在卫中心区域(那里当是殷余民所居处)。在卫地内建边邑的目的,自然是令康侯将自己的属下从康丘迁到那里以控制整个旧殷商王畿地区,这与简文所言"卫人自康丘迁于淇卫"当指的是同一件事,也当与《左传》定公四年记成王时封康叔"……以殷民七族……命以《康诰》,而封于殷墟"有关,③这一举措可能是康侯受命封于殷墟的具体行动。④

李学勤先生曾解释简文说:"封康是'侯殷之余民',可见康即在殷的邻近地……卫国建立以后,卫人才'自庚(康)丘迁于淇卫'……至于卫国的迁都是在叔封在世之时,还是其子康伯之世,还有待进一步研究。"⑤按疌簋铭言"鄙于卫"并非"侯于卫",因此康叔虽封于卫地,但并未见称"卫侯",康叔在已见青铜器中亦只自称"康侯"。而《史记·卫康叔世家》记康叔卒后,其子仍称康伯,康伯以后直至顷侯前的五代,亦皆称"伯",未见称侯,直至顷侯时,由于"顷侯厚赂周夷王,夷王命卫为侯"。⑥ 西周诸侯称"侯"必有王命。⑦

---

① 《春秋左传正义》卷一〇庄公二十八年,第3866页。
② 《春秋左传正义》卷一五僖公二十四年,第3947页。
③ 《春秋左传正义》卷五四定公四年,第4636页。
④ 朱凤瀚:《清华简〈系年〉所记西周史事考》,《第四届国际汉学会议论文集——出土材料与新视野》,第449~450页。
⑤ 李学勤:《清华简〈系年〉解答封卫疑谜》,《文史知识》2012年第3期。
⑥ 《史记》卷三七《卫康叔世家》,第1589~1591页。
⑦ 朱凤瀚:《关于西周封国君主称谓的几点认识》,陕西省考古研究院、上海博物馆编:《两周封国论衡:陕西韩城出土芮国文物暨周代封国考古学研究国际学术研讨会论文集》,上海:上海古籍出版社,2014年,第272~285页。

照此理解,对于西周初年卫之史事,简文记载的是封建卫叔封于康和徙卫两件史事,而沫簋铭文记载的则是之后将卫叔封从康侯徙封到卫地的一件史事,如此"王来伐商邑"似作为"祉令康侯啚(鄙)于卫"的背景出现,意在揭示康叔所鄙之卫为原殷商王畿地区,所受之民亦为此一地区的殷之余民。"康侯啚(鄙)于卫"似需要给"王来伐商邑"这一"二次克殷"的重大战事留下足够的时间。

由上述可知,《系年》所记之"西迁商奄之民"与"迁殷民于洛邑"中殷遗所属似均为所谓"殷顽",卫康叔所"侯殷之余民"似属于未参与叛乱的殷遗。按《尚书·大传》"二年克殷,三年践奄,四年建侯卫"的记载,《系年》所记上述三事的发生次序简单说来似是"迁殷民于洛邑"最先,"西迁商奄之民"随后,"封建卫康叔"次之。

在廓清三者的时间发生顺序的基础上,即可以就周公与成王处置殷遗的具体方式与处理过程所体现的特点作如下概括:

综言之,周公与成王似继承了武王"监、分而治"的策略,针对具体的情况与族群采取不同的措置方式。首先处理的便是参与叛乱的殷遗,按照平定的先后时间先将原属王畿地区的殷遗大部迁至洛邑,使之营建成周;同时继续东征践奄,胜利之后将部分商奄之民迁至朱圉、薄姑等地;然后才是处理那些未曾与乱的殷遗,除其一部分宗族迁至各边地诸侯国分割治理外,留在原地的殷遗也通过封建诸侯等方式加以监视。

具体而言,不同的殷遗宗族似按照殷王室族属与商奄等族属的区别,分别将王室大族分置于宗周与成周,降顺的置于宗周为王朝所用,顽固不化者使营建成周并居之以便于集中管理。而对于商奄之民之顽固不化者,除《系年》所记部分迁于邾圉外,《史记·周本纪》还记载"东伐淮夷,残奄,迁其君薄姑",[①]《书序》亦见类似记载。朱圉、薄姑等均是边地,分别处于抵御奴虏之戎、淮夷、徐戎等的前线,这种分散策略一方面利于周人控制管理,另一方面又可利用其抵御外族的进攻。

对于未曾与乱的殷遗的处理,同样基于防范的目的,将部分宗族以诸侯私

---

① 《史记》卷四《周本纪》,第133页。

属的形式,使其随之迁徙至封土,甚至拆分某些势力庞大的宗族,①上引《左传》定公四年于此亦有记载。文献记载之外,如任伟先生等对燕国殷遗的考察,②亦属此例。田野考古资料中亦多见各诸侯国中殷遗的活动情况,学者多有举例,③兹不备述。

最后需要留意的是,成王和周公还通过迁封措施,对留在原地的殷遗加以监视、控制。《系年》所记卫康叔的迁封外,还有上述微子的迁封。《史记·管蔡世家》记载"而分殷余民为二:其一封微子启于宋,以续殷祀;其一封康叔为卫君,是为卫康叔",④这里宋国所得殷遗当不是指其原有人口而言,应是周人把原属畿内武庚的一批较顺服的宗族充实到宋国。

不仅对留在殷王畿地区的殷遗通过迁封诸侯加以管理,《史记·鲁周公世家》云武王时"封周公旦于少昊之虚曲阜",⑤《左传》定公四年杜预注均以曲阜为少昊之虚。《左传》昭公九年记周大夫詹桓伯曰:"及武王克商,薄姑、商奄,吾东土也。"孔颖达疏引服虔云:"商奄,鲁也。"⑥是汉以后学者多以商奄即在鲁国都城即曲阜一带。上引《左传》定公四年祝佗言伯禽受封时"因商奄之民",⑦是其主要因承的是原属商奄的当地土著殷遗。但是《史记·鲁周公世家》记周公在武王时已被封于少昊之虚,《左传》昭公九年亦记商奄武王时已属周。上文已述商奄实际归属周人应是在周公东征以后,现藏国家博物馆的禽簋(《集成》04041)铭文"王伐盖侯"、䵼劫尊(《集成》05977)铭文"王征盖"等西周金文中,亦明记成王时伐盖,故伯禽此前所封之"少昊之虚"似不应在商奄。曲英杰先生亦曾指出,然伯禽就封于鲁后,既有成王践奄之事发生,则鲁、奄二国之都显然不在一地。不过,从鲁都所在原属商奄之地来看,二者相距又不会很远,⑧这与微子之封薄在宋都以北,卫康叔之封康在卫之鄘差相仿佛。朱凤

---

① 史广峰、郭文佳:《从西周邢器之散失看周初对邢族之处置》,《文物春秋》2000年第2期。
② 任伟:《从考古发现看西周燕国殷遗民之社会状况》,《中原文物》2001年第2期。
③ 宫长为、徐义华:《殷遗与殷鉴》,第133～196页。
④ 《史记》卷三五《管蔡世家》,第1565页。
⑤ 《史记》卷三三《鲁周公世家》,第1515页。
⑥ 《春秋左传正义》卷四五昭公九年,第4466页。
⑦ 《春秋左传正义》卷五四定公四年,第4635页。
⑧ 曲英杰:《先秦都城复原研究》,哈尔滨:黑龙江人民出版社,1991年,第262页。

瀚先生近据新出夨器亦论定鲁炀公时鲁国始将都城正式设立于曲阜。① 目前看来，鲁曾迁封亦有相当大的可能。

此外，文献中对于错叔绣的始封时间亦存在争议。②《汉书·地理志》"沛郡公丘县"云："故滕国也。周文王子错叔绣所封。"③其地亦是商奄旧地，再联系康叔封封于卫的事例，则错叔绣之封于滕，似亦应属于践奄后为处置商奄殷遗的迁封措施。曾有学者从礼仪角度探讨西周封建诸侯中始封与徙封的区别与联系，认为徙封是改换诸侯封地，使其统治新获土地，强调的是城邑土地，④所谓徙封强调城邑土地盖滥觞于此时。

综上所述，《系年》第三、四章简文的主要价值似在于使我们对周初周人对殷遗处置的过程了解得更加深刻。毕竟对殷遗的处置是西周王朝立国之初的大事之一，经过武王、周公与成王两代人的努力，最终基本消弭了殷遗的反抗势力，终有周一代未见殷遗再掀起大的波澜。除了上文关注的强制迁移外，殷遗的流散方式还有自发迁徙，如箕子出奔；隐世不出，如伯夷叔齐等。当然，强制政策之外，周人之于殷遗也极力拉拢、融合，殷遗贵族只要臣服于周，他们还是会被周王朝重用的。⑤《左传》定公六年记载阳虎"盟公及三桓于周社，盟国人于亳社"，⑥可见殷遗的社会风俗在鲁国仍得到很大程度地保存。⑦ 学者于此成果颇多，故不备述。而殷遗问题之适当处理对于当时与后世之影响，朱凤瀚先生已进行深入的研究，指出周初实施的分割、迁徙殷民的政策，改变了中国古代政治文化的进程，促进了当时各地区、各民族之间的文化交流和民族融合，是导致中国古代国家最终形成的重要因素之一。⑧

---

① 朱凤瀚：《夨器与鲁国早期历史》，《新出金文与西周历史》，上海：上海古籍出版社，2011年，第17～19页。
② 陈槃：《春秋大事表列国爵姓及存灭表撰异（三订本）》，上海：上海古籍出版社，2009年，第26页。
③ 《汉书》卷二八上《地理志》，第1572页。
④ 于薇：《始封在庙与徙封在社：西周封建的仪式问题》，《历史教学》2014年第2期。
⑤ 任伟：《从考古发现看西周燕国殷遗民之社会状况》，《中原文物》2001年第2期。
⑥ 《春秋左传正义》卷五五定公六年，第4649页。
⑦ 杨朝明：《试论西周时期鲁国"殷民六族"的社会地位》，《烟台大学学报》（哲学社会科学版）1996年第3期。
⑧ 朱凤瀚：《商周家族形态研究（增订本）》，第285～286页。

(五) 周初封建与周人宗法的新诠

清华竹书《系年》第四章记述了康(卫)之封建：

> 周成王、周公既迁殷民于洛邑，乃追念夏商之亡由，旁设出宗子，以作周厚屏，乃先建卫叔封于康丘，以侯殷之余民。卫人自康丘迁于淇卫。

《封许之命》记述对许之封建：

> 佳(惟)女(汝)吕丁，扉(肇)橐(右)玟(文王)，诰(愍)光丕(厥)剌(烈)，【2】□司明型(刑)，釐(釐)丕(厥)猷……亦佳(惟)女(汝)吕丁，旟(扞)楠(辅)珷(武王)，攼(干)敦殷受，咸成商邑【3】

> 命女(汝)侯于酅(许)……昜(锡)女(汝)仓(苍)珪、巨(柜)鬯一卣，敉(路)【5】车璁(蒽)玩(衡)、玉暑、繼(鸾)铃索(素)旂，朱笲元(輇)。马四匹，攸象(脅)，毯毽，罗绥(缨)，钩雁(膺)，篡(纂)绊(弁)，匩(柅)。赠尔鹰(荐)彝……【6】

《封许之命》是周初封建吕丁为许侯的命书。其始封过程，文献没有详细记载，《春秋》隐公十一年云：

> 秋，七月，壬午，公及齐侯、郑伯入许。

孔颖达正义引杜预《谱》：

> 《谱》云："许，姜姓，与齐同祖，尧四岳伯夷之后也。周武王封其苗裔文叔于许，今颍川许昌是也。灵公徙叶，悼公迁夷，一名城父。又居析，一名白羽。许男斯处容城。自文叔至庄公十一世始见《春秋》。元公子结元年，获麟之岁也，当战国初，楚灭之。"

又引《汉书·地理志》：

> 《地理志》云："颍川郡许县，故许国，文叔所封，二十四世为楚所灭也。汉世名许县耳，魏武作相，改曰许昌。"①

《说文·叙》："吕叔作藩，俾侯于许。"同书《邑部》"鄦(许)"字下云："炎帝太岳

---

① 《春秋左传正义》卷四隐公十一年，第3767页。

之胤,甫侯所封,在颍川。"①文叔,《汉书·地理志》颍川郡许下班固本注作"大叔",②段玉裁注曰:"甫侯即谓吕叔,吕叔即谓文叔,无二人也。"③

许之初封,过去学者多据上述文献以为在武王世,陈槃先生谨慎存疑。④今据简文来看,首任许侯吕丁在文王之世时"司明型(刑),釐(釐)氒(厥)猷【3】",即其司理刑法,作其谋划。《尚书·吕刑》"书序"有"吕命,穆王训夏赎刑,作《吕刑》",伪孔传:"吕侯以穆王命作书,训畅夏禹赎刑之法,更从轻以布告天下。后为甫侯,故或称《甫刑》。"⑤可知吕氏与刑法有关。《尚书·康诰》"乃其速由文王作罚,刑兹无赦",⑥《左传》昭公七年"楚子……为章华之宫,纳亡人以实之。无宇之阍入焉。无宇执之,有司弗与"即引"周文王之法曰'有亡,荒阅'",⑦可知文王之世确应有刑法,吕丁即担任筹谋刑典的职司。这一职司或由吕氏世代执掌,至穆王时颁布为成文法典。

据简文,吕丁还参与伐纣的战事,"旂(捍)楠(辅)珷(武王),玫(干)敦殷受,咸成商邑【3】"。殷受,即殷纣,《尚书·无逸》作"殷王受"。⑧又辅佐时王,因此被封为许侯。由是,许之初封,当在成王之世。整理者考虑到吕丁的年岁,推断应在成王亲政后不久。⑨

简文还记述封建许侯时的赏赐,如苍珪、秬鬯、路车和马四匹等可与传世文献和册命金文对读,特别是可与《诗·大雅·崧高》所记宣王封申时所赐"王遣申伯,路车乘马……锡尔介圭,以作尔宝"等对读,⑩似体现出周礼的一贯性。其中还有赏赐给许侯的一套"鴍(荐)彝",即祭祀所用的礼器,李学勤先生将之与《书序》"武王既胜殷,邦诸侯,班(颁)宗彝,作分器"相联系,印证以近年来在考古工作中屡次发现西周早期墓葬内随葬若干商人的青铜器,指出周初

---

① 《说文解字》,第319、133页。
② 《汉书》卷二八上《地理志》,第1560页。
③ (汉)许慎撰,(清)段玉裁注:《说文解字注》,上海:上海古籍出版社,1988年,第290~291页。
④ 陈槃:《春秋大事表列国爵姓及存灭表撰异(三订本)》,第251页。
⑤ 《尚书正义》卷一九《吕刑》,第525页。
⑥ 《尚书正义》卷一四《康诰》,第434页。
⑦ 《春秋左传正义》卷四四昭公七年,第4447页。
⑧ "无若殷王受之迷乱,酗于酒德哉。"参见《尚书正义》卷一六《无逸》,第472页。
⑨ 清华大学出土文献研究与保护中心编,李学勤主编:《清华大学藏战国竹简(伍)》,第117~118页。
⑩ 《毛诗正义》卷一八·三《大雅·崧高》,第1222页。

封国时有分赐战胜俘获器物的传统,成王封许正是这样做的。① 笔者亦曾据叶家山西周墓地与宝鸡石鼓山墓地出土器物,归纳西周初年周人墓葬青铜礼器基本组合如下:

食器:鼎、簋、甗;

酒器:爵、觯、尊、卣;

水器:盉、盘。

可以说,从石鼓山、竹园沟、白草坡、高家堡到洛阳东郊等西周统治核心区域内铜器墓随葬铜礼器组合,与叶家山曾侯、羊子山鄂侯、琉璃河燕侯、被怀疑是管的郑州洼刘等西周封国的随葬铜器组合,以及大河口霸氏、前掌大史氏的随葬铜器组合,所体现出的一致性,显示着周文化的广阔而深远的影响力,也反映出周初周人随葬礼器制度的基本成型。② 石鼓山墓葬中所出的殷遗器物,学者多引《史记·周本纪》所记周人克商后分殷之器物来解释这一现象。《封许之命》的"荐彝",虽非墓葬中随葬礼器组合,但也是一套祭祀用的礼器。③ 器物名称较多,可简单分类为:

食器:鼎、簋、鬲、簠;

酒器:爵、觯、觥、卣;

水器:盘、盉、鉴等。

按照《周本纪》的记述,在克殷之初,武王罢兵西归后即"……封诸侯,班赐宗彝,作分殷之器物……",④对照《封许之命》,石鼓山墓葬中随葬殷遗铜器这种特殊现象便有了一个较合理的解释。更为重要的是,上列铜器的基本组合同样与石鼓山随葬器物的基本组合是一致的,这不仅体现了周初器用制度的稳定,也反映出周人文化认同的确立时间亦应不晚于

---

① 李学勤:《清华简再现〈尚书〉佚篇》,中国教育报 2014 年 9 月 5 日第 8 版。
② 杨博:《西周初期铜器墓葬礼器组合关系与周人器用制度》,北京大学出土文献研究所编:《青铜器与金文》(第 1 辑),上海:上海古籍出版社,2017 年,第 525～540 页;《高家堡墓葬青铜礼器器用问题简论》,邹芙都主编:《商周青铜器与先秦史研究论丛》,北京:科学出版社,2017 年,第 376～382 页。
③ 或以其为周初分器的"常态标准",参见付强:《由清华简〈封许之命〉看周初分器的标准》,陕西历史博物馆编:《陕西历史博物馆刊》(第 24 辑),西安:三秦出版社,2017 年,第 122～123 页。
④ 《史记》卷四《周本纪》,第 126～127 页。

周初成王时期。

《封许之命》为讨论周初封建提供了新的材料,清华竹书《系年》亦记述封卫之史事,其时约同在成王之世,但时间或早于封许。周初封建的史事在《左传》等传世文献中有多处记载,在金文材料中亦有反映,相关文献可对勘如表3-5。

表3-5 周初封建、宗法相关材料参照

《系年》	相 关 文 献
周成王、周公既迁殷民于洛邑,乃追念夏商之亡由,旁设出宗子,以作周厚屏。	《左传》昭公九年:"文、武、成、康之建母弟,以蕃屏周。" 《左传》昭公二十六年:"昔武王克殷,成王靖四方,康王息民,并建母弟,以蕃屏周。" 《左传》僖公二十四年:"昔周公吊二叔之不咸,故封建亲戚,以蕃屏周。" 《尚书序》:"成周既成,迁殷顽民。" 《史记·周本纪》:"成王在丰,使召公复营洛邑,如武王之意……成王既迁殷遗民……" 清华竹书《祭公之顾命》:"隹(惟)我逡(后)嗣,方聿(建)宗子,不(丕)【13】隹(惟)周之翯(厚)菲(屏)。"【14】
乃先建卫叔封于康丘,以侯殷之余民。	《尚书·康诰》:"王若曰:'孟侯,朕其弟,小子封……'" 《左传》定公四年:"昔武王克商,成王定之,选建明德,以蕃屏周……分康叔以大路、少帛、绸茷、旃旌、大吕,殷民七族,陶氏、施氏、繁氏、锜氏、樊氏、饥氏、终葵氏;封畛土略,自武父以南及圃田之北竟,取于有阎之土以共王职,取于相土之东都以会王之东蒐。聃季授土,陶叔授民,命以《康诰》而封于殷虚。皆启以商政,疆以周索。分唐叔以大路、密须之鼓,阙巩、沽洗,怀姓九宗,职官五正。命以《唐诰》,而封于夏虚,启以夏政,疆以戎索。" 《史记·周本纪》:"颇收殷余民,以封武王少弟封为卫康叔。" 《史记·卫康叔世家》:"周公旦以成王命兴师伐殷,杀武庚禄父、管叔,放蔡叔,以武庚殷余民封康叔为卫君,居河、淇间故商墟。" 沬(沫)嗣土逨簋:"王来伐商邑,祉令康侯啚(鄙)于卫。沬(沫)嗣土逨眔鄙,乍(作)厥考隣彝。"

由上表,沬(沫)嗣土逨簋铭文"祉令康侯啚(鄙)于卫"可与《系年》简文对读,是可知卫"康叔"之得名由来,确是因其曾先封于康丘之故,而且还说明之所以封于康丘,是为了"侯殷之余民",而后才有"啚(鄙)于卫"事。

需要留意的是,简文与铭文均记载卫叔首封在康时为"侯",而徙封于卫之后,并未继续称侯。《左传》定公四年亦云"分康叔以大路",另外《史记·卫康叔世家》记载康叔卒后,其子仍称"康伯",此后直至顷侯前的五代,亦皆称伯,直至顷侯时,由于"厚赂周夷王,夷王命卫为侯"。① 康侯以后长时间未称侯,可能与康叔职务已由侯转为王朝卿士有关。

"侯"在周初并不是表示贵族等级的爵位,而仍是与商后期王国的"侯"有近似职能的官称,即驻在边地保卫王国、有较强武力的武官。从《尚书·康诰》与金文资料可知,康叔在周初时已称"康侯",当是因甫克商时,周人势力向东实际亦只抵达卫地之商人旧都一带,故封康叔为"康侯",其职能正是以武力在此边地防范殷余民。但因康叔率下属自康丘迁至简文所谓"淇卫"(亦即沬嗣土遆簋铭所言之"征令康侯鄙于卫"),建立封国后,经周公二次克商,继续向东征伐,商人旧都之地已成周人内域,故康叔也并未改称"卫侯"。《史记·卫康叔世家》亦只言封康叔为卫君,称之为"康叔之国"。而且,康叔卒后其后六世皆只称"伯",已不再称"侯"。据《史记·卫康叔世家》,直至其后第七世顷侯时因厚赂夷王方得"夷王命卫为侯"。这固然与《卫康叔世家》所记成王"举康叔为周司寇"因而康叔已为王朝卿士有关,但也应该是与卫地已非周之边域,在此一段时间内暂无防范异族的军事需要不无关系。② 传世文献如《左传》中多称许君为"许男",不排除《左传》编纂者整饬的因素,但是通过《封许之命》再次证明,许应为侯。现藏美国华盛顿弗里尔美术博物馆的矢令方彝(《集成》09901)记述昭王时期,明保受命为执政公后"舍三(四)方令",其中的命令对象有"眔诸侯:侯、甸、男",《左传》桓公二年追记惠之二十四年师服的评论,其中有"今晋,甸侯也",③ 由之似可知侯、甸、男均为外服诸侯,或属于侯这一职官的不同等级。学者通过对金文材料的梳理已提出过这种观点,④ 楚竹书《封许之命》《系年》等材料的发现,印证了这一说法。

---

① 《史记》卷三七《卫康叔世家》,第1591页。
② 参见朱凤瀚:《关于西周封国君主称谓的几点认识》,《两周封国论衡:陕西韩城出土芮国文物暨周代封国考古学研究国际学术研讨会论文集》,第272~285页。
③ 《春秋左传正义》卷五桓公二年,第3786页。
④ 魏芃先生通过对金文所见之"诸侯"考辨,认为金文中的"诸侯"仅包括侯、甸、男三种身份。参见魏芃:《西周春秋时期"五等爵称"研究》,博士学位论文,南开大学历史学院,2012年,第77~144页。刘源先生亦指出殷周政体为内外服制,外服诸侯体系为侯、甸、男、卫、邦伯。参见刘源:《"五等爵"制与殷周贵族政治体系》,《历史研究》2014年第1期。

《系年》简文又云"旁设出宗子",清华竹书《祭公之顾命》亦有:

> 隹(惟)我遆(后)嗣,方薎(建)宗子,不(丕)【13】隹(惟)周之旨(厚)屏(屏)。【14】

故其应指由本宗分出另立宗氏而自为其宗子者,即各同姓诸侯国之始封君,如卫康叔封、晋唐叔虞等。上文述《史记·卫康公世家》记载康叔卒,子康伯代立。《考古》2007年第3期刊布的觉公簋铭文"觉公乍(作)妻(鄦)姚簋,遘于王令(命)昜(唐)白(伯)侯于晋,隹(唯)王廿又八祀",①燮父在位后已称"唐伯",而始封于唐的其父叔虞,文献所记则是称"唐叔",如《左传》定公四年;或唐叔虞,如《史记·晋世家》。这样通过简文、铭文与文献的排比,可以发现卫、晋的始封君称"叔",而第二代称"伯"的现象。卫康叔所以一直称"叔",当是本于其在周王室内的排行,他虽已从王室分出,另立封国,但是仍不自称"伯",而是以其在王室内的辈分为称,以示其与王室保持亲属关系,在宗法体系上尚未独立。但从其子康伯开始,卫康叔所建立的这一事实上已独立的家族即已在亲属组织上与王室脱离,并开始奉行自己相对独立的实质性的宗法系统,故康伯方能以此一独立的家族族长身份称"伯"。这种情况,正符合《礼记·大传》所言之周人的宗法制度,即"别子为祖,继别为宗"。②卫叔正是周王室分出去另立宗族的"别子",而其后人则尊奉之为始祖,继承他而建立起一个独立的宗族。晋唐叔虞与唐伯燮父的情况亦是如此,此即《系年》简文及觉公簋铭文诠释《礼记·大传》所表述之周人宗法制度的实例。

二、西周中晚期史事

(一) 穆王时王朝政体中的"执政公"

清华竹书《祭公之顾命》记述祭公谋父患病不瘳,临终前告诫前来探视的穆王,如何总结夏商败亡的教训和文武成功的历史经验,其中涉及"三公"这一重要历史问题:

> 乃詔(诏)畢(毕)桓、甚(井)利、毛班,曰:"三公,愈(谋)父朕(朕)【9】疾隹(惟)不

---

① 朱凤瀚:《觉公簋与唐伯侯于晋》,《考古》2007年第3期。
② 《礼记正义》卷三四《大传》,第3268页。

瘳，敢睪（告）天子，皇天玫（改）大邦壓（殷）之命，隹（惟）周文王受之，隹（惟）武王大敗（敗）之，【10】坓（成）氒（厥）社（功）。隹（惟）天莫我文王之志，遱（董）之甬（用）畏（威），亦尚屋（寬）咸（壯）氒（厥）心，康受亦弋（式）甬（用）休，亦兗（美）【11】悉（懋）妥（綏）心，敬葬（恭）之。隹（惟）文武中（中）大命，或（哉）氒（厥）戠（敵）。"公曰："天子、三公，我亦上下卑（辟）于文武之受【12】命，窆（皇）寋（戡）方邦，不（丕）隹（惟）周之旁（旁），不（丕）隹（惟）旬（后）禝（稷）之受命是襄（永）旉（厚）。隹（惟）我逡（後）嗣，方圭（建）宗子，不（丕）【13】隹（惟）周之旉（厚）屏（屏）。於（嗚）虖（呼）！天子，藍（監）于頤（夏）商之既敗（敗）……【14】

《逸周书·祭公》将祭公所召之毕龏、井利、毛班误写作"毕桓于黎民般"，①致使后世训释离题万里，真义难明。竹书《祭公》的发现，不仅使传世本这一讹误得以勘正，更重要的是简文涉及三公之具体人物，为研究西周中期王朝政体中的"公"制提供了崭新线索。

过去研究中，"公"多与五等爵的讨论联系在一起。《公羊传》隐公五年：

> 诸公者何？诸侯者何？天子三公称公，王者之后称公，其馀大国称侯，小国称伯、子、男。天子三公者何？天子之相也。②

陈恩林先生认为，天子三公可能是周初之制，实际在成康以后，凡是王室的执政卿士都可称"公"。③ 杨宽先生认为西周早期太师、太保、太史为三公，中期以降，铜器铭文中所出现的公均为公爵。④ 王世民先生则专门讨论西周金文中的公称，指出西周金文中的公称可分为两种，一是身居高位的重臣，一是死后追封的谥号。⑤ 上引朱凤瀚先生曾就覞公簋铭文的族氏铭文"⋈"指出，覞公之身份似应为殷遗，其为妻作器本是自家之事，却言及"王令（命）易（唐）白（伯）侯于晋"，表明此事应与其有关，是覞公应为唐伯臣属。⑥ 由器主自称覞公来看，王世民先生的看法或有未尽之处。魏芃先生

---

① 《逸周书汇校集注》卷八《祭公》，第931页。
② 《春秋公羊传注疏》卷三隐公五年，（汉）何休解诂，（唐）徐彦疏：《春秋公羊传注疏》，（清）阮元校刻：《十三经注疏》（清嘉庆刊本），第4792页。
③ 陈恩林：《先秦两汉文献中所见周代诸侯五等爵》，《历史研究》1994年第6期。
④ 杨宽：《西周王朝公卿的官爵制度》，《人文杂志丛刊》1984年第2辑《西周史研究》，第93～119页。
⑤ 王世民：《西周春秋金文中的诸侯爵称》，《历史研究》1983年第3期。
⑥ 朱凤瀚：《覞公簋与唐伯侯于晋》，《考古》2007年第3期。

曾专门讨论西周金文中的"公",她在对西周王畿之内生称公的情况进行研究之后,认为:

> 第一,西周金文中生称的"公"称是一种职务之称,在受命担任相应职务的同时即可获得。
>
> 第二,"公"称固定属于位高权重者,称"公"者身份明显高于使用"伯"称者,推测亦高于其他封君、诸侯。
>
> 第三,"公"称不世袭,并非家族内部继承的称谓,但亦不回避由同家族成员连续担任。
>
> 第四,"公"是否有定员数量,目前尚不明确。很多迹象表明,在大多数情况下,同时期内应当有一位以上的称"公"者。随着集权的加剧,西周晚期"公"的数量很可能减少到二人左右。
>
> 第五,"公"称作为个人称谓,最常见的用法却仍为与"氏名"连用,这很可能是造成"公"与"侯""伯"等世袭称谓之使用规则相似之假象的重要原因。①

刘源先生通过对殷周政体的分析指出,殷周政体为内外服制,公实质上指年长位高者,故广泛用于贵族名号。② 杜勇先生认为三公为西周时期朝廷执政大臣的通称,但不以三人为限,主要由卿士寮、太史寮有关部门的主官三四人或五六人组成,其中常有一人为首席执政大臣。三公多来自畿内伯爵诸侯,而畿外诸侯入为王朝卿士的情况则较为少见。执政大臣大都尊享公爵,通常及身而止,多不世袭,以保持机构政治活力。③ 可以看出,在新材料、新观念的刺激下,学者对西周政体中"三公"问题的讨论取得了丰硕成果,但学界对这一问题仍未取得共识。

李学勤先生依据简本列出八点与传世本及相关金文对比,认为:"清华简本《祭公》比传世本更在文句上近似师询簋,证实该篇的可信。"④准此,作为西周中期同时代之记述材料的《祭公之顾命》,为我们讨论这一问题提供了基础。

除上述将毕𦀚、井利、毛班误写作"毕桓于黎民般"外,简本与传世本的相

---

① 魏芃:《西周春秋时期"五等爵称"研究》,第46页。
② 刘源:《"五等爵"制与殷周贵族政治体系》,《历史研究》2014年第1期。
③ 杜勇:《清华简〈祭公〉与西周三公之制》,《历史研究》2014年第4期。
④ 李学勤:《清华简〈祭公〉与师询簋铭》,《初识清华简》,第135~139页。

关异文主要有两处：其一，简文云"公曰：'天子、三公，我亦走（上）下卑（辟）于文武之受【12】命……【13】"，传世本作"天子，自三公上下，辟于文、武"；其二，简本"於（呜）虖（呼）！天子，盢（监）于顕（夏）商之既敗（败）……【14】"，传世本为"呜呼，天子、三公监于夏商之既败……"。①

上述异文，前一句不同之处在于简文云"我亦上下"，传世本云"自三公上下"，二者的区别显而易见。若为传世本"自三公上下"，则表明"三公"为王朝最高一级大臣，但依简文来看则似不能认为此处"三公"为王朝最高一级大臣。后一句的主要区别则在于主语一为"天子"，一为"天子、三公"，简文相对传世本少了"三公"二字。根据简文中其他内容我们知道祭公所称之"三公"是有具体所指的毕桓、井利、毛班，但若据此认为西周中央设有"三公"，可祭公亦称为公，并且由文意来看，其地位似比毛班等三人更高。由是杜勇先生认为，祭公与毕、井、毛并列为三公，祭公更可能位于三公之首，并引证《尚书·顾命》所言之召公、毕公、毛公，加之《立政》又提及的"司寇苏公"，指出四人并为三公的情况在西周并不鲜见。② 杜勇先生的看法不失为一种合理的解释，但对于文献记载中的这种多公现象，笔者认为或可从以下两个方面来解释：

首先，《顾命》中的材料或经过整饬编订，因此，在所用称谓方面似未必完全符合当时的实际情况。如《顾命》篇中出现的"卫侯"，孔颖达等认为卫侯为王朝司寇，我们暂且不论这一看法是否正确，但此条材料中所出现的别的大臣前面均冠以公伯称号，唯独卫侯称侯，清人皮锡瑞即对此提出异议说，"卫侯"今文《尚书》当作"卫伯"。③ 上文已述，在夷王之前，卫是不称侯的，《顾命》篇中的"卫侯"应为康伯。上述魏芃先生指出，从金文来看，活跃王朝之上的公的地位明显要高于称伯者。但《顾命》篇在行文时，却将芮伯、彤伯放在毕公、毛公之前叙述，这显然不符合西周的实际情况。故笔者以为成王命大臣顾命之事当时确有史官记录，但编订成文或在后世，或今传本在流传过程中经过了后人的整饬。而卫在夷王之后已经称侯，西周时期也确实出现有毕公、毛公为王

---

① 《逸周书汇校集注》卷八《祭公》，第 933、935 页。
② 杜勇：《清华简〈祭公〉与西周三公之制》，《历史研究》2014 年第 4 期。
③ （清）皮锡瑞：《今文尚书考证》，盛冬铃、陈抗点校，北京：中华书局，1989 年，第 414 页。

朝执政公的情况,而且,毕氏、毛氏宗子去世后,谥号称公者更是比比皆是,因而今之《顾命》才会出现有此种称谓。

其次,从西周金文来看,当时的公称可分为职务公称和尊称两种,只有职务公有权管理百官,为真正意义上王朝所设之公。① 简文中的井利,也见于《穆天子传》,根据其执掌来看,应即穆公簋盖铭文(《集成》04191)中所记载之宰利。② 宰在整个西周时期的地位一直不是太高,"西周之宰主要是管理王家内事务,与《周礼》的小宰、内宰地位相当",③成篇于西周晚期的《诗·小雅·十月之交》云"皇父卿士,番维司徒,家伯维宰,仲允膳夫",④可知宰的地位直到西周晚期都在司徒之下,西周中期的宰利不大可能为王朝最高一级执政大臣。由是,似可推知,竹书《祭公之顾命》中出现的"三公",应是祭公对毛班等三人的敬称,这也与简文描述的祭公临终勉励三人勤勉王事之语境相符。⑤

(二) 厉王时期的险恶情势

清华竹书《芮良夫毖》在芮良夫作毖内容之前,叙述了厉王时期周人面临之情势:

> 周邦聚(骤)有禘(祸),寇(宼)戎方晋。厥辟、钺(御)事,各紫(营)其身。
> 恒争于纂(富),莫絅(治)庶难,莫恤【1】邦之不盗(宁)。【2】

"寇(宼)戎"谓来犯之戎,《逸周书·时训》"鹰不化鸠,宼戎数起",⑥《周礼·春官·小祝》"有寇戎之事,则保郊,祀于社";⑦"晋",进长,《周易·晋》《彖》曰:晋,进也。明出地上,顺而丽乎大明,柔进而上行"。⑧ 简文意思是说周王朝频繁遭到了周边少数民族的大举进犯。这在传世文献中也可得到印证,如《后汉

---

① 魏芃:《西周春秋时期"五等爵称"研究》,第54~62页。
② 李学勤:《穆公簋盖在青铜器分期上的意义》,《文博》1984年第2期。
③ 张亚初、刘雨:《西周金文官制研究》,北京:中华书局,2004年,第40~41页。
④ 《毛诗正义》卷一二·二《小雅·十月之交》,第957页。
⑤ 有关西周执政公之员额与执掌的相关具体论述,可参见王治国:《金文所见西周王朝官制研究》,博士学位论文,北京大学历史学系,2013年,第91~110页。
⑥ 《逸周书汇校集注》卷六《时训》,第585页。
⑦ 《周礼注疏》卷二五《春官·小祝》,第1754页。
⑧ 《周易正义》卷四《晋》,第100页。

书·西羌传》注引《古本竹书纪年》"厉王无道,戎狄寇掠,乃入犬丘,杀秦仲之族。王命伐戎,不克",①《后汉书·东夷传》"厉王无道,淮夷入寇,王命虢仲征之,不克",②《帝王世纪》云"自厉王失政,猃狁荆蛮,交侵中国,官政隳废,百姓离散"。③ 简文揭示出厉王时期周王朝面临着严重的外患。

简文"厥辟御事,各营其身",是指周厉王和他的执政卿士独占山泽之利。《国语·周语上》记有荣夷公专利事:

> 厉王说荣夷公,芮良夫曰:"王室其将卑乎!夫荣公好专利而不知大难。夫利,百物之所生也,天地之所载也,而或专之,其害多矣。……今王学专利,其可乎?匹夫专利,犹谓之盗,王而行之,其归鲜矣。荣公若用,周必败。"既,荣公为卿士,诸侯不享,王流于彘。④

简文指出由于厉王和执政卿士"恒争于禀(富)""莫恤邦之不窹(宁)",是王朝内部也有极大的内忧。简文所述芮良夫作毖的背景和文献所载厉王时周王朝陷入全面危机的史实适相印证。

当然,西周厉王时期的全面危机是政局不稳和军事不力逐渐造成的。⑤ 李裕杓先生曾对穆王以后王朝内部矛盾的浮现及与之密切相关的军事后果作了很好的分析。⑥ 这种日积月累的矛盾,由于所谓"无道",在厉王世终于全面爆发了出来。金文中对这些戎狄入侵的局面亦有所反映,如多友鼎(《集成》02835)记述了上引《古本竹书纪年》之犬戎入侵,敔簋(《集成》04323)等记述了《后汉书·东夷传》之"淮夷入寇"。《史记·秦本纪》云"周厉王无道,诸侯或叛之",⑦禹鼎铭文(《集成》02833)中记述之噩侯驭方的反叛当与此相关:

---

① 方诗铭、王修龄:《古本竹书纪年辑证(修订本)》,第 57 页。
② 《后汉书》卷八五《东夷传》,(南朝宋)范晔撰,(唐)李贤等注:《后汉书》,北京:中华书局,1965年,第 2808 页。
③ 徐宗元:《帝王世纪辑存》,第 94 页。
④ 《国语集解》卷一《周语上》,第 13~14 页。
⑤ 李峰:《西周的灭亡——中国早期国家的地理和政治危机》,上海:上海古籍出版社,2007 年,第 119~124 页。
⑥ [韩]李裕杓:《西周王朝军事领导机制研究》,博士学位论文,北京大学历史学系,2015 年,第 237~250 页。
⑦ 《史记》卷五《秦本纪》,第 178 页。

乌(呜)虖(呼)哀哉！用天降大丧于下或(国)，亦唯噩侯驭(驭)方，率南淮尸(夷)、东尸(夷)广伐南或(国)、东或(国)，至于历内。王乃命西六师、殷八师，曰："剡(扑)伐噩侯驭(驭)方，勿遗寿幼。"右(肆)师(弥)弥宓(怵)匌(恒)，弗克伐噩。肆武公乃遣禹率公戎车百乘、斯(厮)驭(驭)二百、徒千，曰："于匌(恒)朕(朕)肃慕，叀西六师、殷八师伐噩侯驭(驭)方，勿遗寿幼。"雩(雩)禹以(以)武公徒驭(驭)至于噩，章(敦)伐噩，休，隻(获)氒(厥)君驭(驭)方……

噩侯是与周通婚的外服侯，据刘启益先生研究，夷王的王后即是噩侯之女。① 厉王的母家竟然反叛，给西周王朝带来的打击可想而知，铭文中说"呜呼哀哉，用天降大丧于下国"。因而厉王命王朝六师、八师讨伐噩侯驭方时命令"勿遗寿幼"，但是王师并未取得战果，"弗克伐噩"。在此情况下，禹奉武公之命，率武公私属武装，助王朝六师、八师讨伐噩侯驭方，② 最终击败并擒获噩侯，似反映出当时王室力量之衰微，正因如此，《史记·鲁周公世家》记载"厉王无道，出奔彘，共和行政"。③ 清华竹书《系年》第一章：

> 至于厉王，厉王大疟于周，卿李(士)、诸正、万民弗忍于厥心，乃归厉王于彘，共伯和立。

传世文献和出土文献反映出的信息是一致的，王室力量衰微，面对外患，可以命其贵族、诸侯来应对处理，而在内忧方面，特别是面对实力雄厚的"卿李(士)、诸正"，厉王只能面对出奔于彘的结局。

(三)"周亡王九年"与"京师"地望

文献资料匮乏、零散是先秦史学之史料的重要特点，其中东周时期最缺乏的是两段时间，其一是春秋早期，其二是春秋末与战国早期。对春秋早期而言，研治春秋史最可靠的材料首推《左传》，而《左传》既为《春秋》经之传，其起始时间亦同于经，始于隐公元年(前722)。如此则春秋早期，即从前770年开始有一段时间仍未有比较确切的史料记录。而有关西周灭亡、平王东迁的一

---

① 刘启益：《西周金文中所见的周王后妃》，《考古与文物》1980年第4期。
② "叀"，黄天树先生训为"助"。参见黄天树：《禹鼎铭文补释》，张光裕、黄德宽主编：《古文字学论稿》，合肥：安徽大学出版社，2008年，第64~67页。
③ 《史记》卷三三《鲁周公世家》，第1526页。

段史事的主要记载有《左传》昭公二十六年正义引《纪年》与《史记·周本纪》等,有限的史料间又歧见迭出,纷繁不已。《史记·周本纪》本《吕氏春秋·疑似》记载周幽王烽火戏诸侯事,即被学者讥为小说家言,不足凭信。① 而其他如幽王子名伯盘还是伯服,平王所奔申为西申还是南申,携惠王之携究竟是地名还是谥号,"二十一年"是携王纪年还是晋文侯二十一年,平王即位与东迁的具体年代究竟几何,这些问题多年来一直使学者困惑不已。② 清华竹书《系年》第二章亦主要涉及到周平王东迁的相关史事及年代,对我们了解这一段史事有着重要的帮助:

> 周幽王取妻于西申,生平王,王或(又)取褒人之女,是褒姒,生伯盘。褒姒嬖于王,王与伯盘逐平王,平王走西申。幽王起师,回(围)平王于西申,申人弗畀。曾(缯)人乃降西戎,以攻幽王,幽王及伯盘乃灭,周乃亡。邦君诸正乃立幽王之弟余臣于虢,是携惠王。立廿又一年,晋文侯仇乃杀惠王于虢。周亡(无)王九年,邦君诸侯焉始不朝于周,晋文侯乃逆平王于少鄂,立之于京师。三年,乃东徙,止于成周,晋人焉始启于京师,郑武公亦正东方之诸侯……楚文王以启于汉阳。

为便于讨论,笔者先将各有关记载整理于表 3-6:

表 3-6 有关西周灭亡、平王东迁的史料对比

《系年》	《纪年》	《史记·周本纪》	《国语》
周幽王取妻于西申,生平王,王或(又)取褒人之女,是褒姒,生伯盘。	《太平御览》卷一四七皇亲部引《纪年》:"幽王八年,立褒姒之子曰伯服,为太子。" 《太平御览》卷八五皇王部引《纪年》:"幽王立褒姒之子伯盘,以为太子。"	《史记·周本纪》:"三年,幽王嬖爱褒姒。褒姒生子伯服,幽王欲废太子。太子母申侯女,而为后。后幽王得褒姒,爱之,欲废申后,并去太子宜臼,以褒姒为后,以伯服为太子。"	《国语·晋语一》:"周幽王伐有褒,褒人以褒姒女焉,褒姒有宠,生伯服。" 《国语·郑语》:"褒人褒姁有狱,而以为入于王,王遂置之,而嬖是女也,使至于为后而生伯服。"

---

① 晁福林:《论平王东迁》,《历史研究》1991 年第 6 期。
② 晁福林先生和李峰先生对这些问题着力尤多,参见晁福林:《论平王东迁》,《历史研究》1991 年第 6 期;李峰:《西周的灭亡——中国早期国家的地理和政治危机》,第 221~314 页。

续表

《系年》	《纪年》	《史记·周本纪》	《国语》
褒姒嬖于王，王与伯盘逐平王，平王走西申。幽王起师，回（围）平王于西申，申人弗畀。曾（缯）人乃降西戎，以攻幽王，幽王及伯盘乃灭，周乃亡。	《左传》昭公二十六年正义引《汲冢纪年》："平王奔西申，而立伯盘以为太子。"	《史记·周本纪》："褒姒不好笑，幽王欲其笑万方，故不笑。幽王为烽燧大鼓，有寇至则举烽火。诸侯悉至，至而无寇，褒姒乃大笑。幽王说之，为数举烽火。其后不信，诸侯益亦不至。幽王以虢石父为卿，用事，国人皆怨。石父为人佞巧善谀好利，王用之。又废申后，去太子也。申侯怒，与缯、西夷犬戎攻幽王。幽王举烽火征兵，兵莫至。遂杀幽王骊山下，虏褒姒，尽取周赂而去。" 《吕氏春秋·疑似》："幽王欲褒姒之笑也，因数击鼓，诸侯之兵数至而无寇。至于后戎寇真至，幽王击鼓，诸侯兵不至，幽王之身乃死于骊山之下，为天下笑。"	《国语·晋语一》："于是乎与虢石父比，逐太子宜臼而立伯服。太子出奔申，申人、鄫人召西戎以伐周。周于是乎亡。" 《国语·郑语》："申、缯、西戎方强，王室方骚，将以纵欲，不亦难乎？王欲杀太子以成伯服，必求之申，申人弗畀，必伐之。若伐申，而缯与西戎会以伐周，周不守矣！"
邦君诸正乃立幽王之弟余臣于虢，是携惠王。	《左传》昭公二十六年正义引《汲冢竹书纪年》："（伯盘）与幽王俱死于戏。先是，申侯、鲁侯及许文公立平王于申，以本大子，故称天王。幽王既死，而虢公翰又立王子余臣于携。周二王并立。" 《通鉴外纪》卷三引《汲冢纪年》："幽王死，申侯、鲁侯、许文公立平王于申，虢公翰立王子余，二王并立。"	《史记·周本纪》："于是诸侯乃即申侯而共立故幽王太子宜臼，是为平王，以奉周祀。"	

续　表

《系年》	《纪　年》	《史记·周本纪》	《国　语》
立廿又一年,晋文侯仇乃杀惠王于虢。	《左传》昭公二十六年正义引《汲冢竹书纪年》:"二十一年,携王为晋文公所杀。以本非適,故称'携王'。"		
周亡(无)王九年,邦君诸侯焉始不朝于周。晋文侯乃逆平王于少鄂,立之于京师。			《国语·郑语》:"晋文侯于是乎定天子。"
三年,乃东徙,止于成周,晋人焉始启于京师,郑武公亦正东方之诸侯。		《史记·周本纪》:"平王立,东迁于雒邑,辟戎寇。平王之时,周室衰微,诸侯强并弱,齐、楚、秦、晋始大,政由方伯。"	《国语·周语中》:"我周之东迁,晋、郑是依。"

由上表可以看出,《国语·晋语一》《郑语》和《史记·周本纪》称"伯服",《左传》昭公二十六年正义和《太平御览》卷八五引《纪年》作"伯盘"。《左传》昭公二十六年孔颖达正义引束皙云:"《左传》'携王奸命',旧说携王为伯服,伯服古文作伯盘,非携王。"①繁体"盘"以"般"为声符,古籍中也常常省作"般",与古文"服"形体相近,容易混淆,②《系年》亦印证了这一点。

平王所奔,《国语·郑语》和《晋语》均谓之"申",古本《纪年》则谓"西申"。1981年,河南南阳北郊砖瓦厂内出土带有"南申"铭文的仲爯父簋(《集成》04188～04189),③李学勤先生据此推论说:"铭文之所以在'申伯'前冠以'南'字,可能是为了与'西申'相区别。原来在西周时期,西方另有一申。"④此后学者就申国的问题展开热烈讨论,徐少华先生指出申国"源于西方戎族中较盛的

---

① 《春秋左传正义》卷五二昭公二十六年,第4592页。
② 方诗铭、王修龄:《古本竹书纪年辑证》(修订本),第62～63页。
③ 崔庆明:《南阳市北郊出土一批申国青铜器》,《中原文物》1984年第4期。
④ 李学勤:《论仲爯父簋与申国》,《中原文物》1984年第4期。

一支,属于西戎中华化较早的一部分。西周早中期,立国于今陕西北境,称'申侯'。西周晚期周宣王时,为挽回'南土'日益失去控制的局势,改封元舅申伯于南阳盆地,建立'南申',定都于谢,即今河南南阳市内的老城区一带",①《系年》简文"周幽王取妻于西申……平王走西申"为这一论断增添了新的佐证。②

《左传》昭公二十六年正义引《纪年》"幽王既死,而虢公翰又立王子余臣于携。周二王并立",故多数学者以为王子余臣因为在"携"地被立为王,故称"携王"。童书业先生曾引《逸周书·谥法》"息政外交曰携",指出此处的"携"或为谥号。③但是童先生所据《逸周书·谥法》系卢文弨校定本,由"息政外交曰推"改定而来,卢文弨校定的依据即是携王的称谓,如此携王之"携"是否为谥号还需要更多的证据。上引《左传》昭公二十六年正义引《纪年》云"二十一年,携王为晋文公所杀。以本非适,故称'携王'",由于王子余臣的身份不能确定,所以这段话的理解就显得含糊。《系年》则明确说明"邦君诸正乃立幽王之弟余臣于虢",由于其是"幽王之弟",所以"以本非适"。刘国忠先生更联系《左传》僖公二十八年"不如私许复曹、卫以携之"杜预注"携,离也",《史记·吴太伯世家》"近而不偪,远而不携"杜预注"携,贰也",认为"携"有离、贰的意思,加上"立……于虢"而非于携,推论"携"应是后人出于正统观念对他的称呼,"惠"是其支持者给予他的谥号。④

《系年》此处叙事的立场并不同于《纪年》的立场,这点早已为李学勤先生指出。⑤"邦君诸正",整理者解释说:邦君,诸侯。正,训"长"。⑥所谓"邦君"广义上泛指一邦之君,狭义特指王畿之内的封君,⑦如此"邦君诸正乃立幽王之弟余臣于虢"之"邦君诸正"正是代表宗周王室正统的畿内封君与王朝职官以及部分诸侯,简文下文的"立廿又一年"的纪年,也是从携王的,这些均可说

---

① 徐少华:《从叔姜簠析古申国历史与文化的有关问题》,《文物》2005 年第 3 期。
② 整理者已指出,西申应该是申戎,参见清华大学出土文献研究与保护中心编,李学勤主编:《清华大学藏战国竹简(贰)》,第 138~139 页。
③ 童书业:《春秋史(校订本)》,《童书业著作集》(卷一),童教英整理,北京:中华书局,2008 年,第 78 页。
④ 刘国忠:《从清华简〈系年〉看周平王东迁的相关史实》,《简帛·经典·古史》,第 173~179 页。
⑤ 李学勤:《从〈系年〉看〈纪年〉》,《光明日报》2012 年 2 月 27 日第 15 版。
⑥ 清华大学出土文献研究与保护中心编,李学勤主编:《清华大学藏战国竹简(贰)》,第 139 页。
⑦ 任伟:《西周金文与文献中的"邦君"及相关问题》,《中原文物》1999 年 4 期。

明《系年》的叙事立场似站在携王的角度。① 谥号"惠"是善谥,《逸周书·谥法》言"柔质受课曰惠",《史记正义·谥法解》则作"柔质慈民曰惠,爱民好与曰惠"。② 如此,《系年》简文应该直接称"惠王"便是,没有必要再称"携惠王"。"携"当仍理解为系虢国境内的邑名更为恰当。

1. "周亡王九年"的理解

《系年》简文在"携王"立场叙事,"二十一年"即为"携王二十一年",平息了其是平王还是晋文侯纪年的争论。但是简文"周亡(无)王九年"又引起了新的讨论,整理者解释该句为"应指幽王灭后九年",③学界于此众口纷纭,迄今尚无定论,概而言之,目前主要有四种看法,下文试分别略加辨析。④

其一是整理者所云幽王灭后九年。李学勤先生重申:"所谓'周亡(无)王九年','九年'是从幽王之死计算,相当晋文侯十九年……周之无王只可由幽王之灭算起。"⑤清华读书会、徐少华、⑥谢乃和、⑦王伟⑧代生等先生赞同此说。清华读书会指出据《史记·晋世家》晋文侯十年幽王死(前771),其后21年携王被杀,即晋文侯三十一年;如将"周亡王九年"理解为携王死后九年,则必将超过晋文侯在位年数35年。⑨ 代生以为《系年》"周亡王九年"当是周幽王灭后九年,也即携惠王即位九年。⑩ 是说优点是以"周亡王九年"为幽王灭后九年,即前761年(晋文侯十九年),是年平王为晋文侯迎立于京师,三年后(前758,晋文侯二十二年)迁都成周。这样也与《史记》各《世家》所记年代相合,如《史记·卫康叔世家》"武公将兵往佐周平戎,甚有功,周平王命武公为公"。⑪

---

① 朱凤瀚:《清华简〈系年〉所记西周史事考》,《第四届国际汉学会议论文集——出土材料与新视野》,第441~460页。
② 《逸周书汇校集注》卷六《谥法》,第665页。
③ 清华大学出土文献研究与保护中心编,李学勤主编:《清华大学藏战国竹简(贰)》,第139页。
④ 参见杨博:《〈系年〉"周亡王九年"诸说综析》,《中国社会科学报》2018年2月27日第5版。
⑤ 李学勤:《由清华简〈系年〉论〈文侯之命〉》,《扬州大学学报》(人文社会科学版)2013年第2期。
⑥ 徐少华:《清华简〈系年〉"周亡(无)王九年"浅议》,《吉林大学社会科学学报》2016年第4期。
⑦ 谢乃和:《从新出楚简看〈诗经·雨无正〉的诗旨——兼论东周时期的"周亡"与"周衰"观念》,《史学集刊》2017年第4期。
⑧ 王伟:《清华简〈系年〉"周亡王九年"及其相关问题研究》,《中原文化研究》2015年第6期。
⑨ 参见清华读书会:《〈清华大学藏战国竹简〉(贰)研读札记(二)》,复旦网,http://www.gwz.fudan.edu.cn/srcshow.asp?src_id=1760,2011年12月31日。
⑩ 代生:《清华简〈系年〉所见两周之际史事说》,《学术界》2014年第11期。
⑪ 《史记》卷三七《卫康叔世家》,第1591页。

卫武公卒于前758年,如果平王立于前761年是合适的。《国语·晋语四》郑武公"与晋文侯戮力一心,股肱周室,夹辅平王,平王劳而德之,而赐之盟质",①而据《史记·郑世家》,郑桓公死于幽王之难,武公随后即位,其卒年在前744年,这样也是相合的。但是此说抵牾处在于《系年》文义,如果"周亡王九年"指"幽王灭后九年",遂成为"周幽王与伯盘灭,诸侯立携惠王,周幽王死后九年,诸侯不朝于周",实际上,诸侯拥立携惠王,自然就会朝周,似不会有诸侯不朝于周的问题。

其二是周幽王九年。王红亮先生首倡其说,②李零、杨永生等先生亦持此观点。③李零先生认为,简文"亡王"是个固定词汇,专指已经去世的王,如《国语·周语下》讲伯禹、四岳,"此一王四伯,岂繄多宠,皆亡王之后也"。这里的"周亡王"是已经死了的周幽王,因为天下无王,仍奉他的纪年,其实就是周幽王九年。④魏栋、罗运环等先生将"周亡王九年"句读为"周亡。王九年"。⑤魏栋指出"周"指携惠王之周,"王"指周幽王,"九年"是幽王九年,并据以考定周平王即位不是在前771年,应该在前774年或773年,建元及东迁则应在公认的前770年。⑥

上举观点的主要意图在于消除《系年》与司马迁平王元年的矛盾。如果把"周亡王九年"按照《系年》的叙述过程理解作幽王死后"九年"则会与司马迁的幽、平纪年发生很大的矛盾。因为司马迁记平王元年在幽死次年,若理解为"幽王灭后九年",则平王元年相应在幽王死十年,然《系年》简文前文即已称幽王,何以此处专称"亡王",且幽王仍在,宗周尚存,即不会有"周亡""周亡王"等专称性词语的出现,是此说亦不能圆融。

其三是周"无王"九年。学界持此说者甚众,可以刘国忠、朱凤瀚、晁福林、王晖、程平山等先生为代表,⑦诸位先生对简文文意的把握也有一定差异。刘

---

① 《国语》卷一〇《晋语四》,第330页。
② 王红亮:《清华简〈系年〉中周平王东迁的相关年代考》,《史学史研究》2012年第4期。
③ 杨永生:《试论清华简〈系年〉中的"周亡"及相关问题》,《古代文明》2017年第2期。
④ 李零:《读简笔记:清华楚简〈系年〉第一至四章》,《吉林大学社会科学学报》2016年第4期。
⑤ 罗运环:《清华简〈系年〉前四章发微》,《出土文献》(第7辑),第90~97页。
⑥ 魏栋:《清华简〈系年〉"周亡王九年"及两周之际相关问题新探》,《楚简楚文化与先秦历史文化国际学术研讨会论文集》,第109~121页。
⑦ 程平山:《两周之际"二王并立"历史再解读》,《历史研究》2015年第6期。

国忠先生较早认为,结合本段简文的上下文,似乎更应该理解为晋文侯杀携惠王之后,周曾出现了长达九年的亡王状况。① 王晖先生认为"周无王九年"只能在携惠王二十一年被杀之后,不可能安排到携惠王被杀的前面去。② 晁福林先生则认为从幽王之死到携王被杀首尾十一年,掐头去尾,正是"九年"之数,简文的"始不朝于周",当是统称此无王的"九年",不是指无王的第九年。③

上述理解由简文叙述逻辑顺序阐发而来,故而目前支持学者众多,但此说窒碍之处在于据《史记·晋世家》晋文侯十年幽王死(前771),其后21年携王被杀,即晋文侯三十一年;如将"周亡王九年"理解为携王死后九年,则必将超过晋文侯在位年数35年。对此,朱凤瀚先生判断简文与《纪年》的主要区别在于简文史事记述与《纪年》是两种不同的体系。按照此段文字之语法关系与语序,"周亡王九年"应理解作携王被晋文侯杀后,周王朝乃有九年无王,而周平王是在无王九年后方立。《纪年》云在携王立前平王已以太子身份先立,并被称为"天王"。携王被立后,出现"周二王并立"局面。可见《系年》实际是不承认携王在位时平王先已被立为王,而《纪年》则强调平王之太子与"天王"身份。二者发生差别的原因,应是缘于各自所本记述此段史实的史官之立场与史观之不同。④ 照此看来,简文与《纪年》所记的基本史事与发生之年代并无不同,此说似能较圆融解决年代抵牾之问题。

---

① 刘国忠先生认为,结合本段简文的上下文,似乎更应该理解为晋文侯杀携惠王之后,周曾出现了长达9年的亡王状况。如果这一记载属实的话,那么在周幽王死后,先是出现了携惠王的政权,携惠王被杀后,又过了9年的时间,太子宜臼才被晋文侯拥立为王,平王即位已经是幽王辞世30年以后的事情了,如果这一记载可信的话,当时可能并没有出现"周二王并立"的局面。并引用《左传》僖公二十二年"初,平王之东迁也,辛有适伊川,见被发而祭于野者,曰:'不及百年,此其戎乎!其礼先亡矣。'秋,秦、晋迁陆浑之戎于伊川",认为按照《左传》的这一叙述,周平王东迁的时候,辛有在伊川看到了一幕不遵循礼仪而祭祀的场景,于是断言不到百年这一地区将为戎人所有,因为其礼仪已经预先消亡。结果,到了鲁僖公二十二年(前638)的秋天,秦国和晋国把陆浑之戎迁到伊川,这一地区果然为戎人所有。如果平王东迁确实是在公元前737年左右,正好就应验了辛有的这个预言。参见刘国忠:《从清华简〈系年〉看周平王东迁的相关史实》,《简帛·经典·古史》,第173~179页。
② 王晖:《春秋早期周王室王位世系变局考异——兼说清华简〈系年〉"周无王九年"》,《人文杂志》2013年第5期。
③ 晁福林:《清华简〈系年〉与两周之际史事的重构》,《历史研究》2013年第6期。
④ 朱凤瀚:《清华简〈系年〉所记西周史事考》,《第四届国际汉学会议论文集——出土材料与新视野》,第441~460页;《清华简〈系年〉"周亡王九年"再议》,《吉林大学社会科学学报》2016年第4期。

上述三种说法，又可分两种句式："周亡王九年"连读与"周亡。王九年……"读"周亡王九年"者。或以为周"无王"九年，认为是"周没有王九年"时间；或以为此九年在幽王死后的"九年"；或以为按照《系年》的叙事顺序理解作携惠王在位二十一年之后的"九年"，亦即幽王死后的"三十年"；还有一种虽然也读作"周亡王九年"，但是理解作周幽王的第九年。也就是说，在五字连读的读法中，"九"或被看作序数第九年，或被看作基数九年。读"周亡。王九年"者，把九年也看作是序数第九年，解释作幽王的第九年。

是故"亡王九年"之外，亦有学者认为关注点应着重在"周"。王占奎先生指出，周不是指王朝而是指周都。幽王之死与王都之亡是两件并列的事件。《系年》用了两个"乃"字表示了这两个事件与幽王的联系：幽王死后，周都没有王，新立的两个王，一个在虢，另一个在申。《系年》本身也足可以说明周都没有王。从字义上说，周作为地名在西周金文和传世文献中常见，《左传·隐公六年》即有"郑伯如周，始朝桓王也"，城之可"亡"亦见于先秦两汉典籍。《系年》在幽王死后面临两条线上的大事要叙述：一条是幽王之弟余臣立为王即携惠王，经过二十一年时间，最后被晋文侯所杀；另一条线是平王受到文侯的迎、立。"周亡王九年"是接着"周乃亡"而叙述平王一条线上的大事，那么，"周"字所指也应该是周都。按照《系年》所说，幽王死后，携惠王在虢，平王在少鄂。按照《纪年》的说法，平王早在幽王死之前就已奔申并且被立为王。所以说"周亡王九年"应当理解作周幽王死后周都有九年时间没有王。①

可以看出，对《系年》"周亡王九年"这五字的读法不同，会对两周之际及平王的纪年产生很大影响。目前对《系年》的解释还存在很多不确定性，而《系年》带给学界更多的，似在于其和古本《纪年》一样，为揭示两周之际史事提供了重要材料，让我们得以在司马迁《史记》之后对这段历史中的若干重要史事进行梳理和重构，同时使我们反思两周乱离之局势对历史记述的影响，关注历史记述本身所反映的史观，即时人对两周局势的"主位"看法，此似为《系年》简

---

① 王占奎：《清华简〈系年〉随札——文侯仇杀携王与平王、携王纪年》，北京大学中国考古学研究中心、北京大学震旦古代文明研究中心编：《古代文明》（第10卷），上海：上海古籍出版社，2016年，第205～214页。

文所体现之最大价值。

按照笔者思路,解决这一问题的关键,在于通过推究不同文献的叙事角度来判断不同资料的可信程度,再根据出土文献与传世文献的矛盾抵牾,作出合理的推理与判断。除上述李学勤先生以外,朱凤瀚先生也判断简文与《纪年》的主要区别在于简文史事记述与《纪年》是两种不同的体系。"由于简文处于幽王立场,故拥携王,称之为'惠王',在携王在世时不承认平王,始终承认'惠王'存在。而《纪年》不称携王为'惠王'。也正由此,在携王被杀后,简文言周处于'亡王'期,是不承认《纪年》所云此前为'二王并立'局面。""由于与《纪年》立场不同,简文讲携王时只讲其是幽王之弟,而《纪年》强调平王有太子身份,携王是'以本非適'故有此称。""由于简文承认携王,故以之所立年纪年,而《纪年》承认平王,实际是以平王所立年纪年。"

照此看来,简文与《纪年》所记的基本史事与发生之年代并无不同,所以有差别,是基于对待平王与携王的两种不同立场、观点而言。由于简文作者拥护携王,不承认平王早已被立,故携王被杀后到平王被普遍承认的九年,即被说成"周亡王九年"了。

简文的价值,似在于讲到平王先是被晋文侯逆于少鄂,立于京师,三年后才东迁至成周。依《纪年》体系,平王在幽王卒后即继位,则其元年仍可从前770年算起,其何时迁至成周,固然可以考虑简文的记述,但是不影响传统的东周元年以平王元年计算的方式。

如此,综合简文与《纪年》所记,幽王卒后之史事可记述如下:首先,幽王在其十一年(前771)被杀,是年,平王、携王分别被拥立,"二王并立"局面出现。平王立于京师(可能即是宗周),携王立于虢国内之携地。其次,平王三年(即携王三年,前768),平王东迁至成周,携王仍在虢地。再次,平王二十一年(即携王二十一年,前750),携王被晋文侯所杀,"二王并立"局面结束。最后,平王三十年(前741),平王始得"邦君诸侯"的承认。

2."京师"地望

《系年》简文出现了两处"京师",其一是"晋文侯乃逆平王于少鄂,立之于京师",其二是"晋人焉始启于京师"。关于"京师"的具体所指,学者的意见也存在分歧。整理者引《公羊传》桓公九年"京师者何?天子之居也",认为此处当指宗周。董珊先生认为"京师"在山西,即晋都鄂。① 王红亮先生援引童书业先生的看法,认为"京师"在今山西夏县。② 张世超先生则认为"京"应释作"亭",指的是一个名为"亭"的师旅驻扎地。③

而在明确幽王卒后之史事次序的基础上,我们似可再对"立之于京师"与"晋人焉始启于京师"展开讨论。

第一,简文 ![字] (《系年》简 9"立之于京师")与 ![字] (《系年》简 10"晋人焉始启于京师")两字释读为"京",从字形和文例两方面都能解释圆通。④ 类似的字例见于上博竹书《三德》,简 7"皇天弗京"之"京"字写作 ![字],"上帝弗京"之"京"字亦写作 ![字],是可知《系年》此地当是"京师"而非"亭师"。

第二,就"京师"而言,简文"晋文侯乃逆平王于少鄂,立之于京师"与平王东迁后"晋人焉始启于京师"当指一地。⑤ 而与"晋人焉始启于京师"相似的表述,在文献中可以找到两条:其一是《左传》僖公二十五年,晋文公帮助周襄王平定了王子带的叛乱,周襄王赐"与之阳樊、温、原、攒茅之田。晋于是始启南阳",杜预注:"在晋山南河北故曰南阳。"⑥杨伯峻先生引高诱注:"南阳,晋山阳河北之邑,今河内温、阳樊、州之属皆是也。"⑦"南阳"即阳樊、温、原、攒茅等地。其二是《国语·郑语》"楚蚡冒于是乎始启濮",韦昭注:"启,大开土宇也。"徐元诰按:"濮,即百濮也。"⑧与此类似,《系年》"晋人焉始启于京师"的"京师"也应该是平王为赏赐晋文侯而新赐予的,此前并不是晋地。

"始启",整理者引清人董增龄《国语正义》云:"启是拓土,《鲁颂》曰'大启

---

① 董珊:《读清华简〈系年〉》,《简帛文献考释论丛》,上海:上海古籍出版社,2014 年,第 102～110 页。
② 王红亮:《清华简〈系年〉中周平王东迁的相关年代考》,《史学史研究》2012 年第 4 期。
③ 张世超:《〈系年〉中的"京𠂤"及相关问题》,复旦网,http://www.gwz.fudan.edu.cn/SrcShow.asp?Src_ID=1852,2012 年 4 月 23 日。
④ 赵平安:《"京""亭"考辨》,《复旦学报》(社会科学版)2013 年第 4 期。
⑤ 少鄂,整理者疑为《左传》隐公六年之晋地鄂,在今山西乡宁。晁福林先生认为,其一两周之际此地尚未称鄂;其二平王当不会退至黄河以东地区,而将关中地区让与携王,认为简文"小鄂"应当在镐京附近才符合当时形势。参见晁福林:《清华简〈系年〉与两周之际史事的重构》,《历史研究》2013 年第 6 期。
⑥ 《春秋左传正义》卷一六僖公二十五年,第 3952 页。
⑦ 杨伯峻:《春秋左传注(修订本)》,第 433 页。
⑧ 《国语集解》卷一六《郑语》,第 477 页。

尔宇'。"廖名春先生以"启"与"正"相应，含义当接近。"启"本指开门，但也可指门扇和门闩，并引《左传》僖公二十年"'春，新作南门'，书，不时也。凡启塞，从时"，杜预注："门户道桥谓之启，城郭墙堑谓之塞。"孔颖达疏引服虔曰："阖扇所以开，键闭所以塞。"故引申为关键，比喻要害或关键。"晋人焉始启于京师"，指晋人从此开始在京师起关键作用，也就是成为京师的领导。"楚文王以启于汉阳"之"启"亦当训为关键，指楚文王成为汉阳诸国的领导。①

窃以为，孔疏引服虔说"阖扇所以开"，而"键闭所以塞"是讲"塞"而并非"启"，故"启"与"键闭"不能直接联系起来。杨伯峻先生注云："据孔《疏》引服虔注，启谓阖扇，塞谓键闭。……阖扇指门，用木制者曰阖，用竹苇制者曰扇。阖扇所以开，故曰启。键闭者，门有两扇，每扇各直钉一短木，其上有孔，两扇既合，然后用一横木贯于两孔中，加管钥焉，所以闭之也。其贯门扇之横木曰键，其受横木者曰闭。键闭所以塞，故曰塞。键闭非锁钥。"②由此"启"训为"关键"说不能成立。传统上"启，大开土宇也"，"启是拓土"的说法反而较符合文意，只是"启"未必仅指"开拓""拓土"。德国汉学家何莫邪先生和蒋绍愚先生主持的《汉学文典》分析系统将"晋于是始启南阳"句中"启"的释义分为狭义与广义，狭义的解释是"首次获得政治上的控制"，广义的解释则是"对一片大的区域或者领土的管理与控制"，③这样的解释似更适合《系年》此处的语境。

第三，再从简文语境来看，"晋人焉始启于京师""郑武公亦正东方之诸侯"与"楚文王以启于汉阳"等应该是并列关系。"东方""汉阳"与上文引述《左传》之"南阳"、《国语》之"濮"等均非指一地，而是指一片区域而言。与之相应，此句"京师"亦当非专指一地，应指西方的一片地区。

综上所述，"立之于京师"中的"京师"指的是一个明确的都邑，而"晋人焉始启于京师"则说的是在平王东迁后，晋人得以控制的一片新的区域。

由上文讨论可知，此"京师"在平王初立之时当非晋地，其具体地望及其区

---

① 廖名春：《清华简〈系年〉管窥》，《深圳大学学报》（人文社会科学版）2012年第3期。
② 杨伯峻：《春秋左传注（修订本）》，第386～387页。
③ "狭义作：first gain political control of；广义作：manage and control a whole state or a big territory"。文中汉语为笔者意译。参见[德]何莫邪，蒋绍愚：《汉学文典》"晋于是始启南阳"条，http://tls.uni-hd.de/procSearch/procSearchLexEntry.lasso，2007年3月26日。

域所指应为何处,是笔者接下来需要讨论的问题。《系年》简文"王与伯盘逐平王,平王走西申",西申的地望,整理者以《史记·周本纪》幽王后为申侯女,《逸周书·王会》"西申以凤鸟",何秋涛《王会篇笺释》据《山海经·西山经》有申山、上申之山、申首之山等地名,推断西申在今陕西安塞以北。平王逃至西申,在洛水以北,正在犬戎势力范围所及,故西申可与犬戎联合以破周。幽王死后晋文侯立平王于京师达三年之久(前770—前768),平王东迁后"晋人焉始启于京师"。

"京师"在西周晚期到春秋早期的金文中也时有所见。如西周晚期的多友鼎铭(《集成》02835)中,云"唯十月,用玁狁方兴,广伐京师,告追于王,命武公:遣乃元士,羞追于京师……多友西追",西周晚期的克钟(《集成》00204)、克镈铭文(《集成》00209)等有"王才(在)周康剌(厉)宫……王亲令克,遹泾东至于京师",春秋早期晋姜鼎铭(《集成》02826)"鲁覃京师"。除董珊先生外,黄盛璋先生亦曾本于晋姜鼎铭和春秋晚期晋公𥂕铭(《集成》10342)以为京师地在今山西新绛西北。①

众所周知,玁狁是西周晚期周王朝在西北的重要边患,除曾见多友鼎铭(《集成》02835)、宣王时的不娶𣪘铭(《集成》04328)、②宣王五年的兮甲盘铭(《集成》10174)以及四十二年逨鼎铭(《新收》745)等五篇铭文外,亦见于《诗·小雅》中《采薇》《出车》《六月》及《采芑》等诗篇,而犬戎在年代属于西周的史料中却从未见过,对此王国维曾经论述:

> 古之獯鬻、玁狁,后人皆被以犬戎之名。则攻幽王、灭宗周之犬戎,亦当即宣王时之猃狁。不然,猃狁当懿宣之间,仍世为患,乃一传至幽王时绝无所见,而灭宗周者乃出于他种族,此事理之必不可信者也。③

多数学者均赞同犬戎即是玁狁。④ 李峰先生根据《诗·小雅·出车》中西戎作为玁狁的代名词使用,多友鼎和不娶𣪘也有将玁狁称为"戎"等记载及"猃"字

---

① 黄盛璋:《玁狁新考》,《社会科学战线》1983年第2期。
② 彭裕商:《西周青铜器年代综合研究》,成都:巴蜀书社,2003年,第396、435~436页。
③ 王国维:《鬼方昆夷猃狁考》,《观堂集林》第13卷,第583~605页。
④ 蒙文通:《周秦少数民族研究》,上海:龙门联合书局,1958年,第8~14页;沈长云:《猃狁、鬼方、姜氏之戎不同族别考》,《人文杂志》1983年第3期;尹盛平:《猃狁、鬼方的族属及其与周族的关系》,《人文杂志》1985年第1期。

带有"犬"的含义等,认为当猃狁逐渐以猃狁形式出现时,与猃有关的犬概念即促成了"犬戎"词语的诞生。①

西周晚期到春秋初期年代相距不远,且多友鼎铭及《系年》第二章简文均涉及猃狁(犬戎)事,故几处所指"京师"为一地的可能性较大。而多友鼎铭文既云"多友西追",则京师当在镐京之西,故李学勤先生认为多友鼎的京师应即公刘所迁之京师,即在豳地,②并引于省吾先生的意见解释晋姜簋铭"鲁覃京师"之"京师"暗指周王,"休美及于京师,使万民得以乂安,说的正是定天子之事"。③ 刘雨先生也认为多友鼎铭所记的历史事件是发生在今陕西境内的。④ 彭裕商先生也曾指出晋国的京师去镐京甚远,与多友鼎铭文所记往返日数不合,并且迄今为止山西尚未发现猃狁的踪迹,故京师不当在山西。⑤ 杜正胜先生以为单称京者恐怕是省称,《诗·大雅·公刘》的京或京师指周族定居之豳,而非某地之专名,"单就《公刘》篇来说,既曰'于京斯依',又曰'于豳斯馆',京也应当是豳"。⑥ 李峰先生联系克钟铭文认为京师显然与泾河有关系,"《公刘》中的'京师'显然是'豳'的另一种称呼……古代地理著作一致将这个地方定位在泾河以北、旬邑之西、彬县以北的地区,并且这与克钟铭文描述的地理背景也非常吻合……这些史料实际是将京师定在泾河北岸的高原上。按照汉代《说文解字》的解释,'京'字的本义就是'高'"。⑦

按《诗·大雅·绵》"民之初生,自土沮漆",毛亨传:"自用土居也,沮水漆水也。"是以"土"为"居",沮、漆为二水名。郑玄笺:"公刘失职迁于豳,居沮漆之地,历世亦绵绵然……故本周之兴云于沮漆也。"⑧《公刘》又有"笃公刘,于

---

① 李峰:《犬戎和猃狁之间的关系》,收入《西周的灭亡——中国早期国家的地理和政治危机》,第388~392页。
② 李学勤:《论多友鼎的时代及意义》,原载《人文杂志》1981年第6期,后收入《新出青铜器研究》,北京:文物出版社,1990年,第126~133页。李先生此说近期得到曹汉刚先生的支持,他认为:"多友鼎铭京师、杨冢等地之地望,既不是山西临汾一带,也不在宗周镐京,只有李学勤先生所说在今陕西栒邑地区的观点较为可信……多友鼎京师和杨冢的地望,只能在陕西豳地求之。"参见曹汉刚:《多友鼎相关问题考证》,《中国国家博物馆刊》2014年第3期。
③ 李学勤:《由清华简〈系年〉论〈文侯之命〉》,《扬州大学学报》(人文社会科学版)2013年第2期。
④ 刘雨:《多友鼎铭的时代与地名考订》,《考古》1983年第2期。
⑤ 彭裕商:《周伐猃狁及相关问题》,《历史研究》2004年第3期。
⑥ 杜正胜:《古代社会与国家》,台北:允晨文化实业股份有限公司,1992年,第282页。
⑦ 李峰:《西周的灭亡——中国早期国家的地理和政治危机》,第185~186页。
⑧ 《毛诗正义》卷一六·二《大雅·绵》,第1095页。

豳斯馆,涉渭为乱,取厉取锻",①《史记·周本纪》亦云"自漆、沮渡渭,取材用"。② 由是,似可确定公刘所迁之豳在邻近渭水之漆、沮水流域。而文献中名漆沮水者有不少,如《周颂·潜》"猗与漆沮",毛亨传"漆、沮,岐周二水也",③即今源于陕西彬县西、麟游西的漆沮水。而《周本纪》又记载古公亶父为避犬戎"遂去豳,度漆、沮,逾梁山,止于岐下",④若漆沮水为上述"岐周二水",地域如此之近,避犬戎则成虚言。

故颇疑漆沮水是《尚书·禹贡》所记"导渭……又东会于泾,又东过漆沮,入于河"的泾水以东的漆沮水。⑤《水经·沮水注》:"其水又南屈,更名石川水……其一水东出,即沮水也。东与泽泉合,水出沮东泽中,与沮水隔原,相去十五里,俗谓是水为漆水也。……又自沮直绝注浊水,至白渠合焉,故浊水得漆沮之名也。"⑥《渭水注》:"又东过华阴县北,洛水入焉,阚骃以为漆沮之水也。"⑦按上述记载,则此泾水以东之漆沮水,其一说即石川、泽泉二水在今富平县南汇合而成的漆沮水,另一说则径指洛水。究属何水目前尚难论定,但公刘所居之豳,其地皆应在泾水以东、洛水以西的今富平、栎阳一带临近渭水流域处。《大雅·绵》"古公亶父,来朝走马,率西水浒,至于岐下",⑧由是可知古公亶父是从东面西向循水浒至于岐下的。联系《后汉书·西羌传》"及武乙暴虐,犬戎寇边,周古公逾梁山而避于岐下"的记载,⑨可见古公西迁之原因一是避犬戎,一是避东方殷商之武乙,如是若豳地在渭水北岸的富平、栎阳一带,古公所行路线是循渭水西向,在今乾县以西越过梁山而至于岐下,则与文献记载相合。⑩

"豳"地的具体地望仍可讨论,但并不影响对"京师"的理解。而上述学者

---

① 《毛诗正义》卷一七·三《大雅·公刘》,第 1171 页。
② 《史记》卷四《周本纪》,第 112 页。
③ 《毛诗正义》卷一九·三《周颂·潜》,第 1283 页。
④ 《史记》卷四《周本纪》,第 114 页。
⑤ 《尚书正义》卷六《禹贡》,第 320 页。
⑥ 《水经注校证》卷一六《沮水》,(北魏) 郦道元著,陈桥驿校证:《水经注校证》,北京:中华书局,2007 年,第 407 页。
⑦ 《水经注校证》卷一九《渭水下》,第 466 页。
⑧ 《毛诗正义》卷一六·二《大雅·绵》,第 1097 页。
⑨ 《后汉书》卷八七《西羌传》,第 2870 页。
⑩ 参见朱凤瀚:《商周家族形态研究(修订本)》,第 236 页。

对金文材料的解读亦已基本趋近事实，即东迁之前的"京师"应属于宗周地区，是对"䣱"的另一种称呼。但是由于《系年》材料晚出，所以学者并没有注意到"京师"还有指一片区域的可能。相对于郑在东方（成周）而言，"京师"则应指宗周一带地区，在西周末年到东周初年来说，这片地区也是以京或曾以京为名的最集中的地区。而简文给予我们的新知是，在东周初年王室权力混乱的情形下，晋人势力曾深入到宗周地区。

上述认识在史籍中也并非无迹可寻。《诗·小雅·雨无正》"浩浩昊天，不骏其德。降丧饥馑，斩伐四国。……三事大夫，莫肯夙夜，邦君诸侯，莫肯朝夕"，郑玄笺云："天下诸侯于是更相侵伐。"①《史记·周本纪》："平王之时，周室衰微，诸侯强并弱，齐、楚、秦、晋始大。"②学者研究也认为趁两周乱离之机率先侵伐弱小诸侯，进而夺取周土者主要就有秦、晋、郑诸国。③

值得注意的还有《史记·秦本纪》的一段记载：

> 西戎犬戎与申侯伐周，杀幽王郦山下。而秦襄公将兵救周，战甚力，有功。周避犬戎难，东徙雒邑，襄公以兵送周平王。平王封襄公为诸侯，赐之岐以西之地。……十二年，伐戎而至岐，卒。……十六年，文公以兵伐戎，戎败走。于是文公遂收周余民有之，地至岐，岐以东献之周。④

首先可知秦为平王一党，与携王、西虢为敌对关系。⑤ 其次按《十二诸侯年表》

---

① 《毛诗正义》卷一二·二《小雅·雨无正》，第959~960页。
② 《史记》卷四《周本纪》，第149页。
③ 王雷生：《平王东迁原因新论——周平王东迁受逼于秦、晋、郑诸侯说》，《人文杂志》1998年第1期。
④ 《史记》卷五《秦本纪》，第179页。
⑤ 北京故宫博物院现藏有西周晚期虢文公子㚲鼎（《集成》02634），其铭云"虢文公子㚲乍（作）吊（叔）妃鼎，其万年无彊（疆），子孙孙永宝用亯（享）"。1957年河南三门峡上村岭虢国墓地M1631还出土有虢季氏子㚲鬲（《集成》00683），铭文"虢季氏子㚲乍（作）宝鬲，子子孙孙永宝用亯（享）"。可知虢文公属虢季氏，《国语·周语上》云"宣王即位，不籍千亩，虢文公谏曰……"，韦昭注"西虢也。宣王都镐，在畿内"的见解也是正确的。现藏北京故宫博物院有虢季氏子组器（《集成》00661~00662），亦出在宝鸡一带，也说明虢季氏在西虢。

西虢故地，文献多以为在在陕西宝鸡东不远：如《史记正义》引《括地志》云"虢故城在岐州陈仓县东（西）[四]十里"，《秦本纪》"（秦武公十一年，前687）灭小虢"，《集解》："班固曰：'西虢在雍州。'《正义》：《括地志》云：'故虢城在岐州陈仓县东四十里。次西十余里又有城，亦名虢城。《舆地志》云此虢文王母弟虢叔所封，是曰西虢。'"《水经注》卷十八《渭水中》："（雍）县故秦德公所居也。《晋书·地道记》以为西虢地也。《汉书·地理志》以为西虢县。《太康地记》曰：（接下页）

秦文公十六年为前 750 年，①则秦文公伐戎至岐与《系年》简文记载携王二十一年"晋文侯仇乃杀惠王于虢"为同年发生之事。携王时在西虢，晋文侯得以杀之，其势力范围必然已达到该地。②而秦在同年则以"岐"为界占有包括西虢之地在内的西部地区，秦得赐"岐以西之地"，将"岐以东献之周"。这似可看出秦、晋联合灭亡携王以"岐""幽"为界将宗周地区瓜分的痕迹，这样看来"岐以

(接上页)'虢叔之国矣，有虢宫。平王东迁，叔自此之上阳为南虢矣。'"《元和郡县图志》卷二《关内道二·凤翔府》云："虢县……古虢国故地……是曰西虢。"1990 年发掘的上村岭 M2001 出土铜器多带有"虢季"铭文，可知其后随西虢东迁。
针对学者根据《国语·郑语》等文献记载以及上村岭墓地出土的从形制上看属于西周晚期的铜器，提出西虢东迁当在西周晚期的看法，朱凤瀚先生《中国青铜器综论》，上海：上海古籍出版社，2009 年，第 1543~1545 页）曾指出，虽然《国语·郑语》记周幽王八年（前 774）周太史史伯曾对郑桓公言虢在虞、晋之间，但是史伯同时所讲到的四方诸侯国位置亦有很远的，如南方的楚、北方的燕、东方的齐，所以西方的虢还当指宝鸡之虢。韦昭也特意注明此虢为西虢，西虢虽远在关中，但也因是成周之西的姬姓国，故亦举于此。而且先虞后虢的说法，可能是按由近及远的顺序，犹如先晋后隗，先魏后芮，亦如言成周北方之国之先卫后燕。此外，较早的铜器完全有可能出现在晚期的墓葬中，而且这些墓主人也可能即是主要生活在西周末而卒于春秋初叶，最终葬于上村岭墓地的，则其随葬器物自然会带有西周晚期特点，所以单凭铜器形制难以肯定三门峡之虢的建立早于春秋初年。由此，上村岭之虢建立于平王东迁之后的说法仍是较稳妥的。
根据上节排列幽王卒后之史事次序，携王三年（即平王三年，前 768），平王东迁至成周，携王仍在虢地。我们知道，三门峡位于东西交通的关键位置，平王若从宗周进入成周，必须经过三门峡，若此时虢已东迁，携王在三门峡之虢，则平王势不能轻易地迁都洛邑，加之《系年》简文又云"晋文侯杀王子余臣于虢"，说明携王始终定都于西虢。这样虢氏东迁不仅在平王东迁之后，还应在携王被灭（前 750）之后。《系年》简文云携王二十一年"晋文侯仇乃杀惠王于虢"，而《史记·秦本纪》同年则记载秦"文公遂收周余民有之，地至岐"，可以看出此年秦、晋作为平王一党对携王派系的毁灭性的打击，这里的"周余民"或许正是属于以虢氏为代表的支持携王的"邦君诸正"的。
在这种情形下，虢氏才不得不东迁到三门峡上村岭，开始臣服平王。受到沉重打击的西虢，迁到三门峡后实力遽衰。学者曾对三门峡墓地七座春秋早期墓（M2001、M2006、M2008、M2010、M2011、M2012、M2073）出土的青铜器合金成分及铸造质量进行检测，其合金成分均为铜锡铅三元青铜，全部标本 28 件中有 12 件含铅量超过 10%，质量为差。朱凤瀚先生（《中国青铜器综论》，第 719~720 页）认为西虢东迁后国力未必强盛，且铸造技术不强，致使质量问题多有。实力衰弱的西虢开始谋求效忠于以平王为首的东周王室，而周平王尚对虢氏心存芥蒂，周平王晚年由于受到郑的钳制，才慢慢"贰于虢"。直到周桓王时，虢公忌父才得以出任王朝卿士。《左传》隐公八年（前 715）云"虢公忌父始作卿士于周"，"始"字或即隐含虢氏初始正式被平王一系所接纳的意味。
① 《史记》卷一四《十二诸侯年表》，第 754 页。
② 上引王雷生先生文亦认为"（晋）文侯时晋国攻占了河西不少土地，从东、北、西三面包围了当时携王所居"，所以能在公元前 750 年杀死携王。参见王雷生：《平王东迁原因新论——周平王东迁受逼于秦、晋、郑诸侯说》，《人文杂志》1998 年第 1 期。

东献之周”，其地并非归周而归晋。[1] 若果如此，“岐以东献之周”或是秦人履约之举。无论如何，均已可知晋人始启的“京师”的西界在“豳”，如此联系多友鼎铭“多友西追”的说法，“京师”当西以“豳”为限，包括镐京、丰京等在内的广袤地区。

还需要留意的是由于东方一直封有侯，而京师作为宗周地区并未有确切证据证明封有侯，[2]所以简文言“启于京师”。然而自晋昭侯时期开始，晋人就陷入旷日持久的“曲沃代翼”的内耗之中，秦人则趁机东进，至晋惠公六年（前645）的韩原之战起，“河西”成为秦、晋疆土分界之处，秦、晋（魏）河西之争更是直到秦惠文王十三年（前324）秦尽得河西地才结束，持续了三百余年。

综上所述，《系年》简文主要价值似在于，一是帮助我们了解“二王并立”时纷繁的史事与年代：幽王被杀当年，平王、携王分别被拥立，“二王并立”局面出现。平王立于豳，携王立于西虢之携地，平王三年（前768）即得以越过尚未被西虢占据的三门峡地区东迁。秦、晋联合在携王二十一年（前750）给予其毁灭打击：西虢被占，携王被杀。秦人得以“地至岐”并“收周余民”，晋人则“地至豳”而“始启于京师”并得到周王室的崇高评价：“晋文侯于是乎定天子。”[3]故地被占，西虢大约于此后九年左右被迫东迁，止于三门峡上村岭一带。二是由《系年》简文联系文献与金文材料，可知“晋文侯乃逆平王于少鄂，立之于京师”与“晋人焉始启于京师”之两“京师”虽然具体同指豳地，但含义有所不同：“晋人焉始启于京师”更是意在指平王东迁后，晋人通过与秦联合灭杀携王，得以新近控制的一片宗周地区，说明西以“豳”为限，包括镐京、丰京等在

---

① 与上述记载相应的是今本《竹书纪年》（平王）二年“赐秦、晋以邠、岐之田”。邠、豳皆是帮母文部字，邠即是豳。如《史记·孟子荀卿列传》“孟轲称大王去邠”，《货殖列传》“公刘适邠”，两处均以“邠”为“豳”。今本《纪年》材料并非十分可靠，但联系简文“三年，乃东徙，止于成周，晋人焉始启于京师”与上引《秦本纪》平王东徙“襄公以兵送周平王。平王……赐之岐以西之地”，三者在时间上若合符节。这似看出秦、晋联合灭亡携王以“岐”“豳”为界将宗周地区瓜分的痕迹，这样看来“岐以东献之周”，其地并非归周而归晋。当然今本《纪年》所记也有可能是平王迫于形势而对当时现状的追认。

② 彭裕商先生曾推测，四十二年逨鼎铭中记长父的封地在杨，此杨当在陕西是一个小地名，而不是山西的杨国。如杨与多友鼎的杨冢有关系，则邢阿、历岩、弓谷、杨冢等诸地当在京师附近。参见彭裕商：《周伐猃狁及相关问题》之补记，《历史研究》2004年第3期。但是目前仍未得到确切证据的证明。

③ 《国语集解》卷一六《郑语》，第477页。

内的广袤地区在东周初年即曾纳入晋国的势力范围。①

小　　结

  史料是制约历史研究的瓶颈。楚竹书的重要作用,即在于补充历史记载的缺漏,提供史事记载的异见,验证史实记录的无误,使我们的认识不断向真实的历史世界逼近。

  通过本章的举例,我们可以直观地认识到楚竹书在三代史事研究上的重要价值:第一,其证实、证伪都是直接的,如《楚居》于穴熊、丽季的记载就证实了鬻熊、穴熊确为一人;第二,可以大量填补知识的空白,如"楚""郢"之名称的由来;第三,楚竹书记载的古史并不能全部当作史实,这从《良臣》人物世系的归类以及上博"语"书中楚昭、灵、平等君王形象的描绘中即可见一斑。

  我们还要注意到,楚竹书文献与孔壁中书、汲冢竹书一样,经过我们的整理研究,随着时间往复也会变成传世文献,也将具有传世文献的特点,而且其本身即是春秋战国时在社会上流传的文献,加之楚竹书出土、发现与记载等方面的偶然性,其反映的史事也必然会是片段性的。如何通过这些吉光片羽去触摸历史的真实?一方面需要科学适用的理论指导,另一方面则需要尽可能多、尽可能广泛地搜求多方面的证据,本章讨论正于此获益良多。

---

① 杨博:《清华简〈系年〉简文"京师"解》,武汉大学简帛研究中心主办:《简帛》(第 12 辑),上海:上海古籍出版社,2016 年,第 49～60 页。

第四章　楚竹书所记春秋战国史事之史料价值

因去其时未远,楚竹书中涉及春秋战国时期史事的材料最多。一如"书""诗"于三代史事记述之主体地位,《系年》及"语"书成为楚竹书记述春秋战国史料之主体,这与前论春秋战国时期史学的发展情形亦是相合的。清华竹书《系年》二十三章简文中,前四章虽述及西周史事,但其记述目的仍是为叙述春秋战国时期的"国际"形势提供支持。清华竹书亦有《子仪》《管仲》《晋文公入于晋》《子犯子余》《郑武夫人规孺子》《郑文公问太伯》《子产》《赵简子》《越公其事》等多篇"语"书关涉春秋史事。上博竹书"语"类文献中,除《容成氏》《融师有成氏》《举治王天下》《成王既邦》等篇外,其他所述均以春秋战国为时代背景展开。

作为"当代史",楚竹书所记之战国史事,涉及年代、世系、地域、战事、礼俗、军阵,乃至学术、思想等多方面,尤其是"礼""子"书,更是楚竹书文献中的大宗。无论各单个文本的具体成书年代如何,它们既然流传在战国中期(公元前300年左右),则在很大程度上客观地反映了当时的学术氛围,即它们是研究战国学术状况的"同时代"文献,其有关先秦学术史的新资料,为了解先秦学术的发展提供了新的抓手。①

第一节　楚竹书所记春秋史事之史料价值举例

春秋史事在楚竹书所记史事中所占比例颇多,《系年》自第五章起至第二

---

① 冯友兰先生把中国哲学史分为两段:前一段是先秦,叫"子学"时代,后一段是汉以降,叫"经学"时代。参见冯友兰:《中国哲学史》,北京:中华书局,1961年,第40页。李零先生亦认为先秦学术史主要是子学史。参见李零:《简帛古书与学术源流(修订本)》,第311页。

十章所叙之春秋史事,已基本描述出春秋史事之梗概。清华、上博竹书"语"类文献,又给这一梗概增添了诸多细节。由于传世文献《左传》《国语》等亦主述春秋史事,与之相较,楚竹书所记史事之史料价值,一方面通过双方的记事差异帮助我们探究这一问题形成的深层原因;另一方面在一些具体史事的记述上,楚竹书可补充传世文献记载之缺漏;还值得留意的是楚竹书之记述与《左传》《国语》多可对照,印证了传世文献有关春秋史事的记载。请看下面的例子。

一、"郑武公亦正东方之诸侯"与郑国早期史事

楚竹书郑国文献前文已有多次论述,《系年》第二章简文记述两周之际乱离之局势,简文以"郑武公亦正东方之诸侯"结尾,其下叙述郑国世系与郑厉公即位之前史事:武公→庄公→昭公→厉公。《郑文公问太伯》记载了太伯对郑文公的临终告诫,其中太伯历数了郑国自桓公、武公、庄公以来东迁启疆,昭公、厉公兄弟斗阋斩伐的史事:①

> 子人成子既死,太白(伯)豊(当)邑。太白(伯)又(有)疾,吝(文)公迷(往)聞(问)之。君若曰:"白(伯)父,不寽(穀)孿(幼)弱,忞(闵)毚(丧)【甲1】虐(吾)君……【甲2】"

是可知简文记录之时在文公即位之初,太伯继子人成子执政,《史记·郑世家》云"五年……秋,厉公卒,子文公踕立"。② 太伯对郑之先君事迹均有所述:

> 昔虐(吾)先君逗(桓)公逸(后)出【甲4】自周,以车七乘(乘),徒卅人,故(鼓)亓(其)腹心,畜(奋)亓(其)胠(股)扻(肱),……甑(摄)辜(胄)籐(擐)虢(甲),免(攫)戈盾以媾(造)【甲5】勋。战于鱼丽,虐(吾)[乃]膔(获)郏(函)、邶(訾),鞍(覆)车閻(袭)籨(介),克郐迢迢,女(如)容祏(社)之凥(处),亦虐(吾)先君之力也。【甲6】

简文言桓公亲披甲胄获函、訾,克郐。克郐,《水经·洧水注》引古本《竹书纪年》:"晋文侯二年,周宣王子多父伐郐,克之。乃居郑父之丘,名之曰郑,是曰桓公。"③简本同于古本《竹书纪年》的记载,是故"克郐"后郑有"容祏(社)之凥

---

① 清华大学出土文献研究与保护中心编,李学勤主编:《清华大学藏战国竹简(陆)》,第118~126页;马楠:《清华简〈郑文公问太伯〉与郑国早期史事》,《文物》2016年第3期。
② 《史记》卷四二《郑世家》,第1764页。
③ 方诗铭、王修龄:《古本竹书纪年辑证(修订本)》,第70页。

(处)"。以下太伯继言郑武公：

> 枼(世)【甲6】及虐(吾)先君武公，西鹹(城)洢(伊)澗(涧)，北鹹(就)郲(邬)、鄻(刘)、蒗厄(轵)郱(芳)、竽(邘)之国，鲁、衛(卫)、鄝(蓼)、鄀(蔡)杢(来)见。【甲7】

武公在位时，已有"鲁、卫、蓼、蔡来见"，也就是《系年》第二章所说"郑武公正东方之诸侯"，即为东方各国所尊崇。太伯对庄公的武功，更是充分肯定，甚至连"逐王于葛"都提出来赞扬：①

> 枼(世)及虐(吾)先【甲7】君臧(庄)公，乃东伐齐䡄之戎为徹(彻)，北鹹(城)郘(温)、原，徉(遗)鄋(阴)、檷(鄂)宎(次)，东启遗(隤)、乐，虐(吾)达(逐)王于鄹(葛)。【甲8】

其事多可与《左传》等传世文献对照，如《左传》隐公九年"北戎侵郑，郑伯御之。……十一月甲寅，郑人大败戎师"，②桓公六年"北戎伐齐，齐使乞师于郑，郑大子忽帅师救齐。六月大败戎师，获其二帅大良、少良，甲首三百以献于齐"，③桓公五年"秋，王以诸侯伐郑，郑伯御之。……战于繻葛。……郑师合以攻之，王卒大败，祝聃射王中肩"，④事分别当郑庄公三十年、三十八年及三十七年。《郑武夫人规孺子》则记述郑武公去世之后，武夫人不允许被其称作"孺子"的嗣君庄公理政，要求其把政权交付大臣三年。这是东周初年郑国的重大历史事件，似与二十二年后的郑伯克段于鄢并置姜氏于城颍有密切关联。值得留意的是，武夫人谈到武公曾"处卫三年"：⑤

> 虐(吾)君函(陷)【3】于大难之中，尻(处)于衛(卫)三年，不见亓(其)邦，亦不见亓(其)室。女(如)母(毋)又(有)良臣，三年无君，邦豙(家)睭(乱)已(也)。【4】

这里讲的武公"陷于大难"，应即指西周王朝的覆亡而言。当时桓公死难，武公即位，其间武公曾居处于卫国，此事传世文献没有记载。李守奎先生据简文所言"先君之忧"，指出其意当指三年之丧，是桓公被杀之后的三年，指出"武夫人

---

① 李学勤：《有关春秋史事的清华简五种综述》，《文物》2016年第3期。
② 《春秋左传正义》卷四隐公九年，第3765~3766页。
③ 《春秋左传正义》卷六桓公六年，第3801页。
④ 《春秋左传正义》卷六桓公五年，第3795页。
⑤ 清华大学出土文献研究与保护中心，李学勤主编：《清华大学藏战国竹简(陆)》，第103~109页。

要求寤生三年不理国政，这应当是有事实与礼制依据的"。①

太伯续言昭公、厉公：

> 枼（世）及虖（吾）先君卲（昭）公、剌（厉）公，殹（抑）天也，亓（其）殹（抑）人也，为是牢鼫（鼠）不能同穴，朝夕戜（斗）閲（阋），亦不脆（逸）斩【甲9】伐。【甲10】

昭公、厉公兄弟争立事，《春秋》经传桓公十一年、十五年，庄公十四年有详细记述，兹不赘述。

综上所述，楚竹书于春秋初年郑国早期史事叙述系统而不乏细节，是故晁福林先生以为《郑武夫人规孺子》《郑文公问太伯》诸篇成书为"史官实录"，②其具有重要史学价值自不待言。

二、管仲相齐与早期黄老道家阴谋书③

（一）管仲相齐与早期黄老修身治国思想

上文述郑国早期史事，《系年》第二章讲是由于"齐襄公会诸侯于首止"，"郑以始正（定）"：

> [郑]昭公即位。其大夫高之渠弥杀昭公而立其弟子眉寿。齐襄公会诸侯于首止，杀子眉寿，车辕高之渠弥，改立厉公，郑以始正（定）。

与之相应，《左传》桓公十七年："初，郑伯将以高渠弥为卿，昭公恶之，固谏，不听。昭公立，惧其杀己也，辛卯，弑昭公，而立公子亹。"④《史记·郑世家》：

> 昭公二年，自昭公为太子时，父庄公欲以高渠弥为卿，太子忽恶之，庄公弗听，卒用渠弥为卿。及昭公即位，惧其杀己，冬十月辛卯，渠弥与昭公出猎，射杀昭公于野。

---

① 李守奎：《〈郑武夫人规孺子〉中的丧礼用语与相关的礼制问题》，《中国史研究》2016年第1期。
② 晁福林：《谈清华简〈郑武夫人规孺子〉的史料价值》，《清华大学学报》（哲学社会科学版）2017年第3期。
③ "早期黄老道家阴谋书"实应归入下一节，即战国时期来讨论，置于此处实是考虑到：一是楚竹书通过"管仲相齐"这一主题本身显示出春秋战国时人对齐国，特别是齐桓公称霸的历史认知，反映着春秋时期历史发展的节点与大势；二来似也不能遽而断定后世依托之"管子"及早期道家学术、思想可完全与春秋时代割裂，是故于此希冀借此问题之讨论，可对春秋时期学术与思想作一不太妥帖的类比，尚祈读者见谅。
④ 《春秋左传正义》卷七桓公十七年，第3818页。

> 祭仲与渠弥不敢入厉公,乃更立昭公弟子亹为君,是为子亹也,无谥号。①

《左传》桓公十八年:"秋,齐侯师于首止,子亹会之,高渠弥相。七月戊戌,齐人杀子亹而轘高渠弥。"②齐襄公得会诸侯于首止,揭开了其弟齐桓公始霸的序幕。《郑世家》:"厉公突后元年,齐桓公始霸。"③《齐太公世家》:"桓公既得管仲,与鲍叔、隰朋、高傒修齐国政,连五家之兵,设轻重鱼盐之利,以赡贫穷,禄贤能,齐人皆说。"④管仲、鲍叔、隰朋辅佐齐桓公事,楚竹书亦有反映。如清华竹书《管仲》即是管仲相齐桓公称霸主题之反映,上博竹书《鲍叔牙与隰朋之谏》亦与齐桓公事迹有关,后者内容为鲍叔牙与隰朋借日食之机,直谏桓公要借鉴夏商周代兴的原因,改善弊政,善待百姓,并警惕竖刁与易牙。

《管仲》简文自首至终采取齐桓公与仲父管仲问答的形式,通篇共有十二组前后连贯的问答,构成一篇阐述治国之道的"语"书。⑤《汉志·诸子略》中列有的道家阴谋书的特点亦是依托名贤讲治国用兵,这类书体现了战国政治家对道术在应用层面上的关心。⑥ 所谓"道",汉人的观念可能与今人不同。今天所言的"道",侧重在思想见解上,而战国秦汉人所言之"道",概念范畴似比今天的概念大,它还包括"术",即具体实现"道"的方法和手段,如汉人贾谊云:

> 道者所道接物也,其本者谓之虚,其末者谓之术。虚者,言其精微也,平素而无设诸也。术也者,所从制物也,动静之数也。凡此皆道也。⑦

贾谊所论并非一人一时之见,《淮南子·人间训》对"道""术"的区别亦有专论,其云:

> 见本而知末,观指而睹归,执一而应万,握要而治详,谓之术。居知所为,行知所

---

① 《史记》卷四二《郑世家》,第1763页。
② 《春秋左传正义》卷七桓公十八年,第3819页。
③ 《史记》卷四二《郑世家》,第1764页。
④ 《史记》卷三二《齐太公世家》,第1487页。
⑤ 清华大学出土文献研究与保护中心编,李学勤主编:《清华大学藏战国竹简(陆)》,110~117页。
⑥ 李零:《说"黄老"》,《李零自选集》,第284~286页。
⑦ 《新书校注》卷八《道术》,(汉)贾谊撰,阎振益、钟夏校注:《新书校注》,北京:中华书局,2000年,第302页。

之,事知所秉,动知所由,谓之道。①

可见,"道"指理论主张,"术"谓实现这一主张的操作手法。在这一层面,《庄子·天下》篇说道术"无处不在",王叔岷先生亦由此认为,任何学术,皆可称为道,亦可称为术。②

《汉志·诸子略》列阴谋书有:

《伊尹》五十一篇。

《太公》二百三七十篇。《谋》八十一篇,《言》七十一篇,《兵》八十五篇。

《辛甲》二十九篇。

《鬻子》二十二篇。

《筦(管)子》八十六篇。

班固自注云:"伊尹,汤相。吕望为周师尚父,本有道者。或有近世又以为太公术者所增加也。辛甲,纣臣,七十五谏而去,周封之。鬻子,名熊,为周师,自文王以下问焉,周封为楚祖。管子,名夷吾,相齐桓公,九合诸侯,不以兵车也。有《列传》。"③在时人看来,作为帝王之师的太公是多阴谋的形象,如《淮南子·精神训》云"故通许由之意,《金縢》《豹韬》废矣",高诱注:"《金縢》《豹韬》,周公、太公阴谋图王之书。"④这种认识与《汉志》所列诸书相比较,亦正如此。上列数人均曾服事不同的君王,如伊尹曾间夏入商,辛甲去商之周,管子先事公子纠后事桓公,他们均是《老子》第三十章所云之"以道作(佐)人主者"。⑤在这一过程中,道术得以体现。正是由于伊尹、太公、管子等人的贤臣形象,遂使后人得以其为依托,以阐述其治国理政之主张。宋人王应麟即指出:"于兵权谋省《伊尹》《太公》而入道家,盖战国权谋之士著书而托之伊尹也。"⑥由上可知,阴谋书是"依托辅佐明君的贤臣,讲他们如何出谋划策,夺取天下或取威

---

① 《淮南子集释》卷一八《人间训》,第1237～1238页。
② 王叔岷:《先秦道法思想讲稿》,北京:中华书局,2007年,第14页。
③ 《汉书》卷三〇《艺文志》,第1729页。
④ 《淮南子集释》卷七《精神训》,第540页。
⑤ 朱谦之:《老子校释》,北京:中华书局,1984年,第119页。
⑥ (宋)王应麟:《汉制考·汉书艺文志考证》,张三夕、杨毅点校,北京:中华书局,2011年,第215页。

定霸"的文献。①

《莞(管)子》书八十六篇,是由西汉晚期的刘向编定的。刘向所撰《管子叙录》说:

> 所校雠中《管子》书三百八十九篇,大中大夫卜圭书二十七篇,臣富参书四十一篇,射声校尉立书十一篇,太史书九十六篇,凡中外书五百六十四篇,以校除复重四百八十四篇,定著八十六篇。②

可知当时流传的所谓《管子》书非常繁多。《管仲》不合于现存《管子》,看其内容也不似《管子》亡佚篇目,应该是八十六篇之外的佚书。李学勤先生指出,简文中管仲说"正五纪,斳(慎)四禹(称),执五尺(度),攸(修)六正(政)【10】","四称"一词见于传世《管子》。《管子·四称》篇是桓公、管仲问答的体裁,与《管仲》相似,两者彼此有关,是很可能的。③ 前文已述上博竹书《竞建内之》与《管子》中《霸形》《戒》两篇内容相似,只是所涉人物与事件背景有很大差别。④

黄老思想流行于战国中晚期到秦汉之际,它融合了老庄道家的高深哲理,又援名、法入道,借用阴阳家之框架,重视儒家的伦理教化,在不否定固有的文化传统的基础上,着眼于建构当时的价值和秩序,从而将道家思想改造成为一种极具操作性的政治思想。司马迁在《史记》中记述了有着明确师承渊源的"黄老学派"。《史记·乐毅列传》记太史公曰:

> 乐臣公学黄帝、老子,其本师号曰河上丈人,不知其所出。河上丈人教安期生,安期生教毛翕公,毛翕公教乐瑕公,乐瑕公教乐臣公,乐臣公教盖公。盖公教于齐高密、胶西,为曹相国师。⑤

蒙文通先生曾对《史记》中记载的那些"学黄老之术""本于黄老""言黄老意"的人物作过详细的梳理。⑥ 郭沫若先生亦曾针对"陈侯因资敦"(《集成》04649)

---

① 李零:《简帛古书与学术源流(修订本)》,第398页。
② 张舜徽:《汉书艺文志通释》,武汉:华中师范大学出版社,2004年,第284~285页。
③ 李学勤:《有关春秋史事的清华简五种综述》,《文物》2016年第3期。
④ 刘信芳:《竹书〈鲍叔牙〉与〈管子〉对比研究的几个问题》,《文献》2007年第1期;鲁加亮:《〈鲍叔牙与隰朋之谏〉与〈管子·戒〉对读札记》,《华中科技大学学报》(社会科学版)2007年第3期。
⑤ 《史记》卷八〇《乐毅列传》,第2436页。
⑥ 蒙文通:《略论黄老学》,《先秦诸子与理学》,桂林:广西师范大学出版社,2006年,第191~223页。

中出现的"高祖黄帝",分析过"黄帝"之学在齐国兴盛的原因。① 马王堆帛书《黄帝四经》的发现,曾激发了学界对黄老道家研究的重视,学界基本上倾向于《黄帝四经》为秦汉之际黄老道家的代表性文献。② 郭店竹书《太一生水》、上博竹书《恒先》《三德》及《凡物流形》等新材料的公布,更进一步引发了黄老道家思想研究的热潮。

上举几篇楚竹书文献的显著特征是有着强烈的现实社会政治目的,如《三德》不仅在语言上表现出与《黄帝四经》惊人的相似,而且同样出现了"黄帝"之名,"黄帝"以天道代言者的身份对人间的政治行为作出直接指示,这似反映出《黄帝四经》有可能直接从《三德》那里获得过思想资源,抑或是二者存在共通的材料来源。《太一生水》《恒先》《凡物流形》等三篇虽然在内容上没有出现"黄帝""老子"之名,但在以天道(主要是宇宙生成论)作为人事效法依据的思路、利用"道"(表现为"一"等)帮助统治者获取政治资源的目的上,并无二致。

可以与《管子》思想相关的《凡物流形》为例,该篇贯穿着由天道到人道的思路。全篇很自然可以分为两个大部分:上半篇,亦即从甲本简 1 到简 14 的前半,即其"问而不答"、类似《天问》的部分,对天地万物之生成、人类之生死、社会之秩序等问题提出一连串的疑问;③下半篇可以从某种角度视作上半篇所题各种问题的正面回答,④表达了"百物不遊(失)【23】""并天下而担之……并天下而治之【17】"的"知天下""治邦家"的强烈政治愿望。

---

① 郭沫若:《稷下黄老学派的批判》,《十批判书》,北京:东方出版社,1996 年,第 156~191 页。
② 裘锡圭先生称这一学派为"道法家"。参见裘锡圭:《马王堆〈老子〉甲乙本卷前后佚书与"道法家"——兼论〈心术上〉〈白心〉为慎到田骈学派作品》,《文史丛稿——上古思想、民俗与古文字学史》,上海:上海远东出版社,1996 年,第 59~80 页。
③ [美]顾史考:《上博七〈凡物流形〉上半篇试探》,复旦网,http://www.gwz.fudan.edu.cn/srcshow.asp? src_id=876,2009 年 8 月 24 日。
④ 浅野裕一先生提出《凡物流形》"不是单一的文献,而是本来完全不同的两个文献连接在一起"的结论,然其结论最初乃是按照整理者原来的简序。参见[日]浅野裕一:《〈凡物流形〉的结构》,简帛网,2009 年 1 月 23 日;《〈凡物流形〉的结构新解》,简帛网,2009 年 2 月 2 日。其后两文经修订合并以《上博楚简〈凡物流形〉之整体结构》为题,发表于复旦网,http://www.gwz.fudan.edu.cn/srcshow.asp? src_id=908,2009 年 9 月 15 日。曹峰先生在赞同将此篇分为两个部分的同时,亦对浅野先生将之视为不相属的两篇之说提出异议,认为"两者间不是割裂的关系,而是有机的整体"。其中证据之一是后半部的简 13a 之"草木得之以生,禽兽得之以鸣"(此"之"所代乃是所谓"一"的概念)便是前半部的简 12a 至简 13b 之"草木奚得而生,禽兽奚得而鸣"一问题的某种答案。参见曹峰:《从〈逸周书·周祝解〉看〈凡物流形〉的思想结构》,《出土文献与传世典籍的诠释》,第 327~332 页。

为了实现这一政治意愿,《凡物流形》提出必须"执𪔀(一)""得𪔀(一)""有𪔀(一)""能罷(一)""贵𪔀(一)"。为了实现"执𪔀(一)"的目标,《凡物流形》进一步提出了相应的修养工夫论,即唯有"执𪔀(一)"者才能理解世界形成和运行的真正机理,唯有"胜心""修身"者才能"执𪔀(一)",唯有"胜心""修身""执𪔀(一)"者才能为君,并有效地治理国家。无论是"执𪔀(一)""胜心"等观念,还是文章的具体表现方式,《凡物流形》和《管子》四篇(《内业》《心术上》《心术下》《白心》)有不可怀疑的相似之处。同样值得注意的还有上博竹书《慎子曰恭俭》,简文有"衷白以反諄,却宥以载道【1】",李学勤先生认为衷的意思是中心,所以"'衷白'云者便是'白心'",这同样与《管子》四篇存在联系。李先生又通过"却宥"与《庄子·天下》之"别宥"、《吕氏春秋·去宥》之"去宥"之间的关系,指出"去宥"观念在稷下若干派别间或是共通的。① 《管子》四篇一般被认为是黄老道家作品,② 尤其在养身以治国方面论述最多,《凡物流形》的出现,为了解《管子》四篇思想的传播、影响和探索早期黄老道家修身治国之学提供了珍贵资料。③

(二) 早期黄老道家"阴谋"书

《汉志》所列其他阴谋书流传至今,存佚情况不一。《伊尹》《辛甲》已无完帙,现只有辑本传世。④ 对《伊尹》的面貌,我们已无法了解。《汉志·诸子略》小说家中虽又列有《伊尹说》二十一篇,但班固自注云:"其语浅薄,似依托也。"⑤ 而目前已公布之清华竹书中已有五篇与汤相伊尹有关,分别是《尹至》《尹诰》《赤鹄之集汤之屋》《汤处于汤丘》《汤在啻门》。其中《尹至》《尹诰》文辞古奥,内容较质朴,属于"书"类文献,剩余三篇,则分别与《伊尹》《伊尹说》有关。鲁迅先生曾评价《伊尹说》道:"然文丰赡而意浅薄,盖亦本《伊尹书》。"⑥

---

① 李学勤:《谈楚简〈慎子〉》,《中国文化》2007年第2期。亦有学者不同意释"忠陛"为"衷白",谓与"白心"同。参见林志鹏:《论楚竹书〈慎子曰恭俭〉"去囿"及相关问题》,方勇主编:《诸子学刊》(第4辑),上海:上海古籍出版社,2010年,第223~233页。
② 陈丽桂:《战国时期的黄老思想》,台北:联经出版事业股份有限公司,1991年,第109~148页。
③ 参见曹峰:《出土文献视野下的黄老道家研究》,《中国社会科学》2013年第2期。
④ 孙启治、陈建华编:《古佚书辑本目录(附考证)》,北京:中华书局,1997年,第209页。
⑤ 《汉书》卷三〇《艺文志》,第1744页。
⑥ 鲁迅:《中国小说史略》,《鲁迅全集》(第9卷),北京:人民文学出版社,1958年,第29页。

其意见同于班固,可见"浅薄"是判断《伊尹》与《伊尹说》的重要标准。所谓"浅薄",应当最少包括两个方面:一是语言浅显,不像"书""诗"类文献语言的古奥;二是内容浅近,表达的是春秋战国时期的思想。清华竹书整理者指出《赤鹄之集汤之屋》《汤处于汤丘》文辞显白,故事性较强,其性质应与《伊尹说》类似。① 而《汤在啻门》气象宏阔,行文缜密,思想较驳杂,但以行道有成为本,不能以"浅薄"视之,且其确与《汤处于汤丘》具有故事性不同,叙述的语言极少,全篇几乎全部是问答记言体例。简文云:

> 贞(正)月己吾(亥),汤才(在)啻门,馘(问)于小臣:"古之先帝亦有良言青(情)至于今虎(乎)?"小臣舍(答)【1】曰:"又(有)才(哉)。女(如)无有良言青(情)至于今,则可(何)以成人?可(何)以成邦?可(何)以成埅(地)?可(何)以成【2】天?"
>
> ……………
>
> 汤或(又)馘(问)于小臣曰:"人可(何)旻(得)以生?可(何)多以长?簪(孰)少而老?者(胡)②猷(犹)是人,而【5】罷(一)亚(恶)罷(一)好?"小臣舍(答)曰:"唯皮(彼)五味之燹(气),是哉以为人。亓(其)末燹(气),是胃(谓)玉穜(种),鼠(一)月甶(始)【6】匌(扬),③二月乃裹,三月乃刑(形),四月乃胐(固),五月或收(褢),六月生肉,七月乃肌,八月乃正,【7】九月纝(显)章,十月乃成,民乃时生。"亓(其)燹(气)晉辭(歇)发綯(治),是亓(其)为长虞(且)好才(哉)。亓(其)燹(气)奋(奋)【8】昌,是亓(其)为壴(当)敜(壮)。燹(气)龛(融)交以备,是亓(其)为力。燹(气)戚(促)乃老,燹(气)徼(徐)乃猷,燹(气)逆曘(乱)以方【9】是亓(其)为疾央(殃),燹(气)屈乃攵(终),百志皆窳(穷)。
>
> 汤或(又)馘(问)于小臣:"夫四以成邦,五以犎(相)之。【10】可(何)也?"小臣舍

---

① 李学勤:《新整理清华简六种概述》,《文物》2012年第8期;另可参见黄德宽:《清华简〈赤鹄之集汤之屋〉与先秦"小说"——略说清华简对先秦文学研究的价值》,《复旦学报》(社会科学版)2013年第4期;李守奎:《汉代伊尹文献的分类与清华简中伊尹诸篇的性质》,《深圳大学学报》(人文社会科学版)2015年第3期。
② 陈剑:《〈清华简(伍)〉与旧说互证两则》,复旦网,http://www.gwz.fudan.edu.cn/SrcShow.asp?Src_ID=2494,2015年4月14日。
③ "匌"字,清华读书会认为:"从勹,疑此字读'胞'。《说文》:'胞,儿生裹也。从肉从包。'《庄子·外物篇》:'胞有重阆,心有天游。'陆德明《经典释文》:'胞,腹中胎。'"参见清华读书会:《清华简第五册整理报告补正》,清华网,http://www.ctwx.tsinghua.edu.cn/publish/cetrp/6831/2015/20150408112711717568509/20150408112711717568509_.html,2015年4月8日。陈伟先生认为:"疑可读为'荡'。《礼记·月令》'诸生荡',郑玄注:'荡,谓物动将萌芽也。'"参见陈伟:《读〈清华竹简(伍)〉札记(续)》,简帛网,http://www.bsm.org.cn/show_article.php?id=2192,2015年4月12日。

（答）曰："唯皮（彼）四神,是胃（谓）四正,五以叟（相）之,惠（德）、事、役（役）、正（政）、型（刑）。"

汤或（又）䁵（问）于【11】小臣："娩（美）惠（德）系（奚）若？亚（恶）惠（德）系（奚）若？兑（美）事系（奚）若？亚（恶）事系（奚）若？兑（美）役（役）系（奚）若？亚（恶）役（役）系（奚）若？兑（美）【12】正（政）系（奚）若？亚（恶）正（政）系（奚）若？兑（美）型（刑）系（奚）若？亚（恶）型（刑）系（奚）若？小臣答……【13】……①

简文记述汤问小臣古先帝之良言,小臣答以成人、成邦、成地、成天之道。小臣答汤问自五味之气始,终以成人政、顺天道。《史记·殷本纪》云："伊尹……以滋味说汤,致于王道。"②简文记述与《殷本纪》所言主旨相合,可见简文所述之伊尹故事确实是以史书中伊尹事迹为基础的。此外,简文所述汤问伊尹之德、事、役、政、刑五事,则可看出其所谓治国理政之主张,亦借由伊尹之口宣讲了出来。简文全篇以论"成人"一节最为详细,人作为一个生命体,其根本就是"气"。生命之源是"五味之气",其精微之气就是生命的种子,这个以气为本源的"玉种"在人体中孕育,逐月变化长大,十月而成人。气充沛奋昌人就成长健壮,强健有力;气短促不足人就衰老羸弱;气逆乱横行人就疾病成殃,气竭人终,生命完结。气与生命的关系并不是道家的专利,但道家更加强调,简文这番理论可视之为古代养生的基础,可见其似与道家重视养生的主张相通,进而帮助我们了解汉代学者对伊尹类文献分类的依据。

而就《汤处于汤丘》来说,简文记述汤得到有莘媵臣伊尹,知其有和五味有方,"乃与小臣忑（惎）思（谋）郘（夏）邦"【3】,小臣病而不出,汤反复探视请教,伊尹对汤所提出的四个问题一一作答:1. 夏德衰败,春秋改则,民人离散,夏即将灭亡;2. 汤敬天爱民,将戡夏成功而拥有夏土;3. 古之圣人不使昏处疑,节俭爱民;4. 为君之要是爱民,为臣之要则是恭命。

伊尹所说有浓厚的爱民、尚俭思想,与墨、儒所提倡的一些观点相合。但从全篇来看,这一切都是取代夏邦的手段,都是"权谋"的一部分。从这个角度来看,把《汤处于汤丘》看作兵权谋类也有一定的道理。简文"忑（惎）思（谋）",

---

① 清华大学出土文献研究与保护中心编,李学勤主编:《清华大学藏战国竹简（伍）》,第141～148页。
② 《史记》卷三《殷本纪》,第94页。

李守奎先生指出"忎"即"恭"字，《集韵·志韵》"恭，古作忎"必有所自。"恭"在楚简中读为"谋"习见。《左传》定公四年："管蔡启商，恭间王室。"《广韵·至韵》："恭，谋也。""恭间王室"亦当"谋干王室"，干，犯也。简文之"恭"的用法当与之相同。"恭谋夏邦"似正可见王应麟所论之"兵权谋"的特点。①

综上所述，《管仲》《鲍叔牙与隰朋之谏》《竞建内之》不仅体现出管仲、鲍叔牙、隰朋等人辅佐齐桓公始霸这一春秋早期重要史事，另一方面是其与《凡物流形》及《慎子曰恭俭》等相关文献一道，体现出黄老道家的天道、人道思想，是有着强烈的现实社会政治指向的，②这为我们了解战国秦汉时期流行的以"大

---

① 参见李守奎：《汉代伊尹文献的分类与清华简中伊尹诸篇的性质》，《深圳大学学报》（人文社会科学版）2015 年第 3 期。
② 楚竹书也为了解道家学术在先秦时期的发展提供了新资料。由于传世文献的记载阙如，致使老子后学的传承谱系难以系联，相关道家文献的作者亦无从查证，先秦道家老、庄之间的传承脉络一直晦暗不明，甚至老子本人的历史形象也在混沌之中。有着明确时间下限的楚竹书，则为道家思想的研究提供了丰富的材料。从郭店竹书《老子》《太一生水》到上博竹书《恒先》《三德》《凡物流形》等，先秦道家丰富的理论形态得以充分展现。这些材料，又激活了对传世文献与黄老道家思想的研究。例如，从《尹文子》《管子》中可以看到黄老思想中名家理论的发展轨迹，而从《管子》到《吕氏春秋》则可以看到黄老之学对阴阳家思想的吸收在不断深化。黄老思想博采众长的特色，代表了战国以来学术发展的大方向［白奚：《郭店儒简与战国黄老思想》，《道家文化研究》（第 17 辑）《郭店楚简》专号］，第 444 页］。楚竹书在这方面的价值不仅是揭示了老庄之间丰富的道家理论形态，也为研究早期黄老道家思想提供了鲜活资料。
　　楚竹书中道家文献使我们对《老子》的成书和流传有了比以往更加深刻的认识（参见李均明、刘国忠、刘光胜、邬文玲：《当代中国简帛学研究（1949—2009）》，第 147～154 页）。传世文献中老子的生平及著述向来谜团重重，自司马迁的时代开始，有关老聃、老莱子及太史儋之间的关系即已模糊不清。唐代时韩愈曾怀疑孔子问礼于老子是道家后学的杜撰；北宋陈师道则认为老子其人在关尹、杨朱之后，孟子、荀子之间；顾颉刚先生亦曾认为今本《老子》的成书要比通常所云在《论语》成书以前晚，应在《吕氏春秋》的撰写时代之后［顾颉刚：《从〈吕氏春秋〉推测〈老子〉之成书年代》，罗根泽编著：《古史辨》（第 4 册），上海：上海古籍出版社，1982 年，第 462～520 页］；日本学者武内义雄提出《老子》书非一人一时之作，而是后学荟萃各派所传老聃之言，其成书在孔、墨之后，思、孟之间（［日］武内义雄：《老子原始》，江侠庵编著：《先秦经籍考》（中册），上海：上海文艺出版社，1990 年，第 197～324 页）。
　　郭店竹书《老子》有甲、乙、丙本，三者形制不同，抄写时间不同，章节之间的排序与今本、马王堆帛书本有些地方也明显不同，故有关郭店《老子》与通行本之间的关系、《老子》的成书时代及作者等问题，引起学界的热烈讨论。郭店《老子》与今本之间的关系可归纳为"辑选""来源""并行文本"等三种。
　　古书分合无定，全篇与摘录往往并行，"辑选""来源""并行文本"三种看法基本覆盖了郭店《老子》与传世《老子》之间的可能关系，有助于丰富对古书流传形态的认识。从战国以后的传世文献称引"老子"来看，《战国策·齐策四》（颜）斶对曰："……老子曰：'虽贵，必以贱为本，虽高，必以下为基。是以侯王称孤、寡、不毂，是其贱之本与？'"《魏策一》有魏武侯曰："故老子曰：'圣人无积，尽以为人，己愈有，既以与人，己愈多。'"《说苑·敬慎》叔向对韩平子曰："老聃有言曰：'天下之至柔，驰骋乎天下之至坚。'又曰：'人之生也柔弱，其死也刚强；万物草木之生也柔脆，（接下页）

道"治国的黄老道家的融合理论提供了新的切入点。通过清华竹书《汤在啻门》《汤处于汤丘》等相关五篇伊尹文献,可以看出伊尹故事在春秋战国时期的盛行,也更好地理解了《汉志》将"《伊尹》五十一篇"列为道家的必要性。可以

(接上页)其死也枯槁。因此观之,柔弱者生之徒也,刚强者死之徒也。'"刘向所纂辑《战国策》《说苑》所依凭之材料是春秋战国时社会上广泛流传的"语"类文献,且上举四条老子之语皆不见于郭店《老子》,而分别见于今本《老子》第39章、81章、43章和76章。由此可知,郭店《老子》是对世传《老子》之摘录的可能性最大。

关于《老子》的成书年代,学界有春秋末年、战国早期、战国晚期、秦汉之际、西汉初年等不同说法。郭店本《老子》是我们迄今所见最早的版本,而古书著作年代要早于下葬年代,由此可知,《老子》书在战国中期以前即已在社会上广泛流传,以往将《老子》成书时间拉后,定于战国晚期、秦汉之际、西汉初年等说法皆不能成立。

《史记·老子韩非列传》云"(老子)至关,关令尹喜曰:'子将隐矣,强为我著书。'于是老子乃著书上下篇,言道德之意五千余言而去,莫知其所终。"可见司马迁也认为《老子》其书为老子一人一时所著,当时已有五千言的篇幅,且已分上下篇。孙次舟先生曾云《论语》《墨子》《孟子》皆未论及《老子》,而至《庄子》时忽然出现,故认为《史记·老子韩非列传》所记不可信,老子本无其人,是庄周之徒捏造[孙次舟:《跋古史辨第四册并论老子之有无》,罗根泽编著:《古史辨》(第6册),上海:上海古籍出版社,1982年,第74~101页]。郭沂先生则注意到郭店本《老子》与传世文献中老聃思想的相似之处:如简本《老子》有"果而弗骄""绝巧弃利,视素保朴,少私寡欲""罪莫厚乎淫欲,咎莫憯乎欲得,祸莫大乎不知足"等,与之相应《史记·老子韩非列传》亦有老子劝孔子说"去子之骄气与多欲,态色与淫志,是皆无益于子之身"。郭先生甚至由简本与今本的多处相似,推测简本出自老聃,今本出自太史儋(郭沂:《从郭店楚简〈老子〉看老子其人其书》,《哲学研究》1998年第7期)。应该说,由于相关历史信息的缺佚,单靠简本与《史记》老子思想的几处相似就推论简本出于老聃的说法并不太可靠。古人著书无作者、无篇名,多单篇别行,其书亦多为门人弟子或后人编辑而成。《老子》一书同样可能经过了包括老聃、老莱子、太史儋在内的道家学派之人的长期编纂。老子其人应并不仅指老聃一人,而是《老子》一书作者的代称。

楚竹书中的道家文献,如郭店竹书《太一生水》、上博竹书《恒先》等,还有助于对道家后学有关宇宙生成模式的认识。《太一生水》的竹简形制、字体和《老子》丙组相同,思想倾向接近道家之学。但是太一、神明、反辅等重要术语不见于《老子》,《太一生水》的反辅生成模式与《老子》第42章道生万物的宇宙论亦存在明显的差异。以往所见中国古代常见的宇宙生成论主要出于两种文献:一是《老子》第42章"道生一,一生二,二生三,三生万物";一是《周易·系辞》"易有大极,是生两仪,两仪生四象"。此两种均是次第生成的模式,都不是"反辅"化生,而《太一生水》中"太一"化生成水,受水"反辅",是一种独特的宇宙生成论。先秦哲学多以气作为万物化生的运动形式,《太一生水》以水为媒介讲述宇宙生成,对水的推崇同于《老子》,太一生水又藏于水的宇宙生成路径,是对先秦宇宙生成理论的丰富与发展。

另一篇道家文献,即上博竹书《恒先》也讲宇宙生成,其亦未使用"道"的概念,当然"恒先"也可能是"道"的另一种表达形式。《太一生水》和《恒先》均不是以"道"而分别,以"太一""恒先"作为各自宇宙生成的根源,这与《庄子》《管子》《黄帝四经》《文子》《淮南子》等以"道"为宇宙生成的根源或哲学的最基本概念,形成了明显的对比(郭梨华:《〈亘先〉及战国道家哲学论题探究》,《中国哲学史》2008年第2期)。"太一""恒先"均具有老子之"道"为天地万物之先、生万物而不自有的诸多特征,其名称的不同似恰可印证老庄之间道学理论发展的多样形态[李学勤先生即指出《恒先》的一串术语,"大全"见《田子方》,"太清"见《天运》,"太虚"见《知北游》。参见李学勤:《孔孟之间和老庄之间》,《中国思想史研究通讯》(第6辑),2005年;后收入《文物中的古文明》,北京:商务印书馆,2008年,第400~407页],因此《恒先》应可视作从《老子》到庄学的桥梁。

说,早期道家学术分类中的"阴谋"书,通过楚竹书,我们对其的认识开始逐渐明晰。

三、"文公十又二年居狄"与晋文公入于晋

前文已述,与齐桓公相比,《系年》更加重视晋文公。《系年》仅有第四章一处提及"齐桓公会诸侯以城楚丘",第六章则以大篇幅记载了晋文公的流亡故事,第七章记城濮之战后"遂朝周襄王于衡雍,献楚俘馘,盟诸侯于践土"。值得留意的是《系年》记述重耳的流亡路线是狄→齐→宋→卫→郑→楚→秦。传世文献《左传》《国语》《吕氏春秋》《史记》等于此事亦记载颇详,为人素知,其中《系年》"文公十又二年居狄"、《国语·晋语四》"文公在狄十二年"的起首叙述,更若合符节。但在具体流亡路线上有些差别:

狄→齐→宋→卫→郑→楚→秦(《系年》第六章)

狄→齐→卫→曹→宋→郑→楚→秦(《国语·晋语四》)①

狄→卫→齐→曹→宋→郑→楚→秦(《左传》僖公二十三年)②

狄→卫→齐→曹→宋→郑→楚→秦(《史记·晋世家》)③

狄→卫→齐→曹→宋→郑→楚→秦(《吕氏春秋·上德》)④

可以发现,上述五种记述可以分为三类:1.《左传》《史记》和《吕氏春秋》的记载;2.《国语》的记述,与前者的区别在于齐、卫的顺序颠倒;3.《系年》的记载,与前两者的区别在于其没有曹,此外与《左传》等区别在于齐、宋、卫的位置均不同,与《国语》的区别在于宋、卫的顺序不同。

《系年》的记述顺序似乎表明编纂者更关注他与所经行国家的关系,并一一判断,如狄甚善之、齐人善之、宋人善之、卫人弗善、郑人弗善等,这似与简文第七章晋文公征伐诸侯的指向有关,第七章简文有"晋文公思齐及宋之德,乃及秦师围曹及五鹿,伐卫以脱齐之戍及宋之围",如是则可说明两点:其一是简文似有意将善待重耳的狄、齐、宋与"弗善"的卫、郑区别开来,这与前述《系

---

① 《国语集解》卷一〇《晋语四》,321~346 页。
② 《春秋左传正义》卷一五僖公二十三年,第 3939~3943 页。
③ 《史记》卷三九《晋世家》,第 1656~1662 页。
④ 《吕氏春秋集释》卷一九《离俗览·上德》,第 519~521 页。

年》编纂的思路密切相关;其二是第六章简文漏记了曹国,因为第七章简文提到了晋师伐曹之事。①

上述三类五种流亡路线,均以秦为最后一站。清华竹书《子犯子余》云:②

　　□□□耳自楚迻(适)秦,凥(处)女(焉)三散(岁)。秦公乃訋(召)子靶(犯)而飤(闻)女(焉)【1】
　　··········
　　省(少)公乃訋(召)子余而(闻)女(焉)。【3】
　　··········
　　公乃訋(召)子靶(犯)、子余曰:"二子事公子,句(苟)肂(盡)又(有)【6】心女(如)是,天豊惎(谋)禞(祸)于公子?"乃各赐之鎗(剑)繡(带)衣常(裳)而歖(膳)之,思(使)还。【7】

重耳流亡秦国时的史事,《国语·晋语四》《左传》等传世文献虽有娶怀嬴等记载,但对于子犯、子余的作用并无具体述说。《子犯子余》篇补充了对子犯、子余作用的记载,使我们对于秦穆公帮助重耳回国的过程中,子犯子余所起的重大作用有了新的了解。上引简文记述了秦穆公与子犯、子余的对话,子犯、子余分别夸美了重耳的品行以及有良臣辅佐。他们的话得到了秦穆公的重视,以致秦穆公感慨道"二子事公子,苟尽有心如是,天豊谋祸于公子",从而认为重耳有如此尽心的两位臣子,上天不会使他陷入灾祸。秦穆公对重耳前途的认可,子犯、子余无疑有很大功劳,此后秦穆公支持重耳回国夺位,子犯、子余的作用是毋庸置疑的。③

清华竹书《晋文公入于晋》亦言:④

　　晋文公自秦内(入)于晋……【1】

简文叙述晋文公结束流亡,自秦返国之后,整顿内政、董理刑狱、丰洁祭祀、务稼修洫、增设武备,至于城濮一战而霸,大得河东之诸侯。简文内容与《左传》

---

① 亦有学者从史料考辨的角度对此问题加以讨论,参见刘丽:《重耳流亡路线考》,《深圳大学学报》(人文社会科学版)2012 年第 2 期。
② 清华大学出土文献研究与保护中心编,李学勤主编:《清华大学藏战国竹简(柒)》,第 92～99 页。
③ 参见陈颖飞:《论清华简〈子犯子余〉的几个问题》,《文物》2017 年第 3 期。
④ 清华大学出土文献研究与保护中心编,李学勤主编:《清华大学藏战国竹简(柒)》,第 101～103 页。

《国语》多可印证。简文论述最为详备的是军政改革,当与《左传》所载晋文公四年蒐于被庐、五年作三行以御狄、八年蒐于清原作五军,不断扩充军备有关:

> 乃乍(作)为羿(旗)勿(物),为陞(升)龙之羿(旗)師(师)以进,为降龙之羿(旗)師(师)以退,为右(左)……【5】为觻(角)龙之羿(旗)師(师)以戬(战),为交龙之羿(旗)師(师)以豫,为日月之羿(旗)師(师)以旧(久),为熊羿(旗)大夫出,为豹(豹)羿(旗)士出,为苋葷(採)之羿(旗)戬(侵)粮者【6】出。乃为三羿(旗)以成至:远羿(旗)死,中羿(旗)荆(刑),忻(近)羿(旗)罚。【7】

简文所言有"交龙之旗""日月之旗"见于《周礼·司常》:

> 司常掌九旗之物名,各有属以待国事。日月为常,交龙为旂,通帛为旜,杂帛为物,熊虎为旗,鸟隼为旟,龟蛇为旐,全羽为旞,析羽为旌。①

郑玄注"交龙为旂"以为二龙一升一降,则"角龙之旗"似为二龙遭遇角斗,又"熊旗""豹旗"则应与《司常》"熊虎为旗"相类。简文所述旗物与《周礼》虽非一一对应,但似也可见《周礼》所述确有制度依据,并非向壁虚造。②

简文最后述及晋文公修政结果,终致"一战而霸":

> 元年克菒(原),五年启东道,克曹、五麍(鹿),【7】败楚師(师)于坓(城)仆(濮),畫(建)壄(卫),成宋,回(围)䜈(许),反莫(郑)之厍(陴),九年大旻(得)河东之者(诸)侯。【8】

简文所记次序同样与传世文献如《左传》《国语》等存在差异:

原→启东道→曹→五鹿→城濮→卫→宋→许→反郑之陴(《晋文公入于晋》)

启东道→原→曹→卫→释宋围→城濮→盟衡雍→反郑之陴(《国语·晋语四》)③

原→五鹿→卫→曹→释宋围→城濮→盟衡雍→卫→许(《左传》)④

上述《系年》简文第六章记述晋公子重耳出亡的国家顺序与传世文献记载

---

① 《周礼注疏》卷二七《春官·司常》,第 1783 页。
② 参见马楠:《〈晋文公入于晋〉述略》,《文物》2017 年第 3 期。
③ 《国语集解》卷一〇《晋语四》,第 350~364 页。
④ 参见《春秋左传正义》卷一六僖公二十五年、僖公二十八年,第 3952、3957~3966 页。

的不同，也可从编纂者的写作意图来理解。

前文曾以楚灵王为例叙述楚竹书中"语"类篇章在楚王形象描述上的偏重，从上举《系年》《晋文公入于晋》部分简文来看，这种情况也一定程度上存在。此外，前文亦述与楚竹书"语"类有关涉的史事记载，存在同一主题、同一事件、同一人物等重复情况，且这些情况之间还存在不小的差异。对于这些情况，笔者以为一方面需要仔细考辨史料，另一方面似应重视战国文献的体例和编纂者的写作意图，①这似是楚竹书《系年》简文春秋部分与清华、上博竹书"语"类春秋故事所带来的主要价值之一。

---

① 重视文献的体例和编纂者的写作意图，是近年来在中古史研究者中比较盛行的史料批判研究的研究范式。史料批判研究又称"史料论式的研究"，按日本学者安部聪一郎先生（［日］佐川英治、阿部幸信、安部聪一郎、户川贵行：《日本魏晋南北朝史研究的新动向》，《中国中古史研究：中国中古史青年学者联谊会会刊》（第1卷），北京：中华书局，2011年，第8页）所作定义，是以特定的史书、文献，特别是正史的整体为对象，探求其构造、性格、执笔意图，并以此为起点试图进行史料的再解释和历史图像的再构筑。如孙正军先生（《魏晋南北朝史研究中的史料批判研究》，《文史哲》2016年第1期）所总结，与传统史料处理方式相比，史料批判研究并不满足于确保史料真实可靠，而是在此基础上继续追问：史料是怎样形成的？史家为什么要这样书写？史料的性质又是什么？上述思路与笔者强调的材料来源、编纂意图、著史观念及叙事手法的影响有异曲同工之妙。

实际上，重视史料"构造、性格和执笔意图"，并非史料批判研究新创。一方面受西学尤其美国大陆学术界所谓的社会史或新社会史的影响。从方法论上讲，这也与人类学的影响有关（李鸿宾先生语，转引自孙妙凝：《正视史料批判研究的局限性》，《中国社会科学报》2014年4月28日第2版）。在此影响下对传统历史认识论和历史编纂学的挑战，指的就是否认历史的真实性、客观性，视史料为文本，把史学等同于文学，强调史家或其他因素对历史编纂的影响。这一点与史料批判研究以探求史料的"构造、性格和执笔意图"为目标无疑是契合的（孙正军：《魏晋南北朝史研究中的史料批判研究》，《文史哲》2016年第1期）。另一方面，如刘知幾对史书曲笔的认识，与此亦颇有相通之处。而上世纪50年代郑天挺先生（《史料学教学内容的初步体会》，《探微集》，北京：中华书局，1980年，第283页）也提出要批判地研究史料，分析史料阶级性，推求史料的最初思想意图。

当然，尚需要注意史料批判研究的局限：其一是史料批判研究中有时史料的真实与否会被忽略，应该说史料的真实、可靠性还是需要强调的；其二是在证据并不充分的情况下通过推测来解构与建构历史，利用这一颇具后现代史学意味的研究范式进行史学研究的后果，可能反而离真实更远（夏炎先生语，转引自孙妙凝：《正视史料批判研究的局限性》，《中国社会科学报》2014年4月28日第2版）。这就提醒我们在实际研究过程中注意摒弃明显的、主观的选择性，通过运用当时当地的材料，体会当时的人和事及其与时代的关联。

具体到本研究来说，对于存在歧异的内容，按照时间要素对其进行史料层面的考辨，似不能很好地分辨出具体的差异，而史料批判研究于此则显现出一定的优势。特别是其对史传书写模式的讨论，关注在史传中那些高度类型化、程式化的文本构筑元素。笔者推而广之，所谓"高度类型化、程式化的文本构筑元素"似可理解为历史叙述中的套语、典型人物事迹和著名事例的重复等。唯需要在求真求实的基础上，对这些或本诸现实或由史家新造的因素进行具体细致的分析。

（接下页）

四、楚、吴关系中的夏姬与"州来"

(一) 楚、吴和战关系中的徵舒与夏姬史事

楚竹书与传世文献记事之差别,可再以徵舒与夏姬为例。《系年》春秋记事虽基本未出《左传》《国语》之范畴,但其所记部分史事与传世文献存在的一些差别,亦值得注意。如第十五章记述徵舒与夏姬之事:

> 楚庄王立,吴人服于楚。陈公子徵舒取妻于郑穆公,是少孔。庄王立十又五年,陈公子徵舒杀其君灵公,庄王率师围陈。王命申公屈巫跻(适)秦求师,得师以来。王入陈,杀徵舒,取其室以予申公。连尹襄老与之争,抌(夺)之少孔。连尹止于河滩,其子黑要也或(又)室少孔。庄王即世,共王即位。黑要也死,司马子反与申公争少孔,申公曰:"是余受妻也。"取以为妻。司马不顺申公。王命申公聘于齐,申公窃载少孔以行,自齐遂逃跻(适)晋,自晋跻(适)吴,焉始通吴晋之路,教吴人反楚。

整理者注释:"少孔,即《左传》《国语》等的夏姬。《左传》宣公十一年称夏徵舒为'少西氏',杜注:'少西,徵舒之祖子夏之名。''少孔'之'少'疑为'少西氏'之省称,而'孔'是夏姬之名。"① 如此这段有关徵舒与夏姬的史事亦有值得留意之处。

(接上页)学者曾经讨论清华简《芮良夫毖》中有一半以上的套语成分(大于55%),反映作者创作的时候,多处都是拿固定的语句或结构来套用[陈鹏宇:《清华简〈芮良夫毖〉套语成分分析》,《深圳大学学报》(人文社会科学版)2014年第2期]。后者有关人物事迹、著名事例等方面的认识,对于目前只能认定成文年代在春秋战国时期的"语"类文献的考辨,不失为一个有效的办法。如上文论《容成氏》记述有"文王服九邦"事,考虑其"执笔意图"即宣传文王盛德则更合乎《容成氏》此处记载的史学价值。

对于这些文献中所反映的史实,以及其与传世记载的差异问题,学者也做了大量的研究,注意到简文与传世文献叙事的差异,既和体例有关,也和简文的写作意图有关。学者揭示"语"类古书意之所在不是记史,而是说理,劝导读者接受篇中讲述的道理,以资鉴戒。语书"有时言辞之首,或书史以交待其背景。言辞之末,或附史事以为之征验,皆无非是增加其说理的效果而已"(张以仁:《从〈国语〉与〈左传〉本质上的差异试论后人对〈国语〉的批评》,《春秋史论集》,台北:联经出版事业公司,1991年,第109页)。尽管至战国时,书语亦杂采事件,但仍保留着语书的特征,即语书中的记事,仍然是为记言服务的[傅刚:《略说先秦的语体与语书》,《中山大学学报》(社会科学版)2013年第5期]。这部分楚竹书文献于先秦史事研究的价值,应该说首先体现在使人们进一步认识了后世文献(也包括部分当时文献)对于典型人物、事迹所进行的加工与再创造。其次,这类史料虽不排除有伪托的可能,但是其史事当有所本,应该依托于一定史迹,故其史料的可靠程度和价值也相对较高。

① 清华大学出土文献研究与保护中心编,李学勤主编:《清华大学藏战国竹简(贰)》,第171页。

首先是徵舒与夏姬的关系。简文记载夏姬是徵舒之妻,而传世文献记"庄王率师围陈"的根由确与"陈公子徵舒杀其君灵公"有关,但夏姬却并非徵舒之妻。《国语·楚语上》"昔陈公子夏为御叔娶于郑穆公,生子南。子南之母乱陈而亡之,使子南戮于诸侯",韦昭注:"公子夏,陈宣公之子,御叔之父也。为御叔娶郑穆公少妃姚子之女夏姬也。子南,夏徵舒之字。御叔早死,陈灵公与孔宁、仪行父淫夏姬。徵舒弑灵公,庄王以诸侯讨之,而灭陈。"①此处明确指出公子夏为御叔之父,夏姬为御叔之妻、徵舒之母。

按《左传》宣公九年"陈灵公与孔宁、仪行父通于夏姬,皆衷其衵服以戏于朝",②宣公十年记载"陈灵公与孔宁、仪行父饮酒于夏氏。公谓行父曰:'徵舒似女。'对曰:'亦似君。'徵舒病之。公出,自其厩射而杀之。二子奔楚",③正是陈灵公被杀的导火索。此事《史记·陈杞世家》记载比《左传》稍详,云:

> 十四年,灵公与其大夫孔宁、仪行父皆通于夏姬,衷其衣以戏于朝……十五年,灵公与二子饮于夏氏。公戏二子曰:"徵舒似汝。"二子曰:"亦似公。"徵舒怒。灵公罢酒出,徵舒伏弩厩门射杀灵公。孔宁、仪行父皆奔楚,灵公太子午奔晋。徵舒自立为陈侯。徵舒,故陈大夫也。夏姬,御叔之妻,舒之母也。④

《左传》《史记》的记载均明确提到陈灵公与其大夫孔宁、仪行父之间以"徵舒似汝"相戏,可见徵舒是夏姬之子的事实更为合理,否则陈灵公的玩笑就显得无的放矢。此外,《左传》昭公二十八年还记晋叔向欲娶巫臣与夏姬女遭到其母反对事,"其母曰:'子灵之妻杀三夫、一君、一子,而亡一国、两卿矣,可无惩乎?'"⑤此处的"一子"无疑就是指徵舒。叔向及其母皆与巫臣、夏姬时代相近,所说可信度较高,所以母子说较于夫妻说而言理据更为合理充分。

其次是巫臣与夏姬事。简文记载楚庄王在伐陈之后曾先允诺将夏姬予申公,结果连尹襄老捷足先登占有夏姬。申公在连尹襄老、黑要死后直接娶夏姬为妻,又因子反的排挤,才借出使齐国的机会私自与夏姬同行。而传世

---

① 《国语集解》卷一七《楚语上》,第 492 页。
② 《春秋左传正义》卷二二宣公九年,第 4069 页。
③ 《春秋左传正义》卷二二宣公十年,第 4071 页。
④ 《史记》卷三六《陈杞世家》,第 1579 页。
⑤ 《春秋左传正义》卷五二昭公二十八年,第 4599 页。

文献则皆记载楚庄王欲先娶夏姬为妻,经巫臣进谏后才放弃这个打算,司马子反又想娶夏姬,也被巫臣阻止,最后楚王将夏姬赐给连尹襄老。《左传》成公二年:

> 楚之讨陈夏氏也,庄王欲纳夏姬。申公巫臣曰:"不可。君召诸侯,以讨罪也;今纳夏姬,贪其色也……"王乃止。子反欲取之,巫臣曰:"是不祥人也……天下多美妇人,何必是?"子反乃止。王以予连尹襄老。襄老死于邲,不获其尸。其子黑要烝焉。巫臣使道焉,曰:"归!吾聘女。"又使自郑召之,曰:"尸可得也,必来逆之。"姬以告王,王问诸屈巫。对曰:"其信……其必许之。"王遣夏姬归。将行,谓送者曰:"不得尸,吾不反矣。"巫臣聘诸郑,郑伯许之。及共王即位,将为阳桥之役,使屈巫聘于齐,且告师期。巫臣尽室以行……及郑,使介反币,而以夏姬行。将奔齐,齐师新败,曰:"吾不处不胜之国。"遂奔晋,而因郤至,以臣于晋。晋人使为邢大夫。①

《史记·晋世家》云:"(晋景公十一年)楚申公巫臣盗夏姬以奔晋,晋以巫臣为邢大夫。"②从上述记载来看,申公巫臣先后劝说楚庄王、子反放弃娶夏姬的打算,待连尹襄老死后再与夏姬暗通款曲,最后定下出逃楚国的私奔计划,可谓机关算尽。

围绕巫臣、夏姬私奔史事,竹书与传世文献所记不同之处大致有三点:一是楚庄王曾明确表示将夏姬赐予申公巫臣;二是黑要死后,巫臣在楚国娶夏姬为妻;三是巫臣从楚国偷偷携夏姬同行出使齐国。

其一,简文为传世文献中为何巫臣近乎疯狂地求取夏姬提供了一种解释,即巫臣所言夏姬"是余受妻也"。楚庄王灭陈之后"取其室以予申公",原因可能就是因为"王命申公屈巫适秦求师,得师以来",学者认为楚庄王这一举动是对巫臣成功让秦出兵的犒赏。③

其二,简文记载巫臣出奔晋国的过程颇合情理。依照《左传》记载,巫臣为得到夏姬,先将夏姬遣回郑国,然后自己出使齐国完成使命后到郑国与夏姬会合,再从郑国出发打算逃至齐国,后因齐国新近战败才最终逃亡晋国。但是其记载有不合情理之处:

---

① 《春秋左传正义》卷二五成公二年,第 4117~4118 页。
② 《史记》卷三九《晋世家》,第 1678 页。
③ 程薇:《清华简〈系年〉与夏姬身份之谜》,《文史知识》2012 年第 7 期。

一方面"巫臣尽室以行",杜预注:"室家尽去。"杨伯峻先生注:"尽带其家室与财产。"①对此竹添光鸿笺云:"尽带财贿去也。杜注室家尽去,果然谁不知其出奔?观及郑使介反币,则虽介亦不悟其出奔耳。"②竹添光鸿的质疑有可取之处。按巫臣作为出使齐国的使者,携带自己的家产及妻子随行,一则不易保密,二则容易引起他人怀疑。而《系年》记载"申公窃载少盉以行",即申公仅携夏姬私自出行,如此行事显然更易于不为人知。

另一方面,巫臣与夏姬也很难产生避难齐国的想法。既然巫臣刚刚代表楚与齐结盟,叛楚之后巫臣若携夏姬逃至齐国,只要楚国对齐国施加压力,齐国极有可能遣送二人回楚,对于巫臣并非最佳选择。而据简文"司马不顺申公",巫臣在黑要死后即迎娶夏姬,只是不断受到子反的排挤,促使巫臣产生出逃的想法。适逢楚王派巫臣出使齐国结盟,巫臣便私自携带夏姬同行,至齐完成使命后,巫臣便随夏姬一起逃至晋国。两下相较,《系年》所载显然更符合历史事实。

综上所述,徵舒与夏姬之间的关系似不以《系年》为是,而巫臣与夏姬的私奔史事当以《系年》为准。而据第二章的讨论,《左传》取自春秋时期史官笔记材料中之最多最全者,当属郑、晋、鲁三国,而郑、晋实居首位,《系年》则以楚居首。《左传》中凡是记载楚事的材料,大半应是取自其他各国史书,小半则是取自战国传闻。③ 如此《系年》第十五章的记载完全出于楚国中心,纪年也是楚庄王十五年。所以这里的陈公子云云,应该不是出自陈国史料。是否可以理解为,《系年》的编纂者依据楚国的史料,认为"陈公子徵舒杀其君灵公"应该和"取妻于郑穆公"有关,然后存在两个可能:其一是人物具体关系如何,或本不在编纂者关注范围之内;二是编纂者或以为夏姬这样一个风流人物,年龄不会太大,毕竟本章的叙事主题是楚、吴间的和战关系。

(二) 楚、吴"州来"之争与郊劳礼

上博竹书春秋故事虽以楚国故事为主,但也有部分与晋、齐、吴等其他诸

---

① 杨伯峻:《春秋左传注(修订本)》,第 805 页。
② [日]竹添光鸿:《左氏会笺》,成都:巴蜀书社,2008 年,第 982~983 页。
③ 王和:《〈左传〉的成书年代与编纂过程》,《中国史研究》2003 年第 4 期。

侯国有关,如上博竹书《吴命》:①

  ……君之顺之,则君之志也,两君之弗顺,敢不枉道以告? 吴青(请)成于楚……【3】(楚入)寿(州)来。孤吏(使)一介吏(使)禁(亲)于桃(郊),逆、袭(劳)其夫=(大夫),飮(且)青(请)丌(其)行。習(荆)为不道,胃(谓)余曰:"女(汝)周之胄(孽)子□□□□【4】……噬敢居我江完(干),曰余必攸(残)芒(亡)尔社稷,以圭(广)东海之表。天引(诱)其中(衷),卑(俾)周先王佾(逸)。"……【5】②

简文有两处值得注意,一是有关楚、吴"州来"之争,二是简文告劳周天子之辞中所涉的郊劳礼。

  其一,寿,恐当读为"州"。州来是吴楚间地,二国曾在此争夺、拉锯,《系年》对此亦有反映。《汉书·地理志上》沛郡下蔡县下自注云:"故州来国,为楚所灭,后吴取之,至夫差迁昭侯于此。后四世齐竟为楚所灭。"③简文或是说楚伐州来,所以下文接着说"孤使一介使"如何如何,④如此则简文记述的是楚、吴关于州来之争的过程。州来一地是春秋吴楚争霸的一个战略要地,日本学者竹添光鸿曾指出:

  州来,近楚小国也。⑤ 吴楚中间要害处。成七年吴入之,今又残毁之,乘楚之乱

---

① 《吴命》简文残损严重,除第九简为完简外,余皆残缺,因此编连和释读有很大难度。整理者曹锦炎先生认为该篇的性质从文章内容到体例,有可能为《国语·吴语》佚篇。参见曹锦炎:《〈吴命〉释文考释》,马承源主编:《上海博物馆藏战国楚竹书(七)》,第303页。单育辰先生认为《吴命》篇为"吴国的外交辞令之汇抄"。参见单育辰:《上博七〈凡物流形〉、〈吴命〉札记(修订)》,简帛网,http://www.bsm.org.cn/show_article.php? id=1065,2009年6月5日。王晖先生认为简文系楚国伐陈而吴军救陈的两君使臣对话与吴君使臣向周天子的告功之辞,其事迹亦见于《左传》哀公十年。参见王晖:《楚竹书〈吴命〉主旨与春秋晚期争霸格局研究》,《人文杂志》2012年第3期;《楚竹书〈吴命〉缀连编排新考》,《中原文化研究》2013年第2期。
② 曹锦炎:《〈吴命〉释文考释》,马承源主编:《上海博物馆藏战国楚竹书(七)》,第308~314页。
③ 《汉书》卷二八上《地理志上》,第1572页。
④ 陈伟:《读〈吴命〉札记》,《新出楚简研读》,第319页。
⑤ 《左传》昭公十三年杜预注谓"州来,楚邑",王夫之《春秋稗疏》云:

  州来,书"入",又书"灭",则其为国无疑。而杜云"楚邑",当缘传言"楚子狩于州来",谓是其邑耳。如楚子田于孟诸,孟诸邑亦楚邑乎? 州来国小,服役于楚,游猎其地,唯其所为耳。《前汉·地理志》"下蔡,故州来国,在今寿州",楚之东侵,疆域止于舒、蓼。未尝北至寿、颍,州来之亡,实亡于吴。若平王曰"州来在吴,犹在楚也",则言其国已灭,他日己取之为尤易耳,非州来之先已在楚也。若为楚邑,则已失之,何言"犹在"哉?

王夫之所论甚辨,足可证明州来并非楚邑。参见(清)王夫之:《春秋稗疏》,《船山全书》,长沙:岳麓书社,1996年,第81~82页。

也。十九年传"楚城州来",见吴之不能有也。州来在淮水北,翼蔽淮滨。南北朝梁、魏与后周、南唐为苦战之地。①

因为它处在控制淮河流域的关键位置,有"翼蔽淮滨"之势。吴国军队若溯淮而上,可以顺利到达的军队集散处就在这里,从州来再往上游则比较困难。

按整理者意见,当楚悍然进入州来的时候,吴首先采取礼让的态度,派使臣代表吴王亲自到桃这个地方迎接并慰劳楚大夫,并且多次交涉,让楚离开州来("荐请其行"),以不失两国之好。但是楚却悍行无忌("荆为不道"),并且出言不逊,说吴国本是周之余孽,胆敢居住在我们楚国的长江之岸("居我江干"),还扬言要灭掉吴国的社稷,以便扩大楚国的地盘到东海之滨。简文"天引(诱)其衷"似意味着楚已经伏罪,实际上说这次州来之争中,吴国又取得了胜利。按《左传》昭公二十三年,吴大败楚国,夺回州来。昭公二十四年,楚国调动"舟师"想侵入吴国,夺回州来,但却无功而返,反而丢失了两个城邑。昭公二十七年,吴"使延州来季子聘于上国,遂聘于晋,以观诸侯"。与《左传》对读,简文所说的"州来之争"似应发生在昭公二十四年,其时州来本是吴的附庸,而楚又试图夺取它,最终却以失败而告终,吴国取得了州来之争的决定性胜利。②

其二,简文"袭"读作"劳",即慰劳来使的礼仪,③当属"宾礼"的内涵。传世文献中对此有多处记载,如《左传》昭公五年曾经记载晋女叔齐的议论:

> 公如晋,自郊劳至于赠贿,无失礼。晋侯谓女叔齐曰:"鲁侯不亦善于礼乎?"对曰:"鲁侯焉知礼?"公曰:"何为?自郊劳至于赠贿,礼无违者,何故不知?"对曰:"是仪也,不可谓礼……"④

同年还记有楚大夫蘧启强曰:

> 宴有好货,飧有陪鼎,入有郊劳,出有赠贿,礼之至也。

杜预注:"宾至,逆劳之于郊。去则赠之以货贿。"⑤清凌廷堪亦曾释"宾客之

---

① [日]竹添光鸿:《左氏会笺》,第1867页。
② 参见王青:《春秋后期吴楚争霸的一个焦点——从上博简〈吴命〉看"州来之争"》,《江汉论坛》2011年第2期;《"命"与"语":上博简〈吴命〉补释——兼论"命"的文体问题》,《史学集刊》2013年第4期。
③ 参见凌宇:《楚竹书〈上博七·吴命〉相关问题二则》,《社会科学论坛》2010年第20期。
④ 《春秋左传正义》卷四三昭公五年,第4432~4433页。
⑤ 《春秋左传正义》卷四三昭公五年,第4434页。

例"云"凡宾至,则使人郊劳"。① 《周礼·秋官·小行人》又有:"凡诸侯入王,则逆劳于畿。"②《仪礼·觐礼》对于这一礼仪的过程更是有着明确详细的记录:

> 至于郊,王使人皮弁用璧劳……乃右肉袒于庙门之东。乃入门右,北面立,告听事。摈者谒诸天子。天子辞于侯氏,曰:"伯父无事,归宁乃邦!"侯氏再拜稽首,出,自屏南适门西,遂入门左,北面立,王劳之。③

此外,《左传》中有关郊劳记载的实例还有多处,如僖公三十三年"齐国庄子来聘,自郊劳至于赠贿,礼成而加之以敏",杜预注曰:"迎来曰郊劳,送去曰赠贿。"孔颖达疏:"正义曰:《聘礼》:'宾至于近郊,君使卿朝服,用束帛劳。'及聘事皆毕,乃去,宾遂行,舍于郊,公使卿赠如觌币。是来有郊劳,去有赠贿也。"④ 昭公二年又有"叔弓聘于晋,报宣子也。晋侯使郊劳",杜预注曰:"聘礼,宾至近郊君使卿劳之。"⑤

将上述记载与简文"使亲于郊,逆、劳其大夫"合观,⑥ 可知属于"宾礼"其中一种的"郊劳"礼仪的形式与过程:由所使方派人慰劳来使,其时为使者初至所使国近郊,其地为使者所休憩馆舍内,郊劳乃诸侯觐见天子及侯国邦交礼之前奏。楚竹书《吴命》的这段记载,或即印证了礼书中有关郊劳过程与形式的记录。

综上所述,上博竹书《吴命》此段简文的价值似在于:其一提供了吴楚州来之争后,吴人的外交说辞,其二印证了传世文献中有关"郊劳"礼的记载。

五、晋伐中山与春秋鲜虞史事

中山是春秋战国时期活跃在历史舞台上的由非华夏族建立起来的唯一"千乘之国",特别是战国时期,曾与魏、韩、赵、燕"五国相王"。中山国势起而复兴,兴而旋灭,最终亡于赵国之手,其盛衰兴亡反映了战国七雄间的实力变

---

① (清)凌廷堪:《礼经释例》,北京:中华书局,1985年,第147~148页。
② 《周礼注疏》卷三七《秋官·小行人》,第1930页。
③ 《仪礼注疏》卷二六下《觐礼》,第2353~2361页。
④ 《春秋左传正义》卷一七僖公三十三年,第3979页。
⑤ 《春秋左传正义》卷四二昭公二年,第4407页。
⑥ 复旦读书会释"桃"为"郊",参见复旦大学出土文献与古文字研究中心研究生读书会:《〈上博七·吴命〉校读》,复旦网,http://www.gwz.fudan.edu.cn/SrcShow.asp? Src_ID=577,2008年12月30日。

化与相互关系,故清人郭嵩焘云:"战国所以胜衰,中山若隐为之枢辖"。①

但是传世文献中有关中山历史的记载却十分有限,自西汉刘向编订《战国策》单列有《中山策》之后,西晋张曜《中山记》是最早的一部记述中山国史的专著,直至清王先谦《鲜虞中山国事表、疆域图说》才使后世有志于中山国史研究的学者得以考览上下二千余年各家之说。20世纪70年代以来,在河北平山等地发现了大量的中山国文物和遗迹,使久已湮没不闻的中山历史再次引起人们的关注,可是文献记载与新的发现亦多集中于战国时期,学者取得的成就也多集中于此时期。② 有关春秋时期中山史事的研究仍然处在混沌之中,由于春秋中山、鲜虞之间关系争议不断,战国中山国的兴起、发展、世系等基本问题也必然存在疑问。③

表4-1 《春秋》《左传》记载的鲜虞与中山

年　　代	《春　秋》	《左　　传》
昭公十二年	冬十月……晋伐**鲜虞**。	晋荀吴伪会齐师者,假道于**鲜虞**,遂入昔阳。秋八月壬午,灭肥,以肥子绵皋归……晋伐**鲜虞**,因肥之役也。
昭公十三年		**鲜虞**人闻晋师之悉起也,而不警边,且不修备。晋荀吴自著雍以上军侵**鲜虞**,及中人,驱冲竞,大获而归。
昭公十五年	秋,晋荀吴帅师伐**鲜虞**。	晋荀吴帅师伐**鲜虞**,围鼓。鼓人或请以城叛,穆子弗许……使鼓人杀叛人而缮守备。围鼓三月,鼓人或请降,使其民见,曰:"犹有食色,姑修而城。"……鼓人告食竭力尽,而后取之。克鼓而反,不戮一人,以鼓子鸢鞮归。

---

① (清)郭嵩焘:《鲜虞中山国事表、疆域图说序》,(清)王先谦撰,吕苏生补释:《鲜虞中山国事表、疆域图说补释》,上海:上海古籍出版社,1993年,第5页。
② 段连勤:《北狄族与中山国》,石家庄:河北人民出版社,1982年;何艳杰等:《鲜虞中山国史》,北京:科学出版社,2011年。
③ 如战国中山族属问题,黄盛璋先生据1977年河北平山县三汲乡七汲村中山王𠱾墓出土的中山侯钺铭(《集成》11758)提出"中山是周天子所建之邦,已明见于钺铭,无法别作他解",但是多数学者仍认为战国中山为春秋鲜虞之继续,如顾颉刚先生就阐述了鲜虞和中山国的承袭关系,并对鲜虞姬姓说提出了质疑。参见黄盛璋:《战国中山国墓葬几个问题》,《史学月刊》1980年第2期;顾颉刚:《战国中山国史札记》,《学术研究》1981年第4期。另可参见杨博:《先秦中山国史研究概要》,《高校社科动态》2009年第4期。

续 表

年　代	《春　秋》	《左　传》
昭公二十一年		公如晋，及河，鼓叛晋。晋将伐鲜虞，故辞公。
昭公二十二年		晋之取鼓也，既献，而反鼓子焉，又叛于鲜虞。
定公三年		秋九月，鲜虞人败晋师于平中，获晋观虎，恃其勇也。
定公四年	秋……晋士鞅、卫孔圉帅师伐鲜虞。	四年春三月，刘文公合诸侯于召陵，谋伐楚也。晋荀寅求货于蔡侯，弗得。言于范献子：“国家方危，诸侯方贰，将以袭敌，不亦难乎！水潦方降，疾疟方起，中山不服，弃盟取怨，无损于楚，而失中山，不如辞蔡侯。吾自方城以来，楚未可以得志，只取勤焉。”乃辞蔡侯。
定公五年	冬，晋士鞅帅师围鲜虞。	晋士鞅围鲜虞，报观虎之役也。
哀公元年		齐侯、卫侯会于乾侯，救范氏也，师及齐师、卫孔圉、鲜虞人伐晋，取棘蒲。
哀公三年		三年春，齐、卫围戚，求援于中山。
哀公四年		九月，赵鞅围邯郸。冬十一月，邯郸降。荀寅奔鲜虞……会鲜虞，纳荀寅于柏人。
哀公六年	春……晋赵鞅帅师伐鲜虞。	六年春，晋伐鲜虞，治范氏之乱也。

传世文献中，以《左传》为代表的春秋经传中出现有"鲜虞"多处，而"中山"一名仅在《左传》中出现两次，为论述方便计，笔者总结如上表4-1。由此引出了鲜虞与中山的关系问题，《系年》简文第十八章记述晋楚争霸过程中的两次弭兵之会，其中描述第二次弭兵之会后的晋国情况有：

（晋）遂盟诸侯于召陵，伐中山。晋师大疫，且饥，食人。

这段记载可注意处有二：一是证明了鲜虞与中山的关系，二是记述了召陵会后晋伐中山的战事。

第一，鲜虞与中山的关系。目前学界的主流观点是赞同《左传》定公四年杜预注云"中山，鲜虞"。[①] 此外《国语·郑语》成周"北有卫、燕、狄、鲜虞、潞、

---

① 《春秋左传正义》卷五四定公四年，第4633页。

洛、泉、徐、蒲"，韦昭注："鲜虞，姬姓在狄者也。"①《史记·赵世家》曾云"（赵献侯）十年，中山武公初立"，徐广曰："西周桓公之子。桓公者，孝王弟而定王子。"《索隐》按："中山，古鲜虞国，姬姓也。《系本》云中山武公居顾，桓公徙灵寿，为赵武灵王所灭，不言谁之子孙。徐广云西周桓公之子，亦无所据，盖未能得其实耳。"②宋鲍彪据此言："中山名始见定公四年。晋合诸侯召陵，谋为蔡伐楚，荀寅曰，诸侯方贰，中山不服，无损于楚，而失中山，不如辞蔡侯。则是时势已渐强，能为晋之轻重矣。《史·赵世家》是年书中山武公初立。意者其国益强，遂建国备诸侯之制，与中夏忼欤？"③李学勤、李零二位先生亦曾以中山王方壶铭（《集成》09735）"文、武、桓、成"的世系验证了战国中山确为春秋鲜虞之承继。④

然而也有部分学者认为中山和鲜虞是两个不同的国家，与鲜虞反抗晋国不同，中山是晋国的属国。⑤ 与《系年》记载相应，由表4-1《左传》定公三年与五年记载的晋人与鲜虞的战事可以看出，晋人在召陵之盟上借以托词的"水潦方降，疾疟方起，中山不服"之"中山"确是指"鲜虞"而言，上引《左传》定公四年杜注"中山，鲜虞"的看法是正确的。

第二，晋伐中山。由上表可知，从晋昭公二年（前530，鲁昭公十二年）开始一直到定公二十三年（前489，鲁哀公六年），鲜虞与晋战事不断。双方互有胜败，晋人得以灭肥，服鼓，但鼓时常叛晋，且定公三年（前507）"鲜虞败晋师于平中，获晋观虎"，对参加召陵之会的晋人来说，鲜虞相对于立有盟约的楚人，更是心头之患。召陵之会后，晋人于当年及次年两次由士鞅率师伐鲜虞，对于这两次战事的经过与结局，《春秋》经传无载，《系年》简文则云"晋师大疫，且饥，食人"，学者或以为这一结局是指定公四年召陵之会结束后的那次征伐鲜虞的结局，因为简文的前一句是晋人"盟诸侯于召陵，伐中山"，证明是召陵之会结束以后的行动，而且定公五年卫国的孔圉也率师配合晋师围攻，可以与

---

① 《国语集解》卷一六《郑语》，第461页。
② 《史记》卷四三《赵世家》，第1797页。
③ 《战国策》卷三三《中山策》，第1169页。
④ 李学勤、李零：《平山三器与中山国史的若干问题》，《考古学报》1979年第2期。
⑤ 路洪昌：《战国中山国若干历史问题考辨》，《河北学刊》1987年第6期；天平、王晋：《论春秋中山与晋国的关系》，《中国史研究》1991年第4期。

简文相互印证。此外,正是由于此年晋师中发生大疫,晋人无功而返的缘故,次年士鞅才又一次率师出征,围攻鲜虞。①

按荀寅所谓"水潦方降,疾疟方起"应该可以与《系年》"晋师大疫"联系起来,《左传》襄公十年"诸侯之师久于偪阳,荀偃、士匄请于荀罃曰:'水潦将降,惧不能归,请班师'"②,此处亦是将"水潦方降"与担忧大疫流行联系起来。疟即瘧,《说文·疒部》云"瘧,寒热休作病",段玉裁注:"谓寒与热一休一作相代也。"③《释名·释疾病》亦云:"瘧,酷虐也,凡疾,或寒或热耳;而此疾先寒后热,两疾似酷虐者也。"④竹添光鸿笺"水潦方降"亦曰:"月令,仲春始雨水,周三月是夏正月也。"⑤可知此处是指仲春时节,气候乍暖还寒时所生之"疟",而《春秋》定公四年之"士鞅伐鲜虞",其时约当秋七月以后。相比之下定公五年"冬,士鞅围鲜虞","围"本身即不比"伐"可一战而毕其役,需要耗日持久,则更合此处描述仲春时节所生之"疟"。

再从定公十四年(前 496)及哀公元年(前 494)齐、卫联合中山参与晋范氏与中行氏之乱来看,士鞅对鲜虞的征伐应该没有取得什么战果,在这方面将《系年》简文理解为召陵之会后晋人对鲜虞征伐战事的总结果亦未尝不可。《左传》昭公三年晏婴叔向论季世时,曾云晋公室军队早已"戎马不驾,卿无军行;公乘无人,卒列无长",⑥此后晋人征伐均以六卿家兵为主力。"晋师大疫,且饥,食人"这样一个灾难性的后果,对于士鞅来说,以范氏之力,绝不可能短短一年就迅速恢复,可以投入兵力再次征伐鲜虞。

值得注意的是,按表 4-1 所载晋范、中行氏覆灭前,征伐鲜虞的主帅均出自范与中行氏,即范氏的士鞅与中行氏的荀吴、荀寅。召陵会后的两次征伐鲜虞战事,按《系年》记载,晋师大败,在当时六卿擅权的情形下,就是范氏大败。而鲜虞中山再次出现,则是与齐、卫等同救范氏。范氏、中行氏广结外援之事,

---

① 程薇:《清华简〈系年〉与晋伐中山》,《深圳大学学报》(人文社会科学版)2012 年第 2 期。
② 《春秋左传正义》卷三一襄公十年,第 4226 页。
③ (汉)许慎撰,(清)段玉裁注:《说文解字注》,第 350 页。
④ (汉)刘熙撰,(清)毕沅疏证,王先谦补:《释名疏证补》,祝敏彻、孙玉文点校,北京:中华书局,2008 年,第 278 页。
⑤ [日]竹添光鸿:《左氏会笺》,第 2148 页。
⑥ 《春秋左传正义》卷四二昭公三年,第 4411 页。

如《史记·田敬仲完世家》田乞说景公云"范、中行数有德于齐,齐不可不救",①《左传》哀公三年云"刘氏、范氏世为婚姻……故周与范氏"。② 同理此处鲜虞中山的出现,是作为范氏、中行氏的外援出现的,这在哀公四年赵鞅克邯郸后、荀寅奔鲜虞事上亦可看出。这样,或正是士鞅伐鲜虞的大败迫使其与鲜虞结为与国,而这些战事使范氏、中行氏的实力大大削弱,亦是二卿在随后而来的"晋人且有范氏与中行氏之祸"中败亡的原因之一。③

综上所述,《系年》"晋伐中山"简文补充了传世文献的缺漏,其主要价值:一是再次证明了鲜虞确与中山有关,二是"晋师大疫,且饥,食人"补充了传世文献中所缺的这一"晋伐中山"的灾难性后果,使我们更好地理解当时知氏与鲜虞中山的复杂关系。

第二节　楚竹书所记战国史事之史料价值举例

一如前所述,文献资料匮乏、零散是先秦史学之史料的重要特点,其中东周时期最缺乏的是两段时间,一是春秋早期,二是春秋末与战国早期。对春秋末与战国早期来说,《春秋》止于哀公十四年(前481),《左传》记事稍晚,终于哀公二十七年,即周贞定王元年(前468)。专记战国史事之《战国策》,其书记事则始于赵、韩、魏三家分晋前二年"知伯索地于魏",即前455年,但《战国策》涉及的史事在"魏君驱十二诸侯朝天子",即前342年之前事所记稀少,其中更有如前450—前433、前424—前397年等四十余年史事基本是空白,④且其书多为策士纵横捭阖之辞的汇编,并非专主记事,加以其中不实之处甚多,故远非系统全面。此外有专主述史之《史记》,为有关战国史的最主要著作,其于战国初年的一段历史亦记载甚略。⑤ 1973年长沙马王

---

① 《史记》卷四六《田敬仲完世家》,第1881页。
② 《春秋左传正义》卷五七哀公三年,第4686页。
③ 清华大学出土文献研究与保护中心编,李学勤主编:《清华大学藏战国楚简(贰)》,第180页。
④ (清)于鬯:《战国策年表》,(汉)刘向集录:《战国策》,附录于鬯《战国策年表》,第1221～1234页。
⑤ 朱凤瀚、徐勇:《先秦史研究概要》,第9～10页。

堆汉墓出土有帛书《春秋事语》和《战国纵横家书》，其中《战国纵横家书》记事集中在前299年以后，已进入战国中后期。《春秋事语》有《韩魏章》记"三家反知伯"事，约当周贞定王十六年（前453），①唯此事亦见载于《史记》《战国策》，并非以往未见之新史料。

春秋战国之际本为历史转变之重要时期，然文献资料恰恰于此段最为粗疏，故历代史家深以为憾，正如顾炎武所言："自《左传》之终以至此，凡一百三十三年，史文阙轶，考古者为之茫昧。"②如此，清华竹书《系年》有关战国初期的记事即显得弥足珍贵。因记载奇缺，故反映这一时期学术发展状况的传世文献资料亦几近无存，楚竹书文献亦给这段湮没不闻或残缺不全的学术史、思想史以重光的可能，如上由清华竹书《管仲》引出"管子""伊尹"书所反映之早期黄老道家阴谋书即是此例。此外，楚竹书对于我们了解战国时期的社会风俗同样具有"同时代"的史料价值。故而，楚竹书为了解战国时期史事、年代、地域、学术、思想、风俗等历史与社会诸层面提供了宝贵的契机。

一、《系年》与战国早期史事

按《系年》整理者之注释、《史记·六国年表》、③古本《纪年》等传世文献的记载，④同时参考陈厚耀《春秋战国异辞》、⑤林春溥《战国纪年》、⑥黄式三《周季

---

① 马王堆汉墓帛书整理小组编：《战国纵横家书》，北京：文物出版社，1976年，第173页；马王堆汉墓帛书整理小组编：《马王堆汉墓帛书（叁）》，北京：文物出版社，1983年，第5页；《春秋事语》《战国纵横家书》修订本可参见湖南省博物馆、复旦大学出土文献与古文字研究中心编，裘锡圭主编：《长沙马王堆汉墓简帛集成》第3册，北京：中华书局，2014年，第167～267页。
② 《日知录集释》卷一三《周末风俗》，第749页。
③ 《史记》卷一五《六国年表》，第685～711页。相关研究参见（清）梁玉绳：《史记志疑》；罗倬汉：《史记十二诸侯年表考证》，上海：商务印书馆，1943年；王叔岷：《史记斠证》，北京：中华书局，2007年。
④ 方诗铭、王修龄：《古本竹书纪年辑证（修订本）》，第70～165页；范祥雍：《古本竹书纪年辑校订补》，上海：上海古籍出版社，2011年，第38～93页。
⑤ （清）陈厚耀：《春秋战国异辞》，《景印文渊阁本四库全书》第403册，台北：台湾商务印书馆，1986年。
⑥ （清）林春溥：《战国纪年六卷附年表》，《丛书集成三编》第094册，台北：新文丰出版公司，1997年，第297～447页。

编略》、①钱穆《先秦诸子系年》②及陈梦家《六国纪年》、③杨宽《战国史料编年辑证》、④缪文远《战国史系年辑证》、⑤平势隆郎《新编史记东周年表》等研究成果，⑥笔者粗略地将《系年》涉及春秋末年至战国初期史事的诸章记载按年代、事件与可供对勘的文献简单列表总结如本章末附表一。通过列表，以期对《系年》所提供的战国新史料有一直观认识。通过附表的对勘，似可看出《系年》战国部分叙事之史料价值集中体现在以下几处：

(一)《系年》对战国初年记事之补充

《系年》战国叙事补充了传世文献有关战国初年记事的缺环。《系年》记述的战国早期战事主要有四次：

其一自晋敬公十一年(前441)晋赵氏与越伐齐，齐人始建长城，一直到晋幽公四年(前430)，赵氏、越与宋败齐师于襄平止，记载了晋赵氏联合越、宋伐齐的战事。

其二记楚简王七年(前422)，楚应宋悼公之请，城黄池、雍丘，三晋率师围黄池；次年楚人夺宜阳，围赤岸，三晋救赤岸，楚人舍围与三晋战于楚长城，楚师宵遁。

其三是著名的三晋伐齐之役，现藏日本泉屋博古馆及加拿大多伦多安大略博物馆的骉羌钟铭文对此事亦有所记录，此事发生在周威烈王二十二年(前404)，由温庭敬先生首倡，唐兰先生补充，方诗铭先生再论，基本可以视为定论。⑦

最后是《系年》末章历述自楚声王四年(前404)以降楚郑、楚晋间的数次冲突，目的是接续"三晋伐齐"事叙述三晋与楚的关系。

---

① (清)黄式三撰：《周季编略》，程继红点校，南京：凤凰出版社，2008年，第1～62页。
② 钱穆：《先秦诸子系年通表》，《先秦诸子系年》，北京：九州出版社，2011年，第529～632页。
③ 陈梦家：《西周年代考·六国纪年》，第59～200页。
④ 杨宽：《战国史料编年辑证》，上海：上海人民出版社，2001年。
⑤ 缪文远：《战国史系年辑证》，成都：巴蜀书社，1997年。
⑥ [日]平势隆郎：《新编史记东周年表》，东京：东京大学东洋文化研究所，1995年，第455～473页。
⑦ 董珊：《读清华简〈系年〉》，《简帛文献考释论丛》，第102～110页。

根据《系年》的记载，结合相关文献和学者研究，①可将战国早期重要史事的背景、次第大致勾勒如下：

战国初期，三晋以武力称雄，在东面与齐、南面与楚展开征伐、会盟。第二十章记"晋简公会诸侯，以与夫秦（差）王相见于黄池"，"越公勾践克吴，越人因袭吴之与晋为好"，杨伯峻注："黄池当在今河南封丘县南，济水故道南岸。"②"黄池之会"应是当时代表晋国的晋正卿赵鞅（赵简子）与吴，或者说赵氏与吴约定"好恶同之"，③故《左传》哀公二十年记载：

> 十一月，越围吴。赵孟降于丧食。楚隆曰："三年之丧，亲昵之极也。主又降之，无乃有故乎？"赵孟曰："黄池之役，先主与吴王有质，曰：'好恶同之。'今越围吴，嗣子不废旧业，而敌之，非晋之所能及也。吾是以为降。"④

这样，越人袭"黄池之盟"即是与赵氏之盟。勾践灭吴之后，越国亦同吴国一样北上争霸，有文献俗称的"徙都琅邪"之说，⑤其势力范围进入传统上齐国的地域之内。春秋战国之际，晋赵鞅、知瑶亦曾多次率师东向击齐，如《左传》哀公十年"夏，赵鞅帅师伐齐……取犁及辕，毁高唐之郭，侵及赖而还"，⑥杨伯峻先生注云："犁即二十三年传之犁丘，在今山东德州地区临邑县西。辕，……在今山东德州地区禹城县西北，一云在禹城县南百里。"⑦哀公二十三年（前472）

---

① 李学勤：《清华简〈系年〉及有关古史问题》，《文物》2011年第3期；陈颖飞：《楚悼王初期的大战与楚封君——清华简〈系年〉札记之一》，《文史知识》2012年第5期；罗恭：《从清华简〈系年〉看齐长城的修建》，《文史知识》2012年第7期；马卫东：《清华简〈系年〉项子牛之祸考》，《华夏文化论坛》2013年第1期；李锐：《由清华简〈系年〉谈战国初楚史年代的问题》，《史学史研究》2013年第2期；刘全志：《清华简〈系年〉"王子定"及相关史事》，《文史知识》2013年第6期；王红亮：《清华简〈系年〉中的驫羌钟相关史实复覈》，《古代文明》2013年第3期；陈民镇：《齐长城新研：从清华简〈系年〉看齐长城的若干问题》，《中国史研究》2013年第3期；张树国：《〈驫羌钟〉铭与楚竹书〈系年〉所记战国初年史实考论》，《中华文史论丛》2016年第2期。
② 杨伯峻：《春秋左传注（修订本）》，第1674页。
③ 杨博：《东周有铭兵器考述三则》，《文物春秋》2011年第2期。
④ 《春秋左传正义》卷六〇哀公二十年，第4736页。
⑤ 见今本《竹书纪年》《吴越春秋》及《越绝书》等，以上三书的史料可靠性向来有异议，辛德勇先生曾撰文对勾践徙都琅邪事展开缜密论述，分析了勾践迁都琅邪的政治地理背景，肯定了今本《竹书纪年》所载周贞定王元年（前468）勾践徙都琅邪说可信，论证了琅邪所在正是传统说法所谓山东省胶南市（今青岛市黄岛区）。参见辛德勇：《越王勾践徙都琅邪事析义》，《文史》2010年第1辑。
⑥ 《春秋左传正义》卷五八哀公十年，第4703页。
⑦ 杨伯峻：《春秋左传注（修订本）》，第1656页。

"夏六月,晋荀瑶伐齐……战于犁丘。齐师败绩",① 其时已进入战国,此片区域应该由晋知氏或赵氏领有。"三分知氏之地",《战国策》记载赵氏多分得十城,② 如此太行山以东原属知氏占有的土地,多数应当为赵氏继承。由是,正如沈长云先生所指出,赵氏所领在今卫河及大运河一带地区,与齐国犬牙交错。③ 以上当是越国与赵氏联合伐齐的背景。为应对这种渐包围的攻势,齐国开始修筑齐长城,《系年》云"齐人焉始为长城于济,自南山属之北海"。由谭其骧先生《战国齐鲁宋图》可知,④ 齐长城确实东向由海起始,将越之琅邪防御在外,在西端抵达平阴,驫羌钟铭所谓"会平阴"应即指此地。

楚人利用宋国公室内乱的机会,北上城黄池、雍丘。黄池、雍丘在郑、宋之间,是韩、魏欲扩张之地,楚人筑城于黄池,占据要津,必不为三晋所容,故有周威烈王元年(前425)的三晋率师围黄池,并将黄池"遭迵"(破坏)之举。楚人为"复黄池之师",北上夺取韩的宜阳,"围赤岸",三晋救赤岸,大败楚师于楚长城。

《史记·田敬仲完世家》云:"庄子卒,子太公和立……宣公五十一年卒,田会自廪丘反。"⑤《六国年表》:"(周威烈王二十一年,前405)田会以廪丘反。"⑥ 事亦见《水经·瓠子水注》引古本《竹书纪年》云:"晋烈公十一年,田悼子卒。田布杀其大夫公孙孙,公孙会以廪丘叛于赵。田布围廪丘,翟角、赵孔屑、韩师救廪丘,及田布战于龙泽,田布败逋。"⑦ 此事作为"三晋伐齐"事件的导火索,从而使战国历史出现了第一个关键性的时间与事件节点。

按《系年》与驫羌钟铭文,齐伐廪丘的次年,即周威烈王二十二年(前404),三晋之师在魏文侯斯的率领下,联合越公翳伐齐。齐先与越成,避免了双线作战的不利局面。但是西来的三晋之师仍然"征秦、入长城、会平阴、夺楚京","大败齐师,逐之,入至汧水"。齐国最终请成,双方约定"毋修长城,毋伐

---

① 《春秋左传正义》卷六〇哀公二十三年,第4737页。
② 《战国策》卷一八《赵策一》,第596页。
③ 沈长云主编:《赵国史稿》,北京:中华书局,2000年,第125页。
④ 谭其骧主编:《中国历史地图集》(第一册)《战国齐鲁宋图》,第39~40页。
⑤ 《史记》卷四六《田敬仲完世家》,第1886页。
⑥ 《史记》卷一五《六国年表》,第709页。
⑦ 方诗铭、王修龄:《古本竹书纪年辑证(修订本)》,第100页。

廪丘",继而三晋挟胜利之势"献齐俘馘于周王",并驱"齐侯贷、鲁侯羴(显)、宋公田、卫侯虔、郑伯骀朝周王",此即是"赏于韩宗,令于晋公,昭于天子"的由来。第二年,即周威烈王二十三年(前403),"魏、韩、赵始列为诸侯",①是为著名的"三家分晋"之事,故《吕氏春秋·下贤》云"(魏)文侯……南胜荆于连隄,东胜齐于长城,虏齐侯,献诸天子,天子赏文侯以上闻"。②

利用三晋忙于与齐的战事,主力无暇南顾,楚国使宋、郑朝于楚,以榆关为武阳城,并引秦为援败晋师。此后,三晋与楚以郑国为中心展开交锋。楚悼王即位,郑国入侵榆关,与楚战于桂陵,楚师无功。继而楚国破坏了晋郑谋划的"入王子定"事,并在周安王二年(前400)侵郑,"尽降郑师与其四将军,以归于鄩"。第二年,晋人攻占津、长陵。楚平夜悼武君"降郙……复长陵之师",周安王五年(前397)"韩取、魏击率师围武阳,以复郙之师",楚国一方面命鲁阳公率师救武阳,一方面使平夜悼武君入齐求师,齐"陈疾目率车千乘,以从楚师于武阳",未及而反。甲戌日,楚人与韩、魏战于武阳城下,楚师大败,"犬逸而还","三执珪之君与右尹昭之竢死焉","陈人焉叛,而入王子定于陈,楚邦以多亡城"。值得注意的是周安王五年的战事,赵并未参加,或与"三家分晋"后赵之势力范围不再与楚直接接壤有关。

由《系年》可知三晋在战国初期的军事斗争中,基本处在优势地位,东面压制住了田齐,南面两次大败楚国,一直将楚国的北上势头遏制在黄池、榆关至宜阳一带。为对抗三晋的攻势,有齐长城、楚长城的修建。战国时期赵、魏、韩虽由原晋国一分为三而来,但由于晋国版图实力远甚于各国,因而三国都还保持了相当的政治经济实力,尤其是战国初年,三家还沿袭过去在晋国对待内外对手的传统,采取一致对外的结盟手段,所以强大的实力保证了它们在军事外交行动中一直占有优势地位,这一优势地位不仅仅在上列《系年》所涉战国早期的战事中可以体现,战国早中期魏国势力的强盛亦是承其余绪。③

---

① 《史记》卷一五《六国年表》,第709页。
② 《吕氏春秋集释》卷一五《慎大览·下贤》,第372页。
③ 杨博:《清华简〈系年〉所记战国早期战事之勾勒》,《宁波大学学报》(人文科学版)2018年第3期。

(二)《系年》对战国初年世系、年代之订补

《系年》战国叙事为过去研究中的一些争议问题的解决提供了参考。如有关战国初年三晋中赵之世系问题,《系年》所记战国早期赵之世系的第一人应是赵桓子。《系年》第二十章简文云:

> 晋敬公立十又一年,赵桓子会[诸]侯之大夫,以与越令尹宋盟于邢。遂以伐齐,齐人焉始为长城于济,自南山属之北海。

按《史记·六国年表》,赵桓子元年为周威烈王二年(前424),而与《系年》此处所记晋敬公十一年(前441)有十七年之差。杨宽先生曾指出,《史记》把赵简子的卒年定在晋出公十七年(前458)是不可信的。因为《赵世家》一方面说"晋出公十七年,简子卒,太子毋恤代立,是为襄子",又说"赵襄子元年,越围吴。襄子降丧食,使楚隆问吴王",《左传》记越围吴事在鲁哀公二十年,晋定公三十七年(前475)。此年赵襄子正居简子丧,可知赵简子时已去世,故赵襄子元年当公元前474年。① 同书附录《战国大事年表》又将赵襄子元年系在前475年,杨宽先生后来解释说,赵简子卒于鲁哀公二十年,赵襄子元年当哀公二十一年,即周元王二年(前475),《史记》误后十八年。② 沈长云先生亦持前475年之说。③《史记·赵世家》又云"襄子立三十三年卒",④时当公元前442年,翌年赵桓子立,正是前441年。《系年》此处简文印证了赵襄子元年当前475年的正确性。

《系年》第二十章所记伐齐之事一直延续到晋幽公四年(前430),赵狗率师与越公朱句伐齐。赵狗其人不见于史籍记载,学者曾将其与侯马盟书中名为"狗"之人相联系,以为其即是赵狗。⑤ 若依上述讨论晋幽公四年(前430),其时赵氏宗子仍是赵桓子,下文需要讨论的即是赵献侯浣的一些问题。《赵世家》记载了赵桓子与赵献侯即位之间的一段纠葛:

---

① 杨宽:《战国史》,上海:上海人民出版社,1998年,第729页。
② 杨宽:《战国史料编年辑证》,第56页。
③ 沈长云等:《赵国史稿》,第598页。
④ 《史记》卷四三《赵世家》,第1796页。
⑤ 冯小红:《由清华简〈系年〉所见赵襄子至赵献侯世系新说》,《邯郸学院学报》2014年第4期。

> 襄子立三十三年卒,浣立,是为献侯。
>
> 献侯少即位,治中牟。
>
> 襄子弟桓子逐献侯,自立于代,一年卒。国人曰桓子立非襄子意,乃共杀其子而复迎立献侯。①

与此记载相应《六国年表》中记载:

> 周威烈王元年(前 425),(赵)襄子卒。
>
> 周威烈王二年(前 424),赵桓子元年。索隐:"桓子嘉,襄子弟也。元年卒,明年国人共立襄子子献侯浣也。"
>
> 周威烈王三年(前 423),赵献侯(浣)元年。②

上文已述,赵襄子卒年实当前 442 年,赵桓子元年在前 441 年,《史记》此处有关记载似有误。但赵桓子卒年应该还在前 424 年,次年即前 423 年为赵献侯元年。

《系年》第二十一章简文中亦出现了赵浣,其云"楚简大王立七年,宋悼公朝于楚……晋魏斯、赵浣、韩启章率师围黄池……"。按《六国年表》,楚简王仲元年在周考王十年(前 431),故楚简王七年在前 425 年,而《六国年表》记宋悼公元年在周威烈王二十三年、楚声王五年(前 403),③可知《史记》此处记载似亦存在不妥之处。

按《左传》哀公二十六年宋景公卒,哀公二十七年(前 467)昭公特立。《六国年表》案:"(宋)昭公立四十七年,悼公购立。"④《宋微子世家》:"昭公四十七年卒,子悼公购由立。悼公八年卒。"索隐按《纪年》:"为十八年。"⑤《系年》第二十二章又有宋悼公,云"楚声桓王即位,元年,晋公止会诸侯于任,宋悼公将会晋公……",故清人梁玉绳指出"(宋)悼公之元,当在齐宣公三十五年(前 421),此书于康公二年,误也"。⑥ 按梁玉绳据《左传》记载断定宋悼公元年在前 421 年,索隐引《纪年》记载悼公在位十八年,得到《系年》第

---

① 《史记》卷四三《赵世家》,第 1796~1797 页。
② 《史记》卷一五《六国年表》,第 703 页。
③ 《史记》卷一五《六国年表》,第 709 页。
④ 《史记》卷一五《六国年表》,第 698 页。
⑤ 《史记》卷三八《宋微子世家》,第 1631~1632 页。
⑥ (清)梁玉绳:《史记志疑》,第 402 页。

二十二章简文的印证。如此学者以为楚简王七年或为前 422 年,宋悼公朝楚的时间实际上是宋昭公刚刚去世的时间,其状告司城皮侵占君位,楚简王帮助宋悼公复位。楚简王在位起讫为前 428、405 年。① 又有学者径以为或"七年"为"十年"之讹。② 真相如何尚待进一步的证明,但是两种意见之结论均以"晋魏斯、赵浣、韩启章率师围黄池"事在前 422 年,这合乎赵献侯浣的在位年代。

《系年》第二十二章还出现了赵献侯浣的继任者——赵烈侯籍。简文云"楚声桓王即位,元年,韩虔、赵籍、魏击率师与越公翳伐齐……",《六国年表》记"周威烈王十八年(前 408),韩景侯虔元年,赵烈侯籍元年",③《赵世家》亦云"十五年,献侯卒,子烈侯籍立"④,《史记》此处的记载与《系年》相合。

由上述,《系年》所记春秋末至战国早期史事中所涉赵之世系分别是赵简子→赵襄子→赵桓子→赵献侯→赵烈侯。需要指出的是,虽然《史记》似在一些具体的世系顺序上存在讹误,但是以目前发现来看,《史记》所记赵氏宗子、国君在位时间是无误的。由《系年》的编纂性质和材料来源来看,《系年》所记战国早期史事所体现的世系、年代应大致可靠,通过与以《史记》为主的传世典籍的验证,一方面有助于破解既往多年未解之难题,另一方面亦印证了《史记》记载之有据。更为重要的是,上述讨论似能帮助我们更好地理解《史记·六国年表》的这段记载:

> 太史公读《秦记》……独有《秦记》,又不载日月,其文略不具。然战国之权变亦有可颇采者,何必上古……余于是因《秦记》,踵春秋之后,起周元王,表六国时事,讫二世,凡二百七十年。⑤

---

① 陶金:《由清华简〈系年〉谈洹子孟姜壶相关问题》,复旦网,http://www.gwz.fudan.edu.cn/SrcShow.asp?Src_ID=1785,2012 年 2 月 14 日;白光琦:《由清华简〈系年〉订正战国楚年》,简帛网,http://www.bsm.org.cn/show_article.php?id=1659,2012 年 3 月 26 日;李锐:《由清华简〈系年〉谈战国初楚史年代的问题》,《史学史研究》2013 年第 2 期。
② 参见梁立勇:《读〈系年〉札记》,《深圳大学学报》(人文社会科学版),2012 年第 3 期;[日]吉本道雅:《清华简系年考》,《京都大学文学部研究纪要(日本)》2013 年第 52 辑,第 77~78 页;熊贤品:《论清华简〈系年〉与战国楚、宋年代问题》,《简帛研究》(2013),桂林:广西师范大学出版社,2014 年,第 9~21 页。
③ 《史记》卷一五《六国年表》,第 708 页。
④ 《史记》卷四三《赵世家》,第 1797 页。
⑤ 《史记》卷一五《六国年表》,第 685~687 页。

司马迁据以成《六国年表》之《秦记》，"不载日月，其文略不具"，是造成《系年》与《史记》在年代上不合之处颇多的原因之一，但是《秦记》于"战国之权变亦有可颇采者"，此是《系年》与《史记》在各国世系上并无大的差异的原因之一。由此，似亦可看出"世系"类文献的流传广度和深度，以及在此基础上所体现的可靠程度。①

更为重要的是，《系年》战国记事凸显了古本《纪年》在研究战国年表上的重要性。长期以来，我们可用来研究战国年表的文献只有《史记》、古本《纪年》等寥寥几种，而文献记载之间又往往异见歧出，常使后人无所适从。

《史记·晋世家》：

> 出公十七年，知伯与赵、韩、魏共分范、中行地以为邑。出公怒，告齐、鲁，欲以伐四卿。四卿恐，遂反攻出公。出公奔齐，道死。故知伯乃立昭公曾孙骄为晋君，是为哀公。②

《赵世家》：

> 襄子立四年，知伯与赵、韩、魏尽分其范、中行故地。晋出公怒，告齐、鲁，欲以伐四卿。四卿恐，遂共攻出公。出公奔齐，道死。知伯乃立昭公曾孙骄，是为晋懿公。③

如上述，据《晋世家》出公之后为哀公，《赵世家》则为懿公，而《六国年表》记述出公后之世次为哀公忌、懿公骄，《晋世家》索隐引《纪年》又有"出公二十三年奔楚，乃立昭公之孙，是为敬公"。④ 纷乱如此，是故《晋世家》索隐评价说："然晋、赵系家及年表各各不同，何况《纪年》之说也！"⑤

对此，清人雷学淇曾云："《晋世家》明云立昭公曾孙骄为哀公，《赵世家》又谓骄是懿公，则哀懿自是一人之谥……《竹书》又谓哀懿公即敬公耳。传谓敬公是昭公之孙，孙即曾孙，犹《鲁颂》谓僖公为周公之孙，盖孙是后裔之大名，非

---

① 杨博：《战国早期三晋世系之体现——〈系年〉战国史事研读札记之三》，《邯郸学院学报》2018年第2期。
② 《史记》卷三九《晋世家》，第1685～1686页。
③ 《史记》卷四三《赵世家》，第1794页。
④ 方诗铭、王修龄：《古本竹书纪年辑证（修订本）》，第91页。
⑤ 《史记》卷三九《晋世家》，第1686页。

必皆子之子也。奔齐、奔楚及在位年数,纪与《史记》各殊,此闻见异词,而《竹书》以晋人纪晋事,当不误也。"①此说得到了《系年》第二十章简文的印证,其云"晋敬公立十又一年",是年据上述赵桓子事为前441年。而《晋世家》索隐引《纪年》"出公二十三年奔楚",按《六国年表》所记晋出公元年为前474年,则出公二十三年为前452年,即敬公元年为前451年,如此则敬公十一年正是前441年。

故而,《系年》战国世系与年表给这一资料稀缺的时段提供了可供深入研究的材料基础,②在补充战国初年记事的基础上,特别对有关战国初年世系与年代的不少争议问题如宋悼公、晋敬公等,提供了新的极有价值的资料。

(三)《系年》对战国初年史事之验证

《系年》战国记事对过去一些传统认识提供了验证。虽然《史记》叙事于战国早期记载简略,但《六国年表》序言评论:

> 六卿擅晋权,征伐会盟,威重于诸侯……海内争于战功矣。三国终之卒分晋,田和亦灭齐而有之,六国之盛自此始。务在强兵并敌……③

这对于《系年》战国早期部分也同样适用。该时段主要记载了三晋与齐、楚的连年冲突,兼及越、郑、宋等国的活动。《左传》襄公二十九年,记吴公子季札历聘上国,"适晋,说赵文子、韩宣子、魏献子,曰:'晋国其萃于三族乎!'"。④ 1973年山东临沂银雀山汉墓出土竹书《吴问》,所载内容孙武与阖闾的问答,由晋六卿所行田亩与税制推测六卿衰亡的先后次序,赵、韩、魏三家之盛,亦在孙武的意料之中,以上两段文字,学者多认为成于战国以后。⑤ 三家之强在春

---

① (清)雷学淇:《竹书纪年义证》,台北:艺文印书馆,1977年,第510页。
② 学者指出将《系年》战国初年年代资料、传世文献记载及睡虎地秦简《编年纪》合观,可基本构成一个衔接战国早、中、晚的史料序列,由此可在已有认识基础上,就战国年代问题展开新的探索。参见熊贤品:《战国王年问题研究》,第3页。
③ 《史记》卷一五《六国年表》,第685页。
④ 《春秋左传正义》卷三九襄公二十九年,第4361页。
⑤ 李零:《关于银雀山简本〈孙子〉研究的商榷——〈孙子〉著作时代和作者的重议》,《文史》1979年第7辑;王晖:《试论〈吴问〉的成文年代及其相关问题》,《东南文化》1993年第2期。

秋末期已现端倪当是战国时人的通识，《系年》的记述正与其若合符节。

《系年》所记战事的主要发生地可粗略分为两类：其一是以齐、楚长城为中心，其二是以黄池、雍丘、宜阳和武阳为中心。二者之区别在于长城修建于本国（如齐、楚）边境，而黄池、武阳等城址则不尽然。换言之，长城之修建目的在于防御，诸城址则是几方势力此消彼长的晴雨表，是三晋、楚、齐等争霸中原的枢纽所在。《史记·乐毅列传》曾经形容战国赵都邯郸为"四战之国"，其云："赵，四战之国也，其民习兵，伐之不可。"①《后汉书·荀彧传》则称："颍川，四战之地也，天下有变，常为兵冲。"②此所谓"天下有变"亦当包括王夫之所称举的"古今一大变革之会"的战国时期，而《系年》所涉之黄池、雍丘、宜阳等多地也是"常为兵冲"，故均可称之为"四战之地"。

如黄池一地，杨伯峻先生注《左传》哀公二十年"黄池之会"，曰："黄池当在今河南封丘县南，济水故道南岸。"③春秋初为卫地，其时应是宋地，战国时则数易其主。《系年》记载以外，如《史记·韩世家》"昭侯……二年（前357），宋取我黄池"。④

雍丘则本属郑地，后属韩，其地在今河南杞县。《韩世家》有："景侯虔元年（前408），伐郑，取雍丘。"⑤

宜阳，韩地，在今河南西部。《韩世家》："列侯……九年，秦伐我宜阳。昭侯……二十四年（前335），秦来拔我宜阳。"⑥《战国策·东周策》："秦攻宜阳……秦拔宜阳。"⑦

洛阴，在今陕西大荔西。其地据《史记》记载是魏武侯击在文侯十七年时所筑。《魏世家》："十七年，伐中山，使子击守之，赵仓唐傅之。子击逢文侯之师田子方于朝歌……子击不怿而去。西攻秦，至郑而还，筑雒阴、合阳。"⑧

上述记载在《系年》战国叙事记述时间之后，但与《系年》记述的"四战之

---

① 《史记》卷八〇《乐毅列传》，第2435页。
② 《后汉书》卷七〇《荀彧传》，第2281页。
③ 杨伯峻：《春秋左传注（修订本）》，第1674页。
④ 《史记》卷四五《韩世家》，第1868页。
⑤ 《史记》卷四五《韩世家》，第1867页。
⑥ 《史记》卷四五《韩世家》，第1867、1869页。
⑦ 《战国策》卷一《东周策》，第5～7页。
⑧ 《史记》卷四四《魏世家》，第1838页。

地"相同的战略要地,体现了战国时期战事一脉相承的连续性。

按《系年》所述自"(楚声)王率宋公以城榆关,寘武阳"之后,有"郑人侵榆关……与之战于桂陵""韩取、魏击率师围武阳""鲁阳公率师救武阳,与晋师战于武阳之城下"等数次与之有关的战事。《楚世家》亦有"(悼王)十一年,三晋伐楚,败我大梁、榆关",①杨宽先生曾指出榆关在新郑与大梁之间,原为郑地,为出入中原之重要门户,因而成为此后魏与楚争夺之要地。② 由《系年》可知,榆关早在楚声王四年已为楚国所有。桂陵,在今河南长垣北。《水经·济水注》引古本《竹书纪年》:"梁惠成王十七年,齐田期伐我东鄙,战于桂阳,我师败逋。"③桂阳亦称桂陵,《田敬仲完世家》:"齐因起兵击魏,大败之桂陵。于是齐最强于诸侯,自称为王,以令天下。"④

"鲁阳公率师救武阳",武阳一地似可与包山楚简"鲁阳公率楚师后城郑之岁"相系联。⑤ 鲁阳公亦于此年兵败身亡,故以往将此年系于前320年是有问题的。文献记载有多处武阳,学者亦曾统计出战国时期赵、楚、齐均有武阳地名。⑥ 整理者疑此武阳在今山东阳谷县西的可能性较大,亦认为有在今河南舞阳县西的可能。据《系年》简文可知,郑国附近的武阳,即《张家山汉简·秩律》中称为"东武阳"的,似与楚声王置武阳有关。⑦

即便是目前尚无定论之赤岸一地,整理者已指出《楚辞·七谏·哀命》"哀高丘之赤岸兮,遂没身而不反"、⑧《文选·七发》"凌赤岸,彗扶桑,横奔似雷行"等当与此地无关。⑨ 文献记载另有两处"赤岸",如《吴越春秋·越王无余外传》"(禹)于是周行宇内,东造绝迹,西延积石,南逾赤岸,北过寒谷",⑩《三

---

① 《史记》卷四〇《楚世家》,第1720页。
② 杨宽:《战国史料编年辑证》,第206页。
③ 方诗铭,王修龄:《古本竹书纪年辑证(修订本)》,第130页。
④ 《史记》卷四六《田敬仲完世家》,第1892页。
⑤ 陈伟等:《楚地出土战国简册(十四种)》,第3页。
⑥ 后晓荣:《战国政区地理》,北京:文物出版社,2013年,第294~295页。
⑦ 苏建洲、吴雯雯、赖怡璇:《清华二〈系年〉集解》,第877页。
⑧ 《楚辞补注》卷一三《七谏·哀命》,(宋)洪兴祖注:《楚辞补注》,白化文、许德楠、李如鸾、方进点校,北京:中华书局,1983年,第252页。
⑨ 《文选》卷三四《七发》,(梁)萧统编,(唐)李善等注:《六臣注文选》,北京:中华书局,2012年,第642页。
⑩ 《吴越春秋》卷六《越王无余外传》,(汉)赵晔撰,(元)徐天祜音注:《吴越春秋》,苗麓校点,辛正审订,南京:江苏古籍出版社,1999年,第98页。

国志·魏书·任城陈萧王传》"臣昔从先武皇帝南极赤岸,东临沧海,西望玉门,北出玄塞",①上述两处"赤岸"似均形容疆域四至之极远之地,但在地理方位上已指出"赤岸"在南部,②或与楚有关,其具体地望尚待进一步的研究发现来证明。

上述"四战之地"的讨论,其价值之要似在于:第一,《系年》记载印证了"地"作为古史叙事的主干因素在史书记载中的重要地位。《系年》所涉之战国早期"四战之地",如黄池、雍丘、宜阳等地,对于诸国势力消长和战国时期天下大势的影响并不仅在战国早期发挥作用。第二,由《系年》简文联系相关文献记载,亦证明了《六国年表》"海内争于战功矣……务在强兵并敌"之说的确定性。战国之称"战"国,在此意义上得到了很好的体现。第三,长城的修建和对这些"四战之地"的城池的反复争夺,既承担了诸侯争霸的枢纽作用,也显示出当时"领土国家"概念的最终成形。

西周时期,周人通过对四土的经营,周王朝的边疆始终处在动态发展之中。诸侯得周王"授民授疆土"。《周礼·地官·封人》有:"封人掌诏（设）王之社壝。为畿,封而树之。凡封国,设其社稷之壝,封其四疆。造都邑之封域者,亦如之。"郑玄注:"畿上有封,若今时界矣。"贾公彦疏:"谓王之国外四面五百里各置畿限,畿上皆为沟堑,其土在外而为封。"③孙诒让正义引大司徒注云:"千里曰畿。封,起土界也。"④照此说法,封国原来是有"四疆"范围的,是故《齐太公世家》曾记因燕庄公送桓公入齐境,齐桓公曰"非天子,诸侯相送不出境,吾不可以无礼于燕",于是分沟割燕君所至的齐国疆土与燕,但其时已至春秋。⑤西周封建初期,诸封国呈据点分布,国与国之间隙地尚多,彼此并不相

---

① 《三国志》卷一九《魏书·任城陈萧王传》,（晋）陈寿撰,（南朝宋）裴松之注:《三国志》,北京:中华书局,1959年,第567页。
② 李善等注:"赤岸,盖地名也。曹子建表曰:'南至赤岸。'山谦之《南徐州记》曰:'京江,禹贡北江。春秋分朔,辄有大涛,至江乘,北激赤岸,尤更迅猛。'然并以赤岸在广陵。而此文势似在远方,非广陵也。"由之看来,李善等认为"赤岸"为长江沿岸之地名,但并不认为在广陵。《三国志·魏书·武帝纪》记建安十七年冬,曹操征孙权,"十八年春正月,进军濡须口,攻破权江西营"。由此看来,此次征伐曹军确实已经南至江边,曹植可能随行。其地或以为在今南京市以西的长江边上。参见曹道衡:《庾信〈哀江南赋〉四解》,《中华文史论丛》1980年第3辑。
③ 《周礼注疏》卷一二《地官·封人》,第1550～1551页。
④ （清）孙诒让:《周礼正义》,北京:中华书局,1987年,第890页。
⑤ 《史记》卷三二《齐太公世家》,第1488页。

连,其中不仅有充斥榛莽的隙地,而且往往有戎狄蛮夷杂处其间。诸侯就封后,首先筑城立国,以为自保据点,继而将管内领土扩至近郊,再向远方拓展,逐渐形成一定规模。① 如齐征东夷,秦开西戎,晋、燕向北拓展,楚向南、北发展等均属此类范畴,亦是长期的历史过程。后世所谓"领土"的观念盖滥觞于此,而《系年》战国早期叙事中长城的防御和重要城址的修筑与反复争夺,则正是"领土国家"这一漫长历史过程收尾的鲜明写照。②

二、早期儒、墨与诸子学说的相互关系

随着平王东迁,天子威权下移,掌管诸家学术的"畴人子弟"失去官守而流落四方,其掌握的专门学问与技艺在民间播散。另外王朝与诸侯亦因礼崩乐坏,实力穷蹙,已无法正常维持原有的官学教育,致使官学日趋衰落,私学兴起。诸子学术包括前文所述之史学均在此背景下得以衍生。金景芳先生早年即指出,此时真正在政治思想领域中展开斗争的,实际只有儒、墨、道、法四家,③华仲麐先生继而认为真正卓然自立而互不依傍者,只有儒、道、墨三家。④这种认识是合乎楚竹书子类文献以儒、道为主,兼及墨家的内容构成的,上文借清华竹书《管仲》已讨论过早期黄老道家的发展情况,下文讨论楚竹书所见先秦诸子学说的发展则拟围绕儒、墨两家展开。

(一)早期儒学的发展状况

楚竹书所提供的与早期儒学有关的资料,值得注意的主要有两类:其一与早期儒学传布有关,其二则涉及孔孟、孔荀之间的学术传承。⑤

1. 早期儒学的传布

楚竹书可以填补从春秋末期到战国早期这段学术思想史空白的部分。据

---

① 参见毕奥南:《从邑土国家到领土国家的边疆——先秦时代边疆形成考察》,《中国边疆史地研究》2011年第4期。
② 杨博:《战国早期的"四战之地":清华简〈系年〉所记战国史事》,《文史知识》2015年第3期。
③ 金景芳:《战国四家五子思想论略——儒家孟子、荀子,墨家墨子,道家庄子,法家韩非子》,《吉林大学社会科学学报》1980年第1期。
④ 华仲麐:《诸子与诸子学》,《孔孟月刊》1984年(第22卷)第12期。
⑤ 严格来说,孔子活动时代在春秋晚期,只是为便于梳理早期儒学的发展脉络,故一并加以讨论。

钱穆《先秦诸子系年》，以孔、孟为首尾的儒门诸子之生卒年世约数如下：①

孔子（孔丘）	前551—前479
子路（仲由）	前542—前480
颜回（颜渊）	前521—前481
子贡（端木赐）	前520—前450
子夏（卜商）	前507—前420
子游（言偃）	前506—前445
曾子（曾参）	前505—前436
子思	前483—前402
子上	前429—前383
孟子（孟轲）	前390—305

由是观之，孔子的卒年约当《左传》记事终年，孟子的主要活动年代则与《战国策》的主体记事年代差相仿佛，子夏、子游、曾子、子思、子上等人的活动年代，正在这约130年间。② 前文已述，郭店竹书、上博竹书等楚竹书的埋藏年代约在公元前300年前后，亦在这130年间，就出现了许多《史记·孔子世家》《仲尼弟子列传》中记载的人物，如颜回、仲弓、子路、子贡、子游、子夏、子羔、子思等人。相关文献与孔门弟子的对勘可参见表4-2。

表4-2 孔门弟子在楚竹书文献中出现情况举例

孔门弟子	篇　　名	孔门弟子	篇　　名
颜回	上博竹书《颜渊问于孔子》	子游	上博竹书《子道饿》
	上博竹书《弟子问》	子夏	上博竹书《民之父母》
仲弓	上博竹书《仲弓》	子羔	上博竹书《子羔》
子路	郭店竹书《穷达以时》	子我	上博竹书《弟子问》

---

① 钱穆：《先秦诸子系年》，第633～635页。
② 庞朴：《孔孟之间》，《中国哲学》（第20辑）《郭店楚简研究》，第22～35页；李学勤：《孔孟之间和老庄之间》，《中国思想史研究通讯》（第6辑），2005年，后收入《文物中的古文明》，第400～407页。

续表

孔门弟子	篇　　名	孔门弟子	篇　　名
子贡	上博竹书《鲁邦大旱》	子由	上博竹书《弟子问》
	上博竹书《相邦之道》	子羽	上博竹书《弟子问》
	上博竹书《弟子问》	子思	郭店竹书《鲁穆公问子思》

由上表可见，楚竹书文献为了解孔子身后儒家的演变与儒学的传承提供了新的材料，同时也为我们了解孔子在世时传播儒学的途径和孔子身后儒学传播的情况提供了新的线索。

(1) 孔子在世时传播儒学的途径

春秋末期特别是孔子晚年，儒学已在各国有相当影响，孔门弟子就来自不同的诸侯国，甚至远及秦、楚、燕等国。① 此外，我们知道孔子提倡"有教无类"，其弟子身份上及贵族、下及寒士，甚至包括盗贼之流如颜涿聚等人，故"从属弥众，弟子弥丰，充满天下"，②从中我们可以看出儒学传播的兴盛。

广泛收取弟子之外，孔子师徒周游列国是儒学传播的另一途径。据《史记·孔子世家》记载，从公元前497年到前484年，孔子周游卫、曹、宋、陈、郑、楚、蔡等国，"干七十余君，莫能用"，③甚至有"陈蔡之厄"事件的发生。据整理者考释，上博竹书《子道饿》简文即与此事有关：④

> 子道饿而死焉。门人谏曰："吾子齿年长矣，豪(家)性甚急，性未有所奠(定)，愿吾子止焉(图)之也。"䈞(言)游【1】止也。妝(偃)也修其德行，以受战攻之，食于子，于妝(偃)伪于子，云："于是乎，可旅。"遂行至宋卫之外(间)……【2】"☐将焉逩(往)？"䈞(言)游曰："食而弗与为礼，是战攻畜☐【3】鲁司寇奇，䈞(言)游于逿楚……【4】

---

① 据学者统计，孔子弟子中按出身国别为序排列有鲁国者61人、卫国11人、齐国9人、陈国4人、秦国4人、宋国4人、晋国3人、楚国3人、吴国2人、蔡国2人、燕国1人。参见李启谦：《孔门弟子研究》，济南：齐鲁书社，1987年，第238～241页。
② 《吕氏春秋集释》卷二《仲春纪·当染》，第53页。
③ 《史记》卷一四《十二诸侯年表》，第509页。
④ 亦有学者将简序重新编联，以为《子道饿》与"厄于陈蔡"事件的关系可商。参见复旦吉大古文字专业研究生联合读书会：《上博八〈子道饿〉校读》，复旦网，http://www.gwz.fudan.edu.cn/SrcShow.asp? Src_ID=1591，2011年7月11日；廖名春：《上博楚竹书〈鲁司寇奇言游于逿楚〉篇考辨》，《中华文史论丛》2011年第4期。

简文补充了孔子"厄于陈蔡"事件的新内容。在绝粮危急时刻,孔子作出了北上、南下济难之举,一由言游北上告急于鲁,二由子贡南下求救于楚。简文记载了言游北上告急的有关事迹。面临绝粮的困境,有弟子提出如此下去将"子道饿而死焉"。言游北上告急,门人劝谏"吾子年长,家性甚急,性未有所定",希望老师改变计划,慎重考虑。言游坚持计划,申明要修其德行,于是继续北上行至宋卫之间,门人动摇不知所措,言游重申受夫子教养,而不崇礼,是战攻蓄不仁之举。① 简文主旨虽在反映言游及其门人在势穷力困之际的儒行本色,但仍为我们了解孔子"厄于陈蔡"事补充了新的材料。

孔子之所以派弟子南下北上求救,应当是与孔子跟齐、鲁、楚等地的诸侯、士大夫之间的频繁交流分不开的。上博竹书《鲁邦大旱》记述了鲁哀公与孔子的问对,《孔子见季桓子》《季庚子问于孔子》等记述了孔子与季氏父子两代之间的交流,上博竹书《史蒥问于夫子》则记述了齐史之子围绕国治向孔子的请教,这些均反映出孔子与当时诸侯、士大夫交往之频繁。此外,河北定州八角廊汉墓出土有竹书《儒家者言》,记载"之匡,间(简)子欲杀阳虎,孔子似之",② 阜阳1号木牍亦有"孔子之匡""中尼之楚至蔡""孔子将西游至宋""孔子见卫灵公"等记载,还见有"孔子之楚有献鱼者""孔子之周观太庙""楚王召孔子"等章题,③ 这些同传世文献中孔子周游列国的记载相符。还有些章题,如"赵襄子谓仲尼""鲁哀公问孔子当今之时""孔子见季康子"等,则与楚竹书反映的孔子与诸侯、士大夫之间的交流活动相一致。通过孔子的广泛交游,儒学得以在卫、曹、宋、陈、郑、楚、蔡诸国传播,儒学的影响因而得以扩大。

(2) 孔子身后儒学南传之实例

传世文献中有关孔子身后儒学传播的记载首推《史记·儒林列传》:

> 自孔子卒后,七十子之徒散游诸侯,大者为师傅卿相,小者友教士大夫,或隐而不见。故子路居卫,子张居陈,澹台子羽居楚,子夏居西河,子贡终于齐。如田子方、段

---

① 濮茅左:《〈子道饿〉释文考释》,马承源主编:《上海博物馆藏战国楚竹书(八)》,第119~127页。
② 国家文物局古文献研究室、河北省博物馆、河北省文物研究所定县汉墓竹简整理组:《〈儒家者言〉释文》,《文物》1981年第8期。
③ 韩自强:《阜阳汉简〈周易〉研究:附〈儒家者言〉章题、〈春秋事语〉章题及相关竹简》,上海:上海古籍出版社,2004年,第153~163页。

> 干木、吴起、禽滑厘之属,皆受业于子夏之伦,为王者师。是时独魏文侯好学。后陵迟以至于始皇,天下并争于战国,儒术既绌焉,然齐鲁之间,学者独不废也。于威、宣之际,孟子、荀卿之列,咸遵夫子之业而润色之,以学显于当世。①

从司马迁的记述中,我们可以看出孔子身后儒学传播的大致脉络,但是孔门弟子著书立说、聚徒讲学的详细情况已难考证。李学勤、李零二位先生曾依据前述中山王䚐器铭,印证以文献记载,论述了儒学在中山国的流传情况,②而楚竹书中大量的儒家文献,则有助于了解儒学在楚地的传播情况。

儒学在楚地的传播主要是儒家经典的传播。"六艺"虽为战国诸子之共同文化背景,但是儒门首重"六艺"亦是不争的事实。楚竹书中出土有大量的"书"类文献,其完整篇章的来源似与春秋后期周王子朝奔楚有关。但是儒家文献中对有关"书"类文献的阐述、引用,如郭店竹书《缁衣》中引《尹诰》一条、《君牙》一条、《吕刑》三条、《君陈》二条、《祭公之顾命》一条、《康诰》一条、《君奭》一条,郭店竹书《成之闻之》中引《大禹》一条、《君奭》三条、《詔命》一条、《康诰》一条等,则说明了儒门对于"书"类文献的解读在楚地传播亦是不争的事实。

如前所述,楚竹书中不仅有清华竹书《周公之琴舞》等"颂"诗,而且有上博竹书《逸诗》等诗篇,还有清华竹书《耆夜》这样"诗话"性质的文献,可见作为"六艺"之一的"诗"在楚地的广泛传播。就儒家文献《孔子诗论》篇而言,李零先生据"行此者岂有不王乎"一句,认为此篇与《子羔》同属一篇,故此篇应为子羔所作。③ 亦有学者赞同这一观点,认为子羔同样也可能传诗。④ 李学勤先生则根据子夏曾在魏国传诗,其弟子李克曾在中山国传诗,认为《诗论》正是子夏传"诗"之作。⑤ 如是,则战国时期子夏诗学已传播到北起魏、中山,南到楚国这样一片广袤的区域。无论如何,《孔子诗论》的出土证实了战国中期以前孔门诗学已在楚国传播,也说明了孔门诗学在前述区域内的广泛传播亦是可能的。

《史记·仲尼弟子列传》亦言及孔子在楚国的再传弟子及"易"的传承

---

① 《史记》卷一二一《儒林列传》,第3116页。
② 李学勤、李零:《平山三器与中山国史的若干问题》,《考古学报》1979年第2期。
③ 李零:《简帛古书与学术源流(修订本)》,第250页。
④ 廖名春:《上博〈诗论〉简的作者和作年——兼论子羔也可能传〈诗〉》,《齐鲁学刊》2002年第2期。
⑤ 李学勤:《〈诗论〉的体裁和作者》,《上博馆藏战国楚竹书研究》,第56页。

情况：

> 商瞿，鲁人，字子木。少孔子二十九岁。孔子传易于瞿，瞿传楚人馯臂子弘，弘传江东人矫子庸疵，疵传燕人周子家竖，竖传淳于人光子乘羽，羽传齐人田子庄何……①

在儒家易学传承中，孔子传于商瞿，瞿传楚人馯臂子弘，是"易"学已经传播到了楚地，这在楚竹书中也有坚实的证据。上博竹书《周易》本身即是"六艺"经典之一，可惜只存三十四卦。文献记载孔子晚年喜"易"，《论语·子路》：

> 子曰："南人有言曰：'人而无恒，不可以作巫医。'善夫！"②

郭店竹书《缁衣》中亦见相似记述：

> 子曰："宋人又言曰：人而无亘（恒），不可为【45】卜筮也，其古之遗言塈（与）？龟筮（筮）犹弗知，而皇（况）于人乎。"【46】③

《缁衣》引用孔子的话基本与《论语》相同，是借"易"之"卜筮"来谈君子品格的培养。郭店竹书《语丛》（一）中则明确提到了"易"：④

> 易，所以会天衍（道）人衍（道）【36】也。【37】⑤

简文意在说明"易"注重天道与人道的相通。这些与"易"学有关的文献虽多是只言片语，但儒家"易"学已在楚地传播似可得到证实。

"礼"是儒家的核心概念之一，是故楚竹书中亦有不少"礼"类篇章，这在前文曾有过讨论，此不赘述。这些"礼"类文献表达了儒家修身治国之意旨，其文献本身已可证儒家"礼"类文献在楚地确曾流行。

"乐"类文献久已佚失，但《周公之琴舞》属于乐家所传的一种乐歌文本，⑥

---

① 《史记》卷六七《仲尼弟子列传》，第 2211 页。
② 《论语注疏》卷一三《子路》，第 5449 页。
③ 陈伟等：《楚地出土战国简册（十四种）》，第 166 页。
④ 《语丛》（一）（二）（三）在内容上与《性自命出》诸篇相出入，在形式上则类似古代注解，盖杂录先儒之说，以备诸篇之"说"。参见李零：《郭店楚简校读记（增订本）》，第 204 页。
⑤ 陈伟等：《楚地出土战国简册（十四种）》，第 245 页。
⑥ ［韩］吴万钟：《〈清华简·周公之琴舞〉之启示》，首都师范大学中国诗歌研究中心主办，赵敏俐主编：《中国诗歌研究》（第 10 辑），北京：社会科学文献出版社，2014 年，第 38 页。

正如李学勤先生所指出,《周公之琴舞》"本来一定是在固定的场合,例如新王嗣位的典礼上演出的"。① 《周公之琴舞》"不仅是佚诗的发现,也是佚乐的发现"。② 此外,上博竹书《采风曲目》亦是有关"乐"类的文献,这些文献从侧面证明了"乐"类文献同样流行于楚地。

至于"春秋"类文献,前文曾通过讨论《系年》来说明战国楚地史书编纂的发达,特别是《系年》与《左传》在编纂方式、材料来源等方面的密切关系,似亦可说明"春秋"同样为楚人所重视。这在郭店竹书《六德》中见有"六艺"并称的现象中也可得到证明:

> 故夫夫、妇妇、子子、君君、臣臣,六者各【23】行其戠(职),而谗谄无繇(由)迮(作)也。观诸诗、书则亦在矣,观诸【24】礼、乐则亦在矣,观诸易、春秋则亦在矣……【25】③

《六德》中明确提到"六艺",认为其体现了君臣父子的礼治思想,既可见儒家援"六艺"以传布自己学说之一斑,又说明"六艺"之传播范围已广及楚地。④

孔门弟子不仅以"六艺"为援传播儒家学说,而特别值得注意的是,作为儒家经典的《论语》,也应是由孔门弟子传至楚地,故亦见于楚竹书之中。楚竹书中与《论语》内容相似的例子有很多,笔者将其整理为表4-3。这些均说明了战国中期以前,儒家典籍如《论语》等已在楚地流传的事实。

儒家经典的传播以外,楚竹书也提供了儒家学派在楚地发展之资料。上文已涉及子夏学派与子游学派。子夏传"诗",在文献中可以得到印证。《子道

---

① 李学勤:《论清华简〈周公之琴舞〉的结构》,《深圳大学学报》(人文社会科学版)2013年第1期。
② 李学勤:《新整理清华简六种概述》,《文物》2012年第8期。
③ 李零:《郭店楚简校读记(增订本)》,第171页。
④ 郭店简《语丛》(一)亦有"易""诗""春秋""礼""乐"等并称:
  "易",所以会天道人道【36】也。【37】
  "诗",所以会古今之志【38】也者。【39】
  "春秋",所以会古今之【40】事也。【41】
  "礼",交之行述也。【42】
  "乐",或生或教者也。【43】

郭店简《性自命出》则"诗""书""礼""乐"并称:
  "诗""书""礼""乐",其始出皆生【15】于人。
  "诗",有为为之也;
  "书",有为言之也;
  "礼""乐",有为举之也……【16】

饿》反映了子游及其门人在势穷力困之际,仍注重身教、守正不渝、固穷自如、扬孝道、崇礼举仁的儒行本色,《荀子·非十二子》中将子游列为"贱儒",《韩非子·显学》更是将"言游之儒"列于八分之外。此篇的发现使我们看到言游在年十八时已有弟子,证明了"言游之儒"的存在和延续,同时也说明了子游学派在楚地的传播。

表 4-3 楚竹书文献与今本《论语》相近内容对照

楚竹书		《论语》	
内容	篇名	内容	篇名
志于術(道)、虞(狎)于德、厌(比)于【50】仁,游于艺。【51】	郭店竹书《语丛》(三)	子曰:"志于道,据于德,依于仁,游于艺。"	《述而》
毋意,毋固,【64 壹】毋我,毋必。【65 壹】	郭店竹书《语丛》(三)	子绝四:毋意,毋必,毋固,毋我。	《子罕》
言之而不义,【1】口勿言也;视之而不义,目勿视也;听之而不义,耳勿听也;动之而不义,身勿动焉……【2】	上博竹书《君子为礼》	非礼勿视,非礼勿听,非礼勿言,非礼勿动。	《颜渊》
子叹曰:"呜!莫我知也夫。"子游曰:"有施之谓也乎?"【4】	上博竹书《弟子问》	子曰:"莫我知也夫!"子贡曰:"何为其莫知子也?"	《宪问》
子曰:"贫贱而不约者,吾见之矣;富贵而不骄者,吾闻而[未之见也]。"【6】	上博竹书《弟子问》	子贡曰:"贫而无谄,富而无骄,何如?"子曰:"可也。未若贫而乐,富而好礼者也。"	《学而》
贫而安乐。【13】	上博竹书《颜渊问于孔子》		
言行相近,然后君子。【12】	上博竹书《弟子问》	文质彬彬,然后君子。	《雍也》
多闻则惑,多见则……【16】	上博竹书《弟子问》	子曰:"多闻阙疑……多见阙殆……"	《为政》
		子曰:"……多闻,择其善者而从之,多见而识之,知之次也。"	《述而》

续 表

楚竹书		《论语》	
内　容	篇　名	内　容	篇　名
巧言令色,未可谓仁也。【附简】	上博竹书《弟子问》	子曰:"巧言、令色、足恭,左丘明耻之,丘亦耻之……"	《公冶长》
仲弓曰:"售(雍)也不悡(敏)……"【9】	上博竹书《仲弓》	仲弓曰:"雍虽不敏……"	《颜渊》
仲尼[曰]:"……塁(举)尔所智(知),尔所不智(知),人其豫(舍)之者(诸)?"【10】	上博竹书《仲弓》	(仲弓)曰:"举尔所知。尔所不知,人其舍诸?"	《子路》
刑政不缓,德教不惓(倦)。【17】	上博竹书《仲弓》	子曰:"道之以政,齐之以刑,民免而无耻;道之以德,齐之以礼,有耻且格。"	《为政》

《史记·孔子世家》:"子思作《中庸》。"①郭店竹书出土儒书计11种14篇,李学勤先生提出其中的《缁衣》《五行》《六德》《成之闻之》《性自命出》《尊德义》六篇是子思所作《子思子》的佚篇。②《隋书·音乐志》引南朝沈约言:"《中庸》《表记》《防记》《缁衣》,皆取《子思子》。"③郭店竹书《鲁穆公问子思》与《缁衣》同时出土,可证文献记载子思作《缁衣》《中庸》是有根据的。上博竹书《从政》篇,学者认为其在形式、内容上均与保存在今本《礼记》中的《坊记》《中庸》《表记》《缁衣》等篇相近,因此也可认作是《子思子》的佚篇。④ 上述楚竹书中《子思子》佚篇的发现,印证了公元前300年以前子思学派已在楚地传播的事实。上博竹书《内豊》篇和传世文献《曾子立孝》篇内容基本相同,可以确定是曾子学派的文献,多数学者倾向于把上博竹书《昔者君老》编入《内豊》,⑤其内容与

---

① 《史记》卷四七《孔子世家》,第1946页。
② 李学勤:《先秦儒家著作的重大发现》,《中国哲学》(第20辑)《郭店楚简研究》,第15～16页。
③ 《隋书》卷一三《音乐志》,(唐)魏徵等撰:《隋书》,第288页。
④ 杨朝明:《上博竹书〈从政〉篇与〈子思子〉》,《孔子研究》2005年第2期。
⑤ [日]井上亘:《〈内豊〉篇与〈昔者君老〉篇的编联问题》,简帛研究网,http://www.jianbo.org/showarticle.asp?articleid=1164,2005年10月16日;林素清:《上博四〈内礼〉篇重探》,武汉大学简帛研究中心主办:《简帛》(第1辑),上海:上海古籍出版社,2006年,第158页;[日]福田哲之:《上博楚简〈内礼〉的文献性质》,《简帛》(第1辑),第162～163页。

曾子学派主张的"孝道"有关。《史记·仲尼弟子列传》记载："曾参,南武城人,字子舆。少孔子四十六岁。孔子以为能通孝道,故授之业,作《孝经》。"①上博竹书《内豊》篇的发现,则已证明战国中期以前曾子学派的著作也南传到了楚地。

  楚竹书中儒家文献的多见,使得"儒家的影响所及实不出邹鲁及邻国的范围"的观点不攻自破。② 郭店竹书、上博竹书中儒家文献种类众多,而且相同篇目之间又多有不同传本,如郭店本《缁衣》与上博本《缁衣》、郭店本《性自命出》与上博本《性情论》等,进一步说明儒家学说在楚地的流传过程是复杂的。从书写角度来看,楚竹书的书写文字保留有多个诸侯国文字的形体结构和书法风格,③而楚地与邹、鲁又相距较远,似可以推测,郭店竹书、上博竹书很可能不是由邹鲁直接传到楚地,而应是辗转传播于多个诸侯国,而后才形成了今日所见楚竹书中这样传本不同、文字各异的复杂面貌。④ 楚竹书的发现,不仅证明了儒家学说在战国中期以前已在楚地广泛传播,更为重要的是,它们不是孤立存在的,而是密切联系的。这不仅从空间上说明了早期儒学北起中山、南到楚地的广大传播区域,而且从时间上揭示了春秋末期以降到战国中期早期儒家学说不断传播、发展的事实。

  2. 孔孟、孔荀之间的学术传承

  上文简述楚竹书所体现的战国中期以前儒学的传布,这里还需要探讨的是楚竹书中所见有关儒家学派的传承问题。《韩非子·显学》:

> 自孔子之死也,有子张之儒,有子思之儒,有颜氏之儒,有孟氏之儒,有漆雕氏之儒,有仲良氏之儒,有孙氏之儒,有乐正氏之儒……故孔、墨之后,儒分为八,墨离为三。⑤

---

① 《史记》卷六七《仲尼弟子列传》,第 2205 页。
② 萧公权:《圣教与异端——从政治思想论孔子在中国文化史中的地位》,王曰美主编:《儒家政治思想研究》,北京:中华书局,2003 年,第 165 页。
③ 周凤五:《郭店竹简的形式特征及其分类意义》,《郭店楚简国际学术研讨会论文集》,第 57~59 页;冯胜君:《有关战国竹简国别问题的一些前提性讨论》,《古文字研究》(第 26 辑),北京:中华书局,2006 年,第 314~319 页。
④ 参见李均明、刘国忠、刘光胜、邹文玲:《当代中国简帛学研究(1949—2009)》,第 145~146 页。
⑤ 《韩非子集解》卷一九《显学》,第 456~457 页。

孔子身后儒分为八，但是儒分为八并非并世的八个支派，而是辈分不同的八位学者，各有学术取向与传承。上文引《先秦诸子系年》讨论子思、颜回等人的活动年代时已提到，楚竹书文献之年代范围正处于孔子身后到孟子之间的这段时期，亦是"儒分为八"的主体时期。是故楚竹书对孔子身后孔门学术传承的探求非常重要，其中尤为值得注意的传承渠道一在孔孟之间，一在孔荀之间。

先言楚竹书中所见孔孟之间的学术传承。前人已论及，《孟子》书中明确引曾子者九处，引子思者六处，均为崇敬推尚的态度。① 乐正氏似指曾子弟子乐正子春，即便如郭沫若先生所言是指孟子弟子乐正克，他们也同属一系。② 仲良子有说解曾子之语，同样和曾子系统有关。③ 这样看来，儒分为八中的多半实际上彼此相关，郭店竹书、上博竹书的发现印证了这一点。

郭店竹书有六篇儒家文献是子思所作《子思子》的佚篇。同样，上博竹书也有《缁衣》《性情论》，这显示出这一系儒家著作在当时流行之广泛。郭店竹书《性自命出》云：

> 憙（喜）斯慆（陶），慆（陶）斯奋，奋斯羕（咏），羕（咏）斯猷，猷斯辻（舞）。辻（舞），憙（喜）之终也；愠（愠）斯忧，忧斯戚，戚【34】斯叹，叹斯辟，辟斯踊。踊，愠（愠）之终也。【35】④

《礼记·檀弓下》有子游论礼之语可与上述简文相联系：

> 有子谓子游曰："予壹不知夫丧之踊也，予欲去之久矣。情在于斯，其是也夫？"子游曰："礼有微情者……礼道则不然，人喜则斯陶，陶斯咏，咏斯犹，犹斯舞，舞斯愠，愠斯戚，戚斯叹，叹斯辟，辟斯踊矣，品节斯，斯之谓礼。"⑤

《檀弓下》的这段话主旨是讲儒家制礼有节。有子问子游，丧礼中的"哭踊"为什么要有节度，我怎么也不明白，所以早就想去掉它，居丧只要倾尽哀情就好。子游回答说，礼是用来控制人的情感的，孝子丧亲痛不欲生，为了避免以死伤

---

① 侯外庐主编：《中国思想通史》（第1卷），北京：人民出版社，1957年，第363页。
② 陈奇猷：《韩非子新校注》，上海：上海古籍出版社，2000年，第1126～1127页。
③ 陈奇猷：《韩非子新校注》，第1127页；李学勤：《周易经传溯源》，长春：长春出版社，1992年，第88～89页。
④ 陈伟等：《楚地出土战国简册（十四种）》，第223页。
⑤ 《礼记正义》卷九《檀弓下》，第2824页。

生,所以要"微情"。"微情"就是杀减其哀痛之情,使其三日而食,哭踊有数。儒家的礼道要节制人的喜怒哀乐,人喜悦了就会郁陶,郁陶了就想歌咏,歌咏了就会摇摆,摇摆了就会舞蹈,舞蹈了就会生怒,生怒了就会愤愦,愤愦了就会叹息,叹息了就要拍胸,拍胸后就要跳踊。但是"舞斯愠"一句向来难解。此前言人之喜悦,此后言人之愠怒,前后本两事,不当混为一谈。现由简文则可知此语应判为二:前半始于喜,由喜而陶、而奋、而咏、而猷、而舞,至舞为喜之终也;后半始于愠,由愠而忧、而戚、而叹、而辟、而踊,踊亦愠之终也。前后均五级,逻辑极为清楚,如此方可与子游之语相合。①《荀子·非十二子》指责子思、孟子的"五行"说时,讲到其说托始于子游,②联系上述简文可见子游同这一系确实存在着密切联系。

上博竹书《从政》载:

毋暴、毋虐、毋贼、毋贪。【甲15】③

此"四毋"见于《论语·尧曰》子张问孔子:

子张问于孔子曰:"何如斯可以从政矣?"

子曰:"尊五美,屏四恶,斯可以从政矣。"

子张曰:"何谓五美?"

子曰:"君子惠而不费,劳而不怨,欲而不贪,泰而不骄,威而不猛。"……

子张曰:"何谓四恶?"

子曰:"不教而杀谓之虐。不戒视成谓之暴。慢令致期谓之贼。犹之与人也,出纳之吝,谓之有司。"④

此外,《从政》还有:

斣(闻)之曰:从政:䔖(敦)五德,固三制,敛(除)十䛊(怨)。五德:一曰慢(宽),

---

① 参见彭林:《〈郭店楚简·性自命出〉补释》,《中国哲学》(第20辑)《郭店楚简研究》,第315~320页。
② "案往旧造说,谓之五行,甚僻违而无类,幽隐而无说,闭约而无解。案饰其辞而祇敬之曰:此真先君子之言也。子思唱之,孟轲和之。世俗之沟犹瞀儒,嚾嚾然不知其所非也,遂受而传之,以为仲尼、子游为兹厚于后世,是则子思、孟轲之罪也。"参见《荀子集解》卷三《非十二子》,第94~95页。
③ 张光裕:《〈从政〉释文考释》,马承源主编:《上海博物馆藏战国楚竹书(二)》,第228页。
④ 《论语注疏》卷二〇《尧曰》,第5509页。

二曰恭,三曰惠,四曰仁,五曰敬。【甲5】①

简文"从政"与子张问于孔子曰"何如斯可以从政矣?"存在密切的联系,而"四毋"与"屏四恶"很接近,简文的"敦五德",抑或即《论语》"尊五美"的另外一种传本或阐述。②

一般认为子思曾受学于曾子、子游,而通过郭店竹书《忠信之道》、③上博竹书《从政》等所反映出来的信息与子思、子张皆有关联,说明子张学派可能也是子思学派的思想来源之一。子思之所以能在战国初期成为儒家的领袖人物,可能与其受到了孔门弟子多元影响、有意识有选择地综合孔门弟子的思想有关。④ 如此,楚竹书文献揭示的思孟学派的传承谱系似可简单归纳为孔子→曾子、子游、子张等→子思→孟子。

再言楚竹书所见孔荀之间的学术传承关系。《荀子》对子弓十分推崇,"子弓"一名在《荀子》中共出现四次,其中《非十二子》两次、《非相》一次、《儒效》一次,四次皆与仲尼(孔子)相提并论,且目之为"圣人""大儒"。⑤

但是《荀子》中子弓的具体所指则说法歧异,主要有三说:一是指孔门十哲之一的冉雍,字仲弓;二认为是指传《易》的馯臂子弓,名臂,字子弓;三是确定为《论语·微子》篇提到的朱张,字子弓。

关于朱张说,王先谦《荀子集解·考证下》引清人胡元仪:"王弼注《论语》云:'朱张字子弓,荀卿以比孔子者。'朱张字子弓,或有所据,以为即荀卿所称子弓,诬亦甚矣。朱张在孔子之前,荀卿不能受业,即以为荀所受业,亦孔子前

---

① 张光裕:《〈从政〉释文考释》,马承源主编:《上海博物馆藏战国楚竹书(二)》,第219页。
② 参见周凤五:《读上博楚竹书〈从政〉甲篇札记》,《上博馆藏战国楚竹书研究续编》,第181~195页。
③ 周凤五:《郭店楚简〈忠信之道〉考释》,《中国哲学》(第21辑)《郭店简与儒学研究》,第137~145页。
④ 宋立林:《由新出简帛〈忠信之道〉、〈从政〉看子张与子思之师承关系》,《哲学研究》2011年第7期。
⑤ 盖帝尧长,帝舜短;文王长,周公短;仲尼长,子弓短。参见《荀子集解》卷三《非相》,第73页。无置锥之地而王公不能与之争名,在一大夫之位,则一君不能独畜,一国不能独容,成名况乎诸侯,莫不愿以为臣,是圣人之不得埶者也,仲尼、子弓是也。参见《荀子集解》卷三《非十二子》,第96~97页。今夫仁人也,将何务哉? 上则法舜、禹之制,下则法仲尼、子弓之义,以务息十二子之说。如是则天下之害除,仁人之事毕,圣王之迹著矣。参见《荀子集解》卷三《非十二子》,第97页。通则一天下,穷则独立贵名,天不能死,地不能埋,桀、跖之世不能污,非大儒莫之能立,仲尼、子弓是也。参见《荀子集解》卷四《儒效》,第138页。

之圣人,何以荀卿动曰'孔子、子弓',先孔子而后子弓邪?"①徐鼒《读书杂释》亦云:"荀子学于子弓之门人,故尊其师之所自出,是不以为朱张也。杨倞《荀子注》亦不以子弓为朱张,知弼注妄言也。"②由是可知朱张一说不合情理。

唐人杨倞之外,南宋孙奕亦指出"仲弓,《荀子》作子弓"。③ 王天海先生据《荀子·非相》综合诸说指出:"此文尧舜、文王、周公并称,皆同时人也。此子弓与孔子并称,亦当为同时人也。冉雍,字仲弓,孔子弟子,居德行科,孔子尝谓'可使南面',故杨注认为子弓即仲弓是也,俞说(按俞樾)亦当。馯臂虽字子弓,但为战国时人,且未载其贤,难与孔子并。"④其说得到多数学者赞同。⑤ 如此,似可认为《荀子》书中推崇称重的子弓应是孔门十哲之一的冉雍。

上博竹书《仲弓》篇主要记述了仲弓问孔子有关从政的问题,我们可以从中看到仲弓及仲弓之儒的关注所在。从《仲弓》简文的内容看,仲弓将孔子学说中"为政以德"思想和"刑政"思想兼收并蓄,其云:

> 刑政不缓,德教不惓(倦)。【17】⑥

简文中孔子提出的"刑政不缓,德教不倦",正合于孔子"德主刑辅"的一贯之道。《仲弓》反映的仲弓之儒的政治思想与德刑观念,与《荀子》中所推尊的子弓正相符合,⑦印证了王天海先生等关于"子弓是仲弓"的看法。

《论语·雍也》中"子曰:'雍也可使南面'",孔颖达正义云:"言冉雍有德行,堪任为诸侯,治理一国者也。"⑧上博竹书《仲弓》记述仲弓向孔子请教的多

---

① (清)王先谦:《荀子集解》,第48页。
② (清)徐鼒:《读书杂释》,阎振益、钟夏点校,北京:中华书局,1997年,第170页。
③ (南宋)孙奕:《履斋示儿编》,侯体健、况正兵点校,北京:中华书局,2014年,第327页。
④ 王天海:《荀子校释》,第162页。
⑤ 梁启雄、高亨、李启谦、马积高、杨朝明、罗新慧、刘冬颖、吴龙辉、林志鹏等学者多从此说。参见梁启雄:《荀子简释》,北京:中华书局,1983年,第47页;高亨说参见王天海:《荀子校释》,第212页;李启谦:《孔门弟子研究》,第35~37页;马积高:《荀学源流》,上海:上海古籍出版社,2000年,第143页;杨朝明:《从孔子弟子到孟、荀异途——由上博竹书〈仲弓〉思考孔门学术分别》,《齐鲁学刊》2005年第3期;罗新慧:《孔子的历史观、入仕观及其它——从上博楚竹书〈仲弓〉篇谈起》,《史学史研究》2005年第3期;刘冬颖:《上博简〈仲弓〉与早期儒学传承的再评价》,《社会科学战线》2005年第3期;吴龙辉:《〈论语〉是儒家集团的共同纲领》,《湖南大学学报》(社会科学版)2010年第1期;林志鹏:《仲弓任季氏宰小考》,《孔子研究》2010年第4期。
⑥ 李朝远:《〈仲弓〉释文考释》,马承源主编:《上海博物馆藏战国楚竹书(三)》,第275页。
⑦ 宋立林:《仲弓之儒的思想特征及学术史地位》,《现代哲学》2012年第3期。
⑧ 《论语注疏》卷六《雍也》,第5381页。

是临民为政之道,《说苑·修文》亦有"仲弓通于化术,孔子明于王道,而无以加仲弓之言",①《史记·李斯列传》记载李斯"乃从荀卿学帝王之术",②这些皆可间接证明荀子传承了孔子、仲弓一系的儒学。《孟子》中提到孔门十哲中的九位,唯独少了仲弓,而荀子则极力批判子思和孟子。照此看来,弓荀学派之外王儒学与思孟学派之内圣儒学相区分,似并非向壁虚造。③

综上所述,楚竹书补充了孔子在世时及其身后早期儒家学派传承的新资料,使我们得窥思孟学派和弓荀学派的学术轨迹。据《先秦诸子系年》,可将思孟学派、弓荀学派之关系示如下表4-4,以为楚竹书所见孔门学说流传过程中学派分歧之一例。

表4-4 思孟学派、弓荀学派流传情况对勘表

年 代	思 孟 学 派	弓 荀 学 派
前551	孔子(前551—前479)	孔子(前551—前479)
前522	子游(前506—前445)	仲弓(前522—?)
	曾子(前505—前436)	
	子张(前503—前450)	
前483	子思(前483—前402)	仲弓弟子
前390	孟轲(前390—前305)	
前340		荀子(前340—前245)

(二) 战国中期时墨家的影响

先秦思想的发生顺序,一般认为是儒一墨二道三。道家意在调和儒墨,"因阴阳之大顺,采儒墨之善",④是亦有受墨家影响之处。《老子》主张"少施

---

① 《说苑校证》卷一九《修文》,(汉)刘向撰,向宗鲁校证:《说苑校证》,北京:中华书局,1987年,第499页。
② 《史记》卷八七《李斯列传》,第2539页。
③ 参见李福建:《〈荀子〉之"子弓"为"仲弓"而非"馯臂子弓"新证——兼谈儒学之弓荀学派与思孟学派的分歧》,《孔子研究》2013年第3期。
④ 李零:《兰台万卷:读〈汉书·艺文志〉》,北京:生活·读书·新知三联书店,2011年,第121页;《简帛古书与学术源流(修订本)》,第313~315页。

寡欲",以兵为"不祥之器",皆与墨子说合。战国中晚期之黄老道家学说,多有尚俭、义兵(或寝兵)之主张,此似亦可视为墨学之流波所及。重要的是,道家"有为"一派吸取墨家提倡节俭、反对奢侈之精髓,①其治国之术不再如儒家强调因循旧制及外在的仪节,转而与三晋法术之说结合,遂演化出道法家及黄老之学。从这个角度看,《庄子·天下》叙述道家学术之兴而从墨子讲起,更有其深意。②

《天下》篇在叙述墨翟学说之后,提到墨学分裂的局面:

> 相里勤之弟子五侯之徒,南方之墨者苦获、已齿、邓陵子之属,俱诵《墨经》,而倍谲不同,相谓别墨;以坚白同异之辩相訾,以觭偶不仵之辞相应;以巨子为圣人,皆愿为之尸,冀得为其后世,至今不决。③

所谓"别墨"非专指一派,而是各派之间互指异端的情况。墨学作为儒、道之过渡,在战国中晚期已渐趋没落,秦后已无传授者,此观《汉书·艺文志》之著录似亦可知。④ 由上述,战国中期时的墨家状态,虽一方面由于影响所及在社会上仍有流传,但另一方面其颓势已现,楚竹书于此两方面均有所反映。

1. 战国中期墨家的影响

墨家是先秦诸子中的重要一家,《孟子·滕文公下》曰"杨朱、墨翟之言盈天下。天下之言不归杨,则归墨",⑤《韩非子·显学》曰"世之显学,儒、墨也。儒之所至,孔丘也。墨之所至,墨翟也"。⑥ 二者虽然一将杨、墨同举,一将儒、墨并论,但在将墨家作为先秦的"显学"这一点上,则是一致的。楚竹书中的相关内容也显示了作为"显学"的墨家的影响,如信阳长台关楚墓直接出土有《墨

---

① 李零先生指出《史记》将老、庄、申、韩合传,说明先秦时期宗老者可分为两派:一派无为,庄周持之,专批儒、墨;一派有为,申不害、韩非主之,与三晋的刑名法术及荀子的礼学结合,对结束战国、走向统一有重大的影响。参见李零:《人往低处走——〈老子〉天下第一》,北京:生活·读书·新知三联书店,2008年,第6、15页。
② 参见林志鹏:《战国诸子评述辑证——以〈庄子·天下〉为主要线索》,上海:复旦大学出版社,2014年,第12页。
③ 《庄子集释》卷一○下《外篇·天下》,第1079页。
④ 李若晖:《"儒墨"连及与墨家消亡的时间》,《社会科学》2006年第4期,后收入《思想与文献》,上海:上海古籍出版社,2010年,第169~174页。
⑤ 《孟子注疏》卷六下《滕文公章句下》,第5903页。
⑥ 《韩非子集解》卷一九《显学》,第456页。

子》佚文,郭店竹书《唐虞之道》中体现的墨家"尊贤""利天下弗利"等思想已有学者论述。① 尤需要注意的是,墨家影响所及在楚竹书"语"类文献中亦可看出。

表 4-5 "上帝鬼神"在传世文献中出现频次举例

文　献	总频次	篇　名	频　次
《墨子》	13	《尚同中》	1
		《兼爱下》	1
		《节葬下》	6
		《天志上》	2
		《非命上》	2
		《贵义》	1
《史记》	3	《孝武本纪》	1
		《封禅书》	1
		《郊祀志》	1
《吕氏春秋》	1	《顺民》	1
《论衡》	1	《感虚》	1
《国语》	1	《吴语》	1
《吴越春秋》	1	《夫差内传》	1

上博竹书《郑子家丧》中记有郑子家死后,楚庄王向大夫解释何以决定攻郑的理由:

……如上帝鬼【甲2】神以为茇(怒),吾将何以答?……【甲3】②

"上帝鬼神"一词,由表 4-5 可知,在《墨子》中出现频率最高,而且《吕氏春秋·顺民》《论衡·感虚》的内容与《墨子·兼爱下》基本相同。《史记》中的三例几乎相同,《国语·吴语》与《吴越春秋·夫差内传》的内容也基本相同,故总

---

① 薛柏成:《郭店楚简〈唐虞之道〉与墨家思想》,《吉林师范大学学报》(人文社会科学版)2006 年第 2 期。
② 陈佩芬:《〈郑子家丧〉释文考释》,马承源主编:《上海博物馆藏战国楚竹书(七)》,第 175 页。

体而言"上帝鬼神"一词可以视作墨家的专有词语。

除了专有词语以外,亦可发现思想方面的影响,如《郑子家丧》云:

> (庄王)围郑三月,郑人问其故,王命答之,曰:"郑子【甲3】家颠覆天下之礼,弗畏鬼神之不祥……"①【甲4】

文献中"鬼神"执行"不祥"的例子多见于《墨子》,如《墨子·公孟》:

> 公孟子谓子墨子曰:"有义不义,无祥不祥。"子墨子曰:"古圣王皆以鬼神为神明,而为祸福,执有祥不祥,是以政治而国安也。自桀、纣以下,皆以鬼神为不神明,不能为祸福,执无祥不祥,是以政乱而国危也。故先王之书《子亦》有之曰:'亓傲也,出于子,不祥。'此言为不善之有罚,为善之有赏。"②

墨子认为古圣王都以"鬼神"为"神明"并通过降福降祸的方式来执行祥和不祥,因此"政治而国安",而桀纣之后以"鬼神为不神明",因此"政乱而国危"。此外尚需要留意的是《鲁问》中有当国家无礼时则提倡尊天事鬼的主张:

> 子墨子游,魏越曰:"既得见四方之君,子则将先语?"子墨子曰:"凡入国,必择务而从事焉。国家昏乱,则语之尚贤、尚同。国家贫,则语之节用、节葬。国家憙音湛湎,则语之非乐、非命。国家淫僻无礼,则语之尊天、事鬼。国家务夺侵凌,即语之兼爱、非攻。故曰:择务而从事焉。"③

由此可看出简文"郑子家颠覆天下之礼,弗畏鬼神之不祥……"与《鲁问》中墨家"国家淫僻无礼,则语之尊天、事鬼"的说法之间的联系,似可以推论《郑子家丧》中楚庄王围郑出师之名中含有墨家思想的影子。④

综上所述,从简文几处语句分析可知,《郑子家丧》的撰写似受到墨家思想的影响,由此亦可看出墨子思想在战国中晚期时的流行状况。

2. 墨学之颓势

对于上博竹书《鬼神之明》的学派判定是否属墨家,学界存在争议。学者提出该篇不属于墨家的主要理由,在于"鬼神有所明,有所不明"的思想明显与

---

① 陈佩芳:《〈郑子家丧〉释文考释》,马承源主编:《上海博物馆藏战国楚竹书(七)》,第176页。
② 《墨子间诂》卷一二《公孟》,第454~455页。
③ 《墨子间诂》卷一三《鲁问》,第475页。
④ 参见[日]西山尚志:《上博楚简〈郑子家丧〉中的墨家思想》,王志民主编:《齐鲁文化研究》(第9辑),济南:泰山出版社,2010年,第244~249页。

墨家"明鬼"思想相矛盾。笔者以为,似可通过考察先秦墨家思想的历时演变来理解这一问题。①

《韩非子·显学》篇说"自墨子之死也,有相里氏之墨,有相夫氏之墨,有邓陵氏之墨。故孔、墨之后,儒分为八,墨离为三",②可知墨子身后,墨家同儒家一样,由于弟子对墨子思想的不同理解出现了不同的学派。学者曾考察战国墨家学派发展的四个阶段,指出从公元前381年宋之田襄子接任墨家巨子开始,至秦惠王(卒于公元前311年)晚年"秦墨"与"东方墨者"相争,是战国墨家的衰败阶段,此时墨家内部组织、纪律和信念都发生了很大变化,由学派内部分工转为学派分化,甚至出现了内部争斗。③ 上博竹书的年代范围约是公元前324—前278年,这样看来,《鬼神之明》的写作年代有可能跟墨家学派内部争斗不已的衰败期是重合的,从这个角度似能帮助我们理解"鬼神有所不明"的历史背景。

《鬼神之明》中关于鬼神明知和赏罚能力的基本立场,是部分肯定和部分否定同时存在的"折中立场",④而今本《墨子》中对鬼神明知论的立场共有三种:一是持完全肯定鬼神明知能力的立场,二是完全否定的立场,三是怀疑的立场。⑤ 这里需要注意的是后两种立场。

首先,完全否定的立场。《公孟》中有:

> 公孟子曰:"无鬼神。"又曰:"君子必学祭祀。"子墨子曰:"执无鬼而学祭礼,是犹无客而学客礼也,是犹无鱼而为鱼罟也。"⑥

由此可知,公孟在讨论鬼神明知和赏罚的问题之前,已否定了鬼神自身的存在,是无鬼论者。因此,作为无鬼论者的他,否定鬼神明知和赏罚是理所当然的。

---

① 学者亦通过探讨《鬼神之明》篇中思维方式与《墨经》逻辑学说,提出两者实有不少可比观的地方,指出《鬼神之明》中虽然提及鬼神"有所不明"之说,但所反映的思想在本质上实与春秋战国时期儒家的鬼神观有所不同,且部分更与墨家有暗合之处。参见邓佩玲:《谈上博简〈鬼神之明〉的学派问题》,《古代文明》2015年第1期。
② 《韩非子集解》卷一九《显学》,第456~457页。
③ 参见郑杰文:《论战国墨家学派发展的四个阶段》,《周易研究》2011年第3期。
④ 王中江:《〈鬼神之明〉与东周的"多元鬼神观"》,《简帛文明与古代思想世界》,第138~157页。
⑤ 参见[韩]李承律:《上博楚简〈鬼神之明〉鬼神论与墨家世界观研究》,《文史哲》2011年第2期。
⑥ 《墨子间诂》卷一二《公孟》,第456页。

《公孟》中还有一处与鬼神的明知能力有关的问答,就是"子墨子"与"程子"的问答:

> 子墨子谓程子曰:"儒之道足以丧天下者,四政焉。儒以天为不明,以鬼为不神,天、鬼不说,此足以丧天下。"①

从墨子指出的"儒之道足以丧天下者,四政焉"可以看出,这四政中最先提出的是"天""鬼"的"不明""不神",这表示《公孟》成书时,鬼神明知论已经成为当时思想领域激烈争论的焦点。

其次,怀疑的立场,在《公孟》中亦可得见。如"无名门人"与"子墨子"的问答中有"今吾事先生久矣,而福不至。意者,先生之言有不善乎?鬼神不明乎?我何故不得福也?",②"跌鼻"与"子墨子"的问答亦有"今先生圣人也,何故有疾?意者,先生之言有不善乎?鬼神不明知乎?"。③ 无名门人虽然侍奉墨子很久,但以自己没有得福为由,对墨子的教诲以及鬼神明知、福祸能力提出疑问,跌鼻以老师墨子尽管是圣人却还患病为由,提出与无名门人相同的疑问。上举两处虽然内容不同,但所提问题的要旨是相同的,就是说,这疑问来源于作为墨家理念的鬼神明知论、赏罚论与现实中个体经验之间的反差。

《鲁问》中弟子"曹公子"与"子墨子"的问答亦可见这种怀疑。弟子曹公子提出疑问曰"朝得之则夕弗得,祭祀鬼神。今而以夫子之教……谨祭祀鬼神。然而人徒多死,六畜不蕃,身湛于病。吾未知夫子之道之可用也",④即言虽然自己信奉其师墨子的思想而谨慎地祭祀鬼神,但为何自己不断地遇到不幸。他不知道自己今后是否还要一直遵从老师的"道",即其理念,其怀疑的程度比上文所举的《公孟》更为深刻。

《公孟》和《鲁问》中的墨子弟子们,对鬼神的明知与赏罚能力表达了怀疑的立场,但这种怀疑的立场均被墨子的权威所消除。然而《鬼神之明》中不仅有单纯的怀疑立场,还明确提出了新的"鬼神不明"之说,而且《鬼神之明》中不

---

① 《墨子间诂》卷一二《公孟》,第458页。
② 《墨子间诂》卷一二《公孟》,第462页。
③ 《墨子间诂》卷一二《公孟》,第463页。
④ 《墨子间诂》卷一三《鲁问》,第476页。

见墨子对"鬼神不明"的回答,简文最后的第五简有表示文章终结的墨节,这说明并非墨子的回答已经散佚了。王中江先生认为《鬼神之明》是为了修正、改革墨子的鬼神说而出现的,其实更进一步而言,承袭弟子们对鬼神之明的怀疑,提出"鬼神不明"的新说,并不只是单纯地修正、改革过去墨家鬼神论的问题,而是具有从根本上动摇墨家思想体系的危险性。就此意义而言,《鬼神之明》显示了墨家衰败期时内部理念的变化,"甚至成为宣告墨家结束的序曲"。①

综上所述,楚竹书中受墨家思想影响的篇章如《郑子家丧》,以及反映墨家思想衰微的篇章如《鬼神之明》,一道体现了战国诸子思想传播的复杂面貌。特别是有关"鬼神不明"的说法,动摇了墨家的核心理论,为传世文献所见秦以后墨家衰亡带来了新的证据,也为了解战国中期墨家的衰败过程提供了新的资料。

(三) 诸子学说的相互关系

相对诸子学派发展的"历时"性而言,埋藏时段集中于公元前300年前后的战国楚竹书,则使我们得以看到当时不同思想交融、多元共生之学术面貌。毕竟出土文献在出土地域上存在着一定的局限性,在抄写时间上也存在着一定的固定性,因而出土文献似更适合用来考察同一时期思想学说之间的交叉互动以及地域之间的相互影响。从这个意义上讲,与传世文献相比,出土文献的共时性特征比历时性特征更强。把握楚竹书文献所体现的不同学派间的共生关系和相互影响,借而使战国诸子思想的丰富性、多层性充分地展现出来,是楚竹书文献对先秦学术史研究的一大促进。

楚竹书中所体现的先秦诸子学说的相互关系,似可集中于两个方面讨论:一是诸家"言公",二是诸子学说之间的改造与互摄。

---

① 李承律先生认为墨家的鬼神论是从根本上支撑三层世界观的核心理论。如果墨家内部承认"鬼神不明"的话,个人层面上的鬼神宗教信仰,学派层面上以三利思想为基础的中期以后几乎所有的墨家理论,国家层面上的以尊天事鬼为基础的统治论与天人相关论,都有可能被动摇。参见[韩]李承律:《上博楚简〈鬼神之明〉鬼神论与墨家世界观研究》,《文史哲》2011年第2期。

1. 诸家"言公"

对于不同古书之间存在的"重文"现象,清人章学诚曾有著名的"言公"立论:

> 古人之言,所以为公也。未尝矜于文辞,而私据为己有也。志期于道,言以明志,文以足言。其道果明于天下,而所志无不申,不必其言之果为我有也。①

"言"所以为"公"是因申"志",其言则不必自有。诸子立言之目的,在于使其道明于天下,实现自己的抱负,故所谓"公"言,就作为他们推行主张的手段了,即所谓"志期于道,言以明志,文以足言"。在这一角度,楚竹书不仅为我们了解先秦古书的成书、流传提供了资料,而且也能帮助我们更好地理解早期诸家之间的关系。

楚竹书中"言公"现象的表现似可举上博竹书《容成氏》为例。《容成氏》与《子羔》、郭店竹书《唐虞之道》的主旨均是推崇禅让,后两者之学派归属学者多以为是儒家,并无太大争议。《容成氏》的学派归属则众说纷纭,前文已有介绍,当然这里讨论的重点不是其学派归属问题,而是说明禅让说作为一个"母题"为先秦诸子多家学派所推崇。正如裘锡圭先生所指出的那样,尧舜禅让是一个广泛流传的上古传说,不可能是战国时代的某一学派所创造出来的,儒、墨等家都大讲禅让说。②

楚竹书中诸家"言公"的现象,在言说的背景和目标上帮助我们了解诸家的相互关系。言说的背景,表现在先秦诸子身上即是以"六艺"为代表的知识背景,郭店竹书《性自命出》《六德》及《语丛》(一)等篇都显示出当时存在着《诗》《书》《礼》《乐》《易》《春秋》六经并称的现象。③ 前文亦多有论及,此不赘述。④ 言说的目标,李零先生曾以儒家为例指出,"它(儒家)对'天'的关心,主要还是作为政治命运的关心;它对'人'的关心,也主要是作为政治动物的关

---

① 《文史通义校注》卷二《言公上》,第169页。
② 裘锡圭:《新出土先秦文献与古史传说》,《中国出土古文献十讲》,第35页。
③ 廖名春:《论六经并称的时代兼及疑古说的方法论问题》,《孔子研究》2000年第1期。
④ 学者亦从子学与经学的传承角度考察,得出"诸子各家皆有经,很多诸子学派也研究诗书礼乐"的结论,与笔者前文观点殊途同归。参见李锐:《子学与经学的传承比较》,《清华大学学报》(哲学社会科学版)2013年第2期。

"心",①即均为现实政治目标而存在的,其目的在于在自己的地区为统一天下勾画蓝图。② 在这个一致的政治目标下,诸子虽各抒己见,但由于关涉目标相同,则不可避免会出现言语、思想上的相似性。此种相似性,被明人郎瑛用"秦汉书多同"加以归纳并发表议论:

> 予尝反覆思维,岂著书者故剽窃耶? 抑传记者或不真耶? 非也。二戴之于《礼记》,彼此明取删削,定为礼经,其余立言之士皆贤圣之流,一时义理所同,彼此先后传闻;其书原无刻本,故于立言之时因其事理之同,遂取人之善以为善;或呈之于君父,或成之为私书,未必欲布之人人也,后世各得而传焉,遂见其同似。于诸子百家偶有数句数百言之同者,正是如此耳。③

郎瑛之说的重要性在于他指明了古书相同的缘由:由于"立言之士"所论之"事理"相同,所得之"义理"相似,故"取人之善以为善"。楚竹书文献为古人的精辟见解提供了新的论证资料,也使我们对战国时期诸子言说的共通资源有了进一步的认识。

2. 诸子学说的关系和相互改造

楚竹书文献不仅使我们进一步认识到诸子言说的共通资源,也提供了深入了解早期诸子学派之间关系的实例。这些实例,既有学派之间的相互看法,又有学派之间对对方学说的改造与互摄,下文将分别论述。

学派之间互相的看法,可举早期儒、道关系为例。《史记·老子韩非列传》对儒、道关系曾有过评价:

> 世之学老子者则绌儒学,儒学亦绌老子。"道不同不相为谋",岂谓是邪?④

据此记载,学者一般认为早期儒、道之间势若水火、冰炭难容,但是郭店楚墓中

---

① 李零:《郭店楚简校读记(增订本)》,"前言"第 7 页。
② 任继愈先生曾就郭店楚简的内容说:"(郭店楚)竹简内容,反映了战国中后期的社会。再过约百年,即秦汉统一,结束了战国纷争的历史……统一前夕,各地区先知先觉的思想家、有识之士,都在自己的地区为统一天下构画蓝图。竹简也反映了这一统一天下的理想……这一时期,各国各学派都有他们的设想,方法不同,目标则一致。"参见任继愈:《郭店竹简与楚文化》,《郭店楚简国际学术研讨会论文集》,第 1~2 页。
③ (明)郎瑛:《七修类稿》卷二三《辩证类·秦汉书多同》,上海:上海书店出版社,2009 年,第 248 页。
④ 《史记》卷六三《老子韩非列传》,第 2143 页。

儒、道两家典籍共出,似透露出早期儒、道两家为天下统一的共同政治目标而和平相处、同源共济的信息,而今本《老子》中很多与儒家思想截然对立的内容,在郭店《老子》中并不存在。① 如"仁义"是儒家核心内容,今本《老子》第十九章反对仁义说:

> 绝圣弃智,民利百倍。绝仁弃义,民复孝慈。绝巧弃利,盗贼无有。②

可见其以"绝仁弃义"反对仁义,与儒家针锋相对。而郭店《老子》甲篇则作:

> 絕(绝)智弃支(辩),民利百倍。絕(绝)巧弃利,頪(盗)惻(贼)亡有。絕(绝)伪弃慮,民复季(孝)子(慈)。【甲 1】③

并没有今本《老子》"绝仁弃义"这种强烈反对仁义的倾向。郭店《老子》丙篇有:

> 故大【丙 2】道废,安有仁义?六(新)亲不和,安有孝孥(慈)?邦家昏乱,安有正臣?【丙 3】④

相应的今本《老子》第十八章有:

> 大道废,有人(仁)义。智惠出,有大伪。六亲不和,有孝慈。国家昏乱,有忠臣。⑤

相比之下,郭店《老子》与今本贬斥仁义、孝慈、忠臣明显不同,简本认为仁义是大道,孝慈可以和睦六亲,正臣可以安定国家。《庄子·胠箧》云:

> 彼窃钩者诛,窃国者为诸侯。诸侯之门而仁义存焉,则是非窃仁义圣知耶?⑥

而相应的郭店竹书《语丛》(四)却作:

> 窃钩者或(诛),窃邦者为诸侯,诸侯之门,义士【8】之所廌(存)。【9】⑦

可以看出,这里的义士并非专指儒家,《庄子》以其来贬斥仁义,似是对《语丛》(四)

---

① 参见李均明、刘国忠、刘光胜、邬文玲:《当代中国简帛学研究(1949—2009)》,第 146~147 页。
② 朱谦之:《老子校释》,第 74 页。
③ 陈伟等编:《楚地出土简册(十四种)》,第 140 页。
④ 陈伟等编:《楚地出土简册(十四种)》,第 156 页。
⑤ 朱谦之:《老子校释》,第 72~73 页。
⑥ 《庄子集释》卷四中《外篇·胠箧》,第 350 页。
⑦ 陈伟等编:《楚地出土简册(十四种)》,第 263 页。

此句有所改编。通过上举数例，似可以看出，楚竹书中所体现的早期儒道关系，并非如过去认为的势如水火那样绝对，而是有着同源共济的一面。

除了对比今本与简本《老子》外，孔老、孟庄等儒道代表所体现的儒道关系亦值得重新考虑。① 例如《史记·老子韩非列传》孔子说"吾今日见老子，其犹龙邪！"，②可见孔子对老子是十分敬重的。孟子与庄子大约同时，虽然孟子以好辩著称，但《孟子》一书却从未斥责老子、庄子。

战国中期以前，在"言公"的大背景下，儒道同源互济，旨趣贯通，老子对儒家提倡的圣、仁、义、礼、孝、慈等理念的态度是肯定的。儒道两家早期互有涵化，兼容并包，从互相兼容到司马迁所记的互相排斥应该经历了一个漫长的历史过程。③ 正是由于郭店《老子》的出土，才使学界有机会重新评价早期儒道关系，其复杂面貌才得以为人们所认知。由郭店《老子》的反儒倾向并不明显，似可以得出结论，即早期儒、道间的矛盾、冲突并没有后世理解的那样激烈和尖锐。

诸子学派之间的改造与互摄，仍可以儒、道学派为例。楚竹书中可见儒家学派文献借用道家学派言论、概念，改造其意以宣扬己说的实例。如郭店竹书《性自命出》云：

> 衍（道）者，群物之衍（道）。凡衍（道），心术为宝（主）。衍（道）四术，唯【14】人衍（道）为可衍（道）也。其三术者，衍（道）之而已……【15】④

类似的表述还见于上博竹书《性情论》：

> 道也［者］，［群］［物］之［道］。［凡］［道］，［心］［术］【7】为宝（主）。道四术也，唯人道为可道也。其三术者，道之而已……【8】⑤

此句似针对《老子》首章"道可道，非常道"而言。上文已述，《性自命出》简文学派归属为儒家子思学派，儒家学派讲"道"，即已体现儒学受到道家学派的影

---

① 许抗生：《初读郭店竹简〈老子〉》，《中国哲学》（第20辑）《郭店楚简研究》，第99页；李存山：《从郭店楚简看早期道儒关系》，《中国哲学》（第20辑）《郭店楚简研究》，第188～189页。
② 《史记》卷六三《老子韩非列传》，第2140页。
③ 参见周淑萍：《郭店楚简与先秦学术思想史研究》，《西北工业大学学报》（社会科学版）2004年第2期。
④ 陈伟等：《楚地出土战国简册（十四种）》，第222页。
⑤ 濮茅左：《〈性情论〉释文考释》，马承源主编：《上海博物馆藏战国楚竹书（一）》，第229～230页。

响。《性自命出》这里的"可道"之"道"意为行走、践履,①其强调的也是"人道",并为儒家后学所继承,如《荀子·儒效》有:

> 道者,非天之道,非地之道,人之所以道也,君子之所道也。②

这种表述亦在于强调"人道"。而《老子》所说之"道"为天地万物之道,"可道"之意为可言说。《性自命出》《性情论》的上述简文即体现出儒家化用道家"道"的概念宣传儒家自身"人道"理论的情况,显示出当时儒、道两家相互之间的文本改造、互摄与渗透。

上述化用别家学派言论以为己说张本的例子,在传世文献中也可得见,兹举一例,《孔丛子·杂训》:

> 县子问子思曰:"吾闻同声者相求,同志者相好。子之先君见子产,则兄事之,而世谓子产仁爱,称夫子圣人,是谓圣道事仁爱乎?吾未谕其人之孰先后也,故质于子。"子思曰:"然,子之问也。昔季孙问子游,亦若子之言也。子游答曰:'以子产之仁爱譬夫子,其犹浸水之与膏雨乎!'康子曰:'子产死,郑人丈夫舍玦佩,妇女舍珠瑱,巷哭三月,竽瑟不作。夫子之死也,吾未闻鲁人之若是也,奚故哉?'子游曰:'夫浸水之所及也则生,其所不及则死,故民皆知焉。膏雨之所生也,广莫大焉。民之受赐也普矣,莫识其由来者。上德不德,是以无德。'季孙曰:'善。'"县子曰:"其然。"③

上述记载是子思借季康子与子游的对话讲述子产之死郑人如丧考妣,但鲁人对孔子之死却并非如此,认为其原因是"膏雨之所生也,广莫大焉。民之受赐也普矣,莫识其由来者",水是珍贵的东西,其重要性关系到民众的生死,"夫浸水之所及也则生,其所不及则死",但由于膏雨均沾,民众皆受惠,反而不认为其是珍贵的。因此最后评价说"上德不德,是以无德",这两句评价相应见于《老子》第三十八章,原文是:

> 上德不德,是以有德。④

---

① 林志鹏:《战国诸子评述辑证——以〈庄子·天下〉为主要线索》,第29~30页。
② 《荀子集解》卷四《儒效》,第122页。
③ 《孔丛子校释》卷二《杂训》,第111页。
④ 朱谦之:《老子校释》,第150页。

子思的讲述中改"有"为"无",其意义遂变为"上德者不自以为德,故民亦以德归之",并呼应了民"莫识其由来者"的论断。由上述楚竹书与传世文献两例可见战国时期诸子学说之间相互改造、互摄情况之一斑。

综上所述,通过楚竹书子类文献,使我们得窥战国中期诸子在同一政治目标下,通过相近或共同的言说"母题",同源互济,旨趣贯通,但又借别家理论以张扬己说,"言公"与"私意"互摄的复杂面貌。先秦诸子这种丰富性、多层性的思想特征,借由楚竹书文献显露出冰山一角。

三、战国时期的文化互动与社会习俗

(一) 战国中期以前地域文化间的交流

楚竹书不仅显示了战国时期诸子学说的互摄,对于地域文化间的交流情况也有所反映。从楚竹书文献来看,商周王官之学是楚文化的根柢,以齐鲁文化为代表的地域文化亦对楚文化产生影响,楚文化兼收并蓄的特征使其在战国中期一跃成为南方的学术与思想中心。

1. 商周文化对楚文化的影响

楚竹书发现以前的楚文化研究,学者多关注于楚文化与中原文化的差异所在,而对楚文化对中原文化的继承和接受关注不多。仅就传世文献与考古资料来看,这种关注与侧重是有其道理的。据《史记·楚世家》记载,西周时楚君熊渠曰"我蛮夷也,不与中国之号谥",春秋时楚武王三十五年,"楚伐随。随曰:'我无罪。'楚曰:'我蛮夷也'"。[①] 而出土的春秋中期以后的楚国器物确实也显示出了其有别于中原地区的地域文化特征。但是从楚竹书反映的情况来看,楚国学术的主流则并非"蛮夷之学",而是与中原学术相互关联、一脉相承的。[②]

清华竹书《楚居》记载了楚人自述其先祖季连娶妻的故事:

> 季纒(连)初降于鼏(騩)山……逆上汌水,见盘庚之子,尻(处)于方山。女曰妣隹【1】……季纒(连)闻其有聘(聘),从,及之盘(泮),爰生絼伯、远仲。【2】

---

① 《史记》卷四〇《楚世家》,第 1692、1695 页。
② 参见徐文武:《楚国思想与学术研究》,第 7 页。

简文是说季连在方山见到了"盘庚之子妣佳",在"闻其有聘"的情形下,"从,及之盘",最后生下了経伯和远仲,楚人自此繁衍下来。这一楚人自述,似提供给我们楚人与商人交往的新信息。据此记载,在"有聘"的情况下,季连仍能娶得"盘庚之子",似显示出其时楚人应具有一定的实力,更为重要的是季连与商人的姻亲关系,提示我们楚先人受到过商文化的影响。

楚竹书中明确显示楚人受到中原文化影响的,应是西周以降的周王室王官之学。西周王官之学之所以会对楚国产生如此大的影响,一个标志性的事件乃"王子朝之乱",此即《左传》昭公二十六年所记"王子朝及召氏之族、毛伯得、尹氏固、南宫嚚奉周之典籍以奔楚"事。清人惠栋曾评价道:"周之典籍,尽在楚矣。"① 范文澜先生甚至认为,从此"楚国代替东周王国,成为文化中心,与宋、鲁同为文化中心"。② 事实是否如此,或可商榷,但由此可见,此事对推动南北文化交流和楚文化的发展均应产生了十分重要的影响。此外,春秋时列国亦会用各种方式寻觅周王朝文献以为贵族子弟教材。春秋晚期以后诸子学派兴起,所传授讲学内容,也多有本自西周王朝史官记录之"书""语"类文献,而且列国各派间亦必多有交流。可为上述论断之佐证的是清华竹书"书""诗"类文献的发现。这些与西周王官之学有关的"书""诗"类文献,表明周人治国思想对楚文化有着极大的影响,将楚竹书与传世文献结合起来,不难发现,楚文化的根柢与商、周中原文化紧密相连。

2. 齐鲁文化对楚文化的影响

李学勤先生曾据郭店竹书和上博竹书指出齐鲁文化对楚文化的影响:

> 前不久公布的郭店楚简和上海博物馆藏战国楚简,为我们展示了战国时代更广泛的学术文化面貌。特别是这两批竹简的主要内容是儒家的东西,具有更加重要的意义。儒学的源头在齐鲁,儒学的创始人孔子是鲁国人,儒学的主要承传者孟子的主要活动地点在齐国,而他们相关的著作内容在楚国的墓葬中发现了,从中正可了解齐鲁学术文化的传播与影响。③

---

① 《春秋左传诂》卷一八《传昭公四》引惠栋语,(清)洪亮吉:《春秋左传诂》,李解民点校,北京:中华书局,1987年,第777页。
② 范文澜:《中国通史》(第一册),北京:人民出版社,1978年,第116页。
③ 李学勤:《从新出楚简看齐鲁文化的影响》,王志民主编:《齐鲁文化研究》(第2辑),济南:齐鲁书社,2003年,第1页。

齐鲁文化对楚文化的影响，我们似可从三个角度来补充：

首先是李先生所指出的儒学角度。从楚竹书的文献组成来看，儒家文献占有绝对的优势，如前述郭店楚墓中儒家著作出土 11 种 14 篇，有《缁衣》《五行》《鲁穆公问子思》《穷达以时》《性自命出》《成之闻之》《尊德义》《六德》《唐虞之道》《忠信之道》和《语丛》等，道家著作只有《老子》（甲、乙、丙）和《太一生水》等两种四篇。上博竹书目前仍未全部公布，但从目前的九册来看，儒家著作至少 20 余种，而道家著作只有《凡物流形》《恒先》《三德》等篇。上举清华竹书，亦是以"经""史"类为主，与儒家关系密切。从楚竹书的文献数量上，即可看出儒、道家文献存在着不小的差距，这与过去认识中道家哲学作为楚人学术思想领域的最高成就不符，[①] 反而从侧面显示出儒家思想在楚国主流思想中所占据的地位似并不能被低估。这一方面说明儒家文化亦应归入楚文化的核心要素之中，另一方面证明了齐鲁文化对楚文化的学术影响。

其次是古文字学的角度。以郭店竹书《语丛》（三）为例，该篇是具有齐系文字特点的抄本。简文中读为"必"的字凡三见，其中简 16、60 两例写作"𣎻"（北），用字习惯与楚文字有别，而与郭店竹书《唐虞之道》《忠信之道》及上博竹书《缁衣》等篇相同。但仍有一例即简 65"壹"写作"𢆶（必）"，可看作在具有齐系文字特点的抄本中包含有楚文字因素。"以郭店竹书和已公布的上博竹书为例，没有哪一篇简文是完全不包含楚文字因素的其他国家的抄本，应该都是楚人的转录本。"[②] 清华竹书《良臣》篇，整理者亦已指出，简上的文字有的属于三晋一系的写法，如将简 10 王子百之"百"字写作"仝（全）"等。[③] 从这方面

[①] 20 世纪 80 年代，张正明先生曾将楚文化的构成归纳为"六大要素"，其四是老子和庄子的哲学。以当时所能见到的文献与考古资料而言，"六大要素"较为全面地概括了楚文化的构成特点，因而被学界广泛接受。参见张正明：《楚文化史》，上海：上海人民出版社，1987 年，"导言"第 3 页。

[②] 冯胜君：《有关战国竹简国别问题的一些前提性讨论》，《古文字研究》（第 26 辑），第 314～319 页。

[③] 学者对此亦有较深入的补充研究。参见刘刚：《清华叁〈良臣〉为具有晋系文字风格的抄本补证》，复旦网，http://www.gwz.fudan.edu.cn/SrcShow.asp?Src_ID=2002，2013 年 1 月 10 日。此外，亦有学者据此考证《良臣》所记战国三晋《书》学的发展情况。参见马楠：《清华简〈良臣〉所见三晋〈书〉学》，《中国高校社会科学》2013 年第 3 期。

当能看出楚文化与其他诸侯国文化的交流状况。

最后,从楚竹书篇章中蕴含的思想内容等亦可说明这一问题。上博竹书《竞建内之》《鲍叔牙与隰朋之谏《竞公疟》的故事本身即直接来自齐国,《鲁邦大旱》《曹沫之陈》的故事直接来自鲁国。此外,上文述早期黄老道家之学时举例上博竹书《凡物流形》和《管子》四篇有相似之处。上博竹书《彭祖》第六简"心白身怿"四字,其用语、思想亦明显与《管子》书中的"白心"之说有关。还有郭店竹书《性自命出》"凡道,心术为主"的"心术","独处而乐,有内业者也"的"内业",也是见于《管子》篇名的用语。① 这些虽不能确知其为稷下学派的产物,但至少也应该受到了稷下学派的影响,凡此均可说明楚文化受到齐、鲁等国的学术影响。

3. 楚文化的区域学术与思想中心地位

先秦时期各诸侯国发展程度不一,并且形成了自己鲜明的文化特色,这在《史记·货殖列传》中有过很好的总结,已为学界熟知,兹不赘引。南朝梁刘勰在《文心雕龙·时序》中说:

> 春秋以后,角战英雄,六经泥蟠,百家飙骇。方是时也,韩魏力政,燕赵任权,五蠹六虱,严于秦令,唯齐、楚两国,颇有文学。齐开庄衢之第,楚广兰台之宫,孟轲宾馆,荀卿宰邑,故稷下扇其清风,兰陵郁其茂俗,邹子以谈天飞誉,驺奭以雕龙驰响,屈平联藻于日月,宋玉交彩于风云。观其艳说,则笼罩《雅》《颂》,故知晔烨之奇意,出乎纵横之诡俗也。②

刘勰虽然没有明确提出"学术中心"的说法,但其认为"唯齐、楚两国,颇有文学",这里的"文学",从其所列举的稷下与兰台的代表人物孟子、荀子、邹子等及其思想来看,当非指今天的"文学创作",而应是包括思想与学术在内的近通于今天所称的"文化"之广义"文学"概念。刘勰在描述春秋以后的学术发展情况时称重齐、楚两国,在谈到楚国"文学"时列举了战国晚期以荀子为代表的兰陵学派,还列举了屈原、宋玉等人的辞赋创作,可见刘勰以楚为春秋以后的"学

---

① 参见周凤五:《上博楚竹书〈彭祖〉重探》,《传统中国研究集刊》(第1辑),上海:上海人民出版社,2006年,第275~276页。
② 《文心雕龙义证》卷九《时序》,(南朝梁)刘勰著,詹锳义证:《文心雕龙义证》,上海:上海古籍出版社,1989年,第535~536页。

术中心"之一。

楚文化在战国时代是否确如刘勰所言,已是堪与齐稷下学宫相比肩的南方思想与学术中心,传世文献并无明确的记载,在其他方面可以找到的证据也并不是很多,而楚竹书对此提供了新的佐证。楚文化以商周王官之学为根柢,受到齐鲁、三晋等区域文化影响,其体现在楚竹书诸子文献的组成上,就是信阳长台关有墨子佚篇,郭店竹书中儒、道著作同出一墓,上博竹书中可以同时见到儒、道、墨、法、兵、阴阳等诸子学说并存的局面。清华竹书中还发现有大量西周王朝的"书""诗"类文献,这似可说明楚国在当时不仅是王官之学与诸子思想的汇聚之地,也是诸家思想与学术交流的中心之一。刘勰以楚文化为战国时期的南部"学术中心",确实有其道理。

综上所述,无论从楚竹书的文献构成,还是从各具体文献的思想内容等方面来看,楚竹书均提示我们楚文化与中原王官文化、齐鲁区域文化都有交融的状况,先秦时期不同地域之间文化的交流与融合通过楚竹书文献,再次展现在世人面前。

(二) 儒家政治思想与战国社会之互动

一言以蔽之,先秦学术史与思想史的研究,在学术史、思想史的层面已相当深入,但对于"学术与政治"的互动方面(即从史学角度考察楚竹书所反映的诸子政治思想与当时社会是如何互相影响的)的探讨,学界的重视则有些不够。蒙文通先生曾指出,"衡论学术,应该着眼于那一时代为什么某种学术得势,原因在哪儿? 起了什么作用? 这才是重要的",比如以黄老和今文学为代表的"老子、孔子之学何以在汉代战胜百家之学"这一大问题就当从其得势之原因和所起的作用着眼,"从这里看孔、老,似乎比专就孔、老哲学思想看,更有着落"。[①]

从前文的楚竹书文献分类来看,楚竹书中以子书为大宗,而子书中儒家文献又占多数,其次是道家,所以政治思想领域内的讨论多可归入传统认识中的

---

① 蒙文通:《治学杂语》,蒙默编:《蒙文通学记》,北京:生活·读书·新知三联书店,1993年,第14~15页。

儒家思想范畴。因此这里同样以儒家政治思想为例,讨论儒家政治思想与战国社会的相互影响,借以说明楚竹书的政治思想史价值。

第一,儒家文献何以在楚竹书中占据优势地位？学者曾指出,楚竹书的发现带有不完善、偶然性等特征。郭店竹书、上博竹书等文本有些可能是流传有年、相对定型的作品,有些则是文章的草稿、讲习材料等,可能是墓主为了某一目的收集起来的,这就使得我们在利用过程中,难以把握文本整体的思想。出土的偶然性使得这些文本能否反映了当时的时代思想主流,是否可以代表当时中国的普遍思想,都是不得不认真考虑的问题。反之,将其作为具有楚地思想特征的资料是否合适呢？同样是值得考虑的问题。① 笔者原则上赞同这种审慎的认识,但亦不妨对儒家文献在楚竹书中占据优势地位的现象作一简单的揣测。上文已述,儒家以"六经"为典籍,而"六经"又是楚国官方教导贵族子弟的主要教材,这使得儒家与楚国有了文化上的"共同话语",使得儒家学派思想在楚地的传播有先天的文化亲近性。学者每以楚地僻处南方而强调其独特性,而楚竹书中大量"经""史"文献显示出其与商、周王官文化一脉相承的联系性,由此似亦可知战国时期的社会大变动,"士"阶层崛起成为社会主要阶层的论断同样适用于楚国。② 为获得职权,他们需要凭借军事指挥、文学修养和事务管理等方面的才能,而诸子之学正是这一主要社会阶层的晋身之阶。这些都可能给儒家思想在楚地的传播提供便利条件。这是政治思想与社会现实互相影响的情况之一。

第二,针对战国社会现状,当时儒家学派的政治思想带有较强的针对性,可以郭店竹书《缁衣》与今本《礼记·缁衣》为例。如"好恶"论,简本《缁衣》意识到君主的好恶对其臣下和民众具有规范的意义,因而君主须成为政治上和道德上两种意义的典范,有责任将自己的好恶明确无误地传递给臣民,否则臣民就会陷入混乱。从中可以看出对民心统一和服从的期待以及对君权的强调,"好恶"论因而具有政治和道德的两种意义。

在汉代以后定型的今本《缁衣》中,这种针对政治的意味明显淡化。由表

---

① 曹峰:《价值与局限:思想史视野下的出土文献研究》,《中国哲学与文化》(第 6 辑)《简帛文献与新启示》,第 85～87 页。
② 许倬云:《春秋战国间的社会变动》,《求古编》,北京:商务印书馆,2014 年,第 237～260 页。

4-6所列文本来看,简本"好美",今本第二章改为了"好贤";简本的"有国者章好章恶",今本第十一章则是"章善瘅恶";简本的"章志以昭百姓",今本第六章成为"章志、贞教、尊仁","以子爱百姓"则不见于简本。种种迹象表明,简本《缁衣》由"好恶"所体现的强烈的现实政治意识到汉代时弱化、淡化为一般和普遍意义上的君子道德论,有从仁义方面加以解释的倾向,同时简本所表现出的"政治一元论""言行一致论"等在今本中趋于模糊。① 从中既可看出战国儒学到汉代儒学思想之演变,又可了解战国时期强调君主具有道德与政治两种权能的思想背景。

表4-6 郭店竹书本与今本《缁衣》"好美"相关文献对勘

简 本	今 本
好美如好缁衣,恶恶如恶遾(巷)伯。【1】	子曰:好贤如《缁衣》,恶恶如《巷伯》(第二章)。
有邦(国)者章好章恶,以示民厚,则民【2】情不忒(忒)。【3】	有国者章善瘅恶,以示民厚,则民情不贰(第十一章)。
故伥(长)民者,章志以昭百眚(姓),则百眚(姓)致行异(己)以敓(悦)上。【11】	故长民者章志、贞教、尊仁,以子爱百姓,民致行己以说其上矣(第六章)。

类似的例子还有上博竹书《内豊》,其内容与传世文献《曾子立孝》有关,但涉及君臣、父子、兄弟相互关系时,《内豊》云:

> 故为人君者,言人之君之不能使其臣者,不与言人之臣之不能事【1】其君者;故为人臣者,言人之臣之不能事其君者,不与言人之君之不能使其臣者。故为人父者,言人之【2】父之不能畜子者,不与言人之子之不孝者;故为人子者,言人之子之不孝者,不与言人之父之不能畜子者。【3】故为人倪(兄)者,言人之倪(兄)之不能慹(慈)佛(弟)者,不与言人之佛(弟)之不能承(承)兄者;故为人佛(弟)者,言人之佛(弟)之不能承(承)兄【4】[者,不与言人之倪(兄)之不能慹(慈)佛(弟)者。君子]曰:……与父言,言畜子;与子言,言孝父。与倪(兄)言,言慹(慈)佛(弟),【5】与佛(弟)言,言承

---

① 曹峰:《楚地出土文献与先秦思想研究》,台北:台湾书房出版有限公司,2010年,第243页。

(承)兄。反此乱也……【6】①

《内豊》将君与臣、父与子、兄与弟并举,同时强调各自的责任与义务,而《曾子立孝》中则云:

> 故为人子而不能孝其父者,不敢言人父,不能畜其子者。为人弟而不能承其兄者,不敢言人兄,不能顺其弟者。为人臣而不能事其君者,不敢言人君,不能使其臣者也。故与父言,言畜子。与子言,言孝父。与兄言,言顺弟。与弟言,言承兄。与君言,言使臣。与臣言,言事君。②

可见《曾子立孝》中略去了"故为人君者……""故为人父者……""故为人兄者……"等内容,将竹书中原本君臣、父子、兄弟间双向的、相互对待的"爱"和义务关系,转变为臣、子、弟下对上片面的职责,"颇有'为尊者讳'的意涵",但是由于《曾子立孝》保留了"故与父言,言畜子……与兄言,言顺弟……与君言,言使臣……"这一段文字,仍依稀可以看到前面曾有讨论君、父、兄职责和义务的内容,所以《曾子立孝》"为人君""为人父""为人兄"三句应是在后世流传中被删除了,而被删除的原因可能与后来儒家君臣父子关系被绝对化,竹简要求君臣父子互"爱"、互"礼"的观点显得大逆不道、难以被接受有关。③ 这是政治思想与社会现实互相影响的情况之二。

第三,君位选择中禅让说的破产。《子羔》篇中已经意识到禅让存在于理想中的古代社会,世袭则存在于现实中的战国社会。世袭与"血统"有关,禅让则重视"德行"。当时这种君位选择论的盛行,导致了公元前318—前314年间燕王哙禅位相国子之,最后国破君亡的惨剧。学者多已揭示,此后禅让理论彻底破产。但是在禅让理论式微之后,其对君主德行的重视却延续下来,成为理想政治模式下选择君位继承者的主要标准。这是政治思想与社会现实互相影响的范例之三。

第四,思想知识阶层基本承认了血统在君位选择中的主导地位,但是他们抓住了"德行"这一主题,可以说是由君位选择中的唯血统论所带来的对"德"

---

① 李朝远:《〈内豊〉释文考释》,马承源主编:《上海博物馆藏战国楚竹书(四)》,第220~224页。
② 《大戴礼记补注》卷四《曾子立孝》,第94页。
③ 梁涛:《郭店竹简与思孟学派》,北京:中国人民大学出版社,2008年,第471~472页。

的强调。当然理想状况是"德""位"相合,但考虑现实状况,有德者不见得能够在位,在位者亦并非皆有德,故对此问题必须有所说解或回应,所以楚竹书中不少篇章对此问题提供解释。简言之,一方面通过《穷达以时》《子羔》等论述的"际遇""时机"等,以参照是否遇时,来解释这一问题;另一方面,强调"德",用"德高于位"的观念说明有德者即便不在位,其地位仍高于在位者。例如上博竹书《君子为礼》中即有子羽与子贡的讨论,一一比较孔子与子产、禹、舜孰贤,逐次而言,子产有贤之名而无王之实,禹有贤之名亦有王之实,舜则有圣之名亦有王之实,三人之历史地位依序提升,而孔子一一与之相较,德行事功亦胜于三人。此外《季庚子问于孔子》中亦有述及"贤人"与"邦家"孰重孰轻的内容,其文为:

> 是故贤人大于邦,而有嚣(厚)心……【18】①

此种将"贤人"地位推崇至邦国之上的观念似已表示此说已开始流行,由此可联系到当时士人社会地位之提高。余英时先生曾举魏文侯和鲁缪公的礼贤下士和陈仲的不愿出仕,以及齐国成立的"稷下学宫"以保障知识分子的"议论权"为例,论述其时知识分子声望的提高。② 这与当时各诸侯国通过求得"礼贤下士"的美名,汇聚人才以增强实力的背景是分不开的。以上似是政治思想与社会现实互相影响的范例之四。

最后,由楚竹书这一横断面体现的某种以德治教化为核心观念的政治思想结构和上文述及的早期黄老道家渊源的相互运作,也对历史的纵深产生了深远的影响。《论六家要旨》中将黄老道家思想概括为"因阴阳之大顺,采儒墨之善,撮名法之要",③学者研究认为黄老之学吸取的各家学说中,儒家所占的比重最大,对于黄老学理论体系的构建最重要。④ 蒙文通先生指出:"百家盛于战国,但后来却是黄老独盛,压倒百家。"⑤黄老道家思想在战国逐渐成为显

---

① 濮茅左:《〈季庚子问于孔子〉释文考释》,马承源主编:《上海博物馆藏战国楚竹书(五)》,第227页。
② 余英时:《古代知识阶层的兴起与发展》,《士与中国文化》,上海:上海人民出版社,1987年,第1~83页。
③ 《史记》卷一三〇《太史公自序》,第3289页。
④ 白奚:《学术发展史视野下的先秦黄老之学》,《人文杂志》2005年第1期。
⑤ 蒙文通:《略论黄老学》,《蒙文通文集》(第1卷)《古学甄微》,第276页。

学,直至在汉初被遵奉为治国思想,即反映了这一趋势及影响,继之而起的标榜"德治礼教"的儒家主体思想更是对中国古代社会影响深远。这是政治思想与社会现实互相影响的范例之五,亦体现着楚竹书文献在研究政治思想史方面的重要价值。

(三) 战国时期的居住与丧葬习俗

九店《日书》并非当时社会生活的全面、真实写照,但其设计好的和程式化的各种指标,对于我们了解战国时期的社会风俗还是具有"同时代"的史料价值。如有关居址的建筑习俗,九店《日书》第 7 组简文(简 45～59、116)即叙述修建住宅及所处方位所产生的吉凶后果:

  凡相坦(垣)、啟(树)邦、作邑之遇(宇):盖西南之遇(宇),君子居之,幽思不出。北方高,三方下,居之安寿,宜人民,土田骤得。盖东[南]之遇(宇)☑【45】君子居之□夫□□□【116】□爽。西方高,三方下,其中不寿,宜人民,六扰。盖西北之遇(宇),亡长子。北、南高,二方下,不可居,是谓□土聚□见吉。东北有□□☑【46】东、南高,二方下,是谓虚井,攻通,安。中坦,中□,又穿浚,居之不盈志。西方□□□贫。东、北高,二方下,黄帝□□庶民居之☑【47】遇(宇),不可以□。凡官垺于西南之南,居之贵。凡□不可以盖□之墙,是谓□【48】☑居祭室之后。垺于东北之北,安。窖居南、北,不利人民;居西北利,不利豕。居西南□☑【49】☑垺于西北。不利于子,三增三沮不相志,无藏货。西□君□。垺于东南,不利于□☑【50】☑垺于东北之东□□□【51】☑谓之。垺于☑【52】☑□□□瑶堂吉。□□于室东,日出炙之,必肉食以食。廪居西北,不吉,居是室☑【53】☑□西北贫。夏三月,启于北得,大吉;□正方,非正中,不吉。秋三月,作高居于西得☑【54】☑□土少。盖东南之遇(宇),日以居,必有□□出☑【55】☑□□不筑,东北之遇(宇),西南之☑【56】☑水居之□,妇人正。凡坦(垣)南□☑【57】☑□居东南多恶☑【58】☑□□之□□□之西,居之福,□☑【59】①

---

① 陈伟等:《楚地出土战国简册(十四种)》,第 317～320 页。诸家对释文还有不同意见,参见刘信芳:《九店楚简日书与秦简日书比较研究》,《第三届国际中国古文字学研讨会论文集》,香港:问学社,1997 年,第 517～544 页;刘乐贤:《九店竹简日书研究》,《华学》(第 2 辑),广州:中山大学出版社,1996 年,第 61～70 页;李零:《读九店楚简》,《考古学报》1999 年第 2 期;晏昌贵、钟炜:《九店楚简〈日书·相宅篇〉研究》,《武汉大学学报》(人文科学版)2002 年第 4 期;等等。

虽然这部分简文多残断,不可卒读,但是仍然可以看出简文大致包含三部分内容。第一部分是讲盖"遇(宇)"的方位吉凶。"遇",秦简作"宇",居室为宇,应即指建筑群的基址。① 从简文的方位排列看是先西南,后东南、东北和西北。每个方位先讲吉凶,如"西南之遇(宇),君子居之,幽思不出",然后是对四周地势地形吉凶的进一步说明,如西南之遇(宇)在"北方高,三方下"时,会"居之安寿,宜人民,土田骤得"。第二部分主要讲"宫垪"的吉凶。"垪",秦简作"多",当读为侈,侈于某方即是房屋在那个方向上较多。② 其表述方式亦是先列出"宫垪"的方位,简文存有西南之南、东北之北、西北、东南、东北之东等五项,然后是吉凶说明,如"宫垪于西南之南,居之贵"。第三部分是其他建筑的吉凶说明,简文残存有"坦(垣)""祭室""廩""祭室""弱堂"等。

简文直接展示了楚地居民建筑居址的设计理念,可以看出这种理念已经脱离了"住"的基本需求层面,开始将其与祸福吉凶联系起来。通过简文,我们已可大致了解,当时的设计理念是按照遇(宇)和宫两个相关主体和四个层面来考虑的:一是遇(宇)的方位,二是遇(宇)四周高下的具体地形地势,三是宫垪的方位,四是与"宫"相关的建筑物所处的方位。③

简言之,九店竹书《日书·相宅》已经建立起一套严密的推占方法,其根本点在于依据居住环境及相关建筑所处空间方位的变化,作出相应的吉凶判断,反映了战国时期居民居址的建筑习俗。④

九店《日书·丛辰》有:

> 交日:利以申床(户)秀(牖),舀(凿)井,行水事,吉……以祭门、禜(行),享之。【27】
> [害]日:利以祭门、禜(行),敓(除)疾。【28】⑤

所谓祭"门""行",《礼记·王制》:"天子祭天地,诸侯祭社稷,大夫祭五祀。"郑

---

① 陈伟:《九店楚日书校读及其相关问题》,《人文论丛》(1998年卷),武汉:武汉大学出版社,1998年,第157页。
② 陈伟等:《楚地出土战国简册(十四种)》,第319页。
③ 参见刘金华、刘玉堂:《九店楚简〈日书·相宅〉辨析》,《史学月刊》2009年第11期。
④ 学者据九店《日书·相宅》中大量有关宫垪的记录,联系《楚辞》和其他先秦文献,认为楚国更加重视宫室建筑,而且有些宫室建筑已为考古发现所证实,表明九店《日书》是当时居民生活的真实写照。参见晏昌贵、梅莉:《楚秦〈日书〉所见的居住习俗》,《民俗研究》2002年第2期。
⑤ 陈伟等:《楚地出土战国简册(十四种)》,第308页。

玄注:"五祀,谓司命也,中霤也,门也,行也,厉也。"①可见"门""行"属于"五祀"。②《日书》以外,楚竹书中"礼"类篇章反映丧葬礼俗的有关内容中也出现了"五祀",如上博竹书《内豊》讲到父母病重时孝子的行为:

> 孝子,父母有疾,冕(冠)不夋(綏),行不容,不衺(卒)立,不庶语。时眛社(攻)、禜(榮),行祝于五祀,剴必有益?君子以城(成)其孝。【8】③

其中讲到父母病重时要"时眛攻、禜、行,祝于五祀",相应的记载见于《仪礼·既夕礼》,其云:

> 属纩以俟绝气。男子不绝于妇人之手。妇人不绝于男子之手。乃行祷于五祀,乃卒。主人啼,兄弟哭。④

同样是讲在病重不治绝气之前,要"行祷于五祀",学者或以为《内豊》等的记述主题在于阐述儒家孝道,不是着重讲祭祷的文章,因此"五祀"乃宽泛通广之论,以大名带小称,并非真正祷于五祀。⑤ 但是家宅"五祀"的"户、灶、中霤、门、行"等,是古人日常生活中每天都要面对的神灵,⑥是故在丧仪之初要"行

---

① 《礼记正义》卷一二《王制》,第2891页。
② 楚简中有很多对"五祀"神的祭祷记录,除了望山、新蔡、九店等墓所出简文外,最完整的无疑是包山简中标明此五神之名的签牌。包山M2中发现五块形状不一的小木牌,分圭形、亚腰形、尖顶弧形、凹弧顶燕尾等,均为长方形的变形,长6厘米、宽1.8厘米、厚0.2厘米,每块书一字,分别是"室、门、户、行、灶"。参见湖北省荆沙铁路考古队:《包山楚墓》,北京:文物出版社,1991年,第156页。学者通过对这五个神的顺序和名称的列表对比,发现从新蔡简到包山简的战国中期,"五祀"之五个神的先后顺序还没有固定下来,换言之,尚没有形成《礼记·月令》中"户、灶、中霤、门、行"这样的顺序。楚简和秦简材料反映的"五祀"中没有"井"神,《白虎通》中"行"改为祀"井",说明这种变化至少是西汉以后的事。另外,简文材料还表明,《礼记·祭法》上所谓贵族按照等级祭祷家居之神(王七祀、诸侯五祀、大夫三祀、嫡士二祀、庶人一祀)的说法是错误的,至少大夫以上的贵族应当恒祭"五祀",并无等级之别,司命神和厉神不应当列入"五祀"之中。参见杨华:《"五祀"祭祷与楚汉文化的继承》,《江汉论坛》2004年第9期。
③ 李朝远:《〈内豊〉释文考释》,马承源主编:《上海博物馆藏战国楚竹书(四)》,第226页。
④ 《仪礼注疏》卷四〇《既夕礼》,第2509页。
⑤ 曲冰:《试论上博四〈内礼〉中的"五祀"与简文的释读》,《古籍整理研究学刊》2009年第2期。
⑥ 学者研究推测"五祀"信仰的出现应该和先民生活形态变化的历程有关:先民在生活上最先使用火、使用灶来改善饮食,因此先对火和灶起了尊敬;而后稳固的穴居、半穴居取代巢居野处,生活的空间有了室内与室外之别,原本混为一体的万物有灵崇拜便被基本分成室内与户外两大类,室内的部分除了由火及灶崇拜演变而来的灶神外,还有与室外地神不同的家室地神——中霤出现;而原先只有孔道的穴居出入口,为了抵御野兽、敌人或不良天候的威胁,又设置了门户,先人感念门户作为御难的替身,对门户的感恩和崇拜便产生;当离开家室出外觅食谋生时,身无遮掩,先民乃期待自出门在外的那一刻起,能有无形力量的护持,行道信仰因而出现。参见邹浚智:《西汉以前家宅五祀及其相关信仰研究——以楚地简帛文献资料为讨论焦点》,台北:花木兰出版社,2008年,第383~390页。

祷于五祀"。似正是由于"五祀"的普遍性和代表性,才使其得以演化成一种"母题",成为儒家宣扬孝道时引以为据的典型。从这个角度看,其一"行祷于五祀"应具有战国时期深刻的社会生活背景,其二楚竹书"礼"类文献确实有对战国社会习俗的提炼与吸收。

初死之后到服丧之前的一系列仪式程序,上博竹书《昔者君老》的故事,记述了君老至离世期间太子的行事:

> 君翆(卒)。太子乃亡闻、亡听,不问不令,唯衒(哀)是思,唯邦之大粤(叟)是敬。【4】①

简文"亡闻、亡听,不问不令"与"唯而不对……对而不言……言而不议"②等表达出一致的哀思,而"唯邦之大叟是敬"则与"古者天子崩,王世子听于冢宰三年"③的礼仪制度是一致的。通过这种方式,太子寄托对君王的哀思。而孝子失去亲人之后的悲伤之情,郭店竹书《性自命出》云:

> 惪(喜)斯慆(陶),慆(陶)斯奋,奋斯羕(咏),羕(咏)斯猷,猷斯迈(舞)。迈(舞),惪(喜)之终也;愠(愠)斯忧,忧斯戚,戚【34】斯叹,叹斯辟,辟斯踊。踊,愠(愠)之终也。【35】④

其中"辟踊",是丧礼中悲丧之情的最高表现。《语丛》(一)云:

> 凡同(痛)者迵(踊)。【102】⑤

"踊"特指丧仪中跳跃以表达哀痛之情的礼俗。《语丛》(三)云:

> 迵(踊),哀也。【41】⑥

《礼记·问丧》有"故哭泣辟踊,尽哀而止矣",同篇又云:

> 三日而敛,在床曰尸,在棺曰柩。动尸举柩,哭踊无数。恻怛之心,痛疾之意,悲哀志懑气盛,故袒而踊之,所以动体、安心、下气也。妇人不宜袒,故发胸、击心、爵踊,殷殷田

---

① 陈佩芬:《〈昔者君老〉释文考释》,马承源主编:《上海博物馆藏战国楚竹书(二)》,第245~246页。
② 《礼记正义》卷六三《丧服四制》,第3682页。
③ 《礼记正义》卷九《檀弓下》,第2826页。
④ 陈伟等:《楚地出土战国简册(十四种)》,第223页。
⑤ 陈伟等:《楚地出土战国简册(十四种)》,第247页。
⑥ 陈伟等:《楚地出土战国简册(十四种)》,第258页。

> 田,如坏墙然,悲哀痛疾之至也。故曰:"辟踊哭泣,哀以送之,送形而往,迎精而反也。"①

上述记载正与郭店竹书简文相符,是说由于亲人去世极度悲痛,以至于跳踊。通过《礼记·檀弓下》和《曾子问》等记载,②丧仪中的"踊"是有规定的:一是自士以至天子,从绝气到大殓,分别踊三、五、七、九次;二是每踊分三回,一回三跳,即一踊三回九跳。③

综上所述,楚竹书《日书》和"礼"类文献所记述的内容,虽不能直接用来考证战国史事,但是以居址建造、丧葬礼俗为例,其所反映的有关战国时期社会风俗的有关内容,给我们提供了了解战国时期社会生活的有益资料,这是它们对于先秦史事研究的主要价值。

小　　结

楚竹书中涉及春秋战国时期史事的材料最多,故而其在世系、年代、学术、文化与社会生活等多方面提供了探究春秋战国时期图景的"共时画卷"。楚竹书所记春秋史事叙述系统而不乏细节,情节之差异丰富了我们既往的认识,其于战国早期史事之记述更在极大程度上补载籍之阙,特别是《系年》战国世系与年表为这一资料稀缺的时段提供了可供深入研究的极珍贵之材料基础。

---

① 《礼记正义》卷五六《问丧》,第 3594 页。
② 《檀弓下》:辟踊,哀之至也。有算,为之节文也。郑玄注:算,数也。孔颖达正义曰:抚心为辟,跳跃为踊。孝子丧亲,哀慕至懑,男踊女辟,是哀痛之至极也。若不裁限,恐伤其性,故辟踊有算,为准节文章。准节之数,其事不一。每一踊三跳,三踊九跳,都为一节。士舍死日三日而殡,凡有三踊。初死日袭,袭而踊。明日小敛,小敛而踊。又明日大敛,大敛又踊。凡三日为三踊也。大夫五踊,舍死日四日而殡,初死日一踊,明日袭又一踊,至三日小敛朝一踊,至小敛时又一踊,至四日大敛朝不踊。当大敛时又一踊,凡四日为五踊。诸侯七踊,舍死日六日而殡,初死日一,明日袭又一,至三日小敛朝一,当小敛时又一,四日无事一,五日又一,至六日朝不踊,亦当大敛时又一,凡六日七踊。《周礼》王九踊,舍死日八日而殡,死日一,明日袭一,其间二日为二,至五日小敛为二,其间二日又二,至八日大敛,则其朝不踊也,大敛时又一,凡八日九踊。故云"为之节文"也。故《杂记》云"公七踊,大夫五踊,士三踊",郑注云"士小敛之朝不踊,君大夫大敛之朝乃不踊"是也。参见《礼记正义》卷九《檀弓下》,第 2818 页。
　　《曾子问》:祝、宰、宗人、众主人、卿、大夫、士,哭踊,三者三,降东反位,皆袒。子踊,房中亦踊,三者三,袭衰杖。郑玄注:踊、袭、衰、杖,成子礼也。孔颖达正义曰:"祝宰宗人卿大夫士哭踊,三者三",此等以子稽颡哭,故亦祝宰宗人在堂上北面哭,众主人、卿、大夫、士俱在西阶下北面哭,为踊。每踊三度为一节,如此者三,故云"三者三"。参见《礼记正义》卷一八《曾子问》,第 3008~3009 页。
③ 参见陈伟:《〈语丛〉一、三中有关礼的几条简文》,《郭店楚简国际学术研讨会论文集》,第 143~148 页,后收入《燕说集》,第 289~299 页。

以"子"类文献为主的楚竹书,不仅使我们对先秦学术发展、学说演变的认识更为深刻,还在学术发展的共时性方面,使我们看到了诸家圆融互摄,改造别家典型概念以为己说张本的现象。由楚竹书这一横断面所管窥出的政治思想,更不由使人联想到其后长达千年之久的中国古代社会的主导政治思想,似均在战国时期发轫并奠定其主干。

根据本书讨论,楚竹书诸篇文献所记先秦史事之史料价值可列表类举如下(表4-7):

表4-7 楚竹书所记先秦史事的史料价值类举

文献篇名	相关内容举例	文献性质	史料价值
清华竹书《楚居》	季连以降至若敖熊仪的世系	"世"类春秋战国时人追述三代史事	印证传世文献对楚世系记载的可靠性
	霄敖熊鹿至春秋末期楚惠王的世系	"世"类战国时人追述春秋史事	印证传世文献对楚世系记载的可靠性
	楚惠王以降至战国中期楚悼王的世系	"世"类"同时代"	印证传世文献对楚世系记载的可靠性
	季连以降至若敖熊仪的居处	"世"类春秋战国时人追述三代史事	补充传世文献所不见的记载
	霄敖熊鹿至春秋末期楚惠王的居处	"世"类战国时人追述春秋史事	补充传世文献所不见的记载
	楚惠王以降至战国中期楚悼王的居处	"世"类"同时代"	补充传世文献所不见的记载
	"楚""郢"之名称的由来	"世"类春秋战国时人追述三代史事	补充传世文献所不见的记载
	妣隹和妣𤔲两位女性先祖	"世"类春秋战国时人追述三代史事	补充传世文献所不见的记载
	穴熊之下就是丽季	"世"类春秋战国时人追述三代史事	给予过去认识新的史料支持
清华竹书《良臣》	从黄帝到西周的著名君主的良臣的记述	"世"类春秋战国时人追述三代史事	印证传世文献记载
	春秋时期著名君主良臣之记述	"世"类战国时人追述春秋史事	印证传世文献记载

续　表

文献篇名	相关内容举例	文献性质	史料价值
清华竹书《傅说之命》	商王武丁梦得傅说	"书"类"同时代"	印证传世文献记载
	武丁以货徇求说	"书"类"同时代"	补充传世文献所不见的记载
	武丁使傅说伐失仲	"书"类"同时代"	补充传世文献所不见的记载
	厥说之状，鹃肩如锥	"书"类"同时代"	给予过去认识新的史料支持
	昔在大戊	"书"类"同时代"	印证相关传世文献记载
清华竹书《尹至》	夏桀暴政、伊尹间夏	"书"类"同时代"	印证相关传世文献记载
	汤伐桀战事的具体过程	"书"类"同时代"	补充传世文献所不见的记载
清华竹书《尹诰》	汤建国、伊尹作用	"书"类"同时代"	印证相关传世文献记载
清华竹书《厚父》	皋陶佐启、孔甲形象	"书"类"同时代"	补充传世文献所不见的记载
清华竹书《金縢》	武王既克殷三年、周公宅东三年	"书"类"同时代"	给予过去认识新的史料支持
清华竹书《皇门》	周公诰命	"书"类"同时代"	印证相关传世文献记载
清华竹书《封许之命》	成王封许、所赐器物	"书"类"同时代"	补充传世文献所不见的记载
清华竹书《祭公》	毕、井、毛三公	"书"类"同时代"	给予过去认识新的史料支持
清华竹书《摄命》	周天子册命"摄"	"书"类"同时代"	补充传世文献所不见的记载
清华竹书《程寤》	王及太子发并拜吉梦，受商命于皇上帝	"书"类春秋战国时人追述西周史事	给予过去认识新的史料支持

续 表

文献篇名	相关内容举例	文献性质	史料价值
清华竹书《保训》	舜"求中"、上甲微"假中"、汤"得中"、文王"传中"	"书"类春秋战国时人追述三代及之前史事	补充传世文献所不见的记载
清华竹书《命训》	君王为政牧民之道	"书"类春秋战国时人追述三代史事	印证相关传世文献记载
清华竹书《系年》	武王监观商王之不恭上帝	"史"类春秋战国时人追述夏商史事	给予过去认识新的史料支持
	周武王既克殷，乃设三监于殷	"史"类春秋战国时人追述西周史事	给予过去认识新的史料支持
	成王伐商盖，杀飞廉	"史"类春秋战国时人追述西周史事	印证相关传世文献记载
	西迁商盖之民	"史"类春秋战国时人追述西周史事	补充传世文献所不见的记载
	建卫叔封于康丘	"史"类春秋战国时人追述西周史事	给予过去认识新的史料支持
	大败周师于千亩	"史"类春秋战国时人追述西周史事	给予过去认识新的史料支持
	周亡王九年	"史"类春秋战国时人追述西周史事	补充传世文献所不见的记载
	重耳流亡顺序、徵舒与夏姬史事等	"史"类战国时人追述春秋史事	补充传世文献所不见的记载
	描述战国史事的篇章	"史"类"同时代"	补充传世文献所不见的记载
上博竹书《容成氏》	古史帝王系统、九州系统	"语"类春秋战国时人追述三代之前史事	给予过去认识新的史料支持
	尧舜禹禅让、汤武革命、夏商世系	"语"类春秋战国时人追述三代史事	印证相关传世文献记载
上博竹书《融师有成氏》	祝融师有成氏、蚩尤及伊尹等并及夏商史事	"语"类春秋战国时人追述三代及之前史事	印证相关传世文献记载

续　表

文献篇名	相关内容举例	文献性质	史料价值
上博竹书《举治王天下》	尧、舜、禹、古公、文王和太公望有关举治的论题	"语"类春秋战国时人追述三代及之前史事	补充传世文献所不见的记载
	古公名号	"语"类春秋战国时人追述三代史事	印证相关传世文献记载
上博竹书《成王既邦》	成王既邦，周公二年	"语"类春秋战国时人追述西周史事	给予过去认识新的史料支持
	成王请教周公如何洁身自修事	"语"类春秋战国时人追述西周史事	补充传世文献所不见的记载
上博竹书《庄王既成》	楚庄王与子桱讨论楚之后人如何保住霸主地位事	"语"类战国时人追述春秋史事	补充传世文献所不见的记载
上博竹书《成王为城濮之行》	楚成王与子玉、子虘（蘧）、蒍贾和子玉事	"语"类战国时人追述春秋史事	印证相关传世文献记载
上博竹书《郑子家丧》	楚国以子家颠覆天下之礼为由，出兵围郑事	"语"类战国时人追述春秋史事	补充传世文献所不见的记载
	晋楚战于两棠，晋人大败事	"语"类战国时人追述春秋史事	印证相关传世文献记载
上博竹书《灵王遂申》	申成公及其子虚之史事	"语"类战国时人追述春秋史事	补充传世文献所不见的记载
上博竹书《申公臣灵王》	楚王子回与申公争王位，结果申公愿为"君王臣"事	"语"类战国时人追述春秋史事	补充传世文献所不见的记载
上博竹书《平王问郑寿》	楚平王与郑寿史事	"语"类战国时人追述春秋史事	补充传世文献所不见的记载
上博竹书《平王与王子木》	楚平王命王子木至城父事	"语"类战国时人追述春秋史事	印证相关传世文献记载

续表

文献篇名	相关内容举例	文献性质	史料价值
上博竹书《王居》（含《命》与《志书乃言》）	令尹子春受楚昭王命令处理彭徒到楚国边关传送王的命令事	"语"类战国时人追述春秋史事	印证相关传世文献记载
上博竹书《陈公治兵》	陈公事	"语"类战国时人追述春秋史事	补充传世文献所不见的记载
上博竹书《昭王毁室》	昭王新宫建成后，因服丧者诉说亲人葬在新宫下而毁宫事	"语"类战国时人追述春秋史事	补充传世文献所不见的记载
上博竹书《昭王与龚之脾》	龚之脾事	"语"类战国时人追述春秋史事	补充传世文献所不见的记载
上博竹书《君人者何必安哉》	范乘谏楚昭王爱玉之事	"语"类战国时人追述春秋史事	补充传世文献所不见的记载
上博竹书《邦人不称》	伯贞为昭王、惠王两次国祸承担责任事	"语"类战国时人追述春秋史事	补充传世文献所不见的记载
上博竹书《鲍叔牙与隰朋之谏》（含《竞建内之》）	鲍叔牙与隰朋借日食之机谏齐桓公事	"语"类战国时人追述春秋史事	印证相关传世文献记载
上博竹书《竞公疟》	晏子谏齐景公"疥"事	"语"类战国时人追述春秋史事	印证相关传世文献记载
上博竹书《曹沫之陈》	鲁庄公与曹沫问对事	"语"类战国时人追述春秋史事	补充传世文献所不见的记载
上博竹书《姑成家父》	三郤之难	"语"类战国时人追述春秋史事	印证相关传世文献记载
上博竹书《吴命》	州来之争、告劳之辞	"语"类战国时人追述春秋史事	印证相关传世文献记载

续　表

文献篇名	相关内容举例	文献性质	史料价值
上博竹书《柬大王泊旱》	楚简王病疥、楚国大旱事	"语"类"同时代"	补充传世文献所不见的记载
清华竹书《虞夏殷周之治》	三代礼乐制度	"语"类春秋战国时人追述三代史事	印证相关传世文献记载
清华竹书《汤处于汤丘》	汤始居地	"语"类春秋战国时人追述商代史事	补充传世文献所不见的记载
	伊尹传说	"语"类春秋战国时人追述商代史事	给予过去认识新的史料支持
清华竹书《赤鹄之集汤之屋》	伊尹传说	"语"类春秋战国时人追述商代史事	给予过去认识新的史料支持
清华竹书《汤在啻门》	伊尹传说	"语"类春秋战国时人追述商代史事	给予过去认识新的史料支持
清华竹书《殷高宗问于三寿》	武丁在洹水之上	"语"类春秋战国时人追述商代史事	印证相关传世文献记载
	武丁和彭祖的问答	"语"类春秋战国时人追述商代史事	给予过去认识新的史料支持
清华竹书《子仪》	殽之战、穆公送行子仪	"语"类战国时人追述春秋史事	印证相关传世文献记载
清华竹书《管仲》	管仲相齐	"语"类战国时人追述春秋史事	印证相关传世文献记载
清华竹书《晋文公入于晋》	晋文公结束流亡，自秦返国	"语"类战国时人追述春秋史事	印证相关传世文献记载
	军政改革、作为旗物	"语"类战国时人追述春秋史事	给予过去认识新的史料支持
清华竹书《子犯子余》	子犯子余对秦穆公支持重耳之作用	"语"类战国时人追述春秋史事	补充传世文献所不见的记载

续 表

文献篇名	相关内容举例	文献性质	史料价值
清华竹书《赵简子》	范献子对赵简子的告诫	"语"类战国时人追述春秋史事	补充传世文献所不见的记载
	赵简子和成鱄的问答	"语"类战国时人追述春秋史事	印证相关传世文献记载
清华竹书《郑武夫人规孺子》	郑武公"居卫三年"	"语"类战国时人追述春秋史事	补充传世文献所不见的记载
	武夫人不允许嗣君庄公理政	"语"类战国时人追述春秋史事	补充传世文献所不见的记载
清华竹书《郑文公问太伯》	郑桓公、武公及庄公前期史事	"语"类战国时人追述春秋史事	补充传世文献所不见的记载
	昭公、厉公斗阋斩伐史事	"语"类战国时人追述春秋史事	印证相关传世文献记载
清华竹书《子产》	子产铸刑书	"语"类战国时人追述春秋史事	印证相关传世文献记载
清华竹书《越公其事》	夫差因实力不足而与句践许成	"语"类战国时人追述春秋史事	补充传世文献所不见的记载
	灭吴过程与"五政"	"语"类战国时人追述春秋史事	印证相关传世文献记载
清华竹书《芮良夫毖》	周厉王时期局势，芮良夫训诫之事	"诗"类"同时代"	印证相关传世文献记载
清华竹书《周公之琴舞》	周公儆戒多士、成王儆戒的具体文辞	"诗"类"同时代"	补充传世文献所不见的记载
清华竹书《耆夜》	武王戡黎事	"诗"类春秋战国时人追述西周史事	给予过去认识新的史料支持
	毕公、召公、周公、辛公、作册逸、吕尚父等辅佐武王事	"诗"类春秋战国时人追述西周史事	印证相关传世文献记载
上博竹书《内豊》（含《昔者君老》）	国君去世前后太子遵循的礼俗	"礼"类"同时代"	印证相关传世文献记载

续　表

文献篇名	相关内容举例	文献性质	史料价值
上博竹书《武王践阼》	师尚父告武王	"礼"类春秋战国时人追述西周史事	印证相关传世文献记载
	武王铸铭器之铭	"礼"类春秋战国时人追述西周史事	补充传世文献所不见的记载
郭店竹书《唐虞之道》	尧舜禅让	"子"类春秋战国时人追述三代及之前史事	印证相关传世文献记载
上博竹书《子羔》	禹、契、后稷事迹	"子"类春秋战国时人追述三代及之前史事	印证相关传世文献记载
	尧舜禹契稷的系统	"子"类春秋战国时人追述三代及之前史事	补充传世文献所不见的记载
上博竹书《季庚子问于孔子》	季康子以币迎孔子归鲁之事	"子"类战国时人追述春秋史事	印证相关传世文献记载
上博竹书《鲁邦大旱》	鲁哀公就鲁邦大旱事求教于孔子，孔子论加强刑德之治事	"子"类战国时人追述春秋史事	印证相关传世文献记载
上博竹书《子道饿》	孔子厄于陈蔡事	"子"类战国时人追述春秋史事	印证相关传世文献记载
	言游北上告急事	"子"类战国时人追述春秋史事	补充传世文献所不见的记载
郭店竹书《五行》《鲁穆公问子思》《穷达以时》《忠信之道》《性自命出》《成之闻之》《六德》《尊德义》《语丛》（一、二、三）、上博竹书《性情论》	儒家学术与政治思想	"子"类"同时代"	补充、印证传世文献记载

续　表

文献篇名	相关内容举例	文献性质	史料价值
《从政》《相邦之道》《弟子问》《仲弓》《三德》《用曰》、清华竹书《邦家之政》《邦家处位》《心是谓中》《天下之道》			
郭店竹书《老子》《太一生水》、上博竹书《恒先》《凡物流形》	道家学术与政治思想	"子"类"同时代"	补充、印证传世文献记载
上博竹书《鬼神之明》、清华竹书《治邦之道》、信阳长台关楚简《墨子》佚篇	墨家学术与政治思想	"子"类"同时代"	补充、印证传世文献记载
上博竹书《卜书》、清华竹书《筮法》《别卦》	卜法、筮法	"方术"类"同时代"	补充传世文献所不见的记载
清华竹书《祝辞》	巫术杂占	"方术"类"同时代"	补充传世文献所不见的记载
清华竹书《八气五味五祀五行之属》	节气、五行	"方术"类"同时代"	补充传世文献所不见的记载
九店《日书》	《历忌》《四时吉凶》《相宅》《朝夕启闭》等反映战国时期社会、宗教、民俗、思想的内容	"方术"类"同时代"	补充传世文献所不见的记载

附表一　《系年》春秋末叶至战国初期记事编年与相关文献对勘

说明：为行文方便，释文采用宽式，数字⑲～㉓表示《系年》章节顺序，符号★表示所记事件不见于传世文献记载，符号▲表示《系年》涉及人物、世系与传世文献年代、事件等记载不合的部分，需要特殊说明的部分则加注予以说明。

《系　年》	古本《纪年》	《春秋》经传、《史记》等相关文献
⑳ 阖卢即世（前 496），夫秦（差）王即位。		《吴太伯世家》："吴王病伤而死。阖庐使立太子夫差。" 《十二诸侯年表》："（周敬王二十四年，前 496）伐越……伤阖闾指，以死。（周敬王二十五年，前 495）吴王夫差元年。" 《新编史记东周年表》：吴王病伤而死，吴王夫差元年为前 496 年。
⑲ 昭王既复邦，焉克胡（前 495）。		《左传》定公十五年（前 495）："吴之入楚也，胡子尽俘楚邑之近胡者。楚既定，胡子豹又不事楚，曰：'存亡有命，事楚何为？多取费焉。'二月，楚灭胡。"
⑲ 昭王既复邦……围蔡（前 494）。		《春秋》哀公元年（前 494）："楚子、陈侯、随侯、许男围蔡。" 《左传》哀公元年（前 494）："楚子围蔡，报柏举也……蔡于是乎请迁于吴。"
⑲ ▲献惠王立十又一年（前 478），①蔡昭侯申惧，自归于吴，吴缦（洩）庸以师逆蔡昭侯，居于州来，是下蔡。楚人焉县蔡。		《左传》哀公元年："楚子围蔡，报柏举也……蔡于是乎请迁于吴。" 《春秋》哀公二年（前 493）："十有一月，蔡迁于州来。" 《左传》哀公二年："吴洩庸如蔡纳聘，而稍纳师。师毕入，众知之。蔡侯告大夫，杀公子驷以说。哭而迁墓。冬，蔡迁于州来。" 《春秋》哀公四年（前 491）："春王二月庚戌，盗杀蔡侯申。" 《新编史记东周年表》：楚围蔡、蔡迁于吴均在前 493 年。

---

① 按《左传》该年七月，楚灭陈。蔡昭侯死于楚昭王二十五年（见《春秋》哀公四年）。楚惠王十一年，蔡国国君是昭侯之子蔡成侯。

续　表

《系　年》	古本《纪年》	《春秋》经传、《史记》等相关文献
⑲ 昭王即世(前489)		《春秋》哀公六年(前489)："秋七月庚寅,楚子轸卒。"
⑳ ▲晋简公会诸侯(前482),以与夫秦(差)王相见于黄池。①		《左传》哀公十三年(前482)："夏,公会单平公、晋定公、吴夫差于黄池。"
⑳ 越公勾践克吴(前473),越人因袭吴之与晋为好。		《左传》哀公二十二年(前473)："冬十一月丁卯,越灭吴。"
⑳ ★▲晋敬公立十又一年(前441),赵桓子会[诸]侯之大夫,以与越令尹宋盟于巩。遂以伐齐,齐人焉始为长城于济,自南山属之北海。	《史记・晋世家》索隐引《纪年》："出公二十三年(前452)奔楚,乃立昭公之孙,是为敬公。"②	《晋世家》："出公十七年……奔齐,道死。故知伯乃立昭公曾孙骄为晋君,是为哀公。"集解引徐广曰："年表云出公立十八年。或云二十年。"索隐按："《赵系家》云骄是为懿公。又年表云出公十八年,次哀公忌二年,次懿公骄十七年。《纪年》又云出公二十三年……《系本》亦云昭公生桓子雍,雍生忌,忌生懿公骄。**然晋、赵系家及年表各各不同,何况《纪年》之说也！**" 《赵世家》："襄子弟桓子逐献侯,自立于代,一年卒。" 《赵世家》索隐引《系本》："襄子子桓子。" 《六国年表》："(周威烈王二年,**前424**),赵桓子元年。"
⑳ ★▲晋幽公立四年(前430),赵狗率师与越公朱句伐齐,晋师闵(门?)长城句俞(谷?)之门。越公、宋公败齐师于襄平。至今晋、越以为好。	《史记・越王句践世家》索隐引《纪年》："不寿立十年见杀,是为盲姑,次朱句立。"	《六国年表》："(周考王四年,**前437**)晋幽公柳元年。" 《晋世家》："十八年,哀公卒,子幽公柳立。" 越王州句剑铭文："戉(越)王州句,州句……"(《集成》11622～11632)。

---

① 按《系年》第二十章"晋简公立五年,与吴王阖卢伐楚",《十二诸侯年表》晋定公六年(前506)"周与我率诸侯侵楚",《春秋》《左传》记此事在鲁定公四年(前506)、五年(前505),似可知《系年》晋简公为定公之讹。
② 按《六国年表》出公元年为前474年,出公二十三年为前452年,即敬公元年为前451年,则敬公十一年为前441年。

续 表

《系　年》	古本《纪年》	《春秋》经传、《史记》等相关文献
㉑ ★▲楚简大王立七年（前422?），宋悼公朝于楚，告以宋司城㤠之约（弱?）公室。① 王命莫敖阳为率师以定公室，城黄池，城雍丘。	《宋微子世家》索隐引《纪年》："悼公十八年卒。"	《六国年表》："(周考王十年，前431)楚简王仲元年……(周威烈王十九年，前407)楚声王当元年……(周威烈王二十三年，楚声王五年，前403)宋悼公元年。" 《楚世家》："五十七年，惠王卒，子简王中立(前432)。简王……八年(前424)，魏文侯、韩武子、赵桓子始列为诸侯。二十四年(前408)，简王卒，子声王当立。" 《左传》哀公二十六年，宋景公"辛巳，卒于连中"。 《六国年表》："(宋)昭公立四十七年，悼公购由立(前421)。"《史记志疑》："悼公之元，当在齐宣公三十五年(前421)，此书于康公二年，误也。" 《宋微子世家》："昭公四十七年卒，子悼公购由立。悼公八年卒。" 《楚居》："柬大王自疆郢徙居蓝郢，蓝郢徙居鄁郢，鄁郢复于鄢。" 曾侯乙1号："大莫嚣腸(阳)为适豧之春八月庚申(楚惠王五十六年，前433)。" 《韩世家》："景侯虔元年(前408)，伐郑，取雍丘……昭侯……二年(前357)，宋取我黄池。"

---

① 按梁玉绳据《左传》记载悼公元年当在前421年，索隐引《纪年》记载悼公在位十八年，得到《系年》第二十二章的印证，如此学者以为此年或为前422年，楚简王在位起迄前428—405年，楚声王前404年即位，楚声王在位四年而非六年，楚悼王元年在前400年。参见陶金：《由清华简〈系年〉谈洹子孟姜壶相关问题》，复旦网，http://www.gwz.fudan.edu.cn/SrcShow.asp?Src_ID=1785，2012年2月14日；白光琦：《由清华简〈系年〉订正战国楚年》，简帛网，http://www.bsm.org.cn/show_article.php?id=1659，2012年3月26日；李锐：《由清华简〈系年〉谈战国初楚史年代的问题》，《史学史研究》2013年第2期。又有学者认为或"七年"为"十年"之讹。参见梁立勇：《读〈系年〉札记》，《深圳大学学报》(人文社会科学版)2012年第3期；[日]吉本道雅：《清华简系年考》，《京都大学文学部研究纪要(日本)》2013年第52号，第77～78页。

续 表

《系　年》	古本《纪年》	《春秋》经传、《史记》等相关文献
㉑ ★▲楚简大王立七年（前 422）……晋魏斯、赵浣、韩启章率师围黄池，遹逅而归之于楚。	《史记·晋世家》索隐按《纪年》："魏文侯初立，在敬公十八年（前 434）。"	《魏世家》："桓子之孙曰文侯都。魏文侯元年（前 424），秦灵公之元年也。与韩武子、赵桓子、周威王同时。" 《史记志疑》："魏斯于二十二年为侯。" 陈梦家《六国纪年表考证》："魏斯在位五十年，立十二年而自称侯。" 《魏世家》集解徐广引《系本》："（文侯都）曰斯也。" 《魏世家》索隐引《系本》："桓子生文侯斯。" 《赵世家》："（襄子）其后娶空同氏，生五子。襄子为伯鲁之不立也，不肯立子，且必欲传位与伯鲁子代成君。成君先死，乃取代成君浣立为太子。襄子立三十三年卒，浣立，是为献侯。献侯少即位，治中牟。襄子弟桓子逐献侯，自立于代，一年卒。国人曰桓子立非襄子意，乃共杀其子而复迎立献侯。" 《六国年表》："（周威烈王元年，前 425），（赵）襄子卒……（周威烈王二年，前 424），赵桓子元年。"索隐："桓子嘉，襄子弟也。元年卒，明年国人共立襄子子献侯浣也。……（周威烈王三年，前 423）赵献侯（浣）元年。" 《韩世家》："康子卒，子武子代。"索隐："名启章。" 《魏世家》索隐引《系本》："武子名启章，康子子。"
㉑ ★二年（前 421），王命莫敖阳为率师侵晋，拕（夺）宜阳，围赤岸，以复黄池之师。		《楚世家》："简王……八年，魏文侯、韩武子、赵桓子始列为诸侯。" 《六国年表》："（周威烈王二年，前 424）魏文侯斯元年，韩武子元年，赵桓子元年。"

续　表

《系　年》	古本《纪年》	《春秋》经传、《史记》等相关文献
		《韩世家》："昭侯……二十四年（前335），秦来拔我宜阳。" 《战国策·东周策》："秦攻宜阳……秦拔宜阳。" 《吴越春秋·越王无余外传》："（禹）于是周行宇内，东造绝迹，西延积石，南逾赤岸，北过寒谷。" 《三国志·魏书·任城陈萧王传》："臣昔从先武皇帝南极赤岸，东临沧海，西望玉门，北出玄塞。"
㉑ ★▲二年（前421）……魏斯、赵浣、韩启章率师救赤岸，楚人舍围而还，与晋师战于长城。楚师无功，多弃旃、幕，宵遁。楚以与晋固为怨。		《汉书·地理志》："（南阳郡）叶，楚叶公邑。有长城，号曰方城。" 《水经·㶕水注》引盛弘之云："叶东界有故城，始鲁县东，至㶕水，达比阳界，南北联联数百里，号为方城，一谓之长城。云郾县有故城一面，未详里数，号为长城，即此城之西隅，其间相去六百里，北面虽无基筑，皆连山相接，而汉水流其南，故屈完答齐桓公云：'楚国，方城以为城，汉水以为池。'" 葛陵甲3·36："大莫嚣㬥为战于长城。" 葛陵甲3·296："莫嚣易（阳）为、晋师战于长城。"
㉒ ★▲楚声桓王即位，元年（前407），晋公止会诸侯于任，宋悼公将会晋公，卒于鼬。①	《史记·晋世家》索隐引《纪年》："（前416）夫人秦嬴贼公（幽公）于高寝之上。"②	《楚世家》："二十四年，简王卒，子声王当立。" 《六国年表》："（周威烈王六年，前420）魏诛晋幽公，立其弟止……（周威烈王十九年，前407）楚声王当元年。"

---

① 此事是否发生在前404年学者仍有争议，如董珊先生认为"晋公止会诸侯"事发生在晋烈公九年（前407），即《六国年表》所记"楚声王当元年"。参见董珊：《读清华简〈系年〉》，《简帛文献考释论丛》，第102～110页。
② 《太平御览》卷八七六引《史记》："至十八年，晋夫人秦嬴贼君于高寝。"《存真》云："今《史记》无之，当是《纪年》文也。"

续 表

《系　年》	古本《纪年》	《春秋》经传、《史记》等相关文献
		《晋世家》:"十五年,魏文侯初立。十八年,幽公淫妇人,夜窃出邑中,盗杀幽公。魏文侯以兵诛晋乱,立幽公子止,是为烈公。烈公十九年,周威烈王赐赵、韩、魏皆命为诸侯。二十七年,烈公卒。" 《晋世家》索隐引《系本》:"幽公生烈公止。" 《左传》襄公三十年:"羽颉出奔晋,为任大夫。"
㉒ ★楚声桓王即位,元年(前407)……韩虔、赵籍、魏击率师与越公翳伐齐,齐与越成,以建阳、郚陵之田,且男女服。	《史记·越王句践世家》索隐引《纪年》:"翳三十三年,迁于吴,三十六年七月,太子诸咎杀其君翳;十月粤杀诸咎。"	《韩世家》:"十六年,武子卒,子景侯立。景侯虔元年,伐郑,取雍丘。"《韩世家》索隐引《纪年》及《系本》:"皆作'景子',名处。"(处应是虔之讹) 《六国年表》:"(周威烈王十八年,**前408**)韩景侯虔元年,赵烈侯籍元年……(周安王十六年,前386),魏武侯元年。"索隐:"名击。" 《赵世家》:"十五年,献侯卒,子烈侯籍立。" 《魏世家》:"十三年(前412),使子击围繁、庞,出其民。"索隐:"击,武侯也。" 《越王句践世家》:"句践卒,子王鼫与立。王鼫与卒,子王不寿立。王不寿卒,子王翁立。王翁卒,子王翳立。王翳卒,子王之侯立。王之侯卒,子王无强立。" 《水经·榖水注》:"榖水又东,径开阳门南。《晋宫阁名》曰:故建阳门也。" 《水经·沂水注》:"沂水又左合温水,水承温泉陂,而西南入于沂水者也。南过琅邪临沂县东,又南过开阳县东。沂水南径中丘城西。"

续 表

《系 年》	古本《纪年》	《春秋》经传、《史记》等相关文献
㉒ ★楚声桓王即位,元年(前407)……越公与齐侯贷、鲁侯衍盟于鲁稷门之外。越公入飨于鲁,鲁侯御,齐侯参乘以入。		《齐世家》:"宣公五十一年卒(前405),子康公贷立。" 《鲁周公世家》:"元公二十一年卒(前408),子显立,是为穆公。"索隐引《系(世)本》:"显作不衍。" 《左传》定公五年:"己丑,盟桓子于稷门之内。"杜预注:"鲁南城门。" 《左传》文公十八年:"纳阎职之妻,而使职骖乘。"杜预注:"骖乘,陪乘。"
㉒ ★楚声桓王即位,元年(前407)……晋魏文侯斯从晋师,晋师大败齐师,齐师北,晋师逐之,入至汧(岍?)水。	《水经·汶水注》引《竹书》:"烈公十二年(前404),王命韩景子、赵烈子、翟员伐齐,入长城。"	《吕氏春秋·下贤》:"文侯可谓好礼士矣。好礼士,故南胜荆于连隄,东胜齐于长城,虏齐侯,献诸天子,天子赏文侯以上闻。"
㉒ ★楚声桓王即位,元年(前407)……齐人且有陈瘭子牛之祸,齐与晋成,齐侯盟于晋军。		《墨子·鲁问》:"齐将伐鲁,子墨子谓项子牛曰……"孙诒让《间诂》:"项子牛,盖田和将。" 《淮南子·人间训》:"三国伐齐,围平陆。括子以报于牛子曰:'三国之地,不接于我,逾邻国,而围平陆,利不足贪也,然则求名于我也。请以齐侯往。'牛子以为善。括子出,无害子入,牛子以括子言告无害子,无害子曰:'异乎臣之所闻。'牛子曰:'国危而不安,患结而不解,何谓贵智!'无害子曰:'臣闻之,有裂壤土以安社稷者,闻杀身破家以存其国者,不闻出其君以为封疆者。'牛子不听无害子之言,而用括子之计,三国之兵罢,而平陆之地存。" 驫羌钟铭文:"隹(唯)廿又再祀,驫羌乍(作)戎,氒(厥)辟韯(韩)宗,敳(徹)遂(率)征秦(秦)迮齐,入張(长)城,先会于平隂(阴),武侄寺(持)力,富敓(夺)楚京,赏于韯(韩)宗,令于晋(晋)公,卲(昭)于天子,用明则之于铭,武文咸刺(烈),永枼(世)母(毋)忘。"(《集成》00157~00169)

续 表

《系　年》	古本《纪年》	《春秋》经传、《史记》等相关文献
㉒ ★楚声桓王即位，元年（前407）……晋三子之大夫入齐，盟陈和与陈淏于溋（雍?）门之外，曰："毋修长城，毋伐廪丘。"	《史记·田敬仲完世家》索隐引《纪年》："宣公五十一年，公孙会以廪丘叛于赵。十二月宣公薨。"《水经·瓠子水注》引《纪年》："晋烈公十一年（前405），田悼子卒。田布杀其大夫公孙孙，公孙会以廪丘叛于赵。田布围廪丘，翟角、赵孔屑、韩师救廪丘，及田布战于龙泽，田布败逋。"	《田敬仲完世家》："庄子卒，子太公和立……宣公五十一年卒，田会自廪丘反。"《六国年表》："（周威烈王二十一年，前405）田会以廪丘反。"《战国策·齐策一》："军重踣高宛，使轻车锐骑冲雍门。"高诱注："雍门，齐西门名也。"《吕氏春秋·下贤》："（魏文侯）故南胜荆于连隄，东胜齐于长城，虏齐侯，献诸天子，天子赏文侯以上闻。"《先秦诸子系年》："（周威烈王二十年，前406）公孙会以廪丘叛于赵……（周威烈王二十一年，前405）魏与韩赵伐齐入长城。"
㉒ ★楚声桓王即位，元年（前407）……晋公献齐俘馘于周王，遂以齐侯贷、鲁侯羴（显）、宋公田、卫侯虔、郑伯骀朝周王于周。		《宋微子世家》："悼公八年卒，子休公田立。"《卫康叔世家》："怀公十一年，公子颓弑怀公而代立，是为慎公。慎公父，公子适。"索隐引《系（世）本》："适作虔。"《六国年表》："（周威烈王十二年，前414），卫慎公元年……（周威烈王二十三年，前403）魏、韩、赵始列为诸侯。"《郑世家》："共公三年，三晋灭知伯。三十一年，共公卒，子幽公已立。幽公元年，韩武子伐郑，杀幽公。郑人立幽公弟骀，是为缭公（前422）。"
㉓ ★楚声桓王立四年（前404），宋公田、郑伯骀皆朝于楚。王率宋公以城榆关，是（寘）武阳。		《楚世家》："（悼王）十一年，三晋伐楚，败我大梁、榆关。"《水经·河水注》："河水又东，径武阳县东，范县西，而东北流也。又东北过东阿县北。"诸祖耿《战国策集注汇考》卷二十二："（舞阳）史作武阳，以音近通用也。"

续　表

《系　年》	古本《纪年》	《春秋》经传、《史记》等相关文献
㉓ ★楚声桓王立四年（前404）……秦人败晋师于洛阴，以为楚援。		《魏世家》："十七年，伐中山，使子击守之……子击不怿而去。西攻秦，至郑而还，筑雒阴、合阳。"
㉓ ★▲声王即世（前402），悼哲王即位（前401）。郑人侵榆关，阳城桓定君率榆关之师与上国之师以交（邀/徼）之，与之战于桂陵，楚师无功。景之贾与舒子共止而死。	《水经·济水注》引《纪年》："梁惠成王十七年，齐田期伐我东鄙，战于桂阳，我师败逋。"	《楚世家》："声王六年，盗杀声王，子悼王熊疑立。" 《六国年表》："（周威烈王二十四年，前402）盗杀声王……（周威烈王二十五年，前401），楚悼王类元年。"（逾年改制） 《新编史记东周年表》：盗杀声王，悼王熊疑立为前405年。 《楚世家》："（悼王）十一年，三晋伐楚，败我大梁、榆关。" 《文选·登徒子好色赋》："嫣然一笑，惑阳城，迷下蔡。"李善注："阳城、下蔡，二县名，盖楚之贵介公子所封。" 曾侯乙墓163、193号简："膓（阳）城君之……" 景平王钟铭文："龡（秦），王卑（俾）命竞（景）坪（平）王之定，救龡（秦）戎……"（《集成》00037）
㉓ ▲明岁（前400），晋蒱余率晋师与郑师以入王子定。鲁阳公率师以交晋人，晋人还，不果入王子。①		《六国年表》："（周安王三年，楚悼王三年，前399）王子定奔晋……（周烈王五年，楚肃王十年，前371），（魏）伐楚取鲁阳。" 曾侯乙墓162、195号简："鲁膓公""旅膓公"。 包山2号简："鲁易（阳）公以楚币（师）后城奠（郑）之岁冬柰之月。"

---

① 按由《系年》简文看，王子定或与楚关系密切，学者以为其或是楚声王子，悼王兄弟。楚声王四年，楚人国强势壮，郑宋两国来朝，秦国为之声援，筑关置城以定边塞，这些都昭示着国力的强盛；然而声王去世，却引来两位王子争夺王位，王子定失败后，逃亡郑国，一心想借助郑人和楚晋人力量重返楚国，但是两次战争都未能如愿；王子定的存在必然是楚悼王的威胁，所以他派军攻打郑国进行反击，郑人无心作战，尽降楚国；面对内外压力，郑国内乱，驱逐了王子定，随后楚国即向郑国示好，遣送了俘虏的将军和士兵；王子定奔晋后，鼓动三晋发动对楚战争，一来一回之后，楚晋又进行了异常惨烈的武阳之战，此次之战楚人大败；然而由于方城的坚固、齐国田氏的援军加上晋国内部的纷争，王子定并未能如愿以偿地进入楚国当上国君，他只能暂时栖身于反叛楚国的陈地。由此可见，郑人前后态度的转变、晋楚之间的交战、楚人向齐国的求救、陈人的反叛都暗含着王子定与楚悼王争夺楚国王位的激烈斗争。参见刘全志：《清华简〈系年〉"王子定"及相关史事》，《文史知识》2013年第6期。

续　表

《系　年》	古本《纪年》	《春秋》经传、《史记》等相关文献
㉓ ★明岁（前399），郎（梁?）庄平君率师侵郑，郑皇子、子马、子池、子封子率师以交（邀/徼）楚人，楚人涉洓（汜），将与之战，郑师逃入于蔑。		《左传》僖公二十四年："郑伯将享之，问礼于皇武子。"
㉓ ▲明岁（前399）……楚师围之于蔑，尽降郑师与其四将军，以归于郢。郑太宰欣亦起祸于郑，郑子阳用灭，无后于郑。		《郑世家》："二十五年，郑君杀其相子阳。" 《六国年表》："（周安王四年，楚悼王四年，前398），败郑师，围郑，郑人杀子阳"。 《新编史记东周年表》：楚伐周郑杀子阳为前402年。
㉓ ▲明岁（前398），楚人归郑之四将军与其万民于郑。		《六国年表》："（周安王三年，楚悼王三年，前399），归榆关于郑。"
㉓ ★明岁（前398）……晋人围津、长陵，克之。		《水经·河水注》："河水于范县东北流，为仓亭津。《述征记》曰：仓亭津在范县界，去东阿六十里。《魏土地记》曰：津在武阳县东北七十里，津，河济名也。" 《水经·淮水注》："淮水又东径长陵城南。"
㉓ ★明岁（前398）……王命平夜悼武君率师侵晋。降郜，止郤公涉绹以归，以复长陵之师。		曾侯乙160～161号简："坪（平）夜君之两骊駓。" 包山200号简："……罷祷文坪（平）夜君……" 葛陵甲三·189："坪（平）夜君贞……"
㉓ ★厌年（前396），韩取、魏击率师围武阳，以复郜之师。		《韩世家》："九年……景侯卒，子列侯取立。"
㉓ ★厌年（前396）……鲁阳公率师救武阳，与晋师战于武阳之城下，楚师大败，鲁阳公、平夜悼武君、阳城桓定君，三执珪之君与右尹昭之竢死焉，楚人尽弃其旃、幕、车兵，犬逸而还。		《吕氏春秋·知分》："荆王闻之，仕之执珪。"

续　表

《系　年》	古本《纪年》	《春秋》经传、《史记》等相关文献
㉓ ★厌年（前396）……陈人焉叛,而入王子定于陈。楚邦以多亡城。		
㉓ ★厌年（前396）……楚师将救武阳,王命平夜悼武君使人于齐陈淏求师。陈疾目率车千乘,以从楚师于武阳。甲戌,晋楚以战。丙子,齐师至喦,遂还。		齐陶文有"疾目"人名（《陶文图录》2·463·1～2·465·4以下）。

结　　语

　　战国楚竹书是目前所见出土文献中年代最早的典籍,保留着传世典籍较早的版本和较真实的面貌,许多内容亦为传世文献所不见,对证史、补史以及重新审视先秦史事中一些差异的记述都有着不可替代的作用。囿于材料和研究方法所限,既有研究多侧重于从古文字学、古文献学、学术史与思想史等角度,来解读楚竹书的重要价值,尚未有立足于史学角度特别是先秦史学角度对其进行综合考察,以明了其史学价值的研究。本书从史学的角度,对出土文献中战国楚竹书的史学价值作了钩沉与探讨。首章,在学界既有的史书类文献分类的基础上,对楚竹书作史料学分类,确定其史料价值判定原则。第二章,主要以楚竹书"史书"类文献《系年》《越公其事》等的叙事与编纂为例,探讨楚竹书所反映的战国时期编纂史学之体例与观念。第三、四章,则是在前两章的基础上,分别考察楚竹书对于研究先秦史事等方面的学术价值。作为本书结语,将主要对上述诸章所论观点作一归纳,然后在此基础之上进一步谈一下与本书研究主旨相关的几个问题。

一、本书主要观点之归纳

(一) 战国楚竹书的史料价值要按文献类别和时间差异综合考虑

　　春秋战国时期存在着大量"史书"类的作品,如"世""书""语"等在楚竹书中均有体现,楚竹书中还发现有《系年》这样的独立史著,它们各自具有重要的史料价值自不待言。本书提出关注"史书"类以外的楚竹书文献分类,如"诗""礼""子""方术"等也是有必要的,即"史书"之外,非"史书"中也有史料,也需要辨别和考察。

本书注意到楚竹书文献存在时间上的差异,因此采用"同时代之记述"与"战国时人追述春秋史事的记载""春秋战国时人追述三代及之前史事"来区别不同类别文献的史料价值。这种强调形成时间的分类,存在按史料性质排列、条理清楚且简明扼要的优点,使我们可以很轻易地通过史料的性质、形成年代来判断史料的价值,对于我们以楚竹书史料进行先秦史研究具有重要的指导价值。

(二) 清华竹书《系年》作为战国时期编纂史学的实例,揭示出战国时期史书编纂之重要模式

楚竹书中提供了战国时期已有完整意义上之编纂史学的例证——清华竹书《系年》。《系年》成书于史学著述活跃的战国时期,以记事为中心,其体裁符合"纪事本末"的基本特征。《系年》叙事带有"书法不隐"的原则,与上博竹书"语"书相比,《系年》更加客观,格局更大;与《左传》《史记》相比,《系年》叙事提纲挈领又不乏细节描述。"世""书""语"等多种初始史书素材及广泛流传的楚、晋、郑等诸侯国"史记",共同构成了《系年》编纂成书的材料基础。《系年》虽具有"楚人中心"观念,但编纂者的视野并不局限于楚国,而带有"通史"的性质。《系年》带有理性的进步史观,更多从人的活动方面来考察,表现出尊重客观实际的倾向,通过叙述历史上的治乱兴衰联系现实表达出"鉴戒"的历史观念。

通过上述对《系年》编纂的讨论,楚竹书带给我们对战国史学发展情况的新认识可简略总结如下:首先,《系年》纪事本末式的体裁特征丰富了战国史书体裁,同时也揭示了"纪事本末"这一基本著史方法的重要性。其次,《系年》的发现证明了战国时期楚国史学发展的繁荣。再次,《系年》的编纂史观反映了战国编纂史学的历史定位。最后,由对《系年》编纂的讨论可归纳出战国时期史书编纂的一个重要模式。编纂者以流传的西周王室旧档和诸国史记为主干,根据编纂目的之需要,补入增加情节的描述性话语。材料的国别来源各有其大宗,一般来说以晋、楚、郑等为主体。编纂者可以通过史料择取与情节、背景等描述的详略、次序,表达出不同的编纂意图和情感。

（三）在与既有认识的比较和史料价值的体现两个层面，楚竹书展示了其补证先秦史事之重要价值

战国楚竹书的发现，对于史料奇缺之先秦史事的研究，更有不可替代的价值，最明显的一个表现就是其叙述年代上的可接续性。《容成氏》的叙述时代跨度从容成氏等上古帝王开始，依序叙及尧、舜、禹、夏桀与商汤、商纣与周文王、武王，直至武王克商后。《系年》则从武王克商等讲起，直到战国前期的"楚声桓王立四年"。联系相关楚竹书"书""语"类文献，楚竹书对先秦史事研究之补、证价值之主要体现有：

首先，若按照与既有记载、认识相比来分类，有以下三种情况：

第一，是对过去认识的验证。如《傅说之命（上）》较具体地记述了武丁得傅说的过程，与《书·说命序》所记联系密切，"高宗梦得说"与"惟殷王赐说于天"、"使百工营求诸野"与"王命厥百工向，以货徇求说于邑人"、"得诸傅岩"与"惟弼人得说于傅岩"等三者确实可以对应，说明了《书序》的史料价值。

第二，是对过去认识的增补。如《楚居》中提供了"楚""郢"之名称的由来、妣隹和妣䴊等女性先祖事迹和楚都以"郢"为称等之前所未见的新材料。

第三，是与过去认识有些差别。当然，差别的情况还需要具体分析。一方面如《系年》简文在"携王"立场上叙述西周灭亡、平王东迁的历史，"二十一年"即为"携王二十一年"，平息了其是平王还是晋文侯纪年的争论。另一方面，如《系年》第十五章记述的夏姬史事等则需要具体辨析。徵舒与夏姬之间的关系似不以《系年》为是，而巫臣与夏姬的私奔史事当以《系年》为准。由此则提出在仔细的史料考辨工作的基础上，应重视战国文献的体例和编纂者的写作意图，这也是《系年》简文春秋部分和上博竹书"语"类春秋故事所带来的主要价值之一。

其次，若按照史料价值的体现层面来分类，则有以下两种情况：

第一，直接反映在史事的层面，即楚竹书中记载的史事可以跟与其记载相关的先秦史实直接对应上，其具体情况也有两种：

一是对于一些占有一定文献理据或经前人论证的史事，楚竹书带来了新的史料支持。例如《容成氏》"[启]王天下十又六年（世）而桀作"与《史记·夏

本纪》所载启至于桀的夏王世系大体相合，类似的记述还见于古本《纪年》《大戴礼记·少间篇》等。这种对夏代世系一致的记述，说明在春秋战国时人的观念中，夏代的存在确实是不争的事实。

二是对于原来史料缺佚或者语焉不详的史迹，楚竹书提供了新的或者比以往更加丰富的材料。例如《系年》战国部分叙事即给这一资料稀缺的时段提供了可供深入研究的材料基础，在补充战国初年记事的基础上，特别对有关战国初年世系与年代的不少争议问题，如宋悼公、赵桓子与赵烈侯、晋敬公等，提供了新的极有价值的资料，还凸显了《纪年》在研究战国年表上的重要性。

第二，则是对先秦史实的间接反映，即楚竹书中记载的史事虽不能像前者那样直接拿来跟与其记载相关的先秦史实相对应，但其侧面所反映的先秦史实，如通过楚灵王之"灵"谥对先秦谥法的理解等，同样值得重视。

（四）楚竹书中所涉及的不同历史时段之记载，其史料价值存在着由证史逐渐过渡到补史的不同特点

楚竹书所记先秦时期不同历史时段之史事，虽也存在着时代越近史料越丰富的一般情况，但有关古史传说时期史事记述的数量和系统性要略高于对夏代史事的记述。究其原因，当一方面因为战国时人热衷讲远古，故涉及古史传说的资料较多，另外则与夏代距时遥远、资料湮灭较多有关。

楚竹书中有关古史传说的记述，其总体并未脱离传世文献记载的范畴，如传世文献习见的禅让与世袭、九州的多系统，亦是楚竹书描述这一时期史事的主题，故其主要价值是在"印证既有认识"上，启发学界对古史传说时代诸如古史帝王、禅让、九州等传说存在不同系统的新思考。

楚竹书所记夏代史事，其记述主题亦未出传世文献记载之范畴，主要价值仍在于印证古史记载，如通过对夏代世系的记述，证明了夏代之存在是战国时人的普遍认识。同时，对一些成说也开始提出新的挑战，如皋陶卒于何时、夏王孔甲的形象等。楚竹书所记商代史事之基本结构与夏代史事之记述的结构类似，但其主要价值已有向"为史事的不同说法提供证据方面"倾斜的趋势，如有关商代三十一世的记述给三十一位商王的说法增添了新的证据，有关汤处于汤丘的记述，亦为传世文献所不见。

一如夏商，楚竹书中所记西周史事的记述主题仍与治政相关，或得益于周人对档案文献改编的重视，加之春秋战国之局势演变与西周史事有着密切的联系，楚竹书中留存的西周史事不仅有对商周兴替的历史记述与相关演绎（如文王服九邦），对于西周初年的治国思想（如受命与敬德）和具体措施（如对殷遗的处理）、西周中期的中央行政制度（如三公）等都有不少的反映，这在很大程度上弥补了传世文献与金文材料记载之不足。

楚竹书所记之春秋战国史事，则出现了明显的"补充相关史事记载"之倾向。春秋史事在楚竹书所记史事中所占比例颇高，《系年》自第五章起至第二十章所叙之春秋史事，已基本描述出春秋时期之史事梗概。楚竹书"语"类文献，又给这一梗概增添了历史细节。楚竹书与传世文献的记事差异比较有助于帮助我们探究这一问题形成的深层原因，而在一些具体史事的记述上，楚竹书又可补充传世文献记载之缺漏，如有关郑国早期史事及鲜虞与中山的确切关系等。而出于对"当代史"的重视，楚竹书所记之战国史事，一方面弥补了传世文献对战国初年史事缺载的遗憾，一方面也为我们了解当时的学术、文化乃至习俗等社会生活诸层面提供了新的资料，体现出鲜明的补史特点。

综上所述，楚竹书所记先秦不同历史时段史事之史料价值存在着由证史逐渐过渡到补史的不同特点。

二、本书于一些具体学术问题的新认识

除上述认识以外，在一些较为具体的问题上，本书也有进一步的研究，提出了一些新的看法，最主要的有如下几条：

（一）有关《良臣》的性质

清华竹书《良臣》应属"世"类文献之衍生，其原因主要有二：一是简文记载简略，除人物名号外，并不详细，描述用词多为"某某又（有）某某"，此种格式，与"世"类常见套话"某生某"相类，而其强调"良臣"的观念亦正由"昭明德而废幽昏"发展而来；二是司马迁作《史记》时已经发展了"世"以人为主、以时为轴的基本特点，扩充了"以人为主"的内涵，将并不见得都属一个氏姓、国族或家族的人物"以时为轴"联系起来，以"本纪""世家""列传"的形式来表现。

同时《世本》《大戴礼记·帝系》等本非专记一家一族的谱系，《良臣》亦是如此，从传说中的黄帝记到了春秋。由是观之，《良臣》篇应可视作"世"类或由"世"类文献所衍生出的战国文献。

(二) 档案文书与"书"类文献的区别

由档案文书到"书"类文献，二者虽均可称"书"，但后者是由前者修饬而来，其重要的区别是后者已具有明确的主题，并依据这一主题将简册记录的周王言行改编为具有可读性并含有一定教化性或指导性等带有政治性质的篇章，即"政治规训着历史书写"。改编的具体时间与过程，已然于史无征，而《墨子·明鬼下》的记述，似暗示了周宣王以前事散存于《书》《诗》之中，周宣王以后事，各国《春秋》可见。这就是说，《春秋》之作，起自宣王之时。"春秋"的撰作，表明将"档案文书"改编为"书"也有可能，同时也启发了这种改编的自觉，由于周室"春秋"之修撰，带动了"书"与"诗"的编录。

"书"类文献被改编完成以后，在社会政治生活中发挥了重大作用：其一是在王朝官学中作为教育贵族子弟的教材，特别是春秋中期以后，因各种原因逐渐流入各诸侯国，并成为各诸侯国教育贵族子弟及后起的诸子教育弟子的教材；其二是作为共同文化背景使用在宴饮会盟、臣下进谏、著书立说等不同场合，以增加论说的分量；其三则是以其所记言、事为材料基础，以追述上代史事从而达到"通古今之变"的目的。

(三)"语"类文献的记述重复

"语"类的特质是同一人物、同一事件，故事的版本有好多种。笔者将其推广为与"语"类有关的史事记载，存在同一主题、同一事件、同一人物等重复情况。三者的区别：同一主题的重复指的是随着说话者的需要，故事叙述的模式发生了变化（如将旱灾的发生地有鲁、楚），但是其叙述的主题仍是一致的（"为善政"即可解除或规避灾殃）；同一事件的重复则指的是，同一故事被处在不同时代与出自不同论说目的之说话者所不断征引（如商人祭祀时有雉雊于彝前）；而同一人物的重复则是古史典型人物在多种历史记述中不断重复的现象。

(四) "语"类文献与"子"类文献的差异

"语"类文献的主要创作者和使用者多为诸子,这就使得"语"与"子"密切相关,就这一点来讲,"百家语"的说法是有其道理的。但是站在史料考辨的角度,以记述先秦史事为主的"语"和专以表达诸子政治思想的"子"书,在外在表现形式和性质上的差别还是比较明显的:首先,"子"类文献的表现形式多为师徒问答,或君王与诸子问对,而"语"类文献在表现形式上与具体的诸子人物无关,即"语"类文献不是以诸子(如孔子)等人的事迹展开的;其次,"语"类文献多为叙述性语言,旨在通过讲述一件或数件史事来说明一定道理,而"子"类文献全文多是议论之辞;最后,诸子书往往都是"借古喻今",具有寓言的形式,利用"古"作谈话背景。诸子书的谈资除了借用"世""书"外,主要来自"语"类作品,就此意义上讲,"语"类文献相当于一个资料库,所以经常为诸子所取材,这也就是诸子百家之书也可称"语"的主要原因。

因此,对于"语"类文献有很多互见于诸子文章这个现象的理解是:它们或者是同源材料,或者是由更古之"语"类材料被诸子锻炼改造,后又被从诸子著作中抽离出来。"语"类文献的这个流传模式为:"语"类材料→熔铸入诸子文章→从诸子文章中抽离。

(五) 战国时期流行的著史观念

分析《系年》与其他战国史书间的联系,讨论《良臣》所体现的著史观念,似可对战国时期流行的著史观念作一总结:

其一,史书叙事跳出了时间的绝对限制,《系年》具有灵活设计以利于记事的表现方式,《良臣》有将某一时期具有代表性的臣子汇合在某一著名君王名下的特点,这也使人联想到《左传》叙事中经常出现的"初……",同样跳出了时间的绝对限制,方便叙事以达到编纂目的。

其二,有选择地重视特殊国别与重点人物。这表现为一是重视晋国:《系年》记晋事章数、频次均为最多,而且与齐桓公相比,更加重视晋文公;《良臣》所记春秋时期的君主以晋文公为第一,这也与《左传》的叙事倾向类似。二是极为重视郑国:《系年》所记郑国史事仅次于晋、楚;从郑桓公到子产等人的特殊待遇,同样是《良臣》的一大特征。这也同《左传》《国语》等传世文献相同。

其三,以标志性人物作为一个时代的结束。这首先表现为以郑武公(或桓公)将时代划分为西周与春秋。《系年》中这个作用则由晋文侯和郑武公来共同承担,《国语》以《郑语》中郑桓公与史伯的对话作为西周时代的终结,在《良臣》中郑桓公与史伯同样成为西周以前与齐桓公以后的分水岭。其次是以鲁哀公或越王勾践来区分春秋和战国。《系年》中以"越公勾践"系联赵桓子之事迹,其后即记述"三家分晋"之事,《良臣》虽以楚共王结尾,但整理者已指出其可能为后补。就时代来看,越王勾践在位至公元前464年,鲁哀公在位至公元前467年,《良臣》的结束时期当亦在此。除了大家熟知的《春秋》经传以此时期结尾外,马王堆《春秋事语》记事终止年代则在前453年韩赵魏三家攻灭智伯。再联系《系年》与《纪年》在战国纪年方面的一致性,以及郑国"语"书所见战国时人于郑国国势、两周时势之认识,不得不令人联想到当时有一个共享西周→春秋→战国年代史观的现象存在。

(六) 成王、周公对殷遗之处理

《系年》在涉及西周史事的第三、四章中,发现了有关周初处置殷遗的新知。周公与成王继承了武王"监、分而治"的策略,针对具体的情况与族群采取不同的措置方式。首先处理的便是参与叛乱的殷遗,按照平定的先后时间先将原属王畿地区的殷遗大部迁至洛邑,使之营建成周;同时继续东征践奄,胜利之后将部分商奄之民迁至朱圉、薄姑等地;然后才是处理那些未曾与乱的殷遗,除其一部分宗族迁至各边地诸侯国分割治理外,留在原地的殷遗也通过封建诸侯等方式加以监视。在处置殷遗的过程中,迁封诸侯成为西周封建制度史上的一大创举。

(七)《系年》中"京师"的具体地望

由《系年》简文联系传世文献与金文材料,可知"晋文侯乃逆平王于少鄂,立之于京师"与"晋人焉始启于京师"之两"京师"虽然具体同指圉地,但含义有所不同:"晋人焉始启于京师"中的"京师"更强调指平王东迁后,晋人通过与秦联合灭杀携王,得以新近控制的一片宗周地区,说明西以"圉"为限,包括镐京、丰京等在内的广袤地区在东周初年即曾纳入过晋国的势力范围。

(八)《系年》与《纪年》在战国纪年上的一致性

作为战国时期"楚人中心"的史书与魏国史书,《系年》与《纪年》在战国纪年上具有一致性。如晋敬公的问题,据《史记·晋世家》出公之后为哀公,《赵世家》则为懿公,而《六国年表》记述出公后之世次为哀公忌、懿公骄,《史记·晋世家》索隐引《纪年》又有"出公二十三年奔楚,乃立昭公之孙,是为敬公"。《系年》第二十章简文云"晋敬公立十又一年",其年据本书讨论赵桓子事迹时确定为前441年,而《晋世家》索隐引《纪年》"出公二十三年奔楚",按《六国年表》所记晋出公元年为前474年,则出公二十三年为前452年,即敬公元年为前451年,如此则敬公十一年正是前441年。《系年》凸显了《纪年》在研究战国纪年问题上的重要性。

(九) 战国政治思想与现实社会的互动情况

关于政治思想与现实社会的互动,借由楚竹书文献可窥见如下几点:楚竹书文献以儒家为主,战国儒家政治思想与汉代儒家思想存在差异,这些都跟战国秦汉社会现实的变化密切相关。君位选择论中禅让学说的破产,和其时士人社会地位的不断提高、"德高于位"的观念开始凸显、政治思想对现实社会产生影响有关。特别是由楚竹书这一横断面所管窥出的政治思想,还能使我们联想到其后长达千年之久的中国古代社会的主导政治思想,似均在这一时期发轫并奠定其主干。

三、对相关问题的进一步思考

(一) 先秦史研究的基础问题:史料

对于先秦史研究来说,史料是基础问题,在今后的很长时间内也依然是核心问题。先秦史研究,因为去古遥远,资料残缺,迫使研究者必须开阔视野,并善于鉴择史料。本文将"六艺""诸子""兵书""数术""方技"等诸种类楚竹书文献均纳入史料范畴讨论,在扩大史料来源的同时也需要思考史料考辨的问题。

楚竹书《容成氏》记述的古史帝王系统、九州系统均提示我们，司马迁给我们构建的古史系统，至少在战国时期即并非单一。"语"类文献中有关楚王形象的记述，亦使我们意识到，《左传》《国语》等我们今天用来研究古代历史文化的基础性著作，其本身亦存在对资料的整合、取舍甚至编纂者情感意图和历史观念之表达。《系年》中有部分记述与《左传》等存在差异，亦说明了这点。除差异以外，楚竹书还补充了不少我们旧有认识中的缺环，郭店竹书的发现，提供了早期儒道家之间和衷共济的实例，《楚居》中提供了"楚""郢"之名称的由来，这些新见，同样会促使学者对现存史料的可靠性进行思考。

楚竹书是战国写本，保留着传世典籍较早的版本和较真实的面貌，但是从文献的产生到战国写本的形成，这中间有着漫长的过程。以清华竹书《傅说之命》为例，作为"书"类文献，其成篇年代至早不过周初，从周初到战国，文本的流传、整理、转写，每一个环节都可能有增损和误读，这样流传到战国的文本与最初的真实情况可能就会有不小的差距。同理，流传到汉代的传世文献这种情况亦会存在，这些均提示我们楚竹书文献亦应有史料考辨的必要。

一言以蔽之，先秦史研究之史料特点要求考辨史料是研究者从事研究的基础。

（二）先秦史研究的重要方法：疑古与证古

与史料问题相应，近代以来产生了两种最有影响力的古史研究方法：疑古与证古。疑古的重要贡献是指导学者用演进、变化的观点去认识古书中带有传说性质的资料，将研究工作建立在经过科学审查的史料之上。在这一角度，疑古的目的是为了证古，而重视新材料是证古的重要特点，包括出土文献在内的新材料，可以帮助学者在证古的道路上不断祛疑、纠补既往所不知。随着出土文献的不断增加，证古的主要方法"二重证据法"的影响越来越大。

应该说，从先秦史学研究的角度，疑古和证古的核心目标都是为了解决先秦史料的局限问题，其目标是一致的，唯区别在于由各所侧重材料之不同而造成的基本方法的不同。任何方法均有利有弊，疑古证伪的方法不少，条例也较缜密，但其基本原则是求真，且非真即伪，有陷入绝对二元论之嫌。据楚竹书来看，本身何者为真、何者为伪的认定就是复杂的问题。简单就先秦史料的真

而言,至少应该包含三个层面:

一是文本的真实性。即"同时代"之文本记述"同时代"之史事,《楚居》《系年》所述战国史事即其例。

二是史料的真实性,即史料本身的真实状态。传世文献中记述古史传说时期的史料,不乏神话与传说的色彩,但是很古时代的传说总有历史方面的质素、核心,并非向壁虚造。[①] 另外,时代越古,神话传说色彩越浓,或恰恰反映出史料的原始性。

三是史事的真实性。楚竹书确定是战国古书,但其记述史事,虽有部分未必是真实无误的,但后人对前代史料的纂辑,如《系年》中追述的西周史事,绝大部分则应是可靠的。

这样看来,疑古通过材料自身内部的证据推究材料的真伪,有时会距离事实很远,而证古需依据出土文献的发现,即只能在新材料发现的情况下才能有所作为,新材料是可遇不可求的。即便是在有了新材料的情况下,并不足以对传世文献记载和既往研究产生整体的、颠覆性的认识,往往是解决局部问题,或修正、或补充了过去的某些认识。值得庆幸的是,今天我们所能见到的新材料在不断增多,我们所能解决或意识到的问题也越来越多。

(三) 楚竹书在先秦史研究中的定位与作用

通过本书讨论,最突出的问题即先秦史研究中楚竹书与传世文献的关系问题。

首先需要正确认识楚竹书的价值,注意在研究中发挥其作用。作为真实的战国古书,其证实、证伪都是直接的,如《楚居》于穴熊、丽季的记载就证实了鬻熊、穴熊确为一人。楚竹书也可以大量填补知识的空白,如《系年》的战国早期记事。但同时也需要注意楚竹书记载的古史并不能全部当作史实,需要考虑其文献类别与形成时代。

其次,楚竹书文献与孔壁中书、汲冢竹书一样,经过我们的整理研究,随着时间往复也会变成传世文献,也将具有传世文献的特点。所以说,将楚竹书看

---

① 徐旭生:《中国古史的传说时代》,第19~21页。

作是记载古史的传世文献也是有其道理的。在此意义上,楚竹书与传世文献的显著区别在于因流传的时间长短和流传的地域大小所造成的文本差异与变化,而二者各自作为先秦文献的本质是一致的,加之考虑到传世文献之所以传世、楚竹书因何而不传的学术渊源或历史原因,就出土文献研究而言,传世文献以及历代学者对传世文献的研究应仍是基础,也是可用之于出土文献比勘的最重要的材料。

另一个突出的问题是出土文献带来的对疑古和证古研究方法的取舍讨论,在研究中实应发挥各自的长处。古代典籍的成书每每要经历一个长期的过程,在这一过程中,典籍文献的流传在原来的基础上多会有所增益或者附会,这是文献流传的正常情况。以清华竹书《傅说之命》为例,其中既有殷商卜辞又有神话传说,还有似是战国时为流传方便而改写的不古之文辞,可见楚竹书的文献性质本身已较复杂。在这种认识的基础上,楚竹书对先秦史研究的作用,可以简单分为三种情况:

一是楚竹书与传世文献记载一致的,前者可以作为证据来验证后者之正确,这也是王国维倡导之"以地下之新材料""补正纸上之材料"的"二重证据法"的主要用途。① 上述以《楚居》《系年》所记之楚、晋世系来验证《史记》记载,即为此例。

二是楚竹书与传世文献记载相左的,这种情况下楚竹书主要起的是证伪的作用。上述以《容成氏》所记之古史帝王与九州名号说明从《大戴礼记·五帝德》《帝系》至《史记·五帝本纪》所记的以黄帝为始祖的大一统帝王世系并非历史真实,楚竹书对这一世系作出了证伪。需要留意的是,这种证伪的情况是相互的,《系年》所记徵舒与夏姬之夫妻关系,即被《左传》《国语》等证明为伪。

三是楚竹书所记或所反映之史事,并不能直接在传世文献中找到对应者,这时前者就起到了补充后者的作用。上述以《系年》所记战国初年之史事来补充传世文献对这一时段记载的缺失,即为此例。

---

① 王国维:《最近二三十年中中国新发见之学问》,《王国维遗书》(第5册)《静庵文集续编》,第65~69页。

由是提示我们要在这种明晰的认识基础上,正确对待出土文献在先秦史研究中的作用,将之与《尚书》等同时代传世文献、同时代金文资料及田野考古资料相互印证,与《左传》《史记》等较可靠的传世典籍相互参考,恰当地发挥出土文献的作用,才是科学认识古史的正确途径。

附　录

一、清华竹书《系年》记事分国编年简表

说明：英文字母①~㉓表示章节顺序。《系年》与《左传》等记载不合的年份与事件内容，在表格中用黑体加粗标出。为提供可比较的参考范围，采用《夏商周断代工程》和《左传》《史记·六国年表》纪年的相关年份。

1. 周

年	周
前1046—前1043	① 昔周武王监观商王之不恭上帝，禋祀不寅，乃作帝籍，以登祀上帝天神，名之曰千亩，以克反商邑，敷政天下。③ 周武王既克殷，乃设三监于殷。
前1042—前1021	③ 武王陟，商邑兴反，杀三监而立彔子耿。成王屎伐商邑，杀彔子耿，飞廉东逃于商盖氏，成王伐商盖，杀飞廉，西迁商盖之民于朱圉，以御奴虘之戎，是秦之先，世作周屈。④ 周成王、周公既迁殷民于洛邑，乃追念夏商之亡由，旁设出宗子，以作周厚屏，乃先建卫叔封于康丘，以侯殷之余民。
前841	① 至于厉王，厉王大疟于周，卿李（士）、诸正、万民弗忍于厥心，乃归厉王于彘。
前841—前828	① 共伯和立，十又四年。
前827—前782	① 厉王生宣王，宣王即位，共伯和归于宋（宗）。宣王是始弃帝籍弗田，立卅又九年，戎乃大败周师于千亩。
前781—前750?	② 周幽王取妻于西申，生平王，王或（又）取褒人之女，是褒姒，生伯盘。褒姒嬖于王，王与伯盘逐平王，平王走西申。幽王起师，回（围）平王于西申，申人弗畀。曾（缯）人乃降西戎，以攻幽王，幽王及伯盘乃灭，周乃亡。

续 表

年	周
前781—前750？	② 邦君诸正乃立幽王之弟余臣于虢,是携惠王。立廿又一年,晋文侯仇乃杀惠王于虢。
	② 周亡(无)王九年,邦君诸侯焉始不朝于周。
	② 晋文侯乃逆平王于少鄂,立之于京师。
	② 三年,乃东徙,止于成周。③ 周室既卑,平王东迁,止于成周。
前660,闵公二年	④ 周惠王立十又七年,赤翟王峦虎起师伐卫。
前632,僖公二十八年	⑦ (晋文公)遂朝周襄王(前651—前619)于衡雍。
前404,周威烈王二十二年	㉒ 晋公献齐俘馘于周王,遂以齐侯贷、鲁侯羴(显)、宋公田、卫侯虔、郑伯骀朝周王于周。

2. 晋

年	晋
前770—前750？	② 晋文侯仇乃杀惠王于虢。
	② 晋文侯乃逆平王于少鄂,立之于京师。
	② 三年,乃东徙,止于成周,晋人焉始启于京师。
前666,庄公二十八年	⑥ 晋献公(前676—前651)之嬖(嬖)妾曰骊姬,欲其子奚齐之为君也,乃谗太子共君……
前655,僖公五年	⑥ (骊姬)乃谗太子共君而杀之,或(又)谗惠公及文公,文公奔狄,惠公奔于梁。
前651,僖公九年	⑥ 献公卒,乃立奚齐。其大夫里之克乃杀奚齐,而立其弟悼子,里之克或(又)杀悼子。秦穆公乃内惠公于晋。惠公赂秦公曰:"我句(苟)果内(入),使君涉河,至于梁城。"惠公既内(入),乃背秦公弗予。
前645,僖公十五年	⑥ (惠公)立六年,秦公率师与惠公战于韩,止惠公以归。
前643,僖公十七年	⑥ 惠公焉以其子怀公为质于秦,秦穆公以其子妻之。文公十又二年居狄,狄甚善之,而弗能内(入)。

续 表

年	晋
前642—前638,僖公十八年至二十二年	⑥(文公)乃跖(适)齐,齐人善之;跖(适)宋,宋人善之,亦莫之能内(人);乃跖(适)卫,卫人弗善;跖(适)郑,郑人弗善;乃跖(适)楚。**次序与《左传》《国语》不同:狄-齐-卫-曹-宋-郑-楚**。怀公自秦逃归(前638),秦穆公乃召文公于楚,使袭怀公之室。
前637,僖公二十三年	⑥晋惠公卒,怀公即位。
前636,僖公二十四年	⑥秦人起师以内(纳)文公于晋。晋人杀怀公而立文公,秦晋焉始会(合)好,戮力同心。
前635,僖公二十五年	⑥(秦晋)二邦伐鄀,徙之中城,围商密,止申公子仪以归。
前633—前632,僖公二十七年至二十八年	⑦晋文公立四年,楚成王率诸侯以围宋伐齐,戍谷,居钼。晋文公思齐及宋之德,乃及秦师围曹及五鹿,伐卫以脱齐之戍及宋之围。楚王舍围归,居方城。令尹子玉遂率郑、卫、陈、蔡及**群蛮夷之师**以交文公,文公率秦、齐、宋及**群戎之师**以败楚师于城濮,遂朝周襄王于衡雍,献楚俘馘,盟诸侯于践土。
前630,僖公三十年	⑧晋文公立七年,秦、晋围郑,郑降秦不降晋,晋人以不憖。秦人豫(舍)戍于郑。
前627,僖公三十三年	⑧晋文公卒,未葬,襄公亲率师御秦师于崤,大败之。秦穆公欲与楚人为好,焉脱申公仪,使归its成。秦焉始与晋执乱,与楚为好。
前621,文公六年	⑨晋襄公卒,灵公高幼,大夫聚谋曰:"君幼,未可奉承也,毋乃不能邦?猷求强君。"乃命左行蔑与随会召襄公之弟雍也于秦。襄夫人闻之,乃抱灵公以号于廷,曰:"死人何罪?生人何辜?舍其君之子弗立,而召人于外,而焉将寘此子也?"大夫闵,乃皆背之曰:"我莫命招之。"乃立灵公,焉葬襄公。
前620,文公七年	⑩秦康公率师以送雍子,晋人起师,败之于堇阴。左行蔑、随会不敢归,遂奔秦。**《左传》云败秦师于令狐,至于刳首**。
前615,文公十二年	⑩灵公高立六年,秦公以战于堇阴之故,率师为河曲之战。
前600,宣公九年	⑫晋成公会诸侯以救郑,楚师未还,晋成公卒于扈。
前597,宣公十二年	⑬[(楚)庄]王围郑三月,郑人为成。晋中行林父率师救郑,庄王遂北……[楚]人盟。赵旃不欲成,弗召,射(席?)于楚军之门,楚人被驾以追之,遂败晋师于河[上]……

续　表

年	晋
前592,宣公十七年	⑭晋景公立八年,随会率师,会诸侯于断道,公命驹之克先聘于齐,且召高之固曰:"今春其会诸侯,子其与临之。"齐顷公使其女子自房中观驹之克,驹之克将受齐侯币,女子笑于房中,驹之克降堂而誓曰:"所不复詷于齐,毋能涉白水。"乃先归,须诸侯于断道。高之固至莆池,乃逃归。齐三嬖大夫南郭子、蔡子、晏子率师以会于断道。既会诸侯,驹之克乃执南郭子、蔡子、晏子以归。
前589,成公二年	⑭齐顷公围鲁,鲁臧孙许跊(适)晋求援。驹之克率师救鲁,败齐师于靡笄。齐人为成,以甗、赂(铭?)、玉筲(磬?璆?)与淳于之田。 ⑮(楚共)王命申公聘于齐,申公窃载少盂以行,自齐遂逃跊(适)晋。
前588,成公三年	⑭明岁,齐顷公朝于晋景公,驹之克走援齐侯之带,献之景公,曰:"齐侯之来也,老夫之力也。"
前585,成公六年?	⑮(申公)自晋跊(适)吴,焉始通吴晋之路,教吴人反楚。⑳晋景公立十又五年,申公屈巫自晋跊(适)吴,焉始通吴晋之路,二邦为好,以至晋悼公。《左传》记此事在成公七年。
前584,成公七年	⑯晋景公会诸侯以救郑,郑人止郧公仪,献诸景公,景公以归。
前583,成公八年?	⑯一年,景公欲与楚人为好,乃脱郧公,使归求成,共王使郧公聘于晋,且许成。景公使籴之茷聘于楚,且修成。
前581,成公十年	⑯(籴之茷)未还,景公卒,厉公即位。(楚)共王使王子辰聘于晋,又修成。
前580,成公十一年	⑯王又使宋右师华孙元行晋楚之成。
前579,成公十二年	⑯明岁,楚王子波(罢)会晋文子燮及诸侯之大夫,盟于宋,曰:"尔(弭)天下之甲兵。"
前578,成公十三年	⑯明岁,厉公先起兵,率师会诸侯以伐秦,至于泾。
前576,成公十五年	⑯共王亦率师围郑,厉公救郑,败楚师于鄢。
前574—前573,成公十七、十八年	⑯厉公亦见祸以死,亡(无)后。
前563,襄公十年	⑳悼公立十又一年,公会诸侯,以吴王寿梦相见于虢。

续　表

年	晋
前 557，襄公十六年	⑰ 晋庄平公即位元年，公会诸侯于溴梁，遂以迁许于叶而不果。师造于方城，齐高厚自师逃归。**《左传》云高厚自溴梁之会逃归。**
前 555，襄公十八年	⑰ 平公率师会诸侯，为平阴之师以围齐，焚其四郭，驱车至于东亩。
前 552，襄公二十一年	⑰ 平公立五年，晋乱，栾盈出奔齐。
前 550，襄公二十三年	⑰ 齐庄公光率师以遂（？随？）栾盈。栾盈袭巷（绛）而不果，奔内（入）于曲沃。齐庄公涉河袭朝歌，以复平阴之师。晋人既杀栾盈于曲沃。
前 548，襄公二十五年	⑰ 平公率师会诸侯，伐齐，以复朝歌之师。齐崔杼杀其君庄公，以为成于晋。
前 546，襄公二十七年	⑱ 晋庄平公立十又二年，楚康王立十又四年，令尹子木会赵文子武及诸侯之大夫，盟于宋，曰："尔（弭）天下之甲兵。"
前 541，昭公元年	⑱ 令尹会赵文子及诸侯之大夫，盟于虢。
前 532，昭公十年	⑱ 晋庄平公即世。
前 526，昭公十六年	⑱（晋）昭公……早世。
前 512，昭公三十年	⑱（晋）……顷公皆早世，简公即位。**《左传》作晋定公。**
前 506，定公四年?	⑱ 许人乱，许公佗出奔晋，晋人罗（罹），城汝阳，居许公佗于容城。晋与吴会（合）为一，以伐楚，閔（门?）方城。**此事《左传》未载。**⑳ 晋简公立五年，与吴王阖卢伐楚。**《左传》记吴人入郢在晋定公六年。**
前 505，定公五年	⑱ 遂盟诸侯于召陵，伐中山。晋师大疫且饥，食人。楚昭王侵尹（伊）洛以复方城之师。**此事《左传》未载。**
前 503，定公七年	⑱ 诸侯同盟于咸泉以反晋，至今齐人以不服于晋，晋公以弱。
前 497—前 490，定公十三年至哀公五年	⑱ 晋人且有范氏与中行氏之祸，七岁不解甲。
前 482，哀公十三年	⑳ 晋简公会诸侯，以与夫秦（差）王相见于黄池。

续 表

年	晋
前 473,哀公二十二年	⑳ 越公勾践克吴,越人因袭吴之与晋为好。
前 441,周贞定王二十八年	⑳ 晋敬公立十又一年,赵桓子会[诸]侯之大夫,以与越令尹宋盟于巩。遂以伐齐,齐人焉始为长城于济,自南山属之北海。
前 430,周考王十一年	⑳ 晋幽公立四年,赵狗率师与越公朱句伐齐,晋师闾(门?)长城句俞(谷?)之门。越公、宋公败齐师于襄平。至今晋、越以为好。
前 425,周威烈王元年?	㉑ 楚简大王立七年,宋悼公朝于楚,告以宋司城㓷之约(弱?)公室。王命莫敖阳为率师以定公室,城黄池,城雍丘。晋魏斯、赵浣、韩启章率师围黄池,遹迵而归之于楚。
前 424,周威烈王二年	㉑ 二年,王命莫敖阳为率师侵晋,拕(夺)宜阳,围赤岸,以复黄池之师。魏斯、赵浣、韩启章率师救赤岸,楚人舍围而还,与晋师战于长城。楚师无功,多弃旃、幕,宵遁。楚以与晋固为怨。
前 407,周威烈王十九年?	㉒ 楚声桓王即位,元年,晋公止会诸侯于任,宋悼公将会晋公,卒于鼬。
前 404,周威烈王二十二年	㉒ 韩虔、赵籍、魏击率师与越公翳伐齐,齐与越成,以建阳、郓陵之田,且男女服。越公与齐侯贷、鲁侯衎盟于鲁稷门之外。越公入飨于鲁,鲁侯御,齐侯参乘以入。晋魏文侯斯从晋师,晋师大败齐师,齐师北,晋师逐之,入至汧(岍?)水,齐人且有陈廑子牛之祸,齐与晋成,齐侯盟于晋军。晋三子之大夫入齐,盟陈和与陈淏于溋(雍?)门之外,曰:"毋修长城,毋伐廪丘。"晋公献齐俘馘于周王,遂以齐侯贷、鲁侯羴(显)、宋公田、卫侯虔、郑伯骀朝周王于周。 ㉓ 秦人败晋师于洛阴,以为楚援。
前 401,周安王元年	㉓ 明岁,晋睡余率晋师与郑师以入王子定。鲁阳公率师以交(邀/徼)晋人,晋人还,不果入王子。
前 399,周安王三年	㉓ 晋人围津、长陵,克之。王命平夜武君率师侵晋,逾(降)郚,止郳(滕?)公涉沕以归,以复长陵之师。
前 397,周安王五年	㉓ 厌(荐?)年,韩取、魏击率师围武阳,以复郚之师。鲁阳公率师救武阳,与晋师战于武阳之城下,楚师大败,鲁阳公、平夜悼武君、阳城桓定君,三执珪之君与右尹昭之竢死焉,楚人尽弃其旃幕车兵,犬逸而还。陈人焉反而入王子定于陈。楚邦以多亡城。楚师将救武阳,王命平夜悼武君李(使)人于齐陈淏求师。陈疾目率车千乘,以从楚师于武阳。甲戌,晋楚以战。丙子,齐师至㠱,遂还。

3. 郑

年	郑
前 770—前 750?	② 郑武公(前 770—前 744)亦正东方之诸侯。
前 744,平王二十七年	② 武公即世,庄公即位(前 743—前 701)。
前 701,桓公十一年	② 庄公即世,厉公突(前 700—前 697)。
前 697,桓公十五年	② 昭公即位。
前 695,桓公十七年	② 其大夫高之渠弥杀昭公而立其弟子眉寿。
前 694,桓公十八年	② 齐襄公会诸侯于首止,杀子眉寿,车辕高之渠弥。
前 679,庄公十五年	② 改立厉公,郑以始正(定)。子婴(前 693—前 680),《左传》以郑子名子仪,《史记》为婴,无谥号。
前 642—前 638,僖公十八年至二十二年	⑥ (文公)乃跖(适)齐,齐人善之;跖(适)宋,宋人善之,亦莫之能内(入);乃跖(适)卫,卫人弗善;跖(适)郑,郑人弗善;乃跖(适)楚。
前 632,僖公二十八年	⑦ (楚)令尹子玉遂率郑、卫、陈、蔡及群蛮夷之师以交文公。
前 630,僖公三十年	⑧ 秦、晋围郑,郑降秦不降晋。秦人豫(舍)戍于郑。
前 628,僖公三十二年	⑧ 郑人属北门之管于秦之成人,秦之成人使人归告曰:"我既得郑之门管已(矣),来袭之。"
前 627,僖公三十三年	⑧ 秦师将东袭郑,郑之贾人弦高将西市,遇之,乃以郑君之命劳秦三帅。秦师乃复,伐滑,取之。
前 613,文公十四年	⑮ 陈公子徵舒取妻于郑穆公,是少孔。
前 600,宣公九年	⑫ 楚庄王立十又四年,王会诸侯于厉,郑成公自厉逃归,庄王遂加郑乱。晋成公会诸侯以救郑,楚师未还,晋成公卒于扈。
前 597,宣公十二年	⑬ [(楚)庄]王围郑三月,郑人为成。晋中行林父率师救郑,庄王遂北……[楚]人盟。
前 584,成公七年	⑯ 楚共王立七年,令尹子重伐郑,为泲(氾)之师。晋景公会诸侯以救郑,郑人止郧公仪,献诸景公,景公以归。
前 404,周威烈王二十二年	㉒ 晋公献齐俘馘于周王,遂以齐侯贷、鲁侯羴(显)、宋公田、卫侯虔、郑伯骀朝周王于周。
	㉓ 楚声桓王立四年,宋公田、郑伯骀皆朝于楚。王率宋公以城榆关,是(寘)武阳。

续　表

年	郑
前402,周威烈王二十四年	㉓声王即世,悼哲王即位。郑人侵榆关,阳城桓定君率榆关之师与上国之师以交(邀/徼)之,与之战于桂陵,楚师无功。景之贾与舒子共止而死。
前401,周安王元年	㉓明岁,晋赒余率晋师与郑师以入王子定。鲁阳公率师以交(邀/徼)晋人,晋人还,不果入王子。
前400,周安王二年	㉓明岁,郎(梁?)庄平君率师侵郑,郑皇子、子马、子池、子封子率师以交(邀/徼)楚人,楚人涉沭(氾),将与之战,郑师逃入于蔑。楚师围之于鄸,尽逾(降)郑师与其四将军,以归于郢。郑太宰欣亦起祸于郑,郑子阳用灭,无后于郑。
前399,周安王三年	㉓明岁,楚人归郑之四将军与其万民于郑。

4. 齐

年	齐
前694,桓公十八年	②齐襄公会诸侯于首止,杀子眉寿,车辗高之渠弥。
前658,僖公二年	④齐桓公会诸侯以城楚丘,归公子启方焉,是文公(前659—前635)。
前642—前638,僖公十八年至二十二年	⑥(文公)乃跖(适)齐,齐人善之;跖(适)宋,宋人善之,亦莫之能内(入);乃跖(适)卫,卫人弗善;跖(适)郑,郑人弗善;乃跖(适)楚。
前635,僖公二十五年	⑥(秦晋)二邦伐鄀,徙之中城,围商密,止申公子仪以归。
前633,僖公二十七年	⑦楚成王率诸侯以围宋伐齐。
前632,僖公二十八年	⑦(晋)文公率秦、齐、宋及群戎之师以败楚师于城濮。
前595,宣公十四年	⑪(楚庄王)使申伯无畏聘于齐。
前592,宣公十七年	⑭晋景公立八年,随会率师,会诸侯于断道,公命驹之克先聘于齐,且召高之固曰:"今春其会诸侯,子其与临之。"齐顷公使其女子自房中观驹之克,驹之克将受齐侯币,女子笑于房中,驹之克降堂而誓曰:"所不复詢于齐,毋能涉白水。"乃先归,须诸侯于断道。高之固至莆池,乃逃归。齐三嬖大夫南郭子、蔡子、晏子率师以会于断道。既会诸侯,驹之克乃执南郭子、蔡子、晏子以归。

续 表

年	齐
前589,成公二年	⑭齐顷公围鲁,鲁臧孙许跖(适)晋求援。驹之克率师救鲁,败齐师于靡笄。齐人为成,以甗、赂(铬?)、玉筲(磬?璆?)与淳于之田。 ⑮(楚共)王命申公聘于齐,申公窃载少盉以行,自齐遂跖(适)晋。
前588,成公三年	⑭明岁,齐顷公朝于晋景公,驹之克走援齐侯之带,献之景公,曰:"齐侯之来也,老夫之力也。"
前557,襄公十六年	⑰齐高厚自师逃归。
前555,襄公十八年	⑰(晋)平公率师会诸侯,为平阴之师以围齐,焚其四郭,驱车至于东亩。
前552,襄公二十一年	⑰(晋)平公立五年,晋乱,栾盈出奔齐。
前550,襄公二十三年	⑰齐庄公光率师以邃(?随?)栾盈……齐庄公涉河袭朝歌,以复平阴之师。
前548,襄公二十五年	⑰(晋)平公率师会诸侯,伐齐,以复朝歌之师。齐崔杼杀其君庄公,以为成于晋。
前503,定公七年	⑱诸侯同盟于咸泉以反晋,至今齐人以不服于晋,晋公以弱。
前441,周贞定王二十八年	⑳晋敬公立十又一年,赵桓子会[诸]侯之大夫,以与越令尹宋盟于巩。遂以伐齐,齐人焉始为长城于济,自南山属之北海。
前430,周考王十一年	⑳晋幽公立四年,赵狗率师与越公朱句伐齐,晋师闵(门?)长城句俞(谷?)之门。越公、宋公败齐师于襄平。至今晋、越以为好。
前404,周威烈王二十二年	㉒韩虔、赵籍、魏击率师与越公翳伐齐,齐与越成,以建阳、郳陵之田,且男女服。越公与齐侯贷、鲁侯衍盟于鲁稷门之外。越公入飨于鲁,鲁侯御,齐侯参乘以入。晋魏文侯斯从晋师,晋师大败齐师,齐师北,晋师逐之,入至汧(岍?)水,齐人且有陈塵子牛之祸,齐与晋成,齐侯盟于晋军。晋三子之大夫入齐,盟陈和与陈淏于溋(雍?)门之外,曰:"毋修长城,毋伐廪丘。"晋公献齐俘馘于周王,遂以齐侯贷、鲁侯羴(显)、宋公田、卫侯虔、郑伯骀朝周王于周。
前397,周安王五年	㉓楚师将救武阳,王命平夜悼武君李(使)人于齐陈淏求师。陈疾目率车千乘,以从楚师于武阳。甲戌,晋楚以战。丙子,齐师至嵒,遂还。

5. 楚

年	楚
前 684，庄公十年	② 楚文王(前 689—前 675)以启于汉阳。⑤ 文王起师伐息，息侯求救于蔡，蔡哀侯率师以救息，文王败之于莘，获哀侯以归。
前 680，庄公十四年？	⑤ 文王为客于息，蔡侯与从，息侯以文王饮酒，蔡侯知息侯之诱己也，亦告文王曰："息侯之妻甚美，君必命见之。"文王命见之，息侯辞，王固命见之。既见之，还。**明岁**，起师伐息，克之，杀息侯，取息妫以归，是生堵敖及成王。
前 642—前 638，僖公十八年至二十二年	⑥（文公）乃跻(适)齐，齐人善之；跻(适)宋，宋人善之，亦莫之能内(入)；乃跻(适)卫，卫人弗善；跻(适)郑，郑人弗善；乃跻(适)楚。
前 637 年，僖公二十三年	⑤ 文王以北启出方城，垅肆于汝，改旅于陈，焉取顿以赣陈侯。
前 633，僖公二十七年	⑦ 楚成王率诸侯以围宋伐齐，戍榖，居鉏。
前 632，僖公二十八年	⑦ 楚王舍围归，居方城。令尹子玉遂率郑、卫、陈、蔡及群蛮夷之师以交文公，文公率秦、齐、宋及群戎之师以败楚师于城濮。
前 627，僖公三十三年	⑧ 秦穆公欲与楚人为好，焉脱申公仪，使归求成。秦焉始与晋执乱，与楚为好。
前 617，文公十年	⑪ 楚穆王立八年，王会诸侯于厥貉(貊)，将以伐宋。宋右师**华孙元**欲劳楚师，乃行，穆王使驱孟渚之麋，徙之徒禀(林)。**宋公为左盂，郑伯为右盂，申公叔侯知之**，宋公之车暮驾，用抶宋公之御。《左传》华御事，宋公为右盂，郑伯为左盂。
前 613，文公十四年	⑪ 穆王即世，庄王即位。⑮ 楚庄王立，吴人服于楚。
前 600，宣公九年	⑫ 楚庄王立十又四年，王会诸侯于**厉**，郑成公自厉逃归，庄王遂加郑乱。晋成公会诸侯以救郑，楚师未还，晋成公卒于扈。《左传》先记会于扈，后记会于厉。
前 599，宣公十年	⑮ 庄王立十又五年，陈公子徵舒杀其君灵公。
前 598，宣公十一年	⑮ 庄王率师围陈。王命申公屈巫跻(适)秦求师，得师以来。王入陈，杀徵舒，**取其室以予申公**。连尹襄老与之争，扚(夺)之少盉。《左传》成公二年追述此事，庄王和子反先后欲占有夏姬，为申公巫臣所止，庄王于是予之连尹襄老。

续 表

年	楚
前597,宣公十二年	⑬〔(楚)庄〕王围郑三月,郑人为成。晋中行林父率师救郑,庄王遂北……〔楚〕人盟。赵旃不欲成,弗召,射(席?)于楚军之门,楚人被驾以追之,遂败晋师于河〔上〕……⑮连尹止于河滩,其子黑要也或(又)室少孔。
前595,宣公十四年	⑭(庄王)使申伯无畏聘于齐,假路于宋,宋人是故杀申伯无畏,挖(夺)其玉帛。
前594,宣公十五年	⑭庄王率师围宋九月,宋人焉为成,以女子与兵车百乘,以华孙元为质。
前591,宣公十八年	⑮庄王即世,共王即位。
前589,成公二年	⑮黑要也死,司马子反与申公争少孔,申公曰:"是余受妻也。"取以为妻。司马不顺申公。王命申公聘于齐,申公窃载少孔以行,自齐遂逃跖(适)晋。
前585,成公六年?	⑮(申公)自晋跖(适)吴,焉始通吴晋之路,教吴人反楚。⑳晋景公立十又五年,申公屈巫自晋跖(适)吴,焉始通吴晋之路,二邦为好,以至晋悼公。
前584,成公七年	⑯楚共王立七年,令尹子重伐郑,为泺(汜)之师。晋景公会诸侯以救郑,郑人止郧公仪,献诸景公,景公以归。
前583,成公八年?	⑯一年,景公欲与楚人为好,乃脱郧公,使归求成,共王使郧公聘于晋,且许成。景公使籴之茷聘于楚,且修成。
前581,成公十年	⑯(籴之茷)未还,景公卒,厉公即位。共王使王子辰聘于晋,又修成。《左传》成公九年云:晋景公观于军府,见钟仪……使归求成……十二月,楚子使公子辰如晋……结成。
前580,成公十一年	⑯王又使宋右师华孙元行晋楚之成。
前579,成公十二年	⑯明岁,楚王子波(罢)会晋文子燮及诸侯之大夫,盟于宋,曰:"尔(弭)天下之甲兵。"
前576,成公十五年	⑯共王亦率师围郑,厉公救郑,败楚师于鄢。
前546,襄公二十七年	⑱晋庄平公立十又二年,楚康王立十又四年,令尹子木会赵文子武及诸侯之大夫,盟于宋,曰:"尔(弭)天下之甲兵。"
前545,襄公二十八年	⑱康王即世。

续　表

年	楚
前544,襄公二十九年	⑱ 孺子王即位。灵王为令尹。
前541,昭公元年	⑱ 令尹会赵文子及诸侯之大夫,盟于虢。孺子王即世,灵王即位。
前538,昭公四年	⑱ 灵王先起兵,会诸侯于申,执徐公,遂以伐徐,克赖、朱邡。
前537,昭公五年	⑮ 以至灵王,灵王伐吴,为南怀之行,执吴王子蹶由,吴人焉或(又)服于楚。《左传》云是行也,吴早设备,楚无功而返,以蹶由归。且云楚子惧吴。⑱ (灵王)伐吴,为南怀之行。
前534,昭公八年	⑱ (灵王)县陈、蔡,杀蔡灵侯。⑲ 楚灵王立,既县陈、蔡。
前529,昭公十三年	⑮ 灵王即世,景平王即位。⑱ 灵王见祸,景平王即位。⑲ 景平王即位,改邦(封)陈、蔡之君,使各复其邦。
前522,昭公二十年	⑮ 少师无极谗连尹奢而杀之,其子伍员与伍之鸡逃归吴。
前519,昭公二十三年	⑮ 伍鸡将吴人以围州来,为长壑而洍之,以败楚师,是鸡父之洍。
前516,昭公二十六年	⑮ 景平王即世,昭王即位。⑱ 景平王即世,昭王即位。⑲ 景平王即世,昭[王]即位。
前506,定公四年?	⑮ 伍员为吴太宰,是教吴人反楚邦之诸侯,以败楚师于柏举,遂入郢。《左传》伍员为吴行人以谋楚,伯州犁之孙嚭为吴大宰以谋楚。⑱ 许人乱,许公佗出奔晋,晋人罗(罹),城汝阳,居许公佗于容城。晋与吴会(合)为一,以伐楚,阅(门?)方城。⑲ 陈、蔡、胡反楚,与吴人伐楚。《左传》蔡、吴、唐伐楚。秦异公命子蒲、子虎率师救楚,与楚师会伐唐,县之。《左传》《史记·秦本纪》云秦哀公,《秦始皇本纪》云毕公。
前505,定公五年	⑮ 昭王归随,与吴人战于析。吴王子晨将起祸于吴,吴王阖卢乃归,昭王焉复邦。⑱ 楚昭王侵汧(伊)洛以复方城之师。⑲ 昭王既复邦。
前495,定公十五年	⑲ 昭王既复邦,焉克胡。
前494,哀公元年	⑲ 昭王既复邦……围蔡。
前489,哀公六年	⑲ 昭王即世。
前478,哀公十七年?	⑲ 献惠王立十又一年,蔡昭侯申惧,自归于吴。《左传》该年七月,楚灭陈。蔡昭侯死于昭王二十五年(哀公四年),楚惠王十一年,蔡国国君是昭侯之子蔡成侯。

续表

年	楚
前 425,周威烈王元年?	㉑ 楚简大王立七年,宋悼公朝于楚,告以宋司城疲之约(弱?)公室。王命莫敖阳为率师以定公室,城黄池,城雍丘。晋魏斯、赵浣、韩启章率师围黄池,道遻而归之于楚。
前 424,周威烈王二年	㉑ 二年,王命莫敖阳为率师侵晋,挖(夺)宜阳,围赤岸,以复黄池之师。魏斯、赵浣、韩启章率师救赤岸,楚人舍围而还,与晋师战于长城。楚师无功,多弃旆、幕,宵遁。楚以与晋固为怨。
前 407,周威烈王十九年?	㉒ 楚声桓王即位,元年,晋公止会诸侯于任,宋悼公将会晋公,卒于鼬。
前 404,周威烈王二十二年	㉓ 楚声桓王立四年,宋公田、郑伯骀皆朝于楚。王率宋公以城榆关,是(寘)武阳。秦人败晋师于洛阴,以为楚援。
前 402,周威烈王二十四年	㉓ 声王即世,悼哲王即位。郑人侵榆关,阳城桓定君率榆关之师与上国之师以交(邀/徼)之,与之战于桂陵,楚师无功。景之贾与舒子共止而死。
前 401,周安王元年	㉓ 明岁,晋瞗余率晋师与郑师以入王子定。鲁阳公率师以交(邀/徼)晋人,晋人还,不果入王子。
前 400,周安王二年	㉓ 明岁,郎(梁?)庄平君率师侵郑,郑皇子、子马、子池、子封子率师以交(邀/徼)楚人,楚人涉泬(汜),将与之战,郑师逃入于蔑。楚师围之于蔑,尽逾(降)郑师与其四将军,以归于郢。郑太宰欣亦起祸于郑,郑子阳用灭,无后于郑。
前 399,周安王三年	㉓ 明岁,楚人归郑之四将军与其万民于郑。晋人围津、长陵,克之。王命平夜武君率师侵晋,逾(降)郜,止郑(滕?)公涉涧以归,以复长陵之师。
前 397,周安王五年	㉓ 厌(荐?)年,韩取、魏击率师围武阳,以复郜之师。鲁阳公率师救武阳,与晋师战于武阳之城下,楚师大败,鲁阳公、平夜悼武君、阳城桓定君,三执珪之君与右尹昭之竢死焉,楚人尽弃其旆、幕、车、兵,犬逸而还。陈人焉反而入王子定于陈。楚邦以多亡城。楚师将救武阳,王命平夜悼武君李(使)人于齐陈渊求师。陈疾目率车千乘,以从楚师于武阳。甲戌,晋楚以战。丙子,齐师至喦,遂还。

6. 秦

年	秦
前 841—前 750?	③ 秦仲(前 844—前 822?)焉东居周地,以守周之坟墓,秦以始大。
前 651,僖公九年	⑥ 秦穆公乃内惠公于晋。

续表

年	秦
前645,僖公十五年	⑥ 秦公率师与惠公战于韩,止惠公以归。
前643,僖公十七年	⑥ 秦穆公以其子妻之(怀公)。
前642—前638,僖公十八年至二十二年	⑥ 秦穆公乃召文公于楚,使袭怀公之室。
前636,僖公二十四年	⑥ 秦人起师以内(纳)文公于晋。
前635,僖公二十五年	⑥ (秦晋)二邦伐鄀,徙之中城,围商密,止申公子仪以归。
前632,僖公二十八年	⑦ 晋文公思齐及宋之德,乃及秦师围曹及五鹿,伐卫以脱齐之戍及宋之围……⑦(晋)文公率秦、齐、宋及群戎之师以败楚师于城濮。
前630,僖公三十年	⑧ 秦、晋围郑,郑降秦不降晋。秦人豫(舍)戍于郑。
前628,僖公三十二年	⑧ 郑人属北门之管于秦之戍人,秦之戍人使人归告曰:"我既得郑之门管已(矣),来袭之。"
前627,僖公三十三年	⑧ 秦师将东袭郑,郑之贾人弦高将西市,遇之,乃以郑君之命劳秦三帅。秦师乃复,伐滑,取之。晋文公卒,未葬,襄公亲率师御秦师于崤,大败之。秦穆公欲与楚人为好,焉脱申公仪,使归求成。秦焉始与晋执乱,与楚为好。
前621,文公六年	⑨ 乃命左行蔑与随会召襄公之弟雍也于秦。
前620,文公七年	⑩ 秦康公率师以送雍子,晋人起师,败之于堇阴。左行蔑、随会不敢归,遂奔秦。
前615,文公十二年	⑩ (晋)灵公高立六年,秦公以战于堇阴之故,率师为河曲之战。
前598,宣公十一年	⑮ 王命申公屈巫跖(适)秦求师,得师以来。
前578,成公十三年	⑯ 明岁,厉公先起兵,率师会诸侯以伐秦,至于泾。
前506,定公四年?	⑲ 秦异公命子蒲、子虎率师救楚,与楚师会伐唐,县之。
前404,周威烈王二十二年	㉓ 秦人败晋师于洛阴,以为楚援。

7. 卫

年	卫
前1042—前1021	④ 建卫叔封于康丘,以侯殷之余民。
前660,闵公二年	④ 赤翟王峊虎起师伐卫,大败卫师于睘,幽侯灭焉。**卫懿公(前668—前660)**卫人乃东涉河,迁于曹,焉立戴公申(前660),公子启方奔齐。

续表

年	卫
前658，僖公二年	④ 戴公卒,齐桓公会诸侯以城楚丘,归公子启方焉,是文公(前659—前635)。《左传》《卫世家》云卫文公为戴公弟燬。
前635，僖公二十五年	④ 文公即世,成公即位。
前632，僖公二十八年	⑦ (晋文公)乃及秦师围曹及五鹿,伐卫以脱齐之戍及宋之围……(楚)令尹子玉遂率郑、卫、陈、蔡及群蛮夷之师以交文公。
前629，僖公三十一年	④ 翟人或(又)涉河,伐卫于楚丘,卫人自楚丘迁于帝丘。
前404，周威烈王二十二年	㉒ 晋公献齐俘馘于周王,遂以齐侯贷、鲁侯羴(显)、宋公田、卫侯虔、郑伯骀朝周王于周。

8. 蔡、息、陈

年	蔡	息	陈
前684，庄公十年	⑤ 蔡哀侯取妻于陈……息妫将归于息,过蔡,蔡哀侯命止之,曰:"以同姓之故,必入。"息妫乃入于蔡,蔡哀侯妻之。	⑤ 息侯亦取妻于陈,是息妫……息侯弗顺,乃使人于楚文王曰:"君来伐我,我将求救于蔡,君焉败之。"	⑤ 蔡哀侯取妻于陈。息侯亦取妻于陈,是息妫。
前632，僖公二十八年	⑦ (楚)令尹子玉遂率郑、卫、陈、蔡及群蛮夷之师以交文公。		⑦ (楚)令尹子玉遂率郑、卫、陈、蔡及群蛮夷之师以交文公。
前613，文公十四年			⑮ 陈公子徵舒取妻于郑穆公,是少孔。
前598，宣公十一年			⑮ 王入陈,杀徵舒,取其室以予申公。连尹襄老与之争,抡(夺)之少孔。
前534，昭公八年	⑱ (灵王)县陈、蔡,杀蔡灵侯。⑲ 楚灵王立,既县陈、蔡。		⑱ (灵王)县陈、蔡,杀蔡灵侯。⑲ 楚灵王立,既县陈、蔡。

续表

年	蔡	息	陈
前529,昭公十三年	⑲ 景平王即位,改邦(封)陈、蔡之君,使各复其邦。		⑲ 景平王即位,改邦(封)陈、蔡之君,使各复其邦。
前506,定公四年?	⑲ 陈、蔡、胡反楚,与吴人伐楚。		⑲ 陈、蔡、胡反楚,与吴人伐楚。
前494,哀公元年	⑲ 昭王既复邦……围蔡。		
前493,哀公二年	⑲ 蔡昭侯申惧,自归于吴,吴缦(洩)庸以师逆蔡昭侯,居于州来,是下蔡。楚人焉县蔡。		
前478,哀公十七年?	⑲ 献惠王立十又一年,蔡昭侯申惧,自归于吴。《左传》该年七月,楚灭陈。蔡昭侯死于昭王二十五年(哀公四年),楚惠王十一年,蔡国国君是昭侯之子蔡成侯。		⑲ 献惠王立十又一年,蔡昭侯申惧,自归于吴。

9. 宋

年	宋
前642—前638,僖公十八年至二十二年	⑥ (文公)乃跖(适)齐,齐人善之;跖(适)宋,宋人善之,亦莫之能内(入);乃跖(适)卫,卫人弗善;跖(适)郑,郑人弗善;乃跖(适)楚。
前633,僖公二十七年	⑦ 楚成王率诸侯以围宋伐齐,戍穀,居鉏。
前632,僖公二十八年	⑦ (晋)文公率秦、齐、宋及群戎之师以败楚师于城濮。
前617,文公十年	⑪ 楚穆王立八年,王会诸侯于厥貉(貉),将以伐宋。宋右师**华孙元**欲劳楚师,乃行,穆王使驱孟渚之麋,徙之徒禁(林)。**宋公为左盂,郑伯为右盂**,申公叔侯知之,宋公之车暮驾,用抶宋公之御。《左传》华御事,宋公为右盂,郑伯为左盂。

续　表

年	宋
前595,宣公十四年	⑪（楚庄王）使申伯无畏聘于齐,假路于宋,宋人是故杀申伯无畏,挖(夺)其玉帛。
前594,宣公十五年	⑪（楚）庄王率师围宋九月,宋人焉为成,以女子与兵车百乘,以华孙元为质。
前580,成公十一年	⑯ 王又使宋右师华孙元行晋楚之成。
前579,成公十二年	⑯ 明岁,楚王子波(罢)会晋文子燮及诸侯之大夫,盟于宋,曰:"尔(弭)天下之甲兵。"
前546,襄公二十七年	⑱ 晋庄平公立十又二年,楚康王立十又四年,令尹子木会赵文子武及诸侯之大夫,盟于宋,曰:"尔(弭)天下之甲兵。"
前425,周威烈王元年？	㉑ 楚简大王立七年,宋悼公朝于楚,告以宋司城皮之约(弱？)公室。王命莫敖阳为率师以定公室,城黄池,城雍丘。晋魏斯、赵浣、韩启章率师围黄池,遹迴而归之于楚。
前407,周威烈王二十二年？	㉒ 楚声桓王即位,元年,晋公止会诸侯于任,宋悼公将会晋公,卒于鼬。
前404,周威烈王二十二年	㉒……晋公献齐俘馘于周王,遂以齐侯贷、鲁侯羴(显)、宋公田、卫侯虔、郑伯骀朝周王于周。 ㉓ 楚声桓王立四年,宋公田、郑伯骀皆朝于楚。王率宋公以城榆关,是(寘)武阳。

10. 郜、申、曹

年	郜	申	曹
前635,僖公二十五年	⑥（秦晋）二邦伐郜,徙之中城,围商密,止申公子仪以归。	⑥（秦晋）二邦伐郜,徙之中城,围商密,止申公子仪以归。	
前632,僖公二十八年			⑦（晋文公）乃及秦师围曹及五鹿。

11. 鲁

年	鲁
前589,成公二年	⑭ 齐顷公围鲁,鲁臧孙许跎(适)晋求援。驹之克率师救鲁,败齐师于靡笄。齐人为成,以甗、赂(铬？)、玉筲(磬？ 璆？)与淳于之田。

年	鲁
前404,周威烈王二十二年	㉒越公与齐侯贷、鲁侯衎盟于鲁稷门之外。越公入飨于鲁,鲁侯御,齐侯参乘以入……晋公献齐俘馘于周王,遂以齐侯贷、鲁侯羴(显)、宋公田、卫侯虔、郑伯骀朝周王于周。

12. 吴

年	吴
前613,文公十四年	⑮楚庄王立,吴人服于楚。
前585,成公六年?	⑮(申公)自晋跐(适)吴,焉始通吴晋之路,教吴人反楚。⑳晋景公立十又五年,申公屈巫自晋跐(适)吴,焉始通吴晋之路,二邦为好,以至晋悼公。
前563,襄公十年	⑳悼公立十又一年,公会诸侯,以吴王寿梦相见于虢。
前537,昭公五年	⑮以至灵王,灵王伐吴,为南怀之行,执吴王子蹶由,吴人焉或(又)服于楚。⑱(灵王)伐吴,为南怀之行。
前522,昭公二十年	⑮少师无极谗连尹奢而杀之,其子伍员与伍之鸡逃归吴。
前519,昭公二十三年	⑮伍鸡将吴人以围州来,为长壑而洍之,以败楚师,是鸡父之洍。
前506,定公四年?	⑮伍员为吴太宰,是教吴人反楚邦之诸侯,以败楚师于柏举,遂入郢。⑱晋与吴会(合)为一,以伐楚,闵(门?)方城。⑲陈、蔡、胡反楚,与吴人伐楚。⑳晋简公立五年,与吴王阖卢伐楚。
前505,定公五年	⑮昭王归随,与吴人战于析。吴王子晨将起祸于吴,吴王阖卢乃归,昭王焉复邦。
前496,定公十四年	⑲蔡昭侯申惧,自归于吴,吴缦(洩)庸以师逆蔡昭侯,居于州来,是下蔡。楚人焉县蔡。
前495,定公十五年	⑳阖卢即世,夫秦(差)王即位。
前489,哀公六年	⑳晋简公会诸侯,以与夫秦(差)王相见于黄池。
前482,哀公十三年	⑲献惠王立十又一年,蔡昭侯申惧,自归于吴。
前478,哀公十七年?	⑳越公勾践克吴,越人因袭吴之与晋为好。
前473,哀公二十二年?	⑲蔡昭侯申惧,自归于吴,吴缦(洩)庸以师逆蔡昭侯,居于州来,是下蔡。楚人焉县蔡。

13. 徐、赖、朱邡、许

年	徐	赖	朱邡	许
前557,襄公十六年				⑰ 晋庄平公即位元年,公会诸侯于溟梁,遂以迁许于叶而不果。
前538,昭公四年	⑱ 灵王先起兵,会诸侯于申,执徐公,遂以伐徐,克赖、朱邡。	⑱ 灵王先起兵,会诸侯于申,执徐公,遂以伐徐,克赖、朱邡。	⑱ 灵王先起兵,会诸侯于申,执徐公,遂以伐徐,克赖、朱邡。	
前506,定公四年?				⑱ 许人乱,许公佗出奔晋,晋人罗（罹）,城汝阳,居许公佗于容城。

14. 中山、唐、胡

年	中山	唐	胡
前505,定公五年	⑱ 遂盟诸侯于召陵,伐中山。晋师大疫且饥,食人。		
前506,定公四年?		⑲ 秦异公命子蒲、子虎率师救楚,与楚师会伐唐,县之。	⑲ 陈、蔡、胡反楚,与吴人伐楚。
前495,定公十五年			⑲ 昭王既复邦,焉克胡。

15. 越

年	越
前473,哀公二十二年	⑳ 越公勾践克吴,越人因袭吴之与晋为好。
前441,周贞定王二十八年	⑳ 晋敬公立十又一年,赵桓子会[诸]侯之大夫,以与越令尹宋盟于巩。遂以伐齐,齐人焉始为长城于济,自南山属之北海。

续 表

年	越
前430,周考王十一年	⑳ 晋幽公立四年,赵狗率师与越公朱句伐齐,晋师閈(门?)长城句俞(谷?)之门。越公、宋公败齐师于襄平。至今晋、越以为好。
前404,周威烈王二十二年	㉒ 韩虔、赵籍、魏击率师与越公翳伐齐,齐与越成,以建阳、郈陵之田,且男女服。越公与齐侯贷、鲁侯衍盟于鲁稷门之外。越公入飨于鲁,鲁侯御,齐侯骖乘以入。

16. 翟、群戎、胡

年	翟	群 戎	群 蛮 夷
前660,闵公二年	④ 周惠王立十又七年,赤翟王峁虎起师伐卫。		
前629,僖公三十一年	④ 翟人或(又)涉河,伐卫于楚丘,卫人自楚丘迁于帝丘。		
前632,僖公二十八年		⑦（晋）文公率秦、齐、宋及群戎之师以败楚师于城濮。	⑦（楚）令尹子玉遂率郑、卫、陈、蔡及群蛮夷之师以交文公。

二、清华竹书《系年》记事编年与相关文献对勘表

说明：为行文方便，采用宽式释文。数字①～㉓表示章节顺序。《系年》与《左传》等传世文献记载不合的部分，均已在表格中用黑体着重标出。为提供一可比较的参考范围，采用《夏商周断代工程》和《左传》纪年的相关年份，《系年》所载，特别是两周之际、战国早期的纪年均需要再深入研究。

编 年	《系 年》	相 关 文 献
约前1046—前1043年	① 昔周武王监观商王之不恭上帝，禋祀不寅，乃作帝籍，以登祀上帝天神，名之曰千亩，以克反商邑，敷政天下。	《尚书·牧誓》："今商王受……昏弃厥肆祀弗答。"

续表

编　年	《系　年》	相　关　文　献
约前1046—前1043年	③ 周武王既克殷,乃设三监于殷。	《逸周书·作雒解》:"武王克殷,乃立王子禄父,俾守商祀。建管叔于东,建蔡叔、霍叔于殷,俾监殷臣。" 《尚书·多方》:"今尔奔走,臣我监,五祀。越惟有胥伯小大多正,尔罔不克臬。" 《史记·周本纪》:"封商纣子禄父殷之余民。武王为殷初定未集,乃使其弟管叔鲜、蔡叔度相禄父治殷。" 《汉书·地理志》:"河内本殷之旧都,周既灭殷,分其畿内为三国,《诗·风》邶、庸、卫国是也。邶,以封纣子武庚;庸,管叔尹之;卫,蔡叔尹之:以监殷民,谓之三监。"
约前1042—前1021年	③ 武王陟,商邑兴反,杀三监而立彔子耿。	《尚书大传》:"然后禄父及三监叛也。周公以成王之命,杀禄父。"
	③ 成王屎伐商邑,杀彔子耿,飞廉东逃于商盖氏。	《逸周书·作雒解》:"降辟三叔,王子禄父北奔。" 《吕氏春秋·古乐》:"成王立,殷民反,王命周公践伐之。" 《史记·周本纪》:"周公奉成王命,伐诛武庚、管叔,放蔡叔。"
	③ 成王伐商盖,杀飞廉,西迁商盖之民于邾圉,以御奴虘之戎,是秦先人,世作周屈。	《孟子·滕文公下》:"周公相武王诛纣,伐奄,三年讨其君,驱飞廉于海隅而戮之,灭国者五十,驱虎豹犀象而远之,天下大悦。" 《书序》:"成王既践奄,将迁其君于蒲姑。" 《史记·秦本纪》:"秦之先,帝颛顼之苗裔孙曰女修……周武王之伐纣,并杀恶来。是时蜚廉为纣石北方,还,无所报,为坛霍太山而报,得石棺,铭曰'帝令处父不与殷乱,赐尔石棺以华氏'。死,遂葬于霍太山。" 银雀山汉简《孙膑兵法·见威王》:"商奄反,故周公浅之。"
	④ 周成王、周公既迁殷民于洛邑,乃追念夏商之亡由,旁设出宗子,以作周厚屏。	清华竹书《祭公之顾命》:"惟我后嗣,旁建宗子,丕惟周之厚屏。" 《左传》昭公九年:"文、武、成、康之建母弟,以蕃屏周。"

续　表

编　年	《系　年》	相　关　文　献
约前1042—前1021年		《左传》昭公二十六年："昔武王克殷,成王靖四方,康王息民,并建母弟,以蕃屏周。" 《左传》僖公二十四年："昔周公吊二叔之不咸,故封建亲戚,以蕃屏周。" 《书序》："成周既成,迁殷顽民。" 《史记·周本纪》："成王在丰,使召公复营洛邑,如武王之意……成王既迁殷遗民……"
	④ 乃先建卫叔封于康丘,以侯殷之余民。	《左传》定公四年："昔武王克商,成王定之,选建明德,以藩屏周……分康叔以大路、少帛、靖茷、旃旌、大吕,殷民七族,陶氏、施氏、繁氏、锜氏、樊氏、饥氏、终葵氏;封畛土略,自武父以南及圃田之北竟,取于有阎之土,以共王职;取于相土之东都,以会王之东蒐。聃季授土,陶叔授民,命以康诰而封于殷虚。" 《史记·周本纪》："颇收殷余民,以封武王少弟封为卫康叔。" 《史记·卫康叔世家》："周公旦以成王命兴师伐殷,杀武庚禄父、管叔,放蔡叔,以武庚殷余民封康叔为卫君,居河、淇间故商墟。"
前841年	① 至于厉王,厉王大疟于周,卿李(士)、诸正、万民弗忍于厥心,乃归厉王于彻。	《左传》昭公二十六年："至于厉王,王心戾虐,万民弗忍,居王于彘。诸侯释位,以间王政。" 《国语·周语上》："三年,乃流王于彘……荣公为卿士,诸侯不享,王流于彘。"
前841—前828年	① 共伯和立,十又四年。	《史记·周本纪》索隐引《汲冢纪年》："共伯和干王位。" 《史记·周本纪》正义引《鲁连子》："共伯名和,好行仁义,诸侯贤之。周厉王无道,国人作难,王犇于彘,诸侯举和以行天子事,号曰'共和'元年。" 《吕氏春秋·开春》："共伯和修其行,好贤仁,而海内皆以来为稽矣。周厉之难,天子旷绝,而天下皆来谓矣。"

续 表

编　年	《系　年》	相　关　文　献
前 827 年	① 厉王生宣王，宣王即位，共伯和归于宋（宗）。	《史记·周本纪》正义引《鲁连子》："十四年，厉王死于彘，共伯使诸侯奉王子靖为宣王，而共伯复归国于卫也。" 《庄子·让王》："共伯得乎共首。"成玄英疏："共伯退归，还食本邑。" 《经典释文》引《庄子·让王》司马彪注："十四年，大旱屋焚，卜于太阳，兆曰厉王为祟（崇），召公乃立宣王，共伯复归于宗，逍遥得意共山之首。"
前 782 年	① 宣王是始弃帝籍弗田，立卅又九年，戎乃大败周师于千亩。	《国语·周语上》："宣王即位，不籍千亩……三十九年，战于千亩，王师败绩于姜氏之戎。"
前 781—前 770 年？	② 周幽王取妻于西申，生平王，王或（又）取褒人之女，是褒姒，生伯盘。	《国语·晋语一》："周幽王伐有褒，有褒人以褒姒女焉，褒姒有宠，生伯服。" 《国语·郑语》："褒人褒姁有狱，而以为入于王，王遂置之，而嬖是女也，使至于为后，而生伯服。" 《太平御览》卷一四七皇亲部引《纪年》："幽王八年，立褒姒之子曰伯服，为太子。" 《太平御览》卷八五皇王部引《纪年》："幽王立褒姒之子伯盘，以为太子。" 《史记·周本纪》："三年，幽王嬖爱褒姒。褒姒生子伯服，幽王欲废太子。太子母申侯女，而为后。后幽王得褒姒，爱之，欲废申后，并去太子宜臼，以褒姒为后，以伯服为太子。"
	② 褒姒嬖于王，王与伯盘逐平王，平王走西申。幽王起师，回（围）平王于西申，申人弗畀。曾（缯）人乃降西戎，以攻幽王，幽王及伯盘乃灭，周乃亡。	《国语·晋语一》："于是乎与虢石甫比，逐太子宜臼，而立伯服。太子出奔申，申人、鄫人召西戎以伐周，周于是乎亡。" 《国语·郑语》："申、缯、西戎方强，王室方骚，将以纵欲，不亦难乎？王欲杀太子以成伯服，必求之申，申人弗畀，必伐之。若伐申，而缯与西戎会以伐周，周不守矣！" 《左传》昭公二十六年正义引《汲冢书纪年》："平王奔西申，而立伯盘以为太子。" 《吕氏春秋·疑似》："幽王欲褒姒之笑也，因数击鼓，诸侯之兵数至而无寇。至于后

续 表

编 年	《系 年》	相 关 文 献
前781—前770年?		戎寇真至,幽王击鼓,诸侯兵不至,幽王之身乃死于丽山之下,为天下笑。" 《史记·周本纪》:"褒姒不好笑,幽王欲其笑万方,故不笑。幽王为烽燧大鼓,有寇至则举烽火。诸侯悉至,至而无寇,褒姒乃大笑。幽王说之,为数举烽火。其后不信,诸侯益亦不至。幽王以虢石父为卿,用事,国人皆怨。石父为人佞巧善谀好利,王用之。又废申后,去太子也。申侯怒,与缯、西夷犬戎攻幽王。幽王举烽火征兵,兵莫至。遂杀幽王骊山下,虏褒姒,尽取周赂而去。"
	② 邦君诸正乃立幽王之弟余臣于虢,是携惠王。	《左传》昭公二十六年:"至于幽王,天不吊周,王昏不若,用愆厥位,携王奸命。" 《左传》昭公二十六年正义引《汲冢书纪年》:"(伯盘)与幽王俱死于戏。先是,申侯、鲁侯及许文公立平王于申,以本大子,故称天王。幽王既死,而虢公翰又立王子余臣于携。周二王并立。" 《通鉴外纪》卷三引《汲冢纪年》:"幽王死,申侯、鲁侯、许文公立平王于申,虢公翰立王子余,二王并立。" 《史记·周本纪》:"于是诸侯乃即申侯而共立故幽王太子宜臼,是为平王,以奉周祀。"
	② 立廿又一年,晋文侯仇乃杀惠王于虢。	《左传》昭公二十六年正义引《汲冢书纪年》:"二十一年,携王为晋文公所杀。以本非适,故称'携王'。"
	② 周亡(无)王九年,邦君诸侯焉始不朝于周。晋文侯乃逆平王于少鄂,立之于京师。	《国语·郑语》:"晋文侯于是乎定天子。"
	② 三年,乃东徙,止于成周,晋人焉始启于京师,郑武公亦正东方之诸侯。	《左传》昭公二十六年:"诸侯替之,而建王嗣,用迁郏鄏。" 《国语·周语中》:"我周之东迁,晋、郑是依。" 《史记·周本纪》:"平王立,东迁于雒邑,辟戎寇。平王之时,周室衰微,诸侯强并弱,齐、楚、秦、晋始大,政由方伯。"

续表

编　年	《系　年》	相　关　文　献
前781—前770年？	③ 周室既卑，平王东迁，止于成周，秦仲焉东居周地，以守周之坟墓，秦以始大。	《史记·秦本纪》："西戎犬戎与申侯伐周，杀幽王郦山下。而秦襄公将兵救周，战甚力，有功。周避犬戎难，东徙雒邑，襄公以兵送周平王。平王封襄公为诸侯，赐之岐以西之地。曰：'戎无道，侵夺我岐、丰之地，秦能攻逐戎，即有其地。'与誓，封爵之。襄公于是始国，与诸侯通使聘享之礼，乃用骝驹、黄牛、羝羊各三，祠上帝西畤。"
前744，平王二十七年	②（郑）武公即世，庄公即位。	《史记·郑世家》："是岁，武公卒，寤生立，是为庄公。"
前701，桓公十一年	② 庄公即世，厉公突（前700—前697）	《史记·郑世家》："四十三年，郑庄公卒。"
前697，桓公十五年	② 昭公即位。	《史记·郑世家》："初，祭仲甚有宠于庄公，庄公使为卿；公使娶邓女，生太子忽，故祭仲立之，是为昭公。"
前695，桓公十七年	② 其大夫高之渠弥杀昭公而立其弟子眉寿。	《左传》桓公十一年："秋九月丁亥，昭公奔卫。己亥，厉公立。" 《左传》桓公十七年："初，郑伯将以高渠弥为卿，昭公恶之，固谏，不听。昭公立，惧其杀己也，辛卯，弑昭公，而立公子亹。" 《史记·郑世家》："昭公二年，自昭公为太子时，父庄公欲以高渠弥为卿，太子忽恶之，庄公弗听，卒用渠弥为卿。及昭公即位，惧其杀己，冬十月辛卯，渠弥与昭公出猎，射杀昭公于野。祭仲与渠弥不敢入厉公，乃更立昭公弟子亹为君，是为子亹也，无谥号。"
前694，桓公十八年	② 齐襄公会诸侯于首止，杀子眉寿，车辗高之渠弥。	《左传》桓公十八年："秋，齐侯师于首止，子亹会之，高渠弥相。七月戊戌，齐人杀子亹而辕高渠弥。"
前689至前675，庄公五年至十九年	② 楚文王（前689—前675）以启于汉阳。	《国语·郑语》："楚蚠冒于是乎始启濮。"

续 表

编 年	《系 年》	相 关 文 献
前684，庄公十年	⑤ 蔡哀侯取妻于陈。息侯亦取妻于陈，是息妫。	《左传》庄公十年："蔡哀侯娶于陈，息侯亦娶焉。" 《史记·管蔡世家》："哀侯十一年，初，哀侯娶陈，息侯亦娶陈。"
	⑤ 息妫将归于息，过蔡，蔡哀侯命止之，曰："以同姓之故，必入。"	《左传》庄公十年："息妫将归，过蔡。蔡侯曰：'吾姨也。'"
	⑤ 息妫乃入于蔡，蔡哀侯妻之。	《左传》庄公十年："止而见之，弗宾。"
	⑤ 息侯弗顺，乃使人于楚文王曰："君来伐我，我将求救于蔡，君焉败之。"	《左传》庄公十年："息侯闻之，怒，使谓楚文王曰：'伐我，吾求救于蔡而伐之。'" 《史记·管蔡世家》："息侯怒，请楚文王：'来伐我，我求救于蔡，蔡必来，楚因击之，可以有功。'"
	⑤ 文王起师伐息，息侯求救于蔡，蔡哀侯率师以救息，文王败之于莘，获哀侯以归。	《左传》庄公十年："楚子从之。秋九月，楚败蔡师于莘，以蔡侯献舞归。" 《史记·管蔡世家》："楚文王从之，虏蔡哀侯以归。哀侯留九岁，死于楚。" 《史记·楚世家》："（楚文王）六年，伐蔡，虏蔡哀侯以归，已而释之。"
前680，庄公十四年？	⑤ 文王为客于息，蔡侯与从，息侯以文王饮酒，蔡侯知息侯之诱己也，亦告文王曰："息侯之妻甚美，君必命见之。"文王命见之，息侯辞，王固命见之。既见之，还。**明岁**，起师伐息，克之，杀息侯，取息妫以归，是生堵敖及成王。	《左传》庄公十四年："蔡哀侯为莘故，绳息妫以语楚子。楚子如息，以食入享，遂灭息。" 《左传》庄公十四年："以息妫归，生堵敖及成王焉。" 《吕氏春秋·长攻》："楚王欲取息与蔡，乃先佯善蔡侯，而与之谋曰：'吾欲得息，奈何？'蔡侯曰：'息夫人，吾妻之姨也。吾请为飨息侯与其妻者，而与王俱，因而袭之。'楚王曰：'诺。'于是与蔡侯以飨礼入于息，因与俱，遂取息。旋，舍于蔡，又取蔡。"
前679，庄公十五年	② 改立厉公（前679—前673），郑以始正（定）。	《史记·郑世家》："子亹元年七月，齐襄公会诸侯于首止，郑子亹往会，高渠弥相，从，祭仲称疾不行。所以然者，子亹自齐襄公为公子之时，尝会斗，相仇，及会诸侯，祭仲

续 表

编　年	《系　年》	相　关　文　献
	子婴（前693—前680），《左传》以郑子名子仪，《史记》名为婴，无谥号。	请子亹无行。子亹曰：'齐强，而厉公居栎，即不往，是率诸侯伐我，内厉公。我不如往，往何遽必辱，且又何至是！'卒行。于是祭仲恐齐并杀之，故称疾。子亹至，不谢齐侯，齐侯怒，遂伏甲而杀子亹。高渠弥亡归，归与祭仲谋，召子亹弟公子婴于陈而立之，是为郑子……十四年，故郑亡厉公突在栎者使人诱劫郑大夫甫假，要以求入。假曰：'舍我，我为君杀郑子而入君。'厉公与盟，乃舍之。六月甲子，假杀郑子及其二子而迎厉公突，突自栎复入即位。"
前666，庄公二十八年	⑥ 晋献公之婢（嬖）妾曰骊姬，欲其子奚齐之为君也，乃谗太子共君而杀之，或（又）谗惠公及文公。	《左传》庄公二十八年："晋伐骊戎，骊戎男女以骊姬，归，生奚齐，其娣生卓子。骊姬嬖，欲立其子。" 《国语·晋语一》："公弗听，遂伐骊戎，克之。获骊姬以归，有宠，立以为夫人……献公伐骊戎，克之，灭骊子，获骊姬以归，立以为夫人，生奚齐……是故先施谮于申生……公说，乃城曲沃，太子处焉；又城蒲，重耳处焉；又城二屈，公子夷吾处焉。骊姬既远太子，乃生之言，太子由是得罪。" 《国语·晋语二》："骊姬退，申生乃雉经于新城之庙……是以谥为共君。骊姬既杀太子申生，又潛二公子曰：'重耳、夷吾与知共君之事。'"
前660，闵公二年	④ 卫人自康丘迁于淇卫。周惠王立十又七年，赤翟王峁虎起师伐卫，大败卫师于瞏，幽侯灭焉。卫懿公（前668—前660）。	《春秋》闵公二年："十有二月，狄入卫。" 《左传》闵公二年："冬十二月，狄人伐卫……及狄人战于荧泽，卫师败绩，遂灭卫。" 《春秋经传集解后序》引《纪年》："卫懿公及赤翟战于洞泽。" 《史记·卫康叔世家》："九年，翟伐卫，卫懿公欲发兵，兵或畔。" 《论衡·儒增》："卫有忠臣弘演，为卫哀公使，未还，狄人攻哀公而杀之，尽食其肉，独舍其肝。"

续 表

编 年	《系 年》	相 关 文 献
		《春秋》宣公十六年："春,王正月,晋人灭赤狄甲氏及留吁。" 《左传》宣公十六年："十六年春,晋士会帅师灭赤狄甲氏及留吁铎辰。"
前660, 闵公二年	④ 翟遂居卫,卫人乃东涉河,迁于曹,焉立戴公申(前660),公子启方奔齐。	《左传》闵公二年："狄入卫,遂从之,又败诸河……文公为卫之多患也,先适齐。及败,宋桓公逆诸河,宵济。卫之遗民男女七百有三十人,益之以共、滕之民为五千人。立戴公以庐于曹。许穆夫人赋载驰。齐侯使公子无亏帅车三百乘、甲士三千人以戍曹。" 《诗·鄘风·载驰》序："卫懿公为狄人所灭,国人分散,露于漕邑。" 《史记·卫康叔世家》："自懿公父惠公朔之谗杀太子伋代立至于懿公,常欲败之,卒灭惠公之后而更立黔牟之弟昭伯顽之子申为君,是为戴公。"
前658, 僖公二年	④ 戴公卒,齐桓公会诸侯以城楚丘,归公子启方焉,是文公(前659—前635)。《左传》《卫世家》云卫文公为戴公弟燬。	《春秋》僖公二年："二年春王正月,城楚丘。" 《左传》僖公二年："二年春,诸侯城楚丘而封卫焉。" 《诗·鄘风·定之方中》序："卫为狄所灭,东徙渡河,野处漕邑。齐桓公攘戎狄而封之。文公徙居楚丘,始建城市而营宫室,得其时制,百姓说之,国家殷富焉。" 《史记·卫康叔世家》："戴公申元年卒。齐桓公以卫数乱,乃率诸侯伐翟,为卫筑楚丘,立戴公弟燬为卫君,是为文公。文公以乱故奔齐,齐人入之。"
前655, 僖公五年	⑥ (晋)文公奔狄,惠公奔于梁。	《左传》成公十三年："天祸晋国,文公如齐,惠公如秦。" 《国语·晋语二》："公令阉楚刺重耳,重耳逃于狄;令贾华刺夷吾,夷吾逃于梁。尽逐群公子,乃立奚齐。焉始为令,国无公族焉。"

续表

编　年	《系　年》	相　关　文　献
	⑥ 献公卒,乃立奚齐。其大夫里之克乃杀奚齐,而立其弟悼子,里之克或(又)杀悼子。	《国语·晋语一》:"骊姬生奚齐,其娣生卓子。" 《国语·晋语二》:"二十六年,献公卒。里克将杀奚齐……于是杀奚齐、卓子及骊姬,而请君于秦。" 《史记·晋世家》:"十月,里克杀奚齐于丧次,献公未葬也……荀息立悼子而葬献公。十一月,里克弑悼子于朝,荀息死之。"
前651,僖公九年	⑥ 秦穆公乃内惠公于晋(前650—前637)。惠公赂秦公曰:"我句(苟)果内(入),使君涉河,至于梁城。"惠公既内(入),乃背秦公弗予。	《左传》僖公九年:"晋郤芮使夷吾重赂秦以求入……齐隰朋帅师会秦师,纳晋惠公。" 《国语·晋语二》:"公子夷吾出见使者,再拜稽首,起而不哭,退而私于公子絷曰:'中大夫里克与我矣,吾命之以汾阳之田百万。丕郑与我矣,吾命之以负蔡之田七十万。君苟辅我,蔑天命矣,吾必遂矣!亡人苟入,扫宗庙,定社稷,亡人何国之与有?君实有郡县,且入河外列城五。岂谓君无有,亦为君之东游津梁之上,无有难急也。亡人之所怀挟缨纕以望君之尘垢者。黄金四十镒,白玉之珩六双,不敢当公子,请纳之左右。'……是故先置公子夷吾,实为惠公。" 《左传》僖公十五年:"赂秦伯以河外列城五,东尽虢略,南及华山,内及解梁城,既而不与。晋饥,秦输之粟;秦饥,晋闭之籴,故秦伯伐晋。" 《国语·晋语三》:"惠公入而背外内之赂……惠公既即位,乃背秦赂。"
前645,僖公十五年	⑥ (惠公)立六年,秦公率师与惠公战于韩,止惠公以归。	《春秋》僖公十五年:"十有一月壬戌,晋侯及秦伯战于韩,获晋侯。"
前643,僖公十七年	⑥ 惠公焉以其子怀公为质于秦,秦穆公以其子妻之。	《左传》僖公十七年:"夏,晋大子圉为质于秦,秦归河东而妻之。" 《左传》成公十三年:"穆公不忘旧德,俾我惠公用能奉祀于晋,又不能成大勋,而为韩之师。" 《国语·晋语三》:"六年,秦岁定,帅师侵晋,至于韩……是故归惠公而质子圉,秦始知河东之政。"

续 表

编 年	《系 年》	相 关 文 献
前642—前638，僖公十八年至二十二年	⑥ 文公十又二年居狄，狄甚善之，而弗能内（入），乃跖齐，齐人善之；跖宋，宋人善之，亦莫之能内（入）；乃跖卫，卫人弗善；跖郑，郑人弗善；乃跖楚。次序与《左传》《国语》不同：狄-齐-卫-曹-宋-郑-楚。	《左传》僖公二十三年："晋公子重耳之及于难也……遂奔狄……处狄十二年而行。过卫，卫文公不礼焉……及齐，齐桓公妻之，有马二十乘，公子安之……及曹……及宋，宋襄公赠之以马二十乘。及郑，郑文公亦不礼焉……及楚，楚子飨之……" 《国语·晋语二》："二十二年，公子重耳出亡，及柏谷，卜适齐、楚……乃遂之狄。" 《国语·晋语四》："文公在狄十二年……乃行，过五鹿，乞食于野人……遂适齐……过卫，卫文公有邢、狄之虞，不能礼焉……自卫过曹，曹共公亦不礼焉……公子过宋……公子过郑，郑文公亦不礼焉……遂如楚，楚成王以君礼享之，九献，庭实旅百。"
前638，僖公二十二年	⑥ 怀公自秦逃归，秦穆公乃召文公于楚，使袭怀公之室。	《国语·晋语四》："于是怀公自秦逃归。秦伯召公子于楚，楚子厚币以送公子于秦。"
前637，僖公二十三年	⑤ 文王以北启出方城，圾肆于汝，改旅于陈，焉取顿以恐陈侯。	《左传》哀公十七年："（楚文王）实县申、息，朝陈、蔡，封畛于汝。" 《左传》僖公二十三年："楚成得臣帅师伐陈，讨其贰于宋也。遂取焦、夷，城顿而还。"
	⑥ 晋惠公卒，怀公即位。（前637—前636）	《国语·晋语三》："十五年，惠公卒，怀公立。" 《史记·晋世家》："子圉遂亡归晋。十四年九月，惠公卒，太子圉立，是为怀公。"
前636，僖公二十四年	⑥ 秦人起师以内（入）文公于晋。	《国语·晋语四》："十月，惠公卒。十二月，秦伯纳公子。" 《史记·晋世家》："秦缪公乃发兵送内重耳。"
	⑥ 晋人杀怀公而立文公，秦晋焉始会（合）好，戮力同心。	《左传》僖公二十四年："壬寅，公子入于晋师。丙午，入于曲沃。丁未，朝于武宫。戊申，使杀怀公于高梁。" 《国语·晋语三》："晋人杀怀公于高梁，而授重耳，实为文公。" 《国语·晋语四》："丁未，入于绛，即位于武宫。戊申，刺怀公于高梁。" 《史记·晋世家》："戊申，（文公）使人杀怀公。"

续　表

编　年	《系　年》	相　关　文　献
前635，僖公二十五年	⑥（秦晋）二邦伐鄀，徙之中城，围商密，止申公子仪以归。	《左传》僖公二十五年："秋，秦、晋伐鄀。楚斗克、屈御寇以申、息之师戍商密。秦人过析隈，入而系舆人以围商密，昏而傅焉。宵，坎血加书，伪与子仪、子边盟者。商密人惧曰：'秦取析矣，戍人反矣。'乃降秦师。囚申公子仪、息公子边以归。"
	④ 文公即世，成公即位。	《史记·卫康叔世家》："二十五年，文公卒，子成公郑立。"
前633，僖公二十七年	⑦ 晋文公立四年，楚成王率诸侯以围宋伐齐，戍榖，居鉏。	《春秋》僖公二十七年："冬，楚人、陈侯、蔡侯、郑伯、许男围宋。"《左传》僖公二十七年："冬，楚子及诸侯围宋……出榖戍，释宋围，一战而霸，文之教也。"《国语·晋语四》："文公立四年，楚成王伐宋。"
前632，僖公二十八年	⑦ 晋文公思齐及宋之德，乃及秦师围曹及五鹿，伐卫以脱齐之戍及宋之围。	《春秋》僖公二十八年："二十有八年春，晋侯侵曹，晋侯伐卫。"《左传》僖公二十八年："二十八年春，晋侯将伐曹，假道于卫。卫人弗许。还，自南河济，侵曹，伐卫。正月戊申，取五鹿。"《国语·晋语四》："公率齐、秦伐曹、卫以救宋。"
	⑦ 楚王舍围归，居方城。	《左传》僖公二十八年："楚子入居于申，使申叔去榖，使子玉去宋。"
	⑦ 令尹子玉遂率郑、卫、陈、蔡及群蛮夷之师以交文公。	《左传》僖公二十八年："子玉怒，从晋师。"《国语·晋语四》："子玉释宋围，从晋师。"
	⑦ 文公率秦、齐、宋及群戎之师以败楚师于城濮。	《春秋》僖公二十八年："夏四月己巳，晋侯、齐师、宋师、秦师及楚人战于城濮，楚师败绩。"《左传》僖公二十八年："夏四月戊辰，晋侯、宋公、齐国归父、崔夭、秦小子慭次于城濮……己巳，晋师陈于莘北，胥臣以下军之佐当陈、蔡。子玉以若敖之六卒将中军，曰：'今日必无晋矣。'子西将左，子上将右。

续　表

编　年	《系　年》	相　关　文　献
前632,僖公二十八年		胥臣蒙马以虎皮,先犯陈、蔡。陈、蔡奔,楚右师溃。狐毛设二旆而退之。栾枝使舆曳柴而伪遁,楚师驰之,原轸、郤溱以中军公族横击之。狐毛、狐偃以上军夹攻子西,楚左师溃。楚师败绩。子玉收其卒而止,故不败。晋师三日馆穀,及癸酉而还。" 《国语·晋语四》:"至于城濮,果战,楚众大败。" 《史记·晋世家》:"四月戊辰,宋公、齐将、秦将与晋侯次城濮。己巳,与楚兵合战,楚兵败,得臣收余兵去。"
	⑦ 遂朝周襄王于衡雍,献楚俘馘,盟诸侯于践土。	《春秋》僖公二十八年:"五月癸丑,公会晋侯、齐侯、宋公、蔡侯、郑伯、卫子、莒子,盟于践土。" 《左传》僖公二十八年:"甲午,至于衡雍,作王宫于践土……丁未,献楚俘于王:驷介百乘,徒兵千。" 《史记·晋世家》:"甲午,晋师还至衡雍,作王宫于践土……(五月)丁未,献楚俘于周……于是晋文公称伯。癸亥,王子虎盟诸侯于王庭。"
前630,僖公三十年	⑧ 晋文公立七年,秦、晋围郑,郑降秦不降晋,晋人以不憖。秦人豫(舍)戍于郑。	《春秋》僖公三十年:"晋人、秦人围郑。" 《左传》僖公三十年:"九月甲午,晋侯、秦伯围郑,以其无礼于晋,且贰于楚也。" 《左传》成公十三年:"郑人怒君之疆场,我文公帅诸侯及秦围郑。秦大夫不询于我寡君,擅及郑盟。"
前629,僖公三十一年	④ 翟人或(又)涉河,伐卫于楚丘,卫人自楚丘迁于帝丘。	《春秋》僖公三十一年:"狄围卫。十有二月,卫迁于帝丘。" 《左传》僖公三十一年:"冬,狄围卫,卫迁于帝丘,卜曰三百年。" 《史记·卫康叔世家》集解引《世本》:"成公徙濮阳。"宋忠曰:"濮阳,帝丘,地名。"

续 表

编　年	《系　年》	相　关　文　献
前628，僖公三十二年	⑧秦人舍戍于郑，郑人属北门之管于秦之戍人，秦之戍人使人归告曰："我既得郑之门管矣，来袭之。"	《左传》僖公三十二年："杞子自郑使告于秦曰：'郑人使我掌其北门之管，若潜师以来，国可得也。'" 《左传》襄公十四年："昔文公与秦伐郑，秦人窃与郑盟，而舍戍焉，于是乎有殽之师。"
	⑧晋文公卒，未葬。	《春秋》僖公三十二年："冬十有二月己卯，晋侯重耳卒。" 《左传》僖公三十二年："冬，晋文公卒。庚辰，将殡于曲沃。"
前627，僖公三十三年	⑧秦师将东袭郑，郑之贾人弦高将西市，遇之，乃以郑君之命劳秦三帅。	《左传》僖公三十三年："及滑，郑商人弦高将市于周，遇之，以乘韦先，牛十二犒师，曰：'寡君闻吾子将步师出于敝邑，敢犒从者。不腆敝邑，为从者之淹，居则具一日之积，行则备一夕之卫。'且使遽告于郑。"
	⑧秦师乃复，伐滑，取之。	《左传》僖公三十三年："孟明曰：'郑有备矣，不可冀也。攻之不克，围之不继，吾其还也。'灭滑而还。" 《左传》成公十三年："无禄，文公即世，穆为不吊，蔑死我君，寡我襄公，迭我殽地，奸绝我好，伐我保城，殄灭我费、滑，散离我兄弟，挠乱我同盟，倾覆我国家。"
	⑧襄公亲率师御秦师于崤，大败之。	《春秋》僖公三十三年："夏四月辛巳，晋人及姜戎败秦师于殽。" 《左传》僖公三十二年："蹇叔之子与师，哭而送之，曰：'晋人御师必于殽，殽有二陵焉。其南陵，夏后皋之墓也；其北陵，文王之所辟风雨也。必死是间，余收尔骨焉！'秦师遂东。" 《左传》僖公三十三年："夏四月辛巳，败秦师于殽，获百里孟明视、西乞术、白乙丙以归。遂墨以葬文公，晋于是始墨。" 《左传》成公十三年："我襄公未忘君之旧勋，而惧社稷之陨，是以有殽之师。" 《史记·晋世家》："襄公墨衰绖。四月，败秦师于殽，虏秦三将孟明视、西乞术、白乙丙以归。遂墨以葬文公。"

续 表

编 年	《系 年》	相 关 文 献
前627，僖公三十三年	⑧ 秦穆公欲与楚人为好，焉脱申公仪，使归求成。秦焉始与晋执乱，与楚为好。	《左传》文公十四年："初，斗克囚于秦，秦有殽之败，而使归求成。"
前621，文公六年	⑨ 晋襄公卒，灵公高幼，大夫聚谋曰："君幼，未可奉承也，毋乃不能邦？"	《春秋》文公六年："八月乙亥，晋侯骦卒。" 《左传》文公六年："八月乙亥，晋襄公卒。灵公少，晋人以难故，欲立长君。"
	⑨ 猷求强君，乃命左行蔑与随会召襄公之弟雍也于秦。	《左传》文公六年："使先蔑、士会如秦逆公子雍。贾季亦使召公子乐于陈，赵孟使杀诸郫。"
	⑨ 襄夫人闻之，乃抱灵公以号于廷，曰："死人何罪？生人何辜？舍其君之子弗立，而召人于外，而焉将寘此子也？"	《左传》文公七年："穆嬴日抱大子以啼于朝，曰：'先君何罪？其嗣亦何罪？舍適嗣不立，而外求君，将焉寘此？'" 《史记·晋世家》："太子母缪嬴日夜抱太子以号泣于朝。"
	⑨ 大夫闵，乃皆背之曰："我莫命招之。"乃立灵公，焉葬襄公。	《春秋》文公六年："葬晋襄公。" 《左传》文公六年："冬十月，襄仲如晋葬襄公。" 《左传》文公七年："宣子与诸大夫皆患穆嬴，且畏偪，乃背先蔑而立灵公，以御秦师。"
前620，文公七年	⑩ 秦康公率师以送雍子，晋人起师，败之于董阴。《左传》败秦师于令狐，至于刳首。	《春秋》文公七年："戊子，晋人及秦人战于令狐。" 《左传》文公七年："秦康公送公子雍于晋，曰：'文公之入也无卫，故有吕、郤之难。'乃多与之徒卫……箕郑居守。赵盾将中军，先克佐之；荀林父佐上军；先蔑将下军，先都佐之。步招御戎，戎津为右。及董阴……训卒，利兵，秣马，蓐食，潜师夜起。戊子，败秦师于令狐，至于刳首。" 《左传》成公十三年："康公，我之自出，又欲阙翦我公室，倾覆我社稷，帅我蟊贼，以来荡摇我边疆，我是以有令狐之役。"
	⑩ 左行蔑、随会不敢归，遂奔秦。	《春秋》文公七年："晋先蔑奔秦。" 《左传》文公七年："己丑，先蔑奔秦，士会从之。" 《左传》文公十三年："随会在秦。"

续 表

编 年	《系 年》	相 关 文 献
前617， 文公十年	⑪ 楚穆王立八年，王会诸侯于厥貉(貉)，将以伐宋。宋右师华孙元欲劳楚师，乃行，穆王使驱孟渚之麋，徙之徒椘(林)。宋公为左盂，郑伯为右盂，申公叔侯知之，宋公之车暮驾，用挟宋公之御。《左传》华御事，宋公为右盂，郑伯为左盂。	《春秋》文公十年："楚子、蔡侯次于厥貉。" 《左传》文公十年："陈侯、郑伯会楚子于息。冬，遂及蔡侯次于厥貉，将以伐宋。" 《左传》文公十年："宋华御事曰：'楚欲弱我也，先为之弱乎？何必使诱我？我实不能，民何罪？'乃逆楚子，劳且听命。遂道以田孟诸。" 《左传》文公十年："宋公为右盂，郑伯为左盂。" 《左传》文公十年："期思公复遂为右司马，子朱及文之无畏为左司马，命凤驾载燧。宋公违命，无畏挟其仆以徇。"
前615， 文公十二年	⑩ 灵公高立六年，秦公以战于堇阴之故，率师为河曲之战。	《春秋》文公十二年："冬十有二月戊午，晋人、秦人战于河曲。" 《左传》文公十二年："秦为令狐之役故。冬，秦伯伐晋，取羁马。晋人御之。赵盾将中军，荀林父佐之。郤缺将上军，臾骈佐之。栾盾将下军，胥甲佐之。范无恤御戎，以从秦师于河曲。" 《左传》文公八年："夏，秦人伐晋，取武城，以报令狐之役。" 《左传》成公十三年："康犹不悛，入我河曲，伐我涑川，俘我王官，翦我羁马，我是以有河曲之战。"
前614， 文公十三年	⑪ 穆王即世。	《史记·楚世家》："穆王立，……十二年，卒，子庄王侣立。"
前613， 文公十四年	⑪ 庄王即位。 ⑮ 楚庄王立，吴人服于楚。 ⑮ 陈公子徵舒取妻于郑穆公，是少孔。	《左传》文公十四年："楚庄王立。" 《左传》宣公九年："陈灵公与孔宁、仪行父通于夏姬，皆衷其衵服，以戏于朝。" 《左传》昭公二十八年："子灵之妻杀三夫、一君、一子，而亡一国、两卿矣，可无惩乎？吾闻之：'甚美必有甚恶。'是郑穆少妃姚子之子，子貉之妹。子貉早死，无后，而天钟美于是，将必以是大有败也。" 《国语·楚语上》："昔陈公子夏为御叔娶于郑穆公，生子南。子南之母乱陈而亡之，使子南戮于诸侯。"

续 表

编　年	《系　年》	相　关　文　献
前600, 宣公九年	⑫ 楚庄王立十又四年,王会诸侯于厉,郑成公自厉逃归,庄王遂加郑乱。晋成公会诸侯以救郑,楚师未还,晋成公卒于扈。《左传》先记会于扈,后记会于厉。	《左传》宣公九年云:"楚子为厉之役故,伐郑。" 《左传》宣公十一年:"厉之役,郑伯逃归,自是楚未得志焉。" 《春秋》宣公九年:"九月,晋侯、宋公、卫侯、郑伯、曹伯会于扈。晋荀林父帅师伐陈。辛酉,晋侯黑臀卒于扈。冬十月癸酉,卫侯郑卒。宋人围滕。楚子伐郑。晋郤缺帅师救郑。" 《左传》宣公九年:"会于扈,讨不睦也。陈侯不会。晋荀林父以诸侯之师伐陈。晋侯卒于扈,乃还……楚子为厉之役故,伐郑。晋郤缺救郑,郑伯败楚师于柳棼。"
前599, 宣公十年	⑮ 庄王立十又五年,陈公子徵舒杀其君灵公,庄王率师围陈。	《春秋》宣公十年:"癸巳,陈夏徵舒弑其君平国。" 《左传》宣公十年:"陈灵公与孔宁、仪行父饮酒于夏氏。公谓行父曰:'徵舒似女。'对曰:'亦似君。'徵舒病之。公出,自其厩射而杀之。二子奔楚。" 《左传》宣公十一年:"冬,楚子为陈夏氏乱故,伐陈。谓陈人:'无动!将讨于少西氏。'" 《史记·陈世家》:"灵公太子午奔晋,徵舒自立为为陈侯。"
前598,宣公十一年	⑮ 庄王率师围陈。王命申公屈巫跖(适)秦求师,得师以来。	《左传》宣公十一年:"申叔时使于齐,反,复命而退。王使让之,曰:'夏徵舒为不道,弑其君,寡人以诸侯讨而戮之,诸侯、县公皆庆寡人,女独不庆寡人,何故?'"
	⑮ 王入陈,杀徵舒,取其室以予申公。连尹襄老与之争,抴(夺)之少盉。《左传》成公二年追述此事,庄王和子反先后欲占有夏姬,为申公巫臣所止,庄王于是予之连尹襄老。	《春秋》宣公十一年:"冬十月,楚人杀陈夏徵舒。" 《左传》宣公十一年:"遂入陈,杀夏徵舒,轘诸栗门。因县陈。陈侯在晋。" 《左传》成公二年:"楚之讨陈夏氏也,庄王欲纳夏姬。申公巫臣曰:'不可。君召诸侯,以讨罪也。今纳夏姬,贪其色也。贪色为淫,淫为大罚。《周书》曰'明德慎罚',文

续 表

编 年	《系 年》	相 关 文 献
前598,宣公十一年		王所以造周也。明德,务崇之之谓也;慎罚,务去之之谓也。若兴诸侯,以取大罚,非慎之也。君其图之!'王乃止。子反欲取之,巫臣曰:'是不祥人也。是夭子蛮,杀御叔,弑灵侯,戮夏南,出孔、仪,丧陈国,何不祥如是? 人生多难,其有不获死乎! 天下多美妇人,何必是?'子反乃止。王以予连尹襄老。"《国语·楚语上》:"庄王既以夏氏之室赐申公巫臣,则又畀之子反,卒与襄老。"
前597,宣公十二年	⑬[(楚)庄]王围郑三月,郑人为成。	《春秋》宣公十二年:"楚子围郑。"《左传》宣公十二年:"十二年春,楚子围郑……三月,克之。入自皇门,至于逵路。郑伯肉袒牵羊以逆……退三十里而许之平。"《史记·楚世家》:"十七年春,楚庄王围郑,三月克之。"
	⑬晋中行林父率师救郑,庄王遂北……	《春秋》宣公十二年:"夏六月乙卯,晋荀林父帅师及楚子战于邲。"《左传》宣公十二年:"夏六月,晋师救郑。荀林父将中军,先縠佐之……楚子北,师次于郔。"
	⑬[楚]人盟。	《左传》宣公十二年:"楚子又使求成于晋,晋人许之,盟有日矣。"
	⑬赵旃不欲成,弗召,射(席?)于楚军之门。	《左传》宣公十二年:"赵旃求卿未得,且怒于失楚之致师者,请挑战,弗许。请召盟,许之,与魏锜皆命而往……潘党既逐魏锜,赵旃夜至于楚军,席于军门之外,使其徒入之。"
	⑬楚人被驾以追之,遂败晋师于河[上]……	《春秋》宣公十二年:"晋师败绩。"《左传》宣公十二年:"楚子为乘广三十乘,分为左右……遂疾进师,车驰卒奔,乘晋军……及昏,楚师军于邲。晋之余师不能军,宵济,亦终夜有声。"《史记·楚世家》:"夏六月,晋救郑,与楚战,大败晋师河上,遂至衡雍而归。"《史记·十二诸侯年表》晋景公三年:"救郑,为楚所败河上。"

续 表

编 年	《系 年》	相 关 文 献
前597，宣公十二年	⑮ 连尹止于河滩，其子黑要也或(又)室少盐。	《左传》宣公十二年："射连尹襄老，获之，遂载其尸；射公子穀臣，囚之。以二者还。" 《左传》成公二年："襄老死于邲，不获其尸。其子黑要烝焉。" 《国语·晋语七》："邲之役，吕锜佐智庄子于下军，获楚公子穀臣与连尹襄老，以免子羽。" 《国语·楚语上》："襄老死于邲，二子争之，未有成。"
前595，宣公十四年	⑪ (庄王)使申伯无畏聘于齐，假路于宋。	《左传》宣公十四年："楚子使申舟聘于齐，曰：'无假道于宋。'亦使公子冯聘于晋，不假道于郑。申舟以孟诸之役恶宋，曰：'郑昭，宋聋，晋使不害，我则必死。'王曰：'杀女，我伐之。'见犀而行。及宋，宋人止之。华元曰：'过我而不假道，鄙我也。鄙我，亡也。杀其使者，必伐我。伐我，亦亡也。亡一也。'" 《吕氏春秋·行论》："楚庄王使文无畏于齐，过于宋，不先假道。还反，华元言于宋昭公曰：'往不假道，来不假道，是以宋为野鄙也。楚之会田也，故鞭君之仆于孟诸。请诛之。'"
	⑪ 宋人是故杀申伯无畏，挖(夺)其玉帛。	《左传》宣公十四年："乃杀之。" 《吕氏春秋·行论》："乃杀文无畏于扬梁之隄。" 《淮南子·主术训》："楚庄王伤文无畏之死于宋也，奋袂而起，衣冠相连于道，遂成军宋城之下，权柄重也。"
前594，宣公十五年	⑪ 庄王率师围宋九月。	《春秋》宣公十四年："秋九月，楚子围宋。" 《左传》宣公十四年："秋九月，楚子围宋。" 《吕氏春秋·行论》："兴师围宋九月。"
	⑪ 宋人焉为成，以女子与兵车百乘，以华孙元为质。	《春秋》宣公十五年："夏五月，宋人及楚人平。" 《左传》宣公十五年："宋及楚平。华元为质。"

续 表

编 年	《系 年》	相 关 文 献
前594， 宣公十五年		《吕氏春秋·行论》："宋人易子而食之，析骨而爨之。宋公肉袒执牺，委服告病，曰：'大国若宥图之，唯命是听。'庄王曰：'情矣宋公之言也！'乃为却四十里，而舍于卢门之阖，所以为成而归也。" 《史记·楚世家》："二十年，围宋，以杀楚使也。围宋五月，城中食尽，易子而食，析骨而炊。宋华元出告以情。"
前592， 宣公十七年	⑭ 晋景公立八年，随会率师，会诸侯于断道。	《春秋》宣公十七年："己未，公会晋侯、卫侯、曹伯、邾子，同盟于断道。" 《左传》宣公十七年："夏，会于断道，讨贰也。盟于卷楚，辞齐人。"
	⑭ 公命驹之克先聘于齐，且召高之固曰："今春其会诸侯，子其与临之。"	《左传》宣公十七年："十七年春，晋侯使郤克征会于齐。"
	⑭ 齐顷公使其女子自房中观驹之克。	《左传》宣公十七年："齐顷公帷妇人使观之。"
	⑭ 驹之克将受齐侯币，女子笑于房中。	《左传》宣公十七年："郤子登，妇人笑于房。" 《国语·晋语五》："郤献子聘于齐，齐顷公使妇人观而笑之。"
	⑭ 驹之克降堂而誓曰："所不复詢于齐，毋能涉白水。"	《左传》宣公十七年："献子怒，出而誓曰：'所不此报，无能涉河！'" 《国语·晋语五》："郤献子怒，归请伐齐。"
	⑭ 乃先归，须诸侯于断道。	《左传》宣公十七年："献子先归。"
	⑭ 高之固至莆池，乃逃归。	《左传》宣公十七年："及敛盂，高固逃归。"
	⑭ 齐三嬖大夫南郭子、蔡子、晏子率师以会于断道。	《左传》宣公十七年："齐侯使高固、晏弱、蔡朝、南郭偃会。"
	⑭ 既会诸侯，驹之克乃执南郭子、蔡子、晏子以归。	《左传》宣公十七年："晋人执晏弱于野王，执蔡朝于原，执南郭偃于温。"
前591， 宣公十八年	⑮ （楚）庄王即世，共王即位。	《史记·楚世家》："二十三年，庄王卒，子共王审立。"

续 表

编 年	《系 年》	相 关 文 献
前589, 成公二年	⑭ 齐顷公围鲁,鲁臧孙许跂(适)晋求援。	《春秋》成公二年:"二年春,齐侯伐我北鄙。" 《左传》成公二年:"二年春,齐侯伐我北鄙,围龙……臧宣叔亦如晋乞师。"
	⑭ 驹之克率师救鲁,败齐师于靡笄。	《左传》成公二年:"郤克将中军,士燮将上军,栾书将下军,韩厥为司马,以救鲁、卫……师从齐师于莘。六月壬申,师至于靡笄之下……癸酉,师陈于鞌……齐师败绩。"
	⑭ 齐人为成,以甗、赂(铬?)、玉笥(磬? 珍?)与淳于之田。	《左传》成公二年:"齐侯使宾媚人赂以纪甗、玉磬与地。"
	⑮ 黑要也死,司马子反与申公争少盍,申曰:"是余受妻也。"取以为妻。	《左传》成公七年:"子反欲取夏姬,巫臣止之,遂取以行,子反亦怨之。"
	⑮ 司马不顺申公。王命申公聘于齐,申公窃载少盍以行,自齐遂逃跂(适)晋。	《左传》成公二年:"及共王即位,将为阳桥之役,使屈巫聘于齐,且告师期。巫臣尽室以行。申叔跪从其父,将适郢,遇之,曰:'异哉! 夫子有三军之惧,而又有桑中之喜,宜将窃妻以逃者也。'及郑,使介反币,而以夏姬行。将奔齐。齐师新败,曰:'吾不处不胜之国。'遂奔晋,而因郤至,以臣于晋。" 《国语·楚语上》:"恭王使巫臣聘于齐,以夏姬行,遂奔晋。"
前588, 成公三年	⑭ 明岁,齐顷公朝于晋景公。	《左传》成公三年:"齐侯朝于晋,将授玉。" 《国语·晋语五》:"靡笄之役也,郤献子伐齐。齐侯来,献之以得殒命之礼。"
	⑭ 驹之克走援齐侯之带,献之景公,曰:"齐侯之来也,老夫之力也。"	《左传》成公二年:"郤伯见,公曰:'子之力也夫!'对曰:'君之训也,二三子之力也,臣何力之有焉!'" 《左传》成公三年:"郤克趋进:'此行也,君为妇人之笑辱也,寡君未之敢任。'" 《国语·晋语五》:"靡笄之役,郤献子见公曰:'子之力也夫!'对曰:'克也以君命命三军之士,三军之士用命,克也何力之有焉?'"

续 表

编 年	《系 年》	相 关 文 献
前585，成公六年？	⑮（申公）自晋跎（适）吴，焉始通吴晋之路，教吴人反楚。⑳晋景公立十又五年，申公屈巫自晋跎（适）吴，焉始通吴晋之路，二邦为好，以至晋悼公。《左传》记此事在成公七年。	《左传》成公七年："乃通吴于晋，以两之一卒适吴，舍偏两之一焉。与其射御，教吴乘车，教之战陈，教之叛楚。" 《左传》襄公二十六年："子反与子灵争夏姬，而雍害其事，子灵奔晋，晋人与之邢，以为谋主，扞御北狄，通吴于晋，教之乘车、射御、驱侵，使其子狐庸为吴行人焉。" 《国语·楚语上》："晋人用之，实通吴、晋。"
前584，成公七年	⑯楚共王立七年，令尹子重伐郑，为氾（汜）之师。	《春秋》成公七年："秋，楚公子婴齐帅师伐郑。" 《左传》成公七年："秋，楚子重伐郑，师于汜。"
	⑯晋景公会诸侯以救郑，郑人止郧公仪，献诸景公，景公以归。	《春秋》成公七年："公会晋侯、齐侯、宋公、卫侯、曹伯、莒子、邾子、杞伯救郑。" 《左传》成公七年："郑共仲、侯羽军楚师，囚郧公钟仪，献诸晋……晋人以钟仪归，囚诸军府。"
前583，成公八年？	⑯一年，景公欲与楚人为好，乃脱郧公，使归求成。	《左传》成公九年："晋侯观于军府，见钟仪……重为之礼，使归求成。"
	⑯共王使郧公聘于晋，且许成。	《左传》成公九年："十二月，楚子使公子辰如晋，报钟仪之使，请修好、结成。"
	⑯景公使籴之茷聘于楚，且修成。	《左传》成公十年："春，晋侯使籴茷如楚，报大宰子商之使也……晋侯有疾，五月，晋立太子州蒲以为君……秋，公如晋。晋人止公，使逆葬。于是籴茷未反。"
前581，成公十年？	⑯（籴之茷）未还，景公卒，厉公即位。	《春秋》成公十年："丙午，晋侯獳卒。"
前580，成公十一年？	⑯共王使王子辰聘于晋，又修成。《左传》成公九年云：晋景公观于军府，见钟仪……使归求成……十二月，楚子使公子辰如晋……结成。	《左传》成公十一年："宋华元善于令尹子重，又善于栾武子，闻楚人既许晋籴茷成，而使归复命矣。"

续 表

编 年	《系 年》	相 关 文 献
前580，成公十一年？	⑯王又使宋右师华孙元行晋楚之成。	《左传》成公十一年："冬，华元如楚，遂如晋，合晋、楚之成。"
前579，成公十二年	⑯明岁，楚王子波（罢）会晋文子燮及诸侯之大夫，盟于宋，曰："尔（弭）天下之甲兵。"	《左传》成公十二年："宋华元克合晋、楚之成。夏五月，晋士燮会楚公子罢、许偃。癸亥，盟于宋西门之外，曰：'凡晋、楚无相加戎，好恶同之，同恤菑危，备救凶患。若有害楚，则晋伐之；在晋，楚亦如之。交贽往来，道路无壅；谋其不协，而讨不庭。有渝此盟，明神殛之；俾队（坠）其师，无克胙国。'"
前578，成公十三年	⑯明岁，厉公先起兵，率师会诸侯以伐秦，至于泾。	《春秋》成公十三年："春，晋侯使郤锜来乞师……夏五月，公自京师，遂会晋侯、齐侯、宋公、卫侯、郑伯、曹伯、邾人、滕人伐秦……秋七月，公至自伐秦。" 《左传》："秦桓公既与晋厉公为令狐之盟，而又召狄与楚，欲道以伐晋，诸侯是以睦于晋……五月丁亥，晋师以诸侯之师及秦师战于麻隧。秦师败绩……师遂济泾，及侯丽而还。"
前576，成公十五年	⑯共王亦率师围郑，厉公救郑，败楚师于鄢。	《春秋》成公十五年："楚子伐郑。" 《左传》成公十五年："楚子侵郑，及暴隧。遂侵卫，及首止。郑子罕侵楚，取新石。" 《春秋》成公十六年："六月……晋侯使栾黡来乞师。甲午晦，晋侯及楚子、郑伯战于鄢陵。楚子、郑师败绩。楚杀其大夫公子侧。" 《左传》成公十六年："六月，晋、楚遇于鄢陵。" 《国语·晋语六》："鄢之役，晋伐郑，荆救之。"
前574—前573，成公十七、十八年	⑯厉公亦见祸以死，亡（无）后。	《左传》成公十七年："晋厉公侈，多外嬖。反自鄢陵，欲尽去群大夫，而立其左右。" 《左传》成公十八年："十八年春王正月庚申，晋栾书、中行偃使程滑弑厉公，葬之于翼东门之外，以车一乘。"

续表

编　年	《系　年》	相　关　文　献
前563，襄公十年	⑳（晋）悼公立十又一年，公会诸侯，以吴王寿梦相见于虢。	《春秋》襄公十年："十年春，公会晋侯、宋公、卫侯、曹伯、莒子、邾子、滕子、薛伯、杞伯、小邾子、齐世子光会吴于柤。" 《左传》襄公十年："十年春，会于柤，会吴子寿梦也。"
前557，襄公十六年	⑰晋庄平公即位元年，公会诸侯于溴梁，遂以迁许于叶而不果。	《春秋》襄公十六年："三月，公会晋侯、宋公、卫侯、郑伯、曹伯、莒子、邾子、薛伯、杞伯、小邾子于溴梁。戊寅，大夫盟。" 《左传》襄公十六年："十六年春，葬晋悼公。平公即位……会于溴梁……许男请迁于晋。诸侯遂迁许，许大夫不可，晋人归诸侯。"
	⑰师造于方城，齐高厚自师逃归。《左传》云高厚自溴梁之会逃归。	《左传》襄公十六年："晋侯与诸侯宴于温，使诸大夫舞，曰：'歌诗必类。'齐高厚之诗不类。荀偃怒，且曰：'诸侯有异志矣。'使诸大夫盟高厚，高厚逃归……晋荀偃、栾黡师师伐楚，以报宋杨梁之役。楚公子格帅师，及晋师战于湛阪。楚师败绩。晋师遂侵方城之外，复伐许而还。"
前555，襄公十八年	⑰平公率师会诸侯，为平阴之师以围齐，焚其四郭，驱车至于东亩。	《春秋》襄公十八年："秋，齐师伐我北鄙。冬十月，公会晋侯、宋公、卫侯、郑伯、曹伯、莒子、邾子、滕子、薛伯、杞伯、小邾子同围齐。" 《左传》襄公十八年："冬十月，会于鲁济，寻溴梁之言，同伐齐。齐侯御诸平阴，堑防门而守之，广里……十一月丁卯朔，入平阴，遂从齐师……十二月……己亥，焚雍门及西郭、南郭……壬寅，焚东郭、北郭……甲辰，东侵及潍，南及沂。"
前552，襄公二十一年	⑰平公立五年，晋乱，栾盈出奔齐。	《春秋》襄公二十一年："秋，晋栾盈出奔楚。" 《左传》襄公二十一年："怀子好施，士多归之。宣子畏其多士也，信之。怀子为下卿，宣子使城著而遂逐之。秋，栾盈出奔楚。宣子杀箕遗、黄渊、嘉父、司空靖、邴豫、董叔、邴师、申书、羊舌虎、叔罴，囚伯华、叔向、籍偃。" 《左传》襄公二十二年："秋，栾盈自楚适齐。"

续表

编　年	《系　年》	相　关　文　献
前550，襄公二十三年	⑰ 齐庄公光率师以遂(？随？)栾盈。	《左传》襄公二十三年："晋将嫁女于吴，齐侯使析归父媵之，以藩载栾盈及其士，纳诸曲沃。" 《史记·晋世家》："齐庄公微遣栾逞于曲沃，以兵随之。"
	⑰ 栾盈袭巷(绛)而不果，奔内(入)于曲沃。齐庄公涉河袭朝歌，以复平阴之师。	《左传》襄公二十三年："四月，栾盈帅曲沃之甲，因魏献子，以昼入绛……栾盈奔曲沃。晋人围之……齐侯遂伐晋，取朝歌……以报平阴之役。"
	⑰ 晋人既杀栾盈于曲沃。	《左传》襄公二十三年："晋人克栾盈于曲沃，尽杀栾氏之族党。"
前548，襄公二十五年	⑰ 平公率师会诸侯，伐齐，以复朝歌之师。	《春秋》襄公二十五年："公会晋侯、宋公、卫侯、郑伯、曹伯、莒子、邾子、滕子、薛伯、杞伯、小邾子于夷仪。" 《左传》襄公二十五年："晋侯济自泮，会于夷仪，伐齐，以报朝歌之役。"
	⑰ 齐崔杼杀其君庄公，以为成于晋。	《春秋》襄公二十五年："夏五月乙亥，齐崔杼弑其君光。" 《左传》襄公二十五年："庄公通焉，骤如崔氏，以崔子之冠赐人……公逾墙，又射之，中股，反隊(坠)，遂弑之……齐人以庄公说，使隰钼请成，庆封如师。男女以班。赂晋侯以宗器、乐器。自六正、五吏、三十帅、三军之大夫、百官之正长、师旅及处守者皆有赂。晋侯许之。"
前546，襄公二十七年	⑱ 晋庄平公立十又二年，楚康王立十又四年，令尹子木会赵文子武及诸侯之大夫，盟于宋，曰："尔(弭)天下之甲兵。"	《春秋》襄公二十七年："夏，叔孙豹会晋赵武、楚屈建、蔡公孙归生、卫石恶、陈孔奂、郑良霄、许人、曹人于宋……秋七月辛巳，豹及诸侯之大夫盟于宋。" 《左传》襄公二十七年："宋向戌善于赵文子，又善于令尹子木，欲弭诸侯之兵以为名。"
前545，襄公二十八年	⑱ 康王即世	《春秋》襄公二十八年："十有二月……乙未，楚子昭卒。"

续 表

编　年	《系　年》	相　关　文　献
前 544，襄公二十九年	⑱ 孺子王即位。灵王为令尹。	《左传》襄公二十九年："夏四月……楚郏敖即位，王子围为令尹。" 《史记·楚世家》："康王立十五年卒，子员立，是为郏敖。"
前 541，昭公元年	⑱ 令尹会赵文子及诸侯之大夫，盟于虢。 ⑱ 孺子王即世，灵王即位。	《春秋》昭公元年："叔孙豹会晋赵武、楚公子围、齐国弱、宋向戌、卫齐恶、陈公子招、蔡公孙归生、郑罕虎、许人、曹人于虢。" 《左传》昭公元年："遂会于虢，寻宋之盟也。" 《左传》昭公元年："冬，楚公子围将聘于郑，伍举为介。未出竟，闻王有疾而还。伍举遂聘。十一月己酉，公子围至，入问王疾，缢而弑之，遂杀其二子幕及平夏……葬王于郏，谓之郏敖……楚灵王即位。" 《史记·楚世家》："十二月己酉，围入问王疾，绞而弑之，遂杀其子莫及平夏……子比奔晋，而围立，是为灵王。"
前 538，昭公四年	⑱ 灵王先起兵，会诸侯于申，执徐公，遂以伐徐，克赖、朱邡。	《左传》昭公四年："六月丙午，楚子合诸侯于申……徐子，吴出也，以为贰焉，故执诸申……秋七月，楚子以诸侯伐吴，宋大子、郑伯先归，宋华费遂、郑大夫从。使屈申围朱方。八月甲申，克之……遂以诸侯灭赖……迁赖于鄢。"
前 537，昭公五年	⑮ 以至灵王，灵王伐吴，为南怀之行，执吴王子蹶由，吴人焉或（又）服于楚。《左传》云是行也，吴早设备，楚无功而返，以蹶由归。且云楚子惧吴。 ⑱（灵王）伐吴，为南怀之行。	《左传》昭公五年："楚师济于罗汭，沈尹赤会楚子，次于莱山，薳射帅繁扬之师先入南怀，楚师从之，及汝清。吴不可入。"
前 534，昭公八年	⑱（灵王）县陈、蔡，杀蔡灵侯。 ⑲ 楚灵王立，既县陈、蔡。	《春秋》昭公八年："冬十月壬午，楚师灭陈。" 《左传》昭公八年："使穿封戌为陈公。" 《春秋》昭公十一年："夏四月丁巳，楚子虔诱蔡侯般，杀之于申。楚公子弃疾帅师围蔡……冬十有一月丁酉，楚师灭蔡，执蔡世子有以归，用之。" 《左传》昭公十一年："使弃疾为蔡公。"

续表

编　年	《系　年》	相　关　文　献
前532，昭公十年	⑱晋庄平公即世。	《春秋》昭公十年："秋……戊子，晋侯彪卒。"
前529，昭公十三年	⑮灵王即世，景平王即位。 ⑱灵王见祸，景平王即位。 ⑲景平王即位，改邦（封）陈、蔡之君，使各复其邦。	《春秋》昭公十三年："夏四月，楚公子比自晋归于楚，弑其君虔（灵王）于乾溪。楚公子弃疾（平王）杀公子比。" 《左传》昭公十三年："夏五月癸亥，王缢于芊尹申亥氏……丙辰，弃疾即位，名曰熊居。" 《史记·楚世家》："夏五月癸丑，王死申亥家，申亥以二女从死，并葬之……丙辰，弃疾即位为王，改名熊居，是为平王。"
前526，昭公十六年	⑱（晋）昭公……早世。	《春秋》昭公十六年："秋八月己亥，晋侯夷卒。"
前522，昭公二十年	⑮少师无极谗连尹奢而杀之，其子伍员与伍之鸡逃归吴。	《左传》昭公十九年："楚子之在蔡也，郧阳封人之女奔之，生大子建。及即位，使伍奢为之师，费无极为少师，无宠焉，欲谮诸王，曰：'建可室矣。'王为之聘于秦，无极与逆，劝王取之。" 《左传》昭公二十年："费无极言于楚子曰：'建与伍奢将以方城之外叛，自以为犹宋、郑也，齐、晋又辅之，将以害楚，其事集矣。'王信之，问伍奢。伍奢对曰：'君一过多矣，何信于谗？'王执伍奢，使城父司马奋扬杀大子。未至，而使遣。三月，大子建奔宋。王召奋扬，奋扬使城父人执己以至……伍尚归。奢闻员不来，曰：'楚君、大夫其旰食乎！'楚人皆杀之。"
前519，昭公二十三年	⑮伍鸡将吴人以围州来，为长壑而洇之，以败楚师，是鸡父之洇。	《春秋》昭公二十三年："戊辰，吴败顿、胡、沈、蔡、陈、许之师于鸡父。胡子髡、沈子逞灭，获陈夏啮。" 《左传》昭公二十三年："吴人伐州来，楚薳越帅师及诸侯之师奔命救州来。吴人御诸钟离，子瑕卒，楚师熸……戊辰晦，战于鸡父。吴子以罪人三千先犯胡、沈与陈，三国争之。吴为三军以系于后，中军从王，光帅右，掩余帅左。吴之罪人或奔或止，三国乱，吴师击之，三国败，获胡、沈之君及陈大夫。舍胡、沈之囚使奔许与蔡、顿，曰：'吾君死矣！'师噪而从之，三国奔，楚师大奔。"

续　表

编　年	《系　年》	相　关　文　献
前516,昭公二十六年	⑮景平王即世,昭王即位。 ⑱景平王即世,昭王即位。 ⑲景平王即世,昭[王]即位	《春秋》昭公二十六年:"九月庚申,楚子居(平王)卒。" 《史记·楚世家》:"十三年,平王卒……乃立太子珍,是为昭王。"
前512,昭公三十年	⑱(晋)……顷公皆早世,简公即位。《左传》作晋定公。	《春秋》昭公三十年:"夏六月庚辰,晋侯去疾卒。"
前506—前505,定公四年至五年	⑱(晋)遂盟诸侯于召陵,伐中山。晋师大疫且饥,食人。	《左传》定公三年:"秋九月,鲜虞人败晋师于平中,获晋观虎,恃其勇也。" 《春秋》定公四年:"三月,公会刘子、晋侯、宋公、蔡侯、卫侯、陈子、郑伯、许男、曹伯、莒子、邾子、顿子、胡子、滕子、薛伯、杞伯、小邾子、齐国夏于召陵,侵楚。" 《左传》定公四年:"四年春三月,刘文公合诸侯于召陵,谋伐楚也……中山不服,弃盟取怨,无损于楚,而失中山,不如辞蔡侯。" 《春秋》定公五年:"冬,晋士鞅帅师围鲜虞。" 《左传》定公五年:"晋士鞅帅师围鲜虞,报观虎之役也。" 《左传》定公四年:"水潦方降,疾疟方起。"
前506,定公四年?	⑮伍员为吴太宰,是教吴人反楚邦之诸侯,以败楚师于柏举,遂入郢。《左传》伍员为吴行人以谋楚,伯州犁之孙嚭为吴大宰以谋楚。	《春秋》定公四年:"冬十有一月庚午,蔡侯以吴子及楚人战于柏举,楚师败绩。楚囊瓦出奔郑。庚辰,吴入郢。" 《左传》定公四年:"楚之杀郤宛也,伯氏之族出。伯州犁之孙嚭为吴大宰以谋楚。楚自昭王即位,无岁不有吴师,蔡侯因之,以其子乾与其大夫之子为质于吴。冬,蔡侯、吴子、唐侯伐楚。舍舟于淮汭,自豫章与楚夹汉……十一月庚午,二师陈于柏举……从之,又败之。楚人为食,吴人及之,奔。食而从之,败诸雍澨。五战,及郢。"
	⑱许人乱,许公㐌出奔晋,晋人罗(㠚),城汝阳,居许公㐌于容城。晋与吴会(合)为一,以伐楚,閔(门?)方城。	《春秋》定公四年:"许迁于容城。" 《左传》文公三年:"门于方城。"

续 表

编 年	《系 年》	相 关 文 献
前506，定公四年？	⑲ 陈、蔡、胡反楚，与吴人伐楚。《左传》蔡、吴、唐伐楚。 ⑳ 晋简公立五年，与吴王阖卢伐楚。	《左传》定公四年："冬，蔡侯、吴子、唐侯伐楚。"
前505，定公五年	⑮ 昭王归随，与吴人战于析。	《左传》定公四年："斗辛与其弟巢以王奔随。" 《左传》定公五年："申包胥以秦师至。秦子蒲、子虎帅车五百乘以救楚。子蒲曰：'吾未知吴道。'使楚人先与吴人战，而自稷会之，大败夫槩王于沂。吴人获薳射于柏举，其子帅奔徒以从子西，败吴师于军祥。"
	⑮ 吴王子晨将起祸于吴，吴王阖卢乃归，昭王焉复邦。 ⑱ 楚昭王侵汧（伊）洛以复方城之师。 ⑲ 昭王既复邦。	《左传》定公四年："阖庐之弟夫槩王晨请于阖庐。" 《左传》定公五年："九月，夫槩王归，自立也，以与王战，而败，奔楚，为堂溪氏。吴师败楚师于雍澨。秦师又败吴师……焚之，而又战，吴师败，又战于公壻之溪。吴师大败，吴子乃归……楚子入于郢。"
	⑲ 秦异公命子蒲、子虎率师救楚，与楚师会伐唐，县之。《左传》云秦哀公，《史记·秦本纪》亦云哀公，《秦始皇本纪》云毕公。	《左传》定公五年："申包胥以秦师至。秦子蒲、子虎帅车五百乘以救楚……秋七月，子期、子蒲灭唐。"
前503，定公七年	⑱ 诸侯同盟于咸泉以反晋，至今齐人以不服于晋，晋公以弱。	《左传》定公四年："晋于是乎失诸侯。" 《春秋》定公七年："秋，齐侯、郑伯盟于咸。" 《左传》定公七年："秋，齐侯、郑伯盟于咸，征会于卫。"
前497—前490，定公十三年至哀公五年	⑱ 晋人且有范氏与中行氏之祸，七岁不解甲。	《左传》定公十三年："秋七月，范氏、中行氏伐赵氏之宫，赵鞅奔晋阳，晋人围之……冬十一月，荀跞、韩不信、魏曼多奉公以伐范氏、中行氏，弗克。" 《左传》定公十四年："范、中行氏虽信为乱，安于则发之，是安于与谋乱也。"

续　表

编　年	《系　年》	相　关　文　献
前 496，定公十四年	⑳ 阖卢即世，夫秦（差）王即位。	《史记·吴太伯世家》："吴王病伤而死。阖庐使立太子夫差。"
前 495，定公十五年	⑲ 昭王既复邦，焉克胡。	《左传》定公十五年："吴之入楚也，胡子尽俘楚邑之近胡者。楚既定，胡子豹又不事楚，曰：'存亡有命，事楚何为？多取费焉。'二月，楚灭胡。"
前 494，哀公元年	⑲ 昭王既复邦……围蔡。	《春秋》哀公元年："楚子、陈侯、随侯、许男围蔡。"《左传》哀公元年："春，楚子围蔡，报柏举也。里而栽，广丈，高倍。夫屯昼夜九日，如子西之素。蔡人男女以辨。使疆于江、汝之间而还。蔡于是乎请迁于吴。"
前 493，哀公二年	⑲ 蔡昭侯申惧，自归于吴，吴缦（洩）庸以师逆蔡昭侯，居于州来，是下蔡。楚人焉县蔡。	《左传》哀公元年："楚子围蔡，报柏举也……蔡于是乎请迁于吴。"《春秋》哀公二年："十有一月，蔡迁于州来。"《左传》哀公二年："吴洩庸如蔡纳聘，而稍纳师。师毕入，众知之。蔡侯告大夫，杀公子驷以说。哭而迁墓。冬，蔡迁于州来。"
前 489，哀公六年	⑲ 昭王即世	《春秋》哀公六年："秋七月庚寅，楚子轸卒。"
前 482，哀公十三年	⑳ 晋简公会诸侯，以与夫秦（差）王相见于黄池。	《春秋》哀公十三年："公会晋侯及吴子于黄池。"《左传》哀公十三年："夏，公会单平公、晋定公、吴夫差于黄池。"
前 478，哀公十七年？	⑲ 献惠王立十又一年，蔡昭侯申惧，自归于吴。《左传》该年七月，楚灭陈。蔡昭侯死于昭王二十五年（哀公四年），楚惠王十一年，蔡国国君是昭侯之子蔡成侯。	《左传》哀公元年："楚子围蔡，报柏举也……蔡于是乎请迁于吴。"《春秋》哀公二年："十有一月，蔡迁于州来。"《左传》哀公二年："吴洩庸如蔡纳聘，而稍纳师。师毕入，众知之。蔡侯告大夫，杀公子驷以说。哭而迁墓。冬，蔡迁于州来。"
前 473，哀公二十二年	⑳ 越公勾践克吴，越人因袭吴之与晋为好。	《左传》哀公二十二年："冬十一月丁卯，越灭吴。"

续表

编　年	《系　年》	相　关　文　献
前441,周贞定王二十八年?	⑳ 晋敬公立十又一年,赵桓子会[诸]侯之大夫,以与越令尹宋盟于巩。遂以伐齐,齐人焉始为长城于济,自南山属之北海。	
前430,周考王十一年?	⑳ 晋幽公立四年,赵狗率师与越公朱句伐齐,晋师围(门?)长城句俞(谷?)之门。	
	⑳ 越公、宋公败齐师于襄平。至今晋、越以为好。	
前425,周威烈王元年?	㉑ 楚简大王立七年,宋悼公朝于楚,告以宋司城㤅之约(弱?)公室。	
	㉑ 王命莫敖阳为率师以定公室,城黄池,城雍丘。	
	㉑ 晋魏斯、赵浣、韩启章率师围黄池,遄迵而归之于楚。	
前424,周威烈王二年?	㉑ 二年,王命莫敖阳为率师侵晋,拕(夺)宜阳,围赤岸,以复黄池之师。	
	㉑ 魏斯、赵浣、韩启章率师救赤岸,楚人舍围而还,与晋师战于长城。	
	㉑ 楚师无功,多弃旃、幕,宵遁。楚以与晋固为怨。	
前407—前403,周威烈王十九年到二十三年?	㉒ 楚声桓王即位,元年,晋公止会诸侯于任,宋悼公将会晋公,卒于鼬。	《史记·楚世家》:"二十四年,简王卒,子声王当立。"
	㉒ 韩虔、赵籍、魏击率师与越公翳伐齐,齐与越成,以建阳、郈陵之田,且男女服。	

续表

编　年	《系　年》	相　关　文　献
前407—前403，周威烈王十九年到二十三年？	㉒ 越公与齐侯贷、鲁侯衍盟于鲁稷门之外。越公入飨于鲁，鲁侯御，齐侯参乘以入。	
	㉒ 晋魏文侯斯从晋师，晋师大败齐师，齐师北，晋师逐之，入至汧（岍？）水。	《水经·汶水注》引古本《竹书纪年》："烈公十二年，王命韩景子、赵烈子、翟员伐齐，入长城。"《吕氏春秋·慎大览·下贤》："文侯可谓好礼士矣。好礼士，故南胜荆于连隄，东胜齐于长城，虏齐侯，献诸天子，天子赏文侯以上闻。"
	㉒ 齐人且有陈瘗子牛之祸，齐与晋成，齐侯盟于晋军。	《淮南子·人间训》："三国伐齐，围平陆。括子以报于牛子，曰：'三国之地，不接于我，逾邻国而围平陆，利不足贪也，然则求名于我也。请以侯往。'牛子以为善。括子出，无害子入，牛子以括子言告无害子。无害子曰：'异乎臣之所闻。'牛子曰：'国危而不安，患结而不解，何谓贵智！'无害子曰：'臣闻之，有裂壤土以安社稷者，闻杀身破家以存其国者，不闻出其君以为封疆者。'牛子不听无害子之言，而用括子之计，三国之兵罢，而平陆之地存。"
	㉒ 晋三子之大夫入齐，盟陈和与陈淏于溋（雍？）门之外，曰："毋修长城，毋伐廪丘。"	《水经·瓠子水注》引古本《竹书纪年》："晋烈公十一年，田悼子卒。田布杀其大夫公孙孙，公孙会以廪丘叛于赵。田布围廪丘，翟角、赵孔屑、韩师救廪丘，及田布战于龙泽，田布败逋。"
	㉒ 晋公献齐俘馘于周王，遂以齐侯贷、鲁侯羴（显）、宋公田、卫侯虔、郑伯骀朝周王于周。	
前404，周威烈王二十二年？	㉓ 楚声桓王立四年，宋公田、郑伯骀皆朝于楚。	
	㉓ 王率宋公以城榆关，是（寘）武阳。	

续 表

编　年	《系　年》	相　关　文　献
前404， 周威烈王 二十二年？	㉓ 秦人败晋师于洛阴，以为楚援。	《史记·魏世家》："十七年，伐中山，使子击守之，赵仓唐傅之。子击逢文侯之师田子方于朝歌……子击不怿而去。西攻秦，至郑而还，筑雒阴、合阳。"
前402， 周威烈王 二十四年？	㉓ 声王即世，悼哲王即位。	《史记·楚世家》："声王六年，盗杀声王，子悼王熊疑立。"
	㉓ 郑人侵榆关，阳城桓定君率榆关之师与上国之师以交（邀/徼）之，与之战于桂陵，楚师无功。景之贾与舒子共止而死。	
前401， 周安王元年？	㉓ 明岁，晋赖余率晋师与郑师以入王子定。	《史记·六国年表》周安王三年："王子定奔晋。"
	㉓ 鲁阳公率师以交晋人，晋人还，不果入王子。	
前400， 周安王二年？	㉓ 明岁，郎（梁？）庄平君率师侵郑，郑皇子、子马、子池、子封子率师以交（邀/徼）楚人，楚人涉沬（氾），将与之战，郑师逃入于蔑。	
	㉓ 楚师围之于蔑，尽降郑师与其四将军，以归于郢。郑太宰欣亦起祸于郑，郑子阳用灭，无后于郑。	《史记·六国年表》：楚悼王四年"败郑师，围郑，郑人杀子阳"。 《史记·郑世家》："二十五年，郑君杀其相子阳。"
前399， 周安王三年？	㉓ 明岁，楚人归郑之四将军与其万民于郑。	《史记·六国年表》：楚悼王三年"归榆关于郑。"
	㉓ 晋人围津、长陵，克之。	
	㉓ 王命平夜悼武君率师侵晋。降郚，止郑公涉绹以归，以复长陵之师。	
前397， 周安王五年？	㉓ 厌年，韩取、魏击率师围武阳，以复郚之师。	

续 表

编 年	《系 年》	相 关 文 献
前397, 周安王 五年?	㉓鲁阳公率师救武阳,与晋师战于武阳之城下,楚师大败,鲁阳公、平夜悼武君、阳城桓定君,三执珪之君与右尹昭之竢死焉,楚人尽弃其旃、幕、车、兵,犬逸而还。	
	㉓陈人焉叛,而入王子定于陈。	
	㉓楚邦以多亡城。	
	㉓楚师将救武阳,王命平夜悼武君使人于齐陈淏求师。	
	㉓陈疾目率车千乘,以从楚师于武阳。	
	㉓甲戌,晋楚以战。丙子,齐师至嵒,遂还。	

表格所引文献出处一览

(清)阮元校刻:《十三经注疏》(清嘉庆刊本),北京:中华书局,2009年。

杨筠如:《尚书覈诂》,黄怀信标校,西安:陕西人民出版社,2005年。

杨伯峻:《春秋左传注(修订本)》,北京:中华书局,2009年。

(清)王闿运:《尚书大传补注》,上海:商务印书馆,1937年。

(汉)司马迁撰,(南朝宋)裴骃集解,(唐)司马贞索隐,张守节正义:《史记》,北京:中华书局,1959年。

(汉)班固撰,[唐]颜师古注:《汉书》,北京:中华书局,1962年。

(晋)陈寿撰,(南朝宋)裴松之注:《三国志》,北京:中华书局,1959年。

(清)梁玉绳:《史记志疑》,北京:中华书局,1981年。

黄怀信、张懋镕、田旭东撰,黄怀信修订,李学勤审定:《逸周书汇校集注(修订本)》,上海:上海古籍出版社,2007年。

徐元诰:《国语集解(修订本)》,王树民、沈长云点校,北京:中华书局,2002年。

(汉)刘向集录:《战国策》,上海:上海古籍出版社,1998年。

方诗铭、王修龄:《古本竹书纪年辑证(修订本)》,上海:上海古籍出版社,2005年。

(汉)赵晔撰,(元)徐天祐音注:《吴越春秋》,苗麓校点,辛正审订,南京:江苏古籍出版社,1999年。

许维遹:《吕氏春秋集释》,梁运华整理,北京:中华书局,2009年。

(清)郭庆藩:《庄子集释》,北京:中华书局,2004年。

(清)孙诒让:《墨子间诂》,孙启治点校,北京:中华书局,2001年。

黄晖:《论衡校释(附刘盼遂集解)》,北京:中华书局,1990年。

何宁:《淮南子集释》,北京:中华书局,1998年。

(北魏)郦道元著,陈桥驿校证:《水经注校证》,北京:中华书局,2007年。

(南朝梁)萧统编,(唐)李善等注:《六臣注文选》,北京:中华书局,2012年。

陈伟等:《楚地出土战国简册(十四种)》,北京:经济科学出版社,2009年。

王恩田:《陶文图录》,济南:齐鲁书社,2006年。

参 考 文 献

一、传世典籍与注释

（一）十三经

（清）阮元校刻：《十三经注疏》（清嘉庆刊本），北京：中华书局，2009 年。
（清）皮锡瑞：《今文尚书考证》，盛冬铃、陈抗点校，北京：中华书局，1989 年。
（清）孙星衍：《尚书今古文注疏》，陈抗、盛冬铃点校，北京：中华书局，1986 年。
（清）王闿运：《尚书大传补注》，上海：商务印书馆，1937 年。
顾颉刚、刘起釪：《尚书校释译论》，北京：中华书局，2005 年。
杨筠如：《尚书覈诂》，黄怀信标校，西安：陕西人民出版社，2005 年。
（宋）朱熹集注：《诗集传》，上海：上海古籍出版社，1980 年。
程俊英、蒋见元：《诗经注析》，北京：中华书局，1991 年。
屈万里：《诗经诠释》，台北：联经出版社，1983 年。
（宋）卫湜：《礼记集说》，《景印文渊阁本四库全书》第 119 册，台北：台湾商务印书馆，1986 年。
（清）孔广森：《大戴礼记补注（附校正孔氏大戴礼记补注）》，王丰先点校，北京：中华书局，2013 年。
（清）凌廷堪：《礼经释例》，北京：中华书局，1985 年。
（清）孙希旦：《礼记集解》，沈啸寰、王星贤点校，北京：中华书局，1989 年。
王文锦：《礼记译解》，北京：中华书局，2001 年。
（清）陈厚耀：《春秋战国异辞》，《景印文渊阁本四库全书》第 403 册，台北：台湾商务印书馆,1986年。

（清）高士奇：《左传纪事本末》,北京：中华书局,1979年。

（清）洪亮吉：《春秋左传诂》,李解民点校,北京：中华书局,1987年。

（清）刘文淇：《春秋左氏传旧注疏证》,北京：科学出版社,1959年。

（清）王夫之：《春秋稗疏》,《船山全书》,长沙：岳麓书社,1996年。

［日］竹添光鸿：《左氏会笺》,成都：巴蜀书社,2008年。

杨伯峻：《春秋左传注（修订本）》,北京：中华书局,2009年。

(二) 史著

（汉）司马迁撰,（南朝宋）裴骃集解,（唐）司马贞索隐,张守节正义：《史记》,北京：中华书局,1959年。

（汉）班固撰,（唐）颜师古注：《汉书》,北京：中华书局,1962年。

（南朝宋）范晔撰,（唐）李贤等注：《后汉书》,北京：中华书局,1965年。

（晋）陈寿撰,（南朝宋）裴松之注：《三国志》,北京：中华书局,1959年。

（唐）魏徵等撰：《隋书》,北京：中华书局,1973年。

（汉）宋衷注,（清）秦嘉谟等辑：《世本八种》,上海：商务印书馆,1957年。

（晋）皇甫谧：《帝王世纪》,北京：中华书局,1985年。

徐宗元：《帝王世纪辑存》,北京：中华书局,1964年。

黄怀信、张懋镕、田旭东撰,黄怀信修订,李学勤审定：《逸周书汇校集注（修订本）》,上海：上海古籍出版社,2007年。

（清）雷学淇：《竹书纪年义证》,台北：艺文印书馆,1977年。

范祥雍：《古本竹书纪年辑校订补》,上海：上海古籍出版社,2011年。

方诗铭、王修龄：《古本竹书纪年辑证（修订本）》,上海：上海古籍出版社,2005年。

（汉）刘向集录：《战国策》,上海：上海古籍出版社,1998年。

上海师范大学古籍整理研究所校点：《国语》,上海：上海古籍出版社,1988年。

徐元诰：《国语集解（修订本）》,王树民、沈长云点校,北京：中华书局,

2002 年。

（汉）刘向编著，石光瑛校释：《新序校释》，陈新整理，北京：中华书局，2001 年。

（汉）刘向编纂：《古列女传》，北京：中华书局，1985 年。

（汉）刘向撰，向宗鲁校证：《说苑校证》，北京：中华书局，1987 年。

（汉）赵晔撰，（元）徐天祐音注：《吴越春秋》，苗麓校点，辛正审订，南京：江苏古籍出版社，1999 年。

（北魏）郦道元著，陈桥驿校证：《水经注校证》，北京：中华书局，2007 年。

（唐）李吉甫：《元和郡县图志》，贺次君点校，北京：中华书局，1983 年。

（唐）刘知幾撰，（清）浦起龙通释：《史通通释》，王煦华整理，上海：上海古籍出版社，2009 年。

（清）黄式三：《周季编略》，程继红点校，南京：凤凰出版社，2008 年。

（清）林春溥：《战国纪年六卷附年表》，《丛书集成三编》第 94 册，台北：新文丰出版公司，1997 年。

（清）马骕：《绎史》，王利器整理，北京：中华书局，2002 年。

（清）王先谦撰，吕苏生补释：《鲜虞中山国事表、疆域图说补释》，上海：上海古籍出版社，1993 年。

（清）梁玉绳：《史记志疑》，北京：中华书局，1981 年。

（三）诸子

（汉）贾谊撰，阎振益、钟夏校注：《新书校注》，北京：中华书局，2000 年。

（清）郭庆藩：《庄子集释》，王孝鱼点校，北京：中华书局，2004 年。

（清）孙诒让：《墨子间诂》，孙启治点校，北京：中华书局，2001 年。

（清）王先谦：《荀子集解》，沈啸寰、王星贤点校，北京：中华书局，1988 年。

（清）王先慎：《韩非子集解》，钟哲点校，北京：中华书局，1998 年。

陈奇猷：《韩非子新校注》，上海：上海古籍出版社，2000 年。

傅亚庶：《孔丛子校释》，北京：中华书局，2011 年。

何宁：《淮南子集释》，北京：中华书局，1998 年。

黄晖：《论衡校释（附刘盼遂集解）》，北京：中华书局，1990年。
梁启雄：《荀子简释》，北京：中华书局，1983年。
王天海：《荀子校释》，上海：上海古籍出版社，2005年。
吴则虞：《晏子春秋集释》，北京：中华书局，1962年。
许富宏：《慎子集注集校》，北京：中华书局，2013年。
许维遹：《吕氏春秋集释》，梁运华整理，北京：中华书局，2009年。
张沛：《中说校注》，北京：中华书局，2013年。
朱谦之：《老子校释》，北京：中华书局，1984年。

(四) 字书

（汉）许慎撰，（宋）徐铉校定：《说文解字》，北京：中华书局，1963年。

（汉）许慎撰，（清）段玉裁注：《说文解字注》，上海：上海古籍出版社，1988年。

（汉）刘熙撰，（清）毕沅疏证，王先谦补：《释名疏证补》，祝敏彻、孙玉文点校，北京：中华书局，2008年。

(五) 其他

（南朝梁）刘勰著，詹锳义证：《文心雕龙义证》，上海：上海古籍出版社，1989年。

（南朝梁）萧统编，（唐）李善等注：《六臣注文选》，北京：中华书局，2012年。

（唐）陆德明撰，黄焯汇校：《经典释文汇校》，北京：中华书局，2006年。

（宋）洪兴祖注：《楚辞补注》，白化文、许德楠、李如鸾、方进点校，北京：中华书局，1983年。

（宋）黎靖德编：《朱子语类》，王星贤点校，北京：中华书局，1986年。

（宋）李昉等撰：《太平御览》，北京：中华书局，1960年。

（宋）孙奕：《履斋示儿编》，侯体健、况正兵点校，北京：中华书局，2014年。

（宋）王应麟：《汉制考·汉书艺文志考证》，张三夕、杨毅点校，北京：中华书局,2011年。

（宋）张载撰,（清）王夫之注:《张子正蒙注》,北京:中华书局,1975年。

（宋）朱熹:《朱子全书》,《景印文渊阁本四库全书》第721册,台北:台湾商务印书馆,1983年。

（明）郎瑛:《七修类稿》,上海:上海书店出版社,2009年。

（明）王阳明:《王阳明全集》,吴光等编校,上海:上海古籍出版社,1992年。

（清）傅山:《霜红龛集》,《续修四库全书》第1395册,上海:上海古籍出版社,2002年。

（清）龚自珍:《龚自珍全集》,上海:上海人民出版社,1975年。

（清）顾炎武撰,黄汝成集释:《日知录集释》,栾保群、吕宗力校点,上海:上海古籍出版社,2006年。

（清）钱大昕:《廿二史考异》,方诗铭、周殿杰校点,上海:上海古籍出版社,2004年。

（清）宋翔凤:《过庭录》,梁运华点校,北京:中华书局,1986年。

（清）王念孙:《读书杂志》,南京:江苏古籍出版社,2000年。

（清）徐鼒:《读书杂释》,阎振益、钟夏点校,北京:中华书局,1997年。

（清）永瑢等撰:《四库全书总目》,北京:中华书局,1965年。

（清）俞樾等:《古书疑义举例（五种）》,北京:中华书局,2005年。

（清）章学诚撰,叶瑛校注:《文史通义校注》,北京:中华书局,1985年。

（清）赵翼著,王树民校证:《廿二史札记校证（订补本）》,北京:中华书局,1984年。

二、出土文献著录与集释

（一）甲骨卜辞

曹玮:《周原甲骨文》,北京:世界图书出版公司,2002年。

陈梦家:《殷虚卜辞综述》,北京:中华书局,1988年。

郭沫若主编,胡厚宣总编辑:《甲骨文合集》(简称《合集》),北京:中华书局,1978—1982年。

何景成:《甲骨文字诂林补编》,北京:中华书局,2017年。

胡厚宣:《甲骨续存》,上海:群联出版社,1955年。

李学勤、齐文心、[美]艾兰:《英国所藏甲骨集》(简称《英藏》),北京:中华书局,1985年。

姚孝遂主编:《殷墟甲骨刻辞类纂》,北京:中华书局,1989年。

姚孝遂主编:《殷墟甲骨刻辞摹释总集》,北京:中华书局,1998年。

于省吾主编,姚孝遂按语、编撰:《甲骨文字诂林》,北京:中华书局,1996年。

中国社会科学院考古研究所编:《小屯南地甲骨》(简称《屯南》),北京:中华书局,1980—1983年。

(二) 青铜器与金文

[日]白川静:《金文通释》,日本:神户白鹤美术馆,1962—1982年。

陈梦家:《西周铜器断代》,北京:中华书局,2004年。

郭沫若:《两周金文辞大系图录考释》,北京:科学出版社,2002年。

唐兰:《西周青铜器铭文分代史征》,北京:中华书局,1986年。

吴镇烽:《商周青铜器铭文暨图像集成》《续编》,上海:上海古籍出版社,2012、2016年。

杨树达:《积微居金文说(增订本)》,北京:中华书局,1997年。

张政烺批注,朱凤瀚等校:《张政烺批注〈两周金文辞大系考释〉》,北京:中华书局,2011年。

中国社会科学院考古研究所编:《殷周金文集成(修订增补本)》,北京:中华书局,2007年。

朱凤瀚:《中国青铜器综论》,上海:上海古籍出版社,2009年。

(三) 简牍帛书

商承祚:《战国楚竹简汇编》,济南:齐鲁书社,1995年。

武汉大学简帛研究中心、河南省文物考古研究所编:《楚地出土战国简册合集(二):葛陵、长台关楚墓竹简》,北京:文物出版社,2013年。

湖北省文物考古研究所、北京大学中文系:《九店楚简》,北京:中华书局,2000年。

张春龙:《慈利楚简概述》,[美]艾兰、邢文主编:《新出简帛研究——新出简帛国际学术研讨会论文集》,北京:文物出版社,2004年,第4~11页。

荆门市博物馆:《郭店楚墓竹简》,北京:文物出版社,1998年。

李零:《郭店楚简校读记(增订本)》,北京:中国人民大学出版社,2007年。

刘钊:《郭店楚简校释》,福州:福建人民出版社,2003年。

武汉大学简帛研究中心、荆门市博物馆编:《楚地出土战国简册合集(一):郭店楚墓竹书》,北京:文物出版社,2011年。

陈伟等:《楚地出土战国简册(十四种)》,北京:经济科学出版社,2009年。

詹鄞鑫主编:《楚简集释长编》,教育部哲学社会科学重点研究基地重大项目《战国楚简集释长编》结项报告,2004年。

马承源主编:《上海博物馆藏战国楚竹书(一)~(九)》,上海:上海古籍出版社,2001—2012年。

季旭昇编:《〈上海博物馆藏战国楚竹书(一)〉读本》,台北:万卷楼图书股份有限公司,2004年。

季旭昇编:《〈上海博物馆藏战国楚竹书(二)〉读本》,台北:万卷楼图书股份有限公司,2003年。

季旭昇编:《〈上海博物馆藏战国楚竹书(三)〉读本》,台北:万卷楼图书股份有限公司,2005年。

季旭昇编:《〈上海博物馆藏战国楚竹书(四)〉读本》,台北:万卷楼图书股份有限公司,2007年。

季旭昇编:《〈上海博物馆藏战国楚竹书(九)〉读本》,台北:万卷楼图书股份有限公司,2017年。

李零:《上博楚简三篇校读记》,北京:中国人民大学出版社,2007年。

清华大学出土文献研究与保护中心编,李学勤主编:《清华大学藏战国竹简(壹)～(捌)》,上海:中西书局,2010—2018 年。

黄德宽:《安徽大学藏战国竹简概述》,《文物》2017 年第 9 期。

河南省文物考古研究所编:《新蔡葛陵楚简》,郑州:大象出版社,2004 年。

湖北省荆沙铁路考古队:《包山楚简》,北京:文物出版社,1991 年。

睡虎地秦墓竹简整理小组编:《睡虎地秦墓竹简》,北京:文物出版社,1990 年。

国家文物局古文献研究室、河北省博物馆、河北省文物研究所定县汉墓竹简整理组:《〈儒家者言〉释文》,《文物》1981 年第 8 期。

韩自强:《阜阳汉简〈周易〉研究:附〈儒家者言〉章题、〈春秋事语〉章题及相关竹简》,上海:上海古籍出版社,2004 年。

湖南省博物馆、复旦大学出土文献与古文字研究中心编,裘锡圭主编:《长沙马王堆汉墓简帛集成》,北京:中华书局,2014 年。

马王堆汉墓帛书整理小组编:《马王堆汉墓帛书(叁)》,北京:文物出版社,1983 年。

马王堆汉墓帛书整理小组编:《战国纵横家书》,北京:文物出版社,1976 年。

北京大学出土文献研究所:《北京大学藏西汉竹书概说》,《文物》2011 年第 6 期。

北京大学出土文献研究所编:《北京大学藏西汉竹书(贰)》,上海:上海古籍出版社,2012 年。

北京大学出土文献研究所编:《北京大学藏西汉竹书(叁)》,上海:上海古籍出版社,2015 年。

(四) 陶文

王恩田:《陶文图录》,济南:齐鲁书社,2006 年。

三、工具书、考古报告与研究概述

(一) 工具书

(清)阮元等撰集:《经籍籑诂》,北京:中华书局,1982 年。

辞海编辑委员会编,夏征农主编:《辞海(缩印本)》,上海:上海辞书出版社,1990年。

辞源编写组编著:《辞源》,北京:商务印书馆,1983年。

方诗铭、方小芬编著:《中国史历日和中西历日对照表》,上海:上海辞书出版社,1987年。

郭锡良编著:《汉字古音手册(增订本)》,北京:商务印书馆,2010年。

孙启治、陈建华编:《古佚书辑本目录(附考证)》,北京:中华书局,1997年。

谭其骧主编:《中国历史地图集》,北京:中国地图出版社,1982—1987年。

唐作藩:《上古音手册(增订本)》,北京:中华书局,2013年。

夏商周断代工程专家组:《夏商周断代工程1996—2000年阶段成果报告(简本)》,北京:世界图书出版公司,2000年。

张培瑜:《中国先秦史历表》,济南:齐鲁书社,1987年。

宗福邦、陈世铙、萧海波主编:《故训汇纂》,北京:商务印书馆,2003年。

白于蓝:《简帛古书通假字大系》,福州:福建人民出版社,2017年。

程燕:《望山楚简文字编》,北京:中华书局,2007年。

高明、涂白奎编著:《古文字类编》,上海:上海古籍出版社,2008年。

何琳仪:《战国古文字典》,北京:中华书局,2004年。

黄德宽主编、徐在国副主编:《古汉字字形表系列》,上海:上海古籍出版社,2017年。

李守奎:《楚文字编》,上海:华东师范大学出版社,2003年。

李守奎:《上海博物馆藏战国楚竹书(1~5)文字编》,北京:作家出版社,2007年。

李学勤主编:《清华大学藏战国竹简文字编(壹~叁)》,上海:中西书局,2014年。

李学勤主编:《清华大学藏战国竹简文字编(肆~陆)》,上海:中西书局,2018年。

刘彬徽、刘长武编:《楚系金文汇编》,武汉:湖北教育出版社,2009年。

刘信芳:《楚简帛通假汇释》,北京:高等教育出版社,2011年。

刘信芳：《楚系简帛释例》，合肥：安徽大学出版社，2011年。

饶宗颐主编：《上博藏战国楚竹书字汇》，合肥：安徽大学出版社，2012年。

滕壬生编著：《楚系简帛文字编》，武汉：湖北教育出版社，2008年。

张光裕、黄锡全、滕壬生：《曾侯乙墓竹简文字编》，台北：艺文印书馆，1997年。

张光裕、袁国华：《望山楚简校录附文字编》，台北：艺文印书馆，2004年。

张显成：《楚简帛逐字索引（附原文及校释）》，成都：四川大学出版社，2013年。

张新俊、张胜波编著：《新蔡葛陵楚简文字编》，成都：巴蜀书社，2010年。

(二) 考古报告

［英］马克·奥雷尔·斯坦因：《古代和田——中国新疆考古发掘的详细报告》(第1卷)，巫新华等译，济南：山东人民出版社，2009年。

楚文化研究会编：《楚文化考古大事记》，北京：文物出版社，1984年。

河南省文物考古研究所：《信阳楚墓》，北京：文物出版社，1986年。

河南省文物考古研究所编：《新蔡葛陵楚墓》，郑州：大象出版社，2003年。

湖北省博物馆：《曾侯乙墓》，北京：文物出版社，1989年。

湖北省荆沙铁路考古队：《包山楚墓》，北京：文物出版社，1991年。

湖北省荆州地区博物馆：《江陵雨台山楚墓》，北京：文物出版社，1984年。

湖北省文物考古研究所、北京大学中文系：《望山楚墓》，北京：中华书局，1995年。

湖北省文物考古研究所：《江陵望山沙塚楚墓》，北京：文物出版社，1996年。

湖南省文物考古研究所、慈利县文物保护管理研究所：《湖南慈利石板村36号战国墓发掘简报》，《文物》1990年第10期。

湖南省文物考古研究所、慈利县文物保护管理研究所：《湖南慈利县石板村战国墓》,《考古学报》1995 年第 2 期。

湖南省文物考古研究所:《湖南考古漫步》,长沙:湖南美术出版社,1999 年。

荆门博物馆编:《江陵九店东周墓》,北京:科学出版社,1995 年。

文物编辑委员会编:《文物考古工作十年(1979—1989)》,北京:文物出版社,1991 年。

中国社会科学院考古研究所:《殷墟的发现与研究》,北京:科学出版社,1994 年。

中国社会科学院考古研究所:《中国考古学·两周卷》,北京:中国社会科学出版社,2004 年。

中国社会科学院考古研究所:《中国考古学·夏商卷》,北京:中国社会科学出版社,2004 年。

(三) 简牍发现与研究概述

[日] 横田恭三:《中国古代简牍综览》,张建平译,北京:北京联合出版公司,2017 年。

蔡万进:《新世纪初我国简牍重要发现概述》,《简帛研究》(2008),桂林:广西师范大学出版社,2010 年,第 330～348 页。

高敏:《简牍研究入门》,南宁:广西人民出版社,1989 年。

胡平生、李天虹:《长江流域出土简牍与研究》,武汉:湖北教育出版社,2004 年。

李均明:《古代简牍》,北京:文物出版社,2003 年。

李均明:《秦汉简牍文书分类辑解》,北京:文物出版社,2009 年。

李均明等:《当代中国简帛学研究(1949—2009)》,北京:中国社会科学出版社,2011 年。

廖名春等:《写在简帛上的文明:长江流域的简牍和帛书》,杭州:浙江大学出版社,2011 年。

林剑鸣:《简牍概述》,西安:陕西人民出版社,1984 年。

骈宇骞、段书安:《二十世纪出土简帛综述》,北京:文物出版社,2006 年。

骈宇骞:《简帛文献纲要》,北京:北京大学出版社,2015年。
沈颂金:《二十世纪简帛学研究》,北京:学苑出版社,2003年。
王红星主编:《书写历史——战国秦汉简牍》,北京:文物出版社,2007年。
王子今、赵宠亮:《简牍史话》,北京:社会科学文献出版社,2012年。
张显成:《简帛文献学通论》,北京:中华书局,2004年。
赵超:《简牍帛书发现与研究》,福州:福建人民出版社,2005年。
郑有国:《简牍学综论》,上海:华东师范大学出版社,2008年。
中国文化遗产研究院、山东省博物馆编:《书于竹帛:中国简帛文化》,上海:上海书画出版社,2017年。

四、集刊与论文集

(一) 研究集刊

[日]池田知久监修:《郭店楚简の研究》(1~7),日本:大东文化大学郭店楚简研究班,1999—2006年。

[日]池田知久监修:《上海博楚简の研究》(1~7),日本:大东文化大学上海博楚简研究班,2007—2012年。

[日]大阪大学中国学会编:《中国研究集刊》(第26~59号),日本:大阪大学中国哲学研究室,2000—2014年。

[日]东京大学郭店楚简研究会编:《郭店楚简の思想史的研究》(1~6),日本:东京大学文学部中国思想文化学研究室,1999—2003年。

[日]浅野裕一编:《竹简が语る古代中国思想——上博楚简研究》(1~2),日本:汲古书院,2005—2008年。

[日]日本中国出土资料学会编:《中国出土资料研究》(1~15),日本:京都朋友书店,1997—2011年。

[日]上海博楚简研究会编:《出土文献と秦楚文化》(1~6),日本:日本女子大学文学部,2004—2012年。

安徽大学汉字发展与应用研究中心编:《汉语言文字研究》(第1辑),上海：上海古籍出版社，2015年。

蔡先金主编：《中国简帛学刊》(第1辑)，济南：齐鲁书社，2017年。

陈伟武主编：《古文字论坛》(第1～2辑)，广州：中山大学出版社，2015—2016年。

陈昭容主编：《古文字与古代史》(第1辑)，台北：中研院史语所，2007年。

楚文化研究会编：《楚文化研究论集》(第1集)，武汉：荆楚书社，1987年。

楚文化研究会编：《楚文化研究论集》(第2～3集)，武汉：湖北人民出版社，1991、1994年。

楚文化研究会编：《楚文化研究论集》(第4集)，郑州：河南人民出版社，1994年。

楚文化研究会编：《楚文化研究论集》(第5集)，合肥：黄山书社，2003年。

楚文化研究会编：《楚文化研究论集》(第6集)，武汉：湖北教育出版社，2004年。

楚文化研究会编：《楚文化研究论集》(第7集)，长沙：岳麓书社，2007年。

楚文化研究会编：《楚文化研究论集》(第8集)，郑州：大象出版社，2009年。

楚文化研究会编：《楚文化研究论集》(第9集)，上海：上海古籍出版社，2011年。

楚文化研究会编：《楚文化研究论集》(第10集)，武汉：湖北美术出版社，2011年。

楚文化研究会编：《楚文化研究论集》(第11～12集)，上海：上海古籍出版社，2015、2017年。

丁四新主编：《楚地出土简帛文献思想研究》(第1辑)，武汉：湖北教育出版社，2002年。

丁四新主编：《楚地简帛思想研究》(第2～4辑)，武汉：湖北教育出版社，

2005—2010 年。

丁四新主编:《楚地简帛思想研究》(第 5~6 辑),长沙:岳麓书社,2014—2015 年。

复旦大学出土文献与古文字研究中心编:《出土文献与古文字研究》(第 1~3 辑),上海:复旦大学出版社,2006—2010 年。

复旦大学出土文献与古文字研究中心编:《出土文献与古文字研究》(第 4~7 辑),上海:上海古籍出版社,2011—2015、2018 年。

甘肃省文物考古研究所、西北师范大学历史系编:《简牍学研究》(第 1~6 辑),兰州:甘肃人民出版社,1997—2016 年。

简牍学会编辑部主编:《简牍学报》(第 1~20 期),台北:简牍学会,1974—2006 年。

李宗焜主编:《古文字与古代史》(第 2~5 辑),台北:中研院史语所,2009—2015、2017 年。

廖名春编:《清华简帛研究》(第 1~2 辑),北京:清华大学思想文化研究所,2000、2002 年。

清华大学出土文献研究与保护中心编,李学勤主编:《出土文献》(第 1~12 辑),上海:中西书局,2010—2018 年。

王沛主编:《出土文献与法律史研究》(第 1~4 辑),上海:上海人民出版社,2012—2015 年。

王沛主编:《出土文献与法律史研究》(第 5 辑),北京:法律出版社,2016 年。

王捷主编:《出土文献与法律史研究》(第 6 辑),北京:法律出版社,2017 年。

文化部文物局古文献研究室编:《出土文献研究》(第 1~2 辑),北京:文物出版社,1985、1989 年。

武汉大学简帛研究中心主办,陈伟主编:《简帛》(第 1~16 辑),上海:上海古籍出版社,2006—2018 年。

西南大学出土文献综合研究中心、西南大学汉语言文献研究所主办:《出土文献综合研究集刊》(第 1~6 辑),成都:巴蜀书社,2014—2017 年。

张显成主编:《简帛语言文字研究》(第1～8辑),成都:巴蜀书社,2002—2016年。

中国古文字研究会编:《古文字研究》(第1～32辑),北京:中华书局,1979—2018年。

中国社会科学院简帛研究中心编:《简帛研究》(第1～3辑),北京:法律出版社,1993—1998年。

中国社会科学院简帛研究中心编:《简帛研究》(2001—2018),桂林:广西师范大学出版社,2001—2018年。

中国社会科学院简帛研究中心编:《简帛研究译丛》(第1辑),长沙:湖南出版社,1996年。

中国社会科学院简帛研究中心编:《简帛研究译丛》(第2辑),长沙:湖南人民出版社,1998年。

中国社会科学院语言研究所《历史语言学研究》编辑部编:《历史语言学研究》(第7辑),北京:商务印书馆,2014年。

中国文物研究所编:《出土文献研究》(第3、4辑),北京:中华书局,1998年。

中国文物研究所编:《出土文献研究》(第5辑),北京:科学出版社,1999年。

中国文物研究所编:《出土文献研究》(第6～8辑),上海:上海古籍出版社,2004—2007年。

中国文化遗产研究院编:《出土文献研究》(第9～10辑),北京:中华书局,2010、2011年。

中国文化遗产研究院编:《出土文献研究》(第11～17辑),上海:中西书局,2012—2018年。

中国文字编辑委员会编:《中国文字》(新1～43期),台北:艺文印书馆,1980—2017年。

中国文字学会《中国文字学报》编辑部编:《中国文字学报》(第1～8辑),北京:商务印书馆,2006—2017年。

(二) 简帛研究论文集

［韩］权仁瀚、金庆浩、李承律编：《东亚资料学的可能性探索》，桂林：广西师范大学出版社，2010年。

［美］艾兰、邢文主编：《新出简帛研究——新出简帛国际学术研讨会论文集》，北京：文物出版社，2004年。

［日］郭店楚简研究会编：《楚地出土资料と中国古代文化》，日本：汲古书院，2007年。

北京大学出土文献研究所编，韩巍执行主编：《古简新知：西汉竹书〈老子〉与道家思想研究》，上海：上海古籍出版社，2017年。

蔡先金、张兵编：《出土文献与中国文学研究：第三届出土文献与中国文学研究学术研讨会（国际）论文集》，济南：齐鲁书社，2013年。

陈鼓应主编：《道家文化研究》（第17辑）《"郭店楚简"专号》，北京：生活・读书・新知三联书店，1999年。

陈致主编：《简帛・经典・古史》，上海：上海古籍出版社，2013年。

杜勇主编：《叩问三代文明：中国出土文献与上古史国际学术研讨会论文集》，北京：中国社会科学出版社，2014年。

复旦大学出土文献与古文字研究中心编：《出土文献与传世典籍的诠释——纪念谭朴森先生逝世两周年国际学术研讨会论文集》，上海：上海古籍出版社，2010年。

复旦大学出土文献与古文字研究中心编：《出土文献与古典学重建论集》，上海：中西书局，2018年。

复旦大学出土文献与古文字研究中心编：《出土文献与中国古典学》，上海：中西书局，2018年。

郭齐勇主编：《儒家文化研究》（第1辑）《新出楚简研究专号》，北京：生活・读书・新知三联书店，2007年。

《中国哲学》编辑部、国际儒联学术委员会编：《中国哲学》（第20辑）《郭店楚简研究》，沈阳：辽宁教育出版社，1999年。

《中国哲学》编辑部、国际儒联学术委员会编：《中国哲学》（第21辑）《郭店简与儒学研究》,沈阳：辽宁教育出版社,2000年。

江林昌等编：《清华简与儒家经典国际学术研讨会论文集》,上海：上海古籍出版社,2017年。

李守奎主编：《清华简〈系年〉与古史新探》,上海：中西书局,2016年。

李宗焜主编：《第四届国际汉学会议论文集——出土材料与新视野》,台北：中研院史语所,2013年。

刘笑敢主编：《中国哲学与文化》(第6辑)《简帛文献与新启示》,桂林：广西师范大学出版社,2009年。

罗运环主编：《楚简楚文化与先秦历史文化国际学术研讨会论文集》,武汉：湖北教育出版社,2013年。

牛鹏涛、苏辉编：《中国古代文明研究论集》,北京：科学出版社,2018年。

清华大学出土文献研究与保护中心等编：《古代简牍保护与整理研究》,上海：中西书局,2012年。

清华大学出土文献研究与保护中心编：《清华简研究》(第1～2辑),上海：中西书局,2012—2015年。

清华大学出土文献研究与保护中心等编：《出土文献与中国古代文明——李学勤先生八十寿诞纪念论文集》,上海：中西书局,2016年。

汤漳平主编：《出土文献与中国文学史研究》,郑州：河南人民出版社,2010年。

王子今等编：《出土文献与中国古代文明研究论集》,北京：中国社会科学出版社,2017年。

武汉大学中国文化研究院编：《郭店楚简国际学术研讨会论文集》,武汉：湖北人民出版社,2000年。

谢维扬、赵争编：《出土文献与古书成书问题研究："古史史料学研究的新视野研讨会"论文集》,上海：中西书局,2015年。

谢维扬、朱渊清主编：《新出土文献与古代文明研究》,上海：上海大学出版社,2004年。

杨荣祥、胡敕瑞编：《源远流长：汉字国际学术研讨会暨AEARU第三届汉字文化研讨会论文集》，北京：北京大学出版社，2017年。

姚小鸥编：《清华简与先秦经学文献研究》，北京：生活·读书·新知三联书店，2016年。

叶国良、郑吉雄、徐富昌编：《出土文献研究方法论文集初集》，台北：台湾大学出版中心，2005年。

朱渊清、廖名春主编：《上博馆藏战国楚竹书研究》《续编》，上海：上海书店出版社，2002—2004年。

五、研究专著与论文（含会议论文、学位论文与网络发表论文）

(一) 研究专著

A

[德] 阿斯曼（Jan Assmann）：*Cultural Memory and Early Civilization: Writing, Remembrance, and Political Imagination*, Cambridge University Press, 2011.

[美] 艾兰：《世袭与禅让——古代中国的王朝更替传说》，余佳译，北京：商务印书馆，2010年。

[美] 艾兰：《湮没的思想：出土竹简中的禅让传说与理想政制》，蔡雨钱译，北京：商务印书馆，2016年。

B

[澳] 巴纳德（Barnard）: "The Ch'u Silk Manuscript," *Translation and Commentary*, Australian National University Press, 1973.

[意] 贝奈戴托·克罗齐（Benedetto Croce）：《历史学的理论和实际》，傅任敢译，北京：商务印书馆，1982年。

白光琦：《先秦年代续探》，北京：首都师范大学出版社，2016年。

白寿彝：《中国史学史》（第1卷），上海：上海人民出版社，2006年。

白寿彝：《中国史学史论集》，北京：中华书局，1999年。

白于蓝：《拾遗录——出土文献研究》，北京：科学出版社，2017年。

邴尚白：《葛陵楚简研究》，台北：台湾大学出版中心，2009年。

C

〔日〕池田知久:《池田知久简帛研究论集》,曹峰译,北京:中华书局,2006年。

〔日〕池田知久:《道家思想的新研究——以〈庄子〉为中心》,王启发、曹峰译,郑州:中州古籍出版社,2009年。

〔日〕池田知久:《郭店楚简老子の新研究》,东京:汲古书院,2011年。

〔日〕池田知久:《郭店楚简儒教研究》,东京:汲古书院,2003年。

蔡先金:《简帛文学研究》,北京:学习出版社,2017年。

曹峰:《楚地出土文献与先秦思想研究》,台北:台湾书房出版有限公司,2010年。

曹峰:《近年出土黄老思想文献研究》,北京:中国社会科学出版社,2015年。

曹峰:《上博楚简思想研究》,台北:万卷楼图书股份有限公司,2006年。

曹建墩:《战国竹书与先秦礼学研究》,北京:人民出版社,2018年。

曹建国:《楚简与先秦诗学研究》,武汉:武汉大学出版社,2010年。

常玉芝:《商代周祭制度》,北京:中国社会科学出版社,1987年。

晁福林:《上博简〈诗论〉研究》,北京:商务印书馆,2013年。

晁福林:《天命与彝伦——先秦社会思想探研》,北京:北京师范大学出版社,2012年。

陈福滨主编:《本世纪出土思想文献与中国古典哲学研究论文集》,台北:辅仁大学出版社,1999年。

陈高华、陈智超等:《中国古代史史料学》,天津:天津古籍出版社,2006年。

陈慧、廖名春、李锐:《天·人·性:读郭店楚简与上博竹简》,上海:上海古籍出版社,2014年。

陈家宁:《〈史记〉殷、周、秦〈本纪〉新证图补》,天津:天津人民出版社,2011年。

陈剑:《战国竹书论集》,上海:上海古籍出版社,2013年。

陈来:《竹帛〈五行〉与简帛研究》,北京:生活·读书·新知三联书店,

2009 年。

陈丽桂：《近四十年出土简帛文献思想研究》，台北：五南图书出版公司，2013 年。

陈丽桂：《战国时期的黄老思想》，台北：联经出版事业股份有限公司，1991 年。

陈梦家：《尚书通论》，北京：中华书局，2005 年。

陈梦家：《西周年代考·六国纪年》，北京：中华书局，2005 年。

陈槃：《春秋大事表列国爵姓及存灭表撰异（三订本）》，上海：上海古籍出版社，2009 年。

陈仁仁：《战国楚竹书〈周易〉研究》，武汉：武汉大学出版社，2010 年。

陈绍辉：《楚国法律制度研究》，武汉：湖北教育出版社，2012 年。

陈斯鹏：《楚系简帛中字形与音义关系研究》，北京：中国社会科学出版社，2011 年。

陈松长：《简帛研究文稿》，北京：线装书局，2008 年。

陈伟：《包山楚简初探》，武汉：武汉大学出版社，1996 年。

陈伟：《楚简册概论》，武汉：湖北教育出版社，2012 年。

陈伟：《新出楚简研读》，武汉：武汉大学出版社，2010 年。

陈伟：《燕说集》，北京：商务印书馆，2011 年。

陈瑶：《先秦诸子与楚文化关系研究》，上海：上海古籍出版社，2017 年。

陈颖飞：《楚官制与世族探研》，上海：中西书局，2016 年。

陈致：《从礼仪化到世俗化：〈诗经〉的形成》，吴仰湘、黄梓勇、许景昭译，上海：上海古籍出版社，2009 年。

程鹏万：《简牍帛书格式研究》，上海：上海古籍出版社，2017 年。

程苏东：《从六艺到十三经：以经目演变为中心》，北京：北京大学出版社，2018 年。

崔存明：《荀子与儒家六艺经典化——出土文献视野下荀子与儒家经典生成研究》，台北：花木兰文化出版社，2015 年。

崔仁义：《荆门郭店楚简〈老子〉研究》，北京：科学出版社，1998 年。

D

［日］渡边信一郎：《中国古代的王权与天下秩序》，徐冲译，北京：中华书局，2008年。

邓佩玲：《〈雅〉〈颂〉与出土文献新证》，北京：商务印书馆，2017年。

丁四新：《楚竹书与汉帛书〈周易〉校注》，上海：上海古籍出版社，2011年。

丁四新：《郭店楚墓竹简思想研究》，北京：东方出版社，2000年。

丁四新：《郭店楚竹书〈老子〉校注》，武汉：武汉大学出版社，2010年。

丁四新：《周易溯源与早期易学考论》，北京：中国人民大学出版社，2017年。

丁原植：《郭店竹简老子释析与研究（增修版）》，台北：万卷楼图书股份有限公司，1999年。

董珊：《简帛文献考释论丛》，上海：上海古籍出版社，2014年。

杜维运：《中国史学史》，北京：商务印书馆，2010年。

杜维运：《中国史学与世界史学》，北京：商务印书馆，2010年。

杜勇：《〈尚书〉周初八诰研究（增订本）》，北京：中国社会科学出版社，2017年。

杜勇：《清华简与古史探赜》，北京：科学出版社，2018年。

杜正胜：《古代社会与国家》，台北：允晨文化实业股份有限公司，1992年。

段连勤：《北狄族与中山国》，石家庄：河北人民出版社，1982年。

F

［日］福田哲之：《中国出土古文献与战国文字之研究》，台北：万卷楼图书股份有限公司，2005年。

［日］富谷至：《木简竹简述说的古代中国》，刘恒武译，北京：人民出版社，2007年。

范常喜：《简帛探微：简帛字词考释与文献新证》，上海：中西书局，2016年。

范文澜：《中国通史》（第一册），北京：人民出版社，1978年。

冯胜君：《二十世纪古文献新证研究》，济南：齐鲁书社，2006 年。

冯胜君：《郭店简与上博简对比研究》，北京：线装书局，2007 年。

冯时：《古文字与古史新论》，台北：台湾书房出版有限公司，2007 年。

冯友兰：《三松堂学术文集》，北京：北京大学出版社，1984 年。

冯友兰：《中国哲学史新编》，北京：人民出版社，1998 年。

G

[法]葛兰言(Marcel Granet)：《中国古代的祭礼与歌谣》，张铭远译，上海：上海文艺出版社，1989 年。

[美]顾史考(Scott Cook)：《郭店楚简先秦儒书宏微观》，上海：上海古籍出版社，2012 年。

[日]工藤元男：《睡虎地秦简所见秦代的国家与社会》，[日]广濑薰雄、曹峰译，上海：上海古籍出版社，2010 年。

高华平：《楚简文字与先秦思想文化》，北京：中国社会科学出版社，2016 年。

高荣鸿：《上博楚简齐国史料研究》，台北：花木兰文化出版社，2010 年。

宫长为、徐义华：《殷遗与殷鉴》，宋镇豪主编：《商代史》(卷 11)，北京：中国社会科学出版社，2011 年。

顾颉刚等：《古史辨》，上海：上海古籍出版社，1981—1982 年。

郭静云：《亲仁与天命：从〈缁衣〉看先秦儒学转化成"经"》，台北：万卷楼图书股份有限公司，2010 年。

郭梨华：《出土文献与先秦儒道哲学》，台北：万卷楼图书股份有限公司，2008 年。

郭丽：《简帛文献与〈管子〉研究》，北京：方志出版社，2015 年。

郭沫若：《十批判书》，北京：东方出版社，1996 年。

郭沫若：《郭沫若全集·历史编》(第 1 卷)，北京：人民出版社，1982 年。

郭沫若：《中国古代社会研究》，北京：人民出版社，1954 年。

郭沂：《郭店楚简与先秦学术思想》，上海：上海教育出版社，2001 年。

郭永秉：《帝系新研——楚地出土战国文献中的传说时代古帝王系统研究》，北京：北京大学出版社，2008 年。

郭永秉：《古文字与古文献论集》，上海：上海古籍出版社，2011 年。

郭永秉：《古文字与古文献论集续编》，上海：上海古籍出版社，2015 年。

过常宝：《先秦文体与话语方式研究》，北京：中华书局，2016 年。

过常宝：《原史文化及文献研究》，北京：北京大学出版社，2008 年。

过常宝：《制礼作乐与西周文献的生成》，北京：中国社会科学出版社，2015 年。

H

［美］海登·怀特（Hayden White）：*Tropics of Discourse: Essays in Cultural Criticism*, The Johns Hopkins University Press, 1986.

韩维志：《上古文学中君臣事象的研究》，上海：上海古籍出版社，2006 年。

何艳杰等：《鲜虞中山国史》，北京：科学出版社，2011 年。

侯乃峰：《上博楚简儒学文献校理》，上海：上海古籍出版社，2018 年。

侯外庐主编：《中国思想通史》（第 1 卷），北京：人民出版社，1957 年。

侯文华：《先秦诸子散文文体及其文化渊源》，北京：中华书局，2017 年。

侯文学等：《清华简〈系年〉与〈左传〉叙事比较研究》，上海：中西书局，2015 年。

后晓荣：《战国政区地理》，北京：文物出版社，2013 年。

胡厚宣：《甲骨学商史论丛初集》，石家庄：河北教育出版社，2002 年。

胡家聪：《稷下争鸣与黄老新学》，北京：中国社会科学出版社，1998 年。

胡适：《胡适学术文集·中国哲学史》，北京：中华书局，1992 年。

黄凤春等：《楚器名物研究》，武汉：湖北教育出版社，2012 年。

黄灵庚：《楚辞与简帛文献》，北京：人民出版社，2011 年。

黄人二：《战国楚简研究》，上海：上海古籍出版社，2012 年。

黄儒宣：《〈日书〉图像研究》，上海：中西书局，2014 年。

J

季旭昇：《孔壁遗文论集》，台北：艺文印书馆，2013 年。

季镇淮：《来之文录》，北京：北京大学出版社，1992 年。

贾连翔：《战国竹书形制及相关问题研究——以清华大学藏战国竹简为

中心》,上海:中西书局,2015年。

姜守诚:《出土文献与早期道教》,北京:中国社会科学出版社,2016年。

蒋伯潜:《诸子通考》,长沙:岳麓书社,2010年。

蒋善国:《尚书综述》,上海:上海古籍出版社,1988年。

金景芳:《先秦思想史讲义》,天津:天津古籍出版社,2007年。

金毓黻:《中国史学史》,北京:商务印书馆,2003年。

K

[美]柯鹤立(Constance·A·Cook):*Death in Ancient China: The Tale of One Man's Journey*, Brill Academic Publishers, 2006.

[美]柯马丁(Martin Kern):*Text and Ritual in Early China*, University of Washington Press, 2005.

[美]柯文(Paul A. Cohen):《历史三调:作为事件、经历和神话的义和团》,杜继东译,南京:江苏人民出版社,2000年。

孔庆典:《10世纪前中国纪历文化源流——以简帛为中心》,上海:上海人民出版社,2011年。

L

[韩]李承律:《郭店楚简儒教の研究:儒系三篇を中心にして》,东京:汲古书院,2007年。

[美]雷德菲尔德(Robert Redfield):*Peasant Society and Culture: An Anthropological Approach to Civilization*, University of Chicago Press, 1956.

[美]李峰(Li Feng):*Writing & literacy in early China: studies from the Columbia Early China Seminar*, University of Washington Press, 2011.

[美]李峰:《西周的灭亡——中国早期国家的地理和政治危机》,上海:上海古籍出版社,2007年。

[美]李惠仪(Wai-yee Li):"The Readability of the Past in Early Chinese Historiography", Harvard University Asia Center, 2008.

[美]李惠仪:《〈左传〉的书写与解读》,文韬、徐明德译,南京:江苏人民出版社,2016年。

［美］鲁威仪（Mark Edward Lewis）：*Writing and Authority in Early China*，State University of New York Press，1999.

［美］罗斌（Robin McNeal）：*Conquer and Govern: Early Chinese Military Texts from the Yi Zhou Shu*，University of Hawaii Press，2012.

李佳：《〈国语〉研究》，北京：中国社会科学出版社，2015年。

李家浩：《著名中年语言学家自选集·李家浩卷》，合肥：安徽教育出版社，2002年。

李镜池：《周易探源》，北京：中华书局，1978年。

李均明：《耕耘录：简牍研究丛稿》，北京：人民美术出版社，2015年。

李零：《兵以诈立：我读〈孙子〉》，北京：中华书局，2006年。

李零：《待兔轩文集：读史卷》，桂林：广西师范大学出版社，2011年。

李零：《何枝可依：待兔轩读书记》，北京：生活·读书·新知三联书店，2009年。

李零：《简帛古书与学术源流（修订本）》，北京：生活·读书·新知三联书店，2008年。

李零：《兰台万卷：读〈汉书·艺文志〉》，北京：生活·读书·新知三联书店，2011年。

李零：《李零自选集》，桂林：广西师范大学出版社，1998年。

李零：《人往低处走——〈老子〉天下第一》，北京：生活·读书·新知三联书店，2008年。

李零：《丧家狗：我读〈论语〉》，太原：山西人民出版社，2007年。

李零：《中国方术续考》，北京：中华书局，2006年。

李零：《中国方术正考》，北京：中华书局，2006年。

李明晓：《战国楚简语法研究》，武汉：武汉大学出版社，2010年。

李启谦：《孔门弟子研究》，济南：齐鲁书社，1987年。

李锐：《简帛释证与学术思想研究论集》，台北：台湾书房出版有限公司，2008年。

李锐：《人物、文本、年代：出土文献与先秦古书年代学探索》，北京：中国人民大学出版社，2017年。

李锐:《同文与族本:新出简帛与古书形成研究》,上海:中西书局,2017年。

李锐:《新出简帛的学术探索》,北京:北京师范大学出版社,2010年。

李锐:《战国秦汉时期的学派问题研究》,北京:北京师范大学出版社,2011年。

李若晖:《思想与文献》,上海:上海古籍出版社,2010年。

李守奎:《古文字与古史考:清华简整理研究》,上海:中西书局,2015年。

李守奎:《汉字学论稿》,北京:人民美术出版社,2016年。

李守奎等:《清华简〈系年〉文字考释与构形研究》,上海:中西书局,2015年。

李松儒:《清华简〈系年〉集释》,上海:中西书局,2015年。

李松儒:《战国简帛字迹研究——以上博简为中心》,上海:上海古籍出版社,2015年。

李天虹:《楚国铜器与竹简文字研究》,武汉:湖北教育出版社,2012年。

李天虹:《郭店竹简〈性自命出〉研究》,武汉:湖北教育出版社,2003年。

李学勤、林庆彰等:《新出土文献与先秦思想重构》,台北:台湾古籍出版有限公司,2007年。

李学勤:《初识清华简》,上海:中西书局,2013年。

李学勤:《古文献丛论》,北京:中国人民大学出版社,2010年。

李学勤:《简帛佚籍与学术史》,南昌:江西教育出版社,2001年。

李学勤:《李学勤学术文化随笔》,北京:中国青年出版社,1999年。

李学勤:《李学勤早期文集》,石家庄:河北教育出版社,2008年。

李学勤:《清华简及古代文明》,南昌:江西教育出版社,2017年。

李学勤:《三代文明研究》,北京:商务印书馆,2011年。

李学勤:《文物中的古文明》,北京:商务印书馆,2008年。

李学勤:《夏商周文明研究》,北京:商务印书馆,2015年。

李学勤:《新出青铜器研究(增订版)》,北京:人民美术出版社,2016年。

李学勤:《中国古代文明十讲》,上海:复旦大学出版社,2010年。

李学勤:《中国古代文明研究》,上海:华东师范大学出版社,2005年。

李学勤：《重写学术史》，石家庄：河北教育出版社，2002年。

李学勤：《周易经传溯源》，长春：长春出版社，1992年。

李学勤：《走出疑古时代》，沈阳：辽宁大学出版社，1997年。

李学勤等：《出土简帛与古史再建》，北京：经济科学出版社，2017年。

李亚农：《中国的奴隶制与封建制》，上海：华东人民出版社，1954年。

梁启超：《先秦政治思想史》，天津：天津古籍出版社，2003年。

梁启超：《中国历史研究法》，上海：上海古籍出版社，1998年。

梁涛：《"亲亲相隐"与二重证据法》，北京：中国人民大学出版社，2017年。

梁涛：《郭店竹简与思孟学派》，北京：中国人民大学出版社，2008年。

梁韦弦：《出土易学文献与先秦秦汉易学史研究》，哈尔滨：黑龙江人民出版社，2016年。

梁振杰：《走近原始儒家：战国楚简儒家思想研究》，北京：人民出版社，2015年。

廖名春：《出土简帛丛考》，武汉：湖北教育出版社，2004年。

廖名春：《新出楚简试论》，台北：台湾古籍出版有限公司，2001年。

廖名春：《中国学术史新证》，成都：四川大学出版社，2005年。

廖名春：《周易经传十五讲》，北京：北京大学出版社，2004年。

林沄：《林沄学术文集》，北京：中国大百科全书出版社，1998年。

林沄：《林沄学术文集（二）》，北京：科学出版社，2008年。

林志鹏：《宋钘学派遗著考论》，台北：万卷楼图书股份有限公司，2009年。

林志鹏：《战国诸子评述辑证——以〈庄子·天下〉为主要线索》，上海：复旦大学出版社，2014年。

刘成群：《清华简与古史甄微》，上海：上海古籍出版社，2016年。

刘传宾：《郭店竹简文本研究综论》，上海：上海古籍出版社，2017年。

刘光胜：《出土文献与〈曾子〉十篇比较研究》，上海：上海古籍出版社，2016年。

刘光胜：《〈清华大学藏战国竹简（壹）〉整理研究》，上海：上海古籍出版社,2016年。

刘光胜:《清华简〈系年〉与〈竹书纪年〉比较研究》,上海:中西书局,2015年。

刘国胜:《楚丧葬简牍集释》,北京:科学出版社,2011年。

刘国忠:《走近清华简》,北京:高等教育出版社,2011年。

刘家和:《史学、经学与思想:在世界史背景下对于中国古代历史文化的思考》,北京:北京师范大学出版社,2005年。

刘娇:《言公与剿说——从出土简帛古籍看西汉以前古籍中相同或类似内容重复出现现象》,北京:线装书局,2012年。

刘节著,曾宪礼编:《刘节文集》,广州:中山大学出版社,2004年。

刘乐贤:《简帛数术文献探论》,武汉:湖北教育出版社,2003年。

刘乐贤:《睡虎地秦简日书研究》,台北:文津出版社,1994年。

刘宁:《〈史记〉叙事学研究》,北京:中国社会科学出版社,2008年。

刘起釪:《古史续辨》,北京:中国社会科学出版社,1991年。

刘起釪:《尚书学史》,北京:中华书局,1989年。

刘起釪:《尚书源流及传本》,沈阳:辽宁大学出版社,1997年。

刘全志:《先秦诸子文献的形成》,北京:中华书局,2016年。

刘师培著,陈引驰编校:《刘师培中古文学论集》,北京:中国社会科学出版社,1997年。

刘坦:《史记纪年考》,北京:商务印书馆,2017年。

刘信芳:《包山楚简解诂》,台北:艺文印书馆,2003年。

刘信芳:《出土简帛宗教神话文献研究》,合肥:安徽大学出版社,2014年。

刘信芳:《简帛〈五行〉研究》,北京:高等教育出版社,2016年。

刘玉堂、袁纯富:《楚国交通研究》,武汉:湖北教育出版社,2012年。

刘毓庆、郭万金:《从文学到经学——先秦两汉诗经学史论》,上海:华东师范大学出版社,2009年。

刘跃进、程苏东主编:《早期文本的生成与传播:周秦汉唐读书会文汇(第一辑)》,北京:中华书局,2017年。

刘泽华：《中国政治思想史集》，北京：人民出版社，2008年。

刘钊：《书馨集：出土文献与古文字论丛》，上海：上海古籍出版社，2013年。

鲁迅：《中国小说史略》，《鲁迅全集》（第9卷），北京：人民文学出版社，1958年。

陆宗达、王宁：《训诂与训诂学》，太原：山西教育出版社，1994年。

罗运环：《出土文献与楚史研究》，北京：商务印书馆，2011年。

罗倬汉：《史记十二诸侯年表考证》，上海：商务印书馆，1943年。

吕思勉：《吕著史学与史籍》，上海：华东师范大学出版社，2002年。

M

马积高：《荀学源流》，上海：上海古籍出版社，2000年。

马楠：《清华简〈系年〉辑证》，上海：中西书局，2015年。

马振方：《中国早期小说考辨》，北京：北京大学出版社，2014年。

蒙文通：《古史甄微》，成都：巴蜀书社，1999年。

蒙文通：《古学甄微》，成都：巴蜀书社，1987年。

蒙文通：《先秦诸子与理学》，桂林：广西师范大学出版社，2006年。

蒙文通：《中国史学史》，上海：上海人民出版社，2006年。

蒙文通：《周秦少数民族研究》，上海：龙门联合书局，1958年。

蒙文通著，蒙默编：《蒙文通学记》，北京：生活·读书·新知三联书店，1993年。

缪文远：《战国史系年辑证》，成都：巴蜀书社，1997年。

牟宗三：《政道与治道》，桂林：广西师范大学出版社，2006年。

N

宁镇疆：《〈孔子家语〉新证》，上海：中西书局，2017年。

宁镇疆：《〈老子〉"早期传本"结构及其流变研究》，上海：学林出版社，2005年。

O

欧阳祯人：《出土简帛中的政治哲学》，北京：中国人民大学出版社，2017年。

欧阳祯人:《先秦儒家性情思想研究》,武汉:武汉大学出版社,2005年。

P

[美] Paul R. Goldin: *After Confucius — Studies in Early Chinese Philosophy*, University of Hawaii's Press, 2005.

[日] 平势隆郎:《新编史记东周年表》,东京:东京大学东洋文化研究所,1995年。

庞朴:《郭店楚简与早期儒学》,台北:台湾古籍出版有限公司,2002年。

庞朴:《文化一隅》,郑州:中州古籍出版社,2005年。

彭邦炯:《商史探微》,重庆:重庆出版社,1988年。

彭裕商:《西周青铜器年代综合研究》,成都:巴蜀书社,2003年。

濮茅左:《楚竹书〈周易〉研究——兼述先秦两汉出土与传世易学文献资料》,上海:上海古籍出版社,2006年。

濮茅左:《新出土战国楚竹书研究》,上海:上海辞书出版社,2017年。

Q

[日] 浅野裕一:《古代思想史と郭店楚简》,东京:汲古书院,2005年。

[日] 浅野裕一:《上博楚简与先秦思想》,台北:万卷楼图书股份有限公司,2008年。

[日] 浅野裕一:《战国楚简研究》,台北:万卷楼图书股份有限公司,2004年。

钱存训:《书于竹帛:中国古代的文字记录》,上海:上海书店出版社,2004年。

钱穆:《两汉经学今古文平议》,北京:商务印书馆,2001年。

钱穆:《先秦诸子系年》,北京:九州出版社,2011年。

钱穆:《中国史学名著》,北京:生活·读书·新知三联书店,2000年。

邱渊:《"言""语""论""说"与先秦论说文体》,昆明:云南人民出版社,2009年。

裘锡圭:《裘锡圭学术文集》,上海:复旦大学出版社,2012年。

裘锡圭:《文字学概要(修订本)》,北京:商务印书馆,2013年。

裘锡圭:《中国出土古文献十讲》,上海:复旦大学出版社,2004年。

瞿林东:《中国古代历史理论》,合肥:安徽人民出版社,2011年。

瞿林东:《中国简明史学史》,上海:上海人民出版社,2005年。

瞿林东:《中国史学史纲》,北京:北京出版社,1999年。

曲英杰:《先秦都城复原研究》,哈尔滨:黑龙江人民出版社,1991年。

R

[美]任博克(Brook Ziporyn): *Ironies of Oneness and Difference: Coherence in Early Chinese Thought; Prolegomena to the Study of Li*, University of Hawaii Press, 2012.

饶龙隼:《上古文学制度述考》,北京:中华书局,2009年。

饶宗颐、曾宪通:《楚地出土文献三种研究》,北京:中华书局,1993年。

饶宗颐:《战国楚简笺证》,上海:上海出版社,1957年。

S

[美]史嘉柏(David Schaberg): *A Patterned Past: Form and Thought in Early Chinese Historiography*, Harvard University Asia Center, 2002.

[美]孙康宜、宇文所安(Stephen Owen)主编:《剑桥中国文学史》(上卷),刘倩等译,北京:生活·读书·新知三联书店,2013年。

单育辰:《楚地战国简帛与传世文献对读之研究》,北京:中华书局,2014年。

单育辰:《新出楚简〈容成氏〉研究》,北京:中华书局,2016年。

沈建华:《初学集:沈建华甲骨学论文选》,北京:文物出版社,2008年。

沈玉成、刘宁:《春秋左传学史稿》,南京:江苏古籍出版社,1992年。

沈长云:《上古史探研》,北京:中华书局,2002年。

沈长云等:《赵国史稿》,北京:中华书局,2000年。

史善刚、董延寿:《简帛易卦考》,北京:高等教育出版社,2015年。

宋镇豪主编:《商代史》,北京:中国社会科学出版社,2010—2011年。

苏建洲、吴雯雯、赖怡璇:《清华二〈系年〉集解》,台北:万卷楼图书股份有限公司,2013年。

苏建洲:《〈上博楚竹书〉文字及相关问题研究》,台北:万卷楼图书股份有限公司,2008年。

孙飞燕：《清华简〈系年〉初探》，上海：中西书局，2015 年。

孙飞燕：《上博简〈容成氏〉文本整理及研究》，北京：中国社会科学出版社，2014 年。

T

［德］陶安：《岳麓秦简复原研究》，上海：上海古籍出版社，2016 年。

［日］汤浅邦弘：《上博楚简研究》，东京：汲古书院，2007 年。

［日］汤浅邦弘：《战国楚简与秦简之思想史研究》，台北：万卷楼图书股份有限公司，2006 年。

［日］汤浅邦弘：《竹简学：中国古代思想的探究》，北京：东方出版中心，2017 年。

［日］藤田胜久：《〈史记〉战国史料研究》，曹峰、［日］广濑薫雄译，上海：上海古籍出版社，2008 年。

谭宝刚：《老子及其遗著研究：关于战国楚简〈老子〉、〈太一生水〉、〈恒先〉的考察》，成都：巴蜀书社，2009 年。

唐晓峰：《从混沌到秩序：中国上古地理思想史述论》，北京：中华书局，2010 年。

田昌武主编：《华夏文明》（第 1 集），北京：北京大学出版社，1987 年。

童书业：《春秋史（校订本）》，童教英整理，北京：中华书局，2008 年。

童书业：《春秋左传研究》，上海：上海人民出版社，1980 年。

童书业：《童书业历史地理论集》，童教英整理，北京：中华书局，2008 年。

涂宗流、刘祖信：《郭店楚简先秦儒家佚书校释》，台北：万卷楼图书股份有限公司，2001 年。

W

［美］王靖宇：《中国早期叙事文研究》，上海：上海古籍出版社，2011 年。

汪受宽：《谥法研究》，上海：上海古籍出版社，1995 年。

王博：《简帛思想文献论集》，台北：台湾古籍出版有限公司，2001 年。

王博：《中国儒学史：先秦卷》，北京：北京大学出版社，2011 年。

王贵元：《汉字与出土文献论集》，北京：中国社会科学出版社，2016 年。

王国维：《古史新证》，北京：清华大学出版社，1994 年。

王国维：《观堂别集》，石家庄：河北教育出版社，2003年。

王国维：《观堂集林》，北京：中华书局，1959年。

王国维：《王国维遗书》，上海：上海古籍书店，1983年。

王晖、贾俊侠：《先秦秦汉史史料学》，北京：中国社会科学出版社，2007年。

王健文：《战国诸子的古圣王传说及其思想史意义》，台北："国立"台湾大学出版委员会，1987年。

王利器：《晓传书斋集》，上海：华东师范大学出版社，1997年。

王连龙：《〈逸周书〉研究》，北京：社会科学文献出版社，2010年。

王明珂：《华夏边缘：历史记忆与族群认同》，北京：社会科学文献出版社，2006年。

王青：《上博简〈曹沫之陈〉疏证与研究》，北京：北京师范大学出版社，2017年。

王叔岷：《史记斠证》，北京：中华书局，2007年。

王叔岷：《先秦道法思想讲稿》，北京：中华书局，2007年。

王叔岷：《诸子斠证》，北京：中华书局，2007年。

王叔岷：《左传考校》，北京：中华书局，2007年。

王树民：《中国史学史纲要》，北京：中华书局，1997年。

王宇信、杨升南：《甲骨学一百年》，北京：社会科学文献出版社，1999年。

王玉哲：《中华远古史》，上海：上海人民出版社，2000年。

王曰美主编：《儒家政治思想研究》，北京：中华书局，2003年。

王志平、孟蓬生、张洁：《出土文献与先秦两汉方言地理》，北京：中国社会科学出版社，2014年。

王志平：《简帛拾零——简帛文献语言研究丛稿》，台北：台湾古籍出版有限公司，2009年。

王中江：《出土文献与道家新知》，北京：中华书局，2015年。

王中江：《根源、制度和秩序：从老子到黄老》，北京：中国人民大学出版社，2018年。

王中江：《简帛文明与古代思想世界》，北京：北京大学出版社，2011年。

韦心滢：《殷代商王国政治地理结构研究》，上海：上海古籍出版社，2013年。

魏慈德：《新出楚简中的楚国语料与史料》，台北：台湾五南图书出版公司，2014年。

魏鸿雁：《汉代小说文献与汉代文化研究》，北京：中国社会科学出版社，2013年。

魏启鹏：《楚简〈老子〉柬释》，台北：万卷楼图书股份有限公司，1999年。

魏启鹏：《简帛文献〈五行〉笺证》，北京：中华书局，2005年。

邬可晶：《〈孔子家语〉成书考》，上海：中西书局，2015年。

吴怀祺：《中国史学思想通论》，福州：福建人民出版社，2011年。

吴良宝：《战国楚简地名辑证》，武汉：武汉大学出版社，2010年。

吴晓懿：《战国官名新探》，芜湖：安徽师范大学出版社，2013年。

X

［美］夏含夷（Edward L. Shaughnessy）：《古史异观》，上海：上海古籍出版社，2005年。

［美］夏含夷：《海外夷坚志——古史异观二集》，上海：上海古籍出版社，2016年。

［美］夏含夷：《兴与象：中国古代文化史论集》，上海：上海古籍出版社，2012年。

［美］夏含夷：《重写中国古代文献》，上海：上海古籍出版社，2012年。

［日］西山尚志：《古书新辨——先秦出土文献与传世文献相对照研究》，上海：上海古籍出版社，2015年。

［日］小南一郎：《中国の礼制と礼学》，京都：朋友书店，2001年。

夏德靠：《先秦语类文献形态研究》，北京：中华书局，2015年。

萧公权：《中国政治思想史》，台北：联经出版社，1982年。

萧圣中：《曾侯乙墓竹简释文补正暨车马制度研究》，北京：科学出版社，2011年。

谢君直：《郭店楚简儒家哲学研究》，台北：万卷楼图书股份有限公司，2008年。

辛德勇：《秦汉政区与边界地理研究》，北京：中华书局，2009年。

熊贤品：《战国王年问题研究》，北京：中国社会科学出版社，2017年。

徐复观：《两汉思想史》，上海：华东师范大学出版社，2001年。

徐建委：《〈说苑〉研究：以战国秦汉之间的文献累积与学术史为中心》，北京：北京大学出版社，2011年。

徐建委：《文本革命：刘向、〈汉书·艺文志〉与早期文本研究》，北京：中国社会科学出版社，2017年。

徐少华：《简帛文献与早期儒家学说探论》，北京：商务印书馆，2015年。

徐少华：《荆楚历史地理与考古探研》，北京：商务印书馆，2010年。

徐文武：《楚国思想与学术研究》，武汉：湖北教育出版社，2012年。

徐旭生：《中国古史的传说时代》，北京：文物出版社，1985年。

许宏：《何以中国——公元前2000年的中原图景》，北京：生活·读书·新知三联书店，2014年。

许景昭：《禅让、世袭及革命：从春秋战国到西汉中期的君权传承思想研究》，上海：上海古籍出版社，2014年。

许兆昌：《〈系年〉〈春秋〉〈竹书纪年〉的历史叙事》，上海：中西书局，2015年。

许兆昌：《先秦史官的制度与文化》，哈尔滨：黑龙江人民出版社，2006年。

许倬云：《求古编》，北京：商务印书馆，2014年。

许倬云：《西周史（增补二版）》，北京：生活·读书·新知三联书店，2012年。

禤健聪：《战国楚系简帛用字习惯研究》，北京：科学出版社，2017年。

Y

[以]尤锐：《展望永恒帝国：战国时代的中国政治思想》，孙英刚译，王宇校，上海：上海古籍出版社，2013年。

晏昌贵：《简帛数术与历史地理论集》，北京：商务印书馆，2010年。

晏昌贵：《巫鬼与淫祀——楚简所见方术宗教考》，武汉：武汉大学出版社，2010年。

杨朝明：《出土文献与儒家学术研究》，台北：台湾古籍出版有限公司，2007年。

杨华：《古礼新研》，北京：商务印书馆，2012年。

杨华：《新出简帛与礼制研究》，台北：台湾书房出版有限公司，2007年。

杨华等：《楚国礼仪制度研究》，武汉：湖北教育出版社，2012年。

杨建忠：《楚系出土文献语言文字考论》，杭州：浙江大学出版社，2015年。

杨宽：《西周史》，上海：上海人民出版社，2003年。

杨宽：《战国史》，上海：上海人民出版社，1998年。

杨宽：《战国史料编年辑证》，上海：上海人民出版社，2001年。

杨希枚：《杨希枚集》，北京：中国社会科学出版社，2006年。

杨向奎：《绎史斋学术文集》，上海：上海人民出版社，1983年。

杨泽生：《战国竹书研究》，广州：中山大学出版社，2009年。

游国恩：《游国恩学术论文集》，北京：中华书局，1989年。

于省吾：《双剑誃群经新证·双剑誃诸子新证》，上海：上海书店出版社，1999年。

余嘉锡：《目录学发微（含〈古书通例〉）》，北京：中国人民大学出版社，2010年。

余英时：《士与中国文化》，上海：上海人民出版社，1987年。

俞志慧：《古"语"有之：先秦思想的一种背景与资源》，上海：华东师范大学出版社，2010年。

虞万里：《上博馆藏楚竹书〈缁衣〉综合研究》，武汉：武汉大学出版社，2010年。

Z

张怀通：《〈逸周书〉新研》，北京：中华书局，2013年。

张舜徽：《张舜徽集：广校雠略·汉书艺文志通释》，武汉：华中师范大学出版社，2004年。

张渭莲：《商文明的形成》，北京：文物出版社，2008年。

张亚初、刘雨：《西周金文官制研究》，北京：中华书局，2004年。

张以仁：《春秋史论集》，台北：联经出版事业公司，1991年。

张以仁：《张以仁先秦史论集》，上海：上海古籍出版社，2010年。

张玉金：《出土先秦文献虚词发展研究》，广州：暨南大学出版社，2016年。

张玉金：《出土战国文献虚词研究》，北京：人民出版社，2011年。

张正明：《楚文化史》，上海：上海人民出版社，1987年。

张政烺：《张政烺文集：古史讲义》，北京：中华书局，2012年。

张政烺：《张政烺文集：甲骨金文与商周史研究》，北京：中华书局，2012年。

张政烺：《张政烺文集：论易丛稿》，北京：中华书局，2012年。

赵伯雄：《春秋学史》，济南：山东教育出版社，2014年。

赵光贤：《古史考辨》，北京：北京师范大学出版社，1987年。

赵建伟：《出土简帛〈周易〉疏证》，台北：万卷楼图书股份有限公司，2000年。

赵逵夫：《屈原与他的时代》，北京：人民文学出版社，2002年。

赵平安：《文字·文献·古史：赵平安自选集》，上海：中西书局，2017年。

赵平安：《新出简帛与古文字古文献研究》，北京：商务印书馆，2009年。

郑天挺：《探微集》，北京：中华书局，1980年。

郑威：《楚国封君研究》，武汉：湖北教育出版社，2012年。

郑宪仁：《野人习礼：先秦名物与礼学论集》，上海：上海古籍出版社，2017年。

中国先秦史学会、洛阳第二文物工作队编：《夏文化研究论集》，北京：中华书局，1996年。

周波：《战国时代各系文字间的用字差异现象研究》，北京：线装书局，2012年。

周玉秀：《〈逸周书〉的语言特点及其文献学价值》，北京：中华书局，2005年。

周振鹤：《中国历史政治地理十六讲》，北京：中华书局，2013年。

朱东润：《诗三百篇探故》，上海：上海古籍出版社，1981年。

朱凤瀚、徐勇:《先秦史研究概要》,天津:天津教育出版社,1996年。

朱凤瀚、张荣明编:《西周诸王年代研究》,贵阳:贵州人民出版社,1998年。

朱凤瀚:《商周家族形态研究(增订本)》,天津:天津古籍出版社,2004年。

朱凤瀚主编:《新出金文与西周历史》,上海:上海古籍出版社,2011年。

朱心怡:《天之道与人之道:郭店楚简儒道思想研究》,台北:文津出版社,2004年。

朱渊清:《书写历史》,上海:上海古籍出版社,2009年。

邹濬智:《西汉以前家宅五祀及其相关信仰研究——以楚地简帛文献资料为讨论焦点》,台北:花木兰出版社,2008年。

左鹏:《楚国历史地理研究》,武汉:湖北教育出版社,2012年。

(二) 期刊、集刊与专书论文

A

[美]艾兰:《楚竹书〈子羔〉与早期儒家思想的性质》,《出土文献与传世典籍的诠释》,上海:上海古籍出版社,2010年,第229~264页。

[美]艾兰:《何为〈书〉?》,《光明日报》2010年12月20日第12版。

[美]艾兰:《论〈书〉与〈尚书〉的起源——基于新近出土竹简的视角》,《出土文献与古文字研究》(第6辑),上海:上海古籍出版社,2015年,第615~623页。

B

[加]白光华(Charles Y. Le Blanc):"A re-examination of the Myth of Huang-ti", *Journal of Chinese Religions* 13-14 (1985-1986), pp. 45~46.

[美]本杰明·艾尔曼(Benjamin Elman):《明代政治与经学:周公辅成王》,《经学·科举·文化史:艾尔曼自选集》,复旦大学文史研究院译,北京:中华书局,2010年,第22~48页。

白奚:《郭店儒简与战国黄老思想》,《道家文化研究》(第17辑)《"郭店楚简"专号》,第440~454页。

白奚：《学术发展史视野下的先秦黄老之学》，《人文杂志》2005 年第 1 期。

毕奥南：《从邑土国家到领土国家的边疆——先秦时代边疆形成考察》，《中国边疆史地研究》2011 年第 4 期。

C

［日］池田知久、西山尚志：《出土资料研究同样需要"古史辨"派的科学精神》，《文史哲》2006 年第 4 期。

［日］池田知久：《马王堆汉墓帛书〈周易〉之〈要〉篇释文》，牛建科译，《周易研究》1997 年第 2、3 期。

蔡飞舟：《清华简〈别卦〉解诂》，《周易研究》2016 年第 1 期。

蔡丽利、谭生力：《清华简〈说命〉相关问题初探》，《古籍整理研究学刊》2014 年第 2 期。

蔡万进：《出土简帛整理的若干理论问题》，《郑州大学学报》（哲学社会科学版）2017 年第 5 期。

蔡万进：《简帛学的学科分支新论》，《中国史研究动态》2016 年第 2 期。

蔡运章：《周初金文与武王定都洛邑——兼论武王伐纣的往返日程问题》，《中原文物》1987 年第 3 期。

曹道衡：《庾信〈哀江南赋〉四解》，《中华文史论丛》1980 年第 3 辑。

曹峰：《〈恒先〉研究综述——兼论〈恒先〉今后研究的方法》，《中国哲学史》2008 年第 4 期。

曹峰：《〈鲁邦大旱〉初探》，《上博馆藏战国楚竹书研究续编》，上海：上海书店出版社，2004 年，第 121～138 页。

曹峰：《出土文献视野下的黄老道家研究》，《中国社会科学》2013 年第 2 期。

曹峰：《从〈逸周书·周祝解〉看〈凡物流形〉的思想结构》，《出土文献与传世典籍的诠释》，上海：上海古籍出版社，2010 年，第 327～332 页。

曹峰：《价值与局限：思想史视野下的出土文献研究》，《中国哲学与文化》（第 6 辑）《简帛文献与新启示》，桂林：广西师范大学出版社，2009 年，第 69～100 页。

曹峰：《清华简〈三寿〉〈汤在啻门〉二文中的鬼神观》，《四川大学学报》（哲学社会科学版)2016年第5期。

曹峰:《清华简〈汤在啻门〉与"气"相关内容研究》,《哲学研究》2016年第12期。

曹峰:《上博楚简〈凡物流形〉的文本结构与思想特征》,《清华大学学报》(哲学社会科学版)2010年第1期。

曹峰:《上博简〈天子建州〉"文阴而武阳"章新诠》,《中华文史论丛》2013年第3期。

曹汉刚:《多友鼎相关问题考证》,《中国国家博物馆馆刊》2014年第3期。

曹虎泰:《上博简〈曹沫之陈〉中的"交地"小考——兼论西周至春秋时期诸侯国的疆界形态》,《中国历史地理论丛》2018年第1期。

曹建墩:《出土战国竹书礼类文献的价值》,《文汇报》2015年1月30日第21版。

曹建墩:《上博简(九)〈陈公治兵〉初步研究》,《黄河文明与可持续发展》2013年第4期。

曹建墩:《上博简〈天子建州〉与周代的飨礼》,《孔子研究》2012年第3期。

曹建墩:《上博竹书〈天子建州〉"礼者义之兄"章的礼学阐释》,《孔子研究》2014年第3期。

曹建国:《论先秦两汉时期〈诗〉本事》,《文学遗产》2012年第2期。

曹建国:《清华简〈芮良夫毖〉试论》,《复旦学报》(社会科学版)2016年第1期。

曹菁菁:《新蔡葛陵楚简所见的祖先系统》,《中国典籍与文化》2009年第1期。

曹娜:《试论清华简〈尹诰〉篇研究中的两个问题》,《史学史研究》2018年第1期。

岑仲勉:《"宜侯夨簋"铭试释》,《西周社会制度问题》附录一,上海:新知识出版社,1956年,第155~162页。

晁福林:《"君民同构":孔子政治哲学的一个重要命题——上博简和郭店简〈缁衣〉篇的启示》,《哲学研究》2012年第10期。

晁福林:《〈曹沫之陈〉军事思想及简章研究》,《军事历史研究》2016年第

2 期。

晁福林：《〈礼记·缁衣〉文本的一桩历史公案——早期儒家思想变迁的一个例证》，《山西大学学报》（哲学社会科学版）2013 年第 1 期。

晁福林：《〈中庸〉"武王末受命"解》，《中国文化研究》2014 年第 2 期。

晁福林：《从"民本"到"君本"——试论先秦时期专制王权观念的形成》，《中国史研究》2013 年第 4 期。

晁福林：《从"数术"到"学术"——上古精神文明演进的一个线索》，《古代文明》2010 年第 4 期。

晁福林：《从简本〈缁衣〉"夋"字说到〈小雅·车攻〉篇的时代问题》，《社会科学辑刊》2012 年第 5 期。

晁福林：《从清华简〈程寤〉篇看"文王受命"问题》，《北京师范大学学报》（社会科学版）2016 年第 5 期。

晁福林：《从商王大戊说到商周时代祖宗观念的变化——清华简〈说命〉补释》，《学术月刊》2015 年第 5 期。

晁福林：《从上博简〈诗论〉看孔子的君子观》，《社会科学战线》2008 年第 3 期。

晁福林：《从上博简〈武王践阼〉看战国时期的古史编纂》，《史学理论研究》2011 年第 1 期。

晁福林：《从上博简〈仲弓〉篇看孔子的"为政"思想》，《齐鲁学刊》2004 年第 6 期。

晁福林：《从新出战国竹简资料看〈诗经〉成书的若干问题》，《中国史研究》2012 年第 3 期。

晁福林：《郭店楚简〈缁衣〉与〈尚书·吕刑〉》，《史学史研究》2002 年第 2 期。

晁福林：《好仁、好贤与朋友——简本〈缁衣〉"轻绝贫贱"章和〈大雅·既醉〉篇补释》，《北京师范大学学报》（社会科学版）2014 年第 2 期。

晁福林：《论古史重构》，《史学集刊》2009 年第 4 期。

晁福林：《论平王东迁》，《历史研究》1991 年第 6 期。

晁福林：《论郑国的政治发展及其历史特征》，《南都学坛》1992 年第 3 期。

晁福林:《美丑之辨:孔子思想的一个起点——简本〈缁衣〉首章补释》,《中国哲学史》2014 年第 2 期。

晁福林:《清华简〈系年〉与两周之际史事的重构》,《历史研究》2013 年第 6 期。

晁福林:《上博简〈仲弓〉疏证》,《孔子研究》2005 年第 2 期。

晁福林:《试论先秦道家"无为"思想的历史发展——从关于郭店楚简的一个争论谈起》,《江汉论坛》2004 年第 11 期。

晁福林:《试析上古时期的历史记忆与历史记载》,《安徽史学》2007 年第 6 期。

晁福林:《谈清华简〈郑武夫人规孺子〉的史料价值》,《清华大学学报》(哲学社会科学版)2017 年第 3 期。

晁福林:《先秦时期"德"观念的起源及其发展》,《中国社会科学》2005 年第 4 期。

晁福林:《荀子〈天论〉的思想光芒》,《光明日报》2006 年 8 月 7 日第 11 版。

晁福林:《早期儒家政治理念中的"止民淫"与"见(现)民欲"——简本〈礼记·缁衣〉"上人疑"章补释》,《文史哲》2013 年第 1 期。

晁福林:《诸子·王官·学统:诸子起源再认识》,《史学月刊》2014 年第 10 期。

晁福林:《竹简本〈缁衣〉首章补释》,《人文杂志》2012 年第 3 期。

陈恩林:《先秦两汉文献中所见周代诸侯五等爵》,《历史研究》1994 年第 6 期。

陈光宇:《儿氏家谱刻辞综述及其确为真品的证据》,陈光宇、宋镇豪主编:《甲骨文与殷商史》(新 6 辑),上海:上海古籍出版社,2016 年,第 267~297 页。

陈鸿超:《〈左传〉先秦传授世系再议》,《中国典籍与文化》2016 年第 2 期。

陈鸿超:《从清华简〈系年〉看〈左传〉的传书性质及特征》,《出土文献》(第 8 辑),上海:中西书局,2016 年,第 97~107 页。

陈建梁:《〈世本〉析论》,《史学史研究》1996 年第 1 期。

陈剑:《上博简〈子羔〉、〈从政〉篇的竹简拼合与编连问题小议》,《文物》2003年第5期。

陈侃理:《上博楚简〈鲁邦大旱〉的思想史坐标》,《中国历史文物》2010年第6期。

陈来:《春秋礼乐文化的解体和转型》,《中国文化研究》2002年第3期。

陈立柱:《结合楚简重论芍陂的创始与地理问题》,《安徽师范大学学报》(人文社会科学版)2012年第4期。

陈立柱:《微子封建考》,《历史研究》2005年第6期。

陈梦家:《战国楚帛书考》,《考古学报》1984年第2期。

陈梦家:《战国度量衡略说》,《考古》1964年第6期。

陈民镇:《〈蟋蟀〉之"志"及其诗学阐释——兼论清华简〈耆夜〉周公作〈蟋蟀〉本事》,首都师范大学中国诗歌研究中心主办,赵敏俐主编:《中国诗歌研究》(第9辑),北京:社会科学文献出版社,2013年,第57~81页。

陈民镇:《〈系年〉"故志"说——清华简〈系年〉性质及撰作背景刍议》,《邯郸学院学报》2012年第2期。

陈民镇:《齐长城新研——从清华简〈系年〉看齐长城的若干问题》,《中国史研究》2013年第3期。

陈民镇:《清华简伊尹诸篇与商汤居地及伐桀路线考》,《广西师范大学学报》(哲学社会科学版)2018年第2期。

陈槃:《先秦两汉帛书考》,《中研院史语所集刊》(第24本),台北:中研院史语所,1953年,第185~197页。

陈鹏宇:《清华简〈芮良夫毖〉套语成分分析》,《深圳大学学报》(人文社会科学版)2014年第2期。

陈伟:《〈君人者何必安哉〉新研》,《古文字与古代史》(第3辑),台北:中研院史语所,2012年,第357~370页。

陈伟:《〈上海博物馆藏战国楚竹书(二)〉零释》,《武汉大学学报》(哲学社会科学版)2004年第4期。

陈伟:《〈昭王毁室〉等三篇竹书的国别与体裁》,《楚地简帛思想研究》(三),武汉:湖北教育出版社,2007年,第201~211页。

陈伟:《九店楚日书校读及其相关问题》,《人文论丛》(1998年卷),武汉:武汉大学出版社,1998年,第151~164页。

陈伟:《读清华简〈系年〉札记》,《江汉考古》2012年第3期。

陈伟:《放马滩秦简日书〈占病祟除〉与投掷式选择》,《文物》2011年第5期。

陈伟:《清华大学藏竹书〈系年〉的文献学考察》,《史林》2013年第1期。

陈伟:《竹书〈容成氏〉共、滕二地小考》,《文物》2013年第12期。

陈伟:《竹书〈容成氏〉所见的九州》,《中国史研究》2003年第3期。

陈伟武:《试论简帛文献中的格言资料》,《简帛》(第4辑),上海:上海古籍出版社,2009年,第269~286页。

陈绪平:《说"宰"兼及〈老子〉"烹小鲜"说的背景——以清华简〈赤鹄篇〉为契机的讨论》,《中华文化论坛》2017年第12期。

陈绪平:《言与语:关于早期文体生成的一个观察》,《云梦学刊》2018年第2期。

陈英杰:《燮公盨铭文再考》,《语言科学》2008年第1期。

陈颖飞:《论清华简〈子犯子余〉的几个问题》,《文物》2017年第3期。

陈颖飞:《清华简〈程寤〉、〈保训〉文王纪年探研》,《中国文化研究》2012年第1期。

陈颖飞:《清华简〈程寤〉与文王受命》,《清华大学学报》(哲学社会科学版)2013年第2期。

陈颖飞:《清华简〈良臣〉散宜生与西周金文中的散氏》,《出土文献》(第9辑),上海:中西书局,2016年,第73~88页。

陈颖飞:《清华简毕公高、毕桓与西周毕氏》,《中国国家博物馆馆刊》2012年第6期。

陈颖飞:《清华简祭公与西周祭氏》,《江汉考古》2012年第1期。

陈颖飞:《清华简井利与西周井氏之井公、井侯、井伯》,《出土文献》(第2辑),上海:中西书局,2011年,第43~54页。

成富磊、李若晖:《失德而后礼——清华简〈系年〉"蔡哀侯取妻于陈"章考论》,《复旦学报》(社会科学版)2017年第4期。

程浩：《"书"类文献辨析》，《出土文献》（第 8 辑），上海：中西书局，2016 年，第 139～145 页。

程浩：《〈封许之命〉与册命"书"》，《中国典籍与文化》2016 年第 1 期。

程浩：《从"逃死"到"扞艰"：新史料所见两周之际的郑国》，《历史教学问题》2018 年第 4 期。

程浩：《从出土文献看〈尚书〉的篇名与序次》，《史学集刊》2018 年第 1 期。

程浩：《从出土文献看〈尚书〉的体裁与分类》，《文艺研究》2017 年第 3 期。

程浩：《古书成书研究再反思——以清华简"书"类文献为中心》，《历史研究》2016 年第 4 期。

程浩：《困兽犹斗：新史料所见战国前期的郑国》，《殷都学刊》2018 年第 1 期。

程浩：《清华简〈厚父〉"周书"说》，《出土文献》（第 5 辑），上海：中西书局，2014 年，第 145～147 页。

程浩：《清华简〈金縢〉性质与成篇辨证》，《上海交通大学学报》（哲学社会科学版）2013 年第 4 期。

程浩：《清华简〈摄命〉的性质与结构》，《清华大学学报》（哲学社会科学版）2018 年第 5 期。

程浩：《清华简〈筮法〉与周代占筮系统》，《周易研究》2013 年第 6 期。

程浩：《清华简〈说命〉研究三题》，《古代文明》2014 年第 3 期。

程浩：《由清华简〈良臣〉论初代曾侯"南宫夭"》，《管子学刊》2016 年第 1 期。

程平山：《两周之际"二王并立"历史再解读》，《历史研究》2015 年第 6 期。

程平山：《秦襄公、文公年代事迹考》，《历史研究》2013 年第 5 期。

程薇：《清华简〈芮良夫毖〉与周厉王时期的外患》，《出土文献》（第 3 辑），上海：中西书局，2012 年，第 54～60 页。

程薇：《清华简〈系年〉与晋伐中山》，《深圳大学学报》（人文社会科学版）2012 年第 2 期。

程薇：《清华简〈系年〉与夏姬身份之谜》，《文史知识》2012 年第 7 期。

程元敏：《〈礼记·中庸、坊记、缁衣〉非出于〈子思子〉考》，《张以仁先生七十秩寿庆论文集》(上册),台北:学生书局,1999年,第1~47页。

程元敏:《清华楚简本〈尚书·金縢篇〉评判》,《传统中国研究集刊》(9、10合辑),上海:上海人民出版社,2012年,第21~37页。

丛月明:《〈礼记〉的来源篇章及其撰写时代考证》,《文艺评论》2013年第10期。

崔海鹰:《出土文献引〈书〉与〈古文尚书〉》,《光明日报》2014年4月8日第16版。

崔庆明:《南阳市北郊出土一批申国青铜器》,《中原文物》1984年第4期。

D

笪浩波:《从清华简〈楚居〉看"为"郢之所在》,《中国历史地理论丛》2016年第4期。

笪浩波:《从清华简〈楚居〉看楚史的若干问题》,《中国史研究》2015年第1期。

笪浩波:《多维视野下的春秋早期楚国中心区域——清华简〈楚居〉之楚王居地考》,《长江大学学报》(社会科学版)2017年第4期。

代生、张少筠:《清华简〈系年〉所见郑国史事初探》,《中南大学学报》(社会科学版)2015年第3期。

代生:《从郤克使齐看史事的书写与传承——清华简〈系年〉与古书对比研究之二》,《海岱学刊》2016年第2期。

代生:《清华简(六)郑国史类文献初探》,《济南大学学报》(社会科学版)2018年第1期。

代生:《清华简〈系年〉所见两周之际史事说》,《学术界》2014年第11期。

代生:《清华简〈系年〉所见齐国史事初探》,《烟台大学学报》(哲学社会科学版)2015年第1期。

代生:《清华简〈系年〉所见宋国史事初探》,《中国国家博物馆馆刊》2016年第7期。

邓佩玲:《〈诗经·周颂〉与〈大武〉重探——以清华简〈周公之琴舞〉参证》,《岭南学报》2016年第1期。

邓佩玲:《谈上博简〈鬼神之明〉的学派问题》,《古代文明》2015年第1期。

丁四新：《春秋战国时期"忠"观念的演进——以儒家文献为主线，兼论忠孝、忠信与忠恕观念》，《学鉴》（第2辑），武汉：武汉大学出版社，2008年，第3～138页。

丁四新：《论楚简〈鬼神〉篇的鬼神观及其学派归属》，《儒家文化研究》（第1辑）《新出楚简研究专号》，北京：生活·新知·读书三联书店，2017年，第399～422页。

董楚平：《中国上古创世神话钩沉——楚帛书甲篇解读兼谈中国神话的若干问题》，《中国社会科学》2002年第5期。

董恩林：《从王官之学到经学儒学》，《孔子研究》2012年第6期。

董珊：《楚简簿记与楚国量制研究》，《考古学报》2010年第2期。

杜勇、孔华：《从清华简〈系年〉说康叔的始封地问题》，《管子学刊》2017年第2期。

杜勇：《出土文献研究应注意三个问题》，《中国社会科学报》2014年10月22日第4版。

杜勇：《从清华简〈金縢〉看周公与〈鸱鸮〉的关系》，《理论与现代化》2013年第3期。

杜勇：《从清华简〈耆夜〉看古书的形成》，《中原文化研究》2013年第6期。

杜勇：《从清华简〈说命〉看古书的反思》，《天津师范大学学报》（社会科学版）2013年第4期。

杜勇：《多重文献所见厉世政治与厉王再评价》，《历史研究》2017年第1期。

杜勇：《关于清华简〈保训〉的著作年代问题》，《天津师范大学学报》（社会科学版）2010年第4期。

杜勇：《论〈禹贡〉梁州相关诸问题》，《天津师范大学学报》（社会科学版）2008年第2期。

杜勇：《清华简〈楚居〉所见楚人早期居邑考》，《中国国家博物馆馆刊》2013年第11期。

杜勇：《清华简〈祭公〉与西周三公之制》，《历史研究》2014年第4期。

杜勇：《清华简〈金縢〉有关历史问题考论》，《古籍整理研究学刊》2012年第 2 期。

杜勇:《清华简〈尹诰〉与晚书〈咸有一德〉辨伪》,《天津师范大学学报》(社会科学版)2012 年第 3 期。

杜正胜:《略论殷遗民的遭遇与地位》,《中研院史语所集刊》(第 53 本第 4 分册),1982 年,第 661~709 页。

杜正胜:《周代封建的建立》,《中研院史语所集刊》(第 50 本第 3 分册),1979 年,第 485~550 页。

F

[日]福田哲之:《"史䇂"小考:"史䇂問於夫子"の史䇂と"漢书"古今人表の史留(小特集 出土文献学の新展開)》,《中国研究集刊》(第 57 辑),大阪大学中国学会,2013 年,第 116~125 页。

[日]福田哲之:《上博楚简〈内礼〉的文献性质——以与〈大戴礼记〉之〈曾子立孝〉、〈曾子事父母〉比较为中心》,《简帛》(第 1 辑),上海:上海古籍出版社,2006 年,第 161~176 页。

凡国栋:《先秦"顾容"礼钩沉》,《史林》2009 年第 4 期。

范常喜:《清华简〈越公其事〉与〈国语〉外交辞令对读札记一则》,《中国史研究》2018 年第 1 期。

范常喜:《上博简〈容成氏〉武王伐纣"誓词"新释》,《中国历史文物》2010 年第 6 期。

冯坤:《传世及出土文献中的孔子故事与身份认同》,《古籍整理研究学刊》2016 年第 4 期。

冯胜君:《出土材料所见先秦古书的载体以及构成和传布方式》,《出土文献与古文字研究》(第 4 辑),上海:上海古籍出版社,2011 年,第 195~214 页。

冯胜君:《有关出土文献的"阅读习惯"问题》,《吉林大学社会科学学报》2015 年第 1 期。

冯胜君:《有关战国竹简国别问题的一些前提性讨论》,《古文字研究》(第 26 辑),北京:中华书局,2006 年,第 314~319 页。

冯时:《〈郑子家丧〉与〈铎氏微〉》,《考古》2012 年第 2 期。

冯时:《清华〈金縢〉书文本性质考述》,《清华简研究》(第 1 辑),上海:中西书局,2012年,第152～170页。

冯小红:《由清华简〈系年〉所见赵襄子至赵献侯世系新说》,《邯郸学院学报》2014年第4期。

伏俊琏、冷江山:《清华简〈耆夜〉与西周时期的"饮至"典礼》,《西北师大学报》(社会科学版)2011年第1期。

付强:《由清华简〈封许之命〉看周初分器的标准》,陕西历史博物馆编:《陕西历史博物馆馆刊》(第24辑),西安:三秦出版社,2017年,第122～123页。

傅刚:《出土文献给我们的启示——以清华简〈尚书·说命〉为例》,《文艺研究》2013年第8期。

傅刚:《略说先秦的语体与语书》,《中山大学学报》(社会科学版)2013年第5期。

傅斯年:《周东封与殷遗民》,《中研院史语所集刊》(第4本第3分册),1934年,第285～290页。

G

[日]冈本光生:《上博楚简〈鬼神之明〉与〈墨子·公孟〉所见两段对话》,《墨子研究论丛》(八),济南:齐鲁书社,2009年,第934～944页。

[日]工藤元男:《从九店楚简〈告武夷〉篇看〈日书〉之成立》,《简帛》(第3辑),上海:上海古籍出版社,2008年,第47～62页。

[日]谷中信一:《先秦时期齐楚文化的交流——以上博简五〈鲍叔牙与隰朋之谏〉为切入点》,《东亚资料学的可能性探索》,桂林:广西师范大学出版社,2010年,第196～220页。

高崇文:《从夏商时期江汉两大文化因素的源流谈楚文化起源》,《楚文化研究论集》(第3集),武汉:湖北人民出版社,1994年,第24～35页。

高崇文:《清华简〈楚居〉所载楚早期居地辨析》,《江汉考古》2011年第4期。

高崇文:《试论西周时期的周楚关系——兼论楚族居地变迁》,《文物》2014年第3期。

高华平、李璇:《由楚地出土简帛文献看"六经"在楚国的传播》,《文献》

2015年第4期。

高华平:《"三墨"学说与楚国墨学》,《文史哲》2013年第5期。

高华平:《论先秦诗歌的基本特点及其演进历程——由楚简文字所作的新探讨》,《学术月刊》2014年第7期。

高华平:《先秦儒家八派及其与楚国的关系——结合楚地出土简帛文献的考察》,《中州学刊》2014年第9期。

高婧聪:《从上博简〈竞建内之〉所引商史事看经学在战国时期的传承》,《管子学刊》2010年第1期。

高险峰、杨效雷:《清华简〈筮法〉研究述要》,《中原文物》2016年第2期。

高中华、姚小鸥:《论清华简〈芮良夫毖〉的文本性质》,《中州学刊》2016年第1期。

高中华、姚小鸥:《清华简〈芮良夫毖〉缺文试补》,《文献》2018年第3期。

葛亮:《〈上博七·郑子家丧〉补说》,《出土文献与古文字研究》(第3辑),上海:复旦大学出版社,2010年,第246~251页。

葛英会:《谈岐山周公庙甲骨》,《古代文明》(第5卷),北京:文物出版社,2006年,第193~196页。

顾颉刚:《〈周易〉卦爻辞中的故事》,《燕京学报》1929年第6期。

顾颉刚:《战国中山国史札记》,《学术研究》1981年第4期。

顾颉刚:《周公执政称王——周公东征史事考证之二》,《文史》1985年第23辑。

顾王乐:《〈吕氏春秋·下贤〉与清华简〈系年〉互证一则》,《中国史研究》2017年第1期。

官琼梅:《郭店楚简背面新发现的字迹》,《中国文物报》2013年5月8日第8版。

郭晨晖:《先秦时期周公形象的演变》,《史学集刊》2017年第2期。

郭静云:《〈上海博物馆竹简·恒先〉与〈郭店楚简·太一〉中造化三元概念》,《简帛》(第2辑),上海:上海古籍出版社,2007年,第167~192页。

郭梨华:《〈亘先〉及战国道家哲学论题探究》,《中国哲学史》2008年第2期。

郭齐勇：《上博楚简所见孔子为政思想及其与〈论语〉之比较》，《儒家文化研究》（第 1 辑）《新出楚简研究专号》，北京：三联书店，2007 年，第 1~14 页。

郭永秉：《从上博楚简〈容成氏〉的"有虞迥"说到唐虞传说的疑问》，《出土文献与古文字研究》（第 1 辑），上海：复旦大学出版社，2006 年，第 313~325 页。

郭永秉：《论清华简〈厚父〉应为〈夏书〉之一篇》，《出土文献》（第 7 辑），上海：中西书局，2015 年，第 118~132 页。

郭永秉：《清华简〈系年〉抄写时代之估测——兼从文字形体角度看战国楚文字区域性特征形成的复杂过程》，《文史》2016 年第 3 辑。

H

韩巍：《北京大学藏西汉竹书本〈老子〉的文献学价值》，《中国哲学史》2010 年第 4 期。

韩宇娇：《清华简〈良臣〉的性质与时代辨析》，《中国高校社会科学》2013 年第 3 期。

何家兴：《从清华简〈子仪〉谈春秋秦乐》，《中国文学研究》2018 年第 2 期。

何晋：《〈史记〉中的周公演义——以周公故事为中心的研究》，北京大学《儒藏》编纂与研究中心编：《儒家典籍与思想研究》（第 3 辑），北京：北京大学出版社，2011 年，第 102~109 页。

何景成：《商末周初的举族研究》，《考古》2008 年第 11 期。

何兹全：《简牍学与历史学》，《简帛研究》（第 1 辑），北京：法律出版社，1993 年，第 2~3 页。

侯文学、李明丽：《清华简〈系年〉的叙事体例、核心与理念》，《华夏文化论坛》2012 年第 2 期。

胡厚宣：《楚民族源于东方考》，广西民族研究所资料组编：《少数民族史论文选集（一）》（内部资料），1964 年，第 1~51 页。

胡念贻：《〈左传〉的真伪和写作年代问题考辨》，《文史》1981 年第 11 辑。

胡宁：《从新出史料看先秦"采诗观风"制度》，《上海大学学报》（社会科学版）2017 年第 6 期。

胡宁：《清华简〈祝辞〉弓名和射姿考论》，《古代文明》2014 年第 2 期。

胡平生:《20世纪出土的第一支汉文简牍》,《文物天地》2000年第5期。

胡平生:《简牍制度新探》,《文物》2000年第3期。

胡平生:《中国简帛学理论的构建》,《中国史研究动态》2016年第2期。

胡适:《说儒》,《中研院史语所集刊》(第4本第3分册),1934年,第1～284页。

胡新生:《礼制的特性与中国文化的礼制印记》,《文史哲》2014年第3期。

华仲麐:《诸子与诸子学》,《孔孟月刊》1984年(第22卷)第12期。

黄德宽:《略论新出战国楚简〈诗经〉异文及其价值》,《安徽大学学报》(哲学社会科学版)2018年第3期。

黄德宽:《清华简〈赤鹄之集汤之屋〉与先秦"小说"——略说清华简对先秦文学研究的价值》,《复旦学报》(社会科学版)2013年第4期。

黄德宽:《新蔡葛陵楚简所见"穴熊"及相关问题》,《古籍研究》(第48期),合肥:安徽大学出版社,2005年,第4～5页。

黄国辉:《清华简〈厚父〉新探——兼谈用字和书写之于古书成篇与流传的重要性》,《清华大学学报》(哲学社会科学版)2016年第3期。

黄国辉:《上博简〈姑成家父〉补释》,《史学史研究》2013年第3期。

黄国辉:《重论上博简〈昭王毁室〉的文本与思想》,《历史研究》2017年第4期。

黄怀信:《清华简〈保训〉篇的性质、时代及真伪》,《历史文献研究》(第29辑),上海:华东师范大学出版社,2010年,第133～136页。

黄杰:《清华简〈筮法〉补释》,《周易研究》2017年第2期。

黄灵庚:《清华战国竹简〈楚居〉笺疏》,《中华文史论丛》2012年第1期。

黄儒宣:《清华简〈系年〉成书背景及相关问题考察》,《史学月刊》2016年第8期。

黄盛璋:《战国中山国墓葬几个问题》,《史学月刊》1980年第2期。

黄盛璋:《玁狁新考》,《社会科学战线》1983年第2期。

黄天树:《禹鼎铭文补释》,张光裕、黄德宽主编:《古文字学论稿》,合肥:安徽大学出版社,2008年,第60～68页。

黄甜甜:《〈周公之琴舞〉初探》,《深圳大学学报》(人文社会科学版)2013

年第 6 期。

黄甜甜：《论清华简〈耆夜〉中所见的周代"乐语"》，《中国语文学》（韩国）2014 年第 4 期。

黄甜甜：《由清华简三篇论〈逸周书〉在后世的改动》，《中华文史论丛》2016 年第 2 期。

黄威：《简帛古书书名格式研究》，《史学月刊》2016 年第 4 期。

黄锡全：《"朋郢"新探——读清华简〈楚居〉札记》，《江汉考古》2012 年第 2 期。

黄锡全：《楚武王"郢"都初探——读清华简〈楚居〉札记之一》，《清华简研究》（第 1 辑），上海：中西书局，2012 年，第 261～273 页。

J

［日］吉本道雅：《清华简〈系年〉考》，《京都大学文学部研究纪要（日本）》2013 年第 52 辑，第 1～94 页。

季旭昇：《〈毛诗·周颂·敬之〉与〈清华三·周公之琴舞·成王作敬毖〉首篇对比研究》，《古文字与古代史》（第 4 辑），台北：中研院史语所，2015 年，第 369～402 页。

季旭昇：《〈清华简（壹）·耆夜〉研究》，《古文字与古代史》（第 3 辑），台北：中研院史语所，2012 年，第 301～328 页。

季旭昇：《〈上博九·史蒥问于夫子〉释读及相关问题》，《吉林大学社会科学学报》2015 年第 4 期。

季旭昇：《从〈清华壹·蟋蟀〉的流传反思〈毛诗序〉的性质》，《古文字与古代史》（第 5 辑），台北：中研院史语所，2017 年，第 239～260 页。

贾连敏：《新蔡竹简中的楚先祖名》，《华学》（第 7 辑），广州：中山大学出版社，2004 年，第 150～155 页。

贾连翔：《"摄命"即〈书序〉"臩命""囧命"说》，《清华大学学报》（哲学社会科学版）2018 年第 5 期。

贾连翔：《清华简〈郑武夫人规孺子〉篇的再编连与复原》，《文献》2018 年第 3 期。

贾连翔：《数字卦的名称概念与数字卦中的易学思维》，《管子学刊》2016

年第 1 期。

姜广辉：《上博藏简〈容成氏〉的思想史意义》，《中国社会科学院院报》2003 年 1 月 23 日第 3 版。

金景芳：《战国四家五子思想论略——儒家孟子、荀子，墨家墨子，道家庄子，法家韩非子》，《吉林大学社会科学学报》1980 年第 1 期。

井中伟：《由曲内戈形制辨祖父兄三戈的真伪》，《考古》2008 年第 5 期。

K

[美] 柯鹤立：《诗歌作为一种教育方法：试论节奏在〈周公之琴舞〉诫"小子"文本中的作用》，《出土文献与中国古代文明——李学勤先生八十寿诞纪念论文集》，上海：中西书局，2016 年，第 515~526 页。

[美] 柯鹤立：《巽之祟》，《文史哲》2015 年第 6 期。

[美] 柯马丁：《早期中国手抄文献研究方法之反思》，杨治宜译，《国学学刊》2011 年第 4 期。

L

[韩] 李承律：《上博楚简〈鬼神之明〉鬼神论与墨家世界观研究》，《文史哲》2011 年第 2 期。

[美] 罗浩（Harold D. Roth）：《郭店〈老子〉对文研究的方法论问题》，[美] 艾兰（Sarah Allan）、[英] 魏克彬（Crispin Williams）主编，邢文编译：《郭店〈老子〉：东西方学者的对话》，北京：学苑出版社，2002 年，第 59~81 页。

[日] 林巳奈夫：《长沙出土战国帛书考补正》，《东方学报》（第 37 册），1966 年。

来国龙：《战国秦汉写本文化中文本的流动与固定》，《中国社会科学文摘》2008 年第 4 期。

李春利：《〈清华大学藏战国竹简·祝辞〉研究》，《中国国家博物馆馆刊》2017 年第 5 期。

李存山：《"郭店竹简与思孟学派"复议》，《儒家文化研究》（第 1 辑）《新出楚简研究专号》，北京：三联书店，2007 年，第 56~71 页。

李存山：《从郭店楚简看早期道儒关系》，《中国哲学》（第 20 辑）《郭店楚简研究》，沈阳：辽宁教育出版社，1999 年，第 188~189 页。

李存山：《反思经史关系：从"启攻益"说起》，《中国社会科学》2003年第3期。

李存山：《试评清华简〈保训〉篇中的阴阳》，《中国哲学史》2010年第3期。

李福建：《〈荀子〉之"子弓"为"仲弓"而非"馯臂子弓"新证——兼谈儒学之弓荀学派与思孟学派的分歧》，《孔子研究》2013年第3期。

李国勇、常佩雨：《上博简〈颜渊问于孔子〉简文释读与文献价值新探》，《四川文物》2014年第2期。

李宏等：《从周初青铜器看殷商遗民的流迁》，《史学月刊》1999年第6期。

李家浩：《包山竹简所记楚先祖名及其相关的问题》，《文史》1997年第42辑。

李家浩：《清华竹简〈耆夜〉的饮至礼》，《出土文献》（第4辑），上海：中西书局，2013年，第19～31页。

李家浩：《睡虎地秦简〈日书〉"楚除"的性质及其他》，《中研院史语所集刊》（第70本第4分册），1999年，第883～903页。

李家浩：《谈清华战国竹简〈楚居〉的"夷㓉"及其他——兼谈包山楚简的"㲺人"等》，《出土文献》（第2辑），上海：中西书局，2011年，第55～66页。

李晶：《清华简〈金縢〉与〈尚书〉郑注文本考——兼论〈史记〉述〈金縢〉的今古文问题》，《古代文明》2016年第3期。

李均明：《清华简〈算表〉的文本形态与复原依据》，《出土文献研究》（第12辑），上海：中西书局，2013年，第16～32页。

李均明：《清华简〈殷高宗问于三寿〉概述》，《文物》2014年第12期。

李均明：《清华简〈殷高宗问于三寿〉所反映的社会思潮》，《古文字与古代史》（第5辑），台北：中研院史语所，2017年，第217～238页。

李均明：《清华简〈殷高宗问于三寿〉所反映的忧患意识》，《中国史研究》2016年第1期。

李均明：《周书〈皇门〉校读记》，《出土文献研究》（第10辑），北京：中华书局，2011年，第2～13页。

李零：《楚帛书的再认识》，《中国文化》1994年第10期。

李零：《楚帛书与"式图"》，《江汉考古》1991年第1期。

李零：《从简帛发现看古书的体例和分类》，《中国典籍与文化》2001年第1期。

李零：《读〈周原甲骨文〉》，《古代文明》（第3卷），北京：文物出版社，2004年，第220～256页。

李零：《读简笔记：清华楚简〈系年〉第一至四章》，《吉林大学社会科学学报》2016年第4期。

李零：《读九店楚简》，《考古学报》1999年第2期。

李零：《读清华简〈保训〉释文》，《中国文物报》2009年8月21日第7版。

李零：《读周原新获甲骨》，《古代文明》（第5卷），北京：文物出版社，2006年，第197～204页。

李零：《关于银雀山简本〈孙子〉研究的商榷——〈孙子〉著作时代和作者的重议》，《文史》1979年第7辑。

李零：《三代考古的历史断想——从最近发表的上博楚简〈容成氏〉、燹公盨和虞逑诸器想到的》，《中国学术》（第14辑），北京：商务印书馆，2003年，第188～213页。

李零：《视日、日书和叶书——三种简帛文献的区别和定名》，《文物》2008年第12期。

李零：《西伯戡黎的再认识——读清华楚简〈耆夜〉篇》，《简帛·经典·古史》，上海：上海古籍出版社，2013年，第113～130页。

李零：《寻找回来的世界——简帛古书的发现与中国学术史的改写》，《书城》2003年第2期。

李零：《中国古代地理的大视野》，唐晓峰、李零主编：《九州》（第1辑），北京：中国环境科学出版社，1997年，第6～10页。

李民：《〈尚书〉所见殷人入周后之境遇》，《人文杂志》1984年第4期。

李锐：《读上博馆藏楚简（二）札记》，《上博馆藏战国楚竹书研究续编》，上海：上海书店出版社，2004年，第532～540页。

李锐：《郭店楚墓竹书学派判定研究述评》，《华学》（第11辑），广州：中山大学出版社，2014年，第30～52页。

李锐：《清华简〈傅说之命〉研究》，《深圳大学学报》（人文社会科学版）

2013年第6期。

李锐:《清华简〈耆夜〉续探》,《中原文化研究》2014年第2期。

李锐:《商朝的帝王数》,《中国史研究》2004年第3期。

李锐:《上博简〈凡物流形〉的思想主旨与学派归属》,《陕西师范大学学报》(哲学社会科学版)2017年第5期。

李锐:《上古史新研——试论两周古史系统的四阶段变化》,《清华大学学报》(哲学社会科学版)2016年第4期。

李锐:《释〈国语·楚语上〉"教之令"》,《中国史研究》2006年第3期。

李锐:《由清华简〈系年〉谈战国初楚史年代的问题》,《史学史研究》2013年第2期。

李锐:《子学与经学的传承比较》,《清华大学学报》(哲学社会科学版)2013年第2期。

李守奎:《〈楚居〉中的楚先祖与楚族姓氏》,《出土文献研究》(第10辑),北京:中华书局,2011年,第14~22页。

李守奎:《〈楚居〉中的樊字及出土楚文献中与樊相关文例的释读》,《文物》2011年第3期。

李守奎:《〈越公其事〉与句践灭吴的历史事实及故事流传》,《文物》2017年第6期。

李守奎:《〈郑武夫人规孺子〉中的丧礼用语与相关的礼制问题》,《中国史研究》2016年第1期。

李守奎:《〈周公之琴舞〉补释》,《出土文献研究》(第11辑),上海:中西书局,2012年,第5~23页。

李守奎:《摒除门户之见的清华简研究》,《中国社会科学报》2014年3月26日第5版。

李守奎:《楚文献中的教育与清华简〈系年〉性质初探》,《出土文献与古文字研究》(第6辑),上海:上海古籍出版社,2015年,第283~290页。

李守奎:《根据〈楚居〉解读史书中熊渠至熊延世序之混乱》,《中国史研究》2011年第1期。

李守奎:《汉代伊尹文献的分类与清华简中伊尹诸篇的性质》,《深圳大学学报》(人文社会科学版)2015年第3期。

李守奎:《论〈楚居〉中季连与鬻熊事迹的传说特征》,《清华大学学报》(哲学社会科学版)2011年第4期。

李守奎:《清华简〈筮法〉文字与文本特点略说》,《深圳大学学报》(人文社会科学版)2014年第1期。

李守奎:《清华简〈系年〉"莫嚣易为"考论》,《中原文化研究》2014年第2期。

李守奎:《清华简〈系年〉与吴人入郢新探》,《中国社会科学报》2011年11月24日第7版。

李守奎:《清华简〈系年〉中的"𡎺"字与陈氏》,《中国文字研究》2013年第2期。

李守奎:《清华简〈周公之琴舞〉与周颂》,《文物》2012年第8期。

李守奎:《清华简中的诗与〈诗〉学新视野》,《中国高校社会科学》2013年第6期。

李守奎:《清华简中的伍之鸡与历史上的鸡父之战》,《中国高校社会科学》2017年第2期。

李守奎:《先秦文献中的琴瑟与〈周公之琴舞〉的成文时代》,《吉林大学社会科学学报》2014年第1期。

李天虹:《湖北出土楚简(五种)格式初析》,《江汉考古》2011年第4期。

李天虹:《竹书〈郑子家丧〉所涉历史事件综析》,《出土文献》(第1辑),上海:中西书局,2010年,第185～193页。

李伟泰:《〈竞建内之〉与〈尚书〉说之互证》,周凤五主编:《先秦文本及思想之形成、发展与转化》,台北:台大出版中心,2013年,第1～16页。

李学勤、李零:《平山三器与中山国史的若干问题》,《考古学报》1979年第2期。

李学勤:《帛书〈春秋事语〉与〈左传〉的传流》,《古籍整理研究学刊》1989年第4期。

李学勤:《重说〈保训〉》,《深圳大学学报》(人文社会科学版)2014年第1期。

李学勤：《重新估价中国古代文明》，《人文杂志》1982年增刊。

李学勤：《〈归藏〉与清华简〈筮法〉、〈别卦〉》，《吉林大学社会科学学报》2014年第1期。

李学勤：《〈诗论〉的体裁和作者》，《上博馆藏战国楚竹书研究》，上海：上海书店出版社，2012年，第51～61页。

李学勤：《〈筮法〉〈别卦〉与〈算表〉》，《中国文化报》2014年1月14日第8版。

李学勤：《补论战国题铭的一些问题》，《文物》1960年第7期。

李学勤：《楚文字研究的过去与现在》，中国社会科学院语言研究所编：《历史语言学研究》（第7辑），北京：商务印书馆，2014年，第1～4页。

李学勤：《从新出楚简看齐鲁文化的影响》，《齐鲁文化研究》（第2辑），济南：齐鲁书社，2003年，第1～3页。

李学勤：《放马滩简中的志怪故事》，《文物》1990年第4期。

李学勤：《简帛书籍的发现及其影响》，《文物》1999年第10期。

李学勤：《荆门郭店楚简所见关尹遗说》，《中国哲学》（第20辑）《郭店楚简研究》，沈阳：辽宁教育出版社，1999年，第160～164页。

李学勤：《论葛陵楚简的年代》，《文物》2004年第7期。

李学勤：《论清华简〈保训〉的几个问题》，《文物》2009年第6期。

李学勤：《论清华简〈楚居〉中的古史传说》，《中国史研究》2011年第1期。

李学勤：《论清华简〈说命〉中的卜辞》，《华夏文化论坛》2012年第2期。

李学勤：《论清华简〈周公之琴舞〉的结构》，《深圳大学学报》（人文社会科学版）2013年第1期。

李学勤：《论仲禹父簋与申国》，《中原文物》1984年第4期。

李学勤：《穆公簋盖在青铜器分期上的意义》，《文博》1984年第2期。

李学勤：《清华简〈保训〉释读补正》，《中国史研究》2009年第3期。

李学勤：《清华简〈厚父〉与〈孟子〉引〈书〉》，《深圳大学学报》（人文社会科学版）2015年第3期。

李学勤：《清华简〈系年〉及有关古史问题》，《文物》2011年第3期。

李学勤：《清华简〈系年〉解答封卫疑谜》，《文史知识》2012年第3期。

李学勤:《清华简关于秦人始源的重要发现》,《光明日报》2011年9月8日第11版。

李学勤:《清华简九篇综述》,《文物》2010年第5期。

李学勤:《清华简与〈尚书〉、〈逸周书〉的研究》,《史学史研究》2011年第2期。

李学勤:《清华简整理工作的第一年》,《清华大学学报》(哲学社会科学版)2009年第5期。

李学勤:《试释楚简〈鲍叔牙与隰朋之谏〉》,《文物》2006年第9期。

李学勤:《太一生水的数术解释》,《道家文化研究》(第17辑)《"郭店楚简"专号》,北京:生活·读书·新知三联书店,1999年,第297~300页。

李学勤:《谈楚简〈慎子〉》,《中国文化》2007年第2期。

李学勤:《谈清华简〈摄命〉篇体例》,《清华大学学报》2018年第5期。

李学勤:《先秦儒家著作的重大发现》,《中国哲学》(第20辑)《郭店楚简研究》,沈阳:辽宁教育出版社,1999年,第13~16页。

李学勤:《新整理清华简六种概述》,《文物》2012年第8期。

李学勤:《由〈系年〉第二章论郑国初年史事》,《湖南大学学报》(社会科学版)2014年第4期。

李学勤:《由清华简〈系年〉论〈纪年〉的体例》,《深圳大学学报》(人文社会科学版)2012年第2期。

李学勤:《由清华简〈系年〉论〈文侯之命〉》,《扬州大学学报》(人文社会科学版)2013年第2期。

李学勤:《有关春秋史事的清华简五种综述》,《文物》2016年第3期。

李学勤:《战国题铭概述》,《文物》1959年第9期。

李学勤:《长台关竹简中的〈墨子〉佚篇》,四川大学历史系编:《徐中舒先生九十寿辰纪念文集》,成都:巴蜀书社,1990年,第1~8页。

李学勤:《周公庙遗址祝家巷卜甲试释》,《古代文明》(第5卷),北京:文物出版社,2006年,第187~192页。

李裕民:《郭店楚墓的年代与墓主新探》,《陕西师范大学学报》(哲学社会科学版)2000年第3期。

李煜:《清华简所见国族名与〈左传〉合证》,《中山大学学报》(社会科学版)2016年第2期。

李源澄:《儒墨道法四家学术之比较》,《学术世界》1935年(第1卷)第5期。

李运富:《战国文字"地域特点"质疑》,《中国社会科学》1997年第3期。

李泽厚:《初读郭店楚简印象记要》,《中国哲学》(第21辑)《郭店简与儒学研究》,沈阳:辽宁教育出版社,2000年,第1~9页。

李振宏:《论"先秦学术体系"的汉代生成》,《河南大学学报》(社会科学版)2008年第2期。

梁静:《上博楚简〈从政〉研究》,《故宫博物院院刊》2013年第4期。

梁静:《上博楚简〈内豊〉研究》,《文献》2012年第4期。

梁静:《上博楚简〈仲弓〉篇研究》,《中国典籍与文化》2013年第1期。

梁静:《上博楚简〈子贡〉篇研究》,《考古与文物》2014年第4期。

梁立勇:《读〈系年〉札记》,《深圳大学学报》(人文社会科学版)2012年第3期。

梁涛:《二重证据法:疑古与释古之间——以近年出土文献研究为例》,《中国社会科学》2013年第2期。

梁涛:《郭店竹简与"君子慎独"》,《光明日报》2000年9月15日第4版。

梁涛:《清华简〈保训〉与儒家道统说——兼论荀子在道统中的地位问题》,《邯郸学院学报》2013年第1期。

梁涛:《战国时期的禅让思潮与"大同""小康"说——兼论〈礼运〉的作者与年代》,《中国哲学与文化》(第6辑)《简帛文献与新启示》,桂林:广西师范大学出版社,2009年,第119~146页。

梁涛:《竹简〈穷达以时〉与早期儒家天人观》,《哲学研究》2003年第4期。

梁韦弦:《郭店简、上博简中的禅让学说与中国古史上的禅让制》,《史学集刊》2006年第3期。

廖名春:《"六经"次序探源》,《历史研究》2002年第2期。

廖名春:《〈尚书〉始称新证》,《文献》1996年第4期。

廖名春:《出土文献与先秦文学史的重写》,《文艺研究》2000年第3期。

廖名春:《郭店楚简儒家著作考》,《孔子研究》1998年第3期。

廖名春:《郭店简〈六德〉篇新读》,《中原文化研究》2017年第3期。

廖名春:《论六经并称的时代兼及疑古说的方法论问题》,《孔子研究》2000年第1期。

廖名春:《清华简〈金縢〉补释》,《清华大学学报》(哲学社会科学版)2011年第4期。

廖名春:《清华简〈说命中〉的内容与命名》,《扬州大学学报》(人文社会科学版)2014年第4期。

廖名春:《清华简〈系年〉管窥》,《深圳大学学报》(人文社会科学版)2012年第3期。

廖名春:《清华简〈尹诰〉研究》,《史学史研究》2011年第2期。

廖名春:《清华简〈周公之琴舞〉与〈周颂·敬之〉篇对比研究》,《深圳大学学报》(人文社会科学版)2013年第6期。

廖名春:《清华简与〈尚书〉研究》,《文史哲》2010年第6期。

廖名春:《上博〈诗论〉简的作者和作年——兼论子羔也可能传〈诗〉》,《齐鲁学刊》2002年第2期。

廖名春:《上博藏楚竹书〈恒先〉新释》,《中国哲学史》2004年第3期。

廖名春:《上博楚竹书〈鲁司寇寄言游于逡楚〉篇考辨》,《中华文史论丛》2011年第4期。

廖名春:《上海博物馆藏楚简〈武王践阼〉篇管窥》,《清华简帛研究》(第2辑),北京:清华大学思想文化研究所,2002年,第89~96页。

廖名春:《上海博物馆藏诗论校释》,《中国哲学史》2002年第1期。

廖名春:《试论楚简〈鲁邦大旱〉篇的内容与思想》,《孔子研究》2004年第1期。

廖群:《上海博物馆叙事简与先秦"说体"研究》,《中南民族大学学报》(人文社会科学版)2016年第1期。

林剑鸣:《〈睡〉简与〈放〉简〈日书〉比较研究》,《文博》1993年第5期。

林清源:《〈上博九·陈公治兵〉通释》,《古文字与古代史》(第4辑),台北:中研院史语所,2015年,第403~440页。

林清源：《〈上博七·郑子家丧〉文本问题检讨》，《古文字与古代史》（第 3 辑），台北：中研院史语所，2012 年，第 329~356 页。

林素清：《从包山楚简纪年材料论楚历》，臧振华：《中国考古学与历史学之整合研究》，台北：中研院史语所，1997 年，第 1099~1122 页。

林素清：《上博四〈内礼〉篇重探》，《简帛》（第 1 辑），上海：上海古籍出版社，2006 年，第 153~160 页。

林素英：《从施政原则论孔子德刑思想之转化——综合简本与今本〈缁衣〉之讨论》，《简帛》（第 2 辑），上海：上海古籍出版社，2007 年，第 193~208 页。

林义正：《孔子的"君子"概念》，《台湾大学文史哲学报》1984 年第 33 期。

林志鹏：《论楚竹书〈慎子曰恭俭〉"去囿"及相关问题》，《诸子学刊》（第 4 辑），上海：上海古籍出版社，2010 年，第 223~233 页。

林志鹏：《上博竹书〈容成氏〉所见禹行征赋考》，《陕西师范大学学报》（哲学社会科学版）2017 年第 5 期。

林志鹏：《仲弓任季氏宰小考》，《孔子研究》2010 年第 4 期。

凌宇：《楚竹书〈上博七·吴命〉相关问题二则》，《社会科学论坛》2010 年第 20 期。

刘成群：《毕公事迹及毕公世系初探——基于清华简的研究》，《上海交通大学学报》（哲学社会科学版）2012 年第 4 期。

刘成群：《清华简〈赤鹄之集汤之屋〉文体性质再探》，《学术论坛》2016 年第 8 期。

刘成群：《清华简〈封许之命〉"侯于许"初探》，《中原文化研究》2016 年第 5 期。

刘成群：《清华简〈耆夜〉与尊隆文、武、周公——兼论战国楚地之〈诗〉学》，《东岳论丛》2010 年第 6 期。

刘成群：《清华简〈殷高宗问于三寿〉"揆中"思想与战国时代的政治化儒学》，《史学月刊》2017 年第 7 期。

刘成群：《清华简〈乐诗〉与"西伯戡黎"再探讨》，《史林》2009 年第 4 期。

刘成群：《清华简与墨学管窥》，《清华大学学报》（哲学社会科学版）2017

年第 3 期。

刘成群:《清华简与先秦时代的黄老之学》,《人文杂志》2016 年第 2 期。

刘冬颖:《上博简〈民之父母〉与孔子的"君子"观念》,《古籍整理研究学刊》2004 年第 4 期。

刘冬颖:《上博简〈中弓〉与早期儒学传承的再评价》,《社会科学战线》2005 年第 3 期。

刘光:《清华简〈系年〉"南㵎之行"考析》,《史学集刊》2018 年第 3 期。

刘光:《清华简〈系年〉第二十章所见晋、赵纪年新识》,《出土文献》(第 11 辑),上海:中西书局,2017 年,第 177~183 页。

刘光:《清华简〈系年〉所见伍子胥职官考》,《管子学刊》2017 年第 3 期。

刘光:《清华简〈郑文公问太伯〉所见郑国初年史事研究》,《山西档案》2016 年第 6 期。

刘光胜:《"儒分为八"与早期儒家分化趋势的生成》,《清华大学学报》(哲学社会科学版)2015 年第 2 期。

刘光胜:《从清华简〈筮法〉看早期易学转进》,《历史研究》2015 年第 5 期。

刘光胜:《清华简〈系年〉与"周公东征"相关问题考》,《中原文化研究》2016 年第 4 期。

刘光胜:《同源异途:清华简〈书〉类文献与儒家〈尚书〉系统的学术分野》,《中国高校社会科学》2017 年第 2 期。

刘光胜:《先秦学派的判断标准与郭店儒简学术思想的重新定位》,《上海交通大学学报》(哲学社会科学版)2010 年第 6 期。

刘光胜:《由清华简谈文王、周公的两个问题》,《东岳论丛》2010 年第 5 期。

刘光胜:《真实的历史,还是不断衍生的传说——对清华简文王受命的再考察》,《社会科学辑刊》2012 年第 5 期。

刘国忠:《从清华简〈系年〉看周平王东迁的相关史实》,《简帛·经典·古史》,上海:上海古籍出版社,2013 年,第 173~179 页。

刘国忠:《流散简帛资料的整理及其学术价值》,《郑州大学学报》(哲学社会科学版)2017 年第 5 期。

刘国忠:《清华简〈保训〉与周文王事商》,《清华大学学报》(哲学社会科学版)2009年第5期。

刘国忠:《清华简〈赤鹄之集汤之屋〉与伊尹间夏》,《深圳大学学报》(人文社会科学版)2013年第1期。

刘国忠:《清华简〈金縢〉与周公居东的真相》,《出土文献》(第1辑),上海:中西书局,2010年,第31~42页。

刘国忠:《清华简〈命训〉初探》,《深圳大学学报》(人文社会科学版)2015年第3期。

刘国忠:《清华简〈命训〉中的命论补正》,《中国史研究》2016年第1期。

刘国忠:《清华简保护及研究情况综述》,《中国史研究动态》2009年第9期。

刘国忠:《周文王称王史事辨》,《中国史研究》2009年第3期。

刘洪涛:《试说〈武王践阼〉的机铭》,《简帛》(第5辑),上海:上海古籍出版社,2010年,第251~258页。

刘家和:《史学和经学》,《北京师范大学学报》1985年第3期。

刘金华、刘玉堂:《九店楚简〈日书·相宅〉辨析》,《史学月刊》2009年第11期。

刘乐贤:《楚秦选择术的异同及影响——以出土文献为中心》,《历史研究》2006年第6期。

刘乐贤:《九店竹简日书研究》,《华学》(第2辑),广州:中山大学出版社,1996年,第61~70页。

刘丽:《重耳流亡路线考》,《深圳大学学报》(人文社会科学版)2012年第2期。

刘乃寅:《中国历史编纂的起源》,《中国史研究》1990年第2期。

刘启益:《西周金文中所见的周王后妃》,《考古与文物》1980年第4期。

刘启益:《西周武成时期铜器的初步清理》,《古文字研究》(第12辑),北京:中华书局,1985年,第207~256页。

刘起釪:《〈禹贡〉写成年代与九州来源诸问题探研》,唐晓峰主编:《九州》(第3辑),北京:商务印书馆,2003年,第2~13页。

刘起釪:《由周初诸〈诰〉的作者论"周公称王"的问题》,《人文杂志》1983

年第 3 期。

刘起釪：《周初八〈诰〉中所见周人控制殷人的各种措施》，《殷都学刊》1988 年第 4 期。

刘全志：《论〈乐经〉的基本形态及其在战国的传播》，《南京艺术学院学报》2013 年第 2 期。

刘全志：《论清华简〈系年〉的性质》，《中原文物》2013 年第 6 期。

刘全志：《清华简〈系年〉"王子定"及相关史事》，《文史知识》2013 年第 6 期。

刘师培：《古学出于史官论》，杜维运主编：《中国史学史论文选集（一）》，台北：华世出版社，1976 年，第 41~57 页。

刘雯：《传闻异辞与文献性质、叙述目的关系考论——以"商汤灭夏"为例》，《北京理工大学学报》（社会科学版）2013 年第 4 期。

刘笑敢：《出土简帛对文献考据方法的启示（之一）——反思三种考据方法的推论前提》，《中国哲学与文化》（第 6 辑）《简帛文献与新启示》，桂林：广西师范大学出版社，2009 年，第 25~44 页。

刘笑敢：《出土简帛对文献考据方法的启示（之二）——文献析读、证据比较及文本演变》，《中国哲学史》2010 年第 2 期。

刘信芳：《楚简"三楚先""楚先""荆王"以及相关祀礼》，《文史》2005 年第 4 辑。

刘信芳：《竹书〈鲍叔牙〉与〈管子〉对比研究的几个问题》，《文献》2007 年第 1 期。

刘信芳：《竹书〈楚居〉"问期""胁出""熊达"的释读与史实》，《江汉考古》2013 年第 1 期。

刘雨：《多友鼎铭的时代与地名考订》，《考古》1983 年第 2 期。

刘玉堂、曾浪：《上博简〈君人者何必安哉〉发微》，《湖北社会科学》2016 年第 10 期。

刘源：《"五等爵"制与殷周贵族政治体系》，《历史研究》2014 年第 1 期。

刘钊：《出土简帛的分类及其在历史文献学上的意义》，《厦门大学学报》（哲学社会科学版）2003 年第 6 期。

刘震:《清华简〈筮法〉与〈左传〉〈国语〉筮例比较研究》,《周易研究》2015年第3期。

龙永芳:《湖北荆门发现一枚遗漏的"郭店楚简"》,《中国文物报》2002年5月3日第2版。

鲁加亮:《〈鲍叔牙与隰朋之谏〉与〈管子·戒〉对读札记》,《华中科技大学学报》(社会科学版)2007年第3期。

路洪昌:《战国中山国若干历史问题考辨》,《河北学刊》1987年第6期。

路懿菡:《从清华简〈系年〉看"武庚之乱"》,《齐鲁学刊》2013年第5期。

路懿菡:《从清华简〈系年〉看康叔的始封》,《西北大学学报》(哲学社会科学版)2013年第4期。

路懿菡:《从清华简〈系年〉看周初的"三监"》,《辽宁师范大学学报》(社会科学版)2013年第6期。

路懿菡:《清华简〈系年〉与周宣王"不籍千亩"原因蠡测》,《辽宁师范大学学报》(社会科学版)2018年第5期。

罗琨:《读〈尹至〉"自夏徂亳"》,《出土文献》(第2辑),上海:中西书局,2011年,第8~16页。

罗小华:《清华简〈良臣〉中的"女和"》,《考古与文物》2018年第2期。

罗小华:《试论清华简〈良臣〉中的"大同"》,《管子学刊》2015年第2期。

罗新慧:《〈容成氏〉、〈唐虞之道〉与战国时期禅让学说》,《齐鲁学刊》2003年第6期。

罗新慧:《〈尚书·金縢〉篇刍议》,《史学史研究》2014年第2期。

罗新慧:《从郭店楚简看孔、孟之间的儒学变迁》,《中国哲学史》2000年第2期。

罗新慧:《从上博简〈鲁邦大旱〉之"敚"看古代的神灵观念》,《学术月刊》2004年第10期。

罗新慧:《从上博简〈子羔〉和〈容成氏〉看古史传说中的后稷》,《史学月刊》2005年第2期。

罗新慧:《读〈清华大学藏战国竹简(壹)〉》,《中国史研究动态》2011年第5期。

罗新慧：《郭店楚简与〈曾子〉》，《管子学刊》1999年第3期。

罗新慧：《郭店楚简与儒家的仁义之辨》，《齐鲁学刊》1999年第5期。

罗新慧：《孔子的历史观、入仕观及其它——从上博楚竹书〈仲弓〉篇谈起》，《史学史研究》2005年第3期。

罗新慧：《马王堆汉墓帛书〈春秋事语〉与〈左传〉——兼论战国时期的史学观念》，《史学史研究》2009年第4期。

罗新慧：《清华简〈程寤〉篇与文王受命再探》，《清华简研究》(第1辑)，上海：中西书局，2012年，第62～71页。

罗新慧：《上博楚简〈内礼〉与〈曾子〉十篇》，《齐鲁学刊》2009年第4期。

罗新慧：《上博简〈诗论〉"甘棠"与上古风俗》，《陕西师范大学学报》(哲学社会科学版)2006年第2期。

罗新慧：《释"瑶台"——从上博简〈子羔〉看上古婚俗》，《民俗研究》2004年第2期。

罗新慧：《周代天命观念的发展与嬗变》，《历史研究》2012年第5期。

罗运环：《楚地出土简帛与荆楚文化》，宫长为、徐勇主编：《史海侦迹——庆祝孟世凯先生七十岁文集》，香港：新世纪出版社，2006年，第281～289页。

罗运环：《楚简〈史蒥问于夫子〉的主旨及其他》，《中原文化研究》2017年第2期。

罗运环：《郭店楚简的年代、用途及意义》，《湖北大学学报》(哲学社会科学版)1999年第2期。

罗运环：《论郭店一号楚墓所出漆耳杯文及墓主和竹简的年代》，《考古》2000年第1期。

罗运环：《清华简〈系年〉楚齐关系解读》，《管子学刊》2018年第1期。

罗运环：《清华简〈系年〉前四章发微》，《出土文献》(第7辑)，上海：中西书局，2015年，第90～97页。

罗运环：《清华简〈系年〉体裁及相关问题新探》，《湖北社会科学》2015年第3期。

M

马承源：《西周金文和周历的研究》，《上海博物馆集刊——建馆三十周年特辑》,上海：上海古籍出版社,1982年,第26~74页。

马楠：《〈晋文公入于晋〉述略》,《文物》2017年第3期。

马楠：《〈芮良夫毖〉与文献相类文句分析及补释》,《深圳大学学报》(人文社会科学版)2013年第1期。

马楠：《清华简〈良臣〉所见三晋〈书〉学》,《中国高校社会科学》2013年第3期。

马楠：《清华简〈耆夜〉礼制小札》,《清华大学学报》(哲学社会科学版)2009年第5期。

马楠：《清华简〈郑文公问太伯〉与郑国早期史事》,《文物》2016年第3期。

马卫东：《"周公居东"与〈金縢〉疑义辨析》,《史学月刊》2015年第2期。

马卫东：《〈容成氏〉"文王服九邦"考辨——兼论〈容成氏〉的主体思想及其学派归属》,《史学集刊》2012年第1期。

马卫东：《清华简〈系年〉三晋伐齐考》,《晋阳学刊》2014年第1期。

马卫东：《清华简〈系年〉项子牛之祸考》,《华夏文化论坛》2013年第1期。

马卫东：《清华简〈系年〉与郑子阳之难新探》,《古代文明》2014年第2期。

蒙文通：《周代学术发展论略》,《学术月刊》1962年第10期。

N

宁镇疆、龚伟：《由清华简〈子仪〉说到秦文化之"文"》,《中州学刊》2018年第4期。

宁镇疆：《〈家语〉的"层累"形成考论》,《齐鲁学刊》2007年第3期。

宁镇疆：《周代"籍礼"补议——兼说商代无"籍田"及"籍礼"》,《中国史研究》2016年第1期。

牛鹏涛：《清华简〈楚居〉的记史特征》,《古籍整理研究学刊》2014年第7期。

牛清波：《清华简〈耆夜〉研究述论》,《文艺评论》2017年第1期。

牛新房：《楚竹书〈容成氏〉补议》,《中国历史文物》2010年第4期。

O

欧阳祯人：《论〈容成氏〉的儒家思想倾向》,《现代哲学》2017年第5期。

P

庞朴：《古墓新知——漫读郭店楚简》,《中国哲学》(第20辑)《郭店楚简研究》,沈阳:辽宁教育出版社,1999年,第7~12页。

庞朴:《孔孟之间——郭店楚简的思想史定位》,《中国社会科学》1998年第5期。

庞朴:《一种有机的宇宙生成图式》,《道家文化研究》(第17辑)《"郭店楚简"专号》,北京:生活·读书·新知三联书店,1999年,第301~305页。

彭林:《〈郭店楚简·性自命出〉补释》,《中国哲学》(第20辑)《郭店楚简研究》,沈阳:辽宁教育出版社,1999年,第315~320页。

彭林:《儒、道两家的性情论与天道观——从郭店楚简看儒、道性情同异》,《简帛研究》(2002—2003),桂林:广西师范大学出版社,2005年,第65~73页。

彭裕商:《〈尚书·金縢〉新研》,《历史研究》2012年第6期。

彭裕商:《禅让说源流及学派兴衰——以竹书〈唐虞之道〉、〈子羔〉、〈容成氏〉为中心》,《历史研究》2009年第3期。

彭裕商:《新邑考》,《历史研究》2000年第5期。

彭裕商:《周初的殷代遗民》,《四川大学学报》(哲学社会科学版)2002年第6期。

彭裕商:《周伐猃狁及相关问题》,《历史研究》2004年第3期。

彭裕商:《周公摄政考》,《文史》1988年第45辑。

蒲慕洲:《睡虎地秦简〈日书〉的世界》,《中研院史语所集刊》(第62本第4分册),1993年,第623~675页。

Q

[韩]琴载元:《战国秦汉基层官吏的〈日书〉利用及其认识》,《史学集刊》2013年第6期。

[美]齐思敏(Mark Csikszentmihalyi)、戴梅可(Michael Nylan): "Constructing Lineages and Inventing Traditions through Exemplary Figures in Early China," T'oung Pao 89.1-3(2003), pp.59~99.

[日]浅野裕一:《清华简〈楚居〉初探》,《清华简研究》(第1辑),上海:中西书局,2012年,第242~247页。

[日]浅野裕一:《上博楚简〈鬼神之明〉与〈墨子〉明鬼论》,《楚地简帛思想

研究》(三),武汉:湖北教育出版社,2007年,第139~142页。

[日]浅野裕一:《上海楚简〈君子为礼〉与孔子素王说》,《简帛》(第2辑),上海:上海古籍出版社,2007年,第285~302页。

钱穆:《驳胡适之说儒》,《中国学术思想史论丛》第2卷,合肥:安徽教育出版社,2004年,第373~382页。

乔治忠、童杰:《〈世本〉成书年代问题考论》,《史学集刊》2010年第5期。

邱德修:《从上博、郭店楚简看战国儒墨之交流》,《传统中国研究集刊》(第2辑),上海:上海人民出版社,2006年,第342~354页。

裘锡圭、曹峰:《"古史辨"派、"二重证据法"及其相关问题》,《文史哲》2007年第4期。

裘锡圭:《出土文献与古典学重建》,《光明日报》2013年11月14日第11版。

裘锡圭:《郭店〈老子〉简初探》,《道家文化研究》(第17辑)《"郭店楚简"专号》,北京:生活·读书·新知三联书店,1999年,第25~63页。

曲冰:《从战国楚简看"周公摄政无纪年"——兼谈上博八〈成王既邦〉简1释读》,《学术交流》2013年第11期。

曲冰:《试论上博四〈内礼〉中的"五祀"与简文的释读》,《古籍整理研究学刊》2009年第2期。

R

饶宗颐:《由尊卢氏谈到上海竹书(二)的〈容成氏〉——兼论其与墨家关系及其他问题》,《九州学林》(第11辑),香港:香港城市大学中国文化中心,2006年,第2~15页。

日书研读班:《日书:秦国社会的一面镜子》,《文博》1986年第5期。

任伟:《从考古发现看西周燕国殷遗民之社会状况》,《中原文物》2001年第2期。

任伟:《西周金文与文献中的"邦君"及相关问题》,《中原文物》1999年第4期。

S

[美]苏德恺(Kidder Smith):《司马谈所创造的"六家"概念》,《中国文

化》(第 7 期),北京:生活·读书·新知三联书店,1993 年,第 134~135 页。

[日]森和:《试论子弹库楚帛书群中月名与楚历的相关问题》,《江汉考古》2006 年第 2 期。

[日]森和:《中国古代的占卜与地域性》,《湖南大学学报》(社会科学版)2013 年第 6 期。

邵望平:《〈禹贡〉"九州"的考古学研究》,《九州学刊》1987 年第 1、2 期;后收入《邵望平史学、考古学文选》,济南:山东大学出版社,2013 年,第 3~27 页。

申超:《清华简〈程寤〉主旨试探》,《管子学刊》2013 年第 1 期。

沈建华:《清华简〈唐(汤)处于唐丘〉与〈墨子·贵义〉文本》,《中国史研究》2016 年第 1 期。

沈建华:《〈楚居〉郚人与商代若族新探》,《清华简研究》(第 1 辑),上海:中西书局,2012 年,第 313~318 页。

沈建华:《清华楚简"武王八年伐郜"刍议》,《考古与文物》2010 年第 2 期。

沈建华:《清华楚简〈祭公之顾命〉中的三公与西周世卿制度》,《中华文史论丛》2010 年第 4 期。

沈建华:《清华楚简〈说命〉"失仲"与卜辞中的"失"族》,宋镇豪主编:《甲骨文与殷商史》(第 4 辑),上海:上海古籍出版社,2014 年,第 47~56 页。

沈建华:《清华楚简〈尹至〉释文试解》,《中国史研究》2011 年第 1 期。

沈建华:《清华简〈筮法〉果占与商代占卜渊源》,《出土文献》(第 10 辑),上海:中西书局,2017 年,第 19~24 页。

沈建华:《释〈保训〉简"测阴阳之物"》,《中国史研究》2009 年第 3 期。

沈长云、李晶:《春秋官制与〈周礼〉比较研究——〈周礼〉成书年代再探讨》,《历史研究》2004 年第 6 期。

沈长云:《夏代是杜撰的吗——与陈淳先生商榷》,《河北师范大学学报》(哲学社会科学版)2005 年第 3 期。

沈长云:《猃狁、鬼方、姜氏之戎不同族别考》,《人文杂志》1983 年第 3 期。

沈长云:《由"社会公仆"到"社会的主人"——中国早期政治组织产生的途径》,《河北学刊》1998 年第 3 期。

石小力：《据清华简考证侯马盟书的"赵尼"——兼说侯马盟书的时代》，《中山大学学报》（社会科学版）2018 年第 1 期。

史广峰、郭文佳：《从西周邥器之散失看周初对邥族之处置》，《文物春秋》2000 年第 2 期。

史树青：《信阳长台关出土竹书考》，《北京师范大学学报》1963 年第 4 期。

宋立林：《上博简〈君子为礼〉与颜氏之儒》，《中国哲学史》2014 年第 4 期。

宋立林：《由新出简帛〈忠信之道〉、〈从政〉看子张与子思之师承关系》，《哲学研究》2011 年第 7 期。

宋立林：《仲弓之儒的思想特征及学术史地位》，《现代哲学》2012 年第 3 期。

宋镇豪：《甲骨文中的梦与占梦》，《文物》2006 年第 6 期。

宋镇豪：《谈谈〈连山〉和〈归藏〉》，《文物》2010 年第 2 期。

苏建洲：《〈清华二·系年〉中的"申"及相关问题讨论》，《古文字与古代史》（第 4 辑），台北：中研院史语所，2015 年，第 449~490 页。

苏建洲：《据清华简〈祭公〉校读〈逸周书·祭公解〉札记》，《中国文字》（新 38 期），台北：艺文印书馆，2012 年，第 61~72 页。

苏建洲：《也论清华简〈系年〉"莫嚣易为"》，《中原文化研究》2014 年第 5 期。

孙飞燕：《清华简〈周公之琴舞〉与〈诗经·周颂〉的性质新论》，《简帛研究》（2014），桂林：广西师范大学出版社，2014 年，第 5~11 页。

孙沛阳：《简册背划线初探》，《出土文献与古文字研究》（第 4 辑），上海：上海古籍出版社，2011 年，第 449~462 页。

孙钦善：《关于古文献学内涵的全面认识与具体贯彻》，《文献》2010 年第 3 期。

孙庆伟：《论周公庙和周原甲骨的年代与族属》，《古代文明》（第 5 卷），北京：文物出版社，2006 年，第 231~242 页。

孙闻博：《简帛学的史料辨析与理论探求》，《中国史研究动态》2016 年第 2 期。

孙正军：《通往史料批判研究之途》，《中国史研究动态》2016 年第 4 期。

孙正军:《魏晋南北朝史研究中的史料批判研究》,《文史哲》2016年第1期。

孙正军:《中古良吏书写的两种模式》,《历史研究》2014年第3期。

T

[日]汤浅邦弘:《上博楚简〈举治王天下〉的尧舜禹传说》,《简帛》(第9辑),上海:上海古籍出版社,2014年,第113~128页。

[日]汤浅邦弘:《上博楚简〈三德〉的天人相关思想》,《儒家文化研究》(第1辑)《新出楚简研究专号》,北京:生活·读书·新知三联书店,2007年,第265~283页。

谭宝刚:《近十年来国内郭店楚简〈太一生水〉研究述评》,《史学月刊》2007年第7期。

谭其骧:《西汉以前的黄河下游河道》,《历史地理》(第1辑),上海:上海人民出版社,1981年,第48~64页。

汤一介:《论中国先秦解释经典的三种模式》,《北京行政学院学报》2002年第1期。

汤漳平:《先秦诸子与战国时代的楚国学术》,《诸子学刊》2013年第1期。

汤志彪:《上博(六)〈申公臣灵王〉疏解及其性质和意义》,《东北师大学报》(哲学社会科学版)2013年第5期。

天平、王晋:《论春秋中山与晋国的关系》,《中国史研究》1991年第4期。

田率:《新见鄂监簋与西周监国制度》,《江汉考古》2015年第1期。

田旭东:《清华简〈耆夜〉中的礼乐实践》,《考古与文物》2012年第1期。

涂白奎:《西周王号无恶谥说》,《中国史研究》2005年第4期。

W

[韩]吴万钟:《〈清华简·周公之琴舞〉之启示》,首都师范大学中国诗歌研究中心主办,赵敏俐主编:《中国诗歌研究》(第10辑),北京:社会科学文献出版社,2014年,第37~46页。

[日]武内义雄:《老子原始》,江侠庵编著:《先秦经籍考(中册)》,上海:上海文艺出版社,1990年,第197~324页。

王博:《〈诗〉学与心性学的开展》,《中国社会科学》2013年第2期。

王博：《关于郭店楚墓竹简〈老子〉的结构与性质——兼论其与通行本〈老子〉的关系》，《道家文化研究》(第17辑)《"郭店楚简"专号》，北京：生活·读书·新知三联书店，1999年，第149～166页。

王贵元：《战国竹简遣策的物量表示法与量词》，《古汉语研究》2002年第3期。

王和：《〈左传〉材料来源考》，《中国史研究》1993年第2期。

王和：《〈左传〉的成书年代与编纂过程》，《中国史研究》2003年第4期。

王和：《〈左传〉中后人附益的各种成分》，《北京师范大学学报》(社会科学版)2011年第4期。

王和：《孔子不修〈春秋〉辨》，《史学理论研究》1993年第2期。

王和：《论〈左传〉预言》，《史学月刊》1984年第6期。

王红亮：《清华简〈系年〉第十二章及相关史事考》，《文史》2013年第4辑。

王红亮：《清华简〈系年〉中的䣙羌钟相关史实发覆》，《古代文明》2013年第3期。

王红亮：《清华简〈系年〉中周平王东迁的相关年代考》，《史学史研究》2012年第4期。

王红亮：《由清华简〈系年〉论"共和行政"的相关问题》，《史学史研究》2016年第3期。

王红亮：《由清华简〈系年〉论两周之际的历史变迁》，《史学月刊》2015年第2期。

王洪军：《新史料发现与"秦族东来说"的坐实》，《中国社会科学》2013年第2期。

王化平：《简帛古书中的分栏抄写》，《文献》2016年第4期。

王晖：《出土文字资料与五帝新证》，《考古学报》2007年第1期。

王晖：《楚竹书〈吴命〉主旨与春秋晚期争霸格局研究》，《人文杂志》2012年第3期。

王晖：《楚竹书〈吴命〉缀连编排新考》，《中原文化研究》2013年第2期。

王晖：《春秋早期周王室王位世系变局考异——兼说清华简〈系年〉"周无王九年"》，《人文杂志》2013年第5期。

王晖:《春秋战国时期历史经验总结的思潮与史书》,《史学史研究》1998年第4期。

王晖:《试论〈吴问〉的成文年代及其相关问题》,《东南文化》1993年第2期。

王辉:《傅说之名再考辨——兼论"鸢"字及其他》,《文史哲》2016年第4期。

王辉:《古文字所见人物名号四考》,《中山大学学报》(社会科学版)2018年第1期。

王辉:《清华楚简〈保训〉"惟王五十年"解》,《考古与文物》2009年第6期。

王辉:《上博藏简所见传说人物名号综考》,《中山大学学报》(社会科学版)2016年第2期。

王辉:《说"越公其事"非篇题及其释读》,《出土文献》(第11辑),上海:中西书局,2017年,第239～241页。

王会斌:《先秦令书之概念论析》,《档案》2016年第7期。

王会斌:《战国史官直记君王口令书写格式探微》,《档案》2016年第11期。

王捷:《清华简〈子产〉篇与"刑书"新析》,《上海师范大学学报》(哲学社会科学版)2017年第4期。

王坤鹏:《从竹书〈金縢〉看战国时期的古史述作》,《史学月刊》2017年第3期。

王坤鹏:《论清华简〈厚父〉的思想意蕴与文献性质》,《史学集刊》2017年第2期。

王坤鹏:《清华简〈芮良夫毖〉学术价值新论》,《孔子研究》2017年第4期。

王雷生:《平王东迁原因新论——周平王东迁受逼于秦、晋、郑诸侯说》,《人文杂志》1998年第1期。

王连龙:《〈保训〉与〈逸周书〉多有关联》,《中国社会科学报》2010年3月11日第6版。

王连龙:《慈利楚简〈大武〉校读六则》,《考古》2012年第3期。

王沛:《子产铸刑书新考:以清华简〈子产〉为中心的研究》,《政法论坛》

2018年第2期。

王鹏程:《"清华简"武王所戡之"黎"应为"黎阳"》,《史林》2009年第4期。

王青:《"命"与"语":上博简〈吴命〉补释——兼论"命"的文体问题》,《史学集刊》2013年第4期。

王青:《春秋后期吴楚争霸的一个焦点——从上博简〈吴命〉看"州来之争"》,《江汉论坛》2011年第2期。

王青:《从口述史到文本传记——以"曹刿→曹沫"为考察对象》,《史学史研究》2007年第3期。

王青:《古代"语"文体的起源与发展——上博简〈曹沫之陈〉篇题的启示》,《史学集刊》2010年第2期。

王青:《论上博简〈容成氏〉篇的性质与学派归属问题》,《河北学刊》2007年第3期。

王少林:《清华简〈耆夜〉所见饮至礼新探》,《郑州大学学报》(哲学社会科学版)2015年第6期。

王世民:《西周春秋金文中的诸侯爵称》,《历史研究》1983年第3期。

王树民:《夏、商、周之前还有个虞朝》,《河北学刊》2002年第1期。

王挺斌:《〈说命〉"生二牡豕"与〈洹宝〉238号甲骨合读》,《中原文化研究》2017年第4期。

王伟:《清华简〈系年〉"周亡王九年"及其相关问题研究》,《中原文化研究》2015年第6期。

王向华:《清华简儆毖颂诗与〈诗〉〈书〉及青铜铭文有关文献对比研究》,《海岱学刊》2016年第2期。

王晓波:《自道以至名,自名以至法——尹文子的哲学与思想研究》,《台大哲学评论》(第30期),2015年,第5~15页。

王永平:《郭店楚简研究综述》,《社会科学战线》2005年第3期。

王玉哲:《漫谈学习中国上古史》,《历史教学》1984年第7期。

王玉哲:《尧、舜、禹"禅让"与"篡夺"两种传说并存的新理解》,《历史教学》1986年第1期。

王玉哲:《周公旦的当政及其东征考》,《人文杂志丛刊》1984年第2辑《西周史研究》,第131~148页。

王占奎:《清华简〈系年〉随札——文侯仇杀携王与平王、携王纪年》,《古代文明》(第10卷),上海:上海古籍出版社,2016年,第205~214页。

王震中:《清华简〈厚父〉篇"旮繇"与虞夏两代国家形态结构》,《南方文物》2016年第4期。

王志平:《〈鲍叔牙与隰朋之谏〉与三代损益之礼》,《简帛》(第6辑),上海:上海古籍出版社,2011年,第343~350页。

王志平:《清华简〈说命〉的几个地名》,《简帛》(第9辑),上海:上海古籍出版社,2014年,第147~156页。

王志平:《清华简〈周公之琴舞〉乐制探微》,《出土文献》(第4辑),上海:中西书局,2013年,第65~79页。

王志平:《上博九〈史蒥问于夫子〉之"史蒥"考》,《陕西师范大学学报》(哲学社会科学版)2017年第5期。

王中江:《出土文献与先秦自然宇宙观重审》,《中国社会科学》2013年第5期。

王中江:《终极根源概念及其谱系:上博简〈恒先〉的"恒"探微》,《哲学研究》2016年第1期。

王子今:《丹江通道与早期楚文化——清华简〈楚居〉札记》,《简帛·经典·古史》,上海:上海古籍出版社,2013年,第151~158页。

王子今:《武关·武候·武关候:论战国秦汉武关位置与武关道走向》,《中国历史地理论丛》2018年第1期。

魏慈德:《楚地出土战国书籍抄本与传世文献同源异本关系试探——以与〈尚书〉有关的篇章为主》,《出土文献》(第9辑),上海:中西书局,2016年,第98~116页。

魏慈德:《从出土的〈逸周书·皇门〉〈祭公〉篇看清人的校勘研究》,《古籍整理研究学刊》2016年第3期。

魏栋:《论清华简"汤丘"及其与商汤伐葛前之亳的关系》,《中华文史论丛》2017年第1期。

魏栋:《秦楚联军破吴之"沂(析)"地考》,《江汉考古》2016年第1期。

魏栋：《清华简〈楚居〉阙文试补》，《文献》2018 年第 3 期。

魏栋：《清华简〈越公其事〉合文"八千"刍议》，《殷都学刊》2017 年第 3 期。

魏衍华：《出土文献所见战国时期儒学的传布》，《现代哲学》2011 年第 5 期。

吴根友：《"传贤不传子"的政治权力转移程序——上博简〈容成氏〉篇政治哲学的问题意识及其学派归属问题初探》，《儒家文化研究》（第 1 辑）《新出楚简研究专号》，北京：生活·读书·新知三联书店，2007 年，第 164～166 页。

吴良宝：《清华简〈系年〉"女阳"及相关问题研究》，《历史地理》（第 34 辑），上海：上海人民出版社，2017 年，第 44～48 页。

吴良宝：《再论清华简〈书〉类文献〈郘夜〉》，《扬州大学学报》（人文社会科学版）2015 年第 2 期。

吴良宝：《战国楚简"河雍"、"两棠"新考》，《文史》2017 年第 1 辑。

吴晓欣：《楚卜筮简中的数字卦及清华简〈筮法〉的解卦原理》，《深圳大学学报》（人文社会科学版）2016 年第 3 期。

吴信英：《先秦儒家礼学"内向化"的三次转向》，《中国哲学史》2017 年第 3 期。

X

[美] 夏含夷：《纪年形式与史书之起源》，《简帛·经典·古史》，上海：上海古籍出版社，2013 年，第 39～47 页。

[美] 夏含夷：《是筮法还是释法——由清华简〈筮法〉重新考虑〈左传〉筮例》，《周易研究》2015 年第 3 期。

[日] 西山尚志：《上博楚简〈鬼神之明〉的所属学派问题》，《墨子研究论丛》（八），济南：齐鲁书社，2009 年，第 966～997 页。

[日] 西山尚志：《上博楚简〈郑子家丧〉中的墨家思想》，《齐鲁文化研究》（第 9 辑），济南：泰山出版社，2010 年，第 244～249 页。

[日] 西山尚志：《我们应该如何运用出土文献？——王国维"二重证据法"的不可证伪性》，《文史哲》2016 年第 4 期。

[日] 小寺敦：《上博楚简〈郑子家丧〉的史料性格：结合小仓芳彦之学说》，《出土文献》（第 2 辑），上海：中西书局，2011 年，第 203～214 页。

［日］新城新藏：《由岁星之记事论〈左传〉〈国语〉之著作年代及干支纪年法之发达》《再论〈左传〉〈国语〉之著作年代》，沈璿译：《东洋天文学史研究》，上海：中华学艺社，1933年，第418页。

夏大兆、黄德宽：《关于清华简〈尹至〉〈尹诰〉的形成和性质——从伊尹传说在先秦传世和出土文献中的流变考察》，《文史》2014年第3辑。

夏德靠：《论先秦语类文献形态的演变及其文体意义》，《学术界》2011年第3期。

肖锋：《再看〈春秋〉笔法——以清华简〈系年〉与〈春秋〉经传对国君死亡事件的记录为视角》，《西南交通大学学报》（社会科学版）2014年第6期。

肖芸晓：《试论清华竹书伊尹三篇的关联》，《简帛》（第8辑），上海：上海古籍出版社，2013年，第471～476页。

谢炳军：《清华简〈筮法〉理论性与体系性新探》，《理论月刊》2015年第6期。

谢乃和：《从新出楚简看〈诗经·雨无正〉的诗旨——兼论东周时期的"周亡"与"周衰"观念》，《史学集刊》2017年第4期。

谢乃和、付瑞珣：《由新出楚简论〈诗经·节南山〉的诗旨——兼说两周之际天命彝伦观念的变迁》，《杭州师范大学学报》（社会科学版）2018年第2期。

谢能宗：《〈尚书·金滕〉篇武王避讳问题补论》，《中国史研究》2017年第3期。

谢维扬：《"层累说"与古史史料学合理概念的建立》，《社会科学》2010年第11期。

谢维扬：《〈楚居〉中季连年代问题小议》，《社会科学》2013年第4期。

谢维扬：《从豳公盨、〈子羔〉篇和〈容成氏〉看古史记述资料生成的真实过程》，《上海文博论丛》2009年第3期。

谢维扬：《古书成书的复杂情况与传说时期史料的品质》，《学术月刊》2014年第9期。

谢维扬：《古书成书和流传情况研究的进展与古史史料学概念——为纪念〈古史辨〉第一册出版八十周年而作》，《文史哲》2007年第2期。

谢维扬：《古书成书情况与古史史料学问题》，《新出土文献与古代文明研究》,上海:上海大学出版社,2004年,第283~286页。

谢维扬:《儒学对中国古代文献传统形成的贡献》,《上海师范大学学报》(哲学社会科学版)2010年第6期。

谢维扬:《由清华简〈说命〉三篇论古书成书与文本形成二三事》,《上海大学学报》(社会科学版)2016年第6期。

谢维扬:《由清华简〈系年〉简论周初诸侯国地位的特点》,《济南大学学报》(社会科学版)2016年第5期。

辛德勇:《越王勾践徙都琅邪事析义》,《文史》2010年第1辑。

邢文:《清华简〈金縢〉与"三监"》,《深圳大学学报》(人文社会科学版)2013年第1期。

熊贤品:《〈清华简(伍)〉"汤丘"即〈系年〉"康丘"说》,《历史地理》(第34辑),上海:上海人民出版社,2017年,第49~58页。

熊贤品:《论清华简〈系年〉与战国楚、宋年代问题》,《简帛研究》(2013),桂林:广西师范大学出版社,2014年,第9~21页。

熊贤品:《论清华简七〈越公其事〉吴越争霸故事》,《东吴学术》2018年第1期。

熊贤品:《清华简〈系年〉"陈渀"即〈吕氏春秋〉"鹖子"补论》,《中原文物》2015年第1期。

徐华:《上博简〈鬼神之明〉疑为〈董子〉佚文》,《文献》2008年第2期。

徐仁甫:《〈左传〉的成书时代及其作者》,《四川师范学院学报》(社会科学版)1978年第3期。

徐少华:《从〈楚居〉析陆终娶鬼方氏妹女嬇之传说》,《江汉考古》2017年第4期。

徐少华:《从叔姜簠析古申国历史与文化的有关问题》,《文物》2005年第3期。

徐少华:《郭店一号楚墓年代析论》,《江汉考古》2005年第1期。

徐少华:《季连早期居地及相关问题考析》,《清华简研究》(第1辑),上海:中西书局,2012年,第277~287页。

徐少华:《清华简〈系年〉"周亡(无)王九年"浅议》,《吉林大学社会科学学报》2016 年第 4 期。

徐在国：《安徽大学藏战国竹简〈诗经〉诗序与异文》，《文物》2017 年第 9 期。

徐在国：《释"叴繇"》，《古籍整理研究学刊》1999 年第 3 期。

徐在国：《谈清华简楚居中的"酓朔"》，《中国文字学报》（第 7 辑），北京：商务印书馆，2016 年，第 115～118 页。

徐正英、马芳：《清华简〈周公之琴舞〉组诗的身份确认及其诗学史意义》，《复旦学报》（社会科学版）2014 年第 1 期。

徐正英：《二重证据法与先秦诗乐学研究举隅》，《北京大学学报》（哲学社会科学版）2014 年第 4 期。

徐正英：《清华简〈周公之琴舞〉与孔子删〈诗〉相关问题》，《文学遗产》2014 年第 5 期。

徐正英：《清华简〈周公之琴舞〉组诗对〈诗经〉原始形态的保存及被楚辞形式的接受》，《文学评论》2014 年第 4 期。

徐正英：《上博简〈孔子诗论〉"颂"论及其诗学史意义》，《文艺研究》2017 年第 8 期。

徐正英：《上博简〈孔子诗论〉"文亡隐意"说的文体学意义》，《文艺研究》2014 年第 6 期。

徐中舒：《〈左传〉的作者及其成书年代》，《历史教学》1962 年第 11 期。

徐中舒：《西周墙盘铭文笺释》，陕西周原考古队、尹盛平主编：《西周微氏家族青铜器群研究》，北京：文物出版社，1992 年，第 248～263 页。

许景昭：《禅让、世袭与革命：战国诸子之古代帝王更替观——与出土文献综合比较述论》，《诸子学刊》（第 2 辑），上海：上海古籍出版社，2009 年，第 365～386 页。

许抗生：《初读郭店竹简〈老子〉》，《中国哲学》（第 20 辑）《郭店楚简研究》，沈阳：辽宁教育出版社，1999 年，第 93～102 页。

许全胜：《〈容成氏〉篇释地》，《上博馆藏战国楚竹书研究续编》，上海：上海书店出版社，2004 年，第 372～378 页。

许兆昌、李大鸣：《试论〈武王践阼〉的文本流变》，《古代文明》2015 年第

2 期。

许兆昌、齐丹丹：《试论清华简〈系年〉的编纂特点》，《古代文明》2012 年第 2 期。

许兆昌：《从仲弓四问看战国早期儒家的政治关注》，《史学月刊》2010 年第 9 期。

许兆昌：《试论清华简〈系年〉的人文史观》，《吉林师范大学学报》（人文社会科学版）2014 年第 6 期。

薛柏成：《郭店楚简〈唐虞之道〉与墨家思想》，《吉林师范大学学报》（人文社会科学版）2006 年第 2 期。

Y

［日］佐川英治、阿部幸信、安部聪一郎、户川贵行：《日本魏晋南北朝史研究的新动向》，《中国中古史研究：中国中古史青年学者联谊会会刊（第 1 卷）》，北京：中华书局，2011 年，第 1~8 页。

［日］佐藤将之：《战国时代"忠信"概念的发展与王道思想的形成》，《中国哲学与文化》（第 6 辑）《简帛文献与新启示》，桂林：广西师范大学出版社，2009 年，第 181~200 页。

阎步克：《北大竹书〈周驯〉简介》，《文物》2011 年第 6 期。

晏昌贵：《出土文献与古代政区地理研究》，《华中师范大学学报》（人文社会科学版）2015 年第 2 期。

严志斌：《父丁母丁戈刍议并论祖父兄三戈的真伪》，《三代考古（六）》，北京：科学出版社，2015 年，第 435~442 页。

杨博：《"晋伐中山"与春秋鲜虞相关历史问题》，《出土文献》（第 8 辑），上海：中西书局，2016 年，第 81~89 页。

杨博：《"六王五伯"与"九州十二国"——出土文献所见战国时人的史、地认知》，《中国古代文明研究论集》，北京：科学出版社，2018 年，第 239~256 页。

杨博：《〈系年〉"周亡王九年"诸说综析》，《中国社会科学报》2018 年 2 月 27 日第 5 版。

杨博：《北大藏秦简〈田书〉初识》，《北京大学学报》（哲学社会科学版）

2017年第5期。

杨博:《裁繁御简:〈系年〉所见战国史书的编纂》,《历史研究》2017年第3期。

杨博:《楚简帛史学价值浅议》,《中原文化研究》2014年第1期。

杨博:《东周有铭兵器考述三则》,《文物春秋》2011年第2期。

杨博:《高家堡墓葬青铜礼器器用问题简论》,邹芙都主编:《商周青铜器与先秦史研究论丛》,北京:科学出版社,2017年,第376～382页。

杨博:《管仲相齐与早期黄老道家阴谋书》,《海岱学刊》2018年第2期。

杨博:《论楚竹书与〈荀子〉思想的互摄——以古史人物活动事迹为切入点》,《出土文献》(第5辑),上海:中西书局,2014年,第180～189页。

杨博:《论史料解读的差异性——由楚竹书灾异文献中的旱灾母题入手》,《烟台大学学报》(哲学社会科学版)2015年第1期。

杨博:《清华简〈系年〉简文"京师"解》,《简帛》(第12辑),上海:上海古籍出版社,2016年,第49～60页。

杨博:《清华简〈系年〉所涉周初处置殷遗史事疏证》,《简帛研究》(2016春夏卷),桂林:广西师范大学出版社,2016年,第36～50页。

杨博:《清华竹书〈系年〉所记战国早期战事之勾勒》,《宁波大学学报》(人文科学版)2018年第3期。

杨博:《试论新出"语"类文献的史学价值——借鉴史料批判研究模式的讨论》,《图书馆理论与实践》2016年第2期。

杨博:《西周初期铜器墓葬礼器组合关系与周人器用制度》,北京大学出土文献研究所编:《青铜器与金文》(第1辑),上海:上海古籍出版社,2017年,第525～540页。

杨博:《先秦中山国史研究概要》,《高校社科动态》2009年第4期。

杨博:《新出文献战国文本的差异叙述》,《中国社会科学院研究生院学报》2018年第5期。

杨博:《由清华简〈程寤〉谈"文王受命"的解读》,《出土文献综合研究集刊》(第1辑),成都:巴蜀书社,2014年,第211～218页。

杨博:《战国早期的"四战之地"——清华简〈系年〉所记战国史事》,《文史知识》2015年第3期。

杨博:《战国早期三晋世系之体现——〈系年〉战国史事研读札记之三》,《邯郸学院学报》2018年第2期。

杨朝明:《从孔子弟子到孟、荀异途——由上博竹书〈中弓〉思考孔门学术分别》,《齐鲁学刊》2005年第3期。

杨朝明:《上博竹书〈从政〉篇与〈子思子〉》,《孔子研究》2005年第2期。

杨朝明:《试论西周时期鲁国"殷民六族"的社会地位》,《烟台大学学报》(哲学社会科学版)1996年第3期。

杨栋、刘书惠:《由〈吕氏春秋·尊师〉论清华简〈良臣〉中的"世系"》,《四川文物》2015年第5期。

杨华:《出土简牍所见"祭祀"与"祷祠"》,《四川大学学报》(哲学社会科学版)2018年第2期。

杨宽:《释何尊铭文兼论周开国年代》,《文物》1983年第6期。

杨宽:《西周王朝公卿的官爵制度》,《人文杂志丛刊》1984年第2辑《西周史研究》,第93~119页。

杨蒙生:《清华简(叁)〈良臣〉篇管见》,《深圳大学学报》(人文社会科学版)2014年第2期。

杨树增:《〈左氏春秋〉"史""传"考辨》,方铭主编:《〈春秋〉三传与经学文化》,长春:长春出版社,2010年,第14~28页。

杨英:《战国至汉初儒家对古典礼乐的传承考述》,《中华文史论丛》2010年第2期。

杨永生:《试论清华简〈系年〉中的"周亡"及相关问题》,《古代文明》2017年第2期。

杨兆贵:《清华简〈皇门〉篇柬释》,《考古与文物》2016年第2期。

杨振红:《从清华简〈金滕〉看〈尚书〉的传流及周公历史记载的演变》,《中国史研究》2012年第3期。

杨振红:《简帛学的知识系统与交叉学科属性》,《河南师范大学学报》(哲学社会科学版)2016年第5期。

姚小鸥、孟祥笑:《清华简〈赤鹄之集汤之屋〉开篇"曰"字的句读问题》,

《中国文化研究》2014年第2期。

姚小鸥、孟祥笑：《试论清华简〈周公之琴舞〉的文本性质》，《文艺研究》2014年第6期。

姚小鸥、杨晓丽：《〈周公之琴舞·孝享〉篇研究》，《中州学刊》2013年第7期。

姚小鸥：《〈清华大学藏战国竹简〉与〈诗经〉学史的若干问题》，《文艺研究》2013年第8期。

姚小鸥：《〈清华大学藏战国竹简·芮良夫毖·小序〉研究》，《中州学刊》2014年第5期。

姚小鸥：《〈清华简·赤鹄〉篇与"后土"人格化》，《民俗研究》2013年第3期。

姚小鸥：《清华简〈赤鹄〉篇与中国早期小说的文体特征》，《文艺研究》2014年第2期。

叶国良：《战国楚简中的"曲礼"论述》，《简帛》（第4辑），上海：上海古籍出版社，2006年，第239～240页。

叶树勋：《楚简〈恒先〉的编联再验与思想新解》，《管子学刊》2017年第1期。

尹宏兵：《〈容成氏〉与九州》，《楚地简帛思想研究》（三），武汉：湖北教育出版社，2007年，第220～236页。

尹宏兵、吴义斌：《"京宗"地望辨析》，《江汉考古》2013年第1期。

尹宏兵：《多维视野下的楚先祖季连居地》，《中国史研究》2017年第2期。

尹盛平：《猃狁、鬼方的族属及其与周族的关系》，《人文杂志》1985年第1期。

尤学工：《先秦史官与史学》，《史学史研究》2001年第4期。

于凯：《上博楚简〈容成氏〉疏札九则》，《上博馆藏战国楚竹书研究续编》，上海：上海书店出版社，2004年，第384～386页。

于薇：《清华简〈耆夜〉时、地问题辨正》，《中国国家博物馆馆刊》2012年第12期。

于薇：《始封在庙与徙封在社：西周封建的仪式问题》，《历史教学》2014

年第 2 期。

于文哲：《清华简〈保训〉与"中道"的传承》，《中国文化研究》2016 年第 4 期。

虞万里：《清华简〈说命〉"鹃肩女惟"疏解》，《文史哲》2015 年第 1 期。

袁金平：《清华简〈系年〉"徒林"考》，《深圳大学学报》（人文社会科学版）2013 年第 1 期。

袁青：《清华简〈殷高宗问于三寿〉是儒家著作吗——兼与李均明等先生商榷》，《学术界》2017 年第 8 期。

袁莹：《释上博简〈鲍叔牙与隰朋之谏〉中的地名"范"》，《中国国家博物馆馆刊》2014 年第 9 期。

原昊：《出土文献对〈世本〉谱系源流的补益》，《古籍整理研究学刊》2018 年第 3 期。

Z

张驰：《从清华简〈系年〉看〈左传〉的编纂》，《古代文明》2017 年第 4 期。

张岱年：《中国哲学中"天人合一"思想的剖析》，《北京大学学报》（哲学社会科学版）1985 年第 1 期。

张峰：《清华简〈周公之琴舞〉研究述论》，《文艺评论》2015 年第 12 期。

张富海：《楚先"穴熊""鬻熊"考辨》，《简帛》（第 5 辑），上海：上海古籍出版社，2010 年，第 209~214 页。

张海波：《先秦志书篇名、体例问题补证》，《中国史研究》2016 年第 4 期。

张怀通：《武王伐纣史实补考》，《中国史研究》2010 年第 4 期。

张卉：《清华简〈说命上〉"说于（窜）伐失仲"考》，《考古与文物》2017 年第 2 期。

张利军：《〈尚书·高宗肜日〉的史料源流考察——兼论商人的灾异观》，《古代文明》2010 年第 4 期。

张利军：《清华简〈厚父〉的性质与时代》，《管子学刊》2016 年第 3 期。

张利军：《清华简〈厚父〉与夏代服制》，《史学理论与史学史学刊》2017 年第 1 期。

张利军：《清华简〈周公之琴舞〉与周公摄政》，《中国史研究》2018 年第

1期。

张伦敦:《〈清华简·说命〉所载傅说事迹史地钩沉——兼论卜辞中的"云奠河邑"》,《古代文明》2017年第3期。

张懋镕:《静方鼎小考》,《文物》1998年第5期。

张朋:《再论清华简〈筮法〉与数字卦诸问题》,《中州学刊》2016年第10期。

张朋兵:《清华简〈殷高宗问于三寿〉与先秦"访问"制度》,《史学理论与史学史学刊》2017年第1期。

张三夕、邓凯:《清华简〈蟋蟀〉与〈唐风·蟋蟀〉为同题创作》,《海南大学学报》(人文社会科学版)2016年第2期。

张少筠、代生:《清华简〈系年〉与晋灵公被立史事研究》,《山西师大学报》(社会科学版)2014年第6期。

张少筠:《从清华简看克商之前周人的天命诉求——兼释何尊"廷告"》,《广西师范大学学报》(哲学社会科学版)2018年第2期。

张树国:《〈鼂羌钟〉铭与楚竹书〈系年〉所记战国初年史实考论》,《中华文史论丛》2016年第2期。

张树国:《由乐歌到经典:出土文献对〈诗经〉诠释史的启迪与效用》,《浙江学刊》2016年第2期。

张万民:《〈诗经〉早期书写与口头传播——近期欧美汉学界的论争及其背景》,《北京大学学报》(哲学社会科学版)2017年第6期。

张以仁:《国语辨名》,《中研院史语所集刊》(第40本下册),1969年,第613~624页。

张正明:《从考古资料看屈原在世时的楚国》,《贵州文史丛刊》1998年第5期。

张政烺:《〈春秋事语〉解题》,《文物》1977年第1期。

张政烺:《古代中国的十进制氏族组织》,《历史教学》1951年第10期。

张政烺:《试释周初青铜器铭文中的易卦》,《考古学报》1980年第4期。

赵伯雄:《先秦文献中的"以数为纪"》,《文献》1999年第4期。

赵光贤:《关于西周初年的几个问题》,《人文杂志》1988年第1期。

赵敏俐：《〈周公之琴舞〉的组成、命名及表演方式蠡测》，《文艺研究》2013年第8期。

赵敏俐：《如何认识先秦文献的汉代传承及其价值》，《中国高校社会科学》2017年第3期。

赵敏俐：《中国早期书写的三种形态》，《中国社会科学》2018年第2期。

赵平安、石小力：《成鱄及其与赵简子的问对——清华简〈赵简子〉初探》，《文物》2017年第3期。

赵平安：《"京""亭"考辨》，《复旦学报》（社会科学版）2013年第4期。

赵平安：《"三楚先"何以不包括季连》，《邯郸学院学报》2011年第4期。

赵平安：《〈楚居〉"为郢"考》，《中国史研究》2012年第4期。

赵平安：《〈楚居〉的性质、作者及写作年代》，《清华大学学报》（哲学社会科学版）2011年第4期。

赵平安：《〈厚父〉的性质及其蕴含的夏代历史文化》，《文物》2014年第12期。

赵平安：《〈穷达以时〉第九号简考论——兼及先秦两汉文献中比干故事的衍变》，《古籍整理研究学刊》2002年第2期。

赵平安：《〈芮良夫毖〉初读》，《文物》2012年第8期。

赵平安：《楚竹书〈容成氏〉的篇名及其性质》，《华学》（第6辑），北京：紫禁城出版社，2003年，第75～78页。

赵平安：《国际汉学中的出土文献研究》，《光明日报》2013年11月6日第11版。

赵平安：《秦穆公放归子仪考》，《古文字与古代史》（第5辑），台北：中研院史语所，2017年，第287～294页。

赵平安：《清华简〈楚居〉妣隹、妣䲣考》，《中国文化研究》2012年第1期。

赵燕姣：《从微氏墙盘看殷遗民入周后的境遇》，《文博》2009年第1期。

郑吉雄：《试论子思遗说》，《文史哲》2013年第2期。

郑杰文：《论战国墨家学派发展的四个阶段》，《周易研究》2011年第3期。

郑杰祥：《清华简〈楚居〉所记楚族起源地的探讨》，《中国国家博物馆馆刊》2015年第1期。

郑威：《〈灵王遂申〉与春秋后期楚国的申县》，《江汉考古》2017年第5期。

郑炜明：《上博简〈讼成〉（原题〈容成氏〉）篇题与主旨新探》，《山东师范大学学报》（人文社会科学版）2017年第3期。

周凤五：《读上博楚竹书〈从政〉甲篇札记》，《上博馆藏战国楚竹书研究续编》，上海：上海书店出版社，2004年，第181～195页。

周凤五：《郭店楚简〈忠信之道〉考释》，《中国哲学》（第21辑）《郭店简与儒学研究》，沈阳：辽宁教育出版社，2000年，第137～145页。

周凤五：《郭店楚墓竹简〈唐虞之道〉新释》，《中研院史语所集刊》（第70本第3分册），1999年，第739～759页。

周凤五：《上博〈性情论〉小笺》，《齐鲁学刊》2002年第4期。

周凤五：《上博楚竹书〈彭祖〉重探》，《传统中国研究集刊》（第1辑），上海：上海人民出版社，2006年，第275～276页。

周凤五：《上博四〈柬大王泊旱〉重探》，《简帛》（第1辑），上海：上海古籍出版社，2006年，第119～136页。

周宏伟：《楚人源于关中平原新证——以清华简〈楚居〉相关地名的考释为中心》，《中国历史地理论丛》2012年第2辑。

周淑萍：《郭店楚简与先秦学术思想史研究》，《西北工业大学学报》（社会科学版）2004年第2期。

周运中：《论九州异说的地域背景》，《北大史学》（第15辑），北京：北京大学出版社，2010年，第1～17页。

朱芳圃：《殷顽辨》，《中州学刊》1981年第1期。

朱凤瀚：《〈召诰〉、〈洛诰〉、何尊与成周》，《历史研究》2006年第1期。

朱凤瀚：《读清华楚简〈皇门〉》，《清华简研究》（第1辑），上海：中西书局，2012年，第184～204页。

朱凤瀚：《读清华楚简〈金縢〉兼论相关问题》，《简帛·经典·古史》，上海：上海古籍出版社，2013年，第47～58页。

朱凤瀚：《觉公簋与王令唐伯侯于晋》，《考古》2007年第3期。

朱凤瀚：《䚄公盨铭文初释》，《中国历史文物》2002年第6期。

朱凤瀚：《论西周时期的"南国"》，《历史研究》2013年第4期。

朱凤瀚：《清华简〈系年〉"周亡王九年"再议》，《吉林大学社会科学学报》2016年第4期。

朱凤瀚：《商周青铜器铭文中的复合氏名》，《南开学报》1983年第3期。

朱凤瀚：《商周时期的天神崇拜》，《中国社会科学》1993年第4期。

朱凤瀚：《新发现古文字资料对先秦史研究的推进》，《中国社会科学报》2009年9月24日第5版。

朱渊清：《马承源先生谈上博简》，《上博馆藏战国楚竹书研究》，上海：上海书店出版社，2012年，第1~8页。

邹衡：《论早期晋都》，《文物》1994年第1期。

（三）会议论文

［美］李峰：《清华简〈耆夜〉初读及其相关问题》，《第四届国际汉学会议论文集——出土材料与新视野》，台北：中研院史语所，2013年，第461~492页。

［日］大西克也：《清华简〈系年〉为楚简说——从楚王谥号用字探讨》，《源远流长：汉字国际学术研讨会暨AEARU第三届汉字文化研讨会论文集》，北京：北京大学出版社，2017年，第36~45页。

［日］工藤元男：《从卜筮祭祷简看"日书"的形成》，《郭店楚简国际学术研讨会论文集》，武汉：湖北人民出版社，2000年，第589~594页。

［日］谷中信一：《从郭店老子看今本老子的完成》，《郭店楚简国际学术研讨会论文集》，武汉：湖北人民出版社，2000年，第436~444页。

［日］黑田秀教：《清华简〈良臣〉与战国时代的历史观念》，先秦两汉出土文献与学术新视野国际研讨会论文，台北，2013年6月。

［日］横山慎吾：《清华简に见る伊尹说话形成に关する一考察》，中国出土资料学会（日本东京大学）年会论文，东京（日本），2015年3月。

［日］平势隆郎：《战国楚王之自称》，《楚简楚文化与先秦历史文化国际学术研讨会论文集》，武汉：湖北教育出版社，2013年，第529~540页。

陈侃理：《睡虎地秦简〈语〉书的复原》，"出土文献的语境"国际学术研讨会暨第三届出土文献青年学者论坛论文，新竹（台湾），2014年8月。

陈良武：《出土文献与诸子散文研究刍议——兼论先秦儒家散文的发展

脉络》，《出土文献与中国文学研究：第三届出土文献与中国文学研究学术研讨会（国际）论文集》，济南：齐鲁书社，2013年，第99~106页。

陈伟：《试说简牍文献的年代梯次》，《第四届国际汉学会议论文集——出土材料与新视野》，台北：中研院史语所，2013年，第493~500页。

陈颖飞：《清华简〈祭公〉毛班与西周毛氏》，《叩问三代文明：中国出土文献与上古史国际学术研讨会论文集》，北京：中国社会科学出版社，2014年，第277~297页。

杜勇：《清华简〈程寤〉与文王受命综考》，《叩问三代文明：中国出土文献与上古史国际学术研讨会论文集》，北京：中国社会科学出版社，2014年，第304~335页。

黄锡全：《楚简秦溪、章华台略议——读清华简〈楚居〉札记之二》，《楚简楚文化与先秦历史文化国际学术研讨会论文集》，武汉：湖北教育出版社，2013年，第189~196页。

李均明：《伍员与柏举之战——从清华战国简〈系年〉谈起》，《楚简楚文化与先秦历史文化国际学术研讨会论文集》，武汉：湖北教育出版社，2013年，第81~89页。

李守奎：《清华简〈系年〉所记楚昭王时期吴晋联合伐楚解析》，《楚简楚文化与先秦历史文化国际学术研讨会论文集》，武汉：湖北教育出版社，2013年，第90~97页。

刘信芳：《九店楚简日书与秦简日书比较研究》，《第三届国际中国古文字学研讨会论文集》，香港：问学社，1997年，第517~544页。

罗运环：《清华简〈系年〉体例及相关问题发微》，《出土文献与古书成书问题研究："古史史料学研究的新视野研讨会"论文集》，上海：中西书局，2015年，第147~160页。

任继愈：《郭店竹简与楚文化》，《郭店楚简国际学术研讨会论文集》，武汉：湖北人民出版社，2000年，第1~2页。

沈建华：《略说清华简〈汤处于唐丘〉》，清华简与儒家经典专题国际学术研讨会论文，烟台，2014年12月。

宋镇豪：《谈谈商代开国名臣伊尹》，《楚简楚文化与先秦历史文化国际学术研讨会论文集》，武汉：湖北教育出版社，2013年，第252~259页。

汤漳平：《从出土文献看〈诗〉〈骚〉之承传》，《出土文献与中国文学研究：第三届出土文献与中国文学研究学术研讨会（国际）论文集》，济南：齐鲁书社，2013年，第13~20页。

田天：《清华简〈系年〉的体裁：针对文本与结构的讨论》，"出土文献的语境"国际学术研讨会暨第三届出土文献青年学者论坛论文，新竹（台湾），2014年8月。

田旭东：《竹简中的古兵书》，《叩问三代文明：中国出土文献与上古史国际学术研讨会论文集》，北京：中国社会科学出版社，2014年，第429~437页。

魏栋：《清华简〈系年〉"周亡王九年"及两周之际相关问题新探》，《楚简楚文化与先秦历史文化国际学术研讨会论文集》，武汉：湖北教育出版社，2013年，第109~121页。

许兆昌：《从清华简〈系年〉看纪事本末体的早期发展》，《叩问三代文明：中国出土文献与上古史国际学术研讨会论文集》，北京：中国社会科学出版社，2014年，第406~418页。

周凤五：《郭店竹简的形式特征及其分类意义》，《郭店楚简国际学术研讨会论文集》，武汉：湖北人民出版社，2000年，第57~59页。

朱凤瀚：《关于西周封国君主称谓的几点认识》，陕西省考古研究院、上海博物馆编：《两周封国论衡：陕西韩城出土芮国文物暨周代封国考古学研究国际学术研讨会论文集》，上海：上海古籍出版社，2014年，第272~285页。

朱凤瀚：《清华简〈系年〉所记西周史事考》，《第四届国际汉学会议论文集——出土材料与新视野》，台北：中研院史语所，2013年，第441~460页。

（四）学位论文

［韩］李裕杓：《西周王朝军事领导机制研究》，博士学位论文，北京大学历史学系，2015年。

曹方向：《上博简所见楚国故事类文献校释与研究》，博士学位论文，武汉大学历史学院，2013年。

常佩雨：《上博简孔子言论研究》，博士学位论文，郑州大学文学院，

2012年。

陈民镇：《清华简〈系年〉研究》，硕士学位论文，烟台大学中国学术研究所，2013年。

程浩：《"书"类文献先秦流传考——以清华藏战国竹简为中心》，博士学位论文，清华大学人文学院，2015年。

高瑞瑞：《上博五〈姑成家父〉研究》，硕士学位论文，北京师范大学历史学院，2013年。

高佑仁：《上博楚简庄、灵、平三王史料研究》，博士学位论文，台湾成功大学中国文学研究所，2011年。

胡兰江：《七十子考》，博士学位论文，北京大学中国语言文学系，2002年。

胡宁：《春秋用诗与贵族政治》，博士学位论文，北京大学历史学系，2014年。

黄武智：《上博楚简"礼记"类文献研究》，博士学位论文，台湾"国立"中山大学中国文学系，2009年。

梁静：《上博楚简儒籍考论》，博士学位论文，北京大学中国语言文学系，2010年。

刘建明：《清华简〈系年〉研究》，硕士学位论文，安徽大学历史文化学院，2014年。

路懿菡：《清华简与西周若干问题研究》，博士学位论文，西北大学历史学院，2013年。

牛鹏涛：《清华简〈楚居〉与楚国都城研究》，博士学位论文，清华大学历史学系，2013年。

亓琳：《清华简〈保训〉研究综述》，硕士学位论文，吉林大学古籍研究所，2012年。

申超：《清华简与商周若干史事考释》，博士学位论文，西北大学历史学院，2014年。

苏晓威：《出土道家文献典籍考》，博士学位论文，北京大学中国语言文学系，2009年。

王治国：《金文所见西周王朝官制研究》，博士学位论文，北京大学历史学系,2013年。

魏芃:《西周春秋时期"五等爵称"研究》,博士学位论文,南开大学历史学院,2012年。

肖芸晓:《清华简简册制度考察》,硕士学位论文,武汉大学历史学院,2015年。

许科:《上博简春秋战国故事类文献研究》,博士学位论文,四川大学历史文化学院,2008年。

叶博:《〈新序〉、〈说苑〉研究——在事语类古书的视野下》,硕士学位论文,北京大学中国语言文学系,2009年。

于成龙:《楚礼新证——楚简中的纪时、卜筮与祭祷》,博士学位论文,北京大学考古文博学院,2004年。

张铁:《语类古书研究》,硕士学位论文,北京大学中国语言文学系,2003年。

赵培:《〈书〉类文献的早期形态及〈书经〉成立之研究》,博士学位论文,北京大学中国语言文学系,2017年。

(五)网站论文

〔美〕顾史考:《上博七〈凡物流形〉上半篇试探》,复旦网,2009年8月24日。

〔日〕井上亘:《〈内豊〉篇与〈昔者君老〉篇的编联问题》,简帛研究网,2005年10月16日。

〔日〕浅野裕一:《上博楚简〈凡物流形〉之整体结构》,复旦网,2009年9月15日。

〔日〕浅野裕一:《上博楚简〈王居〉之复原与解释》,复旦网,2011年10月21日。

白光琦:《由清华简〈系年〉订正战国楚年》,简帛网,2012年3月26日。

蔡一峰:《清华简〈越公其事〉"继燎""易火"解》,简帛网,2017年5月1日。

曹方向:《清华简〈管仲〉帝辛事迹初探》,简帛网,2016年4月23日。

曹峰:《读〈殷高宗问于三寿〉上半篇一些心得》,清华网,2015年5月

25 日。

陈剑:《〈清华简(伍)〉与旧说互证两则》,复旦网,2015 年 4 月 14 日。

陈剑:《〈越公其事〉残简 18 的位置及相关的简序调整问题》,复旦网,2017 年 5 月 14 日。

陈民镇、胡凯:《清华简〈金縢〉集释》,复旦网,2011 年 9 月 20 日。

陈民镇:《清华简〈楚居〉集释》,复旦网,2011 年 9 月 23 日。

陈民镇:《清华简〈尹诰〉集释》,复旦网,2011 年 9 月 12 日。

陈民镇:《清华简〈尹至〉集释》,复旦网,2011 年 9 月 12 日。

陈伟:《〈清华大学藏战国竹简·良臣〉初读——在〈清华大学藏战国竹简(叁)〉成果发布会上的讲话》,简帛网,2013 年 1 月 4 日。

陈伟:《不禁想起〈铎氏微〉——读清华简〈系年〉随想》,简帛网,2011 年 12 月 19 日。

陈伟:《读〈清华竹简(伍)〉札记(续)》,简帛网,2015 年 4 月 12 日。

陈伟:《读〈清华竹简(伍)〉札记三则》,简帛网,2015 年 4 月 11 日。

陈伟:《清华简七〈越公其事〉校读》,简帛网,2017 年 4 月 27 日。

陈伟:《清华七〈子犯子余〉校读》,简帛网,2017 年 4 月 30 日。

陈伟:《清华七〈子犯子余〉校读(续)》,简帛网,2017 年 5 月 1 日。

程少轩:《小议上博九〈卜书〉的"三族"与"三末"》,复旦网,2013 年 1 月 16 日。

单育辰《上博七〈凡物流形〉、〈吴命〉札记(修订)》,简帛网,2009 年 6 月 5 日。

冯胜君:《清华七〈晋文公入于晋〉释读札记一则》,复旦网,2017 年 4 月 25 日。

冯胜君:《试说清华七〈越公其事〉篇中的"继孽"》,复旦网,2017 年 5 月 2 日。

复旦读书会:《〈上博七·吴命〉校读》,复旦网,2008 年 12 月 30 日。

复旦读书会:《〈上博七·郑子家丧〉校读》,复旦网,2008 年 12 月 31 日。

复旦读书会:《清华简〈楚居〉研读札记》,复旦网,2011 年 1 月 5 日。

复旦读书会:《清华九简研读札记》,复旦网,2010 年 5 月 30 日。

复旦吉大联合读书会：《上博八〈王居〉、〈志书乃言〉校读》，复旦网，2011年7月17日。

复旦吉大联合读书会：《上博八〈子道饿〉校读》，复旦网，2011年7月11日。

高月：《〈汉书·艺文志·诸子略〉之道家补》，复旦网，2015年5月9日。

何有祖：《慈利楚简试读》，简帛网，2005年11月27日。

何有祖：《慈利竹书与今本〈吴语〉试勘》，简帛网，2005年12月26日。

贺璐璐：《以出土简帛补〈汉书·艺文志·兵书略〉（增补稿）》，复旦网，2015年5月9日。

侯瑞华：《〈清华简六·子产〉补释（四则）》，简帛网，2018年5月15日。

胡敕瑞：《〈清华大学藏战国竹简（柒）〉札记》，清华网，2017年4月29日。

胡敕瑞：《读〈清华大学藏战国竹简（三）〉札记之一》，清华网，2013年1月5日。

胡凯、陈民镇：《清华简〈保训〉集释》，复旦网，2011年9月19日。

胡凯：《清华简〈祭公之顾命〉集释》，复旦网，2011年9月23日。

华东师范大学中文系出土文献研究工作室：《读〈清华大学藏战国竹简（陆）·郑文公问太伯〉书后（一）》，简帛网，2016年4月20日。

华东师范大学中文系出土文献研究工作室：《读〈清华大学藏战国竹简（陆）·子产〉书后（一）》，简帛网，2016年4月25日。

黄国辉：《清华简〈厚父〉补释》，复旦网，2015年4月27日。

金宇祥：《谈清华伍〈命训〉与左冢漆棋局的耕字》，复旦网，2016年1月16日。

孔德超：《以出土简帛补〈汉书·艺文志·方技略〉》，复旦网，2015年5月24日。

来国龙：《清华简〈楚居〉所见楚国的公族与世系》，简帛网，2011年12月3日。

李均明：《清华简〈算表〉的运算范围（续）》，清华网，2014年3月19日。

李均明：《清华简〈算表〉的运算范围》，清华网，2014年3月5日。

李天虹：《清华简〈良臣〉"五之廷"补说》，简帛网，2016年12月24日。

梁睿成：《从安大简〈诗经〉分篇再谈〈蟋蟀〉一诗及其相关问题》，复旦网，2018 年 6 月 30 日。

林少平：《清华简所见成汤"网开三面"典故》，复旦网，2017 年 5 月 3 日。

林少平：《试说"越公其事"》，复旦网，2017 年 4 月 27 日。

林志鹏：《读上博简第九册〈卜书〉札记》，简帛网，2013 年 3 月 11 日。

刘刚：《清华叁〈良臣〉为具有晋系文字风格的抄本补证》，复旦网，2013 年 1 月 10 日。

刘钊：《利用清华简（柒）校正古书一则》，复旦网，2017 年 5 月 1 日。

罗小华：《试论清华简中的几个人名》，简帛网，2016 年 4 月 8 日。

罗运环：《上博九〈史蒥问于夫子〉研读》，复旦网，2016 年 7 月 31 日。

孟繁璞：《上博简〈容成氏〉"九州"补说》，复旦网，2018 年 4 月 20 日。

宁镇疆：《说清华简〈厚父〉"天降下民"句的关联文献问题》，清华网，2015 年 5 月 25 日。

清华读书会：《〈清华大学藏战国竹简〉（贰）研读札记（二）》，复旦网，2011 年 12 月 31 日。

清华读书会：《〈上博九·灵王遂申〉研读》，清华网，2013 年 4 月 1 日。

清华读书会：《清华简第五册整理报告补正》，清华网，2015 年 4 月 8 日。

清华读书会：《清华六整理报告补正》，清华网，2017 年 4 月 16 日。

清华读书会：《清华七整理报告补正》，清华网，2017 年 4 月 23 日。

史党社：《读上博简〈容成氏〉小记》，简帛研究网，2006 年 3 月 6 日。

史党社：《再读清华简关于秦人来源的记载》，复旦网，2015 年 6 月 25 日。

史桢英：《也说〈清华大学藏战国竹简（七）〉写手问题》，简帛网，2018 年 6 月 15 日。

苏建洲：《〈封许之命〉研读札记（一）》，复旦网，2015 年 4 月 18 日。

苏建洲：《〈清华六〉文字补释》，简帛网，2016 年 4 月 20 日。

苏建洲：《读安大简"楚史类"竹简的几点启示》，简帛网，2017 年 10 月 13 日。

苏建洲：《谈清华七〈越公其事〉简三的几个字》，复旦网，2017 年 5 月 20 日。

孙飞燕：《试论〈尹至〉的"至在汤"与〈尹诰〉的"及汤"》，复旦网，2011年1月10日。

孙世洋：《周代史官的"类诗家"功能与〈诗经〉早期传述状态初探》，复旦网，2015年11月24日。

陶金：《由清华简〈系年〉谈洹子孟姜壶相关问题》，复旦网，2012年2月14日。

汪亚洲：《清华简〈皇门〉集释》，复旦网，2011年9月23日。

王红亮：《清华简（六）〈郑武公夫人规孺子〉有关历史问题解说》，复旦网，2016年4月17日。

王磊平、马腾：《上博八〈有皇将起〉简文作者身份小论》，复旦网，2018年6月19日。

王宁：《清华简"汤丘"为"商丘"说》，复旦网，2015年2月22日。

王宁：《清华简〈厚父〉句诂》，复旦网，2015年1月28日。

王宁：《清华简汤与伊尹故事五篇的性质问题》，清华网，2015年6月1日。

王挺斌：《利用清华简来解释〈诗经·鲁颂·閟宫〉"三寿作朋"》，简帛网，2014年10月23日。

尉侯凯：《清华简六〈郑武夫人规孺子〉编连献疑》，简帛网，2016年6月9日。

魏栋：《清华简〈越公其事〉"夷吁蛮吴"及相关问题试析》，复旦网，2017年4月23日。

肖毅：《慈利竹书〈国语·吴语〉初探》，简帛网，2005年12月30日。

徐在国：《谈清华六〈子产〉中的三个字》，简帛网，2016年4月19日。

颜伟明：《清华简〈耆夜〉集释》，复旦网，2011年9月20日。

杨家刚：《追述先王与夏殷之鉴：清华竹简〈厚父〉与〈尚书〉篇目之比较稿》，复旦网，2015年1月5日。

杨蒙生：《读清华六〈子仪〉笔记五则——附〈郑文公问太伯〉笔记一则》，清华网，2017年4月16日。

杨蒙生：《清华六〈子仪〉篇简文校读记》，清华网，2017年4月16日。

张安:《上古"养老乞言"咨政的典型——清华简〈厚父〉谟体性质初探》,简帛网,2016 年 7 月 11 日。

张伯元:《清华简六〈子产〉篇"法律"一词考》,简帛网,2016 年 5 月 10 日。

张怀通:《据上博简〈弟子问〉校读〈小开〉一则》,简帛网,2018 年 3 月 9 日。

张世超:《〈系年〉中的"京自"及相关问题》,复旦网,2012 年 4 月 23 日。

赵平安:《〈清华简(陆)〉文字补释(六则)》,清华网,2017 年 4 月 16 日。

朱晓雪:《清华简〈楚居〉残简补说》,简帛网,2017 年 2 月 3 日。

禤孝文:《清华简〈程寤〉集释》,复旦网,2011 年 9 月 17 日。

后　　记

　　这本小书是笔者在博士学位论文的基础上经过较大幅度的修订而来的。2011年有幸考入北京大学，研习自己所钟爱的中国古史，倏忽之间取得学位三年有余了。出土文献与古史研究，于我而言是一个庞大的学术命题。我总想着要把它修改得更满意一些，然而时光飞逝，对问题的认识并未深刻，新出材料却日渐增多，出版协议也已经一延再延，只好惶恐地拿出来供前辈师友批判。既有的文字往往只是对过去思考的总结，学问之路也并非朝夕可成。这份习作仅仅是笔者过去八年学习之路的一个纪念，提醒我铭记这段时光里给予我无限支持和尽心帮助的师友、家人。

　　首先最需要感激的是授业恩师朱凤瀚教授。先生素以学术严谨、要求严格著称，因此也使我受到了良好的学术训练，养成了治学务实、细心求证的学风。尤其值得称道的是，先生在因材施教的基础上，还特别注重学生未来学术发展道路的长远规划，反复强调拓展学术研究领域的重要性。我个人自就学以来长期关注金文与青铜器方面的研究，但先生为了拓宽我的学术视野，全面提高我的研究能力，特别帮我选定了"论战国楚竹书的史学价值"这样一个理论性强、学科跨度大的论文选题，希望我可以通过这一训练夯实基础。在拙稿撰写过程中，每遇思路不畅时，只要与先生商谈必有所得。先生时常关注最新动态，叮嘱我注意收集与利用。取得博士学位以后，先生考虑古史研究需要具备考古学的基础理论和相关学识，力荐我到考古系随雷兴山教授问学。又蒙先生提携，拙稿忝列"北京大学出土文献与中国古代文明研究"学术丛书，并拨冗为序。这些年的学习研究生活，先生都给予了无微不至的关怀，若说个人能有任何一丁点的成绩,都是先生悉心栽培的结果。在此,我要向先生致上深深的谢忱与难以言表的感激!

拙稿草就后,承李零、李守奎、陈絜、何晋、韩巍等诸位先生悉心批阅、拨冗指教。李零老师在笔者写作和修改过程中,多次给予指导与鼓励,受益良多,又蒙先生题签,使小书大为增色,学生不胜感激。李守奎老师在基本概念与古文字释读上再三地提出真知灼见,使我茅塞顿开。陈絜老师在写作手法上,给予诸多启发与点拨。何晋老师、韩巍老师在写作重点与章节安排上提供了许多有益的指导和启示。另外,陈伟、陈苏镇、赵平安、张帆和徐刚几位老师在拙稿写作和修订过程中多有指导,并提供给我相关材料与建议。五位匿名评审专家也对拙稿提供了宝贵意见。正是在诸位良师的关心和指导下,拙稿才得以最终修订完成。感谢河北师范大学历史文化学院的沈长云教授,是他引领我走向古史研究道路的,并教会我治学的方法,这些年来他也一直关心我的成长。感谢北京大学考古文博学院雷兴山教授,拙稿顺利付梓离不开雷老师的督促和鼓励。

此外,我还要向曾帮助过我以及与我共同学习进步的学界师友致谢。复旦大学郭永秉先生、台湾中兴大学游逸飞先生、牛津大学傅希明先生代为查阅相关资料。河北师范大学张怀通教授、复旦大学林志鹏先生惠赐大作,使我得以吸收他们最新的研究成果。北京印刷学院崔存明教授、同学崔学森和赖志伟在我学习生活期间给予了极大支持和帮助。任伟、杨文胜、龚军、耿超、赵燕姣、陆青松、吴伟华、王治国、李裕杓、李春利、钟春晖、胡宁、吕全义、石安瑞、张海、亓民帅、郭晨晖、赵庆森、谢能宗、杨坤、张天宇、许梦阳等诸位同门,或惠赠研究资料,或帮助审阅、修改拙稿,在此一并向以上诸位师友谨致谢忱。

感谢中国社会科学院历史研究所王震中、彭卫、卜宪群、邬文玲、徐义华、孙晓、刘源、赵凯、戴卫红、苏辉、林鹄、邰丽梅等先生以及战国秦汉史研究室的杨英、宋艳萍、庄小霞、曾磊、王天然、刘丽、石洋等同仁,博士后出站以后得以有幸进入历史所工作,在诸位先生的帮助下迅速融入如此融洽的大家庭,幸何如之!感谢上海古籍出版社石帅帅先生对拙稿的精心编校,感谢六编室吴长青、顾莉丹、贾利民、张亚莉等先生的鼎力支持。

书中部分章节在增删之后曾以论文形式发表于《历史研究》《简帛研究》《简帛》《出土文献》《中国社会科学院研究生院学报》《烟台大学学报》《中国文化研究所学报（香港中文大学）》《中原文化研究》《文史知识》等学术期刊，在收入本书时又分别作了删改与修订。在此特向收录小文的学术期刊、编辑先生与匿名审稿专家致以诚挚谢意。

我要由衷地感谢支持我追逐学术梦想的父母、岳父母和家人，特别是我的妻子王琳，多年以来，尽管我无法给她富足的生活，但她却无怨无悔地陪伴着我，给我相对单调的学术生活增添了许多欢乐和精彩。小书的核校，也耗费了她大量的心力。在此我要向她致以深深的谢意，希望今后能够弥补对她的愧疚。至于小儿若木，感谢他的到来，让我有更充足的时间来思考完善书稿，可以纠正更多的失误。希望他若干年后还能想起他和爸爸一起为这本书所做的"工作"，尽管他现在还是最喜欢汽车。

这本交卷的小书谨作一个小小的起步，希望今后能在学术道路上走得更远。

杨　博

2018 年 12 月于京西曙光寓所